重庆
统计年鉴
2019
CHONGQING STATISTICAL
YEARBOOK 2019

统计年鉴

2019

CHONGQING STATISTICAL YEARBOOK 2019

重庆市统计局
国家统计局重庆调查总队 编

CHONGQING MUNICIPAL BUREAU OF STATISTICS
NBS SURVEY OFFICE IN CHONGQING

中国统计出版社
China Statistics Press

(京)新登字041号

图书在版编目（CIP）数据

重庆统计年鉴. 2019：汉英对照 / 重庆市统计局，国家统计局重庆调查总队编. -- 北京：中国统计出版社，2019.8

ISBN 978-7-5037-8854-3

Ⅰ. ①重… Ⅱ. ①重… ②国… Ⅲ. ①统计资料－重庆－2019－年鉴－汉、英 Ⅳ. ①C832.719-54

中国版本图书馆 CIP 数据核字（2019）第 147677 号

重庆统计年鉴－2019

作　　者 / 重庆市统计局　国家统计局重庆调查总队
责任编辑 / 钟　钰
装帧设计 / 重庆海耐特广告有限公司
出版发行 / 中国统计出版社有限公司
地　　址 / 北京市丰台区西三环南路甲 6 号
邮政编码 / 100073
电　　话 / 邮购（010）63376909　书店（010）68783171
网　　址 / http://www.zgtjcbs.com
印　　刷 / 重庆共创印务有限公司
经　　销 / 新华书店
开　　本 / 890mm×1240mm 1/16
字　　数 / 1968 千字
印　　张 / 46.25
版　　别 / 2019 年 8 月第 1 版
版　　次 / 2019 年 8 月第 1 次印刷
定　　价 / 380.00 元　Price:380.00 (RMB)

本书附同版本 CD-ROM 一张，光盘内容以书面文字为准。
如有印装差错，由本社发行部调换。

《重庆统计年鉴—2019》
编辑委员会

CHONGQING STATISTICAL YEARBOOK 2019
EDITORIAL BOARD

编者说明
EDITOR'S NOTES

一、《重庆统计年鉴—2019》是由重庆市统计局和国家统计局重庆调查总队编纂、中国统计出版社公开出版发行的一部全面记录重庆市经济建设和社会发展情况的大型资料性年刊。本书收录了重庆市历史重要年份和 2018 年经济和社会各方面的统计数据，以及各区县（自治县）主要统计资料。

二、全书共二十二章，包括：1. 综合；2. 国民经济核算；3. 人口与就业；4. 固定资产投资；5. 能源消费；6. 财政；7. 人民生活与物价；8. 城镇建设；9. 资源和环境；10. 要素市场；11. 农业和农村经济；12. 工业；13. 建筑业；14. 运输和邮电；15. 国内贸易；16. 对外经济贸易和旅游业；17. 金融业；18. 教育、科技和文化业；19. 卫生、体育和其他社会活动；20. 区县；21. 三峡工程重庆库区移民；22. 基本单位名录库。同时附录一个篇章：全国及各省（自治区、直辖市）主要统计资料。每章前设《简要说明》，介绍本章节的主要内容和资料来源，章末附有《主要统计指标解释》。

三、本年鉴统计资料：大部分数据来自统计年报，部分来自抽样调查。

四、本年鉴所使用的度量衡单位均采用国际统一标准计量单位；各种分类标准均采用国家统一分类标准。

五、本年鉴部分数据的合计数或相对数，由于计量单位取舍不同而产生的计算误差未作机械调整。

六、本年鉴各表的部分指标注解位于该表下方或最后一张续表的下方。

七、符号使用说明：年鉴各表中的“空格”表示该项统计指标数据不足本表最小单位数、数据不详或无该项数据；“#”表示其中的主要项。

八、本年鉴在编辑、翻译过程中得到诸多单位和同志的大力支持，在此深表谢意。限于我们的水平，加之时间仓促，请各界人士在使用资料时如发现错误和不足，恳请提出批评指正。

Ⅰ. *Chongqing Statistical Yearbook 2019* is a large statistical yearbook compiled by Chongqing Municipal Bureau of Statistics and NBS Survey Office in Chongqing and published by China Statistics Press, which records the economic construction and social development of Chongqing in an all-round way. The yearbook covers the comprehensive data on Chongqing's social and economic development in 2018 and some major years in the history, as well as the major statistics on all the districts and counties (autonomous counties).

Ⅱ. The yearbook contains 22 chapters, namely 1. Comprehensive Statistics; 2. National Economic Accounting; 3. Population and Employment; 4. Investment in Fixed Assets; 5. Energy Consumption; 6. Government Finance; 7. People's Livelihood and Prices; 8. Urban Construction; 9. Resources and Environment; 10. Markets of Key Factors; 11. Agriculture and Rural Economy; 12. Industry; 13. Construction; 14. Transport, Postal and Telecommunication Services; 15. Domestic Trade; 16. Foreign Economic Relations, Trade and Tourism; 17. Financial Intermediation; 18. Education, Science & Technology and Culture; 19. Public Health, Sports and Other Social Activities; 20. Districts; 21. Resettlement of Chongqing Reservoir Area of Three Gorges Project; 22. Statistics on Basic Units. There is also an *Appendix* which covers the main data of the whole nation and other provinces, autonomous regions and municipalities. There is a *Brief Introduction* at the beginning of each chapter, which introduces the main contents of the chapter and the sources of data. The Explanatory Notes on Main Statistical Indicators is provided at the end of each chapter.

Ⅲ. The data in this publication: most of the data are obtained from the annual statistical reports, while some others are obtained from sample surveys.

Ⅳ. The units of measurement used in this yearbook are international standard measurement units; and the basis of classification of this book complies with the national uniform standard.

Ⅴ. The statistical discrepancies of the total values or relative values due to rounding are not adjusted in this yearbook.

Ⅵ. The notes concerning individual indicators are placed at the lower part of the table or the lower part of the last page.

Ⅶ. Notations used in this yearbook: (blank space) indicates that the figure is not large enough to be measured with the smallest unit in the table, or data are unknown, or are not available; " # " indicates a major breakdown of the total.

Ⅷ. We'd like to send our sincere acknowledgement various units and comrades for their vigorous assistances during the edition and translation of this yearbook. Due to our limited ability and the hasty time, faults and shortage are unavoidable. Any criticism or suggestion is appreciated.

目 录
CONTENTS

第一章 CHAPTER 1 综合 COMPREHENSIVE STATISTICS

第二章 CHAPTER 2 国民经济核算 NATIONAL ECONOMIC ACCOUNTING

目　录
CONTENTS

目 录
CONTENTS

第四章 CHAPTER 4 固定资产投资 INVESTMENT IN FIXED ASSETS

第五章 CHAPTER 5 能源消费 ENERGY CONSUMPTION

目录 CONTENTS

第六章 CHAPTER 6 财政 GOVERNMENT FINANCE

第七章 CHAPTER 7 人民生活与物价 PEOPLE'S LIVING CONDITIONS AND PRICE OF GOODS

第八章 CHAPTER 8 城镇建设 URBAN CONSTRUCTION

第九章 CHAPTER 9 资源和环境 RESOURCES AND ENVIRONMENT

第十章 CHAPTER 10 要素市场 MARKETS OF KEY FACTORS

第十一章 CHAPTER 11 农业和农村经济 AGRICULTURE AND RURAL ECONOMY

目 录 CONTENTS

第十二章 CHAPTER 12 工 业 INDUSTRY

第十三章 CHAPTER 13 建筑业 CONSTRUCTION

第十四章 CHAPTER 14 运输和邮电 TRANSPORT, POSTAL AND TELECOMMUNICATION SERVICES

第十五章 CHAPTER 15 国内贸易 DOMESTIC TRADE

第十六章 CHAPTER 16 对外经济贸易和旅游业 FOREIGN ECONOMIC RELATIONS, TRADE AND TOURISM

第十七章 CHAPTER 17 金融业 FINANCIAL STATISTICS

第十八章 CHAPTER 18 教育、科技和文化业 EDUCATION, SCIENCE, TECHNOLOGY AND CULTURE

目 录 续

CONTENTS

第十九章 CHAPTER 19 卫生、体育和其他社会活动 PUBLIC HEALTH, SPORTS AND OTHER SOCIAL ACTIVITIES

第二十章 CHAPTER 20 区县 DISTRICTS, COUNTIES

第二十一章 CHAPTER 21 三峡工程重庆库区 RESERVOIR AREA OF THREE GORGES PROJECT IN CHONGQING

第二十二章 CHAPTER 22 基本单位名录库 STATISTICS ON BASIC UNITS

附录 APPENDIX

第一章·综合

COMPREHENSIVE STATISTICS

简要说明 BRIEF INTRODUCTION

本章主要包括重庆市行政区划、国民经济和社会发展综合资料，由市统计局综合处根据有关部门资料进行整理和编辑。

行政区划资料由市民政局提供。

This chapter mainly covers the data of Chongqing's administrative divisions and national economic and social development. The data of this chapter are sorted and compiled by Division of Comprehensive Statistics, Chongqing Municipal Bureau of Statistics on the basis of the information provided by the relevant departments.

The data of administrative divisions are provided by Chongqing Civil Affairs Bureau.

表 1.1 行政区划（2018 年）
DIVISIONS OF ADMINISTRATIVE AREAS (2018)

单位：个 (unit)

地 区	Region	乡 Townships	镇 Towns	街道办事处 Street Communities	居委会 Neighborhood Committees	村委会 Village Committees
全市总计	**Total**	**177**	**627**	**226**	**3128**	**8031**
万州区	Wanzhou District	12	29	11	196	439
黔江区	Qianjiang District	12	12	6	81	138
涪陵区	Fuling District	6	12	9	117	303
渝中区	Yuzhong District			11	77	
大渡口区	Dadukou District		3	5	62	32
江北区	Jiangbei District		3	9	98	16
沙坪坝区	Shapingba District		8	20	129	66
九龙坡区	Jiulongpo District		11	8	119	100
南岸区	Nan'an District		7	8	96	48
北碚区	Beibei District		8	9	74	107
渝北区	Yubei District		11	11	175	181
巴南区	Ba'nan District		14	8	102	198
长寿区	Changshou District		12	7	44	221
江津区	Jiangjin District		25	5	109	173
合川区	Hechuan District		23	7	95	322
永川区	Yongchuan District		16	7	55	206
南川区	Nanchuan District	2	29	3	60	184
綦江区	Qijiang District		25	5	121	359
#綦江区（不含万盛）	Qijiang District (excluding Wansheng)		17	3	79	302
大足区	Dazu District		21	6	102	207
璧山区	Bishan District		9	6	52	135
铜梁区	Tongliang District		23	5	67	266
潼南区	Tongnan District		20	2	96	208
荣昌区	Rongchang District		15	6	71	92
开州区	Kaixian District	7	26	7	107	427
梁平区	Liangping District	2	29	2	74	269
武隆区	Wulong District	13	12	2	24	186
城口县	Chengkou County	13	10	2	31	173
丰都县	Fengdu County	5	23	2	63	267
垫江县	Dianjiang County	2	22	2	79	222
忠 县	Zhongxian County	6	19	4	88	284
云阳县	Yunyang County	7	31	4	98	380
奉节县	Fengjie County	11	18	3	76	314
巫山县	Wushan County	13	11	2	34	305
巫溪县	Wuxi County	11	19	2	41	289
石柱土家族自治县	Shizhu County	13	17	3	37	205
秀山土家族苗族自治县	Xiushan County	6	17	4	66	202
酉阳土家族苗族自治县	Youyang County	18	19	2	8	270
彭水苗族土家族自治县	Pengshui County	18	18	3	59	237
两江新区	Liang Jiang new Area			8	45	

表 1.2 国民经济和社会发展总量与速度指标
PRINCIPAL AGGREGATE INDICATORS ON NATIONAL ECONOMIC AND SOCIAL DEVELOPMENT AND GROWTH RATE

指 标	Item	总量指标 Aggregate Indicators 1996	2000
人口与就业	**Population and Employment**		
人 口(万人)	**Population (10 000 persons)**		
年末常住人口	Year-end Resident Population	2875.30	2848.82
#城 镇	Urban	848.21	1013.88
乡 村	Rural	2027.09	1834.94
#男 性	Male	1465.99	1460.57
女 性	Female	1409.31	1388.25
就 业(万人)	**Employment (10 000 persons)**		
就业人员数	Employed Persons	1719.43	1661.16
#在岗职工人数	On-post Staff and Workers	294.63	208.87
城镇登记失业人数	Registered Unemployment in Urban Areas	10.95	10.15
宏观经济	**Macroeconomic Indicators**		
国民经济核算(亿元)	**National Economic Accounting (100 million yuan)**		
本市生产总值	Gross Domestic Product	1315.12	1791.00
第一产业	Primary Industry	287.56	284.87
第二产业	Secondary Industry	568.99	760.03
#工 业	Industry	502.06	633.98
第三产业	Tertiary Industry	458.57	746.10
固定资产投资(亿元)	**Investment in Fixed Assets (100 million yuan)**		
固定资产投资总额	Total Investment in Fixed Assets	320.73	655.81
建设项目	Construction Projects	265.11	516.18
房地产开发	Real Estate Development	55.62	139.63
财 政(亿元)	**Government Finance (100 million yuan)**		
一般公共预算收入	General Public Budget Revenue		
一般公共预算支出	General Public Budget Expenditure		
物价指数(上年=100)	**Price Indices (preceding year=100)**		
居民消费价格指数	Consumer Price Index	109.7	96.7
工业生产者出厂价格指数	Producer Price Indices for Manufactured Goods	104.1	98.6
工业生产者购进价格指数	Purchasing Price Indices of Raw Material, Fuel and Power	106.3	105.6
商品零售价格指数	Retail Price Index	106.1	95.5
产 业	**Industry**		
农 业	**Agriculture**		
乡村从业人员(万人)	Rural Employment (10 000 persons)	1330.44	1352.60
农林牧渔业总产值(亿元)	Gross Output Value of Farming, Forestry, Animal Husbandry and Fishery (100 million yuan)	424.99	412.63
#农 业	Farming	271.38	244.74
林 业	Forestry	11.55	10.82
牧 业	Animal Husbandry	131.17	141.99
渔 业	Fishery	10.89	15.08
主要农产品产量(万吨)	Output of Major Farm Products (10 000 tons)		
粮 食	Grain	1172.14	1131.21
油 料	Oil-bearing Crops	23.60	31.06
烟 叶	Tobacco	13.24	10.41

注：1) 本表数据本市生产总值、工业增加值速度指标按可比价计算，其余指标均为自然增长。
2) 2017 年起按营改增试点后新的收入划分办法及新增建设用地土地有偿使用收入等基金列转公共预算，与往年不可比。
3) 为与国家统计口径一致，剔除跨省项目投资和农户投资，2017 年固定资产投资总量数据与往年存在口径差异（下表同）。

总量指标 Aggregate Indicators				速度指标 Growth Rate								
				指 数 (2018 为以下各年) Index (2018 as percentage of the following years)					平均增长速度 (%) Average Annual Growth Rate (%)			
2005	2010	2017	2018	1996	2000	2005	2010	2017	1997-2018	2001-2005	2006-2010	2011-2015
2798.00	2884.62	3075.16	3101.79	107.88	108.88	110.86	107.53	100.87	0.3	-0.4	0.6	0.9
1265.95	1529.55	1970.68	2031.59	239.51	200.38	160.48	132.82	103.09	4.1	4.5	3.9	3.7
1532.05	1355.07	1104.48	1070.20	52.79	58.32	69.85	78.98	96.90	-2.9	-3.5	-2.4	-2.8
1409.83	1460.89	1550.84	1563.43	106.65	107.04	110.89	107.02	100.81	0.3	-0.7	0.7	0.9
1388.17	1423.73	1524.32	1538.36	109.16	110.81	110.82	108.05	100.92	0.4		0.5	0.9
1456.30	1539.95	1714.55	1709.51	99.42	102.91	117.39	111.01	99.71	0.0	-2.6	1.1	2.1
209.66	250.22	369.18	356.61	121.04	170.73	170.09	142.52	96.60	0.9	0.1	3.6	9.0
16.89	13.02	14.26	13.09	119.54	128.97	77.50	100.54	91.80	0.8	10.7	-5.1	1.8
3486.22	7957.49	19424.73	20363.19	1134.6	802.1	473.2	234.5	106.0	11.7	11.1	15.1	12.8
463.40	659.10	1276.09	1378.27	232.3	216.7	177.9	143.9	104.4	3.9	4.0	4.3	4.9
1577.66	3574.06	8584.61	8328.79	1782.7	1206.5	608.7	251.2	103.0	14.0	14.7	19.4	14.9
1307.42	2912.60	6587.08	5997.70	1766.6	1223.3	608.6	242.6	101.1	13.9	15.0	20.2	14.7
1445.16	3724.33	9564.03	10656.13	1040.2	681.1	428.2	235.4	109.1	11.2	9.8	12.7	12.1
2006.32	6934.80	17440.57		5437.8	2659.4	869.3	251.5	107.0	21.7	25.1	28.7	21.4
1488.59	5314.54	13460.48		5077.3	2607.7	904.2	253.3	107.2	21.7	23.6	29.0	17.2
517.73	1620.26	3980.08	4248.76	7638.9	3042.9	820.7	262.2	106.8	21.8	30.0	25.6	18.3
		2252.38	2265.54					100.6				
		4336.28	4540.95					104.7				
100.8	103.2	101.0	102.0									
103.0	103.1	104.1	102.1									
108.2	106.9	104.4	102.5									
98.7	101.7	100.8	101.2									
1366.91	1379.35	1281.69	1258.41	94.6	93.0	92.1	91.2	98.2	-0.3	0.2	0.2	-1.1
662.19	980.45	1902.47	2052.41	482.9	497.4	309.9	209.3	107.9	7.4	9.9	8.2	10.4
358.30	600.03	1165.69	1292.68	476.3	528.2	360.8	215.4	110.9	7.4	7.9	10.9	9.9
19.97	30.40	85.17	101.14	875.6	934.7	506.4	332.7	118.8	10.4	13.0	8.8	14.7
249.50	309.18	522.48	520.05	396.5	366.3	208.4	168.2	99.5	6.5	11.9	4.4	9.4
23.80	27.21	94.81	100.39	921.9	665.7	421.8	369.0	105.9	10.6	9.6	2.7	22.5
1168.19	1156.13	1167.15	1079.34	92.1	95.4	92.4	93.4	92.5	-0.4	0.6	-0.2	-0.6
42.71	44.45	64.36	63.70	269.9	205.1	149.1	143.3	99.0	4.6	6.6	0.8	5.8
9.02	8.10	6.90	6.24	47.1	59.9	69.2	77.0	90.4	-3.4	-2.8	-2.1	1.4

Note: a) The growth rate of GDP and value-added of industry is calculated on the basis of comparable price, while the other indices are natural growth rate.
b) Due to the change of replacing business tax with VAT under the new revenue division system, and the funds like the revenue from paid use of newly-added construction land have included in public budget since 2017, the data are incomparable with the previous year.
c) According to the NBS's system, the investments of trans-provincial projects and rural households have been removed, so the data of total investment in fixed assets in 2017 are incomparable with the previous years (the same for the tables below).

表 1.2 续表 1 continued 1

指 标	Item	总量指标 Aggregate Indicators 1996	2000
茶 叶	Tea	1.55	1.45
水 果	Fruits	56.62	81.68
猪 肉	Pork	114.18	122.45
水产品	Aquatic Products	14.07	20.03
工 业（规模以上）	**Industry (above Designated Size)**		
工业总产值（亿元）	Gross Output Value of Industry (100 million yuan)	730.41	962.32
主营业务收入（亿元）	Revenue from Principal Business (100 million yuan)	711.34	959.36
利税总额（亿元）	Total Pre-tax Profits (100 million yuan)	48.04	85.57
产品销售率（%）	Sales as Percentage of Output (%)	96.5	99.1
全员劳动生产率（元/人年）	Overall Labor Productivity (yuan/person-year)	13546	31081
主要工业产品产量	Output of Major Industrial Products		
天然气（亿立方米）	Natural Gas (100 million cu.m)	26.10	38.98
发电量（亿千瓦时）	Electricity (100 million kwh)	128.73	167.90
钢 材（万吨）	Steel Products (10 000 tons)	117.55	156.98
铝 材（万吨）	Aluminum Products (10 000 tons)	7.36	13.98
微型计算机设备（万台）	Micro-computers (10 000 units)		
水 泥（万吨）	Cement (10 000 tons)	648.76	1402.78
汽 车（万辆）	Motor Vehicles (10 000 vehicles)	12.41	24.59
#轿 车	Cars	1.34	4.82
摩托车（万辆）	Motorcycles (10 000 vehicles)	177.36	191.07
啤 酒（万千升）	Beer (10 000 kiloliters)	28.54	50.42
卷 烟（亿支）	Cigarettes (100 million units)	453.91	343.50
建筑业（资质内）	**Construction (Grade above)**		
建筑业总产值（亿元）	Gross Output Value of Construction (100 million yuan)	205.30	348.66
房屋施工面积（万平方米）	Floor Space Under Construction (10 000 sq.m)	4065	6088
房屋竣工面积（万平方米）	Floor Space Completed (10 000 sq.m)	2277	3084
交通运输业	**Transportation**		
客运量（万人）	Passenger Traffic (10 000 persons)	42370	56969
铁 路	Railway	972	1442
公 路	Highway	37410	53170
水 运	Waterway	3900	2240
民 航	Civil Aviation	88	117
货运量（万吨）	Freight Traffic (10 000 tons)	24339	26852
铁 路	Railway	1633	1812
公 路	Highway	20214	23646
水 运	Waterway	2491	1392
民 航	Civil Aviation	1.20	2.40
港口货物吞吐量（万吨）	Cargo Throughput in Coastal Ports (10 000 tons)	1076	2448

注：1) 工业总产值的绝对值和指数按现价计算。2018 年同期总产值、主营业务收入、利润总额及产品产量数据根据有关制度规定进行了修订，增速按照可比口径计算。
2) 建筑业 2003 年起的所有数据均不包括劳务分包企业。
3) 从 2000 年起民航货运量按新制度统计，旅客行李不再计入货运。
4) 1996 年起铁路数据按重庆现地域进行了调整（以下各表同）。
5) 2013 年公路、水路数据按部门专项调查作了调整，速度按可比价计算。
6) 畜牧业数据自 2007 年起根据第三次农业普查数据进行了调整。

总量指标 Aggregate Indicators				速度指标 Growth Rate								
				指 数 (2018 为以下各年) Index (2018 as percentage of the following years)					平均增长速度 (%) Average Annual Growth Rate (%)			
2005	2010	2017	2018	1996	2000	2005	2010	2017	1997-2018	2001-2005	2006-2010	2011-2015
1.65	2.51	3.88	4.20	270.9	289.6	254.5	167.4	108.4	4.6	2.6	8.7	6.9
154.63	238.47	445.94	431.27	761.7	528.0	278.9	180.8	96.7	9.7	13.6	9.1	10.6
144.46	139.13	129.97	132.16	115.7	107.9	91.5	95.0	101.7	0.7	3.4	-0.7	-0.3
25.06	22.43	51.51	52.96	376.4	264.4	211.3	236.1	102.8	6.2	4.6	-2.2	17.8
2525.87	9143.55	21173.21	20690.04	2832.7	2150.0	819.1	226.3	102.9	16.4	21.3	29.3	17.4
2515.17	9039.03	20772.41	20244.08	2845.9	2110.2	804.9	224.0	103.2	16.4	21.3	29.2	18.3
256.48	1011.88	2474.10	2231.17	4644.4	2607.4	869.9	220.5	93.2	19.1	24.6	31.6	19.3
98.8	98.1	98.02	98.2	1.6	-1.1	-0.8	-0.1	0.2				
77511	183031	318885	330180	2437.5	1062.3	426.0	180.4	103.5	15.6	20.1	18.7	10.2
57.09	67.48	111.31	106.76	409.0	273.9	187.0	158.2	95.9	6.6	7.9	3.4	0.5
234.03	456.71	690.51	756.56	587.7	450.6	323.3	165.7	109.6	8.4	6.9	14.3	7.1
294.70	699.92	917.25	1187.66	1010.3	756.6	403.0	169.7	136.1	11.1	13.4	18.9	15.1
39.36	102.79	188.36	192.55	2616.2	1377.3	489.2	187.3	107.7	16.0	23.0	21.2	10.8
	189.19	6619.78	7074.08				3739.1	112.0				100.8
2100.69	4598.04	6370.93	6577.54	1013.9	468.9	313.1	143.1	106.9	11.1	8.4	17.0	8.1
42.15	161.58	299.82	205.04	1652.2	833.8	486.5	126.9	72.5	13.6	11.4	30.8	13.5
15.33	85.17	84.94	46.40	3462.7	962.7	302.7	54.5	56.4	17.5	26.0	40.9	5.0
420.84	849.23	595.69	389.11	219.4	203.6	92.5	45.8	105.5	3.6	17.1	15.1	-0.2
53.87	75.19	78.95	70.61	247.4	140.0	131.1	93.9	92.0	4.2	1.3	6.9	0.4
396.08	501.00	421.50	520.00	114.6	151.4	131.3	103.8	123.4	0.6	2.9	4.8	1.8
783.57	2534.32	7608.00	7819.42	3808.8	2242.7	997.9	308.5	102.8	18.0	17.6	26.5	19.8
10723	19489	33211	35140	864.5	577.2	327.7	180.3	105.8	10.3	12.0	12.7	11.0
5155	8292	13448	13780	605.2	446.8	267.3	166.2	102.5	8.5	10.8	10.0	10.3
60436	126804	63298	63634					100.5				
1224	2663	6349	7707	792.9	534.5	629.6	289.4	121.4	9.9	-3.2	16.8	8.4
57600	122125	53307	52150					97.8				
1388	1277	866	731					84.4				
224	739	2776	3047	3462.6	2604.3	1360.3	412.3	109.8	17.5	13.9	27.0	20.5
39200	81385	115346	128234					111.2				
1923	2280	1808	1705	104.4	94.1	88.7	74.8	94.3	0.2	1.2	3.5	-5.1
33378	69438	95019	107064					112.7				
3896	9660	18506	19452					105.1				
2.88	7.49	13.26	13	1100.4	550.2	458.5	176.3	99.6	11.5	3.7	21.1	10.3
5251	9668	19722	20444	1900.0	835.1	389.3	211.5	103.7	14.3	16.5	13.0	10.3

Note: a) The value and index of gross output value of industry are calculated at current price. Since 2018, gross output value, revenue from principal business, total pre-tax profits and output of products are adjusted in accordance with related regulations, and the growth rate are calculated by comparable scope.
b) All the data of construction has not included labor subcontractors since 2003.
c) Since 2000, the cargo turnover of civil aviation has been calculated by the new statistic system, and the luggage of passengers is no longer accounted in.
d) The data of railway has been modified based on the present administrative division of Chongqing since 1996 (the same for the tables below).
e) The data of highway and waterway has been modified according to the specialized survey by the related departments since 2013, and the growth rate is calculated on the basis of comparable price.
f) Since 2007, the data of poultry eggs has been adjusted in accordance with the 3rd agricultural census.

表 1.2 续表 2 continued 2

指 标	Item	总量指标 Aggregate Indicators 1996	2000
邮电通信业	**Postal and Telecommunication Services**		
邮电业务收入（亿元）	Business Revenue from Postal and Telecommunication Services (100 million yuan)	16.73	54.44
本地电话用户（万户）	Local Telephone Subscribers (10 000 subscribers)	66.50	268.43
移动电话用户（万户）	Mobile Telephone Subscribers (10 000 subscribers)	9.00	160.00
固定互联网络用户（万户）	Internet Subscribers (10 000 subscribers)	0.03	10.00
国内贸易（亿元）	**Domestic Trade (100 million yuan)**		
社会消费品零售总额	Retail Sales of Consumer Goods	498.63	719.95
#批发零售贸易业	Wholesale and Retail Trades	438.07	627.36
住宿餐饮业	Catering Trade	54.45	84.16
对外贸易（亿美元）	**Foreign Trade (USD 100 million)**		
进出口总值	Total Imports and Exports	15.85	17.85
出 口	Exports	5.93	9.95
进 口	Imports	9.92	7.90
利用外资	**Utilization of Domestic and Foreign Capital**		
实际利用外资额（亿美元）	Foreign Capital Actually Utilized (USD 100 million)	4.42	3.45
#外商直接投资额	Foreign Direct Investment	2.19	2.44
国际旅游	**International Tourism**		
接待入境旅游人数（万人次）	Number of Overseas Vistior Arrival Received(10 000 person-time)	16.18	26.61
旅游外汇收入（万美元）	Foreign Exchange Earnings from International Tourism (USD 10 000)	7090	13837
旅行社组织出境游客人数（万人次）	Number of Outbound Tourists Organized by Travel Agencies (10 000 person-time)		
金融保险业（亿元）	**Finance and Insurance (100 million yuan)**		
金融机构人民币存款年末余额	Deposit Balance of RMB of Financial Institutions	846.43	1904.71
#住户存款	Saving Deposits of Residents		
金融机构人民币贷款年末余额	Loan Balance of RMB of Financial Institutions	913.93	1881.29
股票筹资额	Raised Capital of Shares	10.41	22.63
保险公司保费收入	Insurance Premium of Insurance Companies	12.82	27.71
保险公司赔款及给付	Indemnity Expenditure and Payment of Insurance Companies	6.48	8.27
教育、科技、文化	**Education, Science & Technology and Culture**		
教 育	**Education**		
专任教师（万人）	Full-time Teachers (10 000 person)		
#普通高等学校	Regular Institutions of Higher Education	0.94	1.04
普通中学	Regular Secondary Schools	6.95	8.18
小 学	Primary Schools	11.77	11.9
在校学生数（万人）	Student Enrollment (10 000 persons)		
#普通高等学校	Regular Institutions of Higher Education	7.99	13.25
普通中学	Regular Secondary Schools	101.27	147.79
小 学	Primary Schools	273.71	276.13
教育经费支出（亿元）	Expenditure on Education (100 million yuan)		
科 技	**Science and Technology**		
技术市场成交额（亿元）	Transaction Value of Technology Market (100 million yuan)	3.43	29.66

注：1）普通高等学校数据含研究生。
2）2007 年起，外商直接投资数据为上报商务部口径。
3）因全国银行业统计制度调整，报表项目归属发生变化，2011 年起“个人存款”口径作了调整。
4）因国家保险核算制度改变，2011 年起保费收入指标同期不可比。
5）因人民银行统计指标口径发生变动，2015 年起人民币存贷款余额指标同期不可比。
6）2018 年上年同期社会消费品零售总额根据第三次全国农业普查结果及有关制度规定进行了修订，增速按照可比口径计算。以下同理。

总量指标 Aggregate Indicators				速度指标 Growth Rate								
				指 数 (2018 为以下各年) Index (2018 as percentage of the following years)					平均增长速度 (%) Average Annual Growth Rate (%)			
2005	2010	2017	2018	1996	2000	2005	2010	2017	1997-2018	2001-2005	2006-2010	2011-2015
112.17	179.08	350.85	368.79	2204.2	677.5	328.8	205.9	105.1		15.6	9.8	9.5
688.91	582.70	566.80	589.00	885.7	219.4	85.5	101.1	103.9		20.7	-3.3	-0.6
943.40	1664.40	3274.88	3650.70	40563.3	2281.7	387.0	219.3	111.5		42.6	12.0	10.9
128.66	263.10	1074.00	1273.80	4246000.0	12738.0	990.1	484.2	118.6		66.7	15.4	21.5
1227.80	3051.11	8067.67	7977.01	1618.0	1120.6	657.1	264.4	108.7	13.4	11.3	20.0	19.0
1052.92	2523.81	6886.04	6705.53	1571.9	1097.6	654.0	272.8	108.1	13.2	10.9	19.1	19.8
163.57	464.43	1181.63	1271.48	2170.1	1404.0	722.4	254.4	111.5	15.4	14.2	23.2	17.8
42.93	124.26	666.04	790.40	4986.8	4428.0	1841.1	636.1	118.7	19.4	19.2	23.7	43.1
25.21	74.88	425.99	513.77	8663.9	5163.5	2038.0	686.1	120.6	22.5	20.4	24.3	62.1
17.72	49.38	240.05	276.63	2788.6	3501.6	1561.1	560.2	115.2	16.3	17.5	22.7	20.8
7.04	63.70	101.83	102.73	2324.2	2977.7	1459.2	161.3	100.9	15.4	15.3	65.0	11.1
5.16	30.43	22.20	32.50	1484.0	1332.0	629.8	106.8	143.8	13.0	16.2	65.2	4.4
52.39	137.02	358.35	388.02	2398.1	1458.2	740.6	283.2	108.3	15.5	14.5	21.2	15.6
26436	70320	194759	218989	3088.7	1582.6	828.4	311.4	112.4	16.9	13.8	21.6	15.9
7.33	22.73	206.30	201.66			2751.2	887.2	97.8			25.4	51.6
4727.72	13454.98	33718.98	35651.57					105.7		19.9	23.3	
		14367.38	15907.23					110.7				
3719.52	10888.15	27871.89	31425.87					112.8		14.6	24.0	
	149.00	129.90	43.96				29.5	33.8				
73.10	321.08	744.75	806.24					108.3		21.4	34.4	
17.59	62.10	256.83	277.37	4280.4	3353.9	1576.8	446.6	108.0	18.6	16.3	28.7	
2.02	3.11	4.17	4.29	456.4	412.5	212.4	137.9	102.9	33.9	14.1	9.0	5.1
9.40	10.93	11.56	11.72	168.6	143.3	124.7	107.2	101.4	27.7	2.8	3.1	1.0
11.43	11.61	12.53	12.65	107.5	106.3	110.7	109.0	101.0	24.9	-0.8	0.3	0.5
35.79	56.59	80.52	82.79	1036.2	624.8	231.3	146.3	102.8	39.2	22.0	9.6	6.3
173.52	190.82	159.22	165.33	163.3	111.9	95.3	86.6	103.8	27.5	3.3	1.9	-3.7
260.98	199.94	209.95	209.54	76.6	75.9	80.3	104.8	99.8	22.9	-1.1	-5.2	0.7
	792.90	944.17	1018.81				128.5	107.9				15.2
35.71	147.53	121.69	266.17	7760.1	897.4	745.4	180.4	218.7	107.2	3.8	32.8	-0.2

Note: a) The data of regular institutions of higher education include postgraduates.
b) The data of foreign direct investment has become the data reported to the Ministry of Commerce since 2007.
c) Due to the adjustment of national statistic system for banking, the category of items has been changed. The scope of "Saving Deposits of Residents" has been changed since 2011.
d) Due to the change of national insurance accounting system, the insurance premium since 2011 is incomparable with the previous years.
e) Due to the change of the PBoC's statistical indicators, the loan and deposit balance of RMB since 2015 is incomparable with the previous years.
f) The data of retail sales of consumer goods has been adjusted in accordance with the 3rd agricultural census, and the growth rate is calculated on the basis of comparable scope.

表 1.2 续表 3 continued 3

指 标	Item	总量指标 Aggregate Indicators 1996	2000
文 化	**Culture**		
图书出版数量（万册、万张）	Books Published (10 000 copies)	13023	11198
杂志出版数量（万册）	Magazines Published (10 000 copies)		3480
报纸出版数量（万份）	Newspaper Published (10 000 copies)		48674
电视人口覆盖率（%）	Television Coverage of Population (%)	78.90	93.70
广播人口覆盖率（%）	Radio Coverage of Population (%)	86.30	89.90
家庭、生活	**Family and Living Standards**		
家 庭	**Family**		
城镇常住居民平均每户常住人口（人）	Average Permanent Population Per Household of Urban Residents (person)		
农村常住居民平均每户常住人口（人）	Average Permanent Population Per Household of Rural Residents (person)		
婚 姻	**Marital Statistics**		
内地居民登记结婚对数（万对）	Registered Marriages of Inland Residents (10 000 couples)	26.44	19.02
内地居民登记离婚对数（万对）	Registered Divorces of Inland Residents (10 000 couples)	1.68	2.07
居 住	**Residence**		
城镇常住居民人均房屋建筑面积（平方米）	Per Capita Residential Floor Space of Urban Residents (sq.m)		
农村常住居民人均住房面积（平方米）	Per Capita Living Space of Rural Residents (sq.m)		
工资和收入	**Wages and Income**		
城镇非私营单位在岗职工工资总额（亿元）	Total Wages of On-post Staff and Workers of Urban Non-private Units (100 million yuan)	145.49	173.23
城镇非私营单位在岗职工平均工资（元）	Average Wages of On-post Staff and Workers of Urban Non-private Units(yuan)	5010	8020
城镇常住居民人均可支配收入（元）	Per Capita Disposable Income of Urban Residents (yuan)	5023	6152
农村常住居民人均可支配收入（元）	Per Capita Disposable Income of Rural Residents (yuan)	1479	1900
卫 生	**Public Health**		
医院、卫生院（个）	Hospitals and Health Centers (unit)	2567	2250
卫生技术人员（人）	Medical Technical Personnel (person)	87542	88619
#执业（助理）医师	Licensed (Assistant) Doctors	30733	44940
卫生机构床位数（张）	Number of Beds in Health Care Institutions (bed)	66339	65666
市政建设	**Municipal Construction**		
供水总量（万立方米）	Water Supply (10 000 cu.m)	84548	70722
天然气供气总量（万立方米）	Natural Gas Supply (10 000 cu.m)	111980	75257
排水管道长度（公里）	Length of Draining Pipelines (km)	1857	2806
道路长度（公里）	Length of Urban Roads (km)	2652	3299
公园绿地面积（公顷）	Public Green Areas (hectare)	1104	1588
环 境	**Environment**		
化学需氧量排放量（万吨）	Discharged Volume of COD (10 000 tons)		
二氧化硫排放量（万吨）	Discharged Volume of SO_2 (10 000 tons)		

注：2002 年起卫生统计指标名称变更，统计口径变化，不可与往年同比；2002 年起卫生技术人员和床位不包括医学院校、卫生学校和计生站；执业（助理）医师 2002 年以前统计口径为“医生”（以下各表同）。2010 年指标卫生技术人员、执业（助理）医师为调整数，均含村卫生室。

总量指标 Aggregate Indicators				速度指标 Growth Rate								
				指 数 (2018 为以下各年) Index (2018 as percentage of the following years)					平均增长速度 (%) Average Annual Growth Rate (%)			
2005	2010	2017	2018	1996	2000	2005	2010	2017	1997-2018	2001-2005	2006-2010	2011-2015
11320	15694	13532	15270	117.3	136.4	134.9	97.3	112.8	-1.0	0.2	6.8	-1.5
4082	5409	4706	4455		128.0	109.1	82.4	94.7		3.2	5.8	-1.7
54731	76484	38600	26398		54.2	48.2	34.5	68.4		2.4	6.9	-5.3
95.96	97.39	99.22	99.27	125.8	105.9	103.4	101.9	100.1	0.8	0.5	0.3	0.3
92.49	95.71	98.96	99.04	114.8	110.2	107.1	103.5	100.1	0.7	0.6	0.7	0.6
		3.13	3.04									
		2.99	2.93									
18.32	31.25	26.54	25.88	97.9	136.1	141.3	82.8	97.5		-0.7	11.3	-1.4
5.65	9.49	13.35	13.62	810.7	658.0	241.1	143.5	102.0		22.2	10.9	4.8
		35.28	36.53									
		54.81	53.93									
345.82	862.95	2668.11	2903.79	1995.9	1676.3	839.7	336.5	108.8	14.6	14.8	20.1	22.4
16630	35326	73272	81764	1632.0	1019.5	491.7	231.5	111.6	13.5	15.7	16.3	11.9
9700	16032	32193	34889	640.9	523.3	331.9	200.8			9.5	10.6	11.1
2842	5378	12638	13781	854.4	665.0	444.7	235.0			8.4	13.6	14.3
1463	1449	1640	1684	65.6	74.8	115.1	116.2	102.7				
78780	111079	191254	209237	239.0	236.1	265.6	188.4	109.4				
37321	47969	68419	76361	248.5	169.9	204.6	159.2	111.6				
64674	103624	206080	220104	331.8	335.2	340.3	212.4	106.8				
80465	103949	149888	162207	191.9	229.4	201.6	156.0	108.2	3.0	2.6	5.3	5.4
210128	309480	491352	518574	463.1	689.1	246.8	167.6	105.5	7.2	22.8	8.1	4.1
5600	9663	19575	21323	1148.2	759.9	380.8	220.7	108.9	11.7	14.8	11.5	9.9
4595	6733	10427	10662	402.0	323.2	232.0	158.4	102.3	6.5	6.9	7.9	6.2
4969	17762	27999	28330	2566.1	1784.0	570.1	159.5	101.2	15.9	25.6	29.0	7.6
		25.27	24.78									
		25.34	23.72									

Note: Due to the changes of names and statistic scopes of the indicators of public health since 2002, the indicators are not comparable with the data in previous years: since 2002, the medical technical personnel and the number of beds have no longer included the data of medical universities, health schools and family plan service stations; the indicator of licensed (assistant) doctor was formerly "doctor" before 2002 (the same for the tables below). The data of medical technical personnel and licensed (assistant) doctors are adjusted data, with village health stations included.

表 1.3 国民经济和社会发展结构指标
COMPOSITION INDICATORS ON NATIONAL ECONOMIC AND SOCIAL DEVELOPMENT

单位：% (%)

指 标	Item	1996	2000	2005	2010	2017	2018
人口与就业	**Population and Employment**						
人 口	**Population**						
城镇乡村人口结构	By Urban and Rural Areas	100.0	100.0	100.0	100.0	100.0	100.0
城 镇	Urban	29.5	35.6	45.2	53.0	64.1	65.5
乡 村	Rural	70.5	64.4	54.8	47.0	35.9	34.5
性别结构	By Sex	100.0	100.0	100.0	100.0	100.0	100.0
男	Male	51.0	51.3	50.4	50.6	50.4	50.4
女	Female	49.0	48.7	49.6	49.4	49.6	49.6
就 业	**Employment**						
产业结构	By Industry	100.0	100.0	100.0	100.0	100.0	100.0
第一产业	Primary Industry	58.3	55.4	46.6	40.3	27.7	27.2
第二产业	Secondary Industry	18.6	17.5	19.4	22.9	26.9	25.9
第三产业	Tertiary Industry	23.1	27.1	34.0	36.8	45.4	46.9
登记注册类型结构	By Status of Registration	100.0	100.0	100.0	100.0	100.0	100.0
国有经济	State-owned	11.5	9.0	8.5	8.1	6.9	6.6
集体经济	Collective-owned	71.5	66.8	56.5	45.5	28.2	27.4
私营和个体	Private and Individuals	16.3	22.0	30.0	37.9	48.5	50.0
其他经济	Others	0.7	2.2	5.0	8.5	16.4	16.0
宏观经济	**Macroeconomic Indicators**						
国民经济核算	**National Economic Accounting**						
本市生产总值结构	GDP by Industry	100.0	100.0	100.0	100.0	100.0	100.0
第一产业	Primary Industry	21.9	15.9	13.3	8.3	6.6	6.8
第二产业	Secondary Industry	43.3	42.4	45.3	44.9	44.2	40.9
#工 业	Industry	38.2	35.4	37.5	36.6	33.9	29.5
第三产业	Tertiary Industry	34.8	41.7	41.4	46.8	49.2	52.3
固定资产投资	**Investment in Fixed Assets**						
产业结构	By Industry	100.0	100.0	100.0	100.0	100.0	100.0
第一产业	Primary Industry	0.7	1.4	2.2	3.8	2.8	1.6
第二产业	Secondary Industry	36.1	21.7	29.2	35.0	33.8	23.6
第三产业	Tertiary Industry	63.2	76.9	68.6	61.2	63.4	74.8

表 1.3 续表 1 continued 1

单位：% (%)

指 标	Item	1996	2000	2005	2010	2017	2018
财 政	**Government Finance**						
一般公共预算收入结构	General Public Budget Revenue					100.0	100.0
#市 级	Municipal Level					36.6	37.9
产 业	**Industry**						
农 业	**Agriculture**						
农林牧渔业产值结构	Gross Output Value of Farming, Forestry, Animal Husbandry and Fishery	100.0	100.0	100.0	100.0	100.0	100.0
农 业	Farming	63.9	59.3	54.1	61.2	61.3	63.0
林 业	Forestry	2.7	2.6	3.0	3.1	4.5	4.9
牧 业	Animal Husbandry	30.9	34.4	37.7	31.5	27.5	25.3
渔 业	Fishery	2.5	3.7	3.6	2.8	5.0	4.9
农林牧渔服务业	Agricultural Services			1.6	1.4	1.8	1.9
工 业	**Industry**						
规模以上工业增加值结构	Value-added of Industrial Enterprises above Designated Size	100.0	100.0	100.0	100.0	100.0	100.0
轻工业	Light Industry	28.9	36.1	34.2	30.1	27.6	23.9
重工业	Heavy Industry	71.1	63.9	63.8	69.9	72.4	76.1
运输业	**Transportation**						
货运量结构	Freight Traffic	100.0	100.0	100.0	100.0	100.0	100.0
铁 路	Railway	6.7	6.7	4.9	2.8	1.6	1.3
公 路	Highway	83.1	88.1	85.1	85.3	82.4	83.5
水 运	Waterway	10.2	5.2	9.9	11.9	16.0	15.2
国内商业	**Domestic Trade**						
社会消费品零售总额结构	Retail Sales of Consumer Goods	100.0	100.0	100.0	100.0	100.0	100.0
#市	City	58.9	57.0	58.2			
县	County	12.3	13.2	13.3			
县以下	Below County Level	28.8	29.8	28.5			
#城 镇	Urban				94.5	94.8	94.7
乡 村	Village				5.5	5.2	5.3
对外经济贸易	**Foreign Economic Relations and Trade**						
实际利用外资结构	Actual Utilization of Foreign Capital	100.0	100.0	100.0	100.0	100.0	100.0
#外商直接投资	Foreign Direct Investment	49.6	70.8	73.2	47.8	21.8	31.6
外商其他投资	Other Foreign Investment	3.4	0.4	0.8	0.4	17.1	16.0
进出口总值结构	Imports and Exports	100.0	100.0	100.0	100.0	100.0	100.0
出 口	Exports	37.4	55.7	58.7	60.3	64.0	65.0
进 口	Imports	62.6	44.3	41.3	39.7	36.0	35.0
旅 游	**Tourism**						
国际旅游人数结构	International Tourists	100.0	100.0	100.0	100.0	100.0	100.0
#外国人	Foreigners	66.9	72.5	79.8	75.9	60.7	56.7
港澳台同胞	Compatriots from Hongkong, Macao and Taiwan	32.9	27.5	20.2	24.1	39.3	43.3

注：2007 年起，外商直接投资为上报国家商务部口径。
Note: The data of foreign direct investment has become the data reported to the Ministry of Commerce since 2007.

表 1.3 续表 2 continued 2

单位：% (%)

指 标	Item	1996	2000	2005	2010	2017	2018
生活、环境	**Living Standards and Environment**						
生 活	**Living Standards**						
城镇常住居民人均可支配收入结构	Per Capita Disposable Income of Urban Residents	100.0	100.0	100.0	100.0	100.0	100.0
工资性收入	Income from Wages and Salaries	88.1	76.5	73.9	65.8	57.0	57.5
经营净收入	Income from Household Operations	0.5	1.1	5.2	8.2	11.4	11.4
财产净收入	Income from Properties	1.0	2.4	3.5	5.7	7.4	7.3
转移净收入	Income from Transfers	10.7	20.0	17.4	20.3	24.2	23.9
农村常住居民人均可支配收入结构	Per Capita Disposable Income of Rural Residents	100.0	100.0	100.0	100.0	100.0	100.0
工资性收入	Income from Wages and Salaries	18.7	31.4	33.1	28.9	34.8	35.2
经营净收入	Income from Household Operations	69.8	62.0	57.4	43.3	35.5	34.9
财产净收入	Income from Properties	2.2	0.5	1.1	1.6	2.4	2.4
转移净收入	Income from Transfers	9.4	6.2	8.5	26.2	27.3	27.5
卫 生	**Public Health**						
卫生技术人员结构	Medical Technical Personnel (person)	100.0	100.0	100.0	100.0	100.0	100.0
#执业（助理）医师	Licensed (Assisstant) Doctors	35.1	50.7	47.4	41.6	35.8	36.5
注册护士	Registered Nurses	22.0	23.4	26.5	34.7	44.3	45.5
卫生机构床位结构	Beds in Health Care Institutions		100.0	100.0	100.0	100.0	100.0
#医 院	Hospitals		59.0	68.8	62.6	72.9	73.7
环 境	**Environment**						
治理工业污染资金使用结构	Uses of Fund in Industrial Pollution Control		100.0	100.0	100.0	100.0	100.0
治理废水	Waste Water Control		48.1	49.9	48.7	9.7	23.8
治理废气	Waste Gas Control		41.9	42.1	35.3	73.6	44.7
治理固体废物	Solid Waste Control		3.8	2.3	4.1	1.0	1.2
治理噪声	Noise Control		0.8	1.7	0.6	2.8	0.9
其 他	Others		5.4	4.0	11.2	12.9	29.5

表 1.4 人均主要社会经济活动水平
PER CAPITA MAIN SOCIAL AND ECONOMIC ACTIVITIES

单位：元 (yuan)

指 标	Item	1996	2000	2005	2010	2017	2018
国民经济核算	**National Economic Accounting**						
本市生产总值	Gross Domestic Product	4574	6274	12470	27709	63442	65933
主要农产品产量（公斤）	**Output of Major Farm Products (kg)**						
粮 食	Grain	389	367	369	350	344	317
油 料	Oil-bearing Crops	11	10	13	13	19	19
猪 肉	Pork	38	40	49	42	38	39
水产品	Aquatic Products	5	6	8	7	15	16
水 果	Fruit	19	27	49	72	132	127
主要工业产品产量（规模以上工业）	**Output of Major Industrial Products (Industrial Enterprises over Designated Size)**						
天然气（立方米）	Natural Gas (cu.m)	87	126	181	204	362	314
发电量（千瓦时）	Electricity (kwh)	427	545	741	1383	2245	2223
钢 材（公斤）	Steel Products (kg)	39	51	93	212	298	349
铝 材（公斤）	Aluminum Products (kg)	2	5	12	31	61	57
水 泥（公斤）	Cement (kg)	215	455	665	1392	2072	1933
啤 酒（升）	Beer (liter)	9	16	17	23	26	21
卷 烟（支）	Cigarettes (unit)	1507	1115	1255	1517	1371	1528
国内商业	**Domestic Trade**						
社会消费品零售总额	Retail Sales of Consumer Goods	1734	2522	4392	10624	26349	25828
财政、金融	**Government Finance and Financial Intermediation**						
一般公共预算收入	General Public Budget Revenue					6645	6656
一般公共预算支出	General Public Budget Expenditure					12792	13341
人均住户存款	Per Capita of Savings Deposit of RMB					42384	46736
职工工资、居民收入	**Wages and Income**						
城镇非私营单位就业人员平均工资	Average Wages of Employeed Persons of Urban Non-private Economic Units		8016	16583	34727	70889	78928
城镇非私营单位在岗职工平均工资	Average Wages of On-post Staff and Workers of Urban Non-private Economic Units	5010	8020	16630	35326	73272	81764
城镇常住居民人均可支配收入	Per Capita Disposable Income of Urban Residents	5023	6152	9700	16032	32193	34889
农村常住居民人均可支配收入	Per Capita Disposable Income of Rural Residents	1479	1900	2842	5378	12638	13781

注：1) 本市人均生产总值、人均社会消费品零售总额按常住人口计算，城镇、农村居民收入为抽样调查数，其他人均指标均按户籍人口计算。
2) 畜牧业数据自 2007 年起根据第三次农业普查数据进行了调整。

Note: a) The Per capita GDP and the per capita ris calculated by permanent population; the per capita income of urban and rural residents is the data of sample survey; and other per capita indicators in this talbe are based on registered population.
b) Since 2007, the data of poultry eggs has been adjusted in accordance with the 3rd agricultural census.

表 1.5 平均每天主要社会经济活动
SELECTED INDICATORS ON AVERAGE DAILY SOCIAL AND ECONOMIC ACTIVITIES

指 标	Item	1996	2000	2005	2010	2017	2018
每天创造的财富	**Daily Production**						
本市生产总值（万元）	Gross Domestic Product (10 000 yuan)	36031	49068	95513	218013	532184	557896
第一产业	Primary Industry	7878	7805	12696	18058	34961	37761
第二产业	Secondary Industry	15589	20823	43224	97919	235195	228186
#工 业	Industry	13755	17369	35820	79797	180468	164321
第三产业	Tertiary Industry	12564	20441	39593	102036	262028	291949
一般公共预算收入（万元）	General Public Budget Revenue					61709	62070
粮 食（吨）	Grain (ton)	32113	30992	32005	31675	31977	29571
油 料（吨）	Oil-bearing Crops (ton)	647	851	1170	1218	1763	1745
猪 肉（吨）	Pork (ton)	3128	3355	3958	3812	3561	3621
水产品（吨）	Aquatic Products (ton)	385	549	687	615	1411	
天然气（万立方米）	Natural Gas (10 000 cu.m)	715	1068	1564	1849	3050	2925
发电量（万千瓦小时）	Electricity (10 000 kwh)	3527	4600	6412	12513	18918	20728
钢 材（吨）	Steel Products (ton)	3221	4301	8074	19176	25130	32539
水 泥（吨）	Cement (ton)	17774	38432	57553	125974	174546	180207
汽 车（辆）	Motor Vehicles (unit)	340	674	1155	4427	8214	5618
#轿 车	Cars	37	132	420	2333	2327	1271
摩托车（辆）	Motorcycles (unit)	4859	5235	11530	23267	16320	10661
每天消费量	**Daily Consumption**						
一般公共预算支出（万元）	General Public Budget Expenditure					118802	124410
社会消费品零售总额（万元）	Total Retail Sales of Consumer Goods (10 000 yuan)	13661	19725	33638	83592	221032	218548
每天其他经济活动	**Other Daily Economic Activities**						
客运量（万人）	Passenger Traffic (10 000 persons)	116.08	156.08	165.58	347.41	173.42	174.34
货运量（万吨）	Freight Traffic (10 000 tons)	66.68	73.57	107.40	222.97	316.02	351.33
港口货物吞吐量（万吨）	Cargo Throughput of Ports (10 000 tons)	2.95	6.71	14.39	26.49	54.03	56.01
邮电业务收入（万元）	Business Revenue from Postal and Telecommunication Services (10 000 yuan)	458.39	1491.42	3073.23	4906.32	9612.33	10103.81
进出口总额（万美元）	Total Imports and Exports (USD 10 000)	434.36	489.17	1176.12	3404.38	18247.65	21654.83
出 口	Exports	162.64	272.66	690.56	2051.78	11670.96	14075.92
进 口	Imports	271.72	216.51	485.56	1352.60	6576.69	7578.91
实际利用外资（万美元）	Actual Utilization of Foreign Capital (USD 10 000)	120.96	94.61	192.94	1745.21	2789.74	2814.64
接待入境旅游人数（人次）	Number of Overseas Vistior Arrival Received (person-time)	443	729	1435	3754	9818	10631
旅行社组织出境旅游人数（人次）	Number of Outbound Tourists Organized by Travel Agencies (person-time)			201	623	5652	5525

注：2006 年以前工业产品产量为国有及规模以上非国有工业企业数，2007 年起为规模以上工业企业数，2015 年起天然气和发电量为全口径工业企业数据。
Note: The output of industrial products before 2006 is based on the state-owned industrial enterprises and non-state-owned industrial enterprises above designated size; while it is based on the industrial enterprises above designated size since 2007. And the data of natural gas and electricity about the industrial enterprises are those of full coverage since 2015.

表 1.6 各部门机构数（2017 – 2018 年）
GRASSROOTS UNITS IN VARIOUS SECTORS (2017-2018)

单位：个 (unit)

指 标	Item	2017	2018
农村基层单位	**Rural Grassroots Units**		
乡政府	Township Governments	182	177
镇政府	Town Governments	626	627
居委会	Neighborhood Committees	3055	3128
工　业（规模以上）	**Industry (above Designated Size)**	**6684**	**6438**
#国有及国有控股	State-owned and State-holding	511	520
建筑业	**Construction Enterprises**	**2908**	**2968**
邮政局所	**Postal Offices**	**1781**	**1772**
批发零售业和住宿餐饮业（限额以上）	**Wholesale & Retail and Hotels & Catering Trades above Designated Size**		
批发业企业	Wholesale Enterprises	2453	2289
零售业企业	Retail Enterprises	3537	3203
住宿业企业	Hotels Enterprises	461	461
餐饮业企业	Catering Enterprises	1395	1224
教育事业	**Education**		
普通高等学校	Regular Institutions of Higher Education	65	65
普通中学	Regular Secondary Schools	1118	1122
小　学	Primary Schools	2954	2893
幼儿园	Kindergartens	5210	5607
特殊教育	Special Education	36	38
文化机构数	**Cultural Institutions**		
#艺术业	Art Institutions	1307	1614
文物事业	Cultural Relic Institutions	140	145
图书馆事业	Public Libraries	43	43
群众文化事业	Mass Cultural Institutions	1066	1068
出版、发行事业	**Publishing and Distribution Establishments**		
出版社	Publishing Houses	3	3
书刊印刷厂	Printing Houses	78	70
国有书店	State-owned Book Stores	267	39
卫生事业	**Health Care**		
#医院、卫生院	Hospitals, Health Centers	1640	1684
社会福利	**Social Welfare**		
#提供住宿的社会服务机构	Social Service Institutions with Accommodation	745	810
不提供住宿的社会服务机构	Social Service Institutions without Accommodation	8144	8424

注：国有书店统计口径发生变，与往年不可比。
Note: The statistical scope of state-owned book stores has been changed, so the data are incomparable with the previous year.

重/庆/统/计/年/鉴

主要统计指标解释

行政区划

指国家对行政区域的划分。根据宪法规定，我国的行政区划分如下：(1) 全国分为省、自治区、直辖市；(2) 省、自治区分为自治州、县、自治县、市；(3) 自治州分为县、自治县、市；(4) 县、自治县分为乡、民族乡、镇；(5) 直辖市和较大的市分为区、县；(6) 国家在必要时设立的特别行政区。

可比价格

指计算各种总量指标所采用的扣除了价格变动因素的价格，可进行不同时期总量指标的对比。按可比价格计算总量指标有两种方法：一种是直接用产品产量乘某一年的不变价格计算；另一种是用价格指数进行缩减。

不变价格

指以同类产品某年的平均价格作为固定价格，用于计算各年的产品价值。按不变价格计算的产品价值消除了价格变动因素，不同时期对比可以反映生产的发展速度。新中国成立后，随着工农业产品价格水平的变化，国家统计局先后五次制定了全国统一的工业产品不变价格和农业产品不变价格。从 1952 年到 1957 年使用 1952 年工（农）业产品不变价格，从 1957 年到 1970 年使用 1957 年不变价格，从 1971 年到 1980 年使用 1970 年不变价格，从 1981 年到 1990 年使用 1980 年不变价格，从 1991 年开始使用 1990 年不变价格。

平均增长速度

平均增长速度表明社会经济现象在一个较长的时期内逐期平均增长变化的程度，它不能根据各个环比增长速度直接求得，但与平均发展速度之间存在着一定的数量关系：平均增长速度＝平均发展速度－1。

平均发展速度是一种根据环比发展速度计算的序时平均数，由于各时期对比的基础不同，所以计算平均发展速度不能采用一般的序时平均数的计算方法，计算方法分为水平法和累计法。水平法，又称几何平均法，即将环比发展速度按连乘法用几何平均数公式计算。累计法，也称方程法，根据一段时期内各年发展水平总和与基期水平的关系，列出方程式计算平均发展速度。水平法着重考虑最后一年所达到的发展水平；累计法着重考虑整个时期累计发展水平的总量。

本《年鉴》内所列的平均增长速度，除固定资产投资用“累计法”计算外，其余均用“水平法”计算。从某年到某年平均增长速度的年份，均不包括基期年在内。如建国四十三年以来的平均增长速度是以 1949 年为基期计算的，则写为 1950-1992 年平均增长速度，其余类推。

国民经济行业分类

自 2012 年定期报表开始使用新的《国民经济行业分类》（GB/T4754-2011）。该分类是由国家统计局组织修订，国家质量监督检验检疫总局和中国国家标准化管理委员会于 2011 年 4 月 29 日发布。这次修订是在 2002 年分类标准的基础上，参照联合国《全部经济活动的国际标准产业分类》（ISIC/Rev.4）进行的。修订后的《国民经济行业分类》（GB/T4754-2012）共有门类 20 个，大类 96 个，中类 432 个，小类 1094 个。

企业（单位）登记注册类型

是以在工商行政管理机关登记注册的各类企业为划分对象，以工商行政管理部门对企业登记注册的类型为依据，将企业登记注册类型分为内资企业、港澳台商投资企业和外商投资企业三大类。内资企业包括国有企业、集体企业、股份合作企业、联营企业、有限责任公司、股份有限公司、私营公司和其他企业，港澳台商投资企业和外商投资企业分别包括合资经营企业、合作经营企业、独资经营企业和股份有限公司。对不在工商行政管理部门进行登记注册的行政机关、事业单位和社会团体，主要按其经费来源和管理方式进行划分。

国有企业

指企业全部资产归国家所有，并按《中华人民共和国企业法人登记管理条例》规定登记注册的非公司制

主要统计指标解释

的经济组织。不包括有限责任公司中的国有独资公司。

■ 集体企业

指企业资产归集体所有，并按《中华人民共和国企业法人登记管理条例》规定登记注册的经济组织。

■ 股份合作企业

指以合作制为基础，由企业职工共同出资入股，吸收一定比例的社会资产投资组建，实行自主经营，自负盈亏，共同劳动，民主管理，按劳分配与按股份红相结合的一种集体经济组织。

■ 联营企业

指两个及两个以上相同或不同所有制性质的企业法人或事业单位法人，按自愿、平等、互利的原则，共同投资组成的经济组织。联营企业包括国有联营企业、集体联营企业、国有与集体联营企业和其他联营企业。

■ 有限责任公司

指根据《中华人民共和国公司登记管理条例》规定登记注册，由两个以上、五十个以下的股东共同出资，每个股东以其所认缴的出资额对公司承担有限责任，公司以其全部资产对其债务承担责任的经济组织。有限责任公司包括国有独资公司以及其他有限责任公司。

■ 股份有限公司

指根据《中华人民共和国公司登记管理条例》规定登记注册，其全部注册资本由等额股份构成并通过发行股票筹集资本，股东以其认购的股份对公司承担有限责任，公司以其全部资产对其债务承担责任的经济组织。

■ 私营企业

指由自然人投资设立或由自然人控股，以雇用劳动为基础的营利性经济组织。包括按照《公司法》、《合伙企业法》、《私营企业暂行条例》规定登记注册的私营有限责任公司、私营股份有限公司、私营合伙企业和私营独资企业。

■ 其他企业

指上述企业之外的其他内资经济组织。

■ 合资经营企业（港或澳、台资）

指港澳台地区投资者与内地企业依照《中华人民共和国中外合资经营企业法》及有关法律的规定，按合同规定的比例投资设立、分享利润和分担风险的企业。

■ 合作经营企业（港或澳、台资）

指港澳台地区投资者与内地企业依照《中华人民共和国中外合作经营企业法》及有关法律的规定，依照合作合同的约定进行投资或提供条件设立、分配利润和分担风险的企业。

■ 港澳台商独资经营企业

指依照《中华人民共和国外资企业法》及有关法律的规定，在内地由港澳台地区投资者全额投资设立的企业。

■ 港澳台商投资股份有限公司

指根据国家有关规定，经外经贸部依法批准设立，其中港、澳、台商的股本占公司注册资本的比例达25%以上的股份有限公司。凡其中港、澳、台商的股本占公司注册资本的比例小于25%的，属于内资企业中的股份有限公司。

■ 中外合资经营企业

指外国企业或外国人与中国内地企业依照《中华人民共和国中外合资经营企业法》及有关法律的规定，按合同规定的比例投资设立、分配利润和分担风险的企业。

■ 中外合作经营企业

指外国企业或外国人与中国内地企业依照《中华人民共和国中外合作经营企业法》及有关法律的规定，依照合作合同的约定进行投资或提供条件设立、分配利润和分担风险的企业。

■ 外资企业

指依照《中华人民共和国外资企业法》及有关法律的规定，在中国内地由外国投资者全额投资设立的企业。

主要统计指标解释

■ 外商投资股份有限公司

指根据国家有关规定，经原外经贸部依法批准设立，其中外资的股本占公司注册资本的比例达25%以上的股份有限公司。凡其中外资股本占公司注册资本的比例小于25%的，属于内资企业中的股份有限公司。

■ 行政机关、事业单位和社会团体

参照企业登记注册类型，主要按其经费来源和管理方式划分。具体规定如下：

⑴行政机关：包括国家机关和政党机关，原则上均列为“国有”。但有特殊规定的，如供销社等，则列为“集体”。

⑵事业单位：包括经国家机构编制部门和有关业务主管部门批准成立的各类事业单位，不包括实行企业化管理的事业单位。事业单位的划分办法如下：

①由国家财政预算拨款或列入财政预算外资金管理以及经费主要来源于国有主管部门或国有上级单位的事业单位，列为“国有”。

②经费主要来源于集体单位的事业单位，列为“集体”。

③公民个人（或个人合伙）开办的事业单位，列为“私营”。

④上述以外的其他事业单位，如果其经费来源不明确，按管理方式进行归类。

⑶社会团体：包括经民政部门批准成立以及未纳入社会团体管理条例范围的工会、妇联等各类社会团体。社会团体的划分办法如下：

①未纳入民政部社会团体管理条例范围的工会、妇联、共青团、青联、工商联、科协、侨联等社会团体，国家拨款设立的基金会或基金管理组织以及经费主要来源于国有业务主管部门或国有上级单位的社会团体，列为“国有”。

②经费主要来源于集体单位的社会团体，列为“集体”。

③公民个人（或个人合伙）开办的社会团体，划为“私营”。

④上述以外的其他社会团体，如果其经费来源不明确，改按管理方式进行归类。

其他港澳台商投资企业 指在中国境内参照《外国企业或个人在中国境内设立合伙企业管理办法》和《外商投资合伙企业登记管理规定》，依法设立的港、澳、台商投资合伙企业等。

其他外商投资企业 指在中国境内依照《外国企业或个人在中国境内设立合伙企业管理办法》和《外商投资合伙企业登记管理规定》，依法设立的外商投资合伙企业等。

Explanatory Notes on Main Statistical Indicators

Division of Administrative Areas

Refers to the division of administrative areas by the state. The relative laws stipulate that1) the whole country is divided into provinces, autonomous regions and municipalities directly under the Central Government; 2) provinces and autonomous regions are further divided into autonomous prefectures, counties, autonomous counties and cities; 3) autonomous prefectures are divided into counties, autonomous counties and cities; 4) counties and autonomous counties are further divided into townships, ethnic townships and towns; 5) municipalities and large cities are divided into districts and counties; 6) the state shall, when necessary, establish special administrative regions.

Comparable Prices

Refer to prices that are used to remove the factors of price change in calculating economic aggregates, so as to facilitate comparison of aggregates over time. Two methods are used for calculating economic aggregates at comparable prices: (a) Multiplying the output of products by their constant prices of certain year. (b) Deflation of data at current prices by relevant price index.

Constant Price

Refers to the average price of a given product in certain year, which is used for comparison of output value over time. As the output value at constant prices removers the factor of price changes, it reflects the trend of production development over time. Since 1949,with the changes in general price level, the State Statistical Bureau has issued nationally unified constant prices five times: the 1952 constant prices for 1949-1957;the 1957 constant prices for 1957-1971;the 1970 constant prices for 1971-1981;the 1980 constant prices for 1981-1990; and the 1990 constant prices have been used since 1991.

Average Annual Growth Rate

Shows the average growth rate of social and economic development during a longer period. It can not be directly calculated by chain based growth rate. The relation is:

Average Annual Growth Rate = Average Speed of Development – 1

Average speed of development is the time series average of speed which calculated by chain based. Because the reference bases during the different periods are not same, average speed of development can not be calculated by the general method. Level approach and accumulative approach for calculating average speed of development rate are applied. The “level approach”, or the method of calculating the geometric average, is derived by the formula of geometric average of the chain-based speeds of development, or comparing the level of the last year of the interval with that of the beginning year; the other is called the “accumulative approach” or the “algebraic average”, “equation” method, which is derived by the summation of the actual figure of each year in the interval divided by the figure in the base year. The level approach focuses on the level of the last year, while the accumulative approach emphasizes the aggregate development in the duration.

The average annual growth rates listed in the Yearbook are calculated by the level approach except for the growth rate of investment in fixed assets. The base year is not listed in the duration for which average annual growth rates are computed. For instance, the average annual growth rate of the 43 years since 1949 is shown as the average annual growth rate of 1950-1992 without showing the base year 1949.

Industrial Classification of the National Economy

The new Industrial Classification of the National Economy (GB/T 4754-2011) is introduced starting from the compilation of 2012 annual statistics. The revision, based on the 2002 classification, was organized by the National Bureau of Statistics taking into consideration of the International Standards of the Industrial Classification of All Economic Activities (ISIC/Rev.4) of the United Nations. The new Classification was promulgated by the National Administration of Quality Supervision, Inspection and Quarantine and the Standardization Administration of the People's Republic of China on April 29, 2011. The revised version of the Industrial Classification of the National Economy (GB/T 4754-2012) is composed of 20 sections, 96 divisions, 432 groups and 1094 classes.

EXPLANATORY NOTES TO MAJOR STATISTICAL INDICATORS

Registration Status of Enterprises

Is classified into 3 categories, namely domestic-funded enterprises, enterprises with foreign investment, in the light of the registration status of an enterprise in industrial and commercial administration agencies. Domestic-funded enterprises include state-owned enterprises, collective-owned enterprises, cooperative enterprises, joint ownership enterprises, limited liability corporations, share-holding corporations Ltd., private enterprises and other enterprises. Included in the enterprises with investment from Hong Kong, Macao and Taiwan and enterprises with foreign investment are joint-venture enterprises, cooperative enterprises, sole investment enterprises and share-holding corporations Ltd. For government agencies, institutions and social organizations that are not requested to register in industrial and commercial administration agencies, they are classified mainly by their sources of funds and way of management.

State-owned Enterprises

Refer to non-corporation economic units where the entire assets are owned by the state and which have registered in accordance with the *Regulation of the People's Republic of China on the Management of Registration of Corporate Enterprises.* Excluded from this category are sole state-funded corporations in the limited liability corporations.

Collective-owned Enterprises

Refer to economic units where the assets are owned collectively and which have registered in accordance with the *Regulation of the People's Republic of China on the Management of Registration of Corporate Enterprises.*

Cooperative Enterprises

Refer to a form of collective economic units (enterprises) where capitals come mainly from employees as their shares, with certain proportion of capital from the outside, where production is organized on the basis of independent operation, independent accounting for profits and losses, joint work, democratic management, and a distribution system that integrates remuneration according to work with dividend according to capital share.

Joint Ownership Enterprises

Refer to economic units established by two or more corporate enterprises or corporate institutions of the same or different ownership, through joint investment on the basis of equality, voluntary participation and mutual benefits. They include state joint ownership enterprises, collective joint ownership enterprises, Joint State-collective Enterprises, other joint ownership enterprises.

Limited Liability Corporations

Refer to economic units established with investment from 2-50 investors and registered in accordance with *the Regulation of the People's Republic of China on the Management of Registration of Corporations*, each investor bearing limited liability to the corporation depending on its share of investment, and the corporation bearing liability to its debt to the maximum of its total assets. Limited liability corporations include exclusive state-funded limited liability corporations and other limited liability corporations.

Share holding Corporations Ltd.

Refer to economic units registered in accordance with the *Regulation of the People's Republic of China on the Management of Registration of Corporations*, with total registered capitals divided into equal shares and raised through issuing stocks. Each investor bears limited liability to the corporation depending on the holding of shares, and the corporation bears liability to its debt to the maximum of its total assets.

Private Enterprises

Refer to profit-making economic units invested and established by natural persons, or controlled by natural persons using employed labor. Included in this category are private limited liability corporations, private share-holding corporations Ltd., private partnership enterprises and private-funded enterprises registered in accordance with the *Corporation Law, Partnership Enterprises Law and Interim Regulations on Private Enterprise.*

Other Domestic-funded Enterprises

Refer to domestic-funded economic units other than those mentioned above.

EXPLANATORY NOTES TO MAJOR STATISTICAL INDICATORS

Joint Venture Enterprises (Funds are from Hong Kong, Macao or Taiwan.)

Are enterprises established by investors from Hong Kong, Macao and Taiwan with enterprises in the mainland of China in accordance with the *Law of the People's Republic of China on Sino-foreign Equity Joint Ventures* and other relevant laws, where the establishment of the investment and the sharing of profits and risks are stipulated under joint venture contracts.

Cooperative Enterprises (Funds are from Hong Kong, Macao or Taiwan.)

Are enterprises established by investors from Hong Kong, Macao and Taiwan with enterprises in the mainland of China in accordance with the *Law of the People's Republic of China on Sino-foreign Contractual Joint Venture* and other relevant laws, where the investment or provision of facilities and the sharing of profits and risks are stipulated under cooperative contracts.

Enterprises with Sole (exclusive) Investment from Hong Kong, Macau and Taiwan

Refer to enterprises established in the mainland of China with exclusive investment from investors from Hong Kong, Macau and Taiwan in accordance with the *Law of the People's Republic of China on Foreign-Funded Enterprises and other relevant laws.*

Share-holding Corporations Ltd. with Investment from Hong Kong, Macau and Taiwan

Refer to share-holding corporations Ltd. established with the approval from the former Ministry of Foreign Trade and Economic Relations in line with relevant state regulations, where the share of investment from Hong Kong, Macau or Taiwan businessmen exceeds 25% of the total registered capital of the corporation. In case the share of investment from Hong Kong, Macau or Taiwan is less than 25% of the total registered capital, the enterprise is to be classified as domestic-funded share-holding corporation Ltd.

Joint-venture Enterprises with Foreign Investment

Refer to enterprises jointly established by foreign enterprises or foreigners with enterprises in the mainland of China in accordance with the *Law of the People's Republic of China on Sino-foreign Joint Venture Enterprises* and other relevant laws, where the share of investment, profits and risks is stipulated in the contract.

Cooperation Enterprises with Foreign Investment

Refer to enterprises jointly established by foreign enterprises or foreigners with enterprises in the mainland of China in accordance with the *Law of the People's Republic of China on Sino-foreign Cooperative Enterprises* and other relevant laws, where the investment or provision of facilities, and the share of profits and risks is stipulated in the cooperative contract.

Enterprises with Sole (exclusive) Foreign Investment

Refer to enterprises established in the mainland of China with exclusive investment from foreign investors in accordance with the *Law of the People's Republic of China on Foreign-Funded Enterprises* and other relevant laws.

Share-holding Corporations Ltd. with Foreign Investment

Refer to share-holding corporations Ltd. established with the approval from the former Ministry of Foreign Trade and Economic Relations in line with relevant State regulations, where the share of investment from foreign investors exceeds 25% of the total registered capital of the corporation. In case the share of foreign investment is less than 25% of the total registered capital, the enterprise is to be classified as domestic-funded share-holding corporation Ltd.

Government Agencies, Institutions and Social Organizations are classified into the following categories by source of funds and manner of management taking reference of the registration status of enterprises:

(1) Government agencies: include State and party agencies, classified in principle as State-owned. There are exceptions, such as supply and marketing cooperatives which are classified as collective-owned.

(2) Institutions: include institutions of various types established with the approval by organization and staffing departments of the government, but exclude institutions where enterprise management system is introduced. Institutions are further classified as follows:

(a) Institutions for which their main budgets are from government budget appropriations or extra-budget funds, or allocated from the budget of their competent government agencies. Such institutions are classified as state-owned.

(b) Institutions for which their budget mainly come from collective units. Such institutions are classified as collective-owned.

(c) Social institutions established by individual or a group of citizens, which are classified as private.

(d) Institutions other than those mentioned above for which their sources of budget are not clear. Such institutions are classified by the manner of management.

(3) Social organizations: include social organizations established with the approval from the Ministry of Civil Affairs, and organizations that are not covered by social organization management regulations such as trade unions, women's federations etc.. Social organizations are further classified as follows:

(a) Social organizations that are not covered by social organization management regulations of the Ministry of Civil Affairs such as trade unions, women federations, communist youth leagues, youth associations, industrial and commerce associations, scientist associations, overseas Chinese associations, etc., foundations and fund management organizations established with funds from the state, and social organizations whose funds mainly come from the budget of their competent government agencies. Such institutions are classified as State-owned.

(b) Social organizations for which their budget mainly come from collective units. Such institutions are classified as collective-owned.

(c) Social organizations established by individual or a group of citizens, which are classified as private.

(d) Social organizations other than those mentioned above for which their sources of budget are not clear. Such organizations are classified by the manner of management.

Other Enterprises with Funds from Hong Kong, Macao and Taiwan refer to partnership enterprises with investments from Hong Kong, Macao and Taiwan established within the territory of China in accordance with Administrative Measures on the Establishment of Partnership Enterprises in China by Foreign Enterprises or Foreign Individuals and Regulations for the Administration of the Registration of Foreign-invested Partnership Enterprises.

Other Enterprises with Foreign Funds

Refer to partnership enterprises established within the territory of China in accordance with Administrative Measures on the Establishment of Partnership Enterprises in China by Foreign Enterprises or Foreign Individuals and Regulations for the Administration of the Registration of Foreign-invested Partnership Enterprises.

第二章·国民经济核算

NATIONAL ECONOMIC ACCOUNTING

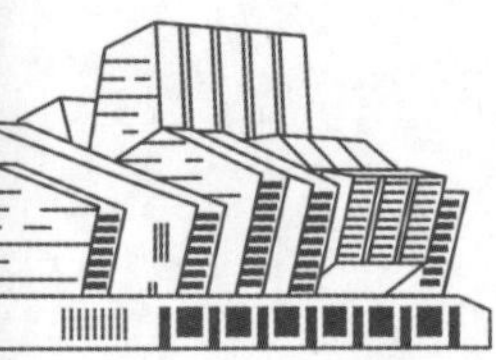

简要说明 BRIEF INTRODUCTION

本章本市生产总值资料包括各年度地区生产总值的绝对值、构成和指数，三次产业贡献率，三次产业拉动力以及重庆市各区县生产总值的指数。

本章资料由市统计局国民经济核算处提供。

The data of Gross Domestic Product (GDP) in this chapter includes the values, composition and indices of GDP in all the years, the share of the contributions of the growth of three strata of industry to the increase of the GDP, the contribution of the three strata of industry to GDP growth, and the value and indices of the GDP of all counties and districts of Chongqing.

All the data in this chapter are provided by Division of National Economic Accounting, Chongqing Municipal Bureau of Statistics.

表 2.1 地区生产总值（1949 – 1978 年）
GROSS DOMESTIC PRODUCT (1949-1978)

单位：亿元 (100 million yuan)

年 份 Year	本市生产总值 Gross Domestic Product	其 中 of which			
		第一产业 Primary Industry	第二产业 Secondary Industry	其 中 of which	
				工 业 Industry	建筑业 Construction
1949	13.89	9.74	2.71	2.50	0.21
1950	15.02	10.23	3.00	2.77	0.23
1951	15.97	10.72	3.37	3.11	0.26
1952	17.97	11.86	3.94	3.59	0.35
1953	21.26	13.57	5.63	4.96	0.67
1954	22.79	13.89	6.52	6.00	0.52
1955	23.32	13.86	7.04	6.61	0.43
1956	26.37	15.01	8.33	7.70	0.63
1957	26.56	13.12	10.03	9.45	0.58
1958	34.81	15.43	14.53	13.52	1.01
1959	38.03	12.02	20.40	18.90	1.50
1960	38.82	11.10	21.38	19.89	1.49
1961	28.96	10.35	12.52	11.90	0.62
1962	25.12	9.92	9.67	9.42	0.25
1963	27.92	12.08	10.30	9.91	0.39
1964	32.58	13.37	13.07	12.49	0.58
1965	38.29	16.21	15.79	14.74	1.05
1966	39.61	16.18	17.75	16.52	1.23
1967	34.70	15.21	13.76	12.96	0.80
1968	28.25	15.18	7.81	7.41	0.40
1969	32.79	14.75	11.96	11.23	0.73
1970	39.96	15.96	17.41	16.10	1.31
1971	45.97	16.71	22.18	20.81	1.37
1972	45.37	16.67	20.82	19.67	1.15
1973	46.32	18.14	19.66	18.24	1.42
1974	45.70	18.43	18.00	16.85	1.15
1975	53.37	18.81	24.00	22.49	1.51
1976	53.43	19.07	23.44	22.00	1.44
1977	60.22	21.74	26.99	24.98	2.01
1978	71.70	24.81	34.46	31.53	2.93

表 2.1 续表 continued

单位：亿元 (100 million yuan)

年 份 Year	其 中 of which							本市人均生产总值（元） Per Capita GDP (yuan)
	第三产业 Tertiary Industry	其 中 of which						
		批发和零售业 Wholesale and Retail Trades	交通运输、仓储及邮政业 Transport, Storage, Post	住宿和餐饮业 Hotels and Catering Services	金融业 Financial Intermediation	房地产业 Real Estate	其他服务业 Others	
1949	1.44	0.44	0.61	0.26	0.03	0.02	0.08	87
1950	1.79	0.50	0.70	0.28	0.06	0.05	0.20	91
1951	1.88	0.56	0.74	0.29	0.09	0.07	0.13	94
1952	2.17	0.64	0.83	0.31	0.06	0.08	0.25	103
1953	2.06	0.65	0.78	0.32	0.07	0.09	0.15	120
1954	2.38	0.70	0.87	0.34	0.10	0.11	0.26	124
1955	2.42	0.69	0.88	0.37	0.10	0.13	0.25	125
1956	3.03	0.81	1.08	0.44	0.13	0.14	0.43	135
1957	3.41	0.97	1.23	0.44	0.14	0.15	0.48	131
1958	4.85	1.53	1.75	0.46	0.21	0.14	0.76	170
1959	5.61	1.81	2.04	0.52	0.34	0.17	0.73	185
1960	6.34	1.82	2.04	0.53	0.57	0.16	1.22	193
1961	6.09	1.54	1.82	0.53	0.57	0.18	1.45	154
1962	5.53	1.23	1.61	0.66	0.46	0.18	1.39	139
1963	5.54	1.21	1.47	0.58	0.35	0.19	1.74	151
1964	6.14	1.52	1.70	0.52	0.58	0.18	1.64	169
1965	6.29	1.55	1.71	0.52	0.86	0.21	1.44	191
1966	5.68	1.33	1.41	0.50	0.35	0.22	1.87	191
1967	5.73	1.44	1.35	0.48	0.41	0.25	1.80	164
1968	5.26	1.18	1.22	0.46	0.56	0.30	1.54	131
1969	6.08	1.40	1.37	0.49	0.72	0.36	1.74	147
1970	6.59	1.52	1.41	0.50	0.85	0.40	1.91	172
1971	7.08	1.56	1.47	0.60	1.09	0.45	1.91	192
1972	7.88	1.72	1.61	0.66	0.96	0.52	2.41	185
1973	8.52	1.79	1.76	0.66	1.06	0.55	2.70	183
1974	9.27	1.81	1.83	0.64	1.23	0.62	3.14	177
1975	10.56	2.02	2.04	0.69	1.45	0.71	3.65	201
1976	10.92	2.04	1.94	0.67	1.59	0.78	3.90	199
1977	11.49	2.21	2.11	0.69	1.90	0.87	3.71	221
1978	12.43	2.34	2.38	0.78	2.00	0.88	4.05	287

注：本表人均生产总值按户籍人口计算。
Note: The per capita GDP hereof is calculated by registered population.

表 2.2 地区生产总值构成 (1949 － 1978 年)
COMPOSITION OF GROSS DOMESTIC PRODUCT (1949-1978)

单位：亿元 (100 million yuan)

年 份 Year	本市生产总值 Gross Domestic Product	其 中 of which			
		第一产业 Primary Industry	第二产业 Secondary Industry	其 中 of which	
				工 业 Industry	建筑业 Construction
1949	100.0	70.1	19.5	18.0	1.5
1950	100.0	68.1	20.0	18.4	1.6
1951	100.0	67.1	21.1	19.5	1.6
1952	100.0	66.0	21.9	20.0	1.9
1953	100.0	63.8	26.5	23.3	3.2
1954	100.0	60.9	28.6	26.3	2.3
1955	100.0	59.4	30.2	28.3	1.9
1956	100.0	56.9	31.6	29.2	2.4
1957	100.0	49.4	37.8	35.6	2.2
1958	100.0	44.3	41.7	38.8	2.9
1959	100.0	31.6	53.6	49.7	3.9
1960	100.0	28.6	55.1	51.2	3.9
1961	100.0	35.7	43.2	41.1	2.1
1962	100.0	39.5	38.5	37.5	1.0
1963	100.0	43.3	36.9	35.5	1.4
1964	100.0	41.0	40.1	38.3	1.8
1965	100.0	42.3	41.2	38.5	2.7
1966	100.0	40.8	44.8	41.7	3.1
1967	100.0	43.8	39.7	37.3	2.4
1968	100.0	53.7	27.6	26.2	1.4
1969	100.0	45.0	36.5	34.2	2.3
1970	100.0	39.9	43.6	40.3	3.3
1971	100.0	36.3	48.2	45.3	2.9
1972	100.0	36.7	45.9	43.4	2.5
1973	100.0	39.2	42.4	39.4	3.0
1974	100.0	40.3	39.4	36.9	2.5
1975	100.0	35.2	45.0	42.1	2.9
1976	100.0	35.7	43.9	41.2	2.7
1977	100.0	36.1	44.8	41.5	3.3
1978	100.0	34.6	48.1	44.0	4.1

表 2.2 续表 continued

单位：% (%)

年 份 Year	第三产业 Tertiary Industry	其中 of which					
		批发和零售业 Wholesale and Retail Trades	交通运输、仓储及邮政业 Transport, Storage, Post	住宿和餐饮业 Hotels and Catering Services	金融业 Financial Intermediation	房地产业 Real Estate	其他服务业 Others
1949	10.4	3.2	4.4	1.9	0.2	0.1	0.6
1950	11.9	3.3	4.7	1.9	0.4	0.3	1.3
1951	11.8	3.5	4.6	1.8	0.6	0.4	0.9
1952	12.1	3.6	4.6	1.7	0.3	0.4	1.5
1953	9.7	3.1	3.7	1.5	0.3	0.4	0.7
1954	10.5	3.1	3.8	1.5	0.4	0.5	1.2
1955	10.4	3.0	3.8	1.6	0.4	0.6	1.0
1956	11.5	3.1	4.1	1.7	0.5	0.5	1.6
1957	12.8	3.7	4.6	1.7	0.5	0.6	1.7
1958	14.0	4.4	5.0	1.3	0.6	0.4	2.3
1959	14.8	4.8	5.4	1.4	0.9	0.4	1.9
1960	16.3	4.7	5.3	1.4	1.5	0.4	3.0
1961	21.1	5.3	6.3	1.8	2.0	0.6	5.1
1962	22.0	4.9	6.4	2.6	1.8	0.7	5.6
1963	19.8	4.3	5.3	2.1	1.3	0.7	6.1
1964	18.9	4.7	5.2	1.6	1.8	0.6	5.0
1965	16.5	4.0	4.5	1.4	2.2	0.5	3.9
1966	14.4	3.4	3.6	1.3	0.9	0.6	4.6
1967	16.5	4.1	3.9	1.4	1.2	0.7	5.2
1968	18.7	4.2	4.3	1.6	2.0	1.1	5.5
1969	18.5	4.3	4.2	1.5	2.2	1.1	5.2
1970	16.5	3.8	3.5	1.3	2.1	1.0	4.8
1971	15.5	3.4	3.2	1.3	2.4	1.0	4.2
1972	17.4	3.8	3.5	1.5	2.1	1.1	5.4
1973	18.4	3.9	3.8	1.4	2.3	1.2	5.8
1974	20.3	4.0	4.0	1.4	2.7	1.4	6.8
1975	19.8	3.8	3.8	1.3	2.7	1.3	6.9
1976	20.4	3.8	3.6	1.3	3.0	1.5	7.2
1977	19.1	3.7	3.5	1.1	3.2	1.4	6.2
1978	17.3	3.3	3.3	1.1	2.8	1.2	5.6

表 2.3 地区生产总值指数（1949 – 1978 年）（上年 =100）
INDICES OF GROSS DOMESTIC PRODUCT (1949-1978) (PRECEDING YEAR =100)

年 份 Year	本市生产总值 Gross Domestic Product	其 中 of which			
		第一产业 Primary Industry	第二产业 Secondary Industry	其 中 of which	
				工 业 Industry	建筑业 Construction
1949	100.0	100.0	100.0	100.0	100.0
1950	105.7	103.0	112.5	112.0	118.2
1951	103.4	104.0	110.9	111.2	107.7
1952	109.3	107.0	115.4	113.7	135.7
1953	111.2	103.4	135.2	131.1	177.1
1954	110.6	106.0	120.1	125.1	82.3
1955	102.7	100.2	109.6	111.9	82.4
1956	113.5	105.1	127.4	125.5	157.1
1957	102.3	97.3	108.3	110.3	83.4
1958	118.9	100.7	137.4	135.7	165.6
1959	97.4	67.8	123.9	123.4	130.3
1960	111.0	74.7	133.6	134.2	127.0
1961	64.8	83.7	58.2	59.4	41.4
1962	100.0	135.4	83.3	85.4	44.7
1963	114.9	124.0	109.3	108.1	154.4
1964	115.0	106.1	124.0	123.3	144.0
1965	114.5	109.8	122.2	119.2	185.6
1966	105.9	101.9	113.3	113.0	118.1
1967	90.2	99.4	82.9	83.9	70.5
1968	84.4	106.4	66.3	66.9	57.4
1969	112.1	91.4	135.8	134.3	163.7
1970	120.7	102.6	138.9	136.8	170.1
1971	111.9	100.4	125.2	127.0	102.3
1972	100.1	101.6	95.4	96.0	85.0
1973	103.2	109.5	96.3	94.5	127.1
1974	101.6	101.6	98.8	99.6	87.4
1975	111.8	92.8	130.4	130.6	128.4
1976	95.1	98.5	89.1	89.3	86.7
1977	120.0	111.8	134.2	132.4	162.3
1978	117.1	109.9	125.8	124.6	141.3

注：本表按可比价格计算（下表同）。
Note: The indices hereof are calculated at constant prices (the same below).

表 2.3 续表 continued

年 份 Year	第三产业 Tertiary Industry	其中 of which 批发和零售业 Wholesale and Retail Trades	交通运输、仓储及邮政业 Transport, Storage, Post	住宿和餐饮业 Hotels and Catering Services	金融业 Financial Intermediation	房地产业 Real Estate	其他服务业 Others	本市人均生产总值 Per Capita GDP
1949	100.0	100.0	100.0	100.0	100.0	100.0	100.0	100.0
1950	118.6	105.6	127.6	107.4	197.3	250.4	102.5	102.2
1951	94.9	98.7	93.2	103.4	148.0	140.2	9.0	100.5
1952	120.1	116.0	113.0	106.7	65.9	114.5	380.3	106.3
1953	111.4	125.3	110.3	103.1	113.5	115.1	164.5	109.5
1954	112.4	106.4	109.3	106.1	140.1	122.2	112.6	109.1
1955	98.7	99.1	94.7	105.7	99.1	120.9	95.1	100.7
1956	118.4	113.9	118.0	118.9	130.0	111.9	132.9	109.1
1957	105.6	104.6	112.4	100.0	107.7	111.2	115.1	98.3
1958	134.9	138.0	139.0	104.5	146.7	91.6	218.4	118.6
1959	103.2	103.7	107.3	110.9	161.1	115.2	115.4	98.1
1960	101.1	102.6	102.3	102.0	163.1	90.4	122.4	113.4
1961	70.8	61.7	69.4	100.0	86.3	111.3	44.1	68.2
1962	105.1	91.9	92.0	123.1	77.8	98.5	101.0	102.8
1963	112.6	113.2	103.5	89.1	79.7	107.9	149.5	112.7
1964	109.0	97.7	102.5	89.5	173.1	95.7	124.2	110.8
1965	100.5	110.3	102.5	100.0	153.1	117.7	69.6	111.2
1966	85.3	107.2	96.8	98.0	40.8	105.2	104.2	102.8
1967	102.9	102.7	96.7	96.0	117.4	114.3	76.2	87.6
1968	101.6	84.3	98.3	95.8	136.1	121.9	76.5	81.9
1969	105.7	115.5	117.4	106.5	130.9	121.7	98.7	109.3
1970	101.9	108.1	109.6	102.0	118.5	111.6	131.7	117.2
1971	104.7	105.0	104.1	118.0	129.6	111.6	84.5	108.2
1972	111.9	110.1	110.4	108.5	88.7	114.1	111.5	97.3
1973	108.8	102.2	104.7	100.0	107.8	106.0	141.5	100.6
1974	109.0	100.5	107.3	96.9	115.8	112.8	112.7	99.1
1975	110.0	109.9	108.4	106.5	118.2	113.3	172.7	109.0
1976	104.4	100.5	105.3	98.5	109.9	108.4	80.5	94.0
1977	103.8	107.1	107.3	103.1	117.8	110.8	41.8	118.9
1978	105.1	103.5	101.7	116.4	103.7	100.4	150.8	117.2

注：本表人均生产总值按户籍人口计算。
Note: The per capita GDP hereof is calculated by registered population.

表 2.4 地区生产总值指数（1949 － 1978 年）（1949 年 =100）
INDICES OF GROSS DOMESTIC PRODUCT (1949-1978) (1949=100)

年 份 Year	本市生产总值 Gross Domestic Product	其 中 of which			
		第一产业 Primary Industry	第二产业 Secondary Industry	其 中 of which	
				工 业 Industry	建筑业 Construction
1949	100.0	100.0	100.0	100.0	100.0
1950	105.7	103.0	112.5	112.0	118.2
1951	109.3	107.1	124.8	124.5	127.3
1952	119.5	114.6	144.0	141.6	172.7
1953	132.9	118.5	194.7	185.6	305.9
1954	147.0	125.6	233.8	232.2	251.8
1955	151.0	125.9	256.2	259.8	207.5
1956	171.4	132.3	326.4	326.0	326.0
1957	175.3	128.7	353.5	359.6	271.9
1958	208.4	129.6	485.7	488.0	450.3
1959	203.0	87.9	601.8	602.2	586.7
1960	225.3	65.7	804.0	808.2	745.1
1961	146.0	55.0	467.9	480.1	308.5
1962	146.0	74.5	389.8	410.0	137.9
1963	167.8	92.4	426.1	443.2	212.9
1964	193.0	98.0	528.4	546.5	306.6
1965	221.0	107.6	645.7	651.4	569.0
1966	234.0	109.6	731.6	736.1	672.0
1967	211.1	108.9	606.5	617.6	473.8
1968	178.2	115.9	402.1	413.2	272.0
1969	199.8	105.9	546.1	554.9	445.3
1970	241.2	108.7	758.5	759.1	757.5
1971	269.9	109.1	949.6	964.1	774.9
1972	270.2	110.8	905.9	925.5	658.7
1973	278.8	121.3	872.4	874.6	837.2
1974	283.3	123.2	861.9	871.1	731.7
1975	316.7	114.3	1123.9	1137.7	939.5
1976	301.2	112.6	1001.4	1016.0	814.5
1977	361.4	125.9	1343.9	1345.2	1321.9
1978	423.2	138.4	1690.6	1676.1	1867.8

注：本表按可比价格计算（下表同）。
Note: The indices hereof are calculated at constant prices (the same below).

表 2.4 续表 continued

年 份 Year	第三产业 Tertiary Industry	其 中 of which						本市人均生产总值 Per Capita GDP
		其 中 of which						
		批发和零售业 Wholesale and Retail Trades	交通运输、仓储及邮政业 Transport, Storage, Post	住宿和餐饮业 Hotels and Catering Services	金融业 Financial Intermediation	房地产业 Real Estate	其他服务业 Others	
1949	100.0	100.0	100.0	100.0	100.0	100.0	100.0	100.0
1950	118.6	105.6	127.6	107.4	197.3	250.4	102.5	102.2
1951	112.6	104.2	118.9	111.1	292.0	351.1	9.2	102.7
1952	135.2	120.9	134.4	118.5	192.4	402.0	35.0	109.2
1953	150.6	151.5	148.2	122.2	218.4	462.7	57.6	119.6
1954	169.3	161.2	162.0	129.7	306.0	565.4	64.9	130.5
1955	167.1	159.7	153.4	137.1	303.2	683.6	61.7	131.4
1956	197.8	181.9	181.0	163.0	394.2	764.9	82.0	143.4
1957	208.9	190.3	203.4	163.0	424.6	850.6	94.4	141.0
1958	281.8	262.6	282.7	170.3	622.9	779.1	206.2	167.2
1959	290.8	272.3	303.3	188.9	1003.5	897.5	238.0	164.0
1960	294.0	279.4	310.3	192.7	1636.7	811.3	291.3	186.0
1961	208.2	172.4	215.3	192.7	1412.5	903.0	128.5	126.9
1962	218.8	158.4	198.1	237.2	1098.9	889.5	129.8	130.5
1963	246.4	179.3	205.0	211.3	875.8	959.8	194.1	147.1
1964	268.6	175.2	210.1	189.1	1516.0	918.5	241.1	163.0
1965	269.9	193.2	215.4	189.1	2321.0	1081.1	167.8	181.3
1966	230.2	207.1	208.5	185.3	947.0	1137.3	174.8	186.4
1967	236.9	212.7	201.6	177.9	1111.8	1299.9	133.2	163.3
1968	240.7	179.3	198.2	170.4	1513.2	1584.6	101.9	133.7
1969	254.4	207.1	232.7	181.5	1980.8	1928.5	100.6	146.1
1970	259.2	223.9	255.0	185.1	2347.2	2152.2	132.5	171.2
1971	271.4	235.1	265.5	218.4	3042.0	2401.9	112.0	185.2
1972	303.7	258.8	293.1	237.0	2698.3	2740.6	124.9	180.2
1973	330.4	264.5	306.9	237.0	2908.8	2905.0	176.7	181.3
1974	360.1	265.8	329.3	229.7	3368.4	3276.8	199.1	179.7
1975	396.1	292.1	357.0	244.6	3981.4	3712.6	343.8	195.9
1976	413.5	293.6	375.9	240.9	4375.6	4024.5	276.8	184.1
1977	429.2	314.4	403.3	248.4	5154.5	4459.1	115.7	218.9
1978	451.1	325.4	410.2	289.1	5345.2	4476.9	174.5	256.6

注：本表人均地区生产总值按户籍人口计算。
Note: The per capita GDP hereof is calculated by registered population.

表 2.5 地区生产总值（1978 – 2018 年）
GROSS DOMESTIC PRODUCT (1978-2018)

单位：亿元 (100 million yuan)

年 份 Year	本市生产总值 Gross Domestic Product	其 中 of which				
		第一产业 Primary Industry	第二产业 Secondary Industry	其 中 of which		第三产业 Tertiary Industry
				工 业 Industry	建筑业 Construction	
1978	71.70	24.81	34.46	31.53	2.93	12.43
1979	80.98	28.79	38.21	35.00	3.21	13.98
1980	90.68	32.57	42.42	38.89	3.53	15.69
1981	97.20	36.32	43.69	40.07	3.62	17.19
1982	108.08	40.62	47.14	43.26	3.88	20.32
1983	120.01	45.44	50.56	46.20	4.36	24.01
1984	141.64	50.66	60.63	55.46	5.17	30.35
1985	164.32	53.73	73.49	66.16	7.33	37.10
1986	184.60	60.06	81.38	72.52	8.86	43.16
1987	206.73	62.69	90.77	79.66	11.11	53.27
1988	261.27	75.00	117.61	104.79	12.82	68.66
1989	303.75	81.99	135.84	123.86	11.98	85.92
1990	327.75	100.40	135.62	117.60	18.02	91.73
1991	374.18	109.49	154.00	135.14	18.86	110.69
1992	461.32	117.28	194.40	171.42	22.98	149.64
1993	608.53	141.99	272.17	241.15	31.02	194.37
1994	833.60	196.19	376.75	339.59	37.16	260.66
1995	1123.06	264.19	492.67	436.21	56.46	366.20
1996	1315.12	287.56	568.99	502.06	66.93	458.57
1997	1509.75	307.21	650.40	567.88	82.52	552.14
1998	1602.38	300.89	675.64	574.41	101.23	625.85
1999	1663.20	286.16	697.81	589.52	108.29	679.23
2000	1791.00	284.87	760.03	633.98	126.05	746.10
2001	1976.86	294.90	841.95	695.44	146.51	840.01
2002	2232.86	317.87	958.87	787.94	170.93	956.12
2003	2555.72	339.06	1135.31	933.75	201.56	1081.35
2004	3048.03	428.05	1386.84	1142.59	244.25	1233.14
2005	3486.22	463.40	1577.66	1307.42	270.24	1445.16
2006	3929.67	386.38	1888.21	1583.33	304.88	1655.08
2007	4698.25	476.63	2202.40	1838.30	364.10	2019.22
2008	5817.55	563.09	2613.30	2162.57	450.73	2641.16
2009	6559.99	589.83	2973.33	2441.83	531.50	2996.83
2010	7957.49	659.10	3574.06	2912.60	661.46	3724.33
2011	10048.07	805.25	4518.89	3666.10	852.79	4723.93
2012	11456.26	892.26	5244.21	4249.83	994.38	5319.79
2013	12832.82	941.24	5900.06	4719.46	1180.60	5991.52
2014	14322.91	990.75	6637.24	5283.50	1353.74	6694.92
2015	15789.80	1067.72	7195.00	5683.15	1511.85	7527.08
2016	17674.33	1236.98	7898.92	6183.80	1715.12	8538.43
2017	19424.73	1276.09	8584.61	6587.08	1997.53	9564.03
2018	20363.19	1378.27	8328.79	5997.70	2331.09	10656.13

表 2.5 续表 continued

年 份 Year	其 中 of which						本市人均生产总值（元） Per Capita GDP (yuan)
	其 中 of which						
	批发和零售业 Wholesale and Retail Trades	交通运输、仓储及邮政业 Transportation, Storage, Postal Services	住宿和餐饮业 Hotels and Catering Services	金融业 Financial Intermediation	房地产业 Real Estate	其他服务业 Other Services	
1978	2.34	2.38	0.78	2.00	0.88	4.05	287
1979	2.59	2.69	0.92	2.21	0.99	4.58	321
1980	2.90	3.08	1.02	2.46	1.11	5.12	357
1981	3.22	3.39	1.07	2.73	1.12	5.66	379
1982	3.89	4.18	1.11	2.99	1.28	6.87	419
1983	4.49	5.94	1.24	3.83	1.44	7.07	461
1984	5.73	6.50	1.52	6.63	1.81	8.16	542
1985	8.90	6.97	1.80	7.40	2.09	9.94	624
1986	10.08	6.59	2.17	8.71	2.64	12.97	694
1987	12.30	6.82	2.71	14.91	3.59	12.94	766
1988	17.10	8.67	3.29	17.92	4.47	17.21	958
1989	21.61	12.18	3.89	24.78	4.95	18.51	1103
1990	17.19	11.93	5.41	26.21	5.73	25.26	1181
1991	20.33	12.34	6.35	31.65	7.23	32.79	1338
1992	33.03	21.59	7.23	40.30	7.30	40.19	1641
1993	49.63	22.68	9.37	52.91	9.12	50.66	2156
1994	64.66	27.43	12.78	74.91	11.03	69.85	2935
1995	85.53	47.22	19.00	97.77	17.43	99.25	3931
1996	110.22	63.40	23.46	103.84	25.22	132.43	4574
1997	130.86	81.14	30.91	116.53	32.60	160.10	5253
1998	142.99	87.08	31.68	126.66	45.00	192.44	5579
1999	151.89	94.39	33.62	120.18	50.69	228.46	5804
2000	163.38	101.25	35.93	118.53	65.45	261.56	6274
2001	178.39	128.26	38.46	125.90	76.38	292.62	6963
2002	195.64	151.54	42.36	134.52	90.48	341.58	7912
2003	216.35	167.22	47.11	147.04	113.69	389.94	9098
2004	246.52	190.62	57.67	162.38	129.12	446.83	10893
2005	277.68	218.97	66.56	185.18	143.88	552.89	12470
2006	314.33	259.59	77.24	213.70	158.20	632.02	14020
2007	369.91	293.63	101.51	238.73	198.65	816.79	16708
2008	464.98	377.32	136.02	315.36	194.68	1152.80	20575
2009	535.19	427.88	160.37	401.45	230.69	1241.25	23026
2010	682.37	501.47	182.98	543.56	299.43	1514.52	27709
2011	827.03	592.24	214.09	773.49	437.46	1879.62	34627
2012	923.79	604.08	236.14	934.38	608.50	2012.90	39073
2013	1117.79	659.65	290.93	1080.14	743.59	2099.42	43391
2014	1229.88	705.83	321.64	1225.27	817.04	2395.26	48052
2015	1345.38	761.31	355.76	1410.18	847.72	2806.73	52563
2016	1470.85	848.22	391.19	1642.59	926.19	3259.39	58283
2017	1595.88	939.46	424.78	1813.73	1048.25	3741.93	63442
2018	1710.00	995.48	457.17	1942.33	1134.72	4416.43	65933

注：本表人均地区生产总值按常住人口计算。
Note: The per capita GDP hereof is calculated by registered population.

表 2.6 地区生产总值构成（1978 – 2018 年）
COMPOSITION OF GROSS DOMESTIC PRODUCT (1978-2018)

单位：% (%)

年 份 Year	本市生产总值 Gross Domestic Product	其 中 of which				
		第一产业 Primary Industry	第二产业 Secondary Industry	其 中 of which		第三产业 Tertiary Industry
				工 业 Industry	建筑业 Construction	
1978	100.0	34.6	48.1	44.0	4.1	17.3
1979	100.0	35.6	47.2	43.2	4.0	17.2
1980	100.0	35.9	46.8	42.9	3.9	17.3
1981	100.0	37.4	44.9	41.2	3.7	17.7
1982	100.0	37.6	43.6	40.0	3.6	18.8
1983	100.0	37.9	42.1	38.5	3.6	20.0
1984	100.0	35.8	42.8	39.2	3.6	21.4
1985	100.0	32.7	44.7	40.3	4.4	22.6
1986	100.0	32.5	44.1	39.3	4.8	23.4
1987	100.0	30.3	43.9	38.5	5.4	25.8
1988	100.0	28.7	45.0	40.1	4.9	26.3
1989	100.0	27.0	44.7	40.8	3.9	28.3
1990	100.0	30.6	41.4	35.9	5.5	28.0
1991	100.0	29.3	41.2	36.1	5.1	29.5
1992	100.0	25.4	42.1	37.2	4.9	32.5
1993	100.0	23.3	44.7	39.6	5.1	32.0
1994	100.0	23.5	45.2	40.7	4.5	31.3
1995	100.0	23.5	43.9	38.8	5.1	32.6
1996	100.0	21.9	43.3	38.2	5.1	34.8
1997	100.0	20.3	43.1	37.6	5.5	36.6
1998	100.0	18.8	42.2	35.8	6.4	39.0
1999	100.0	17.2	42.0	35.4	6.6	40.8
2000	100.0	15.9	42.4	35.4	7.0	41.7
2001	100.0	14.9	42.6	35.2	7.4	42.5
2002	100.0	14.2	42.9	35.3	7.6	42.9
2003	100.0	13.3	44.4	36.5	7.9	42.3
2004	100.0	14.0	45.5	37.5	8.0	40.5
2005	100.0	13.3	45.3	37.5	7.8	41.4
2006	100.0	9.8	48.1	40.3	7.8	42.1
2007	100.0	10.1	46.9	39.1	7.8	43.0
2008	100.0	9.7	44.9	37.2	7.7	45.4
2009	100.0	9.0	45.3	37.2	8.1	45.7
2010	100.0	8.3	44.9	36.6	8.3	46.8
2011	100.0	8.0	45.0	36.5	8.5	47.0
2012	100.0	7.8	45.8	37.1	8.7	46.4
2013	100.0	7.3	46.0	36.8	9.2	46.7
2014	100.0	6.9	46.3	36.9	9.4	46.8
2015	100.0	6.8	45.6	36.0	9.6	47.6
2016	100.0	7.0	44.7	35.0	9.7	48.3
2017	100.0	6.6	44.2	33.9	10.3	49.2
2018	100.0	6.8	40.9	29.5	11.4	52.3

表 2.6 续表 continued

单位：% (%)

年 份 Year	其 中 of which					
	其 中 of which					
	批发和零售业 Wholesale and Retail Trades	交通运输、仓储及邮政业 Transport, Storage, Post	住宿和餐饮业 Hotels and Catering Services	金融业 Financial Intermediation	房地产业 Real Estate	其他服务业 Others
1978	3.3	3.3	1.1	2.8	1.2	5.6
1979	3.2	3.3	1.1	2.7	1.2	5.7
1980	3.2	3.4	1.1	2.7	1.2	5.7
1981	3.3	3.5	1.1	2.8	1.2	5.8
1982	3.6	3.9	1.0	2.8	1.2	6.3
1983	3.7	4.9	1.0	3.2	1.2	6.0
1984	4.0	4.6	1.1	4.7	1.3	5.7
1985	5.4	4.2	1.1	4.5	1.3	6.1
1986	5.5	3.6	1.2	4.7	1.4	7.0
1987	5.9	3.3	1.3	7.2	1.7	6.4
1988	6.5	3.3	1.3	6.9	1.7	6.6
1989	7.1	4.0	1.3	8.2	1.6	6.1
1990	5.2	3.6	1.7	8.0	1.7	7.8
1991	5.4	3.3	1.7	8.5	1.9	8.7
1992	7.2	4.7	1.6	8.7	1.6	8.7
1993	8.2	3.7	1.5	8.7	1.5	8.4
1994	7.8	3.3	1.5	9.0	1.3	8.4
1995	7.6	4.2	1.7	8.7	1.6	8.8
1996	8.4	4.8	1.8	7.9	1.9	10.0
1997	8.7	5.4	2.0	7.7	2.2	10.6
1998	8.9	5.4	2.0	7.9	2.8	12.0
1999	9.1	5.7	2.0	7.2	3.0	13.8
2000	9.1	5.7	2.0	6.6	3.7	14.6
2001	9.0	6.5	1.9	6.4	3.9	14.8
2002	8.8	6.8	1.9	6.0	4.1	15.3
2003	8.5	6.5	1.8	5.8	4.4	15.3
2004	8.1	6.3	1.9	5.3	4.2	14.7
2005	8.0	6.3	1.9	5.3	4.1	15.8
2006	8.0	6.6	2.0	5.4	4.0	16.1
2007	7.9	6.2	2.2	5.1	4.2	17.4
2008	8.0	6.5	2.3	5.4	3.3	19.9
2009	8.2	6.5	2.4	6.1	3.5	19.0
2010	8.6	6.3	2.3	6.8	3.8	19.0
2011	8.2	5.9	2.1	7.7	4.4	18.7
2012	8.1	5.3	2.1	8.2	5.3	17.4
2013	8.7	5.1	2.3	8.4	5.8	16.4
2014	8.6	4.9	2.2	8.6	5.7	16.8
2015	8.5	4.8	2.3	8.9	5.4	17.7
2016	8.3	4.8	2.2	9.3	5.2	18.5
2017	8.2	4.8	2.2	9.3	5.4	19.3
2018	8.4	4.9	2.2	9.5	5.6	21.7

表 2.7 地区生产总值指数（1978 – 2018 年）（上年 =100）
INDICES OF GROSS DOMESTIC PRODUCT (1978-2018) (PRECEDING YEAR=100)

年份 Year	本市生产总值 Gross Domestic Product	其中 of which					
		第一产业 Primary Industry	第二产业 Secondary Industry	其中 of which		第三产业 Tertiary Industry
				工业 Industry	建筑业 Construction	
1978	117.1	109.9	125.8	124.6	141.3	105.1
1979	111.1	109.1	112.2	112.3	111.7	112.1
1980	107.7	104.4	109.1	109.0	110.0	109.9
1981	106.2	105.8	105.5	105.2	108.1	110.3
1982	108.9	107.5	107.6	107.7	107.1	115.8
1983	110.3	107.3	110.2	110.2	111.8	117.3
1984	115.9	106.5	121.0	121.1	119.8	121.4
1985	108.6	109.3	105.6	104.0	121.9	112.3
1986	108.6	110.3	106.5	105.4	115.9	110.4
1987	105.3	96.7	108.6	107.3	119.3	111.9
1988	109.5	103.5	113.3	114.2	106.2	109.9
1989	104.9	104.6	102.5	103.7	91.5	109.5
1990	107.0	107.8	108.0	104.0	144.2	104.8
1991	109.2	106.7	109.4	110.8	100.2	111.5
1992	116.5	101.8	121.9	122.3	118.7	124.2
1993	115.6	105.0	122.0	122.4	118.8	115.5
1994	113.5	102.9	116.4	117.7	105.8	117.6
1995	112.3	104.5	114.2	114.1	114.3	115.0
1996	111.4	104.8	112.2	112.3	111.3	114.5
1997	111.2	103.2	112.5	111.8	118.5	114.1
1998	108.6	102.1	107.2	105.2	122.8	114.0
1999	107.8	100.4	110.6	111.0	107.7	107.6
2000	108.7	101.4	110.8	110.8	110.7	109.1
2001	109.2	102.2	112.2	111.7	114.7	109.0
2002	110.5	104.2	114.3	114.2	114.7	108.9
2003	111.7	104.4	116.6	116.9	115.1	109.0
2004	112.5	104.8	116.9	117.4	114.9	109.8
2005	111.8	104.5	113.4	114.7	107.3	112.1
2006	112.5	94.5	117.2	118.3	111.9	113.2
2007	116.0	109.5	120.9	122.4	113.4	112.1
2008	114.6	106.8	118.2	119.9	109.2	112.2
2009	115.1	105.5	118.1	117.6	121.2	113.6
2010	117.2	106.1	122.6	122.9	121.4	112.4
2011	116.4	105.1	121.0	121.4	119.6	114.0
2012	113.6	105.3	116.6	117.2	113.9	111.9
2013	112.3	104.7	112.8	112.3	114.9	113.0
2014	110.9	104.4	112.8	112.5	114.2	109.9
2015	111.0	104.8	111.4	110.6	114.7	111.6
2016	110.7	104.7	111.3	110.3	115.2	111.0
2017	109.3	104.0	109.3	109.4	108.9	109.9
2018	106.0	104.4	103.0	101.1	109.8	109.1

注：本表按可比价格计算（下表同）。
Note: The indices hereof are calculated at constant prices (the same below).

表 2.7 续表 continued

年 份 Year	其中 of which						本市人均生产总值 Per Capita GDP (yuan)
	其中 of which						
	批发和零售业 Wholesale and Retail Trades	交通运输、仓储及邮政业 Transport, Storage, Post	住宿和餐饮业 Hotels and Catering Services	金融业 Financial Intermediation	房地产业 Real Estate	其他服务业 Others	
1978	103.5	101.7	116.4	103.7	100.4	150.8	117.2
1979	110.6	111.8	115.8	111.4	111.6	115.2	110.4
1980	106.3	105.9	113.6	107.4	106.8	122.4	107.1
1981	108.7	107.6	107.3	109.9	99.1	117.1	105.4
1982	115.3	115.5	107.0	108.3	111.4	120.9	108.0
1983	115.1	130.2	107.1	130.1	121.2	100.8	109.5
1984	124.0	108.1	124.2	171.5	122.6	112.7	115.5
1985	137.2	96.9	117.4	103.1	105.3	116.7	108.0
1986	106.6	99.7	117.4	111.9	118.5	117.5	107.5
1987	110.0	108.3	114.3	157.4	123.3	84.8	103.9
1988	122.8	105.9	119.1	104.0	105.9	112.5	108.2
1989	108.2	116.6	112.8	122.0	96.4	94.1	104.0
1990	83.5	100.7	133.5	108.6	116.8	134.7	106.1
1991	108.5	102.4	116.6	113.9	117.2	117.9	108.4
1992	142.3	133.5	116.4	120.4	96.4	123.3	115.8
1993	138.5	102.8	124.4	109.3	109.4	112.7	115.1
1994	104.1	109.1	133.3	115.3	102.8	139.8	112.8
1995	111.2	123.1	137.0	116.5	114.5	117.5	111.7
1996	115.9	115.6	120.3	104.0	131.5	121.3	110.7
1997	113.5	114.7	126.3	109.6	124.5	114.6	111.2
1998	115.0	104.1	104.4	110.4	122.4	120.8	108.7
1999	108.3	101.9	108.2	89.7	110.2	121.7	108.1
2000	112.2	104.0	108.1	101.8	111.6	114.5	109.1
2001	108.9	116.2	106.2	101.5	112.6	109.2	109.7
2002	110.1	105.2	109.5	107.9	113.8	110.8	111.1
2003	109.3	104.8	110.1	107.9	116.1	109.6	112.2
2004	110.8	114.6	118.0	105.9	103.7	109.6	112.9
2005	114.0	112.4	113.7	109.9	109.8	112.2	111.9
2006	111.4	120.3	115.2	112.4	107.7	112.7	112.2
2007	112.3	112.5	112.0	109.7	116.8	111.6	115.6
2008	116.9	113.7	113.0	112.9	89.1	114.9	114.0
2009	119.9	103.3	115.6	131.2	120.3	107.4	114.2
2010	117.5	113.8	101.4	119.8	107.3	108.6	116.2
2011	114.6	114.1	110.6	105.7	110.6	117.8	115.2
2012	112.6	109.2	107.7	120.6	111.5	110.3	112.4
2013	110.3	110.8	108.2	116.5	111.4	114.5	111.3
2014	109.1	107.4	107.5	112.3	107.6	111.2	110.1
2015	109.2	108.7	109.1	115.4	105.5	114.1	110.2
2016	107.9	105.8	107.7	110.3	107.5	115.8	109.7
2017	107.6	108.7	108.4	108.1	104.1	113.9	108.2
2018	105.9	106.5	105.3	106.9	100.6	114.8	105.1

注：本表人均生产总值按常住人口计算。
Note: The per capita GDP hereof is calculated by registered population.

表 2.8 地区生产总值指数（1978 － 2018 年）（1978 年 =100）
INDICES OF GROSS DOMESTIC PRODUCT (1978-2018) (1978=100)

年 份 Year	本市 生产总值 Gross Domestic Product	其 中 of which				
		第一产业 Primary Industry	第二产业 Secondary Industry	其 中 of which		第三产业 Tertiary Industry
				工 业 Industry	建筑业 Construction	
1978	100.0	100.0	100.0	100.0	100.0	100.0
1979	111.1	109.1	112.2	112.3	111.7	112.1
1980	119.7	113.9	122.4	122.4	122.9	123.2
1981	127.1	120.5	129.1	128.8	132.9	135.9
1982	138.4	129.5	138.9	138.7	142.3	157.4
1983	152.7	139.0	153.1	152.8	159.1	184.6
1984	177.0	148.0	185.3	185.0	190.6	224.1
1985	192.2	161.8	195.7	192.4	232.3	251.7
1986	208.7	178.5	208.4	202.8	269.2	277.9
1987	219.8	172.6	226.3	217.6	321.2	311.0
1988	240.7	178.6	256.4	248.5	341.1	341.8
1989	252.5	186.8	262.8	257.7	312.1	374.3
1990	270.2	201.4	283.8	268.0	450.0	392.3
1991	295.1	214.9	310.5	296.9	450.9	437.4
1992	343.8	218.8	378.5	363.1	535.2	543.3
1993	397.4	229.7	461.8	444.4	635.8	627.5
1994	451.0	236.4	537.5	523.1	672.7	737.9
1995	506.5	247.0	613.8	596.9	768.9	848.6
1996	564.2	258.9	688.7	670.3	855.8	971.6
1997	627.4	267.2	774.8	749.4	1014.1	1108.6
1998	681.4	272.8	830.6	788.4	1245.3	1263.8
1999	734.5	273.9	918.6	875.1	1341.2	1359.8
2000	798.4	277.7	1017.8	969.6	1484.7	1483.5
2001	871.9	283.8	1142.0	1083.0	1703.0	1617.0
2002	963.4	295.7	1305.3	1236.8	1953.3	1760.9
2003	1076.1	308.7	1522.0	1445.8	2248.2	1919.4
2004	1210.6	323.5	1779.2	1697.4	2583.2	2107.5
2005	1353.5	338.1	2017.6	1946.9	2771.8	2362.5
2006	1522.7	319.5	2364.6	2303.2	3101.6	2674.4
2007	1766.3	349.9	2858.8	2819.1	3517.2	2998.0
2008	2024.2	373.7	3379.1	3380.1	3840.8	3363.8
2009	2329.9	394.3	3990.7	3975.0	4655.0	3821.3
2010	2730.6	418.4	4892.6	4885.3	5651.2	4295.1
2011	3178.4	439.7	5920.0	5930.8	6758.8	4896.4
2012	3610.7	463.0	6902.7	6950.9	7698.3	5479.1
2013	4054.8	484.8	7786.2	7805.9	8845.3	6191.4
2014	4496.8	506.1	8782.8	8781.6	10101.3	6804.3
2015	4991.4	530.4	9784.0	9712.4	11586.2	7593.6
2016	5525.5	555.3	10889.6	10712.8	13347.3	8428.9
2017	6039.4	577.5	11902.3	11719.8	14535.2	9263.4
2018	6401.8	602.9	12259.4	11848.7	15959.6	10106.4

注：本表按可比价格计算（下表同）。
Note: The indices hereof are calculated at constant prices (the same below).

表 2.8 续表 continued

年 份 Year	其 中 of which						本市人均生产总值 Per Capita GDP (yuan)
	其 中 of which						
	批发和零售业 Wholesale and Retail Trades	交通运输、仓储及邮政业 Transport, Storage, Post	住宿和餐饮业 Hotels and Catering Services	金融业 Financial Intermediation	房地产业 Real Estate	其他服务业 Others	
1978	100.0	100.0	100.0	100.0	100.0	100.0	100.0
1979	110.6	111.8	115.8	111.4	111.6	115.2	110.4
1980	117.6	118.4	131.5	119.6	119.2	141.0	118.2
1981	127.8	127.4	141.1	131.4	118.1	165.1	124.6
1982	147.4	147.1	151.0	142.3	131.6	199.6	134.6
1983	169.7	191.5	161.7	185.1	159.5	201.2	147.4
1984	210.4	207.0	200.8	317.4	195.5	226.8	170.2
1985	288.7	200.6	235.7	327.2	205.9	264.7	183.8
1986	307.8	200.0	276.7	366.1	244.0	311.0	197.6
1987	338.6	216.6	316.3	576.2	300.9	263.7	205.3
1988	415.8	229.4	376.7	599.2	318.7	296.7	222.1
1989	449.9	267.5	424.9	731.0	307.2	279.2	231.0
1990	375.7	269.4	567.2	793.9	358.8	376.1	245.1
1991	407.6	275.9	661.4	904.3	420.5	443.4	265.7
1992	580.0	368.3	769.9	1088.8	405.4	546.7	307.7
1993	803.3	378.6	957.8	1190.1	443.5	616.1	354.2
1994	836.2	413.1	1276.7	1372.2	455.9	861.3	399.5
1995	929.9	508.5	1749.1	1598.6	522.0	1012.0	446.2
1996	1077.8	587.8	2104.2	1662.5	686.4	1227.6	493.9
1997	1223.3	674.2	2657.6	1822.1	854.6	1406.8	549.2
1998	1406.8	701.8	2774.5	2011.6	1046.0	1699.4	597.0
1999	1523.6	715.1	3002.0	1804.4	1152.7	2068.2	645.4
2000	1709.5	743.7	3245.2	1836.9	1286.4	2368.1	704.1
2001	1861.6	864.2	3446.4	1864.5	1448.5	2586.0	772.4
2002	2049.6	909.1	3773.8	2011.8	1648.4	2865.3	858.1
2003	2240.2	952.7	4155.0	2170.7	1913.8	3140.4	962.8
2004	2482.1	1091.8	4902.9	2298.8	1984.6	3441.9	1087.0
2005	2829.6	1227.2	5574.6	2526.4	2179.1	3861.8	1216.4
2006	3152.2	1476.3	6421.9	2839.7	2346.9	4352.2	1364.8
2007	3539.9	1660.8	7192.5	3115.2	2741.2	4857.1	1577.7
2008	4138.1	1888.3	8127.5	3517.1	2442.4	5580.8	1798.6
2009	4961.6	1950.6	9395.4	4614.4	2938.2	5993.8	2054.0
2010	5829.9	2219.8	9526.9	5528.1	3152.7	6509.3	2386.7
2011	6681.1	2532.8	10536.8	5843.2	3486.9	7668.0	2749.5
2012	7522.9	2765.8	11348.1	7046.9	3887.9	8457.8	3090.4
2013	8297.8	3064.5	12278.6	8209.6	4331.1	9684.2	3439.6
2014	9052.9	3291.3	13199.5	9219.4	4660.3	10768.8	3787.0
2015	9885.8	3577.6	14400.7	10639.2	4916.6	12287.2	4173.3
2016	10666.8	3785.1	15509.6	11735.0	5285.3	14228.6	4578.1
2017	11477.5	4114.4	16812.4	12685.5	5502.0	16206.4	4953.5
2018	12154.7	4381.8	17703.5	13560.8	5535.0	18604.9	5206.1

注：本表人均生产总值按常住人口计算。
Note: the per capita GDP hereof is calculated by registered population.

表 2.9 三次产业贡献率（1990 － 2018 年）
SHARE OF THE CONTRIBUTIONS OF THE GROWTH OF THREE STRATA OF INDUSTRY TO THE INCREASE OF THE GDP (1990-2018)

单位：% (%)

年 份 Year	本市 生产总值 Gross Domestic Product	其 中 of which			
		第一产业 Primary Industry	第二产业 Secondary Industry	其 中 of which #工 业 Industry	第三产业 Tertiary Industry
1990	100.0	33.9	46.8	21.2	19.3
1991	100.0	22.5	42.2	42.1	35.3
1992	100.0	3.2	54.9	49.2	41.9
1993	100.0	8.5	61.2	55.0	30.3
1994	100.0	5.0	55.3	53.0	39.7
1995	100.0	7.8	53.8	48.1	38.4
1996	100.0	8.3	50.7	45.7	41.0
1997	100.0	5.3	53.2	45.0	41.5
1998	100.0	4.3	40.3	26.2	55.4
1999	100.0	0.8	64.4	58.5	34.8
2000	100.0	2.4	60.3	53.0	37.3
2001	100.0	3.7	55.9	44.7	40.4
2002	100.0	5.9	58.9	48.6	35.2
2003	100.0	5.2	63.5	53.7	31.3
2004	100.0	5.0	63.9	54.5	31.1
2005	100.0	4.6	55.7	50.8	39.7
2006	100.0	-5.9	62.2	54.8	43.7
2007	100.0	6.6	61.7	55.2	31.7
2008	100.0	4.9	61.4	56.7	33.7
2009	100.0	3.6	60.9	50.8	35.5
2010	100.0	3.2	68.7	59.2	28.1
2011	100.0	2.6	57.5	47.6	39.9
2012	100.0	2.9	56.9	48.2	40.2
2013	100.0	2.6	49.2	38.6	48.2
2014	100.0	2.5	55.6	44.0	41.9
2015	100.0	2.6	49.7	37.4	47.7
2016	100.0	2.9	48.0	34.4	49.1
2017	100.0	2.7	46.1	36.4	51.2
2018	100.0	4.5	22.8	6.8	72.7

表 2.10 三次产业拉动力(1990 － 2018 年)
CONTRIBUTION OF THE THREE STRATA OF INDUSTRY TO GDP GROWTH (1990-2018)

单位：% (%)

年 份 Year	本市生产总值 Gross Domestic Product	其 中 of which			
		第一产业 Primary Industry	第二产业 Secondary Industry	其 中 of which #工 业 Industry	第三产业 Tertiary Industry
1990	7.0	2.4	3.3	1.5	1.3
1991	9.2	2.1	3.9	3.9	3.2
1992	16.5	0.5	9.1	8.1	6.9
1993	15.6	1.3	9.5	8.6	4.8
1994	13.5	0.7	7.5	7.2	5.3
1995	12.3	1.0	6.6	5.9	4.7
1996	11.4	0.9	5.8	5.2	4.7
1997	11.2	0.6	6.0	5.0	4.6
1998	8.6	0.4	3.5	2.3	4.7
1999	7.8	0.1	5.0	4.6	2.7
2000	8.7	0.2	5.2	4.6	3.3
2001	9.2	0.3	5.1	4.1	3.8
2002	10.5	0.6	6.2	5.1	3.7
2003	11.7	0.6	7.4	6.3	3.7
2004	12.5	0.6	8.0	6.8	3.9
2005	11.8	0.5	6.6	6.0	4.7
2006	12.5	-0.7	7.8	6.9	5.4
2007	16.0	1.1	9.9	8.8	5.0
2008	14.6	0.7	9.0	8.3	4.9
2009	15.1	0.5	9.2	7.7	5.4
2010	17.2	0.6	11.8	10.2	4.8
2011	16.4	0.4	9.4	7.8	6.6
2012	13.6	0.4	7.7	6.6	5.5
2013	12.3	0.3	6.1	4.7	5.9
2014	10.9	0.3	6.1	4.8	4.5
2015	11.0	0.3	5.5	4.1	5.2
2016	10.7	0.3	5.1	3.7	5.3
2017	9.3	0.3	4.3	3.4	4.7
2018	6.0	0.3	1.4	0.4	4.3

表 2.11 分经济类型地区生产总值(1996 – 2018 年)
GROSS DOMESTIC PRODUCT BY STATUS OF REGISTRATION (1996-2018)

单位：亿元 (100 million yuan)

年 份 Year	本市生产总值 Gross Domestic Product	公有制经济 Public-owned Economy	非公有制经济 Non-public-owned Economy	其中 of which 个体私营经济 Individual and Private	其中 of which 外商港澳台经济 Funded by HK, Macao, Taiwan & Foreign
1996	1315.12	987.66	327.46	286.70	40.76
1997	1509.75	1111.18	398.57	341.20	57.37
1998	1602.38	1104.04	498.34	442.26	56.08
1999	1663.20	1111.02	552.18	487.32	64.86
2000	1791.00	1156.99	634.01	560.58	73.43
2001	1976.86	1209.84	767.02	682.02	85.00
2002	2232.86	1295.06	937.80	799.36	138.44
2003	2555.72	1385.20	1170.52	955.84	214.68
2004	3048.03	1581.93	1466.10	1277.12	188.98
2005	3486.22	1729.17	1757.05	1519.99	237.06
2006	3929.67	1846.94	2082.73	1744.77	337.96
2007	4698.25	2109.51	2588.74	2128.31	460.43
2008	5817.55	2396.83	3420.72	2838.96	581.76
2009	6559.99	2624.00	3935.99	3214.39	721.60
2010	7957.49	3087.51	4869.98	3867.34	1002.64
2011	10048.07	3848.41	6199.66	4913.51	1286.15
2012	11456.26	4319.01	7137.25	5625.02	1512.23
2013	12832.82	4940.64	7892.18	6288.08	1604.10
2014	14322.91	5542.97	8779.94	7018.22	1761.72
2015	15789.80	6110.65	9679.15	7847.53	1831.62
2016	17674.33	6875.31	10799.02	8819.50	1979.52
2017	19424.73	7536.80	11887.93	9809.48	2078.45
2018	20363.19	7846.82	12516.37	10334.67	2181.70

表 2.11 续表 continued

单位：% (%)

年份 Year	生产总值构成 Compositon of Gross Domestic Product	公有制经济 Public-owned Economy	非公有制经济 Non-public-owned Economy	其中 of which 个体私营经济 Individual and Private	其中 of which 外商港澳台经济 Funded by HK, Macao, Taiwan & Foreign
1996	100.0	75.1	24.9	21.8	3.1
1997	100.0	73.6	26.4	22.6	3.8
1998	100.0	68.9	31.1	27.6	3.5
1999	100.0	66.8	33.2	29.3	3.9
2000	100.0	64.6	35.4	31.3	4.1
2001	100.0	61.2	38.8	34.5	4.3
2002	100.0	58.0	42.0	35.8	6.2
2003	100.0	54.2	45.8	37.4	8.4
2004	100.0	51.9	48.1	41.9	6.2
2005	100.0	49.6	50.4	43.6	6.8
2006	100.0	47.0	53.0	44.4	8.6
2007	100.0	44.9	55.1	45.3	9.8
2008	100.0	41.2	58.8	48.8	10.0
2009	100.0	40.0	60.0	49.0	11.0
2010	100.0	38.8	61.2	48.6	12.6
2011	100.0	38.3	61.7	48.9	12.8
2012	100.0	37.7	62.3	49.1	13.2
2013	100.0	38.5	61.5	49.0	12.5
2014	100.0	38.7	61.3	49.0	12.3
2015	100.0	38.7	61.3	49.7	11.6
2016	100.0	38.9	61.1	49.9	11.2
2017	100.0	38.8	61.2	50.5	10.7
2018	100.0	38.5	61.5	50.8	10.7

年份 Year	生产总值指数 (上年=100) Compositon of Gross Domestic Product (Preceding Year=100)	公有制经济 Public-owned Economy	非公有制经济 Non-public-owned Economy	其中 of which 个体私营经济 Individual and Private	其中 of which 外商港澳台经济 Funded by HK, Macao, Taiwan & Foreign
1996	111.4	107.3	126.1	127.8	115.1
1997	111.2	109.0	117.9	115.3	136.3
1998	108.6	101.7	127.9	132.6	100.1
1999	107.8	104.5	115.1	114.4	120.1
2000	108.7	105.1	115.9	116.1	114.3
2001	109.2	103.5	119.7	120.4	114.5
2002	110.5	104.7	119.6	114.7	159.3
2003	111.7	104.4	121.8	116.7	151.3
2004	112.5	107.6	118.0	125.9	83.0
2005	111.8	106.7	117.0	116.2	122.5
2006	112.5	106.6	118.2	114.5	142.2
2007	116.0	110.8	120.5	118.3	132.1
2008	114.6	105.1	122.2	123.4	116.9
2009	115.1	111.6	117.3	115.4	126.4
2010	117.2	113.5	119.6	116.4	133.9
2011	116.4	111.8	119.3	118.3	123.0
2012	113.6	107.8	116.8	114.2	126.5
2013	112.3	112.0	112.4	114.5	105.3
2014	110.9	110.5	111.1	111.4	109.9
2015	111.0	110.7	111.1	112.2	106.1
2016	110.7	110.3	110.9	112.1	104.4
2017	109.3	108.9	109.5	109.9	107.4
2018	106.0	105.9	106.1	106.1	106.2

表 2.12 支出法地区生产总值（2016-2017 年）
GROSS DOMESTIC PRODUCT BY EXPENDITURE APPROACH (2016-2017)

单位：亿元 (100 million yuan)

项　目	Item	2016	2017
本市生产总值	**Gross Domestic Product**	**17674.33**	**19424.73**
最终消费支出	Final Consumption Expenditures	8413.36	9290.60
居民消费支出	Household Consumption Expenditures	6354.60	7019.72
城镇居民	Urban Household	5265.26	5838.39
农村居民	Rural Household	1089.34	1181.33
政府消费支出	Government Comsumption Expenditures	2058.76	2270.88
资本形成总额	Gross Capital Formation	9516.47	10380.68
固定资本形成总额	Gross Fixed Capital Formation	9081.33	9907.32
存货增加	Growth of Inventories	435.14	473.36
货物和服务净流出	Net Exports of Goods and Services	-255.50	-246.55
流　出	Exports	1845.42	1953.38
流　入	Imports	2100.92	2199.93

重/庆/统/计/年/鉴

主要统计指标解释

■ 国内（地区）生产总值（GDP）

是按市场价格计算的一个国家（或地区）所有常住单位在一定时期内生产活动的最终成果。国内（地区）生产总值有三种表现形态，即价值形态、收入形态和产品形态。从价值形态看，它是所有常住单位在一定时期内所生产的全部货物和服务价值超过同期中间投入的全部非固定资产货物和服务价值的差额，即所有常住单位的增加值之和；从收入形态看，它是所有常住单位在一定时期内所创造并分配给常住单位和非常住单位的初次收入之和；从产品形态看，它是所有常住单位在一定时期内最终使用的货物和服务价值减去货物和服务进口价值。在实际核算中，国内（地区）生产总值的三种表现形态表现为三种计算方法，即生产法、收入法和支出法。三种方法分别从不同的方面反映国内（地区）生产总值及其构成。

■ 三次产业

三次产业的划分是世界上较为常用的产业结构分类，但各国的划分不尽一致。根据《国民经济行业分类》（GB/T 4754—2011）和《三次产业划分规定》，我国的三次产业划分是：

第一产业是指农、林、牧、渔业（不含农、林、牧、渔服务业）。

第二产业是指采矿业（不含开采辅助活动），制造业（不含金属制品、机械和设备修理业），电力、热力、燃气及水生产和供应业，建筑业。

第三产业即服务业，是指除第一产业、第二产业以外的其他行业。

■ 收入法国内（地区）生产总值

是从常住单位从事生产活动形式收入的角度来反映一个国家（或地区）一定时期内生产活动最终成果的一种方法，包括劳动者报酬、生产税净额、固定资产折旧、营业盈余四部分。计算公式为：

收入法国内（地区）生产总值＝劳动者报酬＋生产税净额＋固定资产折旧＋营业盈余

（1）劳动者报酬 指劳动者从事生产活动应获得的全部报酬，既包括货币形式的报酬，也包括实物形式的报酬。主要包括工资、奖金、津贴和补贴，单位为其员工交纳的社会保险费、补充社会保险费和住房公积金、行政事业单位职工的离退休金、单位为其员工提供的其他各种形式的福利和报酬等。

（2）生产税净额 指生产税减生产补贴后的差额。其中，生产税指政府对生产单位从事生产、销售和经营活动，以及因从事生产活动使用某些生产要素（如固定资产和土地等）所征收的各种税收、附加费和其他规费。生产税分为产品税和其他生产税，产品税主要有：增值税、消费税、进口关税、出口税等；其他生产税主要有：房产税、车船使用税、城镇土地使用税等。生产补贴则相反，它是政府为影响生产单位的生产、销售及定价等生产活动而对其提供的无偿支付，包括农业生产补贴、政策亏损补贴、进口补贴等。生产补贴作为负生产税处理。

（3）固定资产折旧 指由于自然退化、正常淘汰或损耗而导致的固定资产价值下降，用以代表固定资产通过生产过程被转移到其产出中的价值。原则上，固定资产折旧应按照固定资产的重置价值计算。

（4）营业盈余 指常住单位创造的增加值扣除劳动者报酬、生产税净额和固定资产折旧后的余额。

■ 支出法国内（地区）生产总值

是从最终使用的角度反映一个国家（或地区）一定时期内生产活动最终成果的一种方法，包括最终消费支出、资本形成总额及货物和服务净流出三部分。计算公式为：

支出法国内（地区）生产总值＝最终消费支出＋资本形成总额＋货物和服务净流出

■ 最终消费支出

指常住单位为满足物质、文化和精神生活的需要，从本国经济领土和国外购买的货物和服务的支出。它不包括非常住单位在本国经济领土内的消费支出。最

主要统计指标解释

终消费支出分为居民消费支出和政府消费支出。

(1) 居民消费支出：指常住住户在一定时期内对于货物和服务的全部最终消费支出。居民消费支出除了直接以货币形式购买的货物和服务的消费支出外，还包括以其他方式获得的货物和服务的消费支出，即所谓的虚拟消费支出。居民虚拟消费支出包括如下几种类型：单位以实物报酬及实物转移的形式提供给劳动者的货物和服务；住户生产并由本住户消费了的货物和服务，其中的服务仅指住户的自有住房服务；金融机构提供的金融媒介服务；保险公司提供的保险服务。

(2) 政府消费支出：指政府部门为全社会提供的公共服务的消费支出和免费或以较低的价格向居民住户提供的货物和服务的净支出，前者等于政府服务的产出价值减去政府单位所获得的经营收入的价值，后者等于政府部门免费或以较低价格向居民住户提供的货物和服务的市场价值减去向住户收取的价值。

■ 资本形成总额

指常住单位在一定时期内获得的减去处置的固定资产和存货的净额，包括固定资产形成总额和存货增加。

(1) 固定资本形成总额　指常住单位在一定时期内获得的固定资产减处置的固定资产的价值总额。固定资产是通过生产活动生产出来的，且其使用年限在一年以上、单位价值在规定标准以上的资产，不包括自然资产、耐用消费品、小型工器具。固定资本形成总额包括住宅、其他建筑和构筑物、机器和设备、培育性生物资源、知识产权产品（研发支出、矿藏的勘探、计算机软件）的价值获得减处置。

(2) 存货变动　指常住单位在一定时期内存货实物量变动的市场价值，即期末价值减期初价值的差额，再扣除当期由于价格变动而产生的持有收益。存货变动可以是正值，也可以是负值，正值表示存货上升，负值表示存货下降。存货包括生产单位购进的原材料、燃料和储备物资等存货，以及生产单位生产的产成品、在制品和半成品等存货。

■ 货物和服务净出口

指货物和服务出口减货物和服务进口的差额。出口包括常住单位向非常住单位出售或无偿转让的各种货物和服务的价值；进口包括常住单位从非常住单位购买或无偿得到的各种货物和服务的价值。货物的出口和进口都按离岸价格计算。

■ 产业部门贡献率

是各产业部门增加值可比价增量与国内生产总值可比价增量之比。

■ 产业部门拉动力

拉动力是指总的经济增长率中带动的百分点数，产业部门拉动力是指在GDP增长中各产业部门拉动的百分点数。其计算公式为：

拉动力（%）＝贡献率（%）×GDP 增长率（%）

Explanatory Notes on Main Statistical Indicators

Gross Domestic Product (GDP)

Refers to the final products at market prices produced by all resident units in a country (or a region) during a certain period of time. Gross domestic product is expressed in three different perspectives value added, income, and products respectively. The form of value added refers to the total value of all products and services produced by all resident units during a certain period of time minus total value of intimidate input of materials and services of the nature of non-fixed assets or the summation of the value added of all resident units; the form of income includes all the income created by all resident units and distributed primarily to all resident and non-resident units; the form of products refers to all final goods and services of final use by all resident units plus the value of net exports of goods and services. In the practice of national accounting, gross domestic product is calculated with three approaches, i.e. product approach, income approach and expenditure approach, which reflect gross domestic product and its composition from different aspects.

Three Strata of Industry

Classification of economic activities into three strata of industry is a common practice in the world, although the grouping varies to some extent from country to country. In China, according to Industrial classification for National Economic Activities (GB/T 4754—2011) and Dividing Basis of Three Industries, economic activities are categorized into the following three strata of industry:

Primary industry refers to agriculture, forestry, animal husbandry and fishery industries (not including services in support of agriculture, forestry, animal husbandry and fishery industries).

Secondary industry refers to mining and quarrying (not including support activities for mining), manufacturing (not including repair service of metal products, machinery and equipment), production and supply of electricity, heat, gas and water, and construction.

Tertiary industry refers to all other economic activities not included in the primary or secondary industries.

GDP by Income Approach

Refers to the method of measuring the final results of production activities of a country (region) during a given period from the income items produced by all resident units. It includes laborers' remuneration, net taxes on production, depreciation of fixed assets and operating surplus, i.e.:

GDP by income approach =compensation of employee + net taxes on production + depreciation of fixed assets + operating surplus

(I) Compensation of Employees refers to the total payment of various forms to employees for the productive activities they are engaged in. It includes the employees earn in cash or in kind. It mainly include: wages, bonuses and allowances, subsidies, social insurance paid by company or unit for its staff, supplementary social insurance, housing fund, the pension for the employees of the administrative institution, other forms of welfare and remuneration provide by the units for its employees.

(II) Net Taxes on Production refers to taxes on production less subsidies on production. The taxes on production refers to the various taxes, extra charges and fees levied on the production units on their production, sale and business activities as well as on the use of some factors of production, such as fixed assets, land etc. in the production activities they are engaged in. Taxes on production are divided into product tax and other kinds of taxes on production, product tax mainly includes: value-added tax, consumption tax, import duty, export duty; other taxes on production mainly include: House Property Tax, Tax on Vehicles and Boat Operation, Urban Land Use Tax, etc. In contrast to taxes on production, subsidies on production refer to the payment by the government for free to the production units to influence production activities of production units such as production, sales and pricing, which include agricultural production subsidies, subsidies for policy losses, import subsidies, etc. Subsidies on production are therefore regarded as negative taxes on production.

(III) Depreciation of Fixed Assets refers to the decline of the value of fixed assets due to natural deterioration, normal elimination or loss, it reflects the value of transfer of the fixed assets in the production of the current period. In principle, the depreciation of fixed assets should be calculated on the basis of the re-purchased value of the fixed assets.

(IV) Operating Surplus refers to the balance of the value added created by the resident units after deducting the labourers remuneration, net taxes on production and the depreciation of fixed assets.

□ GDP by Expenditure Approach

Refers to the method of measuring the final results of production activities of a country (region) during a given period from the perspective of final use. It includes final consumption expenditure, total capital formation and net export of goods and services, i.e.:

GDP by expenditure approach = final consumption expenditure + gross capital formation + net export of goods and services

□ Final Consumption Expenditure

Refers to the total expenditure of resident units on final consumption of goods and services from domestic economic territory and abroad to meet the requirements of material, cultural and spiritual life. It excludes the expenditure of non-resident units on consumption in the economic territory of the country. The final consumption expenditure is broken down into household consumption expenditure and government consumption expenditure.

(I) Gross Fixed Capital Formation refers to the value of acquisitions less those disposals of fixed assets during a given period. Fixed assets are the assets produced through production activities with unit value above a specified amount and which could be used for over one year. Natural assets, consumer durables, small instruments are not included. Gross Fixed Capital Formation includes the value of housing, other buildings and structure, equipment and machinery, breeding biological resources, intellectual property right product (expenditure for R&D, the prospecting of minerals and the acquisition of computer software) minus the disposal of them.

(II) Changes in Inventories refers to the market value of the change in the physical volume of inventory of resident units during a given period, i.e. the difference between the values at the beginning and at the end of the period minus the gains due to the change in prices. The changes in inventories can have a positive or a negative value. A positive value indicates an increase in inventory while a negative value indicates a decrease in inventory. The inventory includes raw materials, fuels and reserve materials purchased by the production units as well as the inventory of finished products, semi-finished products and work-in-progress.

□ Gross Capital Formation

Refers to the net amount of the fixed assets and stock acquired minus those disposed, including the gross fixed assets formation and changes in inventories.

(I) Gross fixed capital formation refer to the value of fixed assets purchased, transferred in by the resident units and those produced and used by themselves deducting the value of fixed assets sold and transferred out. It can by classified into total tangible assets formation and total intangible assets formation. The total tangible assets formation include the value of the construction projects, installation projects completed and the equipment, apparatus and instruments purchased as well as the value of land improved, the value of draught animals, breeding stock, milk, wool and recreational animals and the newly increased economic forest in a certain period. The total intangible assets formation includes the prospecting of minerals, the acquisition of computer software, the originals of recreational works and works of literature and arts minus the disposal of them.

(II) Changes in Inventories refers to the market

value of the change in the physical volume of inventory of resident units during a given period, i.e. the difference between the values at the beginning and the end of the period minus the gains due to the change in prices. The changes in inventories can have a positive or a negative value. A positive value indicates an increase in inventory while a negative value indicates a decrease in inventory. The inventory includes raw materials, fuels and reserve materials purchased by the production units as well as the inventory of finished products, semi-finished products and work-in-progress.

□ Net Export of Goods and Services

Refers to the exports of goods and services subtracting the imports of goods and services. Exports include the value of various goods and services sold or gratuitously transferred by resident units to non-resident units. Imports include the value of various goods and services purchased or gratuitously acquired resident units from non-resident units. Because the provision of services and the use of them happen simultaneously, the acquisition of services by resident units from abroad is usually treated as import while the acquisition of services by non-resident units in this country is usually treated as export. The exports and imports of goods are calculated at FOB.

□ Share of the Contributions of the Industry

Refers to the proportion of the increment of the value-added of each industry to the increase of GDP.

□ Contribution of the Industry

Contribution is the driven percentage points to GDP growth. Contribution of the industry is the driven percentage points of each industry to GDP growth. Its calculation formula is:

contribution (%) = share of contribution (%) × GDP growth rate (%)

第三章・人口与就业

POPULATION AND EMPLOYMENT

简要说明
BRIEF INTRODUCTION

本章内容主要包括全市的户籍人口、常住人口、第五、六次人口普查的主要数据，以及计划生育、就业、工资等情况，由市统计局人口就业处整理编辑。

户籍统计人口资料由市公安局提供；计划生育资料由市卫生健康委员会提供；失业资料由市人力资源和社会保障局提供；常住人口、人口普查主要数据、就业和工资资料由市统计局人口就业处提供。

The data in this chapter include the basic statistics on the registered population, resident population and the main indicators in 5th and 6th population censuses, as well as the statistics on family planning, employment and wages. All the data are prepared and compiled by Division of Population and Employment Statistics, Chongqing Municipal Bureau of Statistics.

The data on registered population are provided by Chongqing Municipal Public Security Bureau; the data on family planning are provided by Health Commission of Chongqing; the data on unemployment are provided by Chongqing Municipal Human Resources and Social Security Bureau and the main indicators of resident population, population censuses, employment and wages are provided by Division of Population and Employment Statistics, Chongqing Municipal Bureau of Statistics.

表 3.1 主要年份总户数、总人口（户籍统计）
TOTAL HOUSEHOLDS AND TOTAL POPULATION IN MAJOR YEARS (HOUSEHOLD REGISTRATION)

单位：万人 (10 000 persons)

年 份 Year	总户数 （万户） Total Number of Households (10 000 households)	总人口 Total Population	按性别分 By Sex		按农业、非农业分 By Residence	
			男 Male	女 Female	农 业 Agriculture	非农业 Non-agriculture
1952	401.93	1782.54	931.95	850.58		
1957	433.34	1992.20	1031.65	960.55	1670.09	322.11
1962	442.01	1797.19	916.99	880.20	1528.95	268.24
1965	455.55	1974.89	1010.19	964.70	1685.08	289.81
1970	518.02	2289.64	1173.57	1116.07	1989.66	299.98
1975	579.36	2592.59	1332.89	1259.70	2280.39	312.20
1978	601.07	2635.56	1357.98	1277.58	2304.66	330.90
1980	610.19	2664.79	1376.22	1288.57	2291.51	373.28
1985	684.46	2768.26	1437.35	1330.91	2310.89	457.37
1986	716.53	2807.60	1458.75	1348.85	2343.23	464.37
1987	751.96	2845.14	1478.88	1366.26	2370.06	475.08
1988	784.83	2873.34	1494.20	1379.14	2390.36	482.98
1989	812.65	2897.01	1507.74	1389.27	2405.25	491.76
1990	833.78	2920.90	1520.83	1400.07	2427.92	492.98
1991	844.66	2938.99	1531.11	1407.88	2439.61	499.38
1992	849.77	2950.78	1538.46	1412.32	2438.94	511.84
1993	855.75	2964.92	1546.50	1418.42	2438.27	526.65
1994	870.20	2985.59	1558.05	1427.54	2440.41	545.18
1995	879.35	3001.77	1566.86	1434.91	2442.33	559.44
1996	888.56	3022.77	1577.97	1444.80	2445.65	577.12
1997	897.78	3042.92	1588.10	1454.82	2448.34	594.58
1998	907.17	3059.69	1596.88	1462.81	2445.66	614.03
1999	922.73	3072.34	1602.42	1469.92	2437.18	635.16
2000	938.87	3091.09	1611.68	1479.41	2430.20	660.89
2001	950.56	3097.91	1614.91	1483.00	2408.39	689.52
2002	961.69	3113.83	1623.13	1490.70	2392.38	721.45
2003	977.01	3130.10	1631.66	1498.44	2376.18	753.92
2004	988.59	3144.23	1637.18	1507.05	2358.40	785.83
2005	1010.41	3169.16	1649.26	1519.90	2351.88	817.28
2006	1030.66	3198.87	1662.77	1536.10	2353.44	845.43
2007	1056.97	3235.32	1681.10	1554.22	2358.35	876.97
2008	1080.15	3257.05	1690.56	1566.49	2349.67	907.38
2009	1110.70	3275.61	1697.69	1577.92	2326.92	948.69
2010	1154.83	3303.45	1709.03	1594.42	2196.45	1107.00
2011	1205.20	3329.81	1720.53	1609.28	2052.17	1277.64
2012	1220.64	3343.44	1725.87	1617.57	2026.19	1317.25
2013	1236.78	3358.42	1731.82	1626.60	2014.37	1344.05
2014	1248.67	3375.20	1738.87	1636.33	2003.08	1372.12
2015	1254.54	3371.84	1736.49	1635.35	1980.82	1391.02
2016	1260.88	3392.11	1745.24	1646.87	1776.60	1615.51
2017	1260.93	3389.82	1741.13	1648.69	1753.01	1636.81
2018	1269.58	3403.64	1745.88	1657.76	1747.92	1655.72

注：2016 年开始户籍人口取消农业与非农业划分，改用乡村与城镇进行划分。
Note: The agriculture and non-agriculture population of household registration from 2016 adopted the classification of urban and rural population.

表 3.2 主要年份人口自然变动(户籍统计)
POPULATION NATURAL DYNAMICS IN MAJOR YEARS (HOUSEHOLD REGISTRATION)

单位：万人、‰ (10 000 persons, ‰)

年份 Year	出生 Birth		死亡 Death		自然增长 Natural Growth	
	人口 Population	出生率 Birth Rate	人口 Population	死亡率 Death Rate	人口 Population	自然增长率 Natural Growth Rate
1957	59.00	29.88	23.65	11.98	35.35	17.90
1962	43.72	24.36	27.87	15.53	15.85	8.83
1965	74.01	38.03	21.43	11.01	52.58	27.02
1970	87.78	38.99	22.11	9.82	65.67	29.17
1975	72.03	28.06	21.33	8.31	50.70	19.75
1978	26.09	9.91	17.18	6.52	8.91	3.39
1980	29.68	11.16	17.19	6.46	12.49	4.70
1985	36.13	13.10	18.76	6.80	17.37	6.30
1986	54.47	19.54	18.36	6.59	36.11	12.95
1987	48.72	17.24	18.42	6.52	30.30	10.72
1988	38.58	13.49	19.43	6.79	19.15	6.70
1989	39.79	13.79	19.99	6.93	19.80	6.86
1990	42.53	14.62	19.59	6.73	22.94	7.89
1991	37.61	12.83	19.20	6.55	18.41	6.28
1992	35.62	12.09	20.89	7.09	14.73	5.00
1993	35.75	12.09	20.23	6.84	15.52	5.25
1994	40.05	13.46	19.95	6.70	20.10	6.76
1995	39.39	13.16	21.45	7.17	17.94	5.99
1996	41.06	13.63	21.62	7.18	19.44	6.45
1997	36.99	12.20	20.95	6.91	16.04	5.29
1998	35.51	11.64	21.64	7.09	13.87	4.55
1999	30.68	10.01	20.68	6.74	10.00	3.27
2000	35.22	11.43	24.59	7.98	10.63	3.45
2001	26.26	8.48	18.76	6.06	7.50	2.42
2002	28.65	9.20	18.07	5.80	10.58	3.40
2003	30.00	9.61	18.05	5.78	11.95	3.83
2004	33.72	10.74	23.44	7.47	10.28	3.27
2005	30.66	9.71	13.88	4.40	16.78	5.31
2006	36.57	11.49	14.89	4.68	21.68	6.81
2007	44.66	13.88	16.56	5.15	28.10	8.73
2008	43.26	13.33	24.56	7.57	18.70	5.76
2009	40.82	12.50	26.13	8.00	14.69	4.50
2010	62.83	19.10	38.97	11.85	23.86	7.25
2011	41.27	12.44	19.55	5.90	21.72	6.54
2012	36.76	11.02	23.83	7.14	12.93	3.88
2013	35.81	10.69	20.17	6.02	15.64	4.67
2014	39.74	11.80	22.55	6.70	17.19	5.10
2015	37.34	11.07	23.82	7.06	13.52	4.01
2016	38.08	11.26	18.59	5.50	19.49	5.76
2017	41.09	12.12	44.79	13.21	-3.70	-1.09
2018	35.90	10.57	24.44	7.20	11.46	3.37

表 3.3 常住人口及城镇化率（1996 – 2018 年）
RESIDENT POPULATION AND URBANIZATION RATE (1996-2018)

单位：万人 (10 000 persons)

年 份 Year	常住人口 Resident Population	其 中 of which		城镇化率 (%) Urbanization Rate (%)
		城 镇 Urban	乡 村 Rural	
1996	2875.30	848.21	2027.09	29.5
1997	2873.36	890.74	1982.62	31.0
1998	2870.75	935.86	1934.89	32.6
1999	2860.37	981.11	1879.26	34.3
2000	2848.82	1013.88	1834.94	35.6
2001	2829.21	1058.12	1771.09	37.4
2002	2814.83	1123.12	1691.71	39.9
2003	2803.19	1174.55	1628.64	41.9
2004	2793.32	1215.42	1577.90	43.5
2005	2798.00	1265.95	1532.05	45.2
2006	2808.00	1311.29	1496.71	46.7
2007	2816.00	1361.35	1454.65	48.3
2008	2839.00	1419.09	1419.91	50.0
2009	2859.00	1474.92	1384.08	51.6
2010	2884.62	1529.55	1355.07	53.0
2011	2919.00	1605.96	1313.04	55.0
2012	2945.00	1678.11	1266.89	57.0
2013	2970.00	1732.76	1237.24	58.3
2014	2991.40	1783.01	1208.39	59.6
2015	3016.55	1838.41	1178.14	60.9
2016	3048.43	1908.45	1139.98	62.6
2017	3075.16	1970.68	1104.48	64.1
2018	3101.79	2031.59	1070.20	65.5

表 3.4 1% 人口抽样调查（2017 – 2018 年）
1% SAMPLE SURVEY OF POPULATION (2016-2017)

单位：万人 (10 000 persons)

项 目	Item	2017	2018
常住人口	Resident Population	3075.16	3101.79
#城 镇	# Urban	1970.68	2031.59
乡 村	Rural	1104.48	1070.20
#男 性	# Male	1550.84	1563.43
女 性	Female	1524.32	1538.36
#0-14 岁	Aged 0-14	518.78	529.48
15-64 岁	Aged 15-64	2149.84	2134.96
65 岁及以上	Aged 65 and Over	406.54	437.35
外出人口	Population Outside Residential Area	1112.18	1144.30
#外出至市外	# Outside Chongqing	482.31	479.29
市外外来人口	Population from Other Areas to Chongqing	167.65	177.44
城镇化率 (%)	Urbanization Rate (%)	64.1	65.5
出生人口	Births	34.23	34.03
出生率 (‰)	Birth Rate (‰)	11.18	11.02
死亡人口	Deaths	22.26	23.29
死亡率 (‰)	Death Rate (‰)	7.27	7.54
自然增长人口	Natural Growth	11.97	10.74
自然增长率 (‰)	Natural Growth Rate (‰)	3.91	3.48

表 3.5 第五次人口普查基本情况
BASIC STATISTICS ON THE 5TH NATIONAL POPULATION CENSUSES

指 标	Item	2000
总人口（万人）	**Total Population (10 000 persons)**	**2848.82**
男	Male	1460.57
女	Female	1388.25
性别比（女 =100）	Sex Ratio (female=100)	105.21
家庭户户数（万户）	**Family Households (10 000 households)**	**923.4**
家庭户规模（人／户）	**Average Family Household Size (person/household)**	**3.02**
各年龄组人口（万人）	**Population by Age Group (10 000 persons)**	
0-14 岁	Aged 0-14	665.20
15-64 岁	Aged 15-64	1931.78
65 岁及以上	Aged 65 and Over	251.84
预期寿命（岁）	**Life Expectancy (years old)**	**71.9**
城乡人口（万人）	**Population by Residence (10 000 persons)**	
城镇人口	Urban Population	1013.88
乡村人口	Rural Population	1834.94
民族人口（万人，%）	**Population by Ethnicity (10 000 persons, %)**	
汉 族	Han	2664.50
占总人口比重	Percentage to Total Population	93.5
少数民族	Ethnic Minorities	184.32
占总人口比重	Percentage to Total Population	6.5
每十万人拥有的各种受教育程度人口（人）	**Population with Various Education Attainment Per 100 000 Population (person)**	
大专及以上	Junior College and Above	3154
高中和中专	Senior Secondary/Secondary Technical School	8815
初 中	Junior Secondary School	27190
小 学	Primary School	42863
文盲人口及文盲率	**Illiterate Population and Illiterate Rate**	
文盲人口（万人）	Illiterate Population (10 000 persons)	212.24
文盲率 (%)	Illiterate Rate (%)	9.7

注：此表为常住人口推算数据。
Note:The data in the table above are calculated on the basis of resident population.

表 3.6 第六次人口普查基本情况
BASIC STATISTICS ON THE 6TH NATIONAL POPULATION CENSUSES

指 标	Item	2010
总人口（万人）	**Total Population (10 000 persons)**	**2884.62**
男	Male	1460.89
女	Female	1423.73
性别比（女 =100）	Sex Ratio (female=100)	102.61
家庭户户数（万户）	**Family Households (10 000 households)**	**1000.10**
家庭户规模（人／户）	**Average Family Household Size (person/household)**	**2.70**
各年龄组人口（万人）	**Population by Age Group (10 000 persons)**	
0-14 岁	Aged 0-14	489.80
15-64 岁	Aged 15-64	2061.41
65 岁及以上	Aged 65 and Over	333.41
预期寿命（岁）	**Life Expectancy (years old)**	75.7
城乡人口（万人）	**Population by Residence (10 000 persons)**	
城镇人口	Urban Population	1529.55
乡村人口	Rural Population	1355.07
民族人口（万人，%）	**Population by Ethnicity (10 000 persons, %)**	
汉 族	Han	2690.91
占总人口比重	Percentage to Total Population	93.3
少数民族	Ethnic Minorities	193.71
占总人口比重	Percentage to Total Population	6.7
每十万人拥有的各种受教育程度人口（人）	**Population with Various Education Attainment Per 100 000 Population (person)**	
大专及以上	Junior College and Above	8478
高中和中专	Senior Secondary/Secondary Technical School	13223
初 中	Junior Secondary School	33441
小 学	Primary School	33653
文盲人口及文盲率	**Illiterate Population and Illiterate Rate**	
文盲人口（万人）	Illiterate Population (10 000 persons)	121.52
文盲率（%）	Illiterate Rate (%)	5.1

表 3.7 六次人口普查主要指标
MAIN INDICATORS OF SIX POPULATION CENSUSES

单位：万人、% (10 000 persons, %)

普查时间	Census Time	总人口 Total Population 合 计 Total	男 Male	女 Female	性别比 (女 =100) Sex Ratio (female=100)	年平均增长率 Annual Average Growth Rate
第一次人口普查 (1953 年 7 月 1 日)	First Population Census (July 1, 1953)	1766.39	924.56	841.83	109.83	
第二次人口普查 (1964 年 7 月 1 日)	Second Population Census (July 1, 1964)	1889.17	969.02	920.15	105.31	0.61
第三次人口普查 (1982 年 7 月 1 日)	Third Population Census (July 1, 1982)	2705.89	1402.46	1303.43	107.60	2.02
第四次人口普查 (1990 年 7 月 1 日)	Fourth Population Census (July 1, 1990)	2886.62	1499.83	1386.79	108.15	0.81
第五次人口普查 (2000 年 11 月 1 日)	Fifth Population Census (November 1, 2000)	2848.82	1460.57	1388.25	105.21	-0.13
第六次人口普查 (2010 年 11 月 1 日)	Sixth Population Census (November 1，2010)	2884.62	1460.89	1423.73	102.61	0.12

表 3.8 人口年龄结构和抚养比 (1982 － 2018 年)
AGE COMPOSITION AND DEPENDENCY RATIO OF POPULATION (1982-2018)

单位：万人 (10 000 persons)

年 份 Year	总人口 (年末) Total Population (year-end)	按年龄组分 by Age 0-14 岁 Aged 0-14 人口数 Population	比重 (%) Proportion	15-64 岁 Aged 15-64 人口数 Population	比重 (%) Proportion	65 岁及以上 Aged 65 and over 人口数 Population	比重 (%) Proportion	总抚养比 (%) Gross Dependency Ratio(%)	少儿抚养比 (%) Children Dependency Ratio(%)	老年抚养比 (%) Old Dependency Ratio(%)
1982	2705.89	901.31	33.31	1676.02	61.94	128.56	4.75	61.45	53.78	7.67
1990	2886.62	626.27	21.70	2092.06	72.47	168.29	5.83	37.98	29.94	8.04
2000	2848.82	665.20	23.35	1931.78	67.81	251.84	8.84	47.47	34.43	13.04
2001	2829.21	643.93	22.76	1925.56	68.06	259.72	9.18	46.93	33.44	13.49
2002	2814.83	624.05	22.17	1922.81	68.31	267.97	9.52	46.40	32.46	13.94
2003	2803.19	615.58	21.96	1894.40	67.58	293.21	10.46	47.97	32.49	15.48
2004	2793.32	592.19	21.20	1896.66	67.90	304.47	10.90	47.27	31.22	16.05
2005	2798.00	576.39	20.60	1913.83	68.40	307.78	11.00	46.20	30.12	16.08
2006	2808.00	561.60	20.00	1934.71	68.90	311.69	11.10	45.14	29.03	16.11
2007	2816.00	543.49	19.30	1957.12	69.50	315.39	11.20	43.89	27.77	16.12
2008	2839.00	546.22	19.24	1973.39	69.51	319.39	11.25	43.86	27.68	16.18
2009	2859.00	544.93	19.06	1988.72	69.56	325.35	11.38	43.76	27.40	16.36
2010	2884.62	489.80	16.98	2061.41	71.46	333.41	11.56	39.93	23.76	16.17
2011	2919.00	493.02	16.89	2088.25	71.54	337.73	11.57	39.78	23.61	16.17
2012	2945.00	490.93	16.67	2113.04	71.75	341.03	11.58	39.37	23.23	16.14
2013	2970.00	487.08	16.40	2130.08	71.72	352.84	11.88	39.43	22.87	16.56
2014	2991.40	491.49	16.43	2140.64	71.56	359.27	12.01	39.74	22.96	16.78
2015	3016.55	497.43	16.49	2152.01	71.34	367.11	12.17	40.17	23.11	17.06
2016	3048.43	504.82	16.56	2161.64	70.91	381.97	12.53	41.02	23.35	17.67
2017	3075.16	518.78	16.87	2149.84	69.91	406.54	13.22	43.04	24.13	18.91
2018	3101.79	529.48	17.07	2134.96	68.83	437.35	14.10	45.29	24.80	20.49

表 3.9 计划生育基本情况（1986 － 2018 年）
BASIC STATISTICS ON FAMILY PLANNING (1986-2018)

单位：万人、% (10 000 persons, %)

年 份 Year	政策性生育率 Policy Fertility Rate	已婚育龄妇女人数 Married Women at Childbearing Age	领独生子女证人数 Women with Only-child Certificates	其 中 of which		采取节育措施人数 Women under Contraception	避孕率 Contraception Rate
				已婚育龄妇女领证人数 Married Women at Childbearing Age with Only-child Certificates	领证率 Coverage of Only-child Certificates		
1986	90.88	481.28		109.56	68.74	424.89	88.28
1987	90.16	503.67		126.44	71.91	451.19	89.58
1988	93.83	523.17		141.28	72.14	480.27	91.80
1989	92.78	540.80		151.72	70.35	491.35	90.86
1990	94.15	560.09		166.56	70.53	512.38	91.48
1991	95.11	577.54		178.27	69.31	527.88	91.40
1992	95.83	589.35		188.00	68.34	538.37	91.35
1993	93.23	599.23		199.97		548.27	91.50
1994	86.58	611.48		206.76		559.62	91.52
1995	89.22	625.71		220.32		573.38	91.64
1996	88.73	637.31		227.59	65.45	587.93	92.25
1997	91.94	644.56		230.99	64.11	588.75	91.34
1998	85.06	644.68		219.05	59.69	589.28	91.40
1999	94.09	640.70		214.79	57.43	587.94	91.77
2000	91.26	639.20		217.43	57.11	589.95	92.29
2001	91.05	632.25		203.30	53.04	583.65	92.31
2002	92.19	620.38		180.36	47.65	571.18	92.07
2003	92.39	622.26		195.38	51.11	571.87	91.90
2004	92.95	615.20		200.49	52.42	564.60	91.77
2005	92.57	618.97		212.37	55.08	569.74	92.05
2006	90.93	626.73		203.23	52.07	572.73	91.38
2007	75.62	637.95		198.86	51.62	579.79	90.88
2008	85.05	501.74		131.84	43.54	454.63	90.61
2009	89.91	494.34		138.22	46.04	449.13	90.85
2010	89.06	500.02		133.28	43.93	454.08	90.81
2011	86.95	495.79		124.73	41.89	440.87	88.92
2012	87.59	490.02		95.81	35.49	390.57	79.70
2013	86.83	503.86	238.46	94.38	34.84	404.37	80.25
2014	87.84	496.20	258.16	87.75	32.34	407.13	82.04
2015	88.83	488.64	266.81	82.02	31.84	384.42	78.67
2016	96.65	491.38	282.07	76.87	30.40	305.16	62.10
2017	97.99	468.38	279.51	68.72	29.10	241.57	51.58
2018	98.04	459.03	274.32	58.84	26.07	205.07	44.68

注：1) 领独生子女证人数：指总人口中持有有效《独生子女父母光荣证》人数。
2) 已婚育龄妇女领证人数：指已婚育龄妇女中持有有效《独生子女父母光荣证》的人数。

Note: a) The data of People with Only-child Certificates refer to the people who hold the Only-child Certificates by total population.
b) The data of Married Women at Childbearing Age with Only-child Certificates refer to the married women at childbearing age who hold the Only-child Certificates.

表 3.10 就业人员基本情况（1985 – 2018 年）
BASIC STATISTICS ON EMPLOYMENT (1985-2018)

单位：万人 (10 000 persons)

年 份 Year	就业人员总计 Total Number of Employed Persons	其中 of which #城 镇 Urban Areas	按经济类型分 By Ownership 国 有 State-owned	集 体 Collective-owned	私营和个体 Private and Individuals	其 他 Others
1985	1432.03	269.37				
1986	1469.13	275.35				
1987	1507.33	282.39				
1988	1512.49	288.70				
1989	1540.03	291.29				
1990	1569.34	296.92				
1991	1620.67	307.87				
1992	1662.58	313.51				
1993	1658.95	310.05				
1994	1729.55	326.75				
1995	1709.26	347.06				
1996	1719.43	463.98	198.16	1228.60	280.24	12.43
1997	1715.40	483.74	189.07	1201.03	307.29	18.01
1998	1710.97	505.22	175.52	1176.65	334.24	24.56
1999	1699.06	518.40	161.15	1151.98	354.15	31.78
2000	1661.16	528.97	149.28	1109.96	365.86	36.06
2001	1616.08	539.80	136.63	1058.10	379.86	41.49
2002	1551.77	549.17	130.66	975.92	395.96	49.23
2003	1499.99	560.28	125.88	903.90	412.41	57.80
2004	1471.34	573.97	124.72	854.48	425.18	66.96
2005	1456.30	589.27	123.50	822.48	437.72	72.60
2006	1454.77	602.99	123.90	789.42	457.52	83.93
2007	1468.87	631.65	115.79	765.19	484.88	103.01
2008	1492.43	665.74	119.83	746.54	514.89	111.17
2009	1513.00	696.82	119.79	727.99	546.66	118.56
2010	1539.95	733.70	125.29	701.34	583.02	130.30
2011	1585.16	790.70	131.00	647.82	628.15	178.19
2012	1633.14	856.17	128.53	627.67	662.74	214.20
2013	1683.51	923.28	121.22	593.75	696.83	271.71
2014	1696.94	954.34	114.87	565.16	727.17	289.74
2015	1707.37	986.87	119.55	535.27	765.30	287.25
2016	1717.52	1021.76	119.37	504.89	808.49	284.77
2017	1714.55	1045.29	118.32	483.56	831.96	280.71
2018	1709.51	1056.46	112.65	468.45	855.45	272.96

表 3.10 续表 continued

单位：万人 (10 000 persons)

年 份 Year	按产业分 By Sector			分产业比重 (%) Compositon by Sector		
	第一产业 Primary Industry	第二产业 Secondary Industry	第三产业 Tertiary Industry	第一产业 Primary Industry	第二产业 Secondary Industry	第三产业 Tertiary Industry
1985	1042.22	223.37	166.44	72.8	15.6	11.6
1986	1048.32	241.66	179.15	71.4	16.4	12.2
1987	1064.06	258.93	184.34	70.6	17.2	12.2
1988	1056.49	262.83	193.17	69.8	17.4	12.8
1989	1082.41	263.81	193.81	70.3	17.1	12.6
1990	1103.04	263.86	202.44	70.3	16.8	12.9
1991	1130.47	275.72	214.48	69.8	17.0	13.2
1992	1118.59	277.77	266.22	67.3	16.7	16.0
1993	1088.70	287.88	282.37	65.6	17.4	17.0
1994	1062.90	301.13	365.52	61.5	17.4	21.1
1995	1018.30	310.88	380.08	59.6	18.2	22.2
1996	1001.89	320.31	397.23	58.3	18.6	23.1
1997	989.07	313.77	412.56	57.6	18.3	24.1
1998	979.48	303.18	428.31	57.3	17.7	25.0
1999	959.71	296.12	443.23	56.5	17.4	26.1
2000	920.92	290.23	450.01	55.4	17.5	27.1
2001	870.52	287.31	458.25	53.9	17.8	28.3
2002	801.04	285.09	465.64	51.6	18.4	30.0
2003	742.90	280.83	476.26	49.5	18.7	31.8
2004	704.22	280.73	486.39	47.8	19.1	33.1
2005	678.32	283.08	494.90	46.6	19.4	34.0
2006	664.35	286.46	503.96	45.7	19.7	34.6
2007	658.52	294.43	515.92	44.8	20.1	35.1
2008	652.19	307.66	532.58	43.7	20.6	35.7
2009	638.08	326.04	548.88	42.2	21.5	36.3
2010	621.29	351.86	566.80	40.3	22.9	36.8
2011	604.38	390.80	589.98	38.1	24.7	37.2
2012	592.59	422.73	617.82	36.3	25.9	37.8
2013	580.92	452.21	650.38	34.5	26.9	38.6
2014	555.59	464.48	676.87	32.7	27.4	39.9
2015	526.46	473.70	707.21	30.8	27.8	41.4
2016	496.01	476.66	744.85	28.9	27.7	43.4
2017	474.88	461.68	777.99	27.7	26.9	45.4
2018	464.79	442.56	802.16	27.2	25.9	46.9

表 3.11 就业人员年末数（1999－2018 年）
NUMBER OF EMPLOYED PERSONS AT YEAR-END (1999-2018)

单位：万人 (10 000 persons)

指标	Item	1999	2000	2001	2002	2003	2004	2005	2006	2007	2008
就业人员总计	**Total Number of Employed Persons**	**1699.06**	**1661.16**	**1616.08**	**1551.77**	**1499.99**	**1471.34**	**1456.30**	**1454.77**	**1468.87**	**1492.43**
城　镇	Urban	518.40	528.97	539.80	549.17	560.28	573.97	589.27	602.99	631.65	665.74
乡　村	Rural	1180.66	1132.19	1076.28	1002.60	939.71	897.37	867.03	851.78	837.22	826.69
按经济类型分	**By Ownership**										
国有经济	State-owned	161.15	149.28	136.63	130.66	125.88	124.72	123.50	123.90	115.79	119.83
集体经济	Collective-owned	1151.98	1109.96	1058.10	975.92	903.90	854.48	822.48	789.42	765.19	746.54
私　营	Private	66.43	74.92	84.44	95.22	105.95	112.91	118.48	130.28	151.49	175.00
个　体	Individual	287.72	290.94	295.42	300.74	306.46	312.27	319.24	327.24	333.39	339.89
其他经济	Others	31.78	36.06	41.49	49.23	57.80	66.96	72.60	83.93	103.01	111.17
#联　营	Joint Ownership	0.63	0.86	4.11	4.93	5.78	6.84	5.57	4.62	2.03	1.95
股份制	Shareholding	10.95	11.49	13.21	15.55	15.72	16.71	14.84	12.86	16.47	21.04
外商投资	Foreign-funded	2.42	2.74	2.86	2.91	3.23	4.16	4.86	5.01	7.06	7.33
港澳台投资	With Funds from Hong Kong, Macao and Taiwan	2.50	2.44	2.66	2.25	2.55	2.33	2.32	2.33	2.80	2.40
按行业分	**Grouped By Sector**										
第一产业	Primary Industry	959.71	920.92	870.52	801.04	742.90	704.22	678.32	664.35	658.52	652.19
第二产业	Secondary Industry	296.12	290.23	287.31	285.09	280.83	280.73	283.08	286.46	294.43	307.66
采矿业	Mining	17.89	16.59	15.72	15.14	14.00	14.14	14.66	14.77	16.83	19.77
制造业	Manufacturing	160.07	156.02	152.59	149.91	146.38	144.23	144.46	145.72	148.33	152.11
电力、热力、燃气及水生产和供应业	Electric Power, Heat, Gas and Water Production and Supply	6.18	6.20	6.22	6.26	6.27	6.32	6.52	6.85	7.14	7.43
建筑业	Construction	111.98	111.42	112.78	113.78	114.18	116.04	117.44	119.12	122.13	128.35
第三产业	Tertiary Industry	443.23	450.01	458.25	465.64	476.26	486.39	494.90	503.96	515.92	532.58
交通运输、仓储及邮政业	Transport, Storage and Post	40.02	40.23	40.93	41.02	42.11	43.25	44.29	45.05	46.17	47.25
信息传输、软件和信息技术服务业	Information Transmission, Software and Information Technology	5.60	5.91	6.03	6.14	6.34	6.58	7.03	7.39	8.09	8.58
批发与零售业	Wholesale and Retail Trades	113.05	115.65	117.43	118.87	120.03	121.16	122.88	125.63	127.29	131.46
住宿和餐饮业	Hotels and Catering Services	70.18	70.52	71.14	72.03	73.36	74.27	75.40	77.22	78.76	80.28
金融业	Financial Intermediation	6.38	6.41	6.46	6.53	6.61	6.65	6.76	6.90	8.03	9.09
房地产业	Real Estate	4.88	5.03	5.11	5.22	5.45	6.11	6.83	7.74	8.81	10.24
租赁与商务服务业	Leasing and Business Services	16.09	16.34	16.95	17.53	18.23	19.33	19.97	19.97	21.41	22.50
科学研究、技术服务业	Scientific Research and Technical Services	7.58	7.71	7.96	8.15	8.25	8.35	8.39	8.43	8.57	8.75
水利、环境和公共设施管理业	Management of Water Conservancy, Environment and Public Facilities	5.26	5.31	5.40	5.50	5.56	5.71	5.76	5.94	6.19	6.44
居民服务、修理和其他服务业	Services to Households, Repair and Other Services	108.75	110.16	112.59	115.05	118.23	122.36	124.75	126.15	126.62	129.21
教　育	Education	29.79	30.59	31.69	32.09	33.33	33.68	33.91	34.20	35.01	36.02
卫生和社会工作	Health and Social Work	12.98	13.00	13.08	13.18	13.41	13.50	13.51	13.65	13.94	14.55
文化、体育与娱乐业	Culture, Sports and Entertainment	2.73	2.74	2.79	2.84	2.88	2.94	2.96	3.05	3.44	3.88
公共管理、社会保障和社会组织	Public Management, Social Security and Social Organization	19.94	20.41	20.69	21.49	22.47	22.50	22.46	22.64	23.59	24.33

表 3.11 续表 continued

单位: 万人 (10 000 persons)

指 标	Item	2009	2010	2011	2012	2013	2014	2015	2016	2017	2018
就业人员总计	**Total Number of Employed Persons**	**1513.00**	**1539.95**	**1585.16**	**1633.14**	**1683.51**	**1696.94**	**1707.37**	**1717.52**	**1714.55**	**1709.51**
城 镇	Urban	696.82	733.70	790.70	856.17	923.28	954.34	986.87	1021.76	1045.29	1056.46
乡 村	Rural	816.18	806.25	794.46	776.97	760.23	742.60	720.50	695.76	669.26	653.05
按经济类型分	**By Ownership**										
国有经济	State-owned	119.79	125.29	131.00	128.53	121.22	114.87	119.55	119.37	118.32	112.65
集体经济	Collective-owned	727.99	701.34	647.82	627.67	593.75	565.16	535.27	504.89	483.56	468.45
私 营	Private	203.50	235.10	271.87	297.18	320.64	339.04	354.83	366.34	379.47	398.41
个 体	Individual	343.16	347.92	356.28	365.56	376.19	388.13	410.47	442.15	452.49	457.04
其他经济	Others	118.56	130.30	178.19	214.20	271.71	289.74	287.25	284.77	280.71	272.96
#联 营	Joint Ownership	2.56	2.36	1.55	1.60	0.41	0.50	0.38	0.33	0.27	0.21
股份制	Shareholding	22.48	24.91	30.00	36.15	34.43	39.58	38.54	38.03	40.14	38.49
外商投资	Foreign-funded	8.47	9.43	13.14	13.98	19.56	22.48	22.38	21.34	20.93	21.04
港澳台投资	With Funds from Hong Kong, Macao and Taiwan	3.89	5.20	14.55	16.67	17.95	17.46	15.80	16.85	16.07	14.29
按行业分	**Grouped By Sector**										
第一产业	Primary Industry	638.08	621.29	604.38	592.59	580.92	555.59	526.46	496.01	474.88	464.79
第二产业	Secondary Industry	326.04	351.86	390.80	422.73	452.21	464.48	473.70	476.66	461.68	442.56
采矿业	Mining	22.24	24.84	28.11	30.63	30.86	30.57	26.79	19.88	10.87	8.34
制造业	Manufacturing	159.37	168.67	190.51	206.49	216.36	224.97	236.13	247.09	238.92	227.13
电力、热力、燃气及水生产和供应业	Electric Power, Heat, Gas and Water Production and Supply	7.91	8.20	8.54	9.41	8.93	9.51	9.24	9.63	10.39	9.77
建筑业	Construction	136.52	150.15	163.64	176.20	196.06	199.43	201.54	200.06	201.50	197.32
第三产业	Tertiary Industry	548.88	566.80	589.98	617.82	650.38	676.87	707.21	744.85	777.99	802.16
交通运输、仓储及邮政业	Transport, Storage and Post	48.42	50.12	53.49	56.88	61.27	64.93	67.03	69.45	73.17	72.10
信息传输、软件和信息技术服务业	Information Transmission, Software and Information Technology	8.85	9.34	10.57	12.34	13.98	15.31	16.31	17.64	18.89	20.21
批发与零售业	Wholesale and Retail Trades	134.72	138.22	142.25	147.18	153.40	158.10	167.64	175.78	183.55	202.48
住宿和餐饮业	Hotels and Catering Services	82.64	85.07	88.22	91.19	92.94	94.64	94.82	98.68	102.22	105.45
金融业	Financial Intermediation	9.74	10.85	12.34	14.09	14.37	15.02	15.19	16.91	18.02	18.21
房地产业	Real Estate	12.02	14.66	16.83	19.63	24.69	26.31	26.73	28.78	31.58	32.95
租赁与商务服务业	Leasing and Business Services	23.41	24.63	26.31	28.20	31.34	32.72	34.99	40.64	44.31	50.12
科学研究、技术服务业	Scientific Research and Technical Services	8.93	9.05	9.44	10.51	11.64	12.59	13.36	15.28	16.71	17.32
水利、环境和公共设施管理业	Management of Water Conservancy, Environment and Public Facilities	6.78	7.03	7.45	8.13	8.52	9.18	10.53	11.53	12.26	12.32
居民服务、修理和其他服务业	Services to Households, Repair and Other Services	131.76	132.97	133.83	134.82	135.82	138.72	145.38	150.57	153.69	143.21
教 育	Education	36.91	38.17	39.88	41.74	44.48	47.05	48.23	49.52	50.05	50.91
卫生和社会工作	Health and Social Work	15.38	16.10	17.42	18.95	21.67	23.75	25.42	27.55	29.65	30.02
文化、体育与娱乐业	Culture, Sports and Entertainment	4.08	4.30	4.64	5.22	5.97	6.36	6.96	7.61	8.31	9.12
公共管理、社会保障和社会组织	Public Management, Social Security and Social Organization	25.24	26.29	27.31	28.94	30.29	32.19	34.62	34.91	35.58	37.74

表 3.12 城镇就业人员年末数（2017 – 2018 年）
NUMBER OF EMPLOYED PERSONS IN URBAN UNITS AT YEAR-END (2017-2018)

单位：万人 (10 000 persons)

指 标	Item	2017	2018
就业人员总计	**Total Number of Employed Persons**	**1045.29**	**1056.46**
按经济类型分	**By Ownership**		
国有经济	State-owned	118.32	112.65
集体经济	Collective-owned	11.25	11.12
私 营	Private	328.63	351.79
个 体	Individual	306.38	307.94
其他经济	Others	280.71	272.96
#联 营	Joint Ownership	0.27	0.21
股份制	Shareholding	40.14	38.49
外商投资	Foreign-funded	20.93	21.04
港澳台投资	With Funds from Hong Kong, Macao and Taiwan	16.07	14.29
按行业分	**Grouped By Sector**		
第一产业	Primary Industry	34.92	34.25
第二产业	Secondary Industry	425.82	423.00
采矿业	Mining	8.75	7.87
制造业	Manufacturing	219.35	216.15
电力、热力、燃气及水生产和供应业	Electric Power, Heat, Gas and Water Production and Supply	10.21	9.77
建筑业	Construction	187.51	189.21
第三产业	Tertiary Industry	584.55	599.21
交通运输、仓储及邮政业	Transport, Storage and Post	48.71	49.21
信息传输、软件和信息技术服务业	Information Transmission, Software and Information Technology	18.56	19.93
批发与零售业	Wholesale and Retail Trades	132.61	142.20
住宿和餐饮业	Hotels and Catering Services	68.97	70.25
金融业	Financial Intermediation	18.02	18.21
房地产业	Real Estate	31.58	32.95
租赁与商务服务业	Leasing and Business Services	32.05	33.15
科学研究、技术服务业	Scientific Research and Technical Services	14.55	14.65
水利、环境和公共设施管理业	Management of Water Conservancy, Environment and Public Facilities	8.84	9.12
居民服务、修理和其他服务业	Services to Households, Repair and Other Services	98.98	94.20
教 育	Education	45.59	46.98
卫生和社会工作	Health and Social Work	26.90	27.32
文化、体育与娱乐业	Culture, Sports and Entertainment	7.71	8.59
公共管理、社会保障和社会组织	Public Management, Social Security and Social Organization	31.48	32.45

表 3.13 主要年份城镇非私营单位在岗职工人数
NUMBER OF ON-POST STAFF AND WORKERS OF URBAN NON-PRIVATE UNITS IN MAJOR YEARS

单位：万人 (10 000 persons)

年份 Year	合计 Total	按产业分 By Three Strata of Industry			按经济类型分 By Status of Registration		
		第一产业 Primary Industry	第二产业 Secondary Industry	第三产业 Tertiary Industry	国有 State-owned	集体 Collective--owned	其他 Others
1949	5.34				5.34		
1952	47.62				47.62		
1957	71.19				71.19		
1962	80.79				80.79		
1965	91.96				91.96		
1970	109.98				109.98		
1975	127.99				127.99		
1978	154.44				154.44		
1980	220.06				162.97	57.09	
1985	257.63	4.80	144.90	107.93	186.74	70.81	0.08
1986	264.01	4.79	151.13	108.09	191.47	72.43	0.11
1987	270.46	5.39	153.80	111.27	196.79	73.36	0.31
1988	277.70	5.45	157.28	114.97	201.88	75.42	0.40
1989	280.69	5.66	158.65	116.38	205.98	74.01	0.70
1990	285.68	5.68	159.47	120.53	209.61	75.16	0.91
1991	293.59	5.68	163.94	123.97	215.78	76.58	1.23
1992	297.07	5.46	165.35	126.26	218.41	76.94	1.72
1993	290.02	4.16	164.74	121.12	215.05	70.79	4.18
1994	293.23	4.24	162.90	126.09	212.02	71.03	10.18
1995	294.25	4.35	160.58	129.32	212.34	69.85	12.06
1996	294.63	4.43	159.37	130.83	214.01	67.47	13.15
1997	289.29	4.13	153.73	131.43	211.13	61.64	16.52
1998	236.61	3.83	115.89	116.89	172.24	40.91	23.46
1999	222.34	3.58	106.07	112.69	158.64	35.54	28.16
2000	208.87	3.43	96.01	109.43	146.91	29.74	32.22
2001	201.23	2.94	91.73	106.56	134.79	23.77	42.67
2002	199.93	2.64	92.63	104.66	128.41	20.82	50.70
2003	204.99	2.46	97.56	104.97	121.27	18.94	64.78
2004	208.04	2.35	100.50	105.19	120.85	16.85	70.34
2005	209.66	2.14	101.00	106.52	120.09	13.66	75.91
2006	212.97	2.12	102.22	108.63	120.37	12.22	80.38
2007	220.84	1.80	104.87	114.17	112.55	10.63	97.66
2008	229.59	1.80	108.92	118.87	115.19	10.23	104.17
2009	234.90	1.68	111.88	121.34	114.32	9.88	110.70
2010	250.22	1.79	121.20	127.23	118.76	10.26	121.20
2011	292.10	1.51	149.34	141.25	116.47	9.88	165.75
2012	334.37	1.26	176.74	156.37	123.45	9.47	201.45
2013	375.36	1.07	194.49	179.80	114.74	8.47	252.15
2014	386.76	1.15	196.08	189.53	112.47	8.43	265.86
2015	385.08	1.15	190.33	193.60	113.47	7.88	263.73
2016	379.66	1.07	183.99	194.60	113.49	7.93	258.24
2017	369.18	1.13	171.76	196.29	112.83	6.56	249.79
2018	356.61	0.77	158.58	197.26	106.20	4.94	245.47

注：“城镇非私营单位”与原“城镇经济单位”口径相同（以下各表同）。
Note: The scope of "urban economic units" is identical to the former "urban non-private units"(the same for the tables below).

表 3.14 主要年份城镇非私营单位在岗职工工资总额
TOTAL WAGE BILL OF ON-POST STAFF AND WORKERS OF URBAN NON-PRIVATE ECONOMIC UNITS IN MAJOR YEARS

单位：万元 (10 000 yuan)

年 份 Year	合 计 Total	按产业分 By Three Strata of Industry			按经济类型分 By Status of Registration		
		第一产业 Primary Industry	第二产业 Secondary Industry	第三产业 Tertiary Industry	国 有 State-owned	集 体 Collective-owned	其 他 Others
1949	1368				1368		
1952	18577				18577		
1957	37710				37710		
1962	45532				45532		
1965	51159				51159		
1970	60866				60866		
1975	74645				74645		
1978	91615				91615		
1980	159426				125305	34121	
1985	259688	4528	149468	105692	195684	63939	65
1986	300882	4960	177126	118796	233311	67396	175
1987	349808	5802	206458	137548	271210	78190	408
1988	435140	6771	256248	172121	340494	94048	598
1989	497553	7713	294228	195612	392179	104065	1309
1990	573310	8232	335056	230022	454776	116718	1816
1991	637968	9313	373271	255384	501204	134105	2659
1992	728780	10757	415886	302137	577638	146315	4827
1993	831520	8623	489684	333213	664939	152705	13876
1994	1144546	12990	618503	513053	902585	190980	50981
1995	1309344	15878	715405	578061	1016056	222720	70568
1996	1454905	18116	782060	654729	1132834	237510	84561
1997	1580484	17286	828011	735187	1225441	244245	110798
1998	1588049	18478	815904	753667	1223697	201028	163324
1999	1606804	19304	760591	826909	1207329	184757	214718
2000	1732318	20606	777295	934417	1290215	176693	265410
2001	1941508	21510	833110	1086888	1381940	158228	401340
2002	2196175	21857	921105	1253213	1520518	159655	516002
2003	2535070	22059	1104724	1408287	1661336	160049	713685
2004	2939800	23358	1291498	1624944	1904154	164332	871314
2005	3458237	23019	1503886	1931332	2224886	157943	1075408
2006	4034057	26173	1757357	2250527	2542465	165315	1326277
2007	4998743	27226	2111205	2860312	2814125	160900	2023718
2008	6137760	30232	2592679	3514849	3390954	177772	2569034
2009	7161387	31720	2989883	4139784	3855720	198908	3106759
2010	8629547	37250	3690436	4901861	4435431	242086	3952030
2011	11565329	48201	5241459	6275669	5206171	274421	6084737
2012	14791899	42564	6739973	8009362	6278652	280113	8233134
2013	18702874	37727	8741241	9923906	6475086	293061	11934727
2014	21584168	44340	9680243	11859585	7357033	341168	13885967
2015	23738675	47745	10266335	13424595	8419348	347442	14971885
2016	25242283	51015	10480632	14710636	9219990	400104	15622189
2017	26681112	61493	10267372	16352247	10422552	363646	15894914
2018	29037895	40636	10551564	18445695	11342620	290052	17405223

表3.15 主要年份城镇非私营单位在岗职工平均工资
AVERAGE WAGE OF ON-POST STAFF AND WORKERS OF URBAN NON-PRIVATE UNITS IN MAJOR YEARS

单位：元 (yuan)

年 份 Year	平均工资 Average Wages	按产业分 By Three Strata of Industry			按经济类型分 By Status of Registration		
		第一产业 Primary Industry	第二产业 Secondary Industry	第三产业 Tertiary Industry	国 有 State-owned	集 体 Collective--owned	其 他 Others
1949	284				284		
1952	330				330		
1957	535				535		
1962	448				448		
1965	588				588		
1970	581				581		
1975	588				588		
1978	632				632		
1980	737				783	606	
1985	1038				1110	930	861
1986	1154	1034	1197	1100	1234	941	1842
1987	1309	1140	1354	1254	1397	1073	1943
1988	1588	1249	1647	1522	1708	1264	1685
1989	1782	1388	1863	1691	1923	1393	2380
1990	2025	1452	2106	1942	2189	1565	2256
1991	2203	1640	2308	2089	2356	1768	2485
1992	2468	1931	2526	2415	2661	1906	3273
1993	2833	1793	2967	2694	3068	2067	4704
1994	3925	3093	3776	4151	4227	2693	7100
1995	4508	3657	4423	4527	4789	3162	6346
1996	5010	4127	4889	5033	5352	3603	6607
1997	5502	4188	5412	5649	5828	4016	6845
1998	6433	4713	6529	6394	6732	4891	6907
1999	7182	5296	7184	7240	7541	5200	7641
2000	8020	5884	7704	8372	7431	4534	7450
2001	9523	6521	8925	10053	10035	6614	9503
2002	10960	7587	9905	11905	11745	7601	10339
2003	12440	8877	11425	13462	13616	8552	11316
2004	14357	9871	13125	15624	15847	9839	12831
2005	16630	10676	14962	18345	18614	11614	14373
2006	19215	12279	17434	21031	21402	13522	16805
2007	23098	14852	20703	25401	25365	15149	21336
2008	26985	16571	24134	29736	29761	17444	24864
2009	30965	18864	27445	34313	34023	20337	28723
2010	35326	20894	31555	39043	38075	24205	33552
2011	40042	31868	35592	45353	44585	28490	37543
2012	45392	34585	39477	52038	51675	30626	42173
2013	51015	36006	46476	55913	57271	34852	48684
2014	56852	38346	50471	63520	65794	40514	53527
2015	62091	41460	54308	69872	74665	44318	57206
2016	67386	48055	58018	76267	81867	51450	61458
2017	73272	55424	60911	84087	92964	56240	64730
2018	81764	53119	66592	94146	107300	59601	71167

表 3.16 城镇非私营单位在岗职工人数（2017 － 2018 年）
NUMBER OF ON-POST STAFF AND WORKERS IN NON-PRIVATE ECONOMIC UNITS (2017-2018)

单位：万人 (10 000 persons)

指标	Item	合计 Total		其中 of which			
				#国有 State-owned		#集体 Collective-owned	
		2017	2018	2017	2018	2017	2018
总计	**Total**	**369.18**	**356.61**	**112.83**	**106.20**	**6.56**	**4.94**
按机构类型分	**By Type of Institutions**						
企业	Corporations	271.28	261.63	20.31	14.62	4.61	3.40
事业	Institutions	68.97	65.59	64.90	63.47	1.78	1.30
机关	Agencies	27.37	27.69	27.25	27.67	0.10	0.01
民间非营利组织和其他	NGO and Other Organizations	1.56	1.70	0.37	0.44	0.07	0.23
按行业分	**By Sector**						
第一产业	Primary Industry	1.13	0.77	0.71	0.19	0.02	0.02
第二产业	Secondary Industry	171.76	158.58	7.13	2.74	3.54	2.57
采矿业	Mining	3.98	4.08	0.06	0.05	0.05	0.04
制造业	Manufacturing	81.70	77.88	2.03	0.33	0.48	0.39
电力、热力、燃气及水生产和供应业	Electric Power, Heat, Gas and Water Production and Supply	6.28	5.89	0.75	0.38	0.10	0.10
建筑业	Construction	79.80	70.73	4.29	1.98	2.91	2.04
第三产业	Tertiary Industry	196.29	197.26	104.99	103.27	3.00	2.35
交通运输、仓储及邮政业	Transport, Storage and Post	25.34	21.72	6.43	5.89	0.47	0.34
信息传输、软件和信息技术服务业	Information Transmission, Software and Information Technology	4.69	4.76	0.22	0.16		
批发与零售业	Wholesale and Retail Trades	18.95	18.94	1.08	0.88	0.24	0.26
住宿和餐饮业	Hotels and Catering Services	5.89	5.71	0.25	0.18	0.10	0.09
金融业	Financial Intermediation	8.79	12.07	3.77	3.12		0.01
房地产业	Real Estate	13.32	13.99	0.33	0.22	0.08	0.03
租赁与商务服务业	Leasing and Business Services	10.77	11.27	0.80	0.54	0.14	0.10
科学研究、技术服务业	Scientific Research and Technical Services	7.81	7.64	3.79	3.40	0.07	0.05
水利、环境和公共设施管理业	Management of Water Conservancy, Environment and Public Facilities	6.22	5.37	4.16	2.82	0.23	0.12
居民服务、修理和其他服务业	Services to Households, Repair and Other Services	1.26	1.29	0.14	0.09	0.04	0.03
教育	Education	39.41	39.37	35.47	35.48	0.09	0.12
卫生和社会工作	Health and Social Work	19.40	19.37	15.65	16.16	1.23	0.98
文化、体育与娱乐业	Culture, Sports and Entertainment	2.99	2.62	1.75	1.43	0.02	0.01
公共管理、社会保障和社会组织	Public Management, Social Security and Social Organization	31.45	33.14	31.15	32.90	0.29	0.21

表 3.17 城镇非私营单位在岗职工工资总额（2017－2018 年）
TOTAL WAGE BILL OF ON-POST STAFF AND WORKERS OF URBAN NON-PRIVATE ECONOMIC UNITS (2017-2018)

单位：万元 (10 000 yuan)

指 标	Item	合 计 Total		其 中 of which #国 有 State-owned		#集 体 Collective-owned	
		2017	2018	2017	2018	2017	2018
总 计	**Total**	**26681112**	**29037895**	**10422552**	**11342620**	**363646**	**290052**
按机构类型分	**By Type of Institutions**						
企 业	Corporations	17831820	19069583	1889554	1603533	237612	170601
事 业	Institutions	6336037	7016554	6081836	6850545	118607	106760
机 关	Agencies	2421525	2854286	2416487	2852565	3801	485
民间非营利组织和其他	NGO and Other Organizations	91730	97472	34675	35977	3626	12206
按行业分	**By Sector**						
第一产业	Primary Industry	61493	40636	46068	16561	872	764
第二产业	Secondary Industry	10267372	10551564	438778	177606	190696	131527
采矿业	Mining	239310	328948	2251	3078	2829	2486
制造业	Manufacturing	5335135	5496430	150133	19116	22526	18727
电力、热力、燃气及水生产和供应业	Electric Power, Heat, Gas and Water Production and Supply	528517	518801	56573	29948	4383	4896
建筑业	Construction	4164410	4207385	229821	125464	160958	105418
第三产业	Tertiary Industry	16352247	18445695	9937706	11148453	172078	157761
交通运输、仓储及邮政业	Transport, Storage and Post	1781166	1731957	548254	572830	22796	18325
信息传输、软件和信息技术服务业	Information Transmission, Software and Information Technology	522641	584894	16828	13183	26	
批发与零售业	Wholesale and Retail Trades	1138452	1280347	131428	122472	8091	9655
住宿和餐饮业	Hotels and Catering Services	228799	240462	12731	11240	4022	3859
金融业	Financial Intermediation	1578245	1822361	610521	531355	79	1490
房地产业	Real Estate	889230	1044516	23025	18985	4802	1034
租赁与商务服务业	Leasing and Business Services	551290	589690	41959	36116	4243	4762
科学研究、技术服务业	Scientific Research and Technical Services	805427	909966	420101	440237	4914	3503
水利、环境和公共设施管理业	Management of Water Conservancy, Environment and Public Facilities	330536	350920	229812	189428	8630	4315
居民服务、修理和其他服务业	Services to Households, Repair and Other Services	62204	66175	7828	8088	1641	1248
教 育	Education	3630758	4150107	3390828	3890663	7470	9297
卫生和社会工作	Health and Social Work	1881623	2116391	1640008	1858455	95122	86067
文化、体育与娱乐业	Culture, Sports and Entertainment	213687	221374	135059	134848	1377	605
公共管理、社会保障和社会组织	Public Management, Social Security and Social Organization	2738189	3336535	2729324	3320553	8865	13601

表 3.18 城镇非私营单位就业人员平均工资（2017 – 2018 年）
AVERAGE WAGE OF EMPLOYED PERSONS OF URBAN NON-PRIVATE ECONOMIC UNITS (2017-2018)

单位：元 (yuan)

指 标	Item	就业人员平均工资 Average Wage of Employed Persons		其 中 of which					
				#在岗职工平均工资 Average Wage of On-Post Employees		其 中 of which			
						#国 有 State-owned		#集 体 Collective-owned	
		2017	2018	2017	2018	2017	2018	2017	2018
总 计	**Total**	**70889**	**78928**	**73272**	**81764**	**92964**	**107300**	**56240**	**59601**
按机构类型分	**By Type of Institutions**								
企 业	Corporations	64947	71086	66817	73112	93623	108639	52169	50974
事 业	Institutions	89298	103058	92478	107774	94322	108747	67651	82856
机 关	Agencies	87061	100323	89029	103622	89230	103655	41180	65541
民间非营利组织和其他	NGO and Other Organizations	58844	57931	59219	58528	93665	82974	55106	54517
按行业分	**By Sector**								
第一产业	Primary Industry	54385	49774	55424	53119	65004	87206	40743	49623
第二产业	Secondary Industry	60425	65566	60911	66592	61769	59498	54370	51713
采矿业	Mining	60198	85100	59713	84951	40775	63472	52979	62785
制造业	Manufacturing	65745	69467	66240	69870	72395	56860	46351	47445
电力、热力、燃气及水生产和供应业	Electric Power, Heat, Gas and WaterProduction and Supply	83021	86608	84108	87566	75592	78233	44678	47996
建筑业	Construction	54221	59605	53577	60115	54381	56576	56085	52523
第三产业	Tertiary Industry	80309	90400	84087	94146	95278	108729	58585	68360
交通运输、仓储及邮政业	Transport, Storage and Post	70036	78996	71511	80217	85939	98207	48595	53255
信息传输、软件和信息技术服务业	Information Transmission, Software and Information Technology	112043	123128	112845	124311	77158	83069	24000	
批发与零售业	Wholesale and Retail Trades	59596	66828	60269	67581	121299	138324	36742	39103
住宿和餐饮业	Hotels and Catering Services	38974	41547	38886	41766	50398	61053	39163	42690
金融业	Financial Intermediation	123836	133454	179477	150359	161368	169060	71545	71545
房地产业	Real Estate	66969	74343	67783	75088	72226	95643	61883	39182
租赁与商务服务业	Leasing and Business Services	48456	50412	52092	54045	54429	68169	32025	47061
科学研究、技术服务业	Scientific Research and Technical Services	102239	115365	104740	119985	111803	130406	67873	70190
水利、环境和公共设施管理业	Management of Water Conservancy, Environment and Public Facilities	51684	62435	53729	65513	55966	67699	38528	37297
居民服务、修理和其他服务业	Services to Households, Repair andOther Services	47979	49131	50052	51538	58246	87061	41962	41753
教 育	Education	89251	101579	92461	106165	95881	110388	83555	80981
卫生和社会工作	Health and Social Work	96197	108037	98384	111094	106288	116843	78026	88783
文化、体育与娱乐业	Culture, Sports and Entertainment	69873	79351	72136	83784	77225	93638	59891	69506
公共管理、社会保障和社会组织	Public Management, Social Security and Social Organization	85604	97843	87708	101175	88176	101411	33338	68074

表 3.19 城镇非私营单位就业人员工资总额 (2017－2018 年)
TOTAL WAGE BILL OF EMPLOYMENT OF URBAN NON-PRIVATE UNITS (2017-2018)

单位：万元 (10 000 yuan)

指 标	Item	合 计 Total		其 中 of which			
				#国 有 State-owned		#集 体 Collective-owned	
		2017	2018	2017	2018	2017	2018
总 计	**Total**	**28340637**	**30643046**	**10607869**	**11574839**	**389323**	**312297**
按机构类型分	**By Type of Institutions**						
企 业	Corporations	19332864	20481904	1924861	1649383	258821	189466
事 业	Institutions	6467383	7169567	6205546	6998556	123071	109475
机 关	Agencies	2447134	2892212	2442096	2890466	3801	485
民间非营利组织和其他	NGO and Other Organizations	93256	99363	35366	36434	3630	12871
按行业分	**By Sector**						
第一产业	Primary Industry	62167	43597	46385	16580	872	790
第二产业	Secondary Industry	11354091	11665030	448270	185605	209609	148070
采矿业	Mining	245464	334001	2251	3078	2829	2486
制造业	Manufacturing	5445441	5599753	152058	19720	23033	19238
电力、热力、燃气及水生产和供应业	Electric Power, Heat, Gas and Water Production and Supply	538548	530431	56660	30408	4421	4958
建筑业	Construction	5124638	5200845	237301	132399	179326	121388
第三产业	Tertiary Industry	16924379	18934419	10113214	11372654	178842	163437
交通运输、仓储及邮政业	Transport, Storage and Post	1861490	1772633	568788	588504	23803	19028
信息传输、软件和信息技术服务业	Information Transmission, Software and Information Technology	530288	591778	16875	13389	26	
批发与零售业	Wholesale and Retail Trades	1159339	1299292	134065	124718	8252	9838
住宿和餐饮业	Hotels and Catering Services	236445	249022	13146	11583	4731	4734
金融业	Financial Intermediation	1735512	1872226	610668	546131	79	1501
房地产业	Real Estate	918574	1078451	23721	19204	4853	1069
租赁与商务服务业	Leasing and Business Services	632977	687880	43731	36754	4331	4915
科学研究、技术服务业	Scientific Research and Technical Services	824227	937033	427367	452930	4942	3568
水利、环境和公共设施管理业	Management of Water Conservancy, Environment and Public Facilities	347939	365081	243072	200043	10169	4373
居民服务、修理和其他服务业	Services to Households, Repair and Other Services	66532	71206	8111	8275	1935	1544
教 育	Education	3693403	4232394	3444144	3964052	7636	9538
卫生和社会工作	Health and Social Work	1922534	2162495	1674658	1899165	97836	88363
文化、体育与娱乐业	Culture, Sports and Entertainment	219647	227404	138261	137390	1384	621
公共管理、社会保障和社会组织	Public Management, Social Security and Social Organization	2775472	3387524	2766607	3370516	8865	14345

表 3.20 城镇登记失业人数（1985 － 2018 年）
NUMBER OF REGISTERED UNEMPLOYED PERSONS IN URBAN AREAS (1985-2018)

单位：万人，% (10 000 persons, %)

年 份 Year	登记失业人数 Registered Unemployed Persons	其 中 of which #女 性 Female	按失业时间分 By Unemployment Period 6 个月以上 Over 6 Months	6 个月以下 Less than 6 Months	登记失业率 Registered Unemployment Rate
1985	6.46				2.3
1986	6.00				2.1
1987	6.29				2.2
1988	6.25				2.1
1989	8.43				2.8
1990	8.81				2.9
1991	9.42				3.0
1992	10.01				3.1
1993	10.23				3.2
1994	10.80				3.2
1995	10.47				2.9
1996	10.95				3.0
1997	10.85	6.18	6.92	3.93	3.5
1998	10.10	5.71	6.46	3.64	3.5
1999	10.08	5.48	6.15	3.93	3.5
2000	10.15	5.26	5.30	4.85	3.5
2001	13.72	7.24	7.72	6.00	3.9
2002	16.18	7.70	7.79	8.39	4.1
2003	16.16	8.20	8.62	7.54	4.1
2004	16.76	8.19	9.44	7.32	4.1
2005	16.89	8.27	9.67	7.22	4.1
2006	15.41	8.12	8.98	6.43	4.0
2007	14.13	7.60	8.01	6.12	4.0
2008	13.02	6.94	6.27	6.75	4.0
2009	13.44	6.55	6.02	7.42	4.0
2010	13.02	6.20	4.06	8.96	3.9
2011	12.96	7.01	3.34	9.62	3.5
2012	12.43	5.93	1.25	11.18	3.3
2013	12.07	6.44	1.07	11.00	3.4
2014	13.42	6.87	0.62	12.80	3.5
2015	14.26	7.55	0.81	13.45	3.6
2016	15.68	8.12	0.93	14.75	3.7
2017	14.26	7.07	0.77	13.49	3.4
2018	13.09	7.09	0.78	12.31	3.3

表 3.21 城镇私营单位就业人员平均工资（2017－2018 年）
AVERAGE WAGE OF EMPLOYED PERSONS OF URBAN PRIVATE ECONOMIC UNITS (2017-2018)

单位：元 (yuan)

指 标	Item	就业人员平均工资 Average Wage of Employed Persons 2017	2018
总 计	**Total**	**50450**	**52558**
按行业分	**By Sector**		
第一产业	Primary Industry	39632	40825
第二产业	Secondary Industry	52356	54693
采矿业	Mining	52943	55605
制造业	Manufacturing	52673	54735
电力、热力、燃气及水生产和供应业	Electric Power, Heat, Gas and Water Production and Supply	49879	52970
建筑业	Construction	51988	54612
第三产业	Tertiary Industry	47827	50308
交通运输、仓储及邮政业	Transport, Storage and Post	54093	55867
信息传输、软件和信息技术服务业	Information Transmission, Software and Information Technology	59897	64667
批发与零售业	Wholesale and Retail Trades	44477	46490
住宿和餐饮业	Hotels and Catering Services	37879	40152
金融业	Financial Intermediation	68140	78604
房地产业	Real Estate	52881	56222
租赁与商务服务业	Leasing and Business Services	46989	49836
科学研究、技术服务业	Scientific Research and Technical Services	54721	59487
水利、环境和公共设施管理业	Management of Water Conservancy, Environment and Public Facilities	44126	45321
居民服务、修理和其他服务业	Services to Households, Repair and Other Services	44338	45587
教 育	Education	47579	50118
卫生和社会工作	Health and Social Work	55364	58938
文化、体育与娱乐业	Culture, Sports and Entertainment	47814	49472
公共管理、社会保障和社会组织	Public Management, Social Security and Social Organization		

重/庆/统/计/年/鉴

主要统计指标解释

人口数

指一定时点、一定地区范围内的有生命的个人的总和。年度统计的年末人口数是指每年 12 月 31 日 24 时的人口数。

出生率（又称粗出生率）

指在一定时期内（通常为一年）一定地区内出生人数与同期内平均人数（或期中人数）之比，一般用千分率表示。本资料中的出生率指年出生率。计算公式为:

出生率 = 年出生人数 / 年平均人数 ×1000‰

式中：出生人数是指活产婴儿，即胎儿脱离母体时（不管怀孕月数）有过呼吸或其他生命现象。年平均人数是年初、年底人口数的平均数，也可用年中人口数代替。

死亡率（又称粗死亡率）

指在一定时期内（通常为一年）一定地区的死亡人数与同期平均人数（或期中人数）之比，一般用千分率表示。本资料中的死亡率指年死亡率。计算公式为:

死亡率 = 年死亡人数 / 年平均人数 ×1000‰

人口自然增长率

指在一定时期内（通常为一年）人口自然增加数（出生人数减死亡人数）与该时期内平均人数（或期中人数）之比，一般用千分率表示。计算公式为：

人口自然增长率 =(本年出生人数 - 本年死亡人数)/ 年平均人数 ×1000‰ = 人口出生率 - 人口死亡率

总抚养比

也称总负担系数。指人口总体中非劳动年龄人口数与劳动年龄人口数之比。通常用百分比表示。说明每 100 名劳动年龄人口大致要负担多少名非劳动年龄人口。用于从人口角度反映人口与经济发展的基本关系。计算公式为：

$$GDR = \frac{P_{0\sim14} + P_{65^+}}{P_{15\sim64}} \times 100\%$$

其中：GDR 为总抚养比；

$P_{0\sim14}$ 为 0 ～ 14 岁少年儿童人口数；

P_{65+} 为 65 岁及 65 岁以上的老年人口数；

$P_{15\sim64}$ 为 15 ～ 64 岁劳动年龄人口数。

老年人口抚养比

也称老年人口抚养系数。指某一人口中老年人口数与劳动年龄人口数之比。通常用百分比表示。用以表明每 100 名劳动年龄人口要负担多少名老年人。老年人口抚养比是从经济角度反映人口老化社会后果的指标之一。计算公式为：

$$ODR = \frac{P_{65^+}}{P_{15\sim64}} \times 100\%$$

其中：ODR 为老年人口抚养比；

P_{65+} 为 65 岁及 65 岁以上的老年人口数；

$P_{15\sim64}$ 为 15 ～ 64 岁的劳动年龄人口数。

少年儿童抚养比

也称少年儿童抚养系数。指某一人口中少年儿童人口数与劳动年龄人口数之比。通常用百分比表示。以反映每 100 名劳动年龄人口要负担多少名少年儿童。计算公式为：

$$CDR = \frac{P_{0\sim14}}{P_{15\sim64}} \times 100\%$$

其中：CDR 为少年儿童抚养比；

$P_{0\sim14}$ 为 0 ～ 14 岁少年儿童人口数；

$P_{15\sim64}$ 为 15 ～ 64 岁劳动年龄人口数。

常住人口

常住人口在人口调查中的定义为下列几款人：（1）居住本乡镇街道，户口在本乡镇街道或户口在本乡镇街道，但人离开本乡镇街道不满半年的人；（2）居住本乡镇街道，离开户口登记地半年以上的人；（3）居住本乡镇街道，户口待定的人；（4）原住本乡镇街道，现在国外工作学习的人。

主要统计指标解释

文盲人口

文盲人口是指15岁以上不识字或识字很少的人口。

文盲率

文盲率是指文盲人口占15岁及以上人口比重。

城镇人口和乡村人口

城镇人口是指居住在城镇范围内的全部常住人口；乡村人口是除上述人口以外的全部人口。

历年城乡人口数据是按照当时国家《统计上划分城乡的规定》计算。

三次普查之间年份的城乡人口根据1990年和2000年人口普查数据进行了调整。

就业人员

指在一定年龄以上，有劳动能力，为取得劳动报酬或经营收入而从事一定社会劳动的人员。具体指年满16周岁，为取得报酬或经营利润，在调查周内从事了1小时（含1小时）以上劳动的人员；或由于学习、休假等原因在调查周内暂时处于未工作状态，但有工作单位或场所的人员；或由于临时停工放假、单位不景气放假等原因在调查周内暂时处于未工作状态，但不满三个月的人员。

在岗职工

指在本单位工作且与本单位签订劳动合同，并由单位支付各项工资和社会保险、住房公积金的人员，以及上述人员中由于学习、病伤、产假等原因暂未工作仍由单位支付工资的人员。在岗职工还包括：

(1) 应订立劳动合同而未订立劳动合同人员（如使用的农村户籍人员）；

(2) 处于试用期人员；

(3) 编制外招用的人员，如临时人员；

(4) 派往外单位工作，但工资仍由本单位发放的人员（如挂职锻炼、外派工作等情况）。

国有单位

指资产归国家所有的经济组织。包括按《中华人民共和国企业法人登记管理条例》规定登记注册的非公司制的经济组织，以及中央、地方各级国家机关、事业单位和社会团体。

集体单位

指生产资料归集体所有，并按《中华人民共和国企业法人登记管理条例》规定登记注册的经济组织。

在岗职工工资总额

指各单位在一定时期内直接支付给本单位全部职工的劳动报酬总额。工资总额的计算原则应以直接支付给职工的全部劳动报酬为根据。各单位支付给职工的劳动报酬以及其他根据有关规定支付的工资，不论是计入成本的还是不计入成本的，不论是以货币形式支付的还是以实物形式支付的，均包括在工资总额内。

平均工资

指单位就业人员在一定时期内平均每人所得的工资额。它表明一定时期工资收入的高低程度，是反映就业人员工资水平的主要指标。计算公式为：

平均工资＝报告期就业人员工资总额／报告期就业人员平均人数

就业人员工资总额

指各单位在一定时期内直接支付给本单位全部就业人员的劳动报酬总额。包括在岗职工工资总额和其他就业人员劳动报酬总额。

城镇登记失业人员

指有非农业户口，在一定的劳动年龄内（16周岁至退休年龄），有劳动能力，无业而要求就业，并在当地劳动保障部门进行失业登记的人员。

城镇登记失业率

城镇登记失业人员与城镇单位就业人员（扣除使用的农村劳动力、聘用的离退休人员、港澳台及外方人员）、城镇单位中的不在岗职工、城镇私营业主、个体户主、城镇私营企业和个体就业人员、城镇登记失业人员之和的比。

Explanatory Notes on Main Statistical Indicators

Total population

Refers to the total number of people alive at a certain point of time within a given area.The annual statistics on total population is taken at midnight, the 3lst of December.

Birth Rate (or Crude Birth Rate)

Refers to the ratio of the number of births to the average population during a certain period of time (usually a year), which is often expressed in ‰. Birth rate in the chapter refers to annual birth rate. The following formula is used:

Birth Rate = Number of Births / Average Number of Population × 1000‰

Number of Births refers to live births, i.e. the births when babies had showed any vital phenomena regardless of the length of pregnancy.

Annual Average Number of Population is the average of the number of population at the beginning of the year and that at the end of the year. Sometimes it is substituted for with the mid-year population.

Death Rate (or Crude Death Rate)

Refers to the ratio of the number of deaths to the average population (or mid-year population) during a certain period of time (usually a year), which is often expressed in ‰. Death rate in the chapter refers to annual death rate. The following formula is used:

Death Rate = Number of Deaths / Annual Average Number of Population × 1000‰

Natural Growth Rate of Population

Refers to the ratio of natural increase in population (number of births minus number of deaths) in a certain period of time (usually a year) to average population (or mid-year population) of the same period, which is often expressed in ‰. The following formulas are applied:

Natural Growth of Population = Number of Births - Number of Deaths / Average number of Population × 1000‰

Natural Growth Rate of Population = Birth Rate - Death Rate

Gross Dependency Ratio

Also called gross dependency coefficient, refers to the ratio of non-working-age population to the working-age population, express in %. Describing in general the number of non-working-age population that every 100 people at working ages will take care of, this indicator reflects the basic relation between population and economic development from the demographic perspective. The gross dependency ratio is calculated with the following formula:

$$GDR = \frac{P_{0\sim14} + P_{65^+}}{P_{15\sim64}} \times 100\%$$

Where: GDR is the gross dependency ratio,

P_{0-14} is the population of children aged 0-14,

P_{65+} is the elderly population aged 65 and over, and

P_{15-64} is the working-age population aged 15-64.

Old Dependency Ratio

Also called old dependency coefficient, refers to the ratio of the elderly population to the working-age population, express in %. It describes the number of the elderly population that every 100 people at working ages will take care of. Old dependency ratio is one of the indicators reflecting the social implication of population aging from the economic perspective. The old dependency ratio is calculated with the following formula:

$$ODR = \frac{P_{65^+}}{P_{15\sim64}} \times 100\%$$

Where: ODR is the old dependency ratio,

P_{65+} is the elderly population aged 65 and over, and

P_{15-64} is the working-age population aged 15-64.

Children Dependency Ratio

Also called children dependency coefficient, refers to the ratio of the children population to the working-age population, express in %. It describes the number of children population that every 100 people at working ages will take care of. The children dependency ratio is calculated with the following formula:

$$CDR = \frac{P_{0\sim14}}{P_{15\sim64}} \times 100\%$$

Where: CDR is the children dependency ratio,

$P_{0\text{-}14}$ is the children population aged 0-14, and

$P_{15\text{-}64}$ is the working-age population aged 15-64.

Resident Population

According to survey of population, it includes the following main items: 1) population who reside in this township or town (sub-district) with residence registered in this area, or population who have residence registered in this township or town (sub-district) but have been away from this area for less than half a year; 2) population having actually resided in this township or town (sub-district) for over half a year with residence registered in other area; 3) population residing in this townships or towns (sub-district) with residence not registered; 4) population with residence registered in this township or town (sub-district) who work or study abroad.

The Illerate Population

Refers to those over 15 years of age who have inability to read or write, or can read or write only a few words.

Illiteracy Rate

Refers to the percentage of the illiterate population in the total population above 15 years of age.

Urban Population and Rural Population

Urban population refers to all people residing in cities and towns, while rural population refers to population other than urban population.

Statistics on urban and rural population over the years are compiled in line with the regulations of statistical classification on urban and rural population stipulated by the government, which were in effect at different times.

Figures on urban/rural population for the years between the 3 censuses are adjusted in accordance with the 1990 and 2000 population census data.

Employed Persons

Refers to persons above a specified age who had labour capacity and performed some social work for compensation or business gains. Specifically, it refers to persons, aged 16 and over, who performed some work for compensation or business gains for one hour or more during the reference period; or persons who do not work for the reasons of study or on holiday, but had work units or sites during the reference period; or persons temporary absence from a job for disorganization or suspension of work, recession, etc. but not exceeding three months during the reference period.

Employed Staff and Workers

Refer to persons who signed labor contracts with working units and working units would pay wages, social insurance and housing funds for them. Persons who have their work posts but are temporarily absent from work for reasons of study or on sick, injury or maternal leave and still receive wages from their working units are also included. Employed staff and workers also include:

1) Persons who should have signed the labor contracts but not (like people with rural household registration);

2) Employees on probation;

3) Employees beyond the staffing quota, for example, temporary employees;

4) Employees who are sent to other working units but still obtain wages from their original units (situations like on-the-job placement, expatriated assignment, etc.).

State-owned Units

Refer to economic units whose assets are owned by the state. Included are non-corporation units registered according to Regulation of the People's Republic of China on the Registration of Enterprises and Corporations, state organs, institutions and social organizations at the central and local levels.

Collective Units

Refer to economic units registered according to Regulation of the People's Republic of China on the Registration of Enterprises and Corporations where the means of production are collectively owned.

Total Wages of Bill On-post

Refers to total remuneration payment to staff and workers in various units during a certain period of time. The calculation of total wages is based on the total remuneration payment to the staff and workers. Therefore, all the wages and salaries and other payments to staff and workers are included in the total wage bill

EXPLANATORY NOTES TO MAJOR STATISTICAL INDICATORS

regardless of sources, reckoning the cost of production or not, category, listing as items of premium taxation or not, and forms, paying in cash or in kind.

☐ Average Wage

Refers to the average per capita wage during a certain period of time for employed persons. It shows the general level of wage income during a certain period of time, one major indicator to reflect the wage level. It is calculated as follows:

Average Earning of Employees=Total Wage Bill of Employed Persons at Reference Time/Average Number of Persons Employed at Reference Time

☐ Total Salary of Employed Personnel

Refers to the sum of the labor remuneration paid to all the employed personnel by the employing organizations in a specific period of time, including the sum of employee salaries and the sum of labor remuneration of other employed personnel.

☐ Registered Unemployed Persons in Urban Areas

Refer to the persons with non-agricultural household registration at certain working ages (16 years old to retirement age), who are capable of working, unemployed and willing to work, and have been registered at the local employment service agencies to apply for a job.

☐ Registered Unemployment Rate in Urban Areas

Refers to the ratio of the number of the registered unemployed persons to the sum of the number of persons employed in various units (minus the employed rural labour force, re-employed retirees, and Hong Kong, Macao, Taiwan or foreign employees), laid-off staff and workers in urban units, owners of private enterprises in urban areas, owners of self-employed individuals in urban areas, employees of private enterprises in urban areas, employee of self-employed individuals in urban areas, and the registered unemployed persons in urban areas.

第四章·固定资产投资

INVESTMENT IN
FIXED ASSETS

简要说明
BRIEF INTRODUCTION

本章内容主要包括全社会固定资产投资、建设项目投资、房地产开发和商品房销售情况，由市统计局固定资产投资处整理提供。

The data in this chapter cover the total investment in fixed assets, investment in construction, real estate development, sales of commercialized buildings. All the data are prepared and provided by Division of Statistics of Investment in Fixed Assets, Chongqing Municipal Bureau of Statistics.

表 4.1 全社会固定资产投资构成（2017－2018 年）
COMPOSITION OF TOTAL INVESTMENT IN FIXED ASSETS (2017-2018)

指 标	Item	构 成 (%) Structure (%)	
		2017	2018
投资总额（万元）	**Total Investment (10 000 yuan)**	**100.0**	**100.0**
按隶属关系分	**By Jurisdiction of Administration**		
中央项目	Central Investment	3.8	4.7
地方项目（包括无隶属关系的）	Local Investment (including non-governmental investment)	96.2	95.3
按登记注册类型分	**By Status of Registration**		
内 资	Domestic-funded		
#国 有	State-owned	33.4	28.3
集 体	Collective-owned	0.7	0.4
联 营	Joint	0.04	0.02
股份制	Share-holding	3.1	2.3
私营个体	Private and Self-employed Individual	33.6	47.5
其 他	Others	28.4	16.3
港澳台投资经济	Funds from Hong Kong, Macao and Taiwan	2.7	2.4
外商投资经济	Foreign-funded	1.9	2.8
按构成分	**By Use of Funds**		
建筑工程	Construction	69.5	60.1
安装工程	Installation	10.3	7.3
设备工具器具购置	Purchase of Equipment and Instruments	11.1	9.6
其他费用	Others	13.0	23.0

表 4.2 按行业分的全社会固定资产投资较上年增长情况（2018 年）
GROWTH RATE OF TOTAL INVESTMENT IN FIXED ASSETS BY SECTOR COMPARED WITH THE LAST YEAR (2018)

单位：%（%）

行业	Sector	2018
总计	**Total**	**7.0**
第一产业	Primary Industry	-9.5
第二产业	Secondary Industry	7.3
工业	Industry	7.3
采矿业	Mining	-26.6
制造业	Manufacturing	9.3
电力、热力、燃气及水的生产和供应业	Production and Supply of Electricity, Heat, Gas & Water	3.5
建筑业	Construction	-17.3
第三产业	Tertiary Industry	7.4
批发与零售业	Wholesale and Retail Trades	-45.5
交通运输、仓储及邮政业	Transport, Storage and Post	11.2
住宿和餐饮业	Hotels and Catering Services	8.5
信息传输、计算机服务和软件业	Information Transmission, Computer Services and Software	-52.7
金融业	Financial Intermediation	-68.8
房地产业	Real Estate	5.3
租赁与商务服务业	Leasing and Business Services	40.5
科学研究、技术服务与地质勘查业	Scientific Research, Technical Services and Geological Prospecting	19.2
水利、环境和公共设施管理业	Management of Water Conservancy, Environment and Public Facilities	15.3
居民服务和其他服务业	Services to Households and Other Services	-49.1
教育	Education	-11.1
卫生、社会保障和社会福利业	Health, Social Security and Social Welfare	19.4
文化、体育与娱乐业	Culture, Sports and Entertainment	44.7
公共管理与社会组织	Public Management and Social Organizations	72.7

表 4.3 全社会固定资产投资资金来源（2018 年）
SOURCES OF FUNDS FOR INVESTMENT IN FIXED ASSETS (2018)

单位：万元 (10 000 yuan)

指 标	Item	总 计 Total	速度 Growth Rate
本年资金来源合计	**Total Investment from All Sources in Current Year**		
上年末结余资金	Balance of the Previous Year	21390882	-2.4
本年资金来源小计	Subtotal of Funds Invested in This Year	106574426	-8.7
国家预算内资金	State Budgetary Appropriation	3002679	-52.0
国内贷款	Domestic Loans	17805088	-4.1
债 券	Bonds	130303	-27.0
利用外资	Foreign Investment	483780	35.9
自筹资金	Self-raised Funds	42209465	-22.2
其他资金来源	Others	42943111	-31.6

注：2018 年起固定资产投资项目到位资金统计范围由计划总投资 500 万元及以上调整为 5000 万元及以上项目（以下相关表同）。
Note: Since 2018, the statistic scope of the actual funds for investment in fixed assets is adjusted from 5 million above yuan planned investment to 50 million and above planned total investment.

表 4.4 按行业分建设项目投资和建设总规模较上年变化情况（2018 年）

CHANGE IN INVESTMENT IN CONSTRUCTION PROJECTS AND TOTAL CONSTRUCTION INVESTMENT SIZE BY SECTOR COMPARED WITH THE LAST YEAR (2018)

指 标	Item	建设总规模 Total Investment in Construction	在建总规模 Total Investment in Projects under Construction
总 计	**Total**	**-4.7**	**10.0**
第一产业	Primary Industry	-19.9	-2.3
第二产业	Secondary Industry	-5.8	9.3
工 业	Industry	-5.8	9.4
采矿业	Mining	-36.3	-8.2
制造业	Manufacturing	-5.5	8.7
电力、热力、燃气及水的生产和供应业	Production and Supply of Electricity, Heat, Gas & Water	-0.7	16.8
建筑业	Construction	-52.2	-53.0
第三产业	Tertiary Industry	-3.3	11.0
交通运输、仓储及邮政业	Transport, Storage and Post	-17.1	-13.3
信息传输、计算机服务和软件业	Information Transmission, Computer Services and Software	9.7	25.0
批发与零售业	Wholesale and Retail Trades	-30.8	-24.8
住宿和餐饮业	Hotels and Catering Services	-35.8	-23.3
金融业	Financial Intermediation	-65.6	-50.2
房地产业	Real Estate	-29.3	-6.5
租赁与商务服务业	Leasing and Business Services	31.6	88.6
科学研究、技术服务与地质勘查业	Scientific Research, Technical Services and Geological Prospecting	-17.7	-12.2
水利、环境和公共设施管理业	Management of Water Conservancy, Environment and Public Facilities	-9.8	4.0
居民服务和其他服务业	Services to Households and Other Services	-41.7	-17.9
教 育	Education	-16.1	-16.0
卫生、社会保障和社会福利业	Health, Social Security and Social Welfare	5.1	1.2
文化、体育与娱乐业	Culture, Sports and Entertainment	4.9	16.7
公共管理与社会组织	Public Management and Social Organizations	6.1	-16.0

注：该表中数据不包含农户投资数据。
Note: The data of rural households is excluded herein.

单位：%

在建净规模 Net Investment in Projects under Construction	投资额 Investment	其中 of which			其中 of which		
		#新 建 New Construction	#扩 建 Expansion	#改 建 Reconstruction	建筑安装工程投资 Construction and Installation	设备工器具购置 Purchase of Equipment and Instruments	其他费用 Other Expenses
8.0	**7.2**	**4.3**	**-7.4**	**49.3**	**7.1**	**6.2**	**9.4**
1.9	-9.5	-9.7	30.3	-66.1	-18.8	43.5	18.8
6.7	7.3	-5.7	25.7	58.1	3.3	14.4	16.7
6.8	7.3	-5.7	25.7	58.0	3.2	14.6	16.8
-28.7	-26.6	-42.7	-10.4	2.5	-25.9	-47.1	34.5
5.3	9.3	-5.0	32.3	59.2	5.0	17.8	11.9
27.7	3.5	-3.5	55.5	57.4	2.3	-6.9	39.7
-67.1	-17.3	28.4		653.7	87.0	-89.4	1.3
9.1	8.1	11.2	-22.4	30.4	10.7	-17.4	6.6
6.9	-45.5	-44.6	-30.3	-38.5	-42.9	-37.1	-69.8
20.0	11.2	16.0	-18.1	43.9	16.6	-36.8	12.5
-5.3	8.5	27.5	-45.5	-3.9	15.0	13.6	-33.8
43.9	-52.7	18.7	-96.8	-17.0	-34.5	-66.6	-44.8
-6.4	-68.8	-71.1		19.2	-68.2	-96.2	-87.9
-10.3	-25.6	-27.9	-67.1	233.5	-29.0	-27.6	15.3
103.8	40.5	61.9	-82.2	40.2	34.5	3.6	95.5
-20.0	19.2	24.3	493.0	27.7	21.6	-2.5	19.7
-2.2	15.3	15.5	25.4	6.2	14.9	45.0	9.1
-52.1	-49.1	-48.8	-93.1	-74.0	-37.9	-66.5	-78.3
-17.0	-11.1	-9.5	-46.1	74.6	-4.8	-19.3	-45.8
13.1	19.4	10.6	101.9	20.3	9.2	80.8	76.1
64.5	44.7	41.6	134.9	98.0	40.3	89.1	53.9
-39.1	72.7	70.1	48.2	-53.2	95.7	-11.0	-35.8

表 4.5 按行业分建设项目施工、投产项目个数 (2018 年)
NUMBER OF CONSTRUCTION PROJECTS UNDER CONSTRUCTION AND PUT INTO USE BY SECTOR (2018)

行 业	Sector	施工项目(个) Number of Projects under Construction (unit)	其中 of which #新开工 New Projects	全部建成投产项目(个) Number of Projects Completed & Put into Use (unit)	项目建成投产率(%) Rate of Projects Completed & Put into Use (%)
总 计	**Total**	**13698**	**6670**	**5583**	**40.8**
第一产业	Primary Industry	867	437	359	41.4
第二产业	Secondary Industry	4866	2628	2251	46.3
工 业	Industry	4858	2622	2249	46.3
采矿业	Mining	130	70	48	36.9
制造业	Manufacturing	4199	2332	2005	47.7
电力、热力、燃气及水的生产和供应业	Production and Supply of Electricity, Heat, Gas & Water	529	220	196	37.1
建筑业	Construction	8	6	2	25.0
第三产业	Tertiary Industry	7965	3605	2973	37.3
交通运输、仓储及邮政业	Transport, Storage and Post	196	83	74	37.8
信息传输、计算机服务和软件业	Information Transmission, Computer Services and Software	1832	909	605	33.0
批发与零售业	Wholesale and Retail Trades	230	89	124	53.9
住宿和餐饮业	Hotels and Catering Services	141	88	43	30.5
金融业	Financial Intermediation	6	1	2	33.3
房地产业	Real Estate	282	87	114	40.4
租赁与商务服务业	Leasing and Business Services	133	46	49	36.8
科学研究、技术服务与地质勘查业	Scientific Research, Technical Services and Geological Prospecting	66	35	16	24.2
水利、环境和公共设施管理业	Management of Water Conservancy, Environment and Public Facilities	3828	1685	1447	37.8
居民服务和其他服务业	Services to Households and Other Services	41	17	17	41.5
教 育	Education	463	193	190	41.0
卫生、社会保障和社会福利业	Health, Social Security and Social Welfare	253	108	105	41.5
文化、体育与娱乐业	Culture, Sports and Entertainment	357	220	111	31.1
公共管理与社会组织	Public Management and Social Organizations	137	44	76	55.5

注：该表中数据不包含农户投资。
Note: The data of rural households is excluded herein.

表 4.6 工业投资按行业分构成（2017 – 2018 年）
INDUSTRIAL INVESTMENT BY SECTOR (2017-2018)

单位：%

指 标	Item	2017	2018
合 计	**Total**	**100.0**	**100.0**
采矿业	**Mining**	**2.7**	**2.4**
煤炭开采和洗选业	Mining and Washing of Coal	0.2	0.1
石油和天然气开采业	Extraction of Petroleum and Natural Gas	1.0	1.5
黑色金属矿采选业	Mining and Processing of Ferrous Metal Ores	0.1	0.1
有色金属矿采选业	Mining and Processing of Non-ferrous Metal Ores	0.0	0.0
非金属矿采选业	Mining and Processing of Non-metal Ores	0.8	0.7
开采辅助活动	Support Activities for Mining	0.5	0.1
其他采矿业	Mining of Other Ores	0.0	0.0
制造业	**Manufacturing**	**89.4**	**85.9**
农副食品加工业	Processing of Food from Agricultural Products	4.1	3.2
食品制造业	Manufacture of Foods	2.2	1.9
酒、饮料和精制茶制造业	Manufacture of Liquor, Beverages and Refined Tea	1.4	1.0
烟草制品业	Manufacture of Tobacco	0.0	0.1
纺织业	Manufacture of Textile	0.9	0.3
纺织服装、服饰业	Manufacture of Textile, Wearing Apparel and Accessories	1.1	0.5
皮革、毛皮、羽毛及其制品和制鞋业	Manufacture of Leather, Fur, Feather and Related Products and Footwear	0.7	0.5
木材加工和木、竹、藤、棕、草制品业	Processing of Timber, Manufacture of Wood, Bamboo, Rattan, Palm and Straw Products	1.3	0.6
家具制造业	Manufacture of Furniture	1.9	1.6
造纸及纸制品业	Manufacture of Paper and Paper Products	2.6	1.8
印刷和记录媒介复制业	Printing and Reproduction of Recording Media	0.7	0.5
文教、工美、体育和娱乐用品制造业	Manufacture of Articles for Culture, Education, Arts and Crafts, Sport and Entertainment Activities	0.4	0.6
石油加工、炼焦及核燃料加工业	Processing of Petroleum, Coking and Processing of Nuclear Fuel	0.1	0.1
化学原料及化学制品制造业	Manufacture of Raw Chemical Materials and Chemical Products	4.3	3.5
医药制造业	Manufacture of Medicines	3.8	4.0
化学纤维制造业	Manufacture of Chemical Fibres	0.0	0.2
橡胶和塑料制品业	Manufacture of Rubber and Plastics Products	2.5	2.5
非金属矿物制品业	Manufacture of Non-metallic Mineral Products	5.1	6.3
黑色金属冶炼和压延加工业	Smelting and Pressing of Ferrous Metals	1.4	0.8
有色金属冶炼和压延加工业	Smelting and Pressing of Non-ferrous Metals	1.4	1.3
金属制品业	Manufacture of Metal Products	3.4	3.1
通用设备制造业	Manufacture of General Purpose Machinery	5.5	4.3
专用设备制造业	Manufacture of Special Purpose Machinery	4.5	4.8
汽车制造业	Manufacture of Automobiles	15.7	17.9
铁路、船舶、航空航天和其他运输设备制造业	Manufacture of Railway, Ship, Aerospace and Other Transport Equipments	3.2	2.8
电气机械和器材制造业	Manufacture of Electrical Machinery and Apparatus	4.8	6.5
计算机、通信和其他电子设备制造业	Manufacture of Computers, Communication and Other Electronic Equipments	13.5	12.8
仪器仪表制造业	Manufacture of Measuring Instruments and Machinery	1.4	1.2
其他制造业	Other Manufacture	0.7	0.7
废弃资源综合利用业	Utilization of Waste Resources	0.7	0.6
金属制品、机械和设备修理业	Repair Service of Metal Products, Machinery and Equipment	0.1	0.0
电力、热力、燃气及水生产和供应业	**Production and Supply of Electricity, Heat, Gas and Water**	**7.9**	**11.7**
电力、热力生产和供应业	Production and Supply of Electric Power and Heat Power	3.9	6.3
燃气生产和供应业	Production and Supply of Gas	1.4	0.8
水的生产和供应业	Production and Supply of Water	2.6	4.6

表 4.7 房屋施工面积(2017－2018年)
TOTAL FLOOR SPACE OF BUILDINGS UNDER CONSTRUCTION (2017-2018)

单位：万平方米 (10 000 sq.m)

指 标	Item	房屋施工面积 Floor Space of Buildings under Construction		其 中 of which #住 宅 Residential Buildings	
		2017	2018	2017	2018
总 计	**Total**	**31705**	**30118**	**18416**	**18589**
#建设项目	Construction	4712	2132	770	138
房地产开发	Real Estate Development	25961	27227	16748	17859
农 户	Rural Households	1032	759	898	591

表 4.8 房屋竣工面积(2017－2018年)
TOTAL FLOOR SPACE OF BUILDINGS COMPLETED (2017-2018)

单位：万平方米 (10 000 sq.m)

指 标	Item	房屋竣工面积 Floor Space of Buildings Completed		其 中 of which #住 宅 Residential Buildings	
		2017	2018	2017	2018
总 计	**Total**	**7544**	**5096**	**4506**	**3404**
#建设项目	Construction	1633	394	399	66
房地产开发	Real Estate Development	5056	4083	3316	2785
农 户	Rural Households	856	619	791	554

表 4.9 房屋造价(2017－2018年)
COST OF COMPLETED BUILDINGS (2017-2018)

单位：元 / 平方米 (yuan/sq.m)

指 标	Item	每平方米造价 Cost of Buildings per Sq. m		其 中 of which #住 宅 Residential Buildings	
		2017	2018	2017	2018
建设项目	Construction	2387	2900	1969	1489
房地产开发	Real Estate Development	3404	3810	3324	4004

表 4.10 建设项目投资较上年增长情况（2018 年）
GROWTH RATE OF INVESTMENT IN CONSTRUCTION PROJECTS COMPARED WITH THE LAST YEAR (2018)

单位：%（%）

指 标	Item	2018
投资总额（万元）	**Total Investment (10 000 yuan)**	**7.2**
按隶属关系分	**By Jurisdiction of Administration**	
中央项目	Central Investment	-7.1
地方项目	Local Investment	8.2
按构成分	**By Use of Funds**	
建筑工程	Construction	9.6
安装工程	Installation	-15.1
设备、工具、器具购置	Purchase of Equipments and Instruments	6.2
其他费用	Others	9.4
按建设性质分	**By Type of Construction**	
#新　建	New Construction Projects	4.3
扩　建	Expansion	-7.4
改建和技术改造	Reconstruction and Technical Transformation	49.3
按国民经济行业分	**By Sector**	
第一产业	Primary Industry	-9.5
第二产业	Secondary Industry	7.3
#工　业	Industry	7.3
第三产业	Tertiary Industry	8.1
新增固定资产（万元）	**Newly Increased Fixed Assets (10 000 yuan)**	**-46.3**
建设项目（个）	**Construction Projects (unit)**	
施工项目	Projects under Construction	-22.1
本年投产项目	Projects Completed in This Year	-39.7
房屋建筑面积（万平方米）	**Floor Space of Buildings (10 000 sq.m)**	
施工面积	Floor Space under Construction	-32.5
#住　宅	Residential Buildings	-71.4
竣工面积	Floor Space Completed	-53.5
#住　宅	Residential Buildings	-66.6

注：该表数据中不含农户投资。
Note: The data of rural households is excluded herein.

表 4.11 按行业分的建设项目投资个数和规模（2018 年）
NUMBER AND SCALE OF INVESTMENT IN CONSTRUCTION PROJECTS BY SECTOR (2018)

单位：万元 (10 000 yuan)

行 业	Sector	施工项目个数（个） Number of In-process Project (unit)	计划总投资 Planned Total Investment
总 计	**Total**	**13698**	**283415835**
第一产业	Primary Industry	867	5803319
第二产业	Secondary Industry	4866	113509620
工 业	Industry	4858	113457553
采矿业	Mining	130	2064961
#石油和天然气开采业	Extraction of Petroleum and Natural Gas	13	1430572
制造业	Manufacturing	4199	96436125
#化学原料及化学制品制造业	Manufacture of Raw Chemical Materials and Chemical Products	167	4687639
医药制造业	Manufacture of Medicines	119	3877802
通用设备制造业	Manufacture of General Purpose Machinery	234	4096040
专用设备制造业	Manufacture of Special Purpose Machinery	234	4524149
电力、热力、燃气及水的生产和供应业	Production and Supply of Electricity, Heat, Gas and Water	529	14956467
电力、热力的生产和供应业	Production and Supply of Electric Power and Heat Power	204	8846104
燃气生产和供应业	Production and Supply of Gas	54	1368769
水的生产和供应业	Production and Supply of Water	271	4741594
建筑业	Construction	8	52067
第三产业	Tertiary Industry	7965	164102896
批发与零售业	Wholesale and Retail Trades	196	4269627
交通运输、仓储及邮政业	Transport, Storage and Post	1832	70763252
#邮政业	Post	5	119739
住宿和餐饮业	Hotels and Catering Services	230	1538190
信息传输、软件和信息技术服务业	Information Transmission, Software and IT Service	141	1449546
#电信、广播电视和卫星传输服务	Telecommunication, Radio & Television and Satellite Transmission Services	95	208938
金融业	**Financial Intermediation**	**6**	**155139**
房地产业	Real Estate	282	6109227
租赁与商务服务业	Leasing and Business Services	133	3636352
科学研究和技术服务业	Scientific Research and Technical Services	66	1140141
水利、环境和公共设施管理业	Management of Water Conservancy, Environment and Public Utilities	3828	60359100
居民服务、修理和其他服务业	Services to Households, Repair and Other Services	41	340952
教 育	Education	463	4922152
卫生和社会工作	Health and Social Undertakings	253	3715397
#卫 生	Public Health	201	3543664
文化、体育与娱乐业	Culture, Sports and Entertainment	357	4170720
公共管理、社会保障和社会组织	Public Management, Social Security and Social Organizations	137	1533101

注：该表数据中不含农户投资。
Note: The data of rural households is excluded herein.

表 4.12 建设项目新增主要产品生产能力（2017 – 2018 年）
NEWLY INCREASED PRODUCTION CAPACITY OF THE MAJOR PRODUCTS IN CONSTRUCTION PROJECTS (2017-2018)

指 标	Item	2017	2018
原煤开采（万吨 / 年）	Coal Mining (10 000 tons/year)		6
发电机组容量（万千瓦）	Capacity of Power Generating Sets (10 000 kw/year)	115	83
火 电	Fire Power	60	0
水 电	Hydraulic Power	52	81
汽车制造（万辆 / 年）	Motor Vehicles (10 000 units/year)	14	27
水泥（万吨 / 年）	Cement (10 000 tons/year)	21	0
新（扩）建港口码头年吞吐量（万吨）	Annual Handling Capacity of Newly Built (Expanded) Ports (10 000 tons)	436	527
泊 位（个）	Berths (unit)	7	3
新建公路（公里）	Length of New Highways (km)	2912	4759
改建公路（公里）	Length of Reconstructed Highways (km)	2608	6521
城市自来水供水能力（万吨 / 日）	Tap Water Supply Capacity (10 000 tons/day)	30	129

表 4.13 基础设施建设投资构成（2017－2018 年）
INVESTMENT IN INFRASTRUCTURE CONSTRUCTION (2017-2018)

单位：% (%)

指 标	Item	2017	2018
合 计	**Total**	**100.0**	**100.0**
电力、热力、燃气及水的生产和供应业	Production and Supply of Electricity, Heat, Gas and Water	8.2	9.3
#电力、热力的生产和供应业	Production and Supply of Electric Power and Heat Power	4.0	5.0
燃气生产和供应业	Production and Supply of Gas	1.5	0.6
水的生产和供应业	Production and Supply of Water	2.7	3.7
交通运输及邮政业	Transport, Storage and Post	32.1	44.4
#交通运输业	Transport	32.0	44.2
#城市公共交通业	City Public Transport	7.0	9.5
邮政业	Post	0.1	0.2
电信和其他信息传输服务业	Telecommunications and Other Information Transmission Services	0.9	0.9
水利、环境和公共设施管理业	Management of Water Conservancy, Environment and Public Facilities	58.2	45.4
#水利管理业	Management of Water Conservancy	4.9	3.9
生态保护和环境治理业	Ecology Protection and Environment Control	1.1	2.1
公共设施管理业	Management of Public Facilities	52.2	39.3

表 4.14 房地产开发基本情况 (1990 – 2018 年)
BASIC STATISTICS ON REAL ESTATE DEVELOPMENT (1990-2018)

单位：万平方米 (10 000 sq.m)

年 份 Year	企业数 (个) Number of Enterprises (unit)	从业人员 (人) Number of Employed Persons (person)	本年土地购置面积 Land Space Purchased This Year	本年完成投资总额 (万元) Investment Completed This Year (10 000 yuan)	其中 of which #住宅 Residential Buildings	资金来源 (万元) Sources of Funds (10 000 yuan)	房屋施工面积 Floor Space of Buildings under Construction	其中 of which #住宅 Residential Buildings
1990				17503	10600	17568	107.80	65.48
1991				19185	14040	18042	112.57	83.54
1992				33868	21239	33148	160.91	94.56
1993				123151	66833	107210	437.73	293.03
1994				279089	196411	377959	650.71	394.43
1995				468845	252085	612121	1267.96	810.36
1996	635	22512	588.65	556185	259881	836655	1424.35	855.64
1997	622	24911	259.49	675022	282592	1060761	1652.32	904.18
1998	991	50088	521.48	973014	440889	1391253	2058.35	1223.66
1999	1073	50526	624.53	1125135	523357	1504042	2103.76	1285.41
2000	1339	63925	619.21	1396327	728125	1784950	2833.42	1896.18
2001	1474	78961	870.34	1966684	1107126	2373982	3653.71	2508.30
2002	1559	76582	1320.26	2459130	1306998	3148171	4414.96	3081.57
2003	1597	54148	1637.19	3278881	1774341	4793499	5287.80	3747.34
2004	1828	70711	1137.61	4050791	2171303	6220133	6247.86	4544.54
2005	1862	70563	1385.40	5177291	3004026	8819371	7487.36	5514.75
2006	1936	70094	1467.69	6296300	3767847	9985438	8864.37	6655.00
2007	2039	87606	1737.74	8498966	5218209	15546697	10578.84	8179.29
2008	2280	86094	1164.41	9909970	6195250	15595559	11639.27	9166.21
2009	2359	87818	1227.79	12389125	7890183	22026661	13052.60	10338.12
2010	2391	86602	1354.93	16202571	10914854	34393672	17138.50	13744.78
2011	2453	94535	1664.55	20150883	14384457	44332807	20397.24	15923.84
2012	2552	89482	2183.07	25083500	17067687	51082969	22009.03	16997.85
2013	2594	93207	1896.65	30127838	20442392	58468351	26251.89	19248.95
2014	2695	94579	1864.59	36302331	24513660	67627353	28623.93	20294.49
2015	2585	95326	1626.77	37512812	23904910	66028296	28985.67	19390.32
2016	2467	98199	959.00	37259452	23199701	63546787	27363.39	17932.69
2017	2316	103130	1112.22	39800837	26328813	75021329	25960.99	16747.92
2018	2250	101326	1260.92	42487612	30126477	84089315	27226.56	17859.42

表 4.14 续表 continued

单位：万平方米 (10 000 sq.m)

年 份 Year	房屋新开工面积 Floor Space of Buildings Started This Year	其中 of which #住宅 Residential Buildings	房屋竣工面积 Floor Space of Buildings Completed	其中 of which #住宅 Residential Buildings	商房销售面积 Floor Space of Commercialized Buildings Sold	其中 of which #住宅 Residential Buildings	商品房销售额(万元) Sales of Commercialized Buildings (10 000 yuan)	其中 of which #住宅 Residential Buildings
1990			46.16	34.16	23.29		17648	
1991			37.33	28.61	27.48		20007	
1992			45.90	30.48	32.87		29583	
1993			81.05	66.01	37.39		42221	
1994			141.27	115.05	46.32		55336	
1995			258.25	208.70	114.61		116657	
1996	348.68	220.54	351.76	275.62	166.21	142.98	189856	145507
1997	470.34	299.69	459.92	358.36	260.78	215.33	313111	222376
1998	914.23	596.44	600.04	422.61	416.82	359.73	554786	417609
1999	847.51	608.43	619.56	438.56	429.98	364.56	591992	393569
2000	1290.05	969.26	849.42	622.08	579.96	491.09	783709	528698
2001	1661.19	1259.38	1020.63	738.41	746.05	635.04	1076534	719196
2002	1709.47	1277.55	1390.73	1033.60	1016.58	870.41	1581505	1111929
2003	2098.24	1580.04	1676.97	1231.75	1316.83	1132.95	2102260	1499915
2004	2191.00	1692.00	1585.98	1227.66	1329.32	1157.95	2327978	1817280
2005	2335.00	1825.00	2209.82	1713.55	2017.66	1792.41	4307679	3406768
2006	2709.28	2176.75	2224.84	1700.05	2228.46	2011.70	5056850	4186980
2007	3555.87	2903.82	2253.07	1769.19	3552.92	3310.13	9673125	8567327
2008	3508.62	2857.70	2367.94	1951.35	2872.19	2669.93	8000006	7048198
2009	3813.68	2989.72	2907.05	2384.51	4002.89	3771.22	13777615	12317053
2010	6312.64	5268.76	2626.59	2179.81	4314.39	3986.31	18469396	16106444
2011	6824.36	5214.42	3424.33	2826.78	4533.50	4063.42	21460860	18254119
2012	5813.48	4345.14	3990.63	3386.35	4522.40	4105.11	22973464	19724206
2013	7641.63	5387.60	3804.36	2867.45	4817.56	4359.19	26827626	22835658
2014	6254.04	4275.96	3717.78	2771.55	5100.39	4423.68	28149910	22532816
2015	5810.85	3668.92	4630.29	3185.90	5381.37	4477.71	29522124	22444311
2016	4875.16	2998.92	4421.30	3084.00	6257.15	5105.46	34319972	26356415
2017	5680.04	3759.63	5055.73	3316.37	6711.00	5452.65	45578543	36015634
2018	7386.16	5145.20	4083.45	2784.64	6536.25	5424.76	52727000	44428692

表 4.15 房地产开发主要指标（2017－2018 年）
MAIN INDICATORS OF REAL ESTATE DEVELOPMENT (2017-2018)

指 标	Item	2017	2018
企业个数（个）	**Number of Enterprises (unit)**	**2316**	**2250**
内资企业	Domestic Funded	2191	2142
#国 有	State-owned	10	8
有限责任	Limited Liability	864	868
私 营	Private	1174	1178
港、澳、台投资企业	Enterprises with Funds from Hong Kong, Macao and Taiwan	96	78
外商投资企业	Foreign-funded	29	30
从业人员（人）	**Number of Employees (person)**	**103130**	**101326**
内资企业	Domestic Funded	96268	95176
#国 有	State-owned	365	396
有限责任	Limited Liability	37603	38990
私 营	Private	48255	50382
港、澳、台投资企业	Enterprises with Funds from Hong Kong, Macao and Taiwan	5436	4824
外商投资企业	Foreign-Funded	1426	1326
土地开发及购置（万平方米）	**Land Development and Purchase (10 000 sq.m)**		
本年土地购置面积	Land Space Purchased in This Year	1112.22	1260.92
本年完成投资总额（万元）	**Investment Completed in This Year (10 000 yuan)**	**39800837**	**42487612**
按工程用途分	By Purpose of Projects		
住 宅	Residential Buildings	26328813	30126477
#别墅、高档公寓	Villas and High-grade Flats	2247940	2213407
办公楼	Office Buildings	1572815	1048111
商业营业用房	Buildings for Commercial Use	6717965	5646567
其 他	Others	5181244	5666457
资金来源（万元）	**Total Funds by Source (10 000 yuan)**	**75021329**	**84089315**
#国内贷款	Domestic Loans	9172113	10852918
利用外资	Foreign Investment	93154	31934
自筹资金	Self-raised Fund	14828109	16419354
房屋建筑面积（万平方米）	**Floor Space of Buildings (10 000 sq.m)**		
施工面积	Floor Space under Construction	25960.99	27226.56
#住 宅	Residential Buildings	16747.92	17859.42
竣工面积	Floor Space Completed	5055.73	4083.45
#住 宅	Residential Buildings	3316.37	2784.64
本年新开工面积	Floor Space Started in This Year	5680.04	7386.16
#住 宅	Residential Buildings	3759.63	5145.20
商品房销售	**Sales of Commercialized Buildings**		
商品房销售面积（万平方米）	Floor Space of Commercialized Buildings Sold (10 000 sq.m)	6711.00	6536.25
#住 宅	Residential Buildings	5452.65	5424.76
商品房销售额（万元）	Total Sales of Commercialized Buildings (10 000 yuan)	45578543	52727000
#住 宅	Residential Buildings	36015634	44428692
实收资本合计（万元）	**Total Capital Hold (10 000 yuan)**	**25990047**	**30233646**
资产负债率（%）	**Ratio of Liabilities to Assets (%)**	**74.5**	**74.8**
房地产开发经营情况（万元）	**Real Estate Development and Operation (10 000 yuan)**		
主营业务收入	Revenue from Major Business	27473823	37136884
#土地转让收入	Land Transferred	665520	613454

表 4.16 商品房施工、竣工和销售面积情况（2017－2018 年）

FLOOR SPACE OF COMMERCIALIZED BUILDINGS UNDER CONSTRUCTION, COMPLETED AND SOLD (2017-2018)

单位：万平方米 (10 000 sq.m)

指 标	Item	2017	2018
商品房施工面积	**Floor Space of Commercialized Buildings under Construction**	**25960.99**	**27226.56**
#主城九区	9 Central Urban Districts	13870.22	14869.81
#住 宅	Residential Buildings	16747.92	17859.42
#别墅、高档公寓	Villas and High-Grade Flats	855.75	1112.99
办公楼	Office Buildings	907.70	809.16
商业营业用房	Buildings for Commercial Use	3988.08	3836.44
商品房竣工面积	**Floor Space of Commercialized Buildings Completed**	**5055.73**	**4083.45**
#主城九区	9 Central Urban Districts	2895.92	2367.23
#住 宅	Residential Buildings	3316.37	2784.64
#别墅、高档公寓	Villas and High-Grade Flats	114.02	147.03
办公楼	Office Buildings	142.01	129.04
商业营业用房	Buildings for Commercial Use	724.40	509.48
商品房销售面积	**Floor Space of Commercialized Buildings Sold**	**6711.00**	**6536.25**
#主城九区	9 Central Urban Districts	3407.42	3390.27
#住 宅	Residential Buildings	5452.65	5424.76
#别墅、高档公寓	Villas and High-Grade Flats	325.64	324.12
办公楼	Office Buildings	168.47	127.37
商业营业用房	Buildings for Commercial Use	634.37	513.97

表 4.17 房地产开发企业资产负债情况（2017 – 2018 年）
ASSETS AND LIABILITIES OF ENTERPRISES FOR REAL ESTATE DEVELOPMENT (2017-2018)

单位：万元 (10 000 yuan)

指 标	Item	2017	2018
实收资本合计	Total Capital Held	25990047	30233646
资产总计	Total Assets	242211404	314949169
累计折旧	Total Depreciation	1131777	1104353
#本年折旧	Depreciation This Year	189719	184382
负债总计	Total Liabilities	180548973	235491193
所有者权益	Owners' Equity	61662431	79457975
资产负债率 (%)	Assets Liability Ratio (%)	74.5	74.8

表 4.18 房地产开发企业经营情况（2017 – 2018 年）
OPERATING STATISTICS ON ENTERPRISES FOR REAL ESTATE DEVELOPMENT (2017-2018)

单位：万元 (10 000 yuan)

指 标	Item	2017	2018
主营业务收入	Revenue from Major Business	27473823	37136884
土地转让收入	Land Transferred	665520	613454
商品房屋销售收入	Commercialized Buildings Sold	25535087	34809226
自持物业收入	Self-holding properties	492923	637281
其他收入	Others	780293	1076923
主营业务税金及附加	Tax and Extra Charges on Major Business	1166820	1521747
利润总额	Total Profits	1982032	5988575

注：2017 年度，主营业务收入构成项中的“房屋出租收入”调整为“自持物业收入”的其中项。
Note: In 2017, the item of houses leased revenue has been adjusted to self-holding properties revenue.

重/庆/统/计/年/鉴

主要统计指标解释

全社会固定资产投资

是以货币形式表现的在一定时期内全社会建造和购置固定资产的工作量以及与此有关的费用的总称。该指标是反映固定资产投资规模、结构和发展速度的综合性指标，又是观察工程进度和考核投资效果的重要依据。全社会固定资产投资按登记注册类型可分为国有、集体、联营、股份制、私营和个体、港澳台商、外商、其他等。

固定资产投资（不含农户）

指城镇和农村各种登记注册类型的企业、事业、行政单位及城镇个体户进行的计划总投资 500 万元及 500 万元以上的建设项目投资和房地产开发投资，包含原口径的城镇固定资产投资加上农村企事业组织项目投资，该口径自 2011 年起开始使用。

建设项目

指各种登记注册类型的企业、事业、行政单位及个体户进行的计划总投资（或实际需要总投资）500 万元及 500 万元以上的建设项目。（2010 年及以前为 50 万元及 50 万元以上的建设项目，2011 年开始为 500 万元及 500 万元以上的建设项目）

房地产开发投资

指各种登记注册类型的房地产开发公司、商品房建设公司及其他房地产开发法人单位和附属于其他法人单位实际从事房地产开发或经营的活动单位统一开发的包括统代建、拆迁还建的住宅、厂房、仓库、饭店、宾馆、度假村、写字楼、办公楼等房屋建筑物和配套的服务设施，土地开发工程（如道路、给水、排水、供电、供热、通讯、平整场地等基础设施工程）的投资；不包括单纯的土地交易活动。

建设规模

指建设项目或工程设计文件中规定的全部设计能力(或工程效益)。包括已经建成投产和尚未建成投产的工程的生产能力(或工程效益)。

本年施工规模

指报告期内施工的单项工程（或更新改造项目）的设计能力(或工程效益)，包括报告期以前已开工跨入本年继续施工的工程的设计能力和报告期新开工工程的设计能力。也包括报告期内建成投产或报告期施工后又停缓建的单项工程设计能力。不包括在报告期以前建成投产或已经停、缓建的工程，以及报告期内尚未正式开工的工程的设计能力。

新增固定资产

是指已经完成建造和购置过程，并已交付生产或使用单位的固定资产的价值，包括已经建成投入生产或交付使用的工程投资和达到固定资产标准的设备、工具、器具的投资及有关应摊入的费用。该指标是表示固定资产投资成果的价值指标，也是反映建设进度，计算固定资产投资效果的重要指标。

固定资产投资按构成分

(1) 建筑工程 指各种房屋、建筑物的建造工程，又称建筑工作量。这部分投资额必须兴工动料，通过施工活动才能实现，是固定资产投资额的重要组成部分。

(2) 安装工程 指各种设备、装置的安装工程，又称安装工作量。

在安装工程中，不包括被安装设备本身价值。

(3) 设备工具器具购置 指报告期内购置或自制的，达到固定资产标准的设备、工具、器具的价值。新建单位及扩建单位的新建车间，按照设计或计划要求购置或自制的全部设备、工具、器具，不论是否达到固定资产标准均计入“设备工具器具购置”中。

(4) 其他费用 指在固定资产建造和购置过程中发生的，除建筑安装工程和设备、工器具购置投资完成额以外的应当分摊计入固定资产投资的费用，不指经营中财务上的其他费用。

主要统计指标解释

固定资产投资的实际到位资金

根据固定资产投资的资金来源不同，分为国家预算资金、国内贷款、利用外资、自筹资金和其他资金。

(1) 国家预算资金 国家预算包括一般预算、政府性基金预算、国有资本经营预算和社保基金预算。各类预算中用于固定资产投资的资金全部作为国家预算资金填报，其中一般预算中用于固定资产投资的部分包括基建投资、车购税、灾后恢复重建基金和其他财政投资。各级政府债券也应归入国家预算资金。

(2) 国内贷款 指报告期固定资产项目投资单位向银行及非银行金融机构借入用于固定资产投资的各种国内借款，包括银行利用自有资金及吸收存款发放的贷款、上级主管部门拨入的国内贷款、国家专项贷款（包括煤代油贷款、劳改煤矿专项贷款等），地方财政专项资金安排的贷款、国内储备贷款、周转贷款等。

(3) 利用外资 指报告期收到的境外（包括外国及港澳台地区）资金（包括设备、材料、技术在内）。包括对外借款（外国政府贷款、国际金融组织贷款、出口信贷、外国银行商业贷款、对外发行债券和股票）、外商直接投资、外商其他投资（包括利用外商投资收益在国内进行固定资产再投资活动的资金）。不包括我国自有外汇资金（国家外汇、地方外汇、留成外汇、调剂外汇和国内银行自有资金发放的外汇贷款等）。各类外资按报告期末的外汇牌价（中间价）折成人民币计算。

(4) 自筹资金 指固定资产投资单位在报告期收到的，由各企、事业单位筹集用于固定资产投资的资金，包括各类企事业单位的自有资金和从其他单位筹集的用于固定资产投资的资金，但不包括各类财政性资金、从各类金融机构借入资金和国外资金。

(5) 其他资金 指在报告期收到的除以上各种资金之外的用于固定资产投资的资金，包括社会集资、个人资金、无偿捐赠的资金及其他单位拨入的资金等。

固定资产投资按建设性质分

按整个建设项目情况来确定。建设项目的性质一般分为新建、扩建、改建和技术改造、单纯建造生活设施、迁建、恢复、单纯购置。房地产开发单位、农户投资不划分建设性质。

(1) 新建 指从无到有"平地起家"开始建设的项目。现有企业、事业、行政单位投资的项目一般不属于新建。但如有的单位原有基础很小，经过建设后新增的固定资产价值超过该企业、事业、行政单位原有固定资产价值（原值）三倍以上的，也应作为新建。

(2) 扩建 指在厂内或其他地点，为扩大原有产品的生产能力（或效益）或增加新的产品生产能力，而增建的生产车间（或主要工程）、分厂、独立的生产线等项目。行政、事业单位在原单位增建业务性用房（如学校增建教学用房、医院增建门诊部、病房等）也作为扩建。

现有企、事业单位为扩大原有主要产品生产能力或增加新的产品生产能力，增建一个或几个主要生产车间（或主要工程）、分厂，同时进行一些更新改造工程的，也应作为扩建。

(3) 改建和技术改造 指现有企业、事业单位对原有设施进行技术改造或更新（包括相应配套的辅助性生产、生活福利设施）的建设项目。改建项目包括现有企业、事业单位为适应市场变化的需要，而改变企业的主要产品种类（如军工企业转民产品等）的建设项目，原有产品生产作业线由于各工序（车间）之间能力不平衡，为填平补齐充分发挥原有生产能力而增建不增加本企业主要产品设计能力的车间的建设项目。技术改造是指企业、事业单位在现有基础上，用先进的技术代替落后的技术，用先进的工艺和装备代替落后的工艺和装备，以改变企业落后的技术经济面貌，实现以内涵为主的扩大再生产，达到提高产品质量、促进产品更新换代、节约能源、降低消耗、扩大生产规模、全面提高社会经济效益的目的。技术改造具体包括以下内容：机器设备和工具的更新改造；生产工艺改革、节约能源和原材料的改造；厂房建筑和公共设施的改造；保护环境进行的"三废"治理改造；劳动条件和生产环境的改造等。

新增生产能力（或工程效益）

指通过固定资产投资活动而增加的设计能力（或工程效益）。主要指标包括建设规模、本年施工规模、自开始建设累计新增生产能力（或工程效益）、本年新增生产能力（或工程效益）等。

自开始建设累计新增生产能力（或工程效益）

指自开始建设至本年底止建成投产的全部单项工程累计新增生产能力（或工程效益）。

主要统计指标解释

本年新增生产能力（或工程效益）

指在本年度内按照新增生产能力（或工程效益）的计算条件和标准，实际建成投入生产或交付使用的生产能力（或工程效益）。

施工项目个数

是指本年正式进行过建筑或安装施工活动的建设项目个数。包括本年新开工项目，以前年度开工跨入本年继续施工项目，本年全部建成投产项目、以前年度全部停缓建在本年恢复施工的项目，本年进行过施工又在本年内全部停缓建的项目。施工项目个数可以反映一定时期固定资产投资的实际规模，与同期全部建成投产项目个数相比，可以从建设速度的角度反映固定资产投资的效果。

本年投产项目个数

指报告期内按设计文件规定建成主体工程和相应配套的辅助设施，形成生产能力或工程效益，经过验收合格，并且已正式投入生产或交付使用的建设项目。

本年房屋施工面积

指报告期内施工的全部房屋建筑面积。包括本期新开工的面积和上期开工跨入本期继续施工的房屋面积，以及上期已停建在本期复工的房屋面积。本期竣工和本期施工后又停缓建的房屋，其建筑面积仍计入本期施工房屋面积中。

本年房屋竣工面积

指在报告期内房屋建筑按照设计要求已全部完工，达到住人和使用条件，经验收鉴定合格（或达到竣工验收标准），可正式移交使用的各栋房屋建筑面积的总和。

本年竣工房屋价值

指在报告期内竣工房屋本身的建造价值。竣工房屋价值按房屋设计和预算规定的内容计算。竣工房屋本身的基础、结构、房屋、装修以及水、电、卫等附属工程的建造价值，也包括作为房屋建筑组成部分而列入房屋建筑工程预算内的设备（如电梯、通风设备等）的购置和安装费用。不包括厂房内的工艺设备、工艺管线的购置和安装，工艺设备基础的建造，室外的水、暖、电、卫、道路工程、挡土墙等环境工程的费用，办公及生活用家具的购置等费用，购置土地的费用，迁移补偿费和场地平整的费用等。

固定资产交付使用率

指一定时期新增固定资产与同期完成投资额的比率。该指标是反映固定资产动用速度，衡量建设过程中宏观投资效果的综合指标。由于新增固定资产是较长时期内形成的结果，而投资额则是当年完成的，因此，该指标一般适宜于反映较长时期内固定资产的动用情况。

别墅、高档公寓

指建筑造价和销售价格明显高于一般商品住宅的商品住宅。别墅一般指地处郊区，独立成栋的商品住宅；高档公寓一般指地处市内高尚社区，高层或多层的商品住宅。别墅、高档公寓的确定标准：一是经有房地产投资计划审批权的主管部门审批建设的别墅、高档公寓开发项目；二是销售价格高于当地同等地段商品住宅平均销售价格一倍以上的别墅、公寓开发项目。该指标可以分析房地产投资结构，反映高收入家庭商品住宅的供求平衡情况。

商品房销售面积

指报告期内出售商品房屋的合同总面积（即双方签署的正式买卖合同中所确定的建筑面积）。由现房销售建筑面积和期房销售建筑面积两部分组成。

（1）现房销售面积：是指在报告期内正式签订买卖合同、已经竣工达到入住条件的商品房屋建筑面积。包括以一次性付款方式和分期付款方式销售的现房建筑面积。

（2）期房销售面积：是指在报告期内正式签订买卖合同、正在建设尚未竣工交付使用的商品房屋建筑面积。包括以一次性付款方式和分期付款方式销售的商品房屋建筑面积。期房销售建筑面积竣工后不再结转为现房销售建筑面积。

完成开发土地面积

指报告期内对土地进行开发并已完成七通一平等前期开发工程，具备进行房屋建筑物施工或达到出让条件的土地面积。

主要统计指标解释

■ 本年购置土地面积

指在本年内通过各种方式获得土地使用权的土地面积。

■ 固定资产投资按国民经济行业分

指根据其从事的社会经济活动性质对各类单位进行的分类。应根据建设项目建成投产后的主要产品种类或主要用途及社会经济活动种类来划分，不能根据项目单位本身的行业类别来划分。如果项目投产后有几种产品，应根据主要产品来确定行业类别。一般情况下，一个建设项目只能属于一种国民经济行业。

■ 固定资产投资按隶属关系分

是按建设单位或企业、事业、行政单位的主管上级机关确定的。

(1) 中央 是指中共中央、人大常委会和国务院各部、委、局、总公司以及直属机构直接领导的建设项目和企业、事业、行政单位。这些单位的固定资产投资计划由国务院各部门直接编制和下达，统一组织或委托下级实施。包括有中央垂直管理的部门（如国家统计局各级调查队）和中央直属企业、事业单位（如工商银行、中国电信、中国石油）等。

(2) 地方 是由省（自治区、直辖市）、地（区、市、州、盟）、县（区、市、旗）三级政府及业务主管部门直接领导和管理的建设项目、企业、事业、行政单位。地方项目还包括不隶属以上各级政府及主管部门的建设项目和企业、事业单位，如外商投资企业和无主管部门的企业等。

■ 项目建成投产率

指一定时期内全部建成投产项目个数与同期施工项目个数的比率。该指标从建设单位建设速度的角度反映投资效果。

Explanatory Notes on Main Statistical Indicators

Total Investment in Fixed Assets in the Whole Country

Refers to the volume of activities in construction and purchases of fixed assets of the whole country and related fees, expressed in monetary terms during the reference period. It is a comprehensive indicator which shows the size, structure and growth of the investment in fixed assets, providing a basis for observing the progress of construction projects and evaluating results of investment. Total investment in fixed assets in the whole country includes, by type of ownership, the investment by State-owned units, collective-owned units, joint ownership units, share-holding units, private units, individuals as well as investments by entrepreneurs from Hong Kong, Macao and Taiwan, foreign investors and others.

Investment in Fixed Assets (Excluding Rural Households)

Refers to construction projects involving a total planned(or required)investment of 500,000 yuan and over by enterprises of various types of ownership, institutions, administrative units and individuals investment in real estate development, and private investment.

Investment in Real Estate Development

Refers to investment by real estate development companies, commercialized buildings construction companies and other real estate development units of various types of ownership in the construction of buildings, such as residential buildings, factory buildings, warehouses, hotels, guesthouses, holiday villages, office buildings, and the complementary service facilities and land development projects, such as roads, water supply, water drainage, power supply, heating supply, telecommunications, land leveling and other infrastructural projects. It does not include activities in pure land transactions.

Construction Scale

Refers to the total designed production capacity (project efficiency) of the construction projects in accordance with the design document, including those have been put into operation and those that have not been completed.

Scale of Projects under Construction in Current Year refers to the designed production capacity (project efficiency) of a single project (or renovation project) under construction in the reference period, including the designed production capacity of projects that have been started previously and still under construction in the current year, the newly started projects, and projects that have been completed and put into operation in the reference period or those have been started but suspended or postponed in the reference period. Projects that have been completed and put into operation, suspended or postponed before the reference period, and projects that have not been officially started in the reference period are not included.

Newly Increased Fixed Assets

Refer to the value of fixed assets that has completed the construction and purchase, and has been delivered to the production or owner units, including investment in projects that have been completed and put into operation in current year and the investment in equipment, tools and appliance that meet the standard of fixed assets and fees that should be apportioned. This is an indicator that demonstrates the results of investment in fixed assets in monetary terms, and an important indicator to reflect the speed of construction and to calculate the efficiency of investment.

Investment in Fixed Assets by Structure

(1) Construction refers to the construction of houses and buildings, also known as work volume of construction. This part of investment can only be achieved through construction activities, it is the major component of the total investment in fixed assets.

(2) Installation refers to the installation of various kinds of equipment and instruments, also known as work volume of installation.

The value of equipment installed itself is not included in the value of installation projects.

(3) Purchase of equipment and instruments refers to the total value of equipment, tools, and instruments purchased or self-produced which come up to the cut-off point for fixed assets

EXPLANATORY NOTES TO MAJOR STATISTICAL INDICATORS

during the reference period. Equipment, tools and instruments purchased or self-produced for new workshops by newly established or expanded units are categorized as "purchase of equipment and instruments" no matter whether they come up to the cut-off point for fixed assets.

(4) Other expenses refer to expenses arising during the construction or purchase of fixed assets other than those expenses on construction, installation and purchase of equipment and instruments. Other financial expenses arising in operation are not included.

Actual Funds in Place for Investment in Fixed Assets

Are categorized as funds from the State budget, domestic loans, foreign investment, self-raised funds, and others, depending on the sources of investment.

(1) Fund from the State budget: State budget consists of general budget, government fund budget, operation budget of state-owned assets and social security fund budget. Funds for investment in fixed assets from various budgets are reported as fund from the state budget, of which, the general budget utilized on fixed assets investment includes investment on infrastructure construction, vehicle purchase tax, post-disaster restoration and reconstruction funds and other financial investment. Government bonds at all levels should also be included.

(2) Domestic loans refer to loans of various forms borrowed by investing units from banks and non-bank financial institutions during the reference period for the purpose of investment in fixed assets, including loans issued by banks from their self-owned funds and deposit, loans appropriated by higher responsible authorities, special loans by government (including loan for substituting petroleum with coal, special loans for reform-through-labour coal mines), loans arranged by local government from special funds, domestic reserve loan, and revolving loan, etc.

(3) Foreign investment refers to overseas (including foreign countries, Hong Kong, Macao and Taiwan) funds received during the reference period (covering equipment, materials and technology), including foreign borrowings (loans from foreign governments and international financial institutions, export credit, commercial loans from foreign banks, issue of bonds and stocks overseas), foreign direct investment and other foreign investments (including funds from foreign direct investment income that are reinvested in fixed assets domestically). Excluded from this category is capital in foreign exchanges owned by China (foreign exchanges owned by the central and local governments, foreign exchanges retained by enterprises, foreign exchanges by enterprises through the regulating mechanism, loans in foreign exchanges issued by the Bank of China with its own fund, etc.). In calculating the utilization of foreign capital, foreign currencies are converted into RMB applying the exchange rate (central parity rate) at the end of the reference period.

(4) Self-raised funds refer to funds for investment in fixed assets received during the reference period by investing units, including investment in fixed assets using own funds of various enterprises and institutions or funds raised from other units other than financial funds, funds borrowed from financial institutions and overseas funds.

(5) Others refer to funds for investment in fixed assets received from sources other than those listed above, including funds raised from individuals and through donations, and funds transferred from other units.

Investment in Fixed Assets by Type of Construction

Construction projects in general can be classified, by the type of construction, into new construction, expansion, reconstruction and technical transformation, purely construction of living facilities, moving, restoration and purely purchasing. However, investment by type of construction is not applied to investment by real-estate development units and investment by rural households.

(1) New construction in general refers to construction projects, which start from scratch. The existing projects invested by enterprises, institutions and administrative agencies cannot be classified as new construction. In case the size of the existing unit is quite small, and the value of newly added fixed assets is more than three times of the original value, the expansion will be considered as new construction.

(2) Expansion refers to projects of construction of new production workshop, branch factory or independent production line within a factory or in other locations, for the purpose of increasing the production capacity (or improving efficiency) or adding new production capacity. Newly constructed accommodation for the operation of institutions and administrative organizations (such as newly constructed buildings for teaching in schools, buildings for clinics or wards in hospitals, etc.) are also classified as expansion.

Also included in expansion are investments by existing enterprises or institutions in building major production line(s) or branch factory (ies) along with some work on innovation, for the purpose of expanding the production capacity of original products or producing new products.

(3) Reconstruction and technical transformation refers to construction projects by existing enterprises or institutions in innovation or technical transformation of the old facilities (including auxiliary production equipment and welfare facilities). Also considered as reconstruction is the construction of new workshops by the existing enterprises or institutions to change the variety of products to meet the market demand (such as the production of civil products by defence industries), or to bring the designed production capacity into full play through a more balanced production process on production lines. Technical transformation refers to replacement of old technology or equipment by new technology or equipment, in order to expand the reproduction through improvement of technology contents in production, to improve product quality, to promote new products, to save energy, to reduce consumption, to expand the production scale and to improve overall social-economic efficiency. Contents of technical transformation include: updating of machinery, equipment and tools; reforming production process by using energy or materials saving technology; construction of factory workshops and transformation of public facilities; treatment transformation of "three wastes" (waste gas, waste water and industrial residue) aiming at environmental protection; improvement of working conditions and environment, etc.

□ Newly Increased Production Capacity (or Project Efficiency)

Refers to the increase in design capacity (or project efficiency) through investment in fixed assets. The main indicators include: construction scale, scale of projects under construction in current year, the accumulated newly increased production capacity (project efficiency) since the start of the projects and the newly increased production capacity (project efficiency) of current year.

□ The Accumulated Newly Increased Production Capacity (project efficiency) since the Start of the Projects

Refers to the accumulated newly increased production capacity of all the single projects which have been put into use from the beginning of the projects till the end of current year.

□ The Newly Increased Production Capacity (project efficiency) of Current Year

Refers to the production capacity (project efficiency) that has been completed and put into operation in current year according to the calculation conditions and standards on newly increased production capacity (project efficiency).

□ Number of Projects under Construction

Refers to number of all projects with actual construction or installation activities in current year, including newly started projects, projects started previously and extended into the current year, projects completed and put into operation in current year, projects suspended previously and resumed in current year, and projects started this year but suspended or postponed in current year. The number of projects under construction can reflect the actual size of investment in fixed assets during a given period, and when compared with the number of projects completed and put into use during the same period, it demonstrates the results of investment in fixed assets from the angle of the speed of the construction.

□ Number of Projects Put into Use This Year

Refer to projects have completed the main construction and correspondent auxiliary facilities in accordance with the design documents, resulting in forming production capacity (efficiency) and have been checked and accepted after relevant tests, and have been formally delivered for use.

□ Floor Space under Construction in this Year

Refers to total floor space of all buildings under construction during the reference period, including floor space of newly started buildings during the reference period, floor space of construction extended from the previous period to the current period, and floor space of construction suspended during the previous period and resumed in the current period. Floor space of construction completed in the current period, and floor space of construction started and then suspended in the current period are also included in the floor space under construction of the current year.

EXPLANATORY NOTES TO MAJOR STATISTICAL INDICATORS

Floor Space of Buildings Completed in this Year

Refers to the floor space of all buildings completed in the reference period, which have been appraised and accepted (or come up to the designed standards) and have been transferred to the owners for use.

Value of Buildings Completed in this Year

Refers to the intrinsic construction value of buildings completed in the reference period. It is figured by the rules of buildings design and budget, which not only includes the construction value of foundations, structure, furnishings, subsidiary projects such as water, electricity, toilet, etc. but also includes purchase and installation expenditures of facilities (such as lift, ventilation, etc.) listed into buildings budget as component of building construction. It excludes the purchase and installation of technical facilities, leads and lines in factories, construction of technical facilities' basis, expenditures of environment projects such as water, eructate, electricity, toilet, road projects, wall fended to earth outside, purchase of furniture in office or house, purchase of lands, as well as expenditures of move compensation and land leveling etc.

Rate of Projects of Fixed Assets Completed and Put into Operation

Refers to the ratio of the newly increased fixed assets to the total investment made in the same period. This is a comprehensive indicator reflecting the speed of the employment of fixed assets and the investment efficiency at the macro-level. As the newly increase fixed assets is the result of a long period while the investment is completed in the current year, this indicator is expected to be used to reflect the employment of fixed assets over a long period of time.

Villas, High-Grade Apartments

Refer to commercial houses whose construction costs and marketing prices are significantly higher than ordinary housing. Villas are independent structures generally located in the suburbs; high-grade apartments are multi-story buildings located in elegant urban neighborhoods. Criteria for villas and high-grade apartments include: 1) projects for the construction of villas or high-grade apartments have to be approved by competent departments in charge of real estate development and investment plans, and 2) prices for projects on villas or high-grade apartments are higher by over 100% compared with the average prices of ordinary commercial housing projects in similar location. This indicator helps to analyze the investment structure of the real estate industry and the demand and supply of housing for high-income households.

Floor Space of Commercial Buildings Actually Sold

Refers to the total contracted floor space of commercial buildings actually sold in reporting period(the floor space provided in the formal contract),which consists of the floor space of the sold completed buildings and the floor space of the sold forward-delivery buildings.

(I) Floor Space of Sold Completed Buildings refers to the floor space of the completed commercial buildings prepared for occupancy with the formally signed sales contract in the reporting period, including the floor space of the completed buildings purchased by one-off payment and by installment.

(II)Floor Space of Sold Forward-Delivery Buildings refers to the floor space of the uncompleted commercial buildings still under construction with the formally signed sales contract in the reporting period, including the floor space of the commercial buildings purchased by one-off payment and by installment. The floor space of sold forward-delivery buildings,afer completion,will not be carried forward into the floor space of sold completed buildings.

Developed Land Area Completed

Refers to the land area of land development and prophase development projects completed, which can carry out construction or remise.

Purchased Land Area in Current Year

Refers to the land area accessible by various means in current year.

Investment in Fixed Assets by Sector

Refers to the classification of investment by the nature of social economic activities the investing units are engaged in. The classification of construction projects by sector is determined by the major products or the purpose of the projects when they are put into production or use, and by the nature of their social economic activities, instead of being determined by industrial classification of the project enterprises. The project will be classified according to major product if there are several kinds of products yielded. In general, one project can only be classified into one sector.

□ Investment in Fixed Assets by Jurisdiction of Management

Refers to the classification of investment by the competent authorities under which investment is made by construction units, enterprises, institutions or administrative units.

(1) Central investment refers to the investment in projects or by enterprises, institutions or administrative units which are under the direct leadership and management of the State Council and of the national commissions, ministries, agencies and State-owned large corporations. Various ministries and departments of the State Council prepare and implement plans through unified organization or lower-level commissions, which include departments direct under central government (i.e. survey offices at all level of the National Bureau of Statistics) and enterprises and institutions directly under central government (like the Industrial and Commercial Bank of China, China Telecom and China National Petroleum Corporation).

(2) Local investment refers to the investment in projects or by enterprises, institutions or administrative units which are under the direct leadership and management of competent departments and governments at the level of province (autonomous regions and municipalities directly under the Central Government), prefecture (prefectures, cities and leagues) and county (districts, cities and banners). Also included are projects by foreign-invested enterprises and enterprises without competent managing authorities.

□ Rate of Construction Projects Completed and Put into Use

Refers to the ratio of the number of construction projects completed and put into use in a certain period of time to the number of projects under construction in the same period. This reflects the investment efficiency from the perspective of the speed of projects construction.

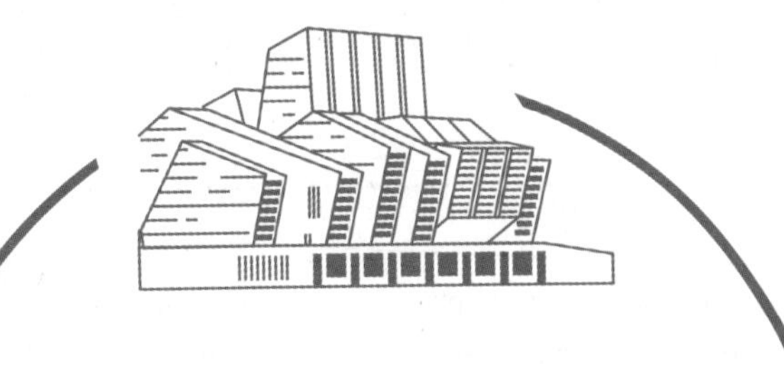

第五章·能源消费

ENERGY
CONSUMPTION

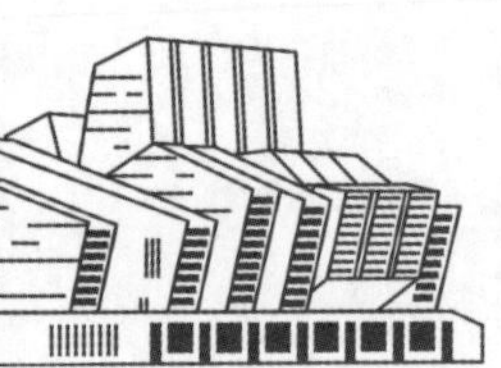

简要说明 BRIEF INTRODUCTION

本章主要内容包括能源消费及品种构成，能源消费弹性系数，平均每万元GDP能源消费量及日均能源消费量，综合能源平衡表，按工业行业分的能源消费量和工业产值综合能耗。

本章资料由市统计局能源资源统计处根据有关资料和调查结果编制。

The data in this chapter mainly cover energy consumption and its composition, the elasticity ratio of energy consumption, average energy consumption per 10,000 yuan of GDP, average daily energy consumption, overall energy balance sheet, energy consumption by industrial sector and comprehensive energy consumption per unit output value. This chapter is compiled by Division of Industry and Transport Statistics, Chongqing Municipal Bureau of Statistics on the basis of the related materials and the results of surveys.

表 5.1 主要年份能源消费总量
TOTAL CONSUMPTION OF ENERGY IN MAJOR YEARS

单位：万吨标准煤 (10 000 tons of SCE)

年 份 Year	能源消费总量 Total Consumption of Energy	其 中 of which 煤 炭 Coal	天然气 Natural Gas	油 料 Oil	一次电力及其他能源 Primary Electricity and Other Energy
1949	78.71	76.36		1.77	0.58
1952	133.44	129.29		2.94	1.20
1957	226.36	212.81	2.93	6.01	4.61
1962	408.86	368.46	15.62	12.20	12.58
1965	294.29	253.19	16.87	8.45	15.78
1970	403.02	325.98	43.03	12.05	21.96
1975	558.92	441.18	67.44	18.87	31.42
1978	763.19	604.12	89.15	27.64	42.28
1980	845.92	645.95	110.79	34.79	54.40
1981	861.98	657.73	118.29	29.04	56.92
1982	901.48	681.49	118.98	41.46	59.57
1983	952.74	719.36	127.22	43.82	62.34
1984	996.03	748.83	130.43	51.54	65.23
1985	1065.48	805.25	138.04	53.93	68.26
1986	1091.00	805.64	148.81	64.89	71.66
1987	1197.87	889.42	167.89	65.33	75.22
1988	1298.74	993.10	157.69	68.98	78.96
1989	1343.61	1025.17	163.38	72.16	82.89
1990	1301.67	970.51	168.60	75.53	87.02
1991	1337.69	988.47	169.13	82.94	97.15
1992	1374.12	1006.75	170.22	88.70	108.46
1993	1411.75	1025.38	172.42	92.87	121.09
1994	1456.27	1044.34	186.02	90.72	135.18
1995	1525.10	1064.15	221.75	88.29	150.91
1996	1605.93	1130.64	223.89	83.59	167.81
1997	1742.43	1187.85	242.72	124.85	187.00
1998	1819.10	1195.96	250.02	157.60	215.52
1999	1955.53	1283.61	264.51	168.52	238.90
2000	2069.17	1373.08	267.96	173.52	254.61
2001	2208.95	1459.45	276.81	176.98	295.71
2002	2422.98	1655.55	284.84	183.54	299.06
2003	2693.21	1893.74	299.64	189.52	310.32
2004	2891.06	1892.59	346.34	326.12	326.01
2005	3027.40	1944.56	405.24	353.49	324.11
2006	3339.78	2192.60	457.18	402.63	287.36
2007	3869.50	2322.58	496.90	471.30	578.72
2008	4039.65	2430.96	556.50	515.46	536.74
2009	4398.56	2667.99	564.67	531.92	633.96
2010	4987.34	2964.56	645.85	636.16	740.77
2011	5516.15	3533.55	705.35	782.81	494.44
2012	5834.84	3563.96	810.10	801.63	659.15
2013	6225.92	3935.09	823.92	889.18	577.72
2014	6603.61	3983.97	937.46	887.81	794.37
2015	6924.77	3994.40	1008.76	999.15	922.46
2016	7099.71	3830.26	1019.61	1084.27	1165.57
2017	7251.59	3899.16	1087.18	1139.04	1126.20
2018	7452.72	4050.94	1323.39	1347.72	730.66

注：本表各年能源品种均已折合为按当量值计算的吨标准煤。本表及 5-6 表、5-7 表、5-8 表按照全国第四次经济普查结果修正了历史数据。

Note: All sorts of energy consumption has been converted into tons of SCE calculated in equivalent value. The historical data in table 5-6，table 5-7, table 5-8 and the table above are corrected in accordance with the 4th China Economic Census.

表 5.2 规模以上工业按行业分能源消费量（2018 年）
ENERGY CONSUMPTION OF ENTERPRISES ABOVE DESIGNATED SIZE BY SECTOR (2018)

行 业	Sector	原 煤（吨）Coal (ton)	焦 炭（吨）Coke (ton)
工业消费总量	**Total Industry Consumption**	**43529198**	**2878628**
采矿业	**Mining**	**9537252**	**2787**
煤炭开采和洗选业	Mining and Washing of Coal	9055232	
石油和天然气开采业	Extraction of Petroleum and Natural Gas		
黑色金属矿采选业	Mining and Processing of Ferrous Metal Ores	13941	
有色金属矿采选业	Mining and Processing of Non-ferrous Metal Ores		
非金属矿采选业	Mining and Processing of Non-metal Ores	468078	2787
开采专业及辅助性活动	Support Activities for Mining		
其他采矿业	Mining of Other Ores		
制造业	**Manufacturing**	**16707716**	**2875841**
农副食品加工业	Processing of Food from Agricultural Products	59781	
食品制造业	Manufacture of Foods	108646	
酒、饮料和精茶制造业	Manufacture of Liquor, Beverages and Refined Tea	39872	
烟草制品业	Manufacture of Tobacco		
纺织业	Manufacture of Textile	9611	
纺织服装、服饰业	Manufacture of Textile, Wearing Apparel and Accessories	2	
皮革、毛皮、羽毛及其制品和制鞋业	Manufacture of Leather, Fur, Feather and Related Products and Foorwear	5577	
木材加工及木、竹、藤、棕、草制品业	Processing of Timber, Manufacture of Wood, Bamboo, Rattan, Palm and Straw Products	4136	
家具制造业	Manufacture of Furniture	2380	
造纸及纸制品业	Manufacture of Paper and Paper Products	1702107	
印刷和记录媒介复制业	Printing and Reproduction of Recording Media	6024	
文教体育用品制造业	Manufacture of Articles for Culture, Education, Arts and Crafts, Sport and Entertainment Activities	40	
石油加工、炼焦及核燃料加工业	Processing of Petroleum, Coking and Processing of Nuclear Fuel	9472	

汽 油 (吨) Gasoline (ton)	煤 油 (吨) Kerosene (ton)	柴 油 (吨) Diesel Oil (ton)	天然气 (万立方米) Natural Gas(10 000 cu.m)	电 力 (万千瓦时) Electricity(10 000 kw.h)
76290	**2870**	**212763**	**668469**	**6278906**
1021	**32**	**23934**	**46985**	**130834**
434	32	2025	3893	70429
195		57	43079	12948
22		367	13	4111
23		104		200
347		21380		43145
68335	**2837**	**178201**	**593201**	**5078864**
2390		1760	7847	81351
1548		1626	5561	27361
554		979	3657	25777
107		62	901	5480
525		111	1884	20637
344		120	285	4483
834		76	99	8043
371		823	17	22910
567		476	138	11966
429		4853	4223	268018
789		566	1161	23965
149		62	121	5193
12		136	1495	4782

表 5.2 续表 continued

行 业	Sector	原 煤 (吨) Coal (ton)	焦 炭 (吨) Coke (ton)
化学原料及化学制品制造业	Manufacture of Raw Chemical Materials and Chemical Products	3903098	103874
医药制造业	Manufacture of Medicines	82684	
化学纤维制造业	Manufacture of Chemical Fibres		
橡胶和塑料制品业	Manufacture of Rubber and Plastics	86509	
非金属矿物制品业	Manufacture of Non-metallic Mineral Products	6986622	
黑色金属冶炼及压延加工业	Smelting and Pressing of Ferrous Metals	1036263	2740624
有色金属冶炼及压延加工业	Smelting and Pressing of Non-ferrous Metals	2608119	5999
金属制品业	Manufacture of Metal Products	19366	55
通用设备制造业	Manufacture of General Purpose Machinery	9956	5042
专用设备制造业	Manufacture of Special Purpose Machinery	123	133
汽车制造业	Manufacture of Automobiles	4249	18320
铁路、船舶、航空航天和其他运输设备制造业	Manufacture of Railway, Ship, Aerospace and Other Transport Equipment	228	1780
电气机械和器材制造业	Manufacture of Electrical Machinery and Equipment	127	
计算机、通信和其他电子设备制造业	Manufacture of Computers, Communication and Other Electronic Equipments	3310	
仪器仪表制造业	Manufacture of Measuring Instruments and Machinery	74	13
其他制造业	Other Manufacture		
废弃资源综合利用业	Utilization of Waste Resources	19336	
金属制品、机械和设备修理业	Repair of Metal Products, Machinery and Equipment	5	
电力、燃气及水的生产和供应业	**Electric Power, Gas and Water Production and Supply**	**17284231**	
电力、热力生产和供应业	Production and Supply of Electric Power and Heat Power	17284231	
燃气生产和供应业	Production and Supply of Gas		
水的生产和供应业	Production and Supply of Water		

汽 油(吨) Gasoline (ton)	煤 油(吨) Kerosene (ton)	柴 油(吨) Diesel Oil (ton)	天然气(万立方米) Natural Gas(10 000 cu.m)	电 力(万千瓦时) Electricity(10 000 kw.h)
2008	48	5455	406908	670773
1235		922	6443	55468
		10		16596
1972	18	2844	4292	119227
2024	43	119253	69517	786912
677	1	2006	6338	645676
2313		1901	24302	962390
3741	46	2675	7412	128572
4679	192	6616	2802	87709
2546	15	2431	664	35098
23730	295	11802	21569	464253
6082	720	5300	9413	133532
4104	2	1992	2642	72666
2270		1697	2977	369810
2162	1135	428	76	10348
46		7	398	1193
48	316	1178	60	8323
81		33		356
6933	**1**	**10628**	**28282**	**1069207**
5791		10105	27829	961343
598		335	448	11176
544	1	188	6	96688

表 5.3 规模以上工业企业产值综合能耗(2018 年)
COMPREHENSIVE ENERGY CONSUMPTION OF INDUSTRIAL ENTERPRISES ABOVE DESIGNATED SIZE PER UNIT OUTPUT VALUE (2018)

行 业	Sector	综合能源消费量(吨标准煤) Comprehensive Energy Consumption (ton of SCE)	产值能耗(吨标准煤/万元) Energy Consumption per Unit Output Value (ton of SCE/10 000 yuan)
		2018	2018
工业消费总量	**Total Industry Consumption**	**40728198**	**0.20**
采矿业	**Mining**	**1476133**	**0.43**
煤炭开采和洗选业	Mining and Washing of Coal	798531	0.67
石油和天然气开采业	Extraction of Petroleum and Natural Gas	370274	0.41
黑色金属矿采选业	Mining and Processing of Ferrous Metal Ores	100039	0.81
有色金属矿采选业	Mining and Processing of Non-ferrous Metal Ores	235	0.01
非金属矿采选业	Mining and Processing of Non-metal Ores	207055	0.18
开采专业及辅助性活动	Support Activities for Mining		
其他采矿业	Mining of Other Ores		
制造业	**Manufacturing**	**29759474**	**0.15**
农副食品加工业	Processing of Food from Agricultural Products	268705	0.03
食品制造业	Manufacture of Foods	172919	0.07
酒、饮料和精茶制造业	Manufacture of Liquor, Beverages and Refined Tea	109381	0.06
烟草制品业	Manufacture of Tobacco	17279	0.01
纺织业	Manufacture of Textile	62984	0.11
纺织服装、服饰业	Manufacture of Textile, Wearing Apparel and Accessories	9279	0.01
皮革、毛皮、羽毛及其制品和制鞋业	Manufacture of Leather, Fur, Feather and Related Products and Foorwear	17796	0.01
木材加工及木、竹、藤、棕、草制品业	Processing of Timber, Manufacture of Wood, Bamboo, Rattan, Palm and Straw Products	51812	0.04
家具制造业	Manufacture of Furniture	19838	0.02
造纸及纸制品业	Manufacture of Paper and Paper Products	1464702	0.48
印刷和记录媒介复制业	Printing and Reproduction of Recording Media	49257	0.03
文教体育用品制造业	Manufacture of Articles for Culture, Education, Arts and Crafts, Sport and Entertainment Activities	8097	0.01
石油加工、炼焦及核燃料加工业	Processing of Petroleum, Coking and Processing of Nuclear Fuel	32960	0.04

表 5.3 续表 continued

行 业	Sector	综合能源消费量(吨标准煤) Comprehensive Energy Consumption (ton of SCE)	产值能耗(吨标准煤 / 万元) Energy Consumption per Unit Output Value (ton of SCE/10 000 yuan)
		2018	2018
化学原料及化学制品制造业	Manufacture of Raw Chemical Materials and Chemical Products	9377106	1.13
医药制造业	Manufacture of Medicines	227698	0.04
化学纤维制造业	Manufacture of Chemical Fibres	75345	0.27
橡胶和塑料制品业	Manufacture of Rubber and Plastics	257562	0.06
非金属矿物制品业	Manufacture of Non-metallic Mineral Products	7923544	0.62
黑色金属冶炼及压延加工业	Smelting and Pressing of Ferrous Metals	4383167	0.77
有色金属冶炼及压延加工业	Smelting and Pressing of Non-ferrous Metals	2851460	0.42
金属制品业	Manufacture of Metal Products	274199	0.06
通用设备制造业	Manufacture of General Purpose Machinery	170943	0.02
专用设备制造业	Manufacture of Special Purpose Machinery	55647	0.01
汽车制造业	Manufacture of Automobiles	911906	0.02
铁路、船舶、航空航天和其他运输设备制造业	Manufacture of Railway, Ship, Aerospace and Other Transport Equipment	302646	0.03
电气机械和器材制造业	Manufacture of Electrical Machinery and Equipment	124802	0.01
计算机、通信和其他电子设备制造业	Manufacture of Computers, Communication and Other Electronic Equipments	484918	0.01
仪器仪表制造业	Manufacture of Measuring Instruments and Machinery	18064	0.01
其他制造业	Other Manufacture	7569	0.01
废弃资源综合利用业	Utilization of Waste Resources	27302	0.05
金属制品、机械和设备修理业	Repair of Metal Products, Machinery and Equipment	585	0.01
电力、燃气及水的生产和供应业	**Electric Power, Gas and Water Production and Supply**	**9492591**	**0.87**
电力、热力生产和供应业	Production and Supply of Electric Power and Heat Power	9354188	1.20
燃气生产和供应业	Production and Supply of Gas	19451	0.01
水的生产和供应业	Production and Supply of Water	118952	0.22

表 5.4 规模以上工业按行业分用水情况（2018 年）
WATER CONSUMPTION OF ENTERPRISES ABOVE DESIGNATED SIZE BY SECTO (2018)

单位：万立方米 (10 000 cu.m)

行 业	Sector	取水量 Water Consumption			外供水量 Water Supply from Outside		
		报告期 Reporting Period	上年同期 Period of Previous Year	同比增长 (%) Up YOY (%)	报告期 Reporting Period	上年同期 Period of Previous Year	同比增长 (%) Up YOY (%)
总 计	**Total**	**216872.98**	**205840.84**	**5.36**	**150020.25**	**137951.06**	**8.75**
采矿业	**Mining**	**3442.63**	**4335.49**	**-20.59**	**91.56**	**71.44**	**28.16**
煤炭开采和洗选业	Mining and Washing of Coal	2456.30	3365.97	-27.03	91.56	71.44	28.16
石油和天然气开采业	Extraction of Petroleum and Natural Gas	104.81	51.45	103.71			
黑色金属矿采选业	Mining and Processing of Ferrous Metal Ores	33.02	31.94	3.38			
有色金属矿采选业	Mining and Processing of Non-ferrous Metal Ores	2.54	2.75	-7.64			
非金属矿采选业	Mining and Processing of Non-metal Ores	845.96	883.38	-4.24			
开采专业及辅助性活动	Support Activities for Mining						
其他采矿业	Mining for Other Ores						
制造业	**Manufacturing**	**44591.56**	**45750.05**	**-2.53**	**2675.63**	**2455.35**	**8.97**
农副食品加工业	Processing of Food from Agricultural Products	1341.63	1433.37	-6.40			
食品制造业	Manufacture of Foods	722.98	735.57	-1.71			
酒、饮料和精制茶制造业	Manufacture of Liquor, Beverage and Refined Tea	946.45	892.12	6.09	125.72	97.62	28.79
烟草制品业	Manufacture of Tobacco	48.24	53.07	-9.10			
纺织业	Manufacture of Textile	261.86	377.29	-30.59		2.70	-100.00
纺织服装、服饰业	Manufacture of Textile, Wearing Apparel and Accessories	80.78	71.67	12.71			
皮革、毛皮、羽毛（绒）及其制品和制鞋业	Manufacture of Leather, Fur, Feather and Related Products and Footware	109.38	130.17	-15.97			
木材加工及木、竹、藤、棕、草制品业	Processing of Timber Manufacture of Wood, Bamboo, Rattan, Palm and Straw Products	90.86	90.18	0.75			
家具制造业	Manufacture of Furniture	47.83	47.14	1.46			
造纸及纸制品业	Manufacture of Paper and Paper Products	4929.15	4917.03	0.25			
印刷和记录媒介复制业	Printing and Reproduction of Recording Media	114.34	122.63	-6.76			
文教、工美、体育和娱乐用品制造业	Manufacture of Articles for Culture, Education, Arts and Crafts, Sport and Entertainment Activities	22.53	23.76	-5.18			
石油加工、炼焦及核燃料加工业	Processing of Petroleum, Coking, Processing of Nuclear Fuel	79.94	31.86	150.91			

表 5.4 续表 continued

行 业	Sector	取水量 Water Consumption 报告期 Reporting Period	上年同期 Period of Previous Year	同比增长 (%) Up YOY (%)	外供水量 Water Supply from Outside 报告期 Reporting Period	上年同期 Period of Previous Year	同比增长 (%) Up YOY (%)
化学原料及化学制品制造业	Manufacture of Raw Chemical Materials and Chemical Products	14539.76	15095.01	-3.68	286.31	250.48	14.30
医药制造业	Manufacture of Medicines	1209.20	1344.75	-10.08	3.81	3.62	5.25
化学纤维制造业	Manufacture of Chemical Fibres	78.70	91.25	-13.75			
橡胶和塑料制品业	Manufacture of Rubber and Plastics	452.91	531.55	-14.79			
非金属矿物制品业	Manufacture of Non-metallic Mineral Products	3980.08	4719.57	-15.67	32.72	17.65	85.38
黑色金属冶炼及压延加工业	Smelting and Pressing of Ferrous Metals	2833.81	2252.54	25.81	98.88	136.50	-27.56
有色金属冶炼及压延加工业	Smelting and Pressing of Non-ferrous Metals	3987.15	3807.41	4.72	2127.97	1946.43	9.33
金属制品业	Manufacture of Metal Products	435.11	483.05	-9.92			
通用设备制造业	Manufacture of General Purpose Machinery	553.49	501.04	10.47			
专用设备制造业	Manufacture of Special Purpose Machinery	213.71	208.98	2.26			
汽车制造业	Manufacture of Automobiles	2601.20	3071.23	-15.30	0.13	0.18	-27.78
铁路、船舶、航空航天和其他运输设备制造业	Manufacture of Railway, Ship, Aerospace and Other Transport Equipment	1052.25	1097.31	-4.11			
电气机械和器材制造业	Manufacture of Electrical Machinery and Equipment	772.80	761.45	1.49			
计算机、通信和其他电子设备制造业	Manufacture of Computers, Communication and Other Electronic Equipments	2937.77	2702.81	8.69	0.10	0.17	-41.18
仪器仪表制造业	Manufacture of Measuring Instruments and Machinery	67.31	70.52	-4.55			
其他制造业	Other Manufacture	34.46	45.59	-24.41			
废弃资源综合利用业	Utilization of Waste Resources	43.22	36.75	17.61			
金属制品、机械和设备修理业	Repair of Metal Products, Machinery and Equipment	2.65	3.39	-21.83			
电力、燃气及水的生产和供应业	**Electric Power, Gas and Water Production and Supply**	**168838.80**	**155755.30**	**8.40**	**147253.05**	**135424.26**	**8.73**
电力、热力生产和供应业	Production and Supply of Electric Power and Heat Power	11992.64	10584.50	13.30	2522.22	2188.76	15.24
燃气生产和供应业	Production and Supply of Gas	3102.94	3127.77	-0.79	2347.65	2395.49	-2.00
水的生产和供应业	Production and Supply of Water	153743.21	142043.02	8.24	142383.19	130840.01	8.82

表 5.5 能源消费弹性系数（1985 － 2018 年）
ELASTICITY RATIO OF ENERGY CONSUMPTION (1985-2018)

年 份 Year	能源消费比上年增长 % Growth Rate of Energy Consumption over Preceding Year (%)	本市生产总值比上年增长 % Growth Rate of GDP over Preceding Year (%)	能源消费弹性系数 Elasticity Ratio of Energy Consumption
1985	7.0	8.6	0.81
1986	2.4	8.6	0.28
1987	9.8	5.3	1.85
1988	8.4	9.5	0.89
1989	3.5	4.9	0.71
1990	-3.1	7.0	-0.45
1991	2.8	9.2	0.30
1992	2.7	16.5	0.17
1993	2.7	15.6	0.18
1994	3.2	13.5	0.23
1995	4.7	12.3	0.38
1996	5.3	11.4	0.46
1997	8.5	11.2	0.76
1998	4.4	8.6	0.51
1999	7.5	7.8	0.96
2000	5.8	8.7	0.67
2001	6.8	9.2	0.73
2002	9.7	10.5	0.92
2003	11.2	11.7	0.95
2004	9.9	12.4	0.80
2005	8.8	11.7	0.75
2006	9.3	12.4	0.75
2007	12.9	15.9	0.81
2008	6.9	14.5	0.48
2009	9.1	14.9	0.61
2010	11.8	17.1	0.69
2011	11.9	16.4	0.73
2012	5.5	13.6	0.40
2013	6.5	12.3	0.53
2014	6.8	10.9	0.62
2015	4.0	11.0	0.36
2016	3.0	10.7	0.28
2017	3.7	9.3	0.40
2018	3.4	6.0	0.57

注：本市能源消费增长速度按等价值计算；生产总值增长速度按可比价格计算。
Note: The growth rate of energy consumption is calculated at equivalent value, while the growth rate of GDP is calculated at comparable prices.

表 5.6 平均每万元本市生产总值能源消费量（2017 － 2018 年）
AVERAGE ENERGY CONSUMPTION PER 10 000 YUAN OF GDP (2017-2018)

品 种	Type	2017	2018
单位生产总值能源消费量（吨标煤／万元）	**Energy Consumption per Unit of GDP (ton of SCE/10 000 yuan)**	**0.433**	**0.422**
煤 炭	Coal	0.204	0.200
天然气	Natural Gas	0.057	0.065
油 料	Oil	0.060	0.067
一次电力及其他能源	Primary Electricity and Other Energy	0.113	0.090

注：本表 GDP 按 2015 年价计算；能源品种均已折合为按等价值计算的吨标准煤。
Note: The GDP hereof is calculated at 2015 price. And each type of energy has been converted into tons of SCE calculated in equivalent value.

表 5.7 平均每天主要能源消费量（2017 － 2018 年）
AVERAGE DAILY ENERGY CONSUMPTION (2017-2018)

品 种	Type	2017	2018
每天能源消费量（万吨标煤／天）	**Average Daily Energy Consumption (10 000 tons of SCE/day)**	**19.87**	**20.42**
煤 炭	Coal	10.68	11.10
天然气	Natural Gas	2.98	3.63
油 料	Oil	3.12	3.69
一次电力及其他能源	Primary Electricity and Other Energy	3.09	2.00

注：本表能源品种均已折合为按等价值计算的吨标准煤。
Note: All sorts of energy in the table has been converted into tons of SCE calculated in equivalent value.

表 5.8 综合能源平衡表（2017 － 2018 年）
OVERALL ENERGY BALANCE SHEET (2017-2018)

单位：万吨标准煤 (10 000 tons of SCE)

项 目	Item	2017	2018	2017	2018
		按当量值计算 Equivalent Weight	按等价值计算 Equivalent Valuet	按当量值计算 Equivalent Weight	按等价值计算 Equivalent Valuet
可供消费的能源总量	**Total Energy Available for Consumption**	**7251.59**	**8277.40**	**7452.69**	**8556.55**
#一次能源生产量	Primary Energy Output	2751.14	3258.83	2762.53	3251.60
调进量	Imports	5008.62	5580.87	5273.38	5990.22
调出量 (-)	Exports (-)	-558.06	-612.18	-553.16	-655.23
能源消费总量	**Total Energy Consumption**	**7251.59**	**8277.40**	**7452.69**	**8556.55**
终端消费	End-use Consumption	5991.74	7820.80	6391.55	8407.12
第一产业	Primary Industry	90.23	96.79	97.84	104.96
第二产业	Secondary Industry	3812.20	5010.94	4224.51	5402.45
第三产业	Tertiary Industry	1371.22	1673.21	1360.85	1798.14
生活消费	Household Consumption	718.10	1039.87	708.35	1101.57
城 镇	Urban	560.22	760.52	538.29	794.31
乡 村	Rural	157.88	279.35	170.05	307.26
加工转换投入 (-) 产出 (+) 量	Input (-) and Output (+) during the Process of Enery Conversion	-1182.80	-264.38	-977.72	55.74
损失量	Energy Losses	77.05	192.22	83.46	205.17

表 5.9 电力平衡表（2017－2018 年）
ELECTRICITY BALANCE SHEET (2017-2018)

单位：亿千瓦小时 (100 million kwh)

项 目	Item	2017	2018
可供量	**Total Energy Available for Consumption**	**992.63**	**1114.47**
生产量	Output	728.10	793.90
水 电	Hydropower	251.00	246.14
火 电	Thermal Power	468.90	538.88
核 电	Nuclear Power		
风电及其他发电	Wind Power and Other Power	8.20	8.88
外省（区、市）调入量	Imports	292.16	373.79
本省（区、市）调出量（－）	Exports (-)	27.63	53.22
消费量	**Total Energy Consumption**	**992.63**	**1114.47**
在消费量中：	Consumption by Sector		
农、林、牧、渔、水利业	Agriculture, Forestry, Animal Husbandry, Fishery and Water Conservancy	3.35	3.71
工 业	Industry	645.80	653.67
建筑业	Construction	25.02	24.02
交通运输、仓储和邮政业	Transport, Storage and Post	23.79	29.19
批发、零售业和住宿、餐饮业	Wholesale and Retail Trades, Hotels and Catering Services	60.27	67.85
其他行业	Other Sectors	70.12	130.99
生活消费	Household Consumption	164.28	205.04
在消费量中：	Consumption by Usage		
终端消费	End-use Consumption	933.83	1051.00
#工 业	Industry	587.00	590.20
输配电损失量	Losses in Transmission	58.80	63.47

重/庆/统/计/年/鉴

主要统计指标解释

能源生产总量

指一定时期内，全国一次能源生产量的总和。该指标是观察全国能源生产水平、规模、构成和发展速度的总量指标。一次能源生产量包括原煤、原油、天然气、水电、核能及其他动力能(如风能、地热能等)发电量，不包括低热值燃料生产量、太阳热能等的利用和由一次能源加工转换而成的二次能源产量。

能源消费总量

指一定地域内，国民经济各行业和居民家庭在一定时期内消费的各种能源的总和。包括：原煤、原油、天然气、水能、核能、风能、太阳能、地热能、生物质能等一次能源；一次能源通过加工转换产生的洗煤、焦炭、煤气、电力、热力、成品油等二次能源和同时产生的其他产品；其他化石能源、可再生能源和新能源。其中水能、风能、太阳能、地热能、生物质能等可再生能源，是指人们通过一定技术手段获得的，并作为商品能源使用的部分。在核算过程中，一次能源、二次能源消费不能重复计算。能源消费总量分为终端能源消费量、能源加工转换损失量和能源损失量三部分。

(1)终端能源消费量：指一定时期内，全国生产和生活消费的各种能源在扣除了用于加工转换二次能源消费量和损失量以后的数量。

(2)能源加工转换损失量：指一定时期内，全国投入加工转换的各种能源数量之和与产出各种能源产品之和的差额。该指标是观察能源在加工转换过程中损失量变化的指标。

(3)能源损失量：指一定时期内，能源在输送、分配、储存过程中发生的损失和由客观原因造成的各种损失量，不包括各种气体能源放空、放散量。

能源生产弹性系数

是研究能源生产增长速度与国民经济增长速度之间关系的指标。计算公式：

能源生产弹性系数＝能源生产量年平均增长速度/国民经济年平均增长速度

电力生产弹性系数

是研究电力生产增长速度与国民经济增长速度之间关系的指标。一般来说，电力的发展应当快于国民经济的发展，也就是说电力应超前发展。计算公式为：

电力生产弹性系数＝电力生产量年平均增长速度/国民经济年平均增长速度

电力消费弹性系数

反映电力消费增长速度与国民经济增长速度之间比例关系的指标。计算公式为：

电力消费弹性系数＝电力消费量年平均增长速度/国民经济年平均增长速度

能源加工转换效率

指一定时期内，能源经过加工、转换后，产出的各种能源产品的数量与同期内投入加工转换的各种能源数量的比率。该指标是观察能源加工转换装置和生产工艺先进与落后、管理水平高低等的重要指标。计算公式为：

能源加工转换效率＝能源加工转换产出量/能源加工转换投入量×100%

单位国内生产总值能耗　指一定时期内，一个国家或地区每生产一个单位的国内生产总值所消费的能源。计算公式为：

单位国内生产总值能耗＝能源消费总量/国内生产总值

单位国内生产总值电耗

指一定时期内，一个国家或地区每生产一个单位的国内生产总值所消费的电力。计算公式为：

单位国内生产总值电耗＝全社会用电量/国内生产总值

Explanatory Notes on Main Statistical Indicators

Total Energy Production

Refers to the total production of primary energy by all energy producing enterprises in the country in a given period of time. It is a comprehensive indicator to show the level, scale, composition and pace of development of energy production of the country. The production of primary energy includes that of coal, crude oil, natural gas, hydro-power and electricity generated by nuclear energy and other means such as wind power and geothermal power. However, it does not include the production of fuels of low calorific value, solar thermal and secondary energy converted from primary energy.

Total Energy Consumption

Refers to the total consumption of energy of various kinds by the production sectors of the economy and the households in a given period of time. It includes the primary kinds of energy such as coal, crude oil, natural gas, hydro-power, nuclear power, wind power, solar power, geothermal power and bio-energy; the secondary kinds of energy and their products which are transformed from the primary energy such as washed coal, coke, coal gas, electricity, heating, and petroleum products; and other kinds of fossil energy, renewable energy and new energy. The renewable energy, including hydro-power, wind power, solar power, geothermal power and bio-energy, refers to the part attained with some given technical means and used for commercial purposes. Total energy consumption can be divided into three parts: end-use energy consumption; loss during the process of energy conversion; and energy loss.

(1) End-use Energy Consumption: It refers to the total energy consumption by the production sectors and the households in the country (region) in a given period of time. It does not include the consumption during the conversion of primary energy into secondary energy and the loss in the process of energy conversion.

(2) Loss During the Process of Energy Conversion: It refers to the total input of various kinds of energy for conversion, minus the total output of various kinds of energy in the country in a given period of time. It is an indicator to show the loss that occurs during the process of energy conversion.

(3) Energy Loss: It refers to the total of the loss of energy during the course of energy transport, distribution and storage and the loss caused by any objective reason in a given period of time. The loss of various kinds of gas due to gas discharges and stocktaking is not included.

Elasticity Ratio of Energy Production

Is an indicator to show the relationship between the growth rate of energy production and the growth rate of the national economy. The formula is:

Elasticity Ratio of Energy Production=Average Annual Growth Rate of Energy Production/ Average Annual Growth Rate of National Economy.

Elasticity Ratio of Electricity Production

Is an indicator to show the relationship between the growth rate of electricity production and the growth rate of the national economy. Generally speaking, the growth rate of electricity production should be higher than that of the national economy. Its formula is:

Elasticity Ratio of Electricity Production=Average Annual Growth Rate of Electricity Production/ Average Annual Growth Rate of National Economy.

Elasticity Ratio of Electricity Consumption

Is an indicator to show the relationship between the growth rate of electricity consumption and the growth rate of the national economy. The formula is:

Elasticity Ratio of Electricity Consumption= Average Annual Growth Rate of Electricity Consumption / Average Annual Growth Rate of National Economy.

EXPLANATORY NOTES TO MAJOR STATISTICAL INDICATORS

Efficiency of Energy Processing and Conversion

Refers to the ratio of the total output of energy products of various kinds after processing and conversion to the total input of energy of various kinds for processing and conversion in the same reference period. It is an important indicator to show the current conditions of energy processing and conversion equipment, production technique and management. The formula is:

Efficiency of Energy Processing & Conversion= Output of Energy After Processing & Conversion / Input of Energy for Processing &.Conversion×100%.

Energy Consumption per Unit of GDP

Refers to the energy consumption per unit of Gross Domestic Product in a country or the Gross Regional Product in a region in the same reference period. The formula is:

Energy Consumption per Unit of GDP=Total Energy Consumption / Gross Domestic Product.

Electricity Consumption per Unit of GDP

Refers to the electricity consumption per unit of Gross Domestic Product in a country or the Gross Regional Product in a region in the same reference period. The formula is:

Electricity Consumption per Unit of GDP=Total Electricity Consumption / Gross Domestic Product.

第六章·财　政

GOVERNMENT FINANCE

简要说明
BRIEF INTRODUCTION

本章资料包括全市财政收入和支出情况、国税和地税税收收入情况，由市统计局综合处分别根据市财政局、市税务局的有关资料整理编辑。

The data in this chapter include the revenue and expenditure of the municipal government, and the revenue from national taxation and local taxation. The data is sorted and compiled by Division of Comprehensive Statistics of Chongqing Municipal Bureau of Statistics on the basis of the materials from Chongqing Municipal Bureau of Finance, Chongqing Municipal Taxation Bureau.

表 6.1 财政收入及支出（1994 － 2018 年）
GOVERNMENT REVENUE AND EXPENDITURE (1994-2018)

单位：万元 (10 000 yuan)

年 份 Year	财政收入 Government Revenue	其 中 of which #地方财政一般预算收入 General Budgetary Revenue of Local Government	基金预算收入 Budgetary Revenue from Funds	#中央两税（四税）收入 Revenue from the 2 (4) Taxes of Central Government	#地方财政一般预算收入 General Budgetary Revenue of Local Government	基金预算支出 Budgetary Expenditure for Funds
1994	716172	366325		349847	560818	
1995	837748	460052		377696	662235	
1996	942682	549412		393270	794216	
1997	1180555	593060	152236	435259	1010110	141517
1998	1338867	711287	146759	480821	1257608	101866
1999	1402935	767341	131571	504023	1502365	121320
2000	1632353	872442	172128	587783	1876433	148173
2001	1961761	1061243	202847	697671	2375486	180044
2002	2694610	1260674	317977	991425	3058591	392083
2003	3412781	1615618	453697	1205457	3415775	497789
2004	4629591	2006241	1018198	1435206	3957233	893988
2005	5811921	2568072	1381552	1656599	4873543	1379973
2006	7421702	3177165	2117414	1944772	5942543	2259393
2007	10572948	4427000	3458604	2491920	7683886	3339659
2008	12901828	5775738	3857654	3023634	10160112	4325469
2009	15353975	6818189	4838943	3403122	13180913	4879759
2010	29751187	10182938	9722944	4687841	17691065	9776826
2011	35236522	14883336	14205767	5607771	25702404	13896341

表 6.1 续表 continued

单位：万元 (10 000 yuan)

年 份 Year	财政收入 Government Revenue	其 中 of which #地方公共财政预算收入 Public Budgetary Revenue of Local Government	政府性基金预算收入 Budgetary Revenue from Governmental Funds	国有资本经营预算收入 State-owned Capital Operational Budgetary Revenue	#中央四税收入 Revenue from the 4 Taxes of Central Government	#地方公共财政预算支出 Public Budgetary Expenditure of Local Government	政府性基金预算支出 Budgetary Expenditure from Governmental Funds	国有资本经营预算支出 State-owned Capital Operational Budgetary Expenditure
2012	37268412	14658509	14808929	1911999	5888975	27177878	15114916	1131344
2013	41055563	16932438	16698044	659489	6765592	30622848	17353191	646773

注：财政收入 2002 年前为地方财政收入与中央两税（增值税和消费税）之和，2002 年起为地方财政收入、中央四税收入和其他中央收入之和。其中其他中央收入不含关税，自 2003 年起包含车辆购置税（以下各表同）。2012 年同期数已按公共财政预算口径作相应调整。

Note: Government revenue before 2002 is the sum of revenue of local government and revenue from the 2 taxes of Central Government (value-added tax and consumption tax), whereas it has been the sum of revenue of local government, revenue from the 4 taxes of Central Government and other revenue of Central Government since 2002. Other revenue of Central Government does not include tariff, while vehicle purchasing tax has been included since 2003 (the same applies to the following tables). The data of 2012 has been adjusted in accordance with the statistic scope of public financial budget.

年 份 Year	地方一般公共预算收入 Public Budgetary Revenue of Local Government	基金预算收入 Budgetary Revenue from Governmental Funds	国有资本经营预算收入 State-owned Capital Operational Budgetary Revenue	#中央四税收入 Revenue from the 4 Taxes of Central Government	地方公共财政预算支出 Public Budgetary Expenditure of Local Government	政府性基金预算支 Budgetary Expenditure from Governmental Funds	国有资本经营预算支出 State-owned Capital Operational Budgetary Expenditure
2013	16868717	16726787	659489	6765586	30589372	17353191	646772
2014	19220159	18412843	680138	7767125	33043884	18600130	663118
2015	21548276	16642130	905730	8759172	37919973	17531573	748848

年 份 Year	一般公共预算收入 General Public Budget Revenue	基金预算收入 Budgetary Revenue from Governmental Funds	国有资本经营预算收入 State-owned Capital Operational Budgetary Revenue	一般公共预算支出 General Public Budget Expenditure	政府性基金预算支 Budgetary Expenditure from Governmental Funds	国有资本经营预算支出 State-owned Capital Operational Budgetary Expenditure
2015	20806250	16443229	905730	38138156	17313390	748848
2016	22279117	14973130	904940	40018090	17381158	727387
2017	22523788	22511136	1267342	43362800	21822878	988242
2018	22655421	23162545	1052203	45409487	26777294	521548

注：2017 年起按营改增试点后新的收入划分办法及新增建设用地土地有偿使用收入等基金列转公共预算，与往年不可比。

Note: Due to the change of replacing business tax with VAT under the new revenue division system, and the funds like the revenue from paid use of newly-added construction land have included in public budget since 2017, the data are incomparable with the previous year.

表 6.2 财政收入（2017 – 2018 年）
GOVERNMENT REVENUE (2017-2018)

单位：万元 (10 000 yuan)

项 目	Item	2017	2018
一般公共预算收入	**General Public Budget Revenue**	**22523788**	**22655421**
#市 级	Municipal Level	8246024	8589618
税收收入	Total Tax Revenue	14763295	16030302
增值税	Value-added Tax	5370521	5845183
企业所得税	Corporate Income Tax	2033445	2350831
个人所得税	Individual Income Tax	727261	890332
资源税	Resource Tax	147833	136995
城市维护建设税	City Maintenance and Construction Tax	835480	954245
房产税	House Property Tax	649022	673283
印花税	Stamp Tax	319450	307054
城镇土地使用税	Urban Land Use Tax	1470036	1103237
土地增值税	Land Appreciation Tax	839549	1210605
车船税	Tax on Vehicles and Boat Operation	126967	138670
耕地占用税	Farm Land Occupation Tax	434126	361810
契 税	Deed Tax	1785697	2006920
烟叶税	Tobacco Leaf Tax	23908	29723
环境保护税	Environment Protection Tax		21414
非税收入	Total Non-tax Revenue	7760493	6625119
专项收入	Special Program Receipts	924735	1183431
行政性收费收入	Charge of Administrative and Institutional Units	2630829	2384059
罚没收入	Penalty Receipts	440161	506083
国有资源（资产）有偿使用收入	Revenue from Use of State-owned Resources (Assets)	3320090	1831848
政府住房基金收入	Revenue from Government Funds for Housing	139721	415099
其他收入	Other Revenue	304957	304599
基金预算收入	**Budgetary Revenue of Funds**	**22511136**	**23162545**
国有土地使用权出让收入	Transferring Fee of Use Rights of State-owned Land	21650839	21352787
国有资本经营预算收入	**State-owned Capital Operational Budgetary Revenue**	**1267342**	**1052203**

表 6.3 财政支出（2017 – 2018 年）
GOVERNMENT EXPENDITURE (2017-2018)

单位：万元 (10 000 yuan)

项 目	Item	2017	2018
一般公共预算支出	**General Public Budget Expenditure**	**43362800**	**45409487**
#市 级	Municipal Level	12380499	13295074
一般公共服务	Expenditure for General Public Services	3045491	3220220
外交支出	Expenditure for Foreign Affairs	1344	1412
国防支出	Expenditure for National Defense	48425	51944
公共安全	Expenditure for Public Security	2359092	2593131
教 育	Expenditure for Education	6263003	6809942
科学技术	Expenditure for Science and Technology	593077	685887
文化体育与传媒	Expenditure for Culture, Sport and Media	488860	493067
社会保障和就业	Expenditure for Social Security and Employment Effort	7028195	7721287
医疗卫生与计划生育支出	Expenditure for Medical and Health Care, Family Planning	3537872	3727896
节能环保	Expenditure for Environment Protection	1549499	1601883
城乡社区事务	Expenditure for Urban and Rural Community Affairs	8156398	7665392
农林水事务	Expenditure for Agriculture, Forestry and Water Conservancy	3475669	3667749
交通运输	Expenditure for Transportation	2879709	2721677
资源勘探信息等支出	Expenditure for Affairs of Exploration, Power and Information	922462	1016540
商业服务业等支出	Expenditure for Affairs of Commerce and Services	606575	476832
金融支出	Expenditure for Finance	16705	51194
援助其他地区支出	Expenditure for Other Regional Assistance	22007	16356
国土资源气象等事务	Expenditure for Affairs of Land and Weather	541440	588972
住房保障支出	Expenditure for Affairs of Housing Security	1127818	1230448
粮油物资储备支出	Expenditure for Affairs of Management of Grain & Oil Resources	125688	137371
债务付息及发行费支出	Expenditure for Interest Payment on Debts and Issuing Debts	532508	729214
其他支出	Other Expenditure	40963	201073
政府性基金预算支出	**Governmental Fund Budgetary Expenditure**	**21822878**	**26777294**
国有资本经营预算支出	**State-owned Capital Operational Budgetary Expenditure**	**988242**	**521548**

表 6.4 国税和地税税收收入(1996 – 2018 年)
REVENUE FROM NATIONAL AND LOCAL TAXATION (1996-2018)

单位：万元 (10 000 yuan)

年 份 Year	国税税收收入 Revenue from National Taxation	其 中 of which		地税税收收入 Revenue from Local Taxation	其 中 of which		
		#增值税 Value-added Tax	#消费税 Consumption Tax		#营业税 Business Tax	#企业所得税 Corporate Income Tax	#个人所得税 Individual Income Tax
1996	611211	455912	92966	266489	130952	33616	17748
1997	645914	489770	108411	324758	155607	47121	29468
1998	715077	529607	123846	382948	195747	41808	42562
1999	881410	692354	120696	436999	218101	52873	54910
2000	929759	680489	144660	500530	243476	68614	72133
2001	1128638	795789	164879	602387	278516	97553	105450
2002	1295409	915425	193646	732964	367458	91953	120326
2003	1559085	1112204	217868	894415	466393	100102	148386
2004	1900477	1366125	257385	1115549	585415	125572	168282
2005	2139060	1525267	278540	1356424	702018	152846	203950
2006	2559190	1803377	346133	1660513	858693	181691	224558
2007	3261800	2240634	424683	2245537	1171243	233743	308283
2008	3922674	2658088	489991	2861162	1450449	319964	386364
2009	4411106	2892068	610367	3461226	1855471	334508	504270
2010	6084441	3612557	855149	5586777	2424494	531854	649130
2011	7244401	3929354	888068	8197820	3439157	834238	869476
2012	7834154	4232685	1027334	8961259	3680459	827224	823474
2013	9129810	4937562	1249298	10247289	4231794	1000961	938227
2014	10781244	5847262	1403446	11530080	4439832	1175547	1080974
2015	11881783	6394495	1488306	12932781	4688241	1222111	1258985
2016	14846142	9050160	1584794	11241498	2411529	1235133	1463611
2017	17804399	11857000	1444797	10060183	76812	1426047	1818150
2018	18947760	11477387	1188053	11179871	73090	1788978	2225808

注：国税收入对外公布数据从 2001 年起均包含车辆购置税，故对以前年度数据进行了调整。
Note: The released data of national taxation has included vehicle purchasing tax since 2001, so the data of the previous years is adjusted.

表 6.5 国税税收收入（2017 － 2018 年）
REVENUE FROM NATIONAL TAXATION (2017-2018)

单位：万元 (10 000 yuan)

项 目	Item	2017	2018
税收收入合计	**Total Revenue from Taxation**	**17804399**	**18947760**
按税种分	**By Tax Category**		
增值税收入	Value-added Tax	10564641	11477387
#一般纳税人	General Taxpayer	9229650	9930829
消费税收入	Consumption Tax	1429272	1188053
企业所得税	Corporate Income Tax	3785252	4115141
内 资	Domestic Enterprise	2352012	2523518
外 资	Foreign-Funded Enterprise	1433240	1591623
个人所得税	Individual Income Tax	17	8
城市维护建设税	City Maintenance and Construction Tax		
车辆购置税	Vehicle Purchasing Tax	717333	797912
按行业分	**By Sector**		
第一产业	Primary Industry	10134	9222
第二产业	Secondary Industry	8620298	8242469
工 业	Industry	7364953	6773641
建筑业	Construction	1255345	1468828
第三产业	Tertiary Industry	9173967	10696069
交通运输仓储及邮政业	Transport, Storage and Post	372068	414127
批发和零售业	Wholesale and Retail Trades	2525115	2783287
金融业	Financial Intermediation	1957327	2164496
信息传输、计算机服务和软件业	Information Transmission, Computer Services and Software	259025	531971
住宿和餐饮业	Hotel and Catering Services	68041	76287
文化、体育和娱乐业	Culture, Sports and Entertainment	19196	22460
租赁和商务服务业	Leasing and Business Services	704549	692080
房地产业	Real Estate	2286992	2797153
其他行业	Other Trades	981654	1214208

表 6.6 按企业类型分的国税税收收入（2018 年）
REVENUE FROM NATIONAL TAXATION BY STATUS OF REGISTRATION (2018)

单位：万元 (10 000 yuan)

项 目	Item	合 计 Total	内资企业 Domestic-funded				
			国有企业 State-owned	集体企业 Collective-owned	股份合作企业 Cooperative	联营企业 Joint Ownership	股份公司 Share-holding corporations
总 计	**Total**	**18947760**	**2010900**	**28614**	**10995**	**3137**	**6716826**
增值税收入	Value-added Tax	11477387	759364	28069	11202	2716	4633612
消费税收入	Consumption Tax	1188053	462946	11	7		531356
营业税	Business Tax						
企业所得税	Corporate Income Tax	4115141	201213	277	-298	413	1521066
个人所得税	Individual Income Tax	8					
资源税	Resource Tax						
固定资产投资方向调节税	Fixed Asset Investment Regulation Tax						
城市维护建设税	City Maintenance and Construction Tax						
车辆购置税	Vehicle Purchasing Tax	797912	1976	257	84	8	30240

表 6.6 续表 continued

项 目	Item	内资企业 Domestic-funded		港澳台投资企业	外商投资企业	个体经营
		私营企业 Private	其他企业 Others	Funds from Hong Kong, Macao&Taiwan	Foreign-funded	Self-employed Individuals
总 计	**Total**	**5296806**	**123833**	**1292138**	**2617458**	**847053**
增值税收入	Value-added Tax	4378961	85044	519818	854062	204539
消费税收入	Consumption Tax	37826	4	9763	144720	1420
营业税	Business Tax					
企业所得税	Corporate Income Tax	786302	14545	759935	831688	
个人所得税	Individual Income Tax					8
资源税	Resource Tax					
固定资产投资方向调节税	Fixed Asset Investment Regulation Tax					
城市维护建设税	City Maintenance and Construction Tax					
车辆购置税	Vehicle Purchasing Tax	93716	24240	2622	3683	641086

表 6.7 地税税收收入(2017 – 2018 年)
REVENUE FROM LOCAL TAXATION (2017-2018)

单位：万元 (10 000 yuan)

项 目	Item	2017	2018
税收收入合计	**Total**	**10060183**	**11179871**
#中央级	Central Government	2038495	2519484
重庆市级	Chongqing Municipal Government	1508597	1672624
区县级	District and County Governments	6513091	6987763
按税种分	**By Tax Category**		
增值税	Value-added Tax	107146	148182
营业税	Business Tax	76812	73090
企业所得税	Corporate Income Tax	1426047	1788978
个人所得税	Individual Income Tax	1818150	2225808
资源税	Resource Tax	147833	136996
固定资产投资方向调节税	Fixed Asset Investment Regulation Tax		
城市维护建设税	City Maintenance and Construction Tax	835442	954107
房产和城市房地产税	House Property and Urban Real Estate Tax	649021	673285
印花税	Stamp Tax	319450	307046
城镇土地使用税	Urban Land Use Tax	1470039	1103239
土地增值税	Land Appreciation Tax	839549	1210606
车船税	Tax on Vehicles and Boat Operation	126963	138670
屠宰税	Slaughter Tax		
烟叶税	Tobacco Leaf Tax	23908	29723
耕地占用税	Farm Land Occupation Tax	434126	361809
契 税	Deed Tax	1785697	2006920
按行业分	By Sector		
第一产业	Primary Industry	37235	40801
第二产业	Secondary Industry	2398058	2200426
工 业	Industry	1466930	1458555
建筑业	Construction	931128	741871
第三产业	Tertiary Industry	7624890	8840752
交通运输仓储及邮政业	Transport, Storage and Post	184729	255578
批发和零售业	Wholesale and Retail Trades	509633	603539
金融业	Financial Intermediation	800906	1015027
信息传输、计算机服务和软件业	Information Transmission, Computer Services and Software	141426	166540
住宿和餐饮业	Hotel and Catering Services	33198	41943
文化、体育和娱乐业	Culture, Sports and Entertainment	61098	65853
租赁和商务服务业	Leasing and Business Services	798793	847633
房地产业	Real Estate	3817850	4872168
其他行业	Other Trades	1277257	972471

表 6.8 按企业类型分的地税税收收入（2018 年）
REVENUE FROM LOCAL TAXATION BY STATUS OF REGISTRATION (2018)

单位：万元 (10 000 yuan)

项 目	Item	合 计 Total	内资企业 Domestic-funded				
			国有企业 State-owned	集体企业 Collective-owned	股份合作企业 Cooperative	联营企业 Joint Ownership	股份公司 Share-holding corporations
总 计	**Total**	**11179871**	**465711**	**21347**	**9743**	**1963**	**5284045**
营业税	Business Tax	73090	15911	491	20		38997
企业所得税	Corporate Income Tax	1788978	42412	8206	2235	525	1092055
个人所得税	Individual Income Tax	2225808	105943	3611	1279	527	823004
资源税	Resource Tax	136996	45817	338	22	1	49744
固定资产投资方向调节税	Fixed Asset Investment Regulation Tax						
城市维护建设税	City Maintenance and Construction Tax	954107	114177	2013	968	193	372253
房产和城市房地产税	House Property and Urban Real Estate Tax	673285	34020	3041	964	165	376708
印花税	Stamp Tax	307046	8401	320	252	361	133418
城镇土地使用税	Urban Land Use Tax	1103239	45123	1765	670	94	768697
土地增值税	Land Appreciation Tax	1210606	4131	915	2565	55	482374
车船税	Tax on Vehicles and Boat Operation	138670	287	60	363		133479
屠宰税	Slaughter Tax						
烟叶税	Tobacco Leaf Tax	29723	29535				
耕地占用税	Farm Land Occupation Tax	361809	6172	18	2		243111
契 税	Deed Tax	2006920	12998	151	49	22	740142

表 6.8 续表 continued

项 目	Item	内资企业 Domestic-funded		港澳台投资企业 Funds from Hong Kong, Macao&Taiwan	外商投资企业 Foreign-funded	个体经营 Self-employed Individuals
		私营企业 Private	其他企业 Others			
总 计	**Total**	**3110918**	**484224**	**553191**	**438632**	**810097**
营业税	Business Tax	11390	1229	-203	4649	606
企业所得税	Corporate Income Tax	620576	15243	1136	6590	
个人所得税	Individual Income Tax	489435	297612	78722	143912	281763
资源税	Resource Tax	31679	3217	852	1211	4115
固定资产投资方向调节税	Fixed Asset Investment Regulation Tax					
城市维护建设税	City Maintenance and Construction Tax	317111	5479	38921	81773	21219
房产和城市房地产税	House Property and Urban Real Estate Tax	134891	-2948	44627	41399	40418
印花税	Stamp Tax	89272	15555	14537	41076	3854
城镇土地使用税	Urban Land Use Tax	189280	22087	34115	39810	1598
土地增值税	Land Appreciation Tax	423741	10171	230406	22752	33496
车船税	Tax on Vehicles and Boat Operation	1107	15	14	2454	891
屠宰税	Slaughter Tax					
烟叶税	Tobacco Leaf Tax	188				
耕地占用税	Farm Land Occupation Tax	7045	103485	355	186	1435
契 税	Deed Tax	783596	5513	105763	50050	308636

重/庆/统/计/年/鉴

主要统计指标解释

财政收入

指国家财政参与社会产品分配所取得的收入，是实现国家职能的财力保证。主要包括：

（1）各项税收：包括国内增值税、国内消费税、进口货物增值税和消费税、出口货物退增值税和消费税、营业税、企业所得税、个人所得税、资源税、城市维护建设税、房产税、印花税、城镇土地使用税、土地增值税、车船税、船舶吨税、车辆购置税、关税、耕地占用税、契税、烟叶税等。

（2）非税收入：包括专项收入、行政事业性收费、罚没收入和其他收入。

财政支出

指国家财政将筹集起来的资金进行分配使用，以满足经济建设和各项事业的需要。主要包括：

（1）一般公共服务：指政府提供基本公共管理与服务的支出，包括人大事务、政协事务、政府办公厅（室）及相关机构事务、发展与改革事务、统计信息事务、财政事务、税收事务、审计事务、海关事务、人力资源事务、纪检监察事务、人口与计划生育事务、商贸事务、知识产权事务、工商行政管理事务、国土资源事务、海洋管理事务、测绘事务、地震事务、气象事务、民族事务、宗教事务、港澳台侨事务、档案事务、共产党事务、民主党派事务及工商联事务、群众团体事务、彩票事务等。

（2）外交：指政府外交事务支出，包括外交行政管理、驻外机构、对外援助、国际组织、对外合作与交流、边界勘界联检等方面的支出。

（3）国防：指政府用于国防方面的支出，包括用于现役部队、预备役部队、民兵、国防科研事业、专项工程、国防动员等方面的支出。

（4）公共安全：指政府维护社会公共安全方面的支出，包括武装警察、公安、国家安全、检察、法院、司法行政、监狱、劳教、国家保密、缉私警察等。

（5）教育：指政府教育事务支出，包括教育行政管理、学前教育、小学教育、初中教育、普通高中教育、普通高等教育、初等职业教育、中专教育、技校教育、职业高中教育、高等职业教育、广播电视教育、留学生教育、特殊教育、干部继续教育、教育机关服务等。

（6）科学技术：指用于科学技术方面的支出，包括科学技术管理事务、基础研究、应用研究、技术研究与开发、科技条件与服务、社会科学、科学技术普及、科技交流与合作等。

（7）文化教育与传媒：指政府在文化、文物、体育、广播影视、新闻出版等方面的支出。

（8）社会保障和就业：指政府在社会保障与就业方面的支出，包括社会保障和就业管理事务、民政管理事务、财政对社会保险基金的补助、补充全国社会保障基金、行政事业单位离退休、企业改革补助、就业补助、抚恤、退役安置、社会福利、残疾人事业、城市居民最低生活保障、其他城镇社会救济、农村社会救济、自然灾害生活救助、红十字事务等。

（9）医疗卫生：指政府医疗卫生方面的支出，包括医疗卫生管理事务支出、医疗服务支出、医疗保障支出、疾病预防控制支出、卫生监督支出、妇幼保健支出、农村卫生支出等。

（10）环境保护：指政府环境保护支出，包括环境保护管理事务支出、环境监测与监察支出、污染治理支出、自然生态保护支出、天然林保护工程支出、退耕还林支出、风沙荒漠治理支出、退牧还草支出、已垦草原退耕还草、能源节约利用、污染减排、可再生能源和资源综合利用等支出。

（11）城乡社区事务：指政府城乡社区事务支出，包括城乡社区管理事务支出、城乡社区规划与管理支出、城乡社区公共设施支出、城乡社区住宅支出、城乡社区环境卫生支出、建设市场管理与监督支出等。

（12）农林水事务：指政府农林水事务支出，包括农业支出、林业支出、水利支出、扶贫支出、农业综合开发支出等。

（13）交通运输：指政府交通运输和邮政业方面的支出，包括公路运输支出、水路运输支出、铁路运输支出、民用航空运输支出、邮政业支出等。

（14）工业商业金融等事务：指政府对工业、商业及金融等方面的支出，包括采掘业支出、制造业支出、建筑业支出、工业和信息产业监管支出、国有资产监管支出、商业流通事务支出、金融业监管支出、旅游业管理与服务支出等。

主要统计指标解释

■ 中央财政收入和地方财政收入

指按现行分税制财政体制划分的中央本级收入和地方本级收入。属于中央财政的收入包括关税，进口货物增值税和消费税，出口货物退增值税和消费税，消费税，铁道部门、各银行总行、各保险公司总公司等集中交纳的营业税和城市维护建设税，增值税75%部分，纳入共享范围的企业所得税60%部分，未纳入共享范围的中央企业所得税、中央企业上交的利润，个人所得税60%部分，车辆购置税，船舶吨税，证券交易印花税97%部分，海洋石油资源税，中央非税收入等。属于地方财政的收入包括营业税（不含铁道部门、各银行总行、各保险公司总公司集中交纳的营业税），地方企业上交利润，城市维护建设税（不含铁道部门、各银行总行、各保险公司总公司集中交纳的部分），房产税，城镇土地使用税，土地增值税，车船税，耕地占用税，契税，烟叶税，印花税，增值税25%部分，纳入共享范围的企业所得税40%部分，个人所得税40%部分，证券交易印花税3%部分，海洋石油资源税以外的其他资源税，地方非税收入等。

■ 中央财政支出和地方财政支出

指根据政府在经济和社会活动中的不同职责，划分中央和地方政府的责权，按照政府的责权划分确定的支出。中央财政支出包括一般公共服务，外交支出，国防支出，公共安全支出，以及中央政府调整国民经济结构、协调地区发展、实施宏观调控的支出等。地方财政支出包括一般公共服务，公共安全支出，地方统筹的各项社会事业支出等。

■ 一般公共预算收入

指国家财政参与社会产品分配所取得的收入，是实现国家职能的财力保证。主要包括：（1）各项税收：包括国内增值税、国内消费税、进口货物增值税和消费税、出口货物退增值税和消费税、企业所得税、个人所得税、资源税、城市维护建设税、房产税、印花税、城镇土地使用税、土地增值税、车船税、船舶吨税、车辆购置税、关税、耕地占用税、契税、烟叶税等。（2）非税收入：包括专项收入、行政事业性收费、罚没收入和其他收入。财政收入按现行分税制财政体制划分为中央本级收入和地方本级收入。

■ 一般公共预算支出

指国家财政将筹集起来的资金进行分配使用，以满足经济建设和各项事业的需要。主要包括：一般公共服务、外交、国防、公共安全、教育、科学技术、文化体育与传媒、社会保障和就业、医疗卫生与计划生育、节能环保、城乡社区、农林水、交通运输、资源勘探信息等、商业服务业等、金融、援助其他地区、国土海洋气象等、住房保障、粮油物资储备、政府债务付息等方面的支出。财政支出根据政府在经济和社会活动中的不同职权，划分为中央财政支出和地方财政支出。

Explanatory Notes on Main Statistical Indicators

Government Revenue

Refers to income for the government finance through participating in the distribution of social products. It is the financial guarantee to ensure government functioning. The contents of government revenue include the following main items:

(1) Various tax revenues, including domestic value added tax (VAT), domestic consumption tax, VAT and consumption tax from imports, VAT and consumption tax rebate for exports, business tax, corporate income tax, individual income tax, resource tax, city maintenance and construct tax, house property tax, stamp tax, urban land use tax, land appreciation tax, tax on vehicles and boat operation, ship tonnage tax, vehicle purchase tax, tariffs, farm land occupation tax, deed tax, and tobacco leaf tax, etc.

(2) Non-tax revenue, including special program receipts, charge of administrative and institutional units, penalty receipts and others non-tax receipts.

Government Expenditure

Refers to the distribution and use of the funds which the government finance has raised, so as to meet the needs of economic construction and various causes. It includes the following main items:

(1) Expenditure for general public services: It refers to the spending on the basic public management and services which provided by governments, including the expense on affairs of People's Congress, affairs of People's Political Consultative Conference, affairs of government general office and relative institutions, affairs of development and reform, affairs of statistics, affairs of finance, affairs of taxation, affairs of audit, affairs of customs, affairs of human resources and social security, affairs of discipline inspection and supervision, affairs of population and family planning, affairs of commerce and trade, affairs of intellectual property, affairs of administration for industry and commerce, affairs of land and resources, affairs of oceanic administration, affairs of surveying and mapping, affairs of earthquake, ethnic affairs, religious affairs, affairs of Hong Kong, Macao, Taiwan, and Overseas Chinese, affairs of archives administration, affairs of Chinese Communist Party, affairs of democratic parties and federation of industry and commerce, affairs of mass organization, and affairs of lottery, etc.

(2) Expenditure for foreign affairs: It refers to the spending of government on foreign affairs, including the expense on administration of foreign affairs, missions overseas, external assistance, international organizations, foreign cooperation and communication, surveying and joint inspection on borderline, etc.

(3) Expenditure for national defence: It refers to the spending of government on national defence, including the expense on active force, reserve force, militia, scientific research on national defence, special projects, mobilization of national defence, etc.

(4) Expenditure for public security: It refers to the spending of government on maintaining social and public security, including the expense on armed police force, public security, state security, prosecution, courts, justice, prison, labour education and rehabilitation, protection of state secrecy, anti-smuggling police, etc.

(5) Expenditure for education: It refers to the spending of government on education, including the expense on the administration of education, pre-primary education, primary education, secondary education, high school education, regular higher education, primary vocational education, secondary vocational education, technical school education, vocational high school education and higher vocational education, radio and television education, student abroad education, special education, on the job training of cadres, education authorities services, etc.

(6) Expenditure for science and technology: It refers to the spending of government on science and technology (S&T), including the expense on the administration of S&T, basic research, applied research, research and development, conditions and services of S&T, popularization of social science, science and technology, exchanges and cooperation of S&T, etc.

(7) Expenditure for culture, sport and media: It refers to the spending of government on culture, cultural heritage, sports, radio, film, television, press and publication, etc.

(8) Expenditure for social safety net and employment effort: It refers to the spending of government on social safety net and employment, including the expense on administration of social

EXPLANATORY NOTES TO
MAJOR STATISTICAL INDICATORS

safety net and employment, civil affairs, budgetary subsidy on the social insurance funds, subsidy on National Social Security Fund, retirees of administrative units and institutions, subsidy on enterprise reform, subsidy on employment effort, pension, placement of ex-serviceman, social welfare, the handicapped undertakings, the system of cost of living allowances for urban residents, other urban social relief, rural social relief, living relief of natural disasters, affairs of Red Cross Society, etc.

(9) Expenditure for medical and health care: It refers to the spending of government on medical and health care, including the expense on administration of medical and health care, medical services, health care, disease prevention and control, health inspection and supervision, women and children's health, rural health care, etc.

(10) Expenditure for environment protection: It refers to the spending of government on environment protection, including the expense on administration of environment protection, environment monitoring and supervision, pollution control, natural ecology protection, project of virgin forests protection, reforesting farmland, controlling the sources of dust storms, returning pastureland to grassland, returning pastureland to grassland, returning cultivated land to grassland, energy conservation, emissions reduction, comprehensive utilization of renewable energy and resources, etc.

(11) Expenditure for urban and rural community affairs: It refers to the spending of government on urban and rural community affairs, including the expense on administration of urban and rural community, planning and management of urban and rural community, public facilities of urban and rural community, housing of urban and rural community, sanitation of urban and rural community, management and supervision on the construction market, etc.

(12) Expenditure for agriculture, forestry and water conservancy: It refers to the spending of government on agriculture, forestry and water conservancy, including the expense on agriculture, forestry, water conservancy, poverty alleviation, comprehensive agricultural development, etc.

(13) Expenditure for transportation: It refers to the spending of government on transportation and postal services, including the expense on road transportation, waterway transportation, railway transportation, civil aviation transportation, and postal services.

(14) Expenditure for industry, commerce and banking: It refers to the spending of government on industry, commerce and banking, including the expense on mining, manufacturing, construction, industry and information technology supervision and administration, State-owned assets supervision and administration, commerce and circulation affairs, financial intermediation supervision and administration, tourism administration and service, etc.

Revenue of the Central Government and Revenue of the Local Governments

Refers to the revenue collected by the Central Government and that by the local governments as defined by the decentralized taxation system. In accordance with this system, the revenue of the Central Government includes tariff, VAT and consumption tax from imports, VAT and consumption tax rebate for exports, consumption tax, business tax and city maintenance and construct tax from the Ministry of Railways, head offices of banks, head offices of insurance company, which are handed over to the government in a centralized way, 75% of the value added tax, 60% the share part of the corporate income tax, unshared part of corporate income tax of the central enterprises, profit handed in by the central enterprises, 60% of individual income tax, vehicle purchase tax, ship tonnage tax, 97% of stamp tax on securities transactions, resource tax on the offshore petroleum resources. The revenue of the local governments includes business tax (excluding the part of the Ministry of Railways, head offices of banks, head offices of insurance company, which are handed over to the government in a centralized way), profit handed in by the local enterprises, city maintenance and construct tax (excluding the part of the Ministry of Railways, head offices of banks, head offices of insurance company, which are handed over to the government in a centralized way), house property tax, urban land use tax, land appreciation tax, tax on vehicles and boat operation, farm land occupation tax, deed tax, and tobacco leaf tax, stamp tax, 25% of the value added tax, 40% the share part of the corporate income tax, 40% of individual income tax, 3% of stamp tax on securities transactions, resource tax other than the tax on offshore petroleum resources, local non-tax revenue, etc.

Expenditure of the Central Government and Expenditure of the Local Governments

According to the different functions of the Central Government and local governments in economic and social activities, the rights of affairs administration are demarcated between those of the Central Government and those of local governments; and the classification of the expenditure between the Central Government and local governments are made on the basis of the classification of the rights of affairs administration between them. The expenditure of the Central Government includes the expenditure for general public services, expenditure for foreign affairs, expenditure for public security, and the expenditure of the Central Government for adjusting the national economic structure; coordinating the development among different regions; and exercising macroeconomic regulation. The expenditure of the local governments includes mainly the expenditure for general public services, expenditure for public security, and expenditures for social development which are planned by local governments, etc.

General Public Budget Revenue

Refers to income for the government finance through participating in the distribution of social products. It is the financial guarantee to ensure government functioning. The government revenue includes the following main items: (1) Various tax revenues including domestic value added tax (VAT), domestic consumption tax, VAT and consumption tax from imports, VAT and consumption tax rebate for exports, corporate income tax, individual income tax, resource tax, city maintenance and construction tax, house property tax, stamp tax, urban land use tax, land appreciation tax, tax on vehicles and boat operation, ship tonnage tax, vehicle purchase tax, tariffs, farm land occupation tax, deed tax, and tobacco tax, etc. (2) Non-tax revenue, including special program receipts, charge of administrative and institutional units, penalty receipts and others non-tax receipts.

General Public Budget Expenditure

Refers to the distribution and use of the funds which the government finance has raised, so as to meet the needs of economic construction and various undertakings. It includes the following main items: expenditure for general public services, expenditure for foreign affairs, expenditure for national defence expenditure for public security, expenditure for education, expenditure for science and technology, expenditure for culture, sport and media, expenditure for social safety net and employment effort, expenditure for medical and health care and family planning, expenditure for energy conservation and environment protection, expenditure for urban and rural community affairs, expenditure for agriculture, forestry and water conservancy, expenditure for transportation, expenditure for resource exploration and information, expenditure for affairs of commerce and services, expenditure for finance, aid to other regions, expenditure for land, ocean and weather, expenditure for housing security, expenditure for grain & oil reserves, interest payment for public debts. General public budget expenditure is divided into general public budget expenditure of central government and general public budget expenditure of local government according to the different functions of the governments played in economic and social activities,

第七章·人民生活与物价

PEOPLE'S LIVING CONDITIONS AND PRICE OF GOODS

简要说明 BRIEF INTRODUCTION

本章资料反映全市城乡居民生活状况，主要内容包括城乡居民家庭基本情况、恩格尔系数、住户存款、年收入支出及其构成、主要商品购买数量、耐用消费品的拥有量，以及居民消费价格指数、商品零售价格指数、工业生产者价格指数、固定资产投资价格指数、住宅销售价格指数等。居民住户调查资料是抽样调查汇总的结果，价格调查是一种非全面调查，采用重点调查和典型调查相结合的方法。

城镇常住居民和农村常住居民生活状况和价格调查的数据来源于国家统计局重庆调查总队。城乡居民物质生活情况和居民储蓄由市统计局综合处整理编辑。

The data in this chapter present the living conditions of the urban and rural households in Chongqing, including basic conditions of urban and rural households, Engle's coefficient, saving deposits, annual income & expenditure and their compositions, purchases of major commodities, possession of durable consumer goods, as well as consumer price indices, retail price indices, purchasing price index, price indices of investment in fixed assets and price index of residential real estate sales, etc. The data of urban and rural households are the results of sample survey, while price survey is an incomplete survey, where the main unit survey and typical survey are combined.

The data about the living conditions of urban and rural residents and price survey are provided by NBS Survey Office in Chongqing. The data of material & cultural life and saving deposits of urban & rural residents are sorted and compiled by Division of Comprehensive Statistics, Chongqing Municipal Bureau of Statistics.

表 7.1 城乡居民物质文化生活情况（2017 – 2018 年）
MATERIAL AND CULTURAL LIFE OF URBAN & RURAL RESIDENTS (2017-2018)

指 标	Item	2017	2018
就 业	**Employment**		
每一城镇常住劳动力负担人数（人）	Number of Dependents per Urban Employee (person)	1.36	1.36
每一农村常住劳动力负担人数（人）	Number of Dependents per Rural Laborer (person)	1.47	1.46
城镇登记失业率（%）	Registered Urban Unemployment Rate (%)	3.4	3.3
收入和支出	**Income and Expenditure**		
城镇非私营单位在岗职工平均工资（元）	Annual Average Wage of On-Post Staff and Workers of Urban Non-private Units (yuan)	73272	81764
城镇常住居民人均可支配收入（元）	Annual per Capita Disposable Income of Urban Households (yuan)	32193	34889
农民常住居民人均可支配收入（元）	Annual per Capita Net Income of Rural Households (yuan)	12638	13781
城镇常住居民人均消费性支出（元）	Annual per Capita Consumption Expenditure of Urban Households(yuan)	22759	24154
农村常住居民人均生活消费支出（元）	Annual per Capita Living Expenditure of Rural Households (yuan)	10936	11977
城镇常住居民家庭恩格尔系数（%）	Engle's Coefficient of Urban Households (%)	32.1	31.5
农村常住居民家庭恩格尔系数（%）	Engle's Coefficient of Rural Households (%)	36.5	34.9
人均住户存款（元）	Per Capita Saving Deposits of Residents (yuan)	42384	46736
住 房	**Housing**		
城镇常住居民人均住房建筑面积（平方米）	Per Capita Residential Floor Space of Urban Residents (sq.m)	35.28	36.53
农村常住居民人均住房建筑面积（平方米）	Per Capita Living Space of Rural Residents (sq.m)	54.81	53.93
城市公用事业	**City Public Utilities**		
人均道路面积（平方米）	Per Capita Area of Paved Roads (sq.m)	12.23	13.04
用水普及率（%）	Percentage of Population with Access to Tap Water (%)	97.86	98.17
燃气普及率（%）	Percentage of Population with Access to Gas (%)	96.06	97.09
人均公园绿地面积（平方米）	Per Capita Public Green Land(sq.m)	16.43	16.55
教 育	**Education**		
学龄儿童入学率（%）	Enrollment Ratio of School-Aged Children (%)	99.99	99.99
每万人口中在校大学生（人）	Number of Undergraduates Per 10 000 Population (person)	303	303
文 化	**Culture**		
每百户城镇常住家庭拥有彩色电视机（台）	Number of Color TV Sets Per 100 Urban Households (unit)	129.47	128.28
每百户农村常住家庭拥有彩色电视机（台）	Number of Color TV Sets Per 100 Rural Households (unit)	113.81	114.40
广播人口覆盖率（%）	Rate of Radio Broadcast Coverage of the Population (%)	98.96	99.04
电视人口覆盖率（%）	Rate of TV Coverage of the Population (%)	99.22	99.27
卫 生	**Public Health**		
每万人拥有医院、卫生院病床（张）	Number of Beds of Hospitals and Health Centers Per 10 000 Population (bed)	61	65
每万人拥有执业（助理）医师（人）	Number of Licensed (Assistant) Doctors Per 10 000 Population (person)	20	22

表 7.2 个人储蓄存款年末余额（1980 － 2018 年）
YEAR-END SAVINGS DEPOSIT OF RMB OF HOUSEHOLDS (1980-2018)

年份 Year	个人储蓄存款年末余额（亿元） Year-end Savings Deposit of RMB of Households (100 million yuan)	其中 of which		人均个人储蓄存款余额（元） Per Capita Balance of Savings Deposit of RMB (yuan)
		定期 Time Deposits	活期 Demand Deposits	
1980	6.22		23	23
1981	8.35		31	31
1982	10.56		39	39
1983	13.34		49	49
1984	18.39		67	67
1985	25.41		92	92
1986	34.79		124	124
1987	44.46		156	156
1988	50.50	40.65	9.85	176
1989	68.17	55.75	12.42	235
1990	92.17	77.63	14.54	316
1991	121.95	103.36	18.59	415
1992	154.45	128.64	25.81	523
1993	198.05	160.51	37.54	668
1994	285.40	231.23	54.17	956
1995	401.45	331.09	70.36	1337
1996	500.71	403.84	96.87	1656
1997	580.67	454.04	126.63	1908
1998	724.54	552.72	171.82	2368
1999	909.10	672.96	236.14	2959
2000	1085.36	774.38	310.98	3511
2001	1317.17	929.37	387.80	4252
2002	1595.01	1082.90	512.11	5122
2003	1896.56	1265.52	631.04	6059
2004	2189.73	1469.99	719.74	6964
2005	2545.85	1740.13	805.72	8033
2006	2949.05	1999.88	949.17	9219
2007	3228.15	2099.55	1128.60	9978
2008	3988.96	2640.70	1348.26	12247
2009	4908.68	3060.01	1848.67	14986
2010	5839.66	3475.19	2364.47	17677
2011	6990.25	4106.17	2708.61	20993
2012	8361.64	4996.24	3166.45	25009
2013	9622.31	5735.53	3693.17	28651
2014	10774.12	6422.07	3845.29	31921

年份 Year	住户存款 Savings Deposit of RMB of Households	其中 of which		人均住户存款 Per Capita Saving Deposits of RMB of Residents (yuan)
		定期及其他存款 Time Deposits and Other Deposits	活期 Demand Deposits	
2015	12207.28	7968.14	4239.15	36204
2016	13399.44	8639.07	4760.37	39502
2017	14367.38	9383.75	4983.63	42384
2018	15907.23	10654.17	5253.06	46736

注：因人民银行统计口径调整，2015 年前起取消个人储蓄存款统计项，新建立了住户存款项目，下设活期存款、定期及其他存款两个分项。
Note: Due to the changes of the PBoC's statistical indicators, two sub-items including demand deposits, time deposits and other deposits were built under the item of savings deposit of RMB of households since 2015.

表 7.3 城乡居民家庭人均收入及恩格尔系数（1978 － 2012 年）
PER CAPITA ANNUAL INCOME AND ENGLE'S COEFFICIENT OF URBAN AND RURAL HOUSEHOLDS (1978-2012)

年 份 Year	城镇常住居民人均可支配收入 Per Capita Annual Disposable Income of Permanent Urban Residents		农村常住居民人均可支配收入 Per Capita Annual Disposable Income of Permanent Rural Residents		城镇居民家庭恩格尔系数 (%) Engle's Coefficient of Urban Households (%)	农村居民家庭恩格尔系数 (%) Engle's Coefficient of Rural Households (%)
	绝对数（元） Value (yuan)	指 数 (1979=100) Index (1979=100)	绝对数（元） Value (yuan)	指 数 (1978=100) Index (1978=100)		
1978			126	100.0		74.0
1979	355	100.0	150	119.2	61.9	72.9
1980	412	116.1	163	129.6	52.8	68.1
1981	481	135.6	229	181.9	58.1	65.6
1982	505	142.5	237	187.8	59.4	65.6
1983	536	151.1	278	220.4	61.3	66.9
1984	616	173.9	311	246.5	60.0	67.9
1985	762	215.1	325	258.1	51.8	63.9
1986	984	277.6	359	284.8	50.4	63.4
1987	1109	312.8	386	306.2	51.0	62.2
1988	1278	360.5	458	363.1	49.9	60.5
1989	1449	408.7	510	404.8	55.5	61.6
1990	1691	477.0	587	465.6	52.7	63.6
1991	1892	533.7	629	499.1	51.2	63.8
1992	2195	619.3	677	537.6	52.4	62.8
1993	2781	784.4	748	593.7	51.3	61.3
1994	3634	1025.2	1018	808.1	51.4	63.5
1995	4375	1234.2	1270	1008.2	48.7	64.7
1996	5023	1416.9	1479	1173.8	50.2	63.2
1997	5302	1495.6	1692	1343.0	46.7	65.8
1998	5431	1532.1	1804	1431.3	45.6	61.3
1999	5818	1641.3	1841	1460.7	42.6	60.3
2000	6152	1735.5	1900	1508.1	41.6	52.6
2001	6544	1846.1	1982	1573.1	39.9	52.7
2002	7000	1974.7	2112	1676.3	36.8	53.9
2003	7773	2192.7	2233	1772.4	36.2	50.1
2004	8793	2480.3	2536	2012.2	35.4	53.3
2005	9700	2736.2	2842	2255.1	33.8	49.5
2006	10878	3068.7	2911	2310.1	33.4	48.8
2007	11758	3316.8	3560	2825.5	33.9	50.9
2008	13321	3757.8	4193	3327.5	35.6	49.2
2009	14502	4090.9	4557	3616.8	33.6	44.4
2010	16032	4522.4	5378	4268.2	33.0	42.9
2011	18517	5223.4	6605	5241.9	34.5	41.5
2012	21003	5924.6	7526	5972.2	36.7	38.9

注：改革开放以来，城乡住户调查经历了多次变革，现根据国家统计局住户办统一制定的方法对 1998 年以后的城乡住户调查数据按现行口径进行了技术性处理，从而导致本表中所列部分数据与历史数据存在一定差别。

Note: Since 1978, the methodology on the Integrated Urban and Rural Household Survey on Income and Expenditures and Living Conditions has been changed several times. The data on the living conditions of urban and rural residents after 1998 have been adjusted according to the NBS's latest rules, so partial data in this table are different from the historical data.

表 7.4 居民人均收支及恩格尔系数 (2013—2018 年)
PER CAPITA RESIDENTS INCOME AND EXPENDITURE AND ENGLE COEFFICIENT (2013-2018)

年 份 Year	居民人均可支配收入(元) Per Capita Annual Disposable Income (yuan)			居民人均消费支出(元) Per Capita Annual Living Expenditure (yuan)			恩格尔系数(%) Engle Coefficient (%)		
	全体居民 Total	城镇常住居民 Permanent Urban Residents	农村常住居民 Permanent Rural Residents	全体居民 Total	城镇常住居民 Permanent Urban Residents	农村常住居民 Permanent Rural Residents	全体居民 Total	城镇常住居民 Permanent Urban Residents	农村常住居民 Permanent Rural Residents
2013	16569	23058	8493	12600	17124	6971	35.8	35.0	38.1
2014	18352	25147	9490	13811	18279	7983	36.0	34.5	40.5
2015	20110	27239	10505	15140	19742	8938	35.2	33.6	40.0
2016	22034	29610	11549	16385	21031	9954	34.3	32.7	38.7
2017	24153	32193	12638	17898	22759	10936	33.2	32.1	36.5
2018	26386	34889	13781	19248	24154	11977	32.3	31.5	34.9

表 7.5 居民家庭基本情况 (2017—2018 年)
BASIC CONDITIONS OF RESIDENT HOUSEHOLDS (2017-2018)

指 标	Item	2017	2018
平均每户常住人口(人)	**Average Permanent Population Per Household (person)**		
全体居民	Total Residents	3.07	3.00
城镇常住居民	Permanent Urban Residents	3.13	3.04
农村常住居民	Permanent Rural Residents	2.99	2.93
平均每户常住劳动力(人)	**Average Number of Full/Semi Permanent Laborers Per Household (person)**		
全体居民	Total Residents	2.20	2.14
城镇常住居民	Permanent Urban Residents	2.31	2.24
农村常住居民	Permanent Rural Residents	2.04	2.01
平均每户常住成员从业人数(人)	**Average Number of Permanent Employed Persons Per Household (person)**		
全体居民	Total Residents	1.76	1.68
城镇常住居民	Permanent Urban Residents	1.64	1.56
农村常住居民	Permanent Rural Residents	1.93	1.85
平均每人住房建筑面积(平方米)	**Per Capita Residential Floor Space (sq.m)**		
全体居民	Total Residents	43.31	43.54
城镇常住居民	Permanent Urban Residents	35.28	36.53
农村常住居民	Permanent Rural Residents	54.81	53.93

注：从 2012 年四季度起，国家统计局对分别进行的城乡住户调查实施了一体化改革，统一了城乡居民收入指标名称、分类和统计标准，建立了城乡统一的一体化住户调查制度（即《住户收支与生活状况调查》），本年鉴所载 2013 年以来城乡住户收支与生活状况有关指标及数据资料均取自一体化改革后的住户调查。

Note: Starting from the 4th quarter of 2012, the NBS carried out the integrated reform on the urban and rural household survey, unified the index titles, categories and statistical standards of urban and rural residents income, and established the integrated urban and rural household survey system (Household Income & Expenditure and Living Conditions Survey). The indices and data concerning the urban and rural households income & expenditure and living conditions from 2013 herein are collected from the household survey after the integrated reform.

表 7.6 全体居民人均可支配收入与现金可支配收入情况（2017—2018 年）
PER CAPITA ANNUAL DISPOSABLE INCOME AND CASH DISPOSABLE INCOME HOUSEHOLDS (2017-2018)

单位：元 (yuan)

指 标	Item	2017	2018
可支配收入	**Per Capita Annual Disposable Income**	**24153**	**26386**
工资性收入	Income from Wages and Salaries	12604	13928
经营净收入	Income from Household Operations	4017	4311
第一产业	Primary Industry	1681	1704
第二产业	Secondary Industry	259	235
第三产业	Tertiary Industry	2077	2372
财产净收入	Income from Properties	1526	1649
转移净收入	Income from Transfers	6007	6497
#现金可支配收入	**Per Capita Cash Disposable Income**	**22508**	**24790**
现金工资性收入	Income from Wages and Salaries	12537	13845
现金经营净收入	Income from Household Operations	3547	3995
第一产业	Primary Industry	1009	1159
第二产业	Secondary Industry	280	274
第三产业	Tertiary Industry	2257	2562
现金财产净收入	Income from Properties	677	746
现金转移净收入	Income from Transfers	5747	6204

表 7.7 全体居民人均消费性支出情况（2017—2018 年）
PER CAPITA ANNUAL CONSUMPTION EXPENDITURE OF HOUSEHOLDS (2017-2018)

单位：元 (yuan)

指 标	Item	2017	2018
消费支出	**Per Capita Annual Consumption Expenditure**	**17898**	**19248**
食品烟酒	Food, Tobacco and Liquor	5943	6221
衣 着	Clothing	1395	1455
居 住	Residence	3141	3499
生活消费及服务	Household Facilities, Articles and Services	1245	1339
交通通信	Transport and Conmunications	2310	2545
教育文化娱乐	Education, Culture and recreation	1993	2088
医疗保健	Health Care and Medical Services	1472	1660
其他用品和服务	Other Goods and Services	398	443

表 7.8 全体居民人均收支构成情况（2017—2018 年）
COMPOSITION OF PER CAPITA CASH INCOME AND CASH EXPENDITURE OF HOUSEHOLDS (2017-2018)

单位：% (%)

指 标	Item	2017	2018
可支配收入（可支配收入 =100）	**Composition of Per Capita Annual Disposable Income**	**100.0**	**100.0**
工资性收入	Income from Wages and Salaries	52.2	52.8
经营净收入	Income from Household Operations	16.6	16.3
财产净收入	Income from Properties	6.3	6.3
转移净收入	Income from Transfers	24.9	24.6
消费支出（消费支出 =100）	**Composition of Per Capita Annual Consumption Expenditure**	**100.0**	**100.0**
食品烟酒	Food, Liquor and Tobacco	33.2	32.3
衣 着	Clothing	7.8	7.6
居 住	Garments	17.5	18.2
生活用品及服务	Household Facilities, Articles and Services	7.0	7.0
交通通信	Transport, Post and Communication Services	12.9	13.2
教育文化娱乐	Educational, Cultural and Recreational Services	11.1	10.8
医疗保健	Medicine and Medical Service	8.2	8.6
其他用品及服务	Miscellaneous Commodities Services	2.2	2.3

表 7.9 全体居民家庭人均主要食品消费量（2017—2018 年）
PER CAPITA CONSUMPTION OF MAJOR FOODS BY HOUSEHOLDS (2017-2018)

单位：千克 (kg)

指 标	Item	2017	2018
粮　食（原粮）	**Grain (Unprocessed)**	**152.55**	**135.74**
蔬菜及菜制品	**Vegetables and Processed Products**	**142.81**	**132.01**
肉　类	**Meat, Poultry and Related Products**	**39.85**	**43.86**
猪 肉	Pork	33.85	38.79
牛 肉	Beef	1.43	1.34
羊 肉	Mutton	0.75	0.58
其他肉类及制品	Poultry	3.82	3.14
蛋类及蛋制品	**Eggs and Processed Products**	**9.84**	**9.77**
奶和奶制品	**Milk and Dairy Products**	**17.21**	**12.64**
水产品	**Aquatic Products**	**10.47**	**9.93**
油脂类	**Edible Oil**	**14.83**	**13.85**
干鲜水果类	**Fruits and Processed Products**	**42.67**	**43.68**

表 7.10 全体居民家庭平均每百户年末耐用消费品拥有量（2017—2018 年）
NUMBER OF DURABLE CONSUMER GOODS OWNED PER 100 HOUSEHOLDS AT YEAR-END (2017-2018)

指 标	Item	2017	2018
家用汽车（辆）	Automobile (unit)	21.27	23.70
摩托车（辆）	Motorcycle (unit)	25.53	25.70
洗衣机（台）	Washing Machine (unit)	90.46	91.76
电冰箱（柜）(台）	Refrigerator (unit)	99.12	102.00
微波炉（台）	Microwave Oven (unit)	44.97	42.41
彩色电视机（台）	Color TV Set (unit)	122.85	122.56
空 调（台）	Air Conditioner (unit)	127.48	150.11
热水器（台）	Water Heater (unit)	80.17	87.59
排油烟机（台）	Exhaust Fan (unit)	39.86	52.49
移动电话（部）	Mobile Telephone (set)	250.43	261.37
计算机（台）	Computer (unit)	51.68	45.19
健身器材（套）	Fitness Equipment (unit)	2.74	3.76

表 7.11 城镇常住居民人均可支配收入与现金可支配收入情况（2017—2018 年）
PER CAPITA ANNUAL DISPOSABLE INCOME AND CASH DISPOSABLE INCOME OF URBAN HOUSEHOLDS (2017-2018)

单位：元 (yuan)

指 标	Item	2017	2018
可支配收入	**Per Capita Annual Disposable Income**	**32193**	**34889**
工资性收入	Income from Wages and Salaries	18336	20054
经营净收入	Income from Household Operations	3685	3973
第一产业	Primary Industry	409	378
第二产业	Secondary Industry	372	322
第三产业	Tertiary Industry	2905	3273
财产净收入	Income from Properties	2376	2536
转移净收入	Income from Transfers	7797	8326
#现金可支配收入	**Per Capita Cash Disposable Income**	**30453**	**33082**
现金工资性收入	Income from Wages and Salaries	18237	19926
现金经营净收入	Income from Household Operations	3818	4184
第一产业	Primary Industry	298	309
第二产业	Secondary Industry	396	363
第三产业	Tertiary Industry	3124	3512
现金财产净收入	Income from Properties	935	1023
现金转移净收入	Income from Transfers	7461	7949

表 7.12 城镇常住居民人均消费性支出情况（2017—2018 年）
PER CAPITA ANNUAL CONSUMPTION EXPENDITURE OF URBAN HOUSEHOLDS (2017-2018)

单位：元 (yuan)

指 标	Item	2017	2018
消费支出	**Per Capita Annual Consumption Expenditure**	**22759**	**24154**
食品烟酒	Food, Tobacco and Liquor	7305	7598
衣 着	Clothing	1951	2010
居 住	Residence	3960	4325
生活消费及服务	Household Facilities, Articles and Services	1592	1713
交通通信	Transport and Conmunications	2992	3248
教育文化娱乐	Education, Culture and Recreation	2528	2589
医疗保健	Health Care and Medical Services	1883	2055
其他用品和服务	Other Goods and Services	547	617

表 7.13 城镇常住居民人均收支构成情况 (2017—2018 年)
COMPOSITION OF PER CAPITA CASH INCOME AND CASH EXPENDITURE OF URBAN HOUSEHOLDS (2017-2018)

单位：% (%)

指 标	Item	2017	2018
可支配收入	**Composition of Per Capita Annual Disposable Income**	**100.0**	**100.0**
工资性收入	Income from Wages and Salaries	57.0	57.5
经营净收入	Income from Household Operations	11.4	11.4
财产净收入	Income from Properties	7.4	7.3
转移净收入	Income from Transfers	24.2	23.9
消费支出	**Composition of Per Capita Annual Consumption Expenditure**	**100.0**	**100.0**
食品烟酒	Food, Liquor and Tobacco	32.1	31.5
衣 着	Clothing	8.6	8.3
居 住	Garments	17.4	17.9
生活用品及服务	Household Facilities, Articles and Services	7.0	7.1
交通通信	Transport, Post and Communication Services	13.1	13.4
教育文化娱乐	Educational, Cultural and Recreational Services	11.1	10.7
医疗保健	Medicine and Medical Service	8.3	8.5
其他用品及服务	Miscellaneous Commodities Services	2.4	2.6

表 7.14 城镇常住居民家庭人均主要食品消费量（2017—2018 年）
PER CAPITA CONSUMPTION OF MAJOR FOODS BY URBAN HOUSEHOLDS (2017-2018)

单位：千克 (kg)

指 标	Item	2017	2018
粮　食（原粮）	**Grain (Unprocessed)**	**116.33**	**100.83**
蔬菜及菜制品	**Vegetables and Processed Products**	**136.25**	**123.39**
肉　类	**Meat, Poultry and Related Products**	**42.46**	**43.75**
猪 肉	Pork	34.02	37.04
牛 肉	Beef	2.12	1.96
羊 肉	Mutton	0.95	0.72
其他肉类及制品	Poultry	5.38	4.02
蛋类及蛋制品	**Eggs and Processed Products**	**9.77**	**9.49**
奶和奶制品	**Milk and Dairy Products**	**22.61**	**15.91**
水产品	**Aquatic Products**	**12.70**	**11.34**
油脂类	**Edible Oil**	**15.57**	**13.65**
干鲜水果类	**Fruits and Processed Products**	**50.23**	**50.53**

表 7.15 城镇常住居民家庭平均每百户年末耐用消费品拥有量（2017—2018 年）
NUMBER OF DURABLE CONSUMER GOODS OWNED PER 100 URBAN HOUSEHOLDS AT YEAR-END (2017-2018)

指 标	Item	2017	2018
家用汽车（辆）	Automobile (unit)	28.07	31.04
摩托车（辆）	Motorcycle (unit)	17.53	16.71
洗衣机（台）	Washing Machine (unit)	98.23	98.44
电冰箱（柜）(台)	Refrigerator (unit)	102.25	103.01
微波炉（台）	Microwave Oven (unit)	65.17	59.77
彩色电视机（台）	Color TV Set (unit)	129.47	128.28
空 调（台）	Air Conditioner (unit)	183.90	209.41
热水器（台）	Water Heater (unit)	95.49	100.15
排油烟机（台）	Exhaust Fan (unit)	62.07	76.69
移动电话（部）	Mobile Telephone (set)	256.72	259.55
计算机（台）	Computer (unit)	74.83	64.37
健身器材（套）	Fitness Equipment (unit)	4.09	5.77

表 7.16 农村常住居民人均可支配收入与现金可支配收入情况（2017—2018 年）
PER CAPITA ANNUAL DISPOSABLE INCOME AND CASH DISPOSABLE INCOME OF RURAL HOUSEHOLDS (2017-2018)

单位：元 (yuan)

指 标	Item	2017	2018
可支配收入	**Per Capita Annual Disposable Income**	**12638**	**13781**
工资性收入	Income from Wages and Salaries	4395	4848
经营净收入	Income from Household Operations	4491	4813
第一产业	Primary Industry	3504	3669
第二产业	Secondary Industry	97	106
第三产业	Tertiary Industry	890	1037
财产净收入	Income from Properties	308	335
转移净收入	Income from Transfers	3444	3786
#现金可支配收入	**Per Capita Cash Disposable Income**	**11130**	**12499**
现金工资性收入	Income from Wages and Salaries	4373	4831
现金经营净收入	Income from Household Operations	3158	3716
第一产业	Primary Industry	2028	2421
第二产业	Secondary Industry	114	141
第三产业	Tertiary Industry	1016	1154
现金财产净收入	Income from Properties	308	335
现金转移净收入	Income from Transfers	3292	3617

表 7.17 农村常住居民人均消费性支出情况（2017—2018 年）
PER CAPITA ANNUAL CONSUMPTION EXPENDITURE OF RURAL HOUSEHOLDS (2017-2018)

单位：元 (yuan)

指 标	Item	2017	2018
消费支出	**Per Capita Annual Consumption Expenditure**	**10936**	**11977**
食品烟酒	Food, Tobacco and Liquor	3993	4180
衣 着	Clothing	598	631
居 住	Residence	1967	2274
生活消费及服务	Household Facilities, Articles and Services	749	785
交通通信	Transport and Conmunications	1334	1503
教育文化娱乐	Education, Culture and Recreation	1226	1345
医疗保健	Health Care and Medical Services	884	1075
其他用品和服务	Other Goods and Services	184	185

表 7.18 农村常住居民人均收支构成情况 (2017—2018 年)
COMPOSITION OF PER CAPITA CASH INCOME AND CASH EXPENDITURE OF RURAL HOUSEHOLDS (2017-2018)

单位: % (%)

指 标	Item	2017	2018
可支配收入	**Composition of Per Capita Annual Disposable Income**	**100.0**	**100.0**
工资性收入	Income from Wages and Salaries	34.8	35.2
经营净收入	Income from Household Operations	35.5	34.9
财产净收入	Income from Properties	2.4	2.4
转移净收入	Income from Transfers	27.3	27.5
消费支出	**Composition of Per Capita Annual Consumption Expenditure**	**100.0**	**100.0**
食品烟酒	Food, Liquor and Tobacco	36.5	34.9
衣 着	Clothing	5.5	5.3
居 住	Garments	18.0	19.0
生活用品及服务	Household Facilities, Articles and Services	6.8	6.6
交通通信	Transport, Post and Communication Services	12.2	12.5
教育文化娱乐	Educational, Cultural and Recreational Services	11.2	11.2
医疗保健	Medicine and Medical Service	8.1	9.0
其他用品及服务	Miscellaneous Commodities Services	1.7	1.5

表 7.19 农村常住居民家庭人均主要食品消费量（2017—2018 年）
PER CAPITA CONSUMPTION OF MAJOR FOODS BY RURAL HOUSEHOLDS (2017-2018)

单位：千克 (kg)

指 标	Item	2017	2018
粮　食（原粮）	**Grain (Unprocessed)**	**204.43**	**187.49**
蔬菜及菜制品	**Vegetables and Processed Products**	**152.19**	**144.77**
肉　类	**Meat, Poultry and Related Products**	**36.12**	**44.02**
猪 肉	Pork	33.61	41.39
牛 肉	Beef	0.45	0.43
羊 肉	Mutton	0.47	0.37
其他肉类及制品	Poultry	1.59	1.83
蛋类及蛋制品	**Eggs and Processed Products**	**9.94**	**10.19**
奶和奶制品	**Milk and Dairy Products**	**9.49**	**7.79**
水产品	**Aquatic Products**	**7.28**	**7.85**
油脂类	**Edible Oil**	**13.77**	**14.15**
干鲜水果类	**Fruits and Processed Products**	**31.85**	**33.51**

表 7.20 农村常住居民家庭平均每百户年末耐用消费品拥有量（2017 – 2018 年）
NUMBER OF DURABLE CONSUMER GOODS OWNED PER 100 RURAL HOUSEHOLDS AT YEAR-END (2017-2018)

指 标	Item	2017	2018
家用汽车（辆）	Automobile (unit)	11.96	13.24
摩托车（辆）	Motorcycle (unit)	36.47	38.53
洗衣机（台）	Washing Machine (unit)	79.83	82.24
电冰箱（柜）(台）	Refrigerator (unit)	94.84	100.56
微波炉（台）	Microwave Oven (unit)	17.34	17.66
彩色电视机（台）	Color TV Set (unit)	113.81	114.40
空 调（台）	Air Conditioner (unit)	50.32	65.54
热水器（台）	Water Heater (unit)	59.23	69.68
排油烟机（台）	Exhaust Fan (unit)	9.51	17.97
移动电话（部）	Mobile Telephone (set)	241.82	263.95
计算机（台）	Computer (unit)	20.02	17.85
健身器材（套）	Fitness Equipment (unit)	0.89	0.90

表 7.21 主要年份居民消费价格指数和商品零售价格指数
CONSUMER PRICE INDICES AND GENERAL RETAIL PRICE INDICES IN MAJOR YEARS

年 份 Year	以1950年为100 1950=100		以1978年为100 1978=100		以上年为100 Preceding Year=100	
	居民消费价格指数 Consumer Price Index	商品零售价格指数 Retail Price Index	居民消费价格指数 Consumer Price Index	商品零售价格指数 Retail Price Index	居民消费价格指数 Consumer Price Index	商品零售价格指数 Retail Price Index
1952	106.1	108.7			97.3	97.2
1957	114.0	116.5			104.6	103.9
1962	145.8	158.1			95.2	95.0
1965	125.1	133.1			98.0	98.2
1970	129.2	137.9			99.6	99.5
1975	131.2	140.2			100.3	100.3
1978	135.4	145.1	100.0	100.0	102.9	103.2
1980	148.3	160.1	109.5	110.3	107.9	108.6
1985	179.4	191.7	132.4	132.0	109.9	110.0
1986	186.9	199.8	138.0	137.5	104.2	104.2
1987	205.2	220.8	151.5	151.9	109.8	110.5
1988	251.8	272.2	185.9	187.3	122.7	123.3
1989	294.9	317.1	217.7	218.2	117.1	116.5
1990	299.0	317.4	220.7	218.4	101.4	100.1
1991	319.9	336.8	236.1	231.7	107.0	106.1
1992	355.7	369.8	262.5	254.4	111.2	109.8
1993	422.2	430.1	311.6	295.9	118.7	116.3
1994	547.6	544.1	404.1	374.3	129.7	126.5
1995	653.8	632.8	482.5	435.3	119.4	116.3
1996	717.2	671.4	529.3	461.9	109.7	106.1
1997	741.2	682.6	546.8	470.4	103.3	101.7
1998	714.5	645.1	527.1	444.5	96.4	94.5
1999	709.5	622.5	523.4	428.9	99.3	96.5
2000	686.1	594.5	506.1	409.6	96.7	95.5
2001	697.8	588.6	514.7	405.5	101.7	99.0
2002	695.0	582.1	512.6	401.0	99.6	98.9
2003	699.2	579.2	515.7	399.0	100.6	99.5
2004	725.1	587.3	534.8	404.6	103.7	101.4
2005	730.9	579.7	539.1	399.3	100.8	98.7
2006	748.4	589.0	552.0	405.7	102.4	101.6
2007	783.6	610.8	577.9	420.7	104.7	103.7
2008	827.5	641.3	610.3	441.7	105.6	105.0
2009	814.3	624.0	600.5	429.8	98.4	97.3
2010	840.3	634.6	619.8	437.1	103.2	101.7
2011	884.9	664.2	652.6	457.4	105.3	104.7
2012	907.7	674.7	669.5	464.7	102.6	101.6
2013	931.8	687.0	687.2	473.2	102.7	101.8
2014	948.2	693.0	699.3	477.3	101.8	100.9
2015	960.1	694.4	708.1	478.3	101.3	100.2
2016	977.3	703.3	720.8	484.4	101.8	101.3
2017	987.1	709.2	728.0	488.5	101.0	100.8
2018	1007.3	717.6	742.9	494.2	102.0	101.2

表 7.22 居民消费价格分类指数（2017—2018 年）
CONSUMER PRICE INDICES BY CATEGORY (2017-2018)

上年 =100 (preceding year=100)

项 目	Item	2017	2018
居民消费价格指数	**Consumer Price Index**	**101.0**	**102.0**
食品烟酒	Food, Tobacco and Liquor	98.2	101.4
食 品	Food	97.0	101.4
粮 食	Grain	100.6	98.2
薯 类	Tubers	94.1	104.3
豆 类	Beans	97.8	100.8
食用油	Oil	98.7	98.6
菜	Vegetables	93.0	106.4
#鲜 菜	Fresh Vegetables	92.3	107.0
畜肉类	Livestock Meat	92.1	96.5
禽肉类	Poultry	101.3	105.8
水产品	Aquatic Products	103.0	101.1
蛋 类	Eggs	98.3	115.8
奶 类	Dairy Products	98.2	100.3
干鲜瓜果	Dried and Fresh Melons and Fruits	99.9	101.2
#鲜 果	Fresh Fruits	99.5	103.1
糖果糕点类	Confectionery and Cakes	101.2	99.9
调味品	Flavoring	101.4	101.1
其它食品	Other Foods	101.4	100.9
茶及饮料	Tea and Beverages	102.2	101.9
烟 酒	Tobacco and Liquor	101.0	99.7
烟 草	Tobacco	99.8	99.8
酒	Liquor	103.0	99.5
在外餐饮	Dining Out	100.2	101.8
衣 着	Clothing	102.8	101.5
#服 装	Garments	102.7	101.7
居 住	Residence	101.9	102.8
生活用品及服务	Living Goods and Service	100.7	101.7
#家庭服务	Family Services	102.6	106.4
交通和通信	Transportation and Communications	101.5	100.1
交 通	Transportation	101.9	102.1
通 信	Telecommunication	100.7	96.5
教育文化和娱乐	Education, Culture and Recreation	103.3	103.0
#教 育	Education	101.4	103.3
医疗保健	Health Care	104.2	105.7
药品及医疗器具	Medicine and Medical Equipment	105.7	104.4
医疗服务	Medical Services	103.2	106.7
其它用品和服务	Other Aricles and Service	100.8	100.9

表 7.23 商品零售价格分类指数（2017 – 2018 年）
RETAIL PRICE INDICES BY CATEGORY (2017-2018)

上年 =100 (preceding year = 100)

项 目	Item	2017	2018
商品零售价格总指数	**General Retail Price Index**	**100.8**	**101.2**
食　品	Food	97.9	101.5
饮料、烟酒	Beverages, Tobacco and Liquor	101.3	100.2
服装、鞋帽	Garments, Shoes and Hats	102.8	101.5
纺织品	Textiles	102.4	101.0
家用电器及音像器材	Household Appliances and Video Materials	101.7	98.3
文化办公用品	Cultural and Office Appliances	102.6	100.8
日用品	Articles for Daily Use	98.8	101.7
体育娱乐用品	Sports and Recreation Articles	100.0	100.4
交通、通信用品	Transportation and Communication Articles	99.5	97.5
家　具	Furniture	101.0	103.8
化妆品	Cosmetics	100.1	101.3
金银珠宝	Gold, Silver and Jewelry	100.6	98.2
中西药品及医疗保健用品	Traditional Chinese & Western Medicines and Health Care Articles	105.7	104.4
书报杂志及电子出版物	Books, Newspaper, Magazines and Electronic Publications	100.4	102.4
燃　料	Fuels	105.1	107.8
建筑材料及五金电料	Building Materials and Hardware	101.2	102.2

表 7.24 农产品生产价格指数 (2004—2018 年)
PRODUCER PRICE INDICES FOR AGRICULTURAL PRODUCTS (2004-2018)

上年 =100 (preceding year = 100)

指 标	Item	2004	2005	2006	2007	2008	2009	2010	2011	2012	2013	2014	2015	2016	2017	2018
合 计	**Total**	**125.5**	**100.0**	**93.6**	**121.8**	**120.4**	**89.0**	**103.2**	**120.2**	**104.6**	**103.0**	**100.2**	**102.4**	**109.8**	**96.8**	**99.7**
农业产品	**Farm Products**	**120.3**	**102.2**	**100.4**	**108.6**	**108.9**	**104.2**	**109.1**	**113.8**	**106.0**	**103.1**	**102.6**	**100.6**	**104.4**	**102.8**	**106.3**
#谷 物	Cereal	139.6	101.3	97.3	108.2	108.5	100.4	108.4	114.4	108.0	102.5	100.3	102.6	99.8	100.8	101.8
#小 麦	Wheat	131.6	102.7	95.1	103.9	106.4	103.5	104.3	110.6	112.0						
稻 谷	Rice	141.5	101.2	97.8	108.2	109.2	100.8	106.8	116.2	107.1	101.7	99.4	103.7	103.8	102.4	100.3
玉 米	Corn	130.4	101.7	94.9	109.0	106.2	97.9	113.4	111.4	109.4	104.4	102.6	100.4	92.0	97.8	104.9
大 豆	Beans	122.1	97.4	100.0	107.9	115.4	98.9	106.6	111.5	105.8	102.8	104.4	102.4	96.7	100.0	101.8
油 料	Oil-bearing Crops	123.2	93.1	102.8	120.1	118.9	80.3	108.8	109.0	105.7	106.8	101.2	107.7	98.1	103.7	102.2
蔬 菜	Vegetables	106.0	103.8	102.5	109.8	106.6	110.5	107.9	111.1	108.7	103.7	104.2	98.0	110.7	103.0	109.0
水果及坚果	Fruits and Nuts	103.0	103.4	101.3	104.5	109.2	107.0	111.2	119.5	93.8	108.0	104.8	108.2	102.1	116.2	98.1
饲养动物及其产品	**Animal Husbandry Products**	**128.8**	**98.8**	**89.8**	**128.8**	**126.1**	**80.8**	**98.4**	**126.6**	**103.3**	**102.9**	**97.6**	**104.4**	**114.8**	**91.3**	**94.6**
#活 猪	Pig	131.2	97.5	86.9	132.2	127.2	77.1	94.4	134.5	101.8	101.7	92.9	105.3	122.3	84.8	89.1
牛	Cattle and Buffaloes	101.7	103.9	101.6	120.6	116.0	104.2	103.4	107.6	104.9	109.3	110.1	99.7	99.3	99.5	102.7
羊	Sheep and Goats	111.1	102.8	101.2	108.0	128.9	100.7	100.0	116.6	115.7	110.4	107.9	95.0	87.3	97.8	126.2
活家禽	Poultry	117.2	104.3	100.2	116.2	111.7	102.8	105.6	111.8	107.1	105.3	106.8	102.3	100.6	108.4	103.6
禽 蛋	Eggs	111.9	103.9	98.9	110.1	112.1	101.9	104.2	105.6	104.7	104.4	104.2	105.4	100.3	100.5	104.4
渔业产品	**Fishery Products**	**107.8**	**105.7**	**101.7**	**105.9**	**110.3**	**104.7**	**102.2**	**108.2**	**108.1**	**102.0**	**104.7**	**101.2**	**104.2**	**104.1**	**99.7**
养殖淡水鱼	Bred Freshwater Fish								108.6	108.2	102.0	101.8	101.2	104.2	104.1	99.7
捕捞淡水鱼	Fished Freshwater Fish								110.5	104.1		107.0				

注：根据新《农业产值和价格综合统计报表制度》，原“肉禽（毛重）”指标替换为“活家禽”，原“淡水鱼”指标替换为“养殖淡水鱼”和“捕捞淡水鱼”。2011 年起采用新指标指数，2010 年及以前采用旧指标指数。

Note: In accordance with the "Comprehensive Statistic Reporting Rules for Agriculture Output and Price", the former "poultry (gross weight)" is replaced by "poultry", while the former "freshwater fish" is replaced by "bred freshwater fish" and "fished freshwater fish". The new indices are used since 2011 while the old indices are used for the data before 2010.

表 7.25 工业生产者购进价格指数（2017 – 2018 年）
PURCHASING PRICE INDICES OF RAW MATERIALS, FUELS AND POWER (2017-2018)

上年 =100 (preceding year=100)

指 标	Item	2017	2018
工业生产者购进价格指数	**Purchasing Price Indices of Raw Material, Fuel and Power**	**104.4**	**102.5**
燃料、动力类	Fuel and Power	105.6	101.7
黑色金属材料类	Ferrous Metals	107.6	103.8
有色金属材料类	Nonferrous Metals	110.2	102.4
化工原料类	Raw Chemical Materials	103.2	103.5
木材及纸浆类	Timber and Paper Pulp	106.8	105.4
建筑材料类及非金属矿类	Building Materials and Non-metal Minerals	104.6	113.2
其他工业原材料及半成品类	Other Industrial Raw Materials and Semi-products	102.9	101.6
农副产品类	Agricultural Products	102.2	100.5
纺织原料类	Textile Materials	103.8	101.3

表 7.26 工业生产者出厂价格指数（2017 – 2018 年）
PRODUCER PRICE INDICES FOR INDUSTRIAL PRODUCTS BY CATEGORY (2017-2018)

上年 =100 (preceding year=100)

指 标	Item	2017	2018
工业生产者出厂价格指数	**Producer Price Index for Industrial Products**	**104.1**	**102.1**
生产资料	Means of Production	105.6	103.0
采 掘	Mining and Quarrying	115.9	105.2
原材料	Raw Materials	106.3	105.1
加 工	Processing	105.2	102.5
生活资料	Consumer Goods	100.9	100.0
食 品	Food	101.3	100.7
衣 着	Clothing	100.9	100.0
一般日用品	Articles for Daily Use	100.5	99.8
耐用消费品	Durable Consumer Goods	100.8	99.7

表 7.27 按工业行业分工业生产者出厂价格指数（2017－2018 年）
PRODUCER PRICE INDICES FOR INDUSTRIAL PRODUCTS BY SECTOR (2017-2018)

上年 =100 (preceding year=100)

行 业	Sector	2017	2018
工业生产者出厂价格指数	**Producer Price Index for Industrial Products**	**104.1**	**102.1**
煤炭开采和洗选业	Mining and Washing of Coal	123.1	104.0
石油和天然气开采业	Extraction of Petroleum and Natural Gas	100.4	105.6
黑色金属矿采选业	Mining and Processing of Ferrous Metal Ores	108.4	100.5
有色金属矿采选业	Mining and Processing of Non-ferrous Metal Ores	107.7	109.0
非金属矿采选业	Mining and Processing of Non-metal Ores	105.2	109.0
农副食品加工业	Processing of Food from Agricultural Products	102.3	100.2
食品制造业	Manufacture of Foods	100.9	100.2
酒、饮料和精制茶制造业	Manufacture of Liquor, Beverages and Refined Tea	102.9	101.9
烟草制品业	Manufacture of Tobacco	99.9	100.4
纺织业	Manufacture of Textile	103.1	99.8
纺织服装、服饰业	Manufacture of Textile, Wearing Apparel and Accessories	102.0	101.3
皮革、毛皮、羽毛及其制品和制鞋业	Manufacture of Leather, Fur, Feather and Related Products and Footwear	100.1	99.2
木材加工和木、竹、藤、棕、草制品业	Processing of Timber, Manufacture of Wood, Bamboo, Rattan, Palm and Straw Products	98.7	99.2
家具制造业	Manufacture of Furniture	106.9	103.9
造纸和纸制品业	Manufacture of Paper and Paper Products	114.2	108.6
印刷和记录媒介复制业	Printing and Reproduction of Recording Media	102.2	101.4
文教、工美、体育和娱乐用品制造业	Manufacture of Articles of Culture, Education, Arts and Crafts, Sport and Entertainment Activities	104.1	101.5
石油加工、炼焦和核燃料加工业	Processing of Petroleum, Coking and Nuclear Fuels	105.4	108.5
化学原料和化学制品制造业	Manufacture of Raw Chemical Materials and Chemical Products	105.1	106.0
医药制造业	Manufacture of Medicines	102.2	102.8
化学纤维制造业	Manufacture of Chemical Fibres	102.3	100.3
橡胶和塑料制品业	Manufacture of Rubber and Plastics	101.0	100.0
非金属矿物制品业	Manufacture of Non-metallic Mineral Products	109.5	113.8
黑色金属冶炼和压延加工业	Smelting and Pressing of Ferrous Metals	121.5	108.1
有色金属冶炼和压延加工业	Smelting and Pressing of Non-ferrous Metals	111.4	101.7
金属制品业	Manufacture of Metal Products	103.6	103.1
通用设备制造业	Manufacture of General Purpose Machinery	101.3	101.4
专用设备制造业	Manufacture of Special Purpose Machinery	100.3	101.1
汽车制造业	Manufacture of Automobiles	100.2	99.7
铁路、船舶、航空航天和其他运输设备制造业	Manufacture of Railway, Ship, Aerospace and Other Transport Equipments	100.9	101.4
电气机械和器材制造业	Manufacture of Electrical Machinery and Apparatus	101.9	100.7
计算机、通信和其他电子设备制造业	Manufacture of Computers, Communication and Other Electronic Equipment	104.1	98.9
仪器仪表制造业	Manufacture of Measuring Instruments and Machinery	104.1	101.9
其他制造业	Other Manufacture	105.9	102.2
废弃资源综合利用业	Utilization of Waste Resources	134.0	137.2
金属制品、机械和设备修理业	Repair Service of Metal Products, Machinery and Equipment	102.9	104.5
电力、热力生产和供应业	Production and Supply of Electric Power and Heat Power	99.6	101.6
燃气生产和供应业	Production and Supply of Gas	99.9	101.4
水的生产和供应业	Production and Supply of Water	100.5	100.2

表 7.28 固定资产投资价格指数（1994－2018 年）
PRICE INDICES OF INVESTMENT IN FIXED ASSETS (1994-2018)

上年 =100 (preceding year=100)

年 份 Year	固定资产投资 Investment in Fixed Assets	其 中 of which		
		建筑安装工程 Construction and Installation	设备、工器具 Purchase of Equipment and Instruments	其他费用 Others
1994	108.9	109.4	107.4	109.8
1995	104.2	101.2	107.8	114.0
1996	108.1	108.5	100.4	129.1
1997	101.7	103.2	97.6	103.4
1998	98.7	100.0	94.9	99.5
1999	100.5	100.7	97.7	104.4
2000	102.5	103.1	97.0	108.7
2001	100.8	101.4	96.8	103.3
2002	100.7	101.9	96.2	100.4
2003	102.9	104.7	96.7	101.3
2004	105.1	107.0	98.8	102.7
2005	102.3	102.2	99.7	104.6
2006	101.7	101.1	100.7	104.3
2007	105.5	106.0	100.2	107.8
2008	110.2	113.7	100.6	106.6
2009	97.8	97.0	97.7	100.2
2010	102.1	102.7	99.6	101.9
2011	105.9	107.8	101.1	102.5
2012	101.8	102.1	99.1	101.9
2013	100.5	100.5	98.7	101.5
2014	100.3	100.4	99.7	100.4
2015	98.2	97.5	99.4	100.8
2016	98.9	98.5	98.8	100.6
2017	105.3	106.9	100.6	100.4
2018	105.0	106.3	101.0	100.5

表 7.29 住宅销售价格指数（1998 – 2018 年）
SALES PRICE INDICES OF HOUSES (1998-2018)

上年 =100 (preceding year=100)

年 份 Year	新建商品住宅 Newly-built Commercial Housing	二手住宅 Second-hand Houses
1998	105.6	
1999	102.8	
2000	102.5	
2001	102.5	
2002	102.9	
2003	108.5	
2004	114.7	
2005	107.0	106.1
2006	103.2	101.9
2007	108.0	104.5
2008	107.2	103.8
2009	101.3	103.7
2010	110.8	107.4
2011	104.1	100.6
2012	99.2	99.6
2013	106.7	102.6
2014	102.2	100.9
2015	95.0	97.1
2016	103.6	103.9
2017	110.6	107.7
2018	108.9	107.9

注：2017 年及以前为新建住宅数据，2018 年起变更为新建商品住宅数据。
Note: The data of the year before 2017 are newly-built housing. Since 2018, the data are replaced by newly-built commercial housing.

重/庆/统/计/年/鉴

主要统计指标解释

城乡居民储蓄存款余额

指某一时点城乡居民存入银行及农村信用社的储蓄金额，包括城镇居民储蓄存款和农民个人储蓄存款，不包括居民的手存现金和工矿企业、部队、机关、团体等单位存款。

恩格尔系数

指食品烟酒支出金额在消费性总支出金额中所占的比例。计算公式为：

恩格尔系数＝食品烟酒支出总额／消费性支出总额 x100%

住户收支与生活状况调查指标解释

从2012年四季度起，国家统计局对分别进行的城乡住户调查实施了一体化改革，规范了城乡划分范围，统一了城乡居民收入指标名称、分类和统计标准，建立了城乡统一的一体化住户调查，并据此采集全国居民有关数据。

（一）居民可支配收入

居民可支配收入指居民可用于最终消费支出和储蓄的总和，即居民可用于自由支配的收入。既包括现金收入，也包括实物收入。按照收入的来源，可支配收入包含四项，分别为：工资性收入、经营净收入、财产净收入和转移净收入。

工资性收入 指就业人员通过各种途径得到的全部劳动报酬和各种福利，包括受雇于单位或个人、从事各种自由职业、兼职和零星劳动得到的全部劳动报酬和福利。

经营净收入 指住户或住户成员从事生产经营活动所获得的净收入，是全部经营收入中扣除经营费用、生产性固定资产折旧和生产税之后得到的净收入。计算公式为：

经营净收入＝经营收入－经营费用－生产性固定资产折旧－生产税

财产净收入 指住户或住户成员将其所拥有的金融资产、住房等非金融资产和自然资源交由其他机构单位、住户或个人支配而获得的回报并扣除相关的费用之后得到的净收入。财产净收入包括利息净收入、红利收入、储蓄性保险净收益、转让承包土地经营权租金净收入、出租房屋净收入、出租其他资产净收入和自有住房折算净租金等。财产净收入不包括转让资产所有权的溢价所得。

转移净收入 计算公式为：

转移净收入＝转移性收入－转移性支出

转移性收入 指国家、单位、社会团体对住户的各种经常性转移支付和住户之间的经常性收入转移。包括养老金或退休金、社会救济和补助、政策性生产补贴、政策性生活补贴、经常性捐赠和赔偿、报销医疗费、住户之间的赡养收入，本住户非常住成员寄回带回的收入等。转移性收入不包括住户之间的实物馈赠。

转移性支出 指调查户对国家、单位、住户或个人的经常性或义务性转移支付。包括缴纳的税款、各项社会保障支出、赡养支出、经常性捐赠和赔偿支出以及其他经常转移支出等。

（二）居民消费支出

居民消费支出是指居民用于满足家庭日常生活消费需要的全部支出，既包括现金消费支出，也包括实物消费支出。消费支出可划分为食品烟酒、衣着、居住、生活用品及服务、交通通信、教育文化娱乐、医疗保健以及其他用品及服务八大类。

食品烟酒 指用于各种食品和烟草、酒类的支出。

衣着 指与居民穿着有关的支出，包括服装、服装材料、鞋类、其他衣类及配件、衣着相关加工服务的支出。

居住 指与居住有关的支出，包括房租、水、电、燃料、物业管理等方面的支出，也包括自有住房折算租金。

生活用品及服务 指家庭及个人的各类生活品及家庭服务。包括家具及室内装饰品、家用器具、家用纺织品、家庭日用杂品、个人用品和家庭服务。

交通通信 指用于交通和通信工具及相关的各种服务费、维修费和车辆保险等支出。

教育文化娱乐 指用于教育、文化和娱乐方面的支出。

医疗保健 指用于医疗和保健的药品、用品和服务的总费用。包括医疗器具及药品，以及医疗服务。

其他用品及服务 指无法直接归入上述各类支出的其他用品与服务支出。

主要统计指标解释

2012年及以前的分城镇和农村住户调查指标解释

2012年及以前年份，中国的住户调查一直分城乡分别开展。由于分别调查，农村与城镇居民收入、支出等指标的统计口径有所不同，数据也不完全可比，城镇调查城镇居民可支配收入，农村调查农村居民纯收入。城镇居民收入与支出数据，指现金收入或现金支出，不包括实物收支；其中，计算城镇居民人均可支配收入和消费支出时，不包括自有住房折算租金，也不包括购建房支出。农村居民收入与支出数据，分为总收支和现金收支，即农村居民的总收支部分包括了自产自用的实物收支；其中，计算农村居民人均纯收入和消费支出时，也不包括自有住房折算租金，但农村居民居住消费支出中，包括了购建房支出。

为了保持历史数据的可比，本年鉴中2012年及以前年份的数据和指标解释仍保持了原城镇住户调查和农村住户调查方案的原貌。

（一）城镇住户调查

城镇家庭人口 指居住在一起，经济上合在一起共同生活的家庭成员。凡计算为家庭人口的成员其全部收支都包括在本家庭中。

城镇居民家庭可支配收入 指家庭成员得到可用于最终消费支出和其他非义务性支出以及储蓄的总和，即居民家庭可以用来自由支配的收入。它是家庭总收入扣除交纳的个人所得税、个人交纳的社会保障支出以及记账补贴后的收入。计算公式为：

城镇居民家庭可支配收入＝家庭总收入－交纳个人所得税－个人交纳的社会保障支出－记账补贴

（二）农村住户调查

农村住户 指农村常住户。农村常住户指长期（一年以上）居住在乡镇（不包括城关镇）行政管理区域内的住户，以及长期居住在城关镇所辖行政村范围内的农村住户。户口不在本地而在本地居住一年及以上的住户也包括在本地农村常住户范围内；有本地户口，但举家外出谋生一年以上的住户，无论是否保留承包耕地都不包括在本地农村住户范围内。

农村居民家庭纯收入 指农村住户当年从各个来源得到的总收入相应地扣除所发生的费用后的收入总和。计算公式为：

农村居民家庭纯收入＝总收入－家庭经营费用支出－税费支出－生产性固定资产折旧－赠送农村内部亲友

纯收入主要用于再生产投入和当年生活消费支出，也可用于储蓄和各种非义务性支出。“农民人均纯收入”是按人口平均的纯收入水平，反映的是一个地区农村居民的平均收入水平。

居民消费价格指数 居民消费价格指数是度量一组代表性消费商品及服务项目价格水平随着时间而变动的相对数，反映居民家庭购买的消费品及服务价格水平的变动情况。它是宏观经济分析和决策、价格总水平监测和调控以及国民经济核算的重要指标。其按年度计算的变动率通常被用来作为反映通货膨胀（或紧缩）程度的指标。

商品零售价格指数 商品的零售价格是商品在流通过程中最后一个环节的价格，是工业、商业、餐饮业和其他零售企业向城乡居民、机关团体出售生活消费品和办公用品的价格。通过系统地调查、搜集和整理市场商品零售价格资料，编制商品零售价格指数，以此反映市场商品零售价格的变动趋势和变动程度。其目的在于掌握商品价格的变动趋势，为国家宏观调控和国民经济核算提供参考依据。

农产品生产价格指数 是反映一定时期内，农产品生产者出售农产品价格水平变动趋势及幅度的相对数。该指数可以客观反映全国农产品生产价格水平和结构变动情况，满足农业与国民经济核算需求。其中某代表品生产价格指数是通过对全部有出售该产品行为的调查单位的个体指数进行几何平均求得的，类价格指数是通过对其所属的类（或代表品）的价格指数进行加权平均求得的。季度累计价格指数的计算方法与分季指数的计算方法相同。

工业生产者价格 是反映工业产品价格变化趋势和变动幅度的统计指标，是工业品价格在不同时间和空间条件下平均变动的相对数。工业生产者价格包括工业品第一次出售时的出厂价格和企业作为中间投入的原材料、燃料、动力购进价格，是进行国民经济核算和经济管理的重要依据。

固定资产投资价格指数 是反映全社会及各类工程固定资产投资中涉及的各类投资品和取费项目价格的变动趋势和变动幅度的相对数。编制固定资产投资价格指数可以消除按现价计算的固定资产投资指标中的价格变动因素。

住宅销售价格指数 是综合反映住宅商品价格水平总体变化趋势和变化幅度的相对数。中国住宅销售价格指数由70个大中城市的新建住宅销售价格指数和二手住宅销售价格指数组成。

Explanatory Notes on Main Statistical Indicators

Saving Deposits of Urban and Rural Residents

Refer to the total value of savings deposits of urban and rural households in banks and rural credit cooperatives at a given point of time, including the saving deposits of urban residents and the saving deposits of rural residents. The cash in hand by residents and the deposits of organizations such as enterprises, military units, government agencies, institutions, etc. are not included.

Engel Coefficient

Refers to the percentage of expenditure on food, cigarette and alcohol in the total consumption expenditure, using the following formula:

Engel Coefficient = (expenditure on food, cigarette and alcohol / total consumption expenditure) x 100%

Households Survey on Income and Expenditures and Living Conditions

Since the fourth quarter of 2012, the NBS has launched its reform on the household survey programme, to form an integrated survey, instead of the two separate urban and rural household surveys. The reform regulates the division of urban and rural areas, integrates the concepts, classifications and standards, conducts the integrated household survey, and collects household data in the whole country thereafter.

1. Disposable Income of Households

Disposable Income of Households refers to the income of households for purpose of final expenditure and savings. It includes income both in cash and in kind. By sources of income, disposable income includes four categories: income from wages and salaries, net business income, net income from properties and net income from transfer.

Income from Wages and Salaries refers to remuneration of labour and salaries from all kinds of sources, including those employed by other units or individuals, freelance work, part-time jobs, and sporadic labour.

Net Business Income refers to net income earned by households and their members engaged in production and business activities. It refers to the net income of operating revenue minus operating costs, depreciation of productive fixed assets, and production tax. The formula is:

Net Business Income=Operating Revenue-Operating Costs-Depreciation of Productive Fixed Assets-Production Tax

Net Income from Properties refers to the net income received as returns by households or members of financial assets, non-financial assets such as housing, to other institutions, households or individuals, and minus relevant costs. Net income from properties includes net income of interest, bonus income, net income of saving insurance, net income of rents of transferring management right of contract land, income of renting housing, income of renting other assets, net converted rents of self-owned housing. Net income from properties do not include premium of transferring ownership of assets.

Net Income from Transfer The formula is:

Net Income from Transfer=Income from Transfers-Expenditure from Transfer

Income from Transfer refers to the regular transfer from country, institutions, social communities to households and between households. It includes old-age and retirement pension, regular donation and compensation, applying for medical fees, supporting income between households, income from non-usual-residing members of households, etc. Income from transfer do not include presents in kinds between households.

Expenditure from Transfer refers to regular or deontic transfer from households to country, institutions, households or individuals. It includes taxes paid, expenditure of all kinds of social security, supporting expenditure, regular donation and compensation and other regular transfer expenditure, etc.

2. Consumption Expenditure of Households

Consumption Expenditure of Households refers to all expenditure of households for living expenditure to satisfy family daily living. It includes expenditure in cash and in kind. It includes eight categories: food, tobacco and liquor; clothing; residence; household facilities, articles and services; transport and communications; education, cultural and recreational activities; health care and medical services, and miscellaneous goods and services.

Food, Tobacco and Liquor refers to expenditure for food, tobacco and liquor of all kinds.

EXPLANATORY NOTES TO MAJOR STATISTICAL INDICATORS

Clothing refers to expenditure related to clothing, including clothes, clothing materials, footwear, other clothing and accessories, processing services related to clothing.

Residence refers to expenditure related to residence, including housing rents, water, electricity, fuel, property management, and including converted self-owned housing rents.

Household Facilities, Articles and Services refers to expenditure for family and individual articles for living purpose and family services. It includes furniture and interior decoration, home appliances, home textiles, household miscellaneous daily articles, personal articles, and family services.

Transport and Communications refers to expenditure for transport and communication and related services, maintenance and repairs, and vehicle insurance.

Education, Cultural and Recreational Activities refers to expenditure on education, cultural and recreational activities.

Health Care and Medical Services refers to expenditure on drugs, supplies and services of medical and health care. It includes medical appliances and drugs, and medical services.

Miscellaneous Goods and Services refers to expenditure of all kinds of expenditure of other articles and services that can't be divided into the category above.

□ Explanatory on Inidcators before 2012

Prior to 2012, household surveys in China were conducted separately in urban and rural areas. Statistical coverage of indicators of household income and expenditure of urban and rural households were different, data were not comparable completely. Disposable income was surveyed in urban households, and net income was surveyed in rural households. Income and expenditure of urban households refer to that in cash, not including physical payments; Among which, when calculating per capita disposable income and consumption, self-owned housing conversion rental is not included, and expenditure of purchasing housing is not included either. Income and expenditure of rural households are divided into that of total and in cash, that is, total income and expenditure include self occupied physical payments; Among which, when computing per capita net income and expenditure of rural households, self-owned housing conversion rental is not included, but purchasing of housing is included in consumption expenditure of rural households.

For comparable reason, data prior to 2012 in this yearbook were still original urban households and rural households survey.

1. Urban Household Survey

Population of Urban Households refer to members of households living and sharing economically together in the urban areas. All the income and expenditure of all the members of such households are included in the income and expenditure of the household.

Disposable Income of Urban Households refers to the actual income at the disposal of members of the households which can be used for final consumption, other non-compulsory expenditure and savings. This equals to total income minus income tax, personal contribution to social security and subsidy for keeping diaries in being a sample household. The following formula is used:

Disposable Income of Urban Households=Total Household Income - Income Tax - Personal Contribution to Social Security - Subsidy for Keeping Diaries for A Sampled Household

2. Rural Household Survey

Rural Households refer to usual resident households in rural areas. Usual resident households in rural areas are households residing on a long term basis(for more than one year) in the areas under the administration of township governments (not including county towns), and in the areas under the administration of villages in county towns. Households residing in the current addresses for over one year with their household registration in other places are still considered as resident households of the locality. For households with their household registration in one place but all members of the households having moved away to make a living in another place for over one year, they will not be included in the rural households of the area where they are registered, irrespective of whether they still keep their contracted land.

Net Income of Rural Households refers to the total income of rural households from all sources minus all corresponding expenses. The formula for calculation is as follows:

Net income of rural households = total income - household operation expenses - taxes and fees-depreciation of fixed assets for production - gifts to rural relatives.

Net income is mainly used as input for reinvestment in production and as consumption expenditure of the year, and also used for savings and non-compulsory expenses of various forms. "Per capita net income of farmers" is the level of net income averaged by population, reflecting the average income level of rural population in a given area.

Consumer Price Index reflects the relative change in prices of consumer goods and services in a certain period of time, Formation of consumer price index aims to study the impact of consumer price changes on the actual living cost of urban and rural residents and to provide scientific basis for central government and relevant departments in drawing up consumer up consumer policy, price policy, wage policy and monetary policy and in accounting the nation economy. It is also a key index reflecting the fluctuation of inflation.

Retail Price Index refers to the prices at which industrial, commercial, catering and other retail enterprises sell daily consumer goods and products for office use to urban and rural residents and institutions and social organizations. It reflects the general change in prices of retail commodities in a certain period of time. Formation of retail price index aims to keep abreast of price fluctuation of retail commodities and provide the reference basis for the central government in working out economic policies.

Producer Price Indices for Farm Products reflect the trend and degree of changes in producers' prices received by farmers when they sell farm products during a given period. These indices depict the change in the level and structure of producer prices for farm products of the country and meet the needs of agricultural statistics and national accounts statistics. The producer price index for a given product is calculated as the geometrical mean of individual indices for all surveyed units which sell such product, and the indices for a product category is obtained as the weighted mean of price indices for all products in the category. Method for calculating accumulative quarterly indices is the same as for calculating the individual quarterly indices.

Producer Price is a statistic index reflecting the fluctuation tendency and extent of the price of manufactured goods. It is a relative ratio of the average price fluctuation of manufactured goods in different times and places. This index includes the factory price of the manufactured goods at the first sale and the price of the raw materials, fuel and power purchased by the enterprises as intermediate input, which is an important basis for national economic accounting and economic administration.

Price Indices of Investment in Fixed Assets is a relative ratio reflecting the trend and degree of changes in prices of investment goods and charging projects in fixed assets of various engineering projects during a given period. This indicator is used to remove the factor of price change in the aggregates of investment at current prices.

Price Index of Residential Real Estate Sales is a relative ratio reflecting the general trend and variation degrees of the sales price of the residential real estate. This index of China is composed of the sales price of residential real estate and the sales price of second-hand residential real estate in 70 medium-large cities.

第八章·城镇建设

URBAN
CONSTRUCTION

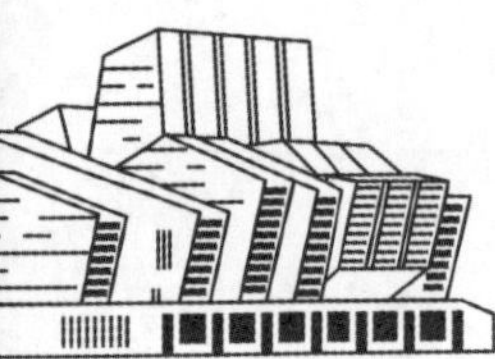

简要说明

BRIEF INTRODUCTION

本章资料反映全市城镇建设的基本情况。

城镇建设资料主要包括城镇建设用地、基础设施水平、市政设施、园林绿化、供水供气、公共交通、基础设施建设投资等，由市统计局固定资产投资处根据市住房和城乡建设委员会、市规划和自然资源局资料整理提供。

The data in this chapter show the basic conditions of urban construction in Chongqing.

The statistics on urban construction mainly include the data of land for urban construction, urban infrastructure, municipal infrastructure, parks and green areas, tap water and gas supply, public traffic, investment in infrastructure construction. The data concerned are provided by Commission of Housing and Urban-Rural Development of Chongqing and Bureau of Planning and Natural Resources of Chongqing, and sorted and compiled by Division of Statistics of Investment in Fixed Assets, Chongqing Municipal Bureau of Statistics.

表 8.1 城市建设用地 (2018 年)
LAND FOR URBAN CONSTRUCTION (2018)

单位：平方公里 (sq.km)

项 目	Item	全 市 Total	其 中 of which #区合计 Total of Districts
建成区面积	**Built-up Area**	1653.02	1496.72
建设用地面积	**Land for Urban Construction**	1415.25	1272.07
居住用地	Land for Residence	446.87	396.99
公共管理与公共服务用地	Land for Public Management and Public Services	125.66	115.04
商业服务业设施用地	Land for Commercialized Service Facilities	89.84	82.28
工业用地	Land for Industry	265.48	252.64
物流仓储用地	Land for Logistics and Warehousing	34.56	32.56
道路与交通设施用地	Land for Road and Traffic Facilities	266.05	243.85
公用设施用地	Land for Public Facilities	39.44	32.63
绿化与广场用地	Land for Greening and Squares	147.35	116.08

注：“区合计”数为 26 个市辖区合计（下表同）。
Note: "Total of Districts" refers to the total data of 26 municipal districts (the same below).

表 8.2 城市基础设施水平 (2017 – 2018 年)
STATISTICS ON URBAN INFRASTRUCTURE (2017-2018)

项 目	Item	全 市 Total		其 中 of which #区合计 Total of Districts	
		2017	2018	2017	2018
人均日生活用水量 (升)	Per Capita Daily Water Consumption (liter)	147.2	159.7	151.64	165.53
用水普及率 (%)	Water Coverage Rate (%)	97.86	98.17	98.05	98.28
燃气普及率 (%)	Gas Coverage Rate (%)	96.06	97.09	96.37	97.39
人均道路面积 (平方米)	Per Capita Road Surface Area (sq.m)	12.23	13.04	12.67	13.52
污水处理厂集中处理率 (%)	Rate of Intensive Treatment by Wastewater Treatment Plant (%)	95.34	94.91	95.48	95.04
人均公园绿地面积 (平方米)	Per Capita Area of Public Green Land (sq.m)	16.43	16.55	17.05	17.14
建成区绿地率 (%)	Green Space Rate of Built District (%)	37.6	37.59	37.69	37.61
建成区绿化覆盖率 (%)	Green Coverage Rate of Built District (%)	40.44	40.42	40.32	40.36

注：人均数为户籍人口口径。
Note: The data of average population refers to registration statistics.

表 8.3 城市市政设施（2017－2018 年）
MUNICIPAL INFRASTRUCTURE (2017-2018)

项 目	Item	全 市 Total		其中 of which #区合计 Total of Districts	
		2017	2018	2017	2018
道路长度（公里）	Length of Paved Roads (km)	10427	10662	9364	9520
道路面积（万平方米）	Area of Paved Roads (10 000 sq.m)	20841	22333	19015	20378
#人行道	Sidewalk	6069	6641	5496	6032
桥梁数（座）	Number of Bridges (unit)	1927	2037	1720	1798
#立交桥	Overpass	276	252	273	249
路灯盏数（盏）	Number of Street Lights (unit)	678236	833115	584172	725407
排水管道长度（公里）	Length of Drainpipes (km)	19575	21323	17335	18911
#污水管道	Sewage Pipes	9825	10826	8541	9426
污水年排放量（万立方米）	Annual Discharged Volume of Wastewater (10 000 cu.m)	121767	136990	112096	125650
污水处理厂处理总量（万立方米）	Total Volume of Wastewater Treated by Wastewater Treatment Plant (10 000 cu.m)	115237	130019	106174	119412

表 8.4 城市园林绿化（2017－2018 年）
PARKS AND GREEN LAND IN URBAN AREA (2017-2018)

项 目	Item	全 市 Total		其中 of which #区合计 Total of Districts	
		2017	2018	2017	2018
绿化覆盖面积（公顷）	Green Covered Area (hectare)	74237	82916	67175	71553
#建成区	Built District	63620	66818	57376	60410
园林绿地面积（公顷）	Area of Public Green Land (hectare)	67920	74751	61575	64778
#建成区	Built District	59144	62139	53638	56287
公园绿地面积（公顷）	Area of Parks and Green Land (hectare)	27999	28330	25584	25844
公园个数（个）	Number of Parks and Zoos (unit)	532	544	418	428
公园面积（公顷）	Area of Parks and Zoos (hectare)	15483	16774	13742	14818

表 8.5 城市供水及供气情况（2017 – 2018 年）
BASIC STATISTICS ON TAP WATER AND GAS SUPPLY IN URBAN AREA (2017-2018)

项 目	Item	全 市 Total		其 中 of which #区合计 Total of Districts	
		2017	2018	2017	2018
城市供水	**Tap Water Supply in Urban Area**				
年末供水综合生产能力（万立方米 / 日）	Production Capacity of Tap Water Supply at Year-end (10 000 cu.m/day)	656.07	687.89	599.87	616.99
年末供水管道长度（公里）	Length of Water Supply Pipelines at Year-end (km)	19626	21101	17789	19078
供水总量（万立方米）	Total Volume of Water Supply (10 000 cu.m)	149888	162207	138012	149304
#生产运营用水	For Production Use	34310	33027	32957	31645
公共服务用水	For Public Services	19349	20878	18096	19631
居民家庭用水	For Residential Use	70198	77081	63298	69883
其他用水	Others	6794	8818	6143	8182
用水户数（户）	Households with Access to Tap Water (household)	6046201	6475667	5361405	5718079
#家庭用户	Residential Households	5511243	5865024	4913505	5200873
用水人口（万人）	Number of Residents with Access to Tap Water (10 000 persons)	1667.80	1680.87	1471.27	1481.76
城市供气	**Gas Supply in Urban Area**				
天然气供气总量（万立方米）	Total Volume of Natural Gas Supply (10 000 cu.m)	491352	518574	466511	492502
#家庭用量	For Residential Use	186854	219032	171811	203411
天然气用气户数（户）	Households with Access to Natural Gas (household)	6810498	7346442	6262132	6704700
#家庭用户	Residential Households	6457013	6940773	5933907	6326089
天然气用气人口（万人）	Population with Access to Natural Gas (10 000 persons)	1510.41	1556.04	1356.64	1390.56
天然气汽车加气站（个）	Number of CNG Stations for Motor Vehicles (unit)	133	126	123	112
液化石油气供气总量（吨）	Total Volume of Liquefied Petroleum Gas Supply (ton)	88338	78691	72988	64503
#家庭用量	For Residential Use	54400	49780	43186	39218
液化石油气用气户数（户）	Households with Access to Liquefied Petroleum Gas (household)	401978	365357	273767	250702
#家庭用户	Residential Households	301636	274388	195867	178774
液化石油气用气人口（万人）	Population with Access to Liquefied Petroleum Gas (10 000 persons)	126.76	106.39	89.43	77.73

表 8.6 城市公共交通情况（2017 – 2018 年）
BASIC STATISTICS ON PUBLIC TRANSPORTATION IN URBAN AREA (2017-2018)

指 标	Item	2017	2018
公共汽车	**Public Vehicles**		
年末营运线路网长度（公里）	Year-end Length of Public Transport Network under Operation (km)	18336	23376
公共汽车（辆）	Number of Public Vehicles (unit)	13734	13753
#天然气燃料车	CNG Vehicles	8999	8461
客运量（万人次）	Passenger Volume (10 000 person-times)	265087	254881
轻 轨	**Light Rail Transits**		
通车里程（公里）	Length of Light Rail Transits under Operation (km)	264	313
车辆数（辆）	Number of Vehicles (unit)	1176	1806
客运量（万人次）	Passengers Traffic (10 000 person-times)	74310	85787
出租汽车	**Taxis**		
车辆数（辆）	Number of Vehicles (unit)	23940	24110

表 8.7 公用事业和市政建设投资额（2017 – 2018 年）
INVESTMENT IN PUBLIC UTILITIES AND MUNICIPAL CONSTRUCTION (2017-2018)

单位：万元 (10 000 yuan)

指 标	Item	2017	2018
公用事业	**Public Utilities**		
供 水	Tap Water Supply	163954	189396.45
燃 气	Gas Supply	139627	95704.41
轨道交通	Rail Transit	3069937	3056529
市政建设	**Municipal Construction**		
园林绿化	Parks and Green Land	868256	856144.6
市容环境卫生	City Appearance and Environmental Sanitation	78693	166214.09

重/庆/统/计/年/鉴

主要统计指标解释

■ 供水综合生产能力

指按供水设施取水、净化、送水、出厂输水干管等环节设计能力计算的综合生产能力。包括在原设计能力基础上，经挖、革、改增加的生产能力。计算时，以四个环节中最薄弱的环节为主确定能力。

■ 供水管道长度

指从送水泵至用户水表之间所有管道的长度。不包括新安装尚未使用、水厂内以及用户建筑物内的管道。

■ 城市供水总量

指报告期供水企业（单位）供出的全部水量。包括有效供水量和漏损水量。

■ 生活用水

包括公共服务用水和居民家庭用水。公共服务用水指为城区社会公共生活服务的用水。包括行政事业单位、部队营区和公共设施服务、批发零售业、住宿餐饮业以及社会服务业等单位的用水。居民家庭用水指城市范围内所有居民家庭的日常生活用水。包括城市居民、农民家庭、公共供水站用水。

■ 用水普及率

指报告期末城区用水人口数与城市人口总数的比率。计算公式：

用水普及率＝城区用水人口（含暂住人口）/（城区人口＋城区暂住人口）×100%

■ 城市供气总量

指报告期燃气企业（单位）向用户供应的燃气数量。包括销售量和损失量。

■ 燃气普及率

指报告期末城区使用燃气的城市人口数与城市人口总数的比率。其中燃气包括人工煤气、天然气、液化石油气三种。计算公式为：

燃气普及率＝城区用气人口（含暂住人口）/（城区人口＋城区暂住人口）×100%

■ 道路长度

指道路长度和与道路相通的桥梁、隧道的长度，按车行道中心线计算。

■ 道路面积

为车行道与人行道面积之和。

■ 城市桥梁

指为跨越天然或人工障碍物而修建的构筑物。包括跨河桥、立交桥、人行天桥以及人行地下通道等。

■ 城市排水管道长度

指所有排水总管、干管、支管、检查井及连接井进出口等长度之和。

■ 年末公共交通车辆运营数

指年末城市用于公共交通运营业务的全部车辆数。新购、新制和调入的运营车辆，自投入之日起开始计算；调出、报废和调作他用的运营车辆，自上级主管机关批准之日起不再计入。

■ 城市绿地面积

指报告期末用作园林和绿化的各种绿地面积。包括公园绿地、生产绿地、防护绿地、附属绿地和其他绿地的面积。

■ 公园绿地

城市中向公众开放的、以游憩为主要功能，有一定的游憩设施和服务设施，同时兼有健全生态、美化景观、防灾减灾等综合作用的绿化用地。包括综合公园、社区公园、专类公园、带状公园和街旁绿地。其中综合公园、专类公园和带状公园面积之和为公园面积。

主要统计指标解释

■ 生产用水

指在城区范围内生产、运营的农、林、牧、渔业、工业、建筑业、交通运输业等单位在生产、运营过程中的用水。

■ 人工煤气生产能力

指报告期末人工燃气生产厂制气、净化、输送等环节的综合生产能力，不包括备用设备能力。一般按设计能力计算，当实际生产能力大于设计能力时，应按实际测定的生产能力计算。测定时应以制气、净化、输送三个环节中最薄弱的环节为主。

■ 供气管道长度

指报告期末从气源厂压缩机的出口或门站出口至各类用户引入管之间的全部已经通气、投入使用的管道长度。不包括煤气生产厂、输配站、液化气储存站、灌瓶站、储配站、气化站、混气站、供应站等厂（站）内的管道。

■ 城市供热能力

指供热企业（单位）向城市热用户输送热能的设计能力。

■ 城市供热总量

指在报告期供热企业（单位）向城市热用户输送全部蒸汽和热水的总热量。

■ 城市供热管道长度

指从各类热源到热用户建筑物接入口之间的全部蒸汽和热水的管道长度。不包括各类热源厂内部的管道长度。

■ 城市污水日处理能力

指污水处理厂（或污水处理装置）每昼夜处理污水量的设计能力。

■ 清扫保洁面积

指报告期末对城市道路和公共场所（主要包括城市行车道、人行道、车行隧道、人行过街地下通道、道路附属绿地、地铁站、高架路、人行过街天桥、立交桥、广场、停车场及其他设施等）进行清扫保洁的面积。一天清扫保洁多次的，按清扫保洁面积最大的一次计算。

■ 市容环卫专用车辆设备

指用于环境卫生作业、监察的专用车辆和设备，包括用于道路清扫、冲洗、洒水、除雪、垃圾粪便清运、市容监察以及与其配套使用的车辆和设备。

■ 每万人拥有公共交通车辆

指按城市人口计算的每万人平均拥有的公共交通车辆标台数。计算公式：

每万人拥有公共交通车辆＝公共交通运营车标台数／(城区人口＋城区暂住人口)

Explanatory Notes on Main Statistical Indicators

Production Capacity of Water Supply

Refers to the designed comprehensive production capacity of water facilities, covering the 4 links of water collection, purification, conveyance, and outflow through trunk pipelines. Increase capacity through transformation and innovation projects is included as well. The capacity is determined mainly on the weakest of the above-mentioned 4 links.

Length of Water Supply Pipelines

Refers to the total length of all the pipelines between the water pumps and the user water meters, excluding pipelines newly installed but not used yet, pipeline in the water factory, and pipeline in the user's buildings.

Annual Volume of Water Supply

Refers to the total volume of water supplied by water-works (units) during the reference period, including both the effective water supply and loss during the water supply.

Total Volume of Urban Water Supply

Refers to the total volume of water supplied by water-works (units) during the reference period, including both the effective water supply and loss during the water supply.

Consumption of Water for Living Use

It includes Consumption of Water for Public Service Use and Consumption of Water for Households Use. Consumption of Water for Public Service Use refers to water consumption for public service in the urban areas. It includes water consumption of administrative institutions, army camps, public facilities, wholesale and retail, accommodation and catering industry and social service industry, etc. Consumption of Water for Households Use refers to consumption of water for daily life of all households in cities, including households of urban residents and farmers, and public water supply stations.

Coverage Rate of Urban Population with Access to Tap Water

Refers to the ratio of the urban population with access to tap water to the total urban population at the end of reference period. The formula is:

Coverage of Urban Population with Access to Tap Water = Urban Population with Access to Tap Water / Urban Population ×100%

Volume of Gas Supply

Refers to the total volume of gas provided to users by gas-producing enterprises (units) during the reporting period, including the volume sold and the volume lost.

Coverage Rate of Urban Population with Access to Gas

Refers to the ratio of the urban population with access to gas to the total urban population at the end of the reference period. Gas here includes artificial coal gas, natural gas and liquefied petroleum gas. The formula is:

Coverage Rate of Urban Population with Access to Gas = Urban Population with Access to Gas / Urban Population ×100%

Length of Paved Roads

Refers to the length of roads with paved surface including bridges and tunnels connected with roads. Length of the roads is measured by the central lines.

Area of Roads

Is the summed of carriageway and sidewalk.

Urban Bridges

Refer to bridges built to cross over natural or man-made barriers, including bridges over rivers, overpasses for traffic and for pedestrians, underpasses for pedestrians, etc.

Length of Urban Sewage Pipes

Refers to the total length of general drainage, trunks, branch and inspection wells, connection wells, inlets and outlets, etc.

Number of Vehicles under Operation at Year-end

Refers to the total number of vehicles under operation by public transport enterprises (units) at the end of the year, based on the records of operational vehicles by the enterprises (units).

Area of Urban Green Land

Refers to the total area occupied for green projects at the end of the reference period, including park green land, production green land, protection green land, green land attached to institutions, and other green areas.

Park Green Area

Refers to green areas open to the public for amusement and rest with the facilities of amusement, rest and services. Its function includes perfecting ecology, beautifying landscape, and preventing and reducing disaster. Park green areas include comprehensive park, community park, theme park, linear park and roadside green space. Total areas of comprehensive park, topic park and belt-shaped is the area of park.

Consumption of Water for Production and Operation Use

Refers to water consumption in the process of production and operation by production and operation units of agriculture, forestry, animal husbandry, fisheries, industry, construction industry, and transportation industry, etc. in urban areas.

Production Capacity of Gaswork Gas

Refers to the overall production capacity of the urban gasworks in gas generation, purification and delivery at the end of the reference period, excluding capacity of the reserved facilities. In general, it is determined by the designed capacity, and when actual production capacity is larger than the designed capacity, the capacity is determined by the actual measurement on the weakest segment in the production, purification and delivery.

Length of Gas Pipelines

Refers to the total length of pipelines in use between the outlet of the compressor of gas-work or outlet of gas stations and the leading pipe of users, excluding pipelines within gasworks, delivery stations, LPG storage stations, refilling stations, gas-mixing stations and supply stations.

Heating Capacity in Urban Areas

Refers to the designed capacity of heating enterprises (units) in supplying heating energy to urban users during the reference period.

Quantity of Heat Supplied in Urban Areas

Refers to the total quantity of heat from steam and hot water supplied to urban users by heating enterprises (units) during the reference period.

Length of Urban Heating Pipelines

Refers to the total length of steam or hot water pipelines for sources of heat to the leading pipelines of the buildings of the users, excluding internal pipelines in heat generating enterprises.

Daily Disposal Capacity of Urban Sewage

Refers to the designed 24-hour capacity of sewage disposal by the sewage treatment works or facilities.

EXPLANATORY NOTES TO MAJOR STATISTICAL INDICATORS

Road Area Cleaned

Refers to the area which are regularly cleaned, as at the end of the reference period, at urban roads and public places (mainly including urban roadways, pedestrian walkways, vehicular tunnels, pedestrian underpasses, underground railway stations, lifted roads, pedestrians walk bridges, overpasses, plazas, parking lots and other facilities). If there are several times of cleaning in a day at a location, the area of that time of cleaning with the largest area cleaned will be taken.

Vehicles and Facilities Dedicated to Urban Cleanliness and Environmental Sanitation

Refer to vehicles and facilities dedicated for use in the operation, management and monitoring of environmental hygiene work. They include vehicles for road cleaning, washing, showering, ice removal, disposal of garbage and human wastes, cleanliness monitoring and related activities.

Public Transportation Vehicles per 10000 Population

Refers to the number of public transportation vehicles, calculated by urban population, per 10000 population in the city district. The formula for calculation is:

Public Transportation Vehicles = Number of Public Transportation Vehicles / City District Population

第九章·资源和环境

RESOURCES AND ENVIRONMENT

简要说明
BRIEF INTRODUCTION

资源主要内容包括自然资源、自然地理、气象状况。自然资源中土地、矿产资源数据由市规划和自然资源局提供，林木资源数据由市林业局提供，水资源数据由市水利局提供。气象状况由市气象局提供。

自然地理、气象综合资料，由市统计局综合处根据有关部门资料进行整理和编辑。环境主要内容包括工业废水、废气、固体废物的排放处理和利用，工业污染治理投资，生活污染物排放等，由市统计局能源资源统计处根据市生态环境局、市水利局、市林业局等部门的资料整理提供。

The scope of resources mainly covers natural resources, natural geography and climate. The data of land and mineral resources in natural resources are provided by Ministry of Nature Resources of Chongqing; the data of forest resources are provided by Chongqing Forestry Administration; the data of water resources are provided by Chongqing Water Resources Bureau; and the data of climate are provided by Chongqing Meteorological Bureau.

The data of natural environment and climate are provided by the departments concerned and sorted and compiled by Division of Comprehensive Statistics of Municipal Bureau of Statistics. The statistics of environment mainly includes the discharge, treatment and utilization of industrial waste water, waste gas and solid wastes, the investment in industrial pollution treatment and the discharge of domestic pollutants, which are provided by Chongqing Ecology and Environment Bureau, Ministry of Water Resources of Chongqing and Chongqing Forestry Administration, and sorted and compiled by Division of Energy Resource Statistics, Municipal Bureau of Statistics.

表 9.1 自然资源（2017 – 2018 年）
NATURAL RESOURCES (2016-2017)

项 目	Item	2017	2018
林木资源	**Forest Resources**		
本年人工造林面积（公顷）	Man-made Forest at Year-end (hectare)		270003
森林覆盖率（%）	Forest Coverage Rate (%)	46.5	48.3
水资源（当年量）	**Water Resources (current quantity)**		
降水深（毫米）	Precipitation (mm)	1275.3	1134.8
地表径流量（亿立方米）	Surface Runoff (100 million cu.m)	656.15	524.24
地下水量（亿立方米）	Groundwater Resources (100 million cu.m)	116.14	103.95
水力资源蕴藏量（万千瓦）	Hydropower Resources (10 000 kw)	2342	2342
#技术可开发量	Technical Developable Resources	1235	1235
主要矿产资源（保有基础储量）	**Major Mineral Resources (Retained Basic Reserves)**		
天然气（亿立方米）	Natural Gas (100 million cu.m)	2382.13	2486.57
页岩气（亿立方米）	Shale Gas (100 million cu.m)	1278.26	1212.60
煤（万吨）	Coal (10 000 tons)	440738.45	403725.85
铁（矿石万吨）	Iron Ore (ore, 10 000 tons)	29954.45	29773.05
锰（矿石万吨）	Manganese Ore (ore, 10 000 tons)	6169.16	6177.78
锌（金属万吨）	Zinc Ore (metal, 10 000 tons)	18.78	21.79
铝土矿（矿石万吨）	Aluminum Ore (ore, 10 000 tons)	12622.64	15245.67
汞（吨）	Mercury (ton)	15623.56	15623.56
锶（天青石万吨）	Strontium Ore (ore, 10 000 tons)	1222.20	1222.24
熔剂用灰岩（矿石万吨）	Limestone for Flux (ore, 10 000 tons)	23744.47	25659.47
冶金用白云岩（矿石万吨）	Dolomite for Metallurgy (ore, 10 000 tons)	8297.20	9209.50
陶瓷用砂岩（矿石万吨）	Sandstone for Ceramics (ore, 10 000 tons)	1586.20	1586.20
耐火粘土（矿石万吨）	Refractory Clay (ore, 10 000 tons)	8381.55	8381.55
重晶石（矿石万吨）	Barytes (ore, 10 000 tons)	852.58	866.84
毒重石（矿石万吨）	Witherite (ore, 10 000 tons)	3438.84	3438.84
盐　矿（矿石万吨）	Salt Mine (ore, 10 000 tons)	1152165.15	1182433.25

注：天然气、页岩气数据为剩余技术可采储量，其他主要矿产资源为保有资源储量。
Note: The data of natural and shale gas are technical recoverable reserves, and the data of other mineral resources are resource reserves.

表 9.2 自然地理（2018 年）
NATURAL ENVIRONMENT (2018)

位置：重庆位于北纬 28 度 10 分 -32 度 13 分，东经 105 度 11 分 -110 度 11 分之间，地处较为发达的东部地区和资源丰富的西部地区的结合部，东邻湖北、湖南，南靠贵州，西接四川，北连陕西，是长江上游最大的经济中心、西南工商业重镇和水陆交通枢纽。1997 年 3 月 14 日，第八届全国人民代表大会第五次会议通过了设立重庆直辖市的决议，与北京、天津、上海同为四大直辖市。

面积：重庆幅员面积 8.24 万平方公里，南北长 450 公里，东西宽 470 公里。2018 年全市共辖 26 个区：万州区、黔江区、涪陵区、渝中区、大渡口区、江北区、沙坪坝区、九龙坡区、南岸区、北碚区、渝北区、巴南区、长寿区、江津区、合川区、永川区、南川区、綦江区、大足区、璧山区、铜梁区、潼南区、荣昌区、开州区、梁平区和武隆区；12 个县（自治县）：城口县、丰都县、垫江县、忠县、云阳县、奉节县、巫山县、巫溪县、石柱县土家族自治县、秀山土家族苗族自治县、酉阳土家族苗族自治县、彭水苗族土家族自治县。

地势：重庆地势由南北向长江河谷逐级降低，西北部和中部以丘陵、低山为主，东南部靠大巴山和武陵山两座大山脉。

河流：主要河流有长江、嘉陵江、乌江、涪江、綦江、大宁河等。

气候：重庆属中亚热带湿润季风气候区，具有夏热冬暖，光热同季，无霜期长，雨量充沛，湿润多阴等特点。2017 年平均气温 18.4℃，年总降雨量 1196.2 毫米。

Location:

Chongqing is located at 28° 10' ~ 32° 13' north latitude and 105° 11' ~ 110° 11' east longitude. As a joint between the eastern areas with developed economy and the western areas with rich resources, with Hubei and Hunan on its east, Guizhou on its south, Sichuan on its west and Shaanxi on its north, Chongqing is the largest economic center in the upper reaches of the Yangtze River, an important industrial and commercial city in the southwest and a hub of land and water communications. On March 14, 1997, the resolution to establish Chongqing Municipality was passed on the 5th Session of the 8th National People's Congress, and Chongqing became the fourth municipality directly under the Central Government after Beijing, Tianjin and Shanghai.

Area:

Chongqing covers an area of 82,400 square kilometers, stretching 450 kilometers from north to south and 470 kilometers from east to west. In 2018, Chongqing has 26 districts, namely Wanzhou, Qianjiang, Fuling, Yuzhong, Dadukou, Jiangbei, Shapingba, Jiulongpo, Nan'an, Beibei, Yubei, Banan, Changshou, Jiangjin, Hechuan, Yongchuan, Nanchuan, Qijiang, Dazu, Bishan, Tongliang, Tongnan, Rongchang, Kaizhou, Liangping, Wulong and 12 counties, namely Chengkou, Fengdu, Dianjiang, Zhongxian, Yunyang, Fengjie, Wushan, Wuxi, Shizhu Tujia Autonomous County, Xiushan Tujia Autonomous County, Youyang Tujia Autonomous County and Pengshui Miao Autonomous County.

Topography:

The altitude of Chongqing declines gradually from the north and the south to the valley of the Yangtze River. There are mainly hills and low mountains in the northwest and central areas of Chongqing, while the two large mountains of Daba and Wuling are in the southeast of Chongqing.

River:

The rivers stretching through Chongqing mainly include Yangtze River, Jialing River, Wujiang River, Fujiang River, Qijiang River and Daning River.

Climate:

Chongqing has a humid subtropical monsoon climate, hot in summer and warm in winter with the rainy season coinciding with the hot season. It has the characteristics of long frost-free period, plenty of rainfall and a lot of humid and cloudy days. The annual average temperature of 2017 is 18.4℃ , with the annual precipitation of 1196.2 mm.

表 9.3 气象基本情况（1951 － 2018 年）
BASIC STATISTICS ON CLIMATE (1951-2018)

年 份 Year	降水量 (毫米) Precipitation (mm)	平均气温 (摄氏度) Average Temperature (°C)	日照时数 (时) Sunshine Hours (hour)	平均相对湿度 (%) Average Relative Humidity (%)	平均风速 (米 / 秒) Average Wind Speed (m/s)	平均气压 (百帕) Average Air Pressure (100 pa)
1951	1043.4	18.4		81	1.0	
1952	1227.9	18.5	1198.6	81	1.0	
1953	852.1	18.8	1245.6	80	0.9	
1954	1112.8	17.9	1061.2	81	0.9	981.2
1955	927.4	18.2	1388.6	77	0.8	982.0
1956	1497.4	18.2	1433.2	76	1.4	982.8
1957	1171.9	17.9	1094.2	80	1.3	983.3
1958	740.7	18.6	1260.7	77	1.4	983.3
1959	915.7	18.7	1378.3	76	1.4	983.0
1960	1026.0	18.4	1102.0	78	1.4	983.5
1961	787.7	18.7	1338.8	77	1.5	982.8
1962	1210.4	18.0	1323.9	80	1.4	983.3
1963	1072.8	18.9	1370.4	77	1.4	982.4
1964	1031.6	18.2	1170.4	80	1.5	982.9
1965	1318.9	18.1	1009.5	81	1.4	983.4
1966	958.9	18.6	1278.9	78	1.4	982.7
1967	1046.0	18.1	1216.3	79	1.4	983.4
1968	1384.5	17.7	1054.6	82	1.2	983.5
1969	1080.5	18.6	1357.1	76	1.2	982.8
1970	1097.5	18.1	1197.9	79	1.1	983.5
1971	854.3	18.6	1370.6	76	1.3	983.4
1972	1171.8	18.4	1284.1	78	1.3	982.9
1973	1092.3	18.9	1349.4	78	1.3	983.2
1974	1258.0	17.8	1068.3	79	1.3	983.0
1975	1025.4	18.5	1202.5	78	1.2	982.9
1976	1044.9	17.7	1129.2	79	1.1	983.5
1977	1151.2	18.1	1234.8	79	1.1	984.0
1978	1057.2	18.8	1495.7	77	1.2	983.5
1979	1160.0	18.4	1222.2	80	1.1	983.4
1980	1062.6	18.2	1071.8	79	1.4	983.6
1981	1157.9	18.1	1188.0	79	1.4	983.5
1982	1185.2	17.7	992.3	81	1.1	983.6
1983	1138.1	18.1	954.4	80	0.9	983.9

注：此表为重庆市区资料。
Note: the table above shows the data of the downtown area of Chongqing.

表 9.3 续表 continued

年 份 Year	降水量(毫米) Precipitation (mm)	平均气温(摄氏度) Average Temperature (℃)	日照时数(时) Sunshine Hours (hour)	平均相对湿度(%) Average Relative Humidity (%)	平均风速(米/秒) Average Wind Speed (m/s)	平均气压(百帕) Average Air Pressure (100 pa)
1984	1035.1	17.8	1028.7	79	1.1	983.1
1985	1004.0	17.9	997.1	79	1.3	983.3
1986	1141.4	17.8	946.1	80	1.3	984.2
1987	910.2	18.6	946.3	78	1.2	983.4
1988	1254.0	18.0	840.6	80	1.1	983.6
1989	1137.4	17.7	855.0	81	1.0	983.8
1990	956.7	18.7	1083.7	79	1.2	983.2
1991	1180.6	18.2	874.8	81	1.1	983.5
1992	987.4	18.1	975.0	78	1.6	984.0
1993	1164.3	17.8	894.6	81	1.5	984.0
1994	982.5	18.7	1063.8	80	1.4	983.2
1995	923.5	18.3	993.6	79	1.3	983.7
1996	1398.3	17.7	899.4	81	1.3	983.6
1997	898.8	18.5	943.0	79	1.4	983.8
1998	1508.0	19.2	941.9	79	1.5	983.0
1999	1305.6	18.5	833.6	81	1.5	983.2
2000	1010.9	18.2	961.1	80	1.4	983.0
2001	814.8	18.8	1050.4	78	1.6	983.3
2002	1430.6	18.8	1117.1	80	1.6	983.3
2003	1025.0	18.9	875.7	80	1.6	983.2
2004	1182.1	18.4	974.7	78	1.3	984.0
2005	1019.8	18.6	903.9	77	1.4	982.5
2006	839.6	19.2	1114.3	75	1.4	982.9
2007	1439.2	19.0	856.2	81	1.3	983.3
2008	985.3	18.6	703.8	82	1.3	983.9
2009	1198.9	19.0	943.9	80	1.4	982.8
2010	1044.7	18.7	910.6	78	1.3	983.0
2011	992.8	17.7	1270.2	74	1.2	971.1
2012	1104.4	18.3	812.0	72	1.4	982.7
2013	1026.9	19.9	1187.5	71	1.4	982.6
2014	1452.5	18.6	598.4	79	1.3	983.6
2015	1448.7	19.6	1129.8	75	1.4	983.3
2016	1345.8	18.5	1150.5	79.5	1.6	971.0
2017	1196.2	18.4	1049.3	78.5	1.6	971.4
2018	1128.2	18.3	1141.5	78.2	1.7	970.7

表 9.4 全年气象情况（2018 年）
STATISTICS ON THE CLIMATE OF THE CURRENT YEAR (2018)

月份 Month	降水量 (毫米) Precipitation (mm)	平均气温 (摄氏度) Average Temperature (℃)	日照时数 (时) Sunshine Hours (hour)	平均相对湿度 (%) Average Relative Humidity (%)	平均风速 (米/秒) Average Wind Speed (m/s)	平均气压 (百帕) Average Air Pressure (100 pa)	雨日数 (天) Days of Rain (day)
全 年 Total	1128.2	18.3	1141.5	78.2	1.7	970.7	163.0
1	32.5	6.7	38.3	82.0	1.5	977.5	13.3
2	12.5	8.8	42.2	77.1	1.6	977.7	6.0
3	74.9	15.8	104.1	76.6	1.8	971.5	13.8
4	145.4	20.2	153.4	71.6	1.9	968.8	12.5
5	201.8	22.5	106.0	77.7	1.8	965.6	20.3
6	96.1	25.3	117.3	77.3	1.7	962.5	15.3
7	114.7	30.4	202.0	66.4	2.0	958.8	10.5
8	120.3	29.2	237.8	68.9	1.7	961.5	13.0
9	183.2	22.7	57.1	83.6	1.7	969.6	19.5
10	78.1	16.8	18.5	88.1	1.4	977.1	17.3
11	41.5	12.4	50.2	84.2	1.4	977.8	9.5
12	27.2	8.4	14.6	84.8	1.5	980.2	12.0

表 9.5 环境保护情况（2017 – 2018 年）
ENVIRONMENTAL PROTECTION (2017-2018)

项 目	Item	2017	2018
环保投资（亿元）	Investment in Environmental Protection (100 million yuan)	462.63	367.78
水资源总量（亿立方米）	Total Water Resources (100 million cu.m)	656.15	524.24
用水总量（亿立方米）	Total Use of Water (100 million cu.m)	77.44	77.20
生活污水排放量（万吨）	Discharged Volume of Domestic Sewage (10 000 tons)	181252.34	186873.23
化学需氧量排放量（万吨）	Discharged Volume of COD (10 000 tons)	25.27	24.78
二氧化硫排放量（万吨）	Discharged Volume of SO_2 (10 000 tons)	25.34	23.72
#生活二氧化硫排放量（万吨）	Discharged Volume of SO_2 from Daily Life (10 000 tons)	11.33	10.52
饮用水源水质达标率 (%)	Rate of Drinking Water Sources up to Standard (%)	100.0	100.0
工业污染治理施工项目数（个）	On-going Projects of Industrial Pollution Treatment (unit)	116	109
工业污染治理项目完成投资（万元）	Completed Investment in Projects of Industrial Pollution Treatment (10 000 yuan)	60702	49057
工业污染治理竣工项目数（个）	Completed Projects of Industrial Pollution Treatment (unit)	144	124
工业固体废物综合利用率 (%)	Rate of Industrial Solid Wastes Comprehensively Utilized (%)	69.8	61.0
森林覆盖率 (%)	Forest Coverage (%)	46.5	48.3
自然保护区数（个）	Number of Nature Reserves (unit)	58	58
自然保护区面积（万公顷）	Area of Nature Reserves (10 000 hectares)	80.60	80.42
保护区面积占土地总面积比重 (%)	Percentage of Nature Reserves to Total Land Area (%)	9.78	9.76
城市区域环境噪声平均值（分贝）	Average Urban Environmental Noise (db)	53.5	54.4
城市道路交通噪声（分贝）	Urban Road Traffic Noise (db)	66.0	66.1
全市大气可吸入颗粒物年均浓度（毫克 / 立方米）	Annual Average Concentration of PM_{10} in Chongqing (mg/cu.m)	0.072	0.064
全市大气二氧化硫年均浓度（毫克 / 立方米）	Annual Average Concentration of SO_2 in Chongqing (mg/cu.m)	0.012	0.009
全市大气二氧化氮年均浓度（毫克 / 立方米）	Annual Average Concentration of NO_2 in Chongqing (mg/cu.m)	0.046	0.044
全市环境空气质量优良天数比例 (%)	Proportion of High Air Quality Days in Chongqing (%)	83.0	86.6

表 9.6 工业"三废"排放处理及综合利用情况（1995 – 2018 年）
DISCHARGE, TREATMENT AND COMPREHENSIVE UTILIZATION OF WASTE GAS, WASTE WATER AND SOLID WASTES (1995-2018)

年 份 Year	工业废水排放总量（万吨） Total Volume of Industrial Waste Water Discharged (10 000 tons)	工业废气（万吨）Industrial Waste Gas (10 000 tons) 工业废气排放总量（亿标立方米） Total Volume of Industrial Waste Gas Discharged (100 million cu.m)	工业二氧化硫 排放量 Volume of SO_2 Discharged	工业烟（粉）尘 排放量 Volume of Industrial Dusts and Fume Discharged
1995	95590	1979.00	71.45	22.39
1996	93889	1697.00	72.16	22.36
1997	101324	1794.00	71.43	33.18
1998	93997	1712.76	73.64	28.65
1999	90220	1839.33	75.88	26.44
2000	84344	1907.90	66.42	22.01
2001	81214	1856.24	56.94	21.41
2002	79872	1978.89	55.18	20.31
2003	81973	2276.94	59.97	22.23
2004	83031	3540.86	64.11	21.98
2005	84885	3654.55	68.32	21.28
2006	85866	5066.96	71.08	20.01
2007	69003	7616.62	68.31	18.23
2008	67027	7350.73	62.72	15.33
2009	65684	12586.52	58.61	10.77
2010	45180	10943.13	57.27	8.36
2011	33954	9121.07	53.13	17.12
2012	30611	8359.88	50.98	16.61
2013	33450	9532.44	49.44	17.98
2014	34968	9289.60	47.48	21.47
2015	35524	9928.07	42.68	19.64
2016	25874	12161.24	17.40	8.38
2017	19303	9596.76	13.99	6.87
2018	20780	11443.77	13.20	8.41

年 份 Year	工业固体废物（万吨） Industrial Solid Wastes (10 000 tons) 产生量 Produced Volume	排放量 Discharged Volume	处置量 Treated Volume	综合利用量 Comprehensively Utilized Volume	综合利用率 (%) Rate of Comprehensive Utilization (%)
1995	1092	230	68.34	467.79	50.37
1996	1174	229	61.06	510.06	58.10
1997	1279	273	49.16	623.00	54.27
1998	1368	229	43.75	597.00	61.78
1999	1512	291	42.40	655.47	64.32
2000	1305	238	37.64	626.01	71.00
2001	1300	168	87.85	881.64	65.30
2002	1348	160	68.78	960.95	68.20
2003	1336	142	73.54	967.98	68.43
2004	1489	118	62.09	1093.35	70.93
2005	1777	184	122.41	1329.39	72.07
2006	1815	133	123.99	1367.71	73.70
2007	2087	138	162.73	1623.36	76.71
2008	2311	149	73.24	1850.57	79.07
2009	2552	150	126.68	2076.74	79.80
2010	2869	134	155.20	2348.27	80.40
2011	3346	24	561.89	2590.56	76.86
2012	3164	5	487.18	2606.19	81.56
2013	3208	11	428.35	2728.19	84.01
2014	3105	7	422.44	2670.15	84.19
2015	2828	7	382.71	2423.85	84.45
2016	2398	1.10	418.91	1877.10	76.43
2017	2004	0.82	480.60	1402.00	69.80
2018	2455	0.70	822.85	1500.43	60.98

表 9.7 重点调查工业废气排放及处理情况（2018 年）
WASTE GAS DISCHARGE AND TREATMENT BY THE INDUSTRIAL ENTERPRISES UNDER MAJOR SURVEY (2018)

行 业	Sector	汇总工业企业数（个）Number of Industrial Enterprises (unit)	废气治理设施数（套）Number of Facilities for Waste Gas Treatment (set)
总 计	**Total**	**2586**	**6610**
采矿业	**Mining and Quarrying**	**43**	**13**
煤炭开采和洗选业	Mining and Washing of Coal	34	2
石油和天然气开采业	Extraction of Petroleum and Natural Gas	6	6
黑色金属矿采选业	Mining and Processing of Ferrous Metal Ores		
有色金属矿采选业	Mining and Processing of Non-ferrous Metal Ores		
非金属矿采选业	Mining and Processing of Non-metal Ores	2	5
开采专业及辅助性活动	Support Activities for Mining	1	
其他采矿业	Mining of Other Ores		
制造业	**Manufacturing**	**2511**	**6488**
农副食品加工业	Processing of Food from Agricultural Products	340	156
食品制造业	Manufacture of Foods	75	50
酒、饮料和精制茶制造业	Manufacture of Liquor, Beverage and Refined Tea	170	41
烟草制品业	Manufacture of Tobacco	6	49
纺织业	Manufacture of Textile	32	14
纺织服装、服饰业	Manufacture of Textile, Wearing Apparel and Accessories	7	1
皮革、毛皮、羽毛及其制品和制鞋业	Manufacture of Leather, Fur, Feather and Related Products and Footwear	18	16
木材加工和木、竹、藤、棕、草制品业	Processing of Timber, Manufacture of Wood, Bamboo, Rattan, Palm and Straw Products	25	135
家具制造业	Manufacture of Furniture	20	51
造纸及纸制品业	Manufacture of Paper and Paper Products	45	51
印刷和记录媒介复制业	Printing, and Reproduction of Recording Media	36	37
文教、工美、体育和娱乐用品制造业	Manufacture of Culture, Education, Handicraft, Fine Arts, Sports and Entertainment Articles	2	3
石油、煤炭及其他燃料加工工业	Processing of Petroleum, Coking and other Fuel	8	10
化学原料及化学制品制造业	Manufacture of Raw Chemical Materials and Chemical Products	119	400
医药制造业	Manufacture of Medicines	82	137
化学纤维制造业	Manufacture of Chemical Fibres	2	11
橡胶和塑料制品业	Manufacture of Rubber and Plastics	61	139
非金属矿物制品业	Manufacture of Non-metallic Mineral Products	664	2647
黑色金属冶炼及压延加工业	Smelting and Pressing of Ferrous Metals	32	144
有色金属冶炼及压延加工业	Smelting and Pressing of Non-ferrous Metals	46	130
金属制品业	Manufacture of Metal Products	187	431
通用设备制造业	Manufacture of General Purpose Machinery	84	189
专用设备制造业	Manufacture of Special Purpose Machinery	23	18
汽车制造业	Manufacture of Automobiles	202	768
铁路、船舶、航空航天和其他运输设备制造业	Manufacture of Railway, Ship, Aerospace and Other Transport Equipments	75	214
电气机械和器材制造业	Manufacture of Electrical Machinery and Apparatus	38	162
计算机、通信和其他电子设备制造业	Manufacture of Computers, Communication and Other Electronic Equipments	57	352
仪器仪表制造业	Manufacture of Measuring Instruments and Machinery	13	42
其他制造业	Other Manufacture	22	65
废弃资源综合利用业	Utilization of Waste Resources	16	18
金属制品、机械和设备修理业	Repair of Metal Products, Machinery and Equipment	4	7
电力、热力、燃气及水生产和供应业	**Production and Supply of Electric Power and Heat Power**	**32**	**109**
电力、热力的生产和供应业	Production and Supply of Electric Power and Heat Power	30	108
燃气生产和供应业	Production and Supply of Gas	2	1
水的生产和供应业	Production and Supply of Water		

工业废气排放总量(亿标立方米) Total Volume of Industrial Waste Gas Discharged (100 million cu.m)	工业二氧化硫产生量(吨) Volume of Sulfur Dioxide Produced (ton)	工业二氧化硫排放量(吨) Volume of Sulphur Dioxide Discharged (ton)	工业烟(粉)尘产生量(吨) Volume of Fume and Dust Produced (ton)	工业烟(粉)尘排放量(吨) Volume of Fume and Dust Discharged (ton)
11443.55	**85223.13**	**87410.21**	**17933730.23**	**73682.70**
22.06	**1319.89**	**450.98**	**1198.33**	**364.76**
1.59	11.38	22.29	17.28	4.92
9.95	591.21	293.27	0.99	0.99
7.96	120.13	121.40	1178.65	357.44
2.57	597.18	14.02	1.41	1.41
9376.42	**61194.66**	**64235.33**	**13919189.13**	**67073.00**
69.14	477.48	222.06	1125.85	329.51
50.76	284.03	430.66	78211.35	103.66
10.53	204.69	101.96	352.22	181.03
3.13	67.61	24.58	324.19	5.95
2.12	66.90	34.45	231.01	77.51
0.33	12.97	5.66	66.75	4.01
2.52	20.92	12.01	139.62	19.54
20.85	94.21	21.19	286.85	104.77
24.58	0.90	1.19	1125.60	64.75
158.91	3025.06	2009.67	322688.18	887.75
102.36	13.19	12.18	135.19	23.13
5.15	8.02	0.20	57.69	7.01
9.73	274.67	25.21	8.51	2.32
557.36	5306.18	3173.46	254387.69	3476.32
38.49	219.69	191.48	1928.37	267.79
167.94	2196.60	1871.12	368372.00	1062.72
115.58	1421.03	444.45	6541.53	573.52
2928.64	30552.01	42857.53	11182025.26	39647.78
1504.97	9030.89	7523.53	688838.75	15223.20
1429.86	7186.58	4320.71	1001603.07	3479.04
222.52	251.18	183.71	1353.18	166.03
62.90	17.87	79.65	1182.30	131.52
7.47	23.63	20.79	72.98	16.45
934.60	89.25	382.40	3587.65	591.40
91.78	95.62	125.76	1708.85	214.17
98.25	95.37	37.19	321.95	131.94
709.31	5.12	54.04	796.20	153.88
5.79	0.10	1.49	67.16	6.87
15.65	121.58	54.17	180.30	102.76
24.89	28.91	9.88	1468.64	16.48
0.30	2.42	2.95	0.21	0.21
2045.07	**22708.58**	**22723.90**	**4013342.77**	**6244.94**
2045.03	22708.32	22722.72	4013342.77	6244.94
0.04	0.25	1.18		

表 9.8 重点调查工业固体废物产生及处理利用情况(2018 年)
GENERATION, TREATMENT AND UTILIZATION OF SOLID WASTES OF THE INDUSTRIAL ENTERPRISES UNDER MAJOR SURVEY (2018)

行 业	Sector	企业数(个) Number of Enterprises (unit)
总 计	**Total**	**2586**
采矿业	**Mining and Quarrying**	**43**
煤炭开采和洗选业	Mining and Washing of Coal	34
石油和天然气开采业	Extraction of Petroleum and Natural Gas	6
黑色金属矿采选业	Mining and Processing of Ferrous Metal Ores	
有色金属矿采选业	Mining and Processing of Non-ferrous Metal Ores	
非金属矿采选业	Mining and Processing of Non-metal Ores	2
开采专业及辅助性活动	Support Activities for Mining	1
其他采矿业	Mining of Other Ores	
制造业	**Manufacturing**	**2511**
农副食品加工业	Processing of Food from Agricultural Products	340
食品制造业	Manufacture of Foods	75
酒、饮料和精制茶制造业	Manufacture of Liquor, Beverage and Refined Tea	170
烟草制品业	Manufacture of Tobacco	6
纺织业	Manufacture of Textile	32
纺织服装、服饰业	Manufacture of Textile, Wearing Apparel and Accessories	7
皮革、毛皮、羽毛及其制品和制鞋业	Manufacture of Leather, Fur, Feather and Related Products and Footwear	18
木材加工和木、竹、藤、棕、草制品业	Processing of Timber, Manufacture of Wood, Bamboo, Rattan, Palm and Straw Products	25
家具制造业	Manufacture of Furniture	20
造纸及纸制品业	Manufacture of Paper and Paper Products	45
印刷和记录媒介复制业	Printing, and Reproduction of Recording Media	36
文教、工美、体育和娱乐用品制造业	Manufacture of Culture, Education, Handicraft, Fine Arts, Sports and Entertainment Articles	2
石油、煤炭及其他燃料加工业	Processing of Petroleum, Coking and other Fuel	8
化学原料及化学制品制造业	Manufacture of Raw Chemical Materials and Chemical Products	119
医药制造业	Manufacture of Medicines	82
化学纤维制造业	Manufacture of Chemical Fibres	2
橡胶和塑料制品业	Manufacture of Rubber and Plastics	61
非金属矿物制品业	Manufacture of Non-metallic Mineral Products	664
黑色金属冶炼及压延加工业	Smelting and Pressing of Ferrous Metals	32
有色金属冶炼及压延加工业	Smelting and Pressing of Non-ferrous Metals	46
金属制品业	Manufacture of Metal Products	187
通用设备制造业	Manufacture of General Purpose Machinery	84
专用设备制造业	Manufacture of Special Purpose Machinery	23
汽车制造业	Manufacture of Automobiles	202
铁路、船舶、航空航天和其他运输设备制造业	Manufacture of Railway, Ship, Aerospace and Other Transport Equipments	75
电气机械和器材制造业	Manufacture of Electrical Machinery and Apparatus	38
计算机、通信和其他电子设备制造业	Manufacture of Computers, Communication and Other Electronic Equipments	57
仪器仪表制造业	Manufacture of Measuring Instruments and Machinery	13
其他制造业	Other Manufacture	22
废弃资源综合利用业	Utilization of Waste Resources	16
金属制品、机械和设备修理业	Repair of Metal Products, Machinery and Equipment	4
电力、热力、燃气及水生产和供应业	**Production and Supply of Electric Power and Heat Power**	**32**
电力、热力的生产和供应业	Production and Supply of Electric Power and Heat Power	30
燃气生产和供应业	Production and Supply of Gas	2
水的生产和供应业	Production and Supply of Water	

工业固体废物产生量（万吨） Volume of Industrial Solid Waste Produced (10 000 tons)	其中 of which #危险废物产生量 Volume of Hazardous Wastes Produced	工业固体废物综合利用量（万吨） Volume of Industrial Solid Wastes Comprehensively Utilized (10 000 tons)	工业固体废物贮存量（万吨） Volume of Industrial Solid Wastes in Stock (10 000 tons)	工业固体废物处置量（万吨） Volume of Industrial Solid Wastes Treated (10 000 tons)	工业固体废物倾倒丢弃量（万吨） Volume of Industrial Solid Waste Dumped (10 000 tons)
2344.84	**65.02**	**1424.39**	**606.42**	**385.94**	**0.66**
190.60	**0.45**	**76.92**	**49.87**	**65.86**	
184.21	0.02	72.55	48.47	63.26	
4.98	0.43	4.35		2.61	
1.42		0.02	1.40		
1323.97	**59.33**	**619.84**	**496.38**	**276.57**	**0.66**
7.87	0.03	2.34	5.52		
31.37	0.03	26.41	4.86	0.09	0.11
12.96	0.05	9.61	3.28		0.06
0.56		0.26	0.31		
0.24		0.14	0.11		
0.05	0.03	0.04			
0.04		0.04			
0.24		0.19	0.05		
0.10	0.01	0.08	0.03		
146.92	0.14	115.67	31.25		
0.69	0.08	0.62	0.07		
0.06	0.05	0.05	0.01	0.01	
276.86	16.98	92.77	25.68	159.40	
14.31	2.02	4.73	10.47		
47.80	25.76		47.80		
4.87	0.25	4.33	0.40	0.15	
87.16	0.07	78.74	11.13	0.53	0.26
386.48	0.10	49.68	238.37	98.43	
188.84	1.09	170.96	0.30	17.49	0.09
1.78	1.24	1.04	0.61	0.15	
3.92	0.23	0.90	3.01	0.03	
0.60	0.02	0.50	0.11		
71.29	2.81	35.87	35.48	0.01	
4.41	0.31	1.84	2.57	0.01	
2.53	0.47	0.40	2.12	0.01	
12.54	6.74	3.94	8.57	0.03	
0.24	0.02	0.19	0.05		
1.82	0.21	1.62	0.06		0.13
17.43	0.57	16.89	64.16	0.24	
	0.01				
830.27	**5.24**	**727.64**	**60.17**	**43.51**	
830.27	5.24	727.64	60.17	43.51	

表 9.9 重点调查工业废水排放及处理情况（2018 年）
WASTE WATER DISCHARGE AND TREATMENT BY THE INDUSTRIAL ENTERPRISES UNDER MAJOR SURVEY (2018)

行 业	Sector	企业数（个）Number of Enterprises (unit)	工业废水排放总量（万吨）Total Volume of Waste Water Discharged (10 000 tons)	废水治理设施数（套）Number of Facilities for Waste Water Control (set)
总 计	**Total**	**2586**	**18757.57**	**1668**
采矿业	**Mining and Quarrying**	**43**	**4427.27**	**43**
煤炭开采和洗选业	Mining and Washing of Coal	34	4406.01	37
石油和天然气开采业	Extraction of Petroleum and Natural Gas	6	3.53	4
黑色金属矿采选业	Mining and Processing of Ferrous Metal Ores			
有色金属矿采选业	Mining and Processing of Non-ferrous Metal Ores			
非金属矿采选业	Mining and Processing of Non-metal Ores	2	15.56	1
开采专业及辅助性活动	Support Activities for Mining	1	2.16	1
其他采矿业	Mining of Other Ores			
制造业	**Manufacturing**	**2511**	**14106.48**	**1592**
农副食品加工业	Processing of Food from Agricultural Products	340	758.58	257
食品制造业	Manufacture of Foods	75	405.16	59
酒、饮料和精制茶制造业	Manufacture of Liquor, Beverage and Refined Tea	170	394.67	99
烟草制品业	Manufacture of Tobacco	6	28.79	3
纺织业	Manufacture of Textile	32	69.20	31
纺织服装、服饰业	Manufacture of Textile, Wearing Apparel and Accessories	7	21.30	7
皮革、毛皮、羽毛及其制品和制鞋业	Manufacture of Leather, Fur, Feather and Related Products and Footwear	18	6.54	6
木材加工和木、竹、藤、棕、草制品业	Processing of Timber, Manufacture of Wood, Bamboo, Rattan, Palm and Straw Products	25	7.32	5
家具制造业	Manufacture of Furniture	20	9.65	12
造纸及纸制品业	Manufacture of Paper and Paper Products	45	3513.87	35
印刷和记录媒介复制业	Printing, and Reproduction of Recording Media	36	8.28	17
文教、工美、体育和娱乐用品制造业	Manufacture of Culture, Education, Handicraft, Fine Arts, Sports and Entertainment Articles	2	3.86	
石油、煤炭及其他燃料加工业	Processing of Petroleum, Coking and other Fuel	8	35.33	4
化学原料及化学制品制造业	Manufacture of Raw Chemical Materials and Chemical Products	119	1866.33	89
医药制造业	Manufacture of Medicines	82	456.46	86
化学纤维制造业	Manufacture of Chemical Fibres	2	1681.60	2
橡胶和塑料制品业	Manufacture of Rubber and Plastics	61	141.22	33
非金属矿物制品业	Manufacture of Non-metallic Mineral Products	664	419.09	88
黑色金属冶炼及压延加工业	Smelting and Pressing of Ferrous Metals	32	410.90	22
有色金属冶炼及压延加工业	Smelting and Pressing of Non-ferrous Metals	46	236.86	34
金属制品业	Manufacture of Metal Products	187	258.34	170
通用设备制造业	Manufacture of General Purpose Machinery	84	164.66	67
专用设备制造业	Manufacture of Special Purpose Machinery	23	18.36	19
汽车制造业	Manufacture of Automobiles	202	867.77	207
铁路、船舶、航空航天和其他运输设备制造业	Manufacture of Railway, Ship, Aerospace and Other Transport Equipments	75	232.19	87
电气机械和器材制造业	Manufacture of Electrical Machinery and Apparatus	38	76.55	44
计算机、通信和其他电子设备制造业	Manufacture of Computers, Communication and Other Electronic Equipments	57	1823.36	68
仪器仪表制造业	Manufacture of Measuring Instruments and Machinery	13	40.36	12
其他制造业	Other Manufacture	22	141.87	17
废弃资源综合利用业	Utilization of Waste Resources	16	4.04	5
金属制品、机械和设备修理业	Repair of Metal Products, Machinery and Equipment	4	3.97	7
电力、热力、燃气及水生产和供应业	**Production and Supply of Electric Power and Heat Power**	**32**	**223.82**	**33**
电力、热力的生产和供应业	Production and Supply of Electric Power and Heat Power	30	222.52	32
燃气生产和供应业	Production and Supply of Gas	2	1.30	1
水的生产和供应业	Production and Supply of Water			

表 9.10 工业污染治理项目及投资情况（2017 – 2018 年）
INDUSTRIAL POLLUTION TREATMENT PROJECTS AND INVESTMENT (2017-2018)

项 目	Item	2017	2018
企业数（个）	**Number of Enterprises (unit)**	**116**	**90**
施工项目数（个）	**Number of Projects under Construction (unit)**	**116**	**109**
治理废水	Treatment of Waste Water	8	16
治理废气	Treatment of Waste Gas	78	61
治理固体废物	Treatment of Solid Wastes	3	2
治理噪声	Treatment of Noise Pollution	5	4
治理其他	Treatment of Other Pollution	22	26
资金来源合计（万元）	**Total Funds (10 000 yuan)**	**60702**	**49057**
排污费补助	Pollution Discharge Fees Subsidy	6	35
政府其他补助	Other Government Subsidy	186	8
企业自筹	Self-raised Fund	60510	49014
资金使用合计（万元）	**Total Expenditures (10 000 yuan)**	**60702**	**49057**
治理废水	Treatment of Waste Water	1508	3255
治理废气	Treatment of Waste Gas	49957	22676
治理固体废物	Treatment of Solid Wastes	80	181
治理噪声	Treatment of Noise Pollution	242	970
治理其他	Treatment of Other Pollution	8915	21976
本年竣工项目数（个）	**Number of Projects Completed in Current Year (unit)**	**53**	**35**
当年竣工项目新增设计处理利用“三废”能力	**Newly Added Designed Capacity of the Projects Completed in Current Year for the Treatment and Utilization of "Three Wastes"**		
废 水（吨 / 日）	Waste Water (ton/day)	18012	24477
废 气（万标立方米 / 时）	Waste Gas (10 000 cu.m/hour)	1319	424
固体废物（吨 / 日）	Solid Wastes (ton/day)		

表 9.11 生活污染物排放情况（2017 – 2018 年）
DISCHARGE OF DOMESTIC POLLUTANTS (2017-2018)

项 目	Item	2017	2018
生活污水排放量（万吨）	Volume of Domestic Waste Water Discharged (10 000 tons)	181252	186873
生活污水中化学需氧量排放量（吨）	Volume of COD Emission in Domestic Waste Water (ton)	235812	232131
生活二氧化硫排放量（吨）	Volume of Sulphur Dioxide Emission from Daily Life (ton)	113309	105196
生活烟尘排放量（吨）	Volume of Soot Emission from Daily Life (ton)	4672	4337

重/庆/统/计/年/鉴

主要统计指标解释

■ 自然资源

指人类可以直接从自然界获得，并用于生产和生活的物质资源。自然资源一般可以分成可再生资源和非再生资源两大类。可再生资源指在较短时间内可以再生、可以循环利用的资源，包括土地资源、水资源、气候资源、生物资源和海洋资源等。非再生资源指在使用后不能再生的资源，包括矿产资源和地热能源。

■ 土地资源

土地指陆地的表层部分，它主要由岩石、岩石的风化物和土壤构成。土地资源按利用类型可以分为农用地、建筑用地和未利用地。农用地包括耕地、园地、林地、牧草地和水面。建筑用地包括居民点及工矿用地、交通用地和水利设施用地。未利用地指农用地和建筑用地以外的土地，包括滩涂、荒漠、戈壁、冰川和石山等。

■ 耕地

指种植农作物的土地，包括熟地，新开发、复垦、整理地，休闲地（含轮歇地、轮作地）；以种植农作物（含蔬菜）为主，间有零星果树、桑树或其他树木的土地；平均每年能保证收获一季的已垦滩地和海涂。耕地中包括南方宽度＜1.0米，北方宽度＜2.0米固定的沟、渠、路和地坎（埂）；临时种植药材、草皮、花卉、苗木等的耕地，以及其他临时改变用途的耕地。

林地　指生长乔木、竹类、灌木的土地，及沿海生长红树林的土地。包括迹地，不包括居民点内部的绿化林木用地，铁路、公路征地范围内的林木，以及河流、沟渠的护堤林。

■ 牧草地

指生长草本植物为主的土地。

■ 森林资源

指森林、林木、林地以及依托森林、林木、林地生存的野生动物、植物和微生物。林木指树木和竹子。森林指以乔木为主体的植物群落，是集生的乔木及与共同作用的植物、动物、微生物和土壤、气候等的总体。

活立木总蓄积量　指一定范围内土地上全部树木蓄积的总量，包括森林蓄积、疏林蓄积、散生木蓄积和四旁（村旁、路旁、水旁、宅旁）树蓄积。

■ 森林面积

指由乔木树种构成，郁闭度0.2以上（含0.2）的林地或冠幅宽度10米以上的林带的面积，即有林地面积。森林面积包括天然起源和人工起源的针叶林面积、阔叶林面积、针阔混交林面积和竹林面积，不包括灌木林地面积和疏林地面积。

■ 森林蓄积量

指一定森林面积上存在着的林木树干部分的总材积。它是反映一个国家或地区森林资源总规模和水平的基本指标之一，也是反映森林资源的丰富程度、衡量森林生态环境优劣的重要依据。

■ 森林覆盖率

以行政区域为单位的森林面积占区域土地总面积的百分比。计算公式为：

森林覆盖率＝森林面积／土地总面积 ×100%

■ 水资源总量

指当地降水形成的地表和地下产水总量，即地表径流量与降水入渗补给量之和。

■ 地表水资源量

指河流、湖泊以及冰川等地表水体中可以逐年更新的动态水量，即天然河川径流量。

■ 地下水资源量

指地下饱和含水层逐年更新的动态水量，即降水和地表水入渗对地下水的补给量。

■ 地表水与地下水重复计算量

指地表水和地下水相互转化的部分，即天然河川径流量中的地下水排泄量和地下水补给量中来源于地

主要统计指标解释

表水的入渗补给量。

供水总量

指各种水源为用水户提供的包括输水损失在内的毛水量。

地表水源供水量

指地表水体工程的取水量，按蓄、引、提、调四种形式统计。从水库、塘坝中引水或提水，均属蓄水工程供水量；从河道或湖泊中自流引水的，无论有闸或无闸，均属引水工程供水量；利用扬水站从河道或湖泊中直接取水的，属提水工程供水量；跨流域调水指水资源一级区或独立流域之间的跨流域调配水量，不包括在蓄、引、提水量中。

地下水源供水量

指水井工程的开采量，按浅层淡水、深层承压水和微咸水分别统计。城市地下水源供水量包括自来水厂的开采量和工矿企业自备井的开采量。

径流

指大气降水扣除损耗外，从地表和地下向流域出口断面汇集的水流。径流可分为地表径流、地下径流和壤中流。地表径流指沿地表向河流、湖泊、沼泽、海洋等汇集的水流；地下径流指沿潜水层或隔水层间的含水层，向河流、湖泊、沼泽、海洋等汇集的地下水水流。

径流量

指在一定时段内通过河流某一过水断面的水量，用以反映一个国家或地区水资源的丰歉程度。计算公式为：

径流量 = 降水量 − 蒸发量

矿产资源

矿产指由地质作用形成，具有利用价值的，呈固态、液态、气态的自然资源，是社会生产发展的重要物质基础。目前我国已发现矿种有170多种，按其特点和用途，可分为能源矿产（如煤炭、石油、天然气、地热）、金属矿产（如铁矿、锰矿、铜矿、铅矿、铝土矿）、非金属矿产（如金刚石、石灰石、粘土）和水气矿产（如地下水、矿泉水、二氧化碳气）四大类。其中：金属矿产按其物质成份和性质又可分为：黑色金属矿产、有色金属矿产、贵金属矿产、稀有金属矿产、稀土金属矿产、分散元素金属矿产六类。

矿产基础储量　基础储量是查明矿产资源的一部分。它能满足现行采矿和生产所需的指标要求，是控制的、探明的并通过可行性或预可行性研究认为属于经济的、边界经济的部分，用未扣除设计、采矿损失的数量表示。

气候

指地球与大气之间长期能量交换与质量交换所形成的一种自然环境状态，它是多种因素综合作用的结果。气候既是人类生活和生产的环境要素之一，又是供给人类生活和生产的重要资源。气温、降水、湿度等气象要素的多年平均值是用来描述一个地区气候状况的主要参数，而各种气象要素某年、某月的平均值（或总量）则可以反映出该时期天气气候状况的重要特征。

平均气温

气温指空气的温度，我国一般以摄氏度为单位表示。气象观测的温度表是放在离地面约1.5米处通风良好的百叶箱里测量的，因此，通常说的气温指的是离地面1.5米处百叶箱中的温度。计算方法：月平均气温是将全月各日的平均气温相加，除以该月的天数而得。年平均气温是将12个月的月平均气温累加后除以12而得。

年平均相对湿度

指空气中实际水气压与当时气温下的饱和水气压之比。其统计方法与气温相同。

降水量

指从天空降落到地面的液态或固态（经融化后）水，未经蒸发、渗透、流失而在地面上积聚的深度。其统计计算方法为：

月降水量是将全月各日的降水量累加而得。

年降水量是将12个月的月降水量累加而得。

全年日照时数

指太阳实际照射地面的时数，通常以小时为单位表示。其统计方法与降水量相同。

主要统计指标解释

■ 化学需氧量（COD）排放量

为工业废水中COD排放量与生活污水中COD排放量之和。化学需氧量指用化学氧化剂氧化水中有机污染物时所需的氧量。一般利用化学氧化剂将废水中可氧化的物质（有机物、亚硝酸盐、亚铁盐、硫化物等）氧化分解，然后根据残留的氧化剂的量计算出氧的消耗量，来表示废水中有机物的含量，反映水体有机物污染程度。COD值越高，表示水中有机污染物污染越重。

二氧化硫排放量

指报告期内工业SO_2排放量与生活SO_2排放量之和。

■ 工业废水排放量

指经过企业厂区所有排放口排到企业外部的工业废水量。包括生产废水、外排的直接冷却水、超标排放的矿井地下水和与工业废水混排的厂区生活污水，不包括外排的间接冷却水（清污不分流的间接冷却水应计算在内）。

■ 工业废水排放达标量

指报告期内废水中各项污染物指标都达到国家或地方排放标准的外排工业废水量，包括未经处理外排达标的，经废水处理设施处理后达标排放的，以及经污水处理厂处理后达标排放的。

■ 工业废气排放量

指报告期内企业厂区内燃料燃烧和生产工艺过程中产生的各种排入空气的含有污染物的气体的总量，以标准状态（273K，101325Pa）计算。测算公式为：

工业废气排放量＝燃料燃烧过程中废气排放量＋生产工艺过程中废气排放量

■ 工业二氧化硫排放量

指报告期内企业在燃料燃烧和生产工艺过程中排入大气的SO_2总量，计算公式为：

工业SO_2排放量＝燃料燃烧过程中SO_2排放量＋生产工艺过程中SO_2排放量

■ 工业烟尘排放量

指企业厂区内的燃料燃烧过程中产生的烟气中夹带的颗粒物排放量。

■ 工业粉尘排放量

指企业在生产工艺过程中排放的能在空气中悬浮一定时间的固体颗粒物排放量。如钢铁企业的耐火材料粉尘、焦化企业的筛焦系统粉尘、烧结机的粉尘、石灰窑的粉尘、建材企业的水泥粉尘等。不包括电厂排入大气的烟尘。

■ 一般工业固体废物产生量

指未被列入《国家危险废物名录》或者根据国家规定的危险废物鉴别标准（GB5085）、固体废物浸出毒性浸出方法（GB5086）及固体废物浸出毒性测定方法（GB／T 15555）鉴别方法判定不具有危险特性的工业固体废物。计算公式是：

一般工业固体废物产生量＝（一般工业固体废物综合利用量－其中：综合利用往年贮存量）＋一般工业固体废物贮存量＋（一般工业固体废物处置量－其中：处置往年贮存量）＋一般工业固体废物倾倒丢弃量

■ 一般工业固体废物综合利用量

指报告期内企业通过回收、加工、循环、交换等方式，从固体废物中提取或者使其转化为可以利用的资源、能源和其他原材料的固体废物量（包括当年利用的往年工业固体废物累计贮存量）。如用作农业肥料、生产建筑材料、筑路等。综合利用量由原产生固体废物的单位统计。

■ 一般工业固体废物处置量

指报告期内企业将工业固体废物焚烧和用其他改变工业固体废物的物理、化学、生物特性的方法，达到减少或者消除其危险成分的活动，或者将工业固体废物最终置于符合环境保护规定要求的填埋场的活动中，所消纳固体废物的量。

■ 般工业固体废物贮存量

指报告期内企业以综合利用或处置为目的，将固体废物暂时贮存或堆存在专设的贮存设施或专设的集中堆存场所内的量。专设的固体废物贮存场所或贮存设施必须有防扩散、防流失、防渗漏、防止污染大气、水体的措施。

主要统计指标解释

■ 般工业固体废物倾倒丢弃量

指报告期内企业将所产生的固体废物倾倒或者丢弃到固体废物污染防治设施、场所以外的量。

■ “三废”综合利用产品产值

指报告期内利用“三废”（废液、废气、废渣）作为主要原料生产的产品产值（现行价），已经销售或准备销售的应计算产品产值，留作生产上自用的不应计算产品产值。

■ 城镇生活污水排放量

指城镇居民每年排放的生活污水。用人均系数法测算。测算公式为：

城镇生活污水排放量 = 城镇生活污水排放系数 × 市镇非农业人口 ×365

■ 生活及其他烟尘排放量

指除工业生产活动以外的所有社会、经济活动及公共设施的经营活动中燃烧所排放的烟尘纯重量。以生活及其他煤炭消费量为基础进行测算。

■ 人工林面积

指由人工播种、植苗或扦插造林形成的生长稳定，(一般造林 3-5 年后或飞机播种 5-7 年后) 每公顷保存株数大于或等于造林设计植树株数 80% 或郁闭度 0.20 以上 (含 0.20) 的林分面积。

Explanatory Notes on Main Statistical Indicators

Natural Resources

Refer to material resources that could be obtained from the nature by human being and used for production and living. Natural resources in general can be classified as renewable resources and non-renewable resources. Renewable resources refer to resources that could be renewed and recycled during a relatively short period of time, including land resource, water resource, climate resource, biology resource and marine resource. Non-renewable resources include resources that could not be renewed, such as minerals and geothermal resource.

Land Resource

Land refers to the surface of the earth, consisting of mainly rocks and its weathering and earth. Land resource can be classified, by its utilization, as land for agriculture, land for construction and unused land. Land for agriculture included cultivated land, plantation land, forestland, grassland and waters. Land for construction includes land for residential purpose, for manufacturing and mining, for transportation and for water-conservancy projects. Unused land refers to land other than land for agriculture and construction, including beaches, deserts, Gobi glaciers and rock mountains.

Cultivated Land

Refers to land mainly for the regular cultivation of farm crops (including vegetables), with some fruit trees, mulberry trees and others, covers cultivated land, newly-developed land, reclaimed land, consolidated land, fallow, beach land that can guarantee one harvest per year on average. It also covers fixed ditch, canal, road and sill (ridge) with width less than 1 meter in the South and 2 meters in the North, lands planted temporarily with herbs, grass, flowers and nursery stocks, and other cultivated land with temporary change of use.

Forestland

Refers to land for planting arbor, bamboo, bush shrub and land in coastal zones for planting mangrove. It includes slash, but not the green belts in residential area, forests requested for railway and highway, and the dike protection forest around rivers and ditches.

Pastureland

Refers to land mainly for the growth of herbs.

Forest Resource

Refers to forests, trees, forestland and wild animals, plants and microorganism that live on forest and trees. Trees include trees and bamboo. Forest refers to the population of clusters of trees and other plants, animals and microorganism as well as the earth and climate that have interactions with the trees.

Total Standing Stock Volume

Refers to the total stock volume of trees growing in land, including trees in forest, tress in sparse forest, scattered trees and trees planted by the side of villages, farm houses and along roads and rivers.

Forest Area

Refers to the area of forest where trees and bamboo grow with canopy density above 0.2, including land of natural woods and planted woods, but excluding bush land and thin forest land. It reflects the total areas of afforestation.

Stock Volume of Forest

Refers to total stock volume of wood growing in forest area, which shows the total size and level of forest resources of a country or a region. It is also an important

EXPLANATORY NOTES TO MAJOR STATISTICAL INDICATORS

indicator illustrating the richness of forest resource and the status of forest ecological environment.

Forest Coverage Rate

Taking the administrative jurisdiction as the unit, the percentage of area of afforested land to the area of total land. The formula for calculating forest coverage rate is as follows:

Forestry Coverage Rate = Area of Afforested Land / Area of Total Land ×100%

Total Water Resources

Refers to total volume of surface water and groundwater and is measured as run-off for surface water and replenishment of groundwater with rainfall in local area.

Surface Water Resources

Refers to total volume of year by year renewable dynamic resources which exist in rivers, lakes, glaciers and other surface water and are the natural run-off of rivers.

Groundwater Resources

Refers to total volume of year by year renewable dynamic resources which exist in saturation acquifers of groundwater and are measured as replenishment of groundwater with rainfall and surface water.

Duplicated Measurement between Surface Water and Groundwater

Refers to mutual exchange between surface water and groundwater, i.e. run-off of rivers includes some depletion into groundwater while groundwater includes some replenishment from surface water.

Water Supply

Refers to gross water of various sources supplied to consumers, including losses during distribution.

Surface Water Supply

Refers to withdrawals by surface water supply system, broken down with storage, flow, pumping and transfer. Supply from storage projects includes withdrawals from reservoirs; supply from flow includes withdrawals from rivers and lakes with natural flows no matter if there are locks or not; supply from pumping projects includes withdrawals from rivers or lakes with pumping stations; and supply from transfer refers to water supplies transferred from first-level regions of water resources or independent river drainage areas to others, and should not be covered under supplies of storage, flow and pumping.

Groundwater Supply

Refers to withdrawals from supplying wells, broken down with shallow layer freshwater, deep layer freshwater and slightly brackish water. Groundwater supply for urban areas includes water mining by both waterworks and own wells of enterprises.

Runoff

Refers to the water gathered at the way out of the cross section of drainage area either from the surface or underground after deducting the wastage of the precipitation. Runoff can be divided into surface runoff, underground runoff and within soil runoff. Surface runoff refers to water flow to the rivers, lakes, swamps, and seas on the surface of the earth. Underground runoff refers to water flow to rivers, swamps, and seas through the water-bearing stratum of confined layer or unconfined layer.

Volume of Runoff

Refers to the total volume of water running through a certain cross section of a river during a certain period of time, reflecting the water resource condition in a country or a region. The formula for calculating volume or runoff is as follows: *Runoff=Precipitation-Evaporation*

Mineral Resources

Refer to useful minerals, with solid state, liquid state, gaseity, due to the geological process. Minerals are important natural resources, and important material base for social development. At present, there are more than 170 types of minerals discovered in China. They can be categorized into four groups: energy producing minerals (including coal, petroleum, natural gas and terrestrial heat), metallic minerals (including iron, manganese, copper, lead and bauxite), non metallic minerals (including diamond, limestone and clay), and water/gas related minerals (including ground water, mineral water and carbon dioxide). Metallic minerals can be further classified as ferrous, non-ferrous, noble metal, rare metal, rare earth metal and dispersed metals.

Ensured Mineral Reserves

Refer to the actual mineral reserves, which equal to the proven mineral reserves (including industrial reserves and prospective reserves) minus extracted parts and underground losses.

Climate

Refers to the natural environmental status formed by the long-time exchange of energy and mass between the earth and the atmosphere, and is the result of interaction of many factors. Climate is both one of the environment factors and also the important resources for the living and production activities of the human being. The average values across several years of meteorological factors such as temperature, rainfall and humidity are used as important parameters to describe the climate of a region, while the average values (or total values) of a given year of month of meteorological factors reflect the key characteristics of climate for that period of time.

Average Temperature

Refers to the air temperature. China uses centigrade as the unit. The thermometry used for weather observation is put in a breezy shutter, which is 1.5 meters high from the ground. Therefore, the commonly used temperature refers to the temperature in the breezy shutter 1.5 meters away from the ground. The calculation method is as follows:

Monthly average temperature is the summation of average daily temperature of one month divided by the actual days of that particular month.

Annual average temperature is the summation of monthly average of a year divided by 12 months.

Average Annual Relative Humidity

Refers to the ratio of actual water vapor pressure to the saturation water vapor pressure under the current temperature. The calculation method is the same as that of temperature.

Volume of Precipitation

Refers to the deepness of liquid state of solid state (thawed) water falling from the sky to the ground that has not been evaporated, infiltrated or run off. The calculation method is as follows:

Monthly precipitation is the summation of daily precipitation of a month.

Annual precipitation is the summation of 12 months' precipitation of a year.

Annual Sunshine Hours

Refer to the actual hours of sun irradiating the earth, usually expressed in hours. The calculation method is the same as that of the precipitation.

COD Emission

Refers to the total volume of COD emitted from industrial activities and life activities. COD refers to the amount of oxygen required when chemical oxidants are used to oxidize organic pollutants in water. Chemical oxidants are used to oxidize possible material in water, such as organic material, nitrite, ferrous salt, sulfide and so on. Then according to residual amount of oxidants to calculate consumption of oxygen, it is said that how much organic pollutants are in water. A higher value of COD corresponds to more serious pollution by organic pollutants.

EXPLANATORY NOTES TO
MAJOR STATISTICAL INDICATORS

□ SO_2 Emission

Refer to the total volume of SO_2 emitted from industrial activities and life activities within a given period of time.

□ Volume of Industrial Waste Water Discharged

Refers to the volume of industrial waste water discharged, through all outlets, to the outside of industrial enterprises, including waste water produced, direct - cooling water, underground water from mines that does not meet the standard of discharge, and the domestic sewage mixed up with industrial waste water when discharged, but excluding discharged indirect - cooling water.

□ Volume of Waste Water up to the Standard for Discharge

Refers to the volume of discharged industrial wastewater that, with or without treatment, has come up to the national or local standards for discharge.

□ Industrial Waste Air Emission

Refers to discharge into atmosphere of waste air containing pollutants generated from fuel burning and production process in enterprises within a given period of time. It is calculated at standard status (273K, 101325Pa) as:

Industrial waste air emission = emission through fuel burning + emission through production process

□ Industrial SO_2 Emission

Refers to volume of sulphur dioxide emission from fuel burning and production process in premises of enterprises for a given period of time. Its calculation formula is:

Industrial SO_2 Emission = SO_2 Emission from fuel burning + SO_2 Emission from production process

□ Industrial Soot Emission

Refers to volume of soot in smoke emitted in process of fuel burning in premises of enterprises.

□ Industrial Dust Emission

Refers to volume of dust emitted by production process of enterprises and suspended in the air for a given period of time, including dust from refractory material of iron and steel works, dust from coke-screening systems and sintering machines of coke plants, dust from lime kilns and dust from cement production in building material enterprises, but excluding soot and dust emitted from power plants.

□ Common Industrial Solid Wastes Produced

Refers to the industrial solid wastes that are not listed in the 《National Catalogue of Hazardous Wastes》, or not regarded as hazardous according to the national hazardous waste identification standards (GB5085), solid waste-Extraction procedure for leaching toxicity (GB5086) and solid waste-Extraction procedure for leaching toxicity (GB/T 15555). The calculation formula is as followed:

Common Industrial Solid Wastes Produced = (common industrial solid wastes utilized – the proportion of utilized stock of previous years) + common industrial solid waste stock + (common industrial solid wastes disposed – the proportion of disposed stock of previous years) + common industrial solid wastes discharged.

□ Common Industrial Solid Wastes Comprehensively Utilized

Refers to volume of solid wastes from which useful materials can be extracted or which can be converted into usable resources, energy or other materials by means of reclamation, processing, recycling and exchange (including utilizing in the year the stocks of industrial solid wastes of the previous year) during the report period, e.g. being used as agricultural fertilizers, building materials or as material for paving road. Examples of such utilizations include fertilizers, building materials and road materials. The information shall be collected by the producing units of the wastes.

EXPLANATORY NOTES TO MAJOR STATISTICAL INDICATORS

Common Industrial Solid Wastes Disposed

Refers to the quantity of industrial solid wastes which are burnt or specially disposed using other methods to alter the physical, chemical and biological properties and thus to reduce or eliminate the hazard, or placed ultimately in the sites meeting the requirements for environmental protection during the report period.

Stock of Common Industrial Solid Wastes

Refers to the volume of solid wastes placed in special facilities or special sites by enterprises for purposes of utilization or disposal during the report period. The sites or facilities should take measures against dispersion, loss, seepage, and air and water contamination.

Common Industrial Solid Wastes Discharged

Refers to the volume of industrial solid wastes dumped or discharged by producing enterprises to disposal facilities or to other sites.

Output Value of Products Made from Utilization of Waste Gas, Waste Water and Industrial Solid Wastes

Refers to the value of products (calculated at current prices) made by industrial enterprises using recovered waste water, waste gas or solid wastes as main raw materials. Only the value of the products, which have been sold or are ready, to be sold should be included. The value of the products, which will be used in the production of the enterprises, should not be included.

Urban Consumption Waste Water Discharge

Refers to annual discharge of consumption waste water by urban households. Its calculation formula is:

Discharge = Discharge of Consumption Wastewater by Urban Households × Urban Non-agricultural Population × 365

Soot Emission by Consumption and Others

Refers to net volume of soot emitted by fuel burning from all social and economic activities and operation of public facilities other than industrial activities. It is calculated on the basis of coal consumption by households and others.

Area of Man-made Forests

Refer to the area of stable growing forests, planted manually or by airplanes, with a survival rate of 80% or higher of the designed number of trees per hectare, or with a canopy density of 0.20 degree or above after 3-5 years of manual planting or 5-7 years of airplane planting.

第十章·要素市场

MARKETS OF KEY FACTORS

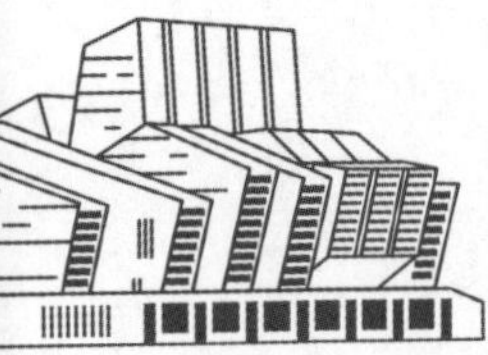

简要说明 BRIEF INTRODUCTION

本章资料中的国有土地使用权出让与划拨、城市房产市场交易情况由市统计局固定资产投资处根据市规划和自然资源局资料整理提供，亿元以上商品市场由市统计局贸易外经处提供，技术市场由市统计局社会科技处根据市科学技术局资料整理提供，人才市场、劳动力市场和证券市场情况由市统计局综合处根据市人力资源和社会保障局和重庆证监局资料整理编辑。

货币流通、保险业务和有价证券的相关资料详见第十七章金融。

The data on transaction and allotment of the right to use the state-owned land and the real estate markets in urban areas are sorted and compiled by Division of Statistics of Investment in Fixed Assets, Chongqing Municipal Bureau of Statistics on the basis of the data provided by Bureau of Planning and Natural Resources of Chongqing; the data of the transaction of the commodity markets with transaction value over 100 million yuan are provided by Division of Trade and External Economic Relations Statistics, Chongqing Municipal Bureau of Statistics; the data of transactions of technology exchanges are provided by Division of Social and Technology Statistics, Chongqing Municipal Bureau of Statistics on the basis of the data from Chongqing Science and Technology Bureau; the data of the human resource markets, labor force markets and securities markets are sorted and compiled by Division of Comprehensive Statistics, Chongqing Municipal Bureau of Statistics on the basis of the data from Chongqing Municipal Human Resources and Social Security Bureau and China Securities Regulatory Commission Chongqing Bureau.

See Chapter 17 Financial Intermediation for the data on currency, insurance and securities.

表 10.1 国有土地使用权出让与划拨情况（2017 － 2018 年）
TRANSACTIONS AND ALLOTMENT OF THE RIGHT TO USE THE STATE-OWNED LAND (2017-2018)

指 标	Item	2017	2018
土地使用权出让	**Transaction of Right to Use State-owned Land**		
地 块（宗）	Land Parcel (parcel)	988	804
面 积（公顷）	Land Area (hectare)	5389	4535
出让价款（亿元）	Value of Transaction (100 million yuan)	1680	1421
土地使用权划拨	**Allotment of Right to Use State-owned Land**		
地 块（宗）	Land Parcel (parcel)	1012	993
面 积（公顷）	Land Area (hectare)	6339	8393

表 10.2 城市房产市场交易情况（2017 － 2018 年）
REAL ESTATE MARKETS IN URBAN AREA (2017-2018)

指 标	Item	2017	2018
房产转让	**Housing Transactions**		
成交面积（万平方米）	**Area of Transactions (10 000 sq.m)**	**5299.01**	**5652.06**
#住 宅	Residential Buildings	4497.72	4737.21
商品房（新建）	Commercialized Buildings	3407.42	3854.13
存量房（二手房）	Buildings in Stock	1891.59	1797.93
成交金额（亿元）	**Total Value of Transactions (100 million yuan)**	**4037.27**	**4544.50**
#住 宅	Residential Buildings	3333.65	3809.09
商品房	Commercialized Buildings	3048.61	3486.68
存量房	Buildings in Stock	988.66	1057.82

注：本表为主城九区的数据。
Note: The table above shows the data of the 9 urban districts.

表 10.3 亿元以上商品市场交易情况(2017－2018 年)
TRANSACTIONS OF COMMODITY MARKETS WITH TRANSACTION VALUE OVER 100 MILLION YUAN (2016-2017)

指 标	Item	年末出租摊位数量(个) Number of Rent Stands at Year-end (unit)		总成交额(万元) Total Volume of Transactions (10 000 yuan)	
		2017	2018	2017	2018
合 计	**Total**	**96936**	**95190**	**35324352**	**35966037**
粮油、食品类	Grain, Oil and Food	24938	25663	9052369	10084569
饮料类	Beverages	1549	1473	280916	256277
烟酒类	Tobacco and Liquor	1434	1272	116565	100649
服装鞋帽、针、纺织品类	Clothing, Shoes, Hats and Textiles	19278	19153	6563837	6756327
化妆品类	Cosmetics	844	532	210482	96446
金银珠宝类	Gold,Silver and Jewelry	38	48	13222	7713
日用品类	Articles for Daily Use	5462	5168	1267591	1298022
五金电料类	Hardwear and Electrical Materials	6343	5545	1311169	1227837
体育、娱乐用品类	Sports and Entertainment Articles	315	394	116871	108134
书报杂志类	Newspapers and Magazines	46	43	2649	1624
电子出版物及音像制品类	E-journal and Video Products	89	87	21897	20720
家用电器和音像制品类	Household Electric Appliances and Video Products	958	710	442347	244733
中西药品类	Traditional Chinese and Western Medicines	72	277	22915	28386
文化办公用品类	Cultural and Office Articles	1907	1680	264477	197406
家具类	Furniture	3772	3326	1772029	1627854
通讯器材类	Communication Appliances	1051	1157	333657	311165
煤炭及制品类	Coal and Related Products	3	3	485	496
木材及制品类	Wood and Wooden Products	319	230	71507	24277
化工材料及制品类	Chemical Materials and Products	208	69	77029	9498
金属材料类	Metal Materials	4385	4197	6372250	6432356
建筑及装潢材料类	Building and Decoration Materials	11060	11347	2297557	2404117
机电产品及设备类	Mechanical and Electrical Products	4402	4387	1511086	1504719
汽车类	Automobiles	5143	5152	2698369	2793321
种子饲料类	Seeds and Feedstuff	78	94	3088	5725
棉麻类	Cotton and Hemp	45	14	2280	796
其他类	Others	3200	3169	498193	422870

表 10.4 技术市场交易情况（2018 年）
TRANSACTIONS OF TECHNOLOGY EXCHANGES (2018)

单位：项、万元 (item, 10 000 yuan)

指标	Item	技术买方 Purchases of Technology		技术卖方 Sales of Technology	
		项数 Number	金额 Value	项数 Number	金额 Value
总计	**Total**	**2952**	**2661717.75**	**2952**	**2661717.75**
#企业法人	Corporations	1907	2183671.91	984	1773650.51
事业法人	Public Institutions	426	29806.10	1856	126311.17
机关法人	Governments	494	445026.41	6	760000.00
其他组织	Other Organizations	17	1676.88	2	844.60
社团法人	Association Corporations	6	88.13	103	161.48
自然人	Natural Persons	102	1448.32	1	750.00

表 10.5 人才市场人才流动情况（2017－2018 年）
HUMAN RESOURCE MARKETS AND EXCHANGES (2017-2018)

指标	Item	2017	2018
人力资源服务机构（个）	Human Resource Service Agencies (unit)	1427	1680
综合性公共就业和人才服务机构	Comprehensive Public Employment and Human Resources Service Organizations	39	40
国有性质的服务企业	State-owned Service Corporations	105	141
民营性质的服务企业	Private Service Corporations	1247	1472
外资性质的服务企业	Foreign-funded Service Corporations	3	4
港资性质的服务企业	Service Corporations with Investment from Hong Kong	1	1
行业所属服务机构	Service Corporations from Industry	3	
民办非企业等其他性质的服务机构	Other Private Non-corporate Service Corporations	27	17
设立人力资源市场个数（固定招聘场所）	Number of Human Resource Markets (Fixed Recruitment Places)	354	269
举办人力资源招聘会（次）	Number of Job Fairs (time)	5245	5073
登记求职或要求流动人员（人）	Number of Registered Persons in Need of New Job (person)	8101486	6823842
参加人力资源招聘会人数（人）	Persons Participating in Job Fairs (person)	1793057	1929884
参加人力资源招聘会用人单位数（个）	Enterprises Participating in Job Fairs (unit)	119676	133073
现存档案总量（万份）	Total Amount of Current Archives (10 000 copies)		203.48
当年流动人员职称评定（人）	Number of Exchanged Persons Evaluated for Professional Titles in Current Year (person)		7563
评定高级职称人数	Senior Titles		2008
评定中级职称人数	Medium Titles		2766
评定初级职称人数	Junior Titles		2789

表 10.6 公共就业服务机构介绍情况（2017 － 2018 年）
STATISTICS ON THE PUBLIC JOB SERVICES AND INTERMEDIATION AGENCIES (2017-2018)

指 标	Item	2017	2018
登记招聘人数	Number of Persons to Be Employed	786619	743480
登记求职人次（人次）	Number of Registered Job Applicants (person-time)	523148	491502
#女 性	Female	246335	218492
#城镇登记失业人员	Registered Unemployed Persons in Urban Areas		15663
#高校毕业生	College Graduates		37678
#农村劳动力	Rural Labor Force	98126	181454
职业指导人数	Number of Persons under Vocational Guidance	383828	475245
介绍成功人次（人次）	Number of Persons Employed through Job Services (person-times)	240918	240350
#女 性	Female	112001	99686
#城镇登记失业人员	Registered Unemployed Persons in Urban Areas		6365
#高校毕业生	College Graduates		15741
#农村劳动力	Rural Labor Force	45122	85517

表 10.7 证券市场基本情况（2017 － 2018 年）
GENERAL STATISTICS ON SECURITIES MARKETS (2017-2018)

指 标	Item	2017	2018
境内上市公司总计（个）	Number of Listed Companies in Mainland (unit)	50	50
上交所（个）	Shanghai Stock Exchange (unit)	26	26
深交所（个）	Shenzhen Stock Exchange (unit)	24	24
#仅发 A 股公司	A Shares Only	47	47
#仅发 B 股公司	B Shares Only	1	1
#同时发 A、B 股公司	A&B Shares	1	1
#同时发 A、H 股公司	A&H Shares	1	1
股票市价总值（亿元）	Total Market Capitalization (100 million yuan)	6129	4700
#股票流通市值	Negotiable Market Capitalization (100 million yuan)	4343	3543
总股本（亿股）	Total Shares of Stocks Issued (100 million shares)	693.00	702.00
#流通股本	Negotiable Shares (100 million shares)	570	594
股票筹资额（亿元）	Raised Capital (100 million yuan)	103	35
A 股	A Shares	103	35
B 股	B Shares		
股票发行量（万股）	Issued Share (100 million shares)	153412	25000
A 股	A Shares	153412	25000
B 股	B Shares		
证券市场募集资金（亿元）	Raised Funds in Securities Market (100 million yuan)	2851	2368
#通过发行、配售股票筹集资金	#Funds-raised from Issuing and Placing Stocks	103	35
#通过全国股转系统筹集资金	#Funds-raised from National Equities Transfer System	27	9
#发行公司信用类债券筹集资金	#Funds-raised from Issuing Companies' Debentures	356	458
#交易所资产支持证券	#Stock Supported by Exchange Assets	2366	1866
证券公司总部（个）	Securities Head Offices (unit)	1	1
证券分公司（个）	Securities Branch Offices (unit)	37	39
证券营业部（个）	Securities Business Departments (unit)	202	207
投资者开户数（万户）	Number of Investors' Accounts (10000 accounts)	374	425
期货总成交额（亿元）	Trading Turnover of Future (100 million yuan)	91722	100640

第十一章·农业和农村经济

AGRICULTURE AND RURAL ECONOMY

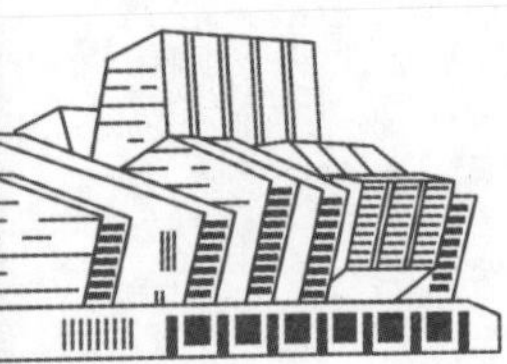

简要说明 BRIEF INTRODUCTION

本章反映全市农业生产和农村经济的基本情况，内容主要包括农村基本情况、农业生产条件与生产情况、农作物播种面积、农林牧渔产品产量、农林牧渔业产值、农业商品产值和商品率等方面的统计资料。

本章资料由国家统计局重庆调查总队根据市农委、市林业局、市水利局和调查总队等资料整理提供。

The data in this chapter show the basic conditions of agricultural production and rural economy, including basic statistics on rural areas, basic conditions of agricultural production, sown area of farm crops, output of farming, forestry, animal husbandry and fishery products, gross output value of farming, forestry, animal husbandry and fishery, output value of agricultural commodities and rate of commercialization, and township-owned enterprises.

The data in this chapter are provided by Chongqing Agriculture Commission, Municipal Bureau of Forestry, Municipal Bureau of Water Conservancy and NBS Survey Office in Chongqing, and sorted and compiled by NBS Survey Office in Chongqing.

表 11.1 主要年份农村基本情况
BASIC STATISTICS ON RURAL AREAS IN MAJOR YEARS

年 份 Year	乡村户数 (万户) Number of Rural Households (10 000 households)	乡村人口 (万人) Rural Population (10 000 persons)	乡村从业人员 (万人) Rural Employed Population (10 000 persons)
1949		1446.24	650.59
1952		1546.01	692.81
1957		1685.98	762.15
1962		1506.16	692.19
1965		1676.21	755.99
1970		1977.85	857.78
1975		2264.67	921.67
1978		2316.54	926.32
1980	534.19	2294.08	980.75
1985	573.00	2355.39	1114.34
1986	596.13	2365.34	1154.26
1987	626.70	2391.29	1184.92
1988	650.27	2412.04	1218.03
1989	671.51	2427.70	1249.12
1990	686.26	2446.38	1273.06
1991	697.61	2471.48	1314.79
1992	699.94	2476.10	1350.71
1993	700.88	2463.53	1352.26
1994	710.34	2482.05	1356.59
1995	706.86	2454.17	1349.34
1996	709.86	2464.23	1330.44
1997	708.64	2452.75	1320.91
1998	709.84	2445.12	1316.95
1999	710.99	2442.47	1342.99
2000	710.28	2440.32	1352.60
2001	714.67	2438.79	1345.15
2002	718.31	2443.21	1342.17
2003	718.65	2436.47	1340.25
2004	714.99	2425.25	1361.54
2005	718.84	2430.93	1366.91
2006	714.86	2418.40	1382.62
2007	717.49	2413.95	1378.29
2008	724.06	2405.64	1379.89
2009	723.55	2385.95	1379.94
2010	727.77	2366.66	1379.35
2011	721.14	2324.50	1369.98
2012	724.14	2303.10	1365.29
2013	717.99	2262.40	1328.79
2014	714.50	2246.31	1312.96
2015	713.87	2225.75	1309.23
2016	709.44	2196.19	1302.54
2017	707.94	2171.22	1281.69
2018	707.05	2158.30	1258.41

表 11.2 主要年份农业生产条件
CONDITIONS OF AGRICULTURAL PRODUCTION IN MAJOR YEARS

年份 Year	有效灌溉面积（万公顷） Irrigated Area (10 000 hectares)	农用机械总动力（万千瓦） Total Agricultural Machinery Power (10 000 kw)	农村用电量（万千瓦时） Electricity Consumption in Rural Areas (10 000 kwh)	农用化肥施用量（折纯）（万吨） Consumption of Chemical Fertilizers (net) (10 000 tons)	农膜使用量（万吨） Consumption of Farm Plastic Film (10 000 tons)	农药使用量（万吨） Consumption of Chemical Pesticides (10 000 tons)
1949	5.48					
1952	6.73					
1957	13.40					
1962	21.31	4	1852			
1965	26.10	10	3791			
1970	31.92	22	12655			
1975	42.84	54	21045			
1978	56.27	101	28542	21.63	0.33	0.64
1980	60.42	155	37953	29.21	0.37	0.71
1985	60.98	219	63309	31.76	0.50	0.73
1986	60.12	240	71471	36.70	0.51	0.79
1987	59.27	259	83229	38.26	0.57	0.78
1988	58.41	278	79637	38.29	0.61	0.81
1989	57.56	291	89611	44.72	0.65	0.81
1990	58.02	300	97091	48.13	0.80	0.87
1991	58.55	316	104430	52.08	0.97	1.01
1992	58.96	324	115831	52.75	1.07	1.05
1993	59.26	343	134027	54.51	1.18	1.27
1994	59.53	366	160197	58.55	1.28	1.29
1995	59.79	386.05	174847	62.02	1.43	1.46
1996	60.08	409.91	196788	65.55	1.53	1.69
1997	61.14	454.07	227302	69.64	1.59	1.68
1998	61.41	506.64	242934	71.18	1.77	1.82
1999	62.05	558.54	260029	71.03	1.86	1.84
2000	62.60	586.47	278728	72.00	1.96	1.85
2001	63.19	628.07	301140	72.58	1.94	1.91
2002	64.12	665.57	338717	73.37	2.53	1.93
2003	64.97	695.67	366535	71.59	2.42	1.95
2004	61.68	728.31	384627	77.02	2.68	1.95
2005	61.81	775.96	428943	79.20	2.75	1.95
2006	62.13	820.01	460291	80.54	2.82	1.96
2007	63.37	860.31	484478	84.32	3.01	2.04
2008	65.89	903.15	550949	88.14	3.09	2.10
2009	67.20	967.41	614832	91.17	3.47	2.20
2010	68.53	1071.09	647738	91.82	3.66	2.10
2011	69.29	1141.00	703706	95.58	3.93	2.03
2012	70.30	1162.00	738000	96.02	4.09	1.95
2013	67.52	1198.88	761193	96.64	4.29	1.84
2014	67.73	1243.34	783145	97.26	4.38	1.84
2015	68.72	1299.73	781397	97.73	4.52	1.82
2016	69.06	1318.66	786938	96.16	4.53	1.76
2017	69.43	1352.60	801802	95.46	4.55	1.75
2018	69.69	1428.10	795272	93.17	4.46	1.72

表 11.3 农作物播种面积(1978 – 2018 年)
SOWN AREA OF FARM CORPS (1978-2018)

单位: 公顷 (hectare)

年 份 Year	农作物总播种面积 Total Sown Area	其 中 of which					
		#粮 食 Grain	其 中 of which #稻 谷 Rice	#油 料 Oil-bearing Crops	其 中 of which #油菜籽 Rapeseeds	#蔬 菜 Vegetables	#烟 叶 Tobacco
1978	3498061	3177221	849243	92351	71374	95954	26582
1980	3345304	3048196	828317	116577	89369	78400	10416
1985	3214717	2748498	820140	176866	137367	140569	30956
1986	3232433	2710205	819858	183859	143792	159811	40897
1987	3241258	2697509	807797	180579	143292	160867	41729
1988	3287399	2727164	821305	185171	150612	171444	54056
1989	3381959	2788700	836231	188593	154505	177979	75726
1990	3438950	2847370	821986	203171	168751	183873	66607
1991	3526637	2889404	816684	224412	188989	197049	70859
1992	3522037	2874889	819262	215622	179402	200686	81258
1993	3513064	2870480	804560	184964	147692	222621	82461
1994	3493884	2877837	800342	174643	135505	225902	54997
1995	3526684	2876853	799482	201550	162572	236283	58939
1996	3585745	2889834	802279	202483	159584	257106	77657
1997	3605420	2881902	797955	191800	152222	267203	99482
1998	3614446	2900656	794636	192330	148896	290397	56603
1999	3592496	2862143	788576	197151	151801	301389	63969
2000	3590815	2773404	776636	226384	173185	327094	70775
2001	3555871	2714600	763964	225046	167911	366330	55210
2002	3464566	2606866	757195	236325	173930	359674	56012
2003	3307179	2410369	738486	236724	176836	386990	57237
2004	3435957	2516507	749300	244129	173815	390237	52995
2005	3444733	2501263	747949	252421	187333	399970	51508
2006	3073880	2155500	672300	187290	133680	417414	48879
2007	3104939	2148543	644265	192920	135370	432906	43553
2008	3109135	2131012	658847	215531	150170	481563	47749
2009	3110741	2111605	661205	237025	173643	552233	52579
2010	3129847	2097420	658084	254993	191847	589093	42733
2011	3225774	2089469	656816	257096	196200	618631	46165
2012	3320301	2085011	654772	271016	204557	652660	49989
2013	3318492	2059450	652372	283508	215603	681707	49323
2014	3288585	2034685	650782	299963	232581	708068	45964
2015	3311315	2020951	647088	309315	242458	731667	45829
2016	3333052	2039069	660909	310441	236856	714671	43451
2017	3339556	2030710	658941	318516	244284	727170	34904
2018	3348490	2017846	656446	325072	250151	739183	32402

表 11.4 主要年份农林牧渔产品产量
OUTPUT OF FARMING, FORESTRY, ANIMAL HUSBANDRY AND FISHERY IN MAJOR YEARS

年份 Year	粮食 (万吨) Grain (10 000 tons)	其中 of which #稻谷 Rice	#豆类 Beans	油料 (万吨) Oil-bearing Crops (10 000 tons)	其中 of which #油菜籽 Rapeseeds	麻类 (吨) Vegetables (ton)	甘蔗 (万吨) Tobacco (10 000 tons)
1949	402.68	246.57		0.90		1416	8.78
1952	470.97	281.33		3.19		1889	10.61
1957	596.55	316.39		5.13		1811	6.86
1962	378.23	191.26		1.40		598	1.04
1965	566.17	293.32		3.87		1048	14.47
1970	564.37	307.80		2.68		666	9.00
1975	603.72	325.84		4.13		632	24.87
1978	814.71	345.07	29.07	7.71	6.03	1659	31.20
1980	835.43	341.59	22.20	11.57	9.28	6172	36.64
1985	948.97	461.73	22.26	18.12	13.63	25787	30.24
1986	1004.92	493.41	25.02	20.91	15.85	21719	31.42
1987	1004.51	499.56	22.34	20.89	16.14	35995	29.43
1988	958.02	503.00	20.53	19.25	14.94	31013	29.32
1989	1044.88	541.81	17.25	18.78	14.38	18932	24.41
1990	1085.07	550.40	19.93	22.02	17.74	12707	20.55
1991	1115.28	535.90	21.53	26.92	22.81	11487	26.07
1992	1050.24	509.07	18.48	25.18	21.40	9716	14.33
1993	1052.72	479.90	21.90	21.70	17.22	9257	12.30
1994	1134.10	523.13	25.94	19.26	15.31	11471	9.39
1995	1153.68	532.63	30.38	25.12	20.54	11092	8.76
1996	1172.14	542.64	20.10	23.60	18.66	10898	8.27
1997	1184.63	552.44	21.90	23.34	18.34	11175	8.08
1998	1155.36	519.38	22.17	25.11	19.03	7541	7.28
1999	1143.05	533.01	21.93	24.09	17.33	6826	7.59
2000	1131.21	525.43	24.60	31.06	22.61	8406	9.06
2001	1035.35	466.45	23.32	29.96	21.91	8857	10.08
2002	1082.15	484.42	27.78	35.04	25.84	12139	12.06
2003	1087.20	494.29	32.21	38.27	28.51	9620	11.35
2004	1144.57	509.55	38.11	41.75	30.99	10209	11.77
2005	1168.19	521.43	42.16	42.71	31.81	12362	11.46
2006	808.40	344.90	29.24	28.94	23.47	11846	10.16
2007	1064.07	485.13	33.79	30.58	23.05	15210	11.17
2008	1112.17	517.26	34.72	35.07	26.22	16695	11.00
2009	1083.78	495.70	36.69	39.97	30.38	15557	11.28
2010	1080.63	499.16	38.06	43.81	33.38	14606	11.29
2011	1064.16	475.36	38.61	45.79	34.07	12897	11.31
2012	1060.51	475.36	39.32	49.16	36.34	10137	11.29
2013	1055.15	477.16	39.20	52.00	38.40	9461	10.30
2014	1043.89	475.46	39.03	55.46	41.84	9046	9.62
2015	1051.05	476.56	39.58	58.12	44.19	8460	9.05
2016	1078.20	487.58	39.54	60.85	46.24	7434	8.91
2017	1079.88	486.99	40.22	62.40	47.43	6957	8.79
2018	1079.34	486.92	40.86	63.70	48.60	6450	9.10

表 11.4 续表 1 continued 1

年 份 Year	烟 叶 (吨) Tobacco (ton)	蔬 菜 (万吨) Vegetables (10 000 tons)	茶 叶 (吨) Tea (ton)	蚕 茧 (吨) Silkworm Cocoons (ton)	水 果 (万吨) Fruits (10 000 tons)	禽 蛋 (万吨) Poultry Eggs (10 000 tons)
1949	8535		916	761	6.02	
1952	9238		1059	1236	7.75	
1957	8247		1914	1588	7.14	
1962	2566		1981	1325	8.80	
1965	4654		2369	2306	6.83	
1970	1667		2927	6608	4.54	
1975	8146		4884	10477	7.12	
1978	22528	243.95	8004	15404	7.91	4.46
1980	8098	229.86	9217	25751	15.69	5.51
1985	36239	390.86	16172	33130	24.70	8.77
1986	46724	421.94	16893	32693	28.61	9.44
1987	44992	439.00	18267	35755	29.57	9.98
1988	68928	460.93	18676	41748	20.50	10.17
1989	62093	469.31	18568	42063	37.19	11.24
1990	74393	499.61	18103	43502	35.08	12.01
1991	98156	533.00	18264	47757	40.75	12.94
1992	124705	541.38	17178	50686	41.38	14.61
1993	113208	558.23	19522	54505	56.85	15.71
1994	68904	569.83	21920	57408	52.87	17.32
1995	77981	593.91	17452	27000	59.29	19.18
1996	132355	637.03	15536	27402	56.62	20.85
1997	164736	668.44	14996	28072	60.72	23.50
1998	79970	711.30	15299	29226	74.10	24.46
1999	95653	737.11	14441	24177	71.70	26.29
2000	104082	775.42	14526	29098	81.68	27.89
2001	80064	779.96	14142	32396	82.61	29.79
2002	87052	833.84	14093	33856	113.41	31.58
2003	86048	840.17	14320	27802	128.59	35.36
2004	85036	863.57	16064	29376	137.22	36.55
2005	90173	890.47	16545	31092	154.63	39.15
2006	91945	888.76	17087	27488	145.74	30.30
2007	71513	908.56	18672	29196	161.06	31.69
2008	85513	1029.32	24406	24388	178.54	31.86
2009	99900	1062.06	22406	19464	198.77	33.95
2010	81030	1154.80	25086	20321	225.09	34.47
2011	93608	1385.96	27761	20118	249.16	33.99
2012	102908	1508.36	31259	20594	280.31	35.69
2013	96604	1544.82	34139	18161	311.87	35.92
2014	84391	1629.96	33712	17714	342.97	37.06
2015	86759	1707.86	35014	17681	372.28	38.16
2016	83921	1795.49	36636	16320	369.24	39.10
2017	69053	1862.63	38752	13996	403.38	40.31
2018	62441	1932.73	41994	13545	431.27	41.46

注：禽蛋数据自 2007 年起根据第三次农业普查数据进行了调整。
Note: Since 2007, the data of poultry eggs has been adjusted in accordance with the 3rd agricultural census.

表 11.4 续表 2 continued 2

年 份 Year	水产品 (吨) Aquatic Products (ton)	肉猪出栏头数 (万头) Number of Slaughtered Fattened Hogs (10 000 heads)	猪年末头数 (万头) Number of Hogs at Year End (10 000 heads)	猪 肉 (万吨) Output of Pork (10 000 tons)
1949	3576	174.70		
1952	4119	254.80		
1957	6515	345.10		
1962	3791	76.90		
1965	6964	421.50		
1970	7649	414.50		
1975	10797	489.90		
1978	14362	542.70	914.98	37.38
1980	17734	797.63	1165.05	55.92
1985	42838	1140.06	1353.02	79.96
1986	47805	1190.22	1377.37	83.15
1987	51854	1243.78	1418.69	86.89
1988	58419	1345.77	1448.48	94.02
1989	65707	1375.38	1471.66	96.09
1990	65482	1375.79	1429.13	96.12
1991	71813	1429.45	1440.56	99.87
1992	74459	1469.47	1444.16	102.66
1993	89227	1492.99	1438.96	104.30
1994	103492	1555.69	1476.05	108.48
1995	121289	1610.14	1489.55	112.27
1996	140656	1637.51	1477.06	114.18
1997	160692	1699.74	1475.25	119.66
1998	178607	1720.14	1492.95	121.61
1999	191313	1703.19	1512.18	120.61
2000	200345	1724.96	1509.91	122.45
2001	196967	1746.85	1533.03	124.87
2002	211568	1781.69	1548.89	127.48
2003	224893	1828.49	1583.03	131.82
2004	239255	1909.32	1640.75	136.43
2005	250568	2006.39	1708.80	144.46
2006	226129	1732.70	1377.40	124.80
2007	255372	1757.17	1402.12	128.40
2008	190600	1843.67	1521.09	136.58
2009	203900	1916.65	1534.86	140.20
2010	224300	1895.65	1468.86	139.13
2011	275600	1877.63	1431.37	138.02
2012	330720	1877.56	1395.56	138.00
2013	385000	1898.60	1355.28	139.79
2014	443409	1912.11	1319.05	140.94
2015	480863	1857.09	1270.56	136.79
2016	508427	1767.74	1204.71	130.62
2017	515130	1751.11	1191.61	129.97
2018	529581	1758.22	1167.19	132.16

注：本表中除水产品外，其余数据从 2006 年起已根据第二次农业普查数据重新进行了调整。
Note: Except the data of aquatic products, the other data in this table have been adjusted according to the Second National Agricultural Census since 2006.

表 11.5 主要年份农林牧渔业总产值
GROSS OUTPUT VALUE OF FARMING, FORESTRY, ANIMAL HUSBANDRY AND FISHERY IN MAJOR YEARS

单位：万元 (10 000 yuan)

年 份 Year	农林牧渔业总产值 Gross Output Value	其 中 of which				
		农 业 Farming	林 业 Farming	牧 业 Animal Husbandry	渔 业 Fishery	农林牧渔服务业 Agricultural Services
1949	142123	111424	3837	26293	568	
1952	186367	140707	6523	38205	932	
1957	240351	176658	10816	51916	961	
1962	153506	120349	4605	28245	307	
1965	165688	122775	5799	36617	497	
1970	269234	192504	11128	64604	998	
1975	295062	210016	18048	65660	1338	
1978	357616	262881	17236	75731	1768	
1980	417925	296840	16160	102514	2411	
1985	739003	477570	43546	208842	9044	
1986	801998	516990	42045	231097	11867	
1987	902072	564063	40932	282816	14262	
1988	1104369	641751	49662	393394	19561	
1989	1243819	706771	49328	463300	24420	
1990	1460003	858133	55308	518757	27805	
1991	1595286	938353	60038	565193	31702	
1992	1713839	995009	70992	612498	35340	
1993	2073607	1197742	77531	749776	48558	
1994	2831816	1552652	86981	1127394	64789	
1995	3778259	2278927	106732	1304229	88371	
1996	4249903	2713807	115493	1311666	108937	
1997	4393508	2678892	117313	1468914	128389	
1998	4288839	2549365	150929	1444758	143787	
1999	4168780	2496237	115588	1409527	147428	
2000	4126272	2447376	108236	1419910	150750	
2001	4311666	2503968	112044	1544041	151613	
2002	4609755	2640760	135143	1661965	171887	
2003	4885655	2701156	145824	1776384	183251	79040
2004	6127723	3329516	184814	2309374	212464	91555
2005	6621943	3583035	199704	2494965	237959	106280
2006	5752428	3230078	223069	2042194	159087	98000
2007	7116736	4051452	178527	2598315	184442	104000
2008	8517434	4640022	217986	3335134	211481	112811
2009	8861491	5177597	258084	3058737	242699	124374
2010	9804523	6000252	304021	3091828	272083	136339
2011	12041572	7172773	380907	3980989	349432	157471
2012	13273378	8011808	434776	4198356	449928	178510
2013	14182742	8555035	480200	4410107	538200	199200
2014	14857775	9064316	535593	4386190	649279	222398
2015	16090494	9630283	604358	4844533	749120	262200
2016	18516019	11238339	734330	5386888	853222	303240
2017	19024671	11656934	851673	5224787	948077	343200
2018	20524064	12926761	1011375	5200547	1003935	381446

注：1）按照国民经济行业分类标准（GB/T4754-2002），从 2003 年起增加了农林牧渔服务业（下表同）。
2）2006 年以来为第二次农普衔接数。从 2007 年起，因口径变化，对农业和林业总产值进行了调整。

Note: a) According to the national standard of industry classification (GB/T4754-2002), the gross output value has included agricultural services since 2003 (the same below).
b) The numbers after 2006 are the coordination numbers of the Second National Agricultural Census. The total output value of agriculture and forestry has been modified since 2007 due to the change of statistical scope.

表 11.6 主要年份农林牧渔业总产值指数（上年 =100）
GROSS OUTPUT VALUE INDICES OF FARMING, FORESTRY, ANIMAL HUSBANDRY AND FISHERY IN MAJOR YEARS (PRECEDING YEAR=100)

年份 Year	农林牧渔业总产值 Gross Output Value	其中 of which				
		农业 Farming	林业 Farming	牧业 Animal Husbandry	渔业 Fishery	农林牧渔服务业 Agricultural Services
1952	119.9	116.8	123.7	135.7	111.2	
1957	129.0	126.7	144.5	133.4	156.4	
1962	63.9	69.9	58.0	39.4	49.5	
1965	151.1	137.2	125.4	275.5	194.9	
1970	101.5	100.3	88.5	109.7	107.3	
1975	108.2	110.6	129.7	94.6	134.0	
1978	123.2	126.7	119.1	109.7	121.2	
1980	115.3	105.9	99.6	165.8	121.0	
1985	144.1	130.9	210.2	169.8	292.2	
1986	105.8	106.3	83.9	109.3	119.4	
1987	102.7	102.1	89.0	106.3	110.3	
1988	101.8	97.3	99.1	111.7	115.2	
1989	106.4	108.4	99.9	103.0	111.0	
1990	102.7	101.1	96.4	106.4	106.8	
1991	106.2	105.3	102.1	108.2	113.9	
1992	101.9	98.7	110.4	107.3	100.9	
1993	104.1	103.4	104.8	104.6	120.8	
1994	105.6	103.5	101.8	109.0	115.4	
1995	106.3	105.1	106.7	107.7	116.8	
1996	102.8	101.8	101.3	103.6	116.2	
1997	103.3	102.0	95.8	105.4	115.7	
1998	102.4	101.5	117.2	101.6	112.4	
1999	99.8	100.7	75.7	100.4	108.5	
2000	101.0	100.3	86.6	102.9	104.5	
2001	102.1	100.3	109.7	104.1	101.9	
2002	101.7	99.7	102.3	104.2	105.6	
2003	104.6	103.5	119.6	104.8	106.8	
2004	105.7	105.5	108.8	104.9	108.4	116.5
2005	105.2	103.9	100.8	106.9	106.0	113.3
2006	96.8	94.9	99.9	99.6	89.0	105.7
2007	109.5	114.8	105.1	101.6	110.2	106.0
2008	107.1	107.7	104.5	106.7	104.0	104.3
2009	106.4	106.8	106.6	105.7	108.8	104.8
2010	105.9	106.7	110.2	103.8	110.0	104.4
2011	104.9	105.2	111.0	102.5	118.4	105.0
2012	105.1	105.1	109.9	103.4	120.0	104.0
2013	104.6	104.3	108.0	103.5	117.0	105.3
2014	104.4	103.9	108.0	103.5	115.2	105.3
2015	104.6	104.6	109.3	102.5	114.0	109.4
2016	104.6	104.4	111.4	103.0	110.2	109.8
2017	103.7	104.3	111.7	100.6	107.4	110.1
2018	104.8	105.3	114.2	101.6	106.3	109.0

注：本表指数按可比价计算；其中 1952 年以 1949 年为 100。
Note: Indices of this table are calculated at constant prices. The index of 1952 is calculated with the index of 1949 equal to 100.

表 11.7 农林牧渔业总产值（2017－2018 年）
GROSS OUTPUT VALUE OF FARMING, FORESTRY, ANIMAL HUSBANDRY AND FISHERY (2017-2018)

单位：万元 (10 000 yuan)

指 标	Item	农林牧渔业总产值 Gross Output Value 2017	2018	指 数 上年=100 Index Preceding Year=100
总 计	**Total**	**19024671**	**20524064**	**104.8**
农 业	Farming	11656934	12926761	105.3
谷物及其他作物	Cereal and Other Crops	3372298	3432843	
#谷 物	Cereal	1877209	1905853	
豆 类	Beans	197097	200210	
油 料	Oil-bearing Crops	369892	381472	
烟 草	Tobacco	158131	151732	
蔬菜园艺作物	Vegetables and Gardening	5144461	5678887	
#蔬 菜（含菜用瓜）	Vegetables (including Melons as Vegetables)	4609717	5194873	
花 卉	Flowers	148808	122044	
水果、坚果、饮料和香料作物	Fruits, Nuts, Drinks and Spices	2435501	2950031	
#水果、坚果（含果用瓜）	Fruits and Nuts (including Melons as Fruits)	2140374	2611834	
茶及其他饮料	Tea and Other Drinks	154813	167766	
#茶	Tea	154813	167766	
中药材	Traditional Chinese Medical Materials	704674	865001	
林 业	Forestry	851673	1011375	114.2
林木的培育和种植	Forest Cultivation	774229	848897	
#造 林	Afforestation	460320	432000	
竹木采运	Bamboo Felling and Transportation	68669	115967	
林产品	Forest Products	8775	46510	
牧 业	Animal Husbandry	5224787	5200547	101.6
牲畜饲养	Livestock Raising	764087	733200	
#牛	Cattle	468182	386879	
奶产品	Milk Products	26300	24450	
猪的饲养	Hog Raising	2469065	2443926	
家禽饲养	Poultry Raising	1714439	1758808	
#禽 蛋	Poultry Eggs	451472	476790	
狩猎和捕捉动物	Animal Hunting			
其他畜牧业	Others	277196	264613	
#蚕 茧	Silkworm Cocoons	47600	47408	
渔 业	Fishery	948077	1003935	106.3
#内陆水域水产品	Aquatic Products in Inland Water Areas	948077	1003935	
#养 殖	By Breeding	779014	919343	
#鱼 类	Fish	920730	960519	
农林牧渔服务业	Agricultural Services	343200	381446	109.0

注：本表数据绝对值按现价计算，中类指标指数按可比价计算，部分指标数据较上年变化较大系核算方法变化所致。
Note: The absolute figures in this table are calculated at current prices whereas the indices are calculated at constant prices.

表 11.8 农村基本情况（2017 － 2018 年）
BASIC STATISTICS ON RURAL AREAS (2017-2018)

指 标	Item	2017	2018
户 数（万户）	**Number of Households (10 000 households)**	**707.94**	**707.05**
人 口（万人）	**Population (10 000 persons)**	**2171.22**	**2158.30**
乡村从业人员（万人）	**Rural Employed Population (10 000 persons)**	**1281.69**	**1258.41**
按性别分	By Sex		
男	Male	683.18	671.39
女	Female	598.51	587.02
按产业分	By Sector		
#第一产业	Primary Industry	546.32	538.63

表 11.9 农业生产条件（2017 － 2018 年）
CONDITIONS OF AGRICULTURAL PRODUCTION (2017-2018)

指 标	Item	2017	2018
农业机械化情况	**Agricultural Mechanization**		
农业机械总动力（万千瓦）	Total Agricultural Machinery Power (10 000 kw)	1352.60	1428.10
农业主要能源及物耗	**Main Agricultural Energy and Material Consumption**		
农村用电量（万千瓦时）	Electricity Consumed in Rural Areas (10 000 kwh)	801802	795272
有效灌溉面积（万公顷）	Irrigated Area (10 000 hectare)	69.43	69.69
化肥施用量（折纯量）（万吨）	Consumption of Chemical Fertilizer (net) (10 000 tons)	95.46	93.17
#氮 肥	Nitrogenous Fertilizer	47.16	45.85
磷 肥	Phosphate Fertilizer	16.93	16.55
钾 肥	Potash Fertilizer	5.54	5.34
复合肥	Compound Fertilizer	25.84	25.43
农用塑料薄膜使用量（万吨）	Consumption of Farm Plastic Film (10 000 tons)	4.55	4.46
#地膜使用量	Consumption of Farm Plastic Film	2.46	2.44
地膜覆盖面积（公顷）	Area Covered by Farm Plastic Film (hectare)	256632	253872
农用柴油使用量（万吨）	Consumption of Diesel Oil (10 000 tons)	21.67	21.40
农药使用量（万吨）	Consumption of Chemical Pesticides (10 000 tons)	1.75	1.72

表 11.10 主要农作物播种面积及产量(2017 – 2018 年)
SOWN AREA AND OUTPUT OF MAJOR FARM CROPS (2016-2017)

指 标	Item	播种面积(公顷) Sown Area (hectare)		总产量(吨) Total Output (ton)		单位产量(公斤 / 公顷) Yield Per Unit (kg/ha)	
		2017	2018	2017	2018	2017	2018
粮 食	**Grain**	**2030710**	**2017846**	**10798713**	**10793374**	**5318**	**5349**
谷 物	Cereal	1156771	1143853	7563963	7535852	6539	6588
稻 谷	Rice	658942	656446	4869921	4869190	7391	7418
#中 稻	Middle Rice	658942	656446	4869921	4869190	7391	7418
小 麦	Wheat	30126	24786	97779	81530	3246	3289
玉 米	Corn	447340	442333	2526230	2513284	5647	5682
高 粱	Sorghum	15970	16055	61214	62882	3833	3917
其他谷物	Other Cereal	4394	4233	8819	8965	2007	2118
豆 类	Beans	200205	201441	402225	408593	2009	2028
#大 豆	Soybean	96679	97082	195005	198653	2017	2046
薯 类	Tubers	673735	672552	2832524	2848930	4204	4236
#马铃薯	Potato	335032	334243	1175778	1185541	3509	3547
油 料	**Oil-bearing Crops**	**318516**	**325072**	**623962**	**637002**	**1959**	**1960**
#花 生	Peanut	62116	62751	134239	135756	2161	2163
油菜籽	Rapeseed	244284	250151	474285	486026	1942	1943
芝 麻	Sesame Seed	9704	4077	9917	4389	1022	1077
麻 类	**Fiber Crops**	**4162**	**3844**	**6957**	**6450**	**1671**	**1678**
#苎 麻	Ramie	4117	3796	6877	6368	1670	1677
黄红麻	Jute and Ambary Hemp	41	40	75	74	1844	1835
糖 料(甘蔗)	**Sugar Crops (sugarcane)**	**2124**	**2186**	**87926**	**90890**	**41392**	**41573**
烟 叶	**Tobacco**	**34904**	**32402**	**69053**	**62441**	**1978**	**1927**
#烤 烟	Flue-cured Tobacco	30657	28094	58942	52016	1923	1851
蔬菜、瓜果	**Vegetables and Melons**	**751836**	**765971**	**19184281**	**19912494**	**25517**	**25996**
#蔬 菜(含菜用瓜)	Vegetables (including Melons as Vegetables)	727170	739183	18626281	19327250	25615	26147

表 11.11 林牧渔业生产情况（2017－2018 年）
OUTPUT OF FORESTRY, ANIMAL HUSBANDRY AND FISHERY (2017-2018)

指 标	Item	2017	2018
林 业（公顷）	**Forestry (hectare)**		
当年造林面积	Increased Forest Area in Current Year	228052	270003
年末封山育林面积	Year-end Area of Hillsides Closed for Afforestation	310321	255462
零星（四旁）植树（万株）	Scattered (Four-side) Tree Planting (10 000 plants)	7416	5161
育苗面积	Seeding Raising Area	25862	23699
当年苗木产量（万株）	Output of Plants in Current Year (10 000 plants)	48968	76440
中幼林抚育作业面积	Actual Tending Area for Young and Middle Forest	160000	156666
牧 业	**Animal Husbandry**		
年末生猪存栏头数（万头）	Number of Hogs (year-end, 10 000 heads)	1191.61	1167.19
年内出栏肥猪头数（万头）	Number of Slaughtered Fattened Hogs (10 000 heads)	1751.11	1758.22
年内出栏家禽（万只）	Number of Slaughtered Poultry (10 000 heads)	21315.90	21349.17
渔 业（公顷）	**Fishery (hectare)**		
水产品养殖面积	Cultured Areas of Aquatic Products	82204	83024
#池 塘	Ponds	52288	53043
水 库	Reservoirs	28496	28629

表 11.12 林牧渔业主要产品产量（2017－2018 年）
OUTPUT OF THE MAJOR PRODUCTS OF FORESTRY, ANIMAL HUSBANDRY AND FISHERY (2017-2018)

单位：吨 (ton)

指 标	Item	2017	2018
水 果	Fruits	4033758	4312655
#柑 桔	Citrus	2505840	2611761
猪 肉	Pork	1299700	1321599
禽 肉	Meat of Poultry	322027	323401
蜂 蜜	Honey	22984	22023
水产品	Aquatic Products	515130	529581
#养 殖	Cultured Aquatic Products	496187	510746
年末实有茶园面积（公顷）	Area of Tea Plantations (year-end) (hectare)	39941	42350
#本年采摘面积	Picked Area in Current Year	29982	31190
年末果园面积（公顷）	Area of Orchards (year-end) (hectare)	290303	307430
#梨 园	Pear	22883	24080
#柑 桔	Citrus	200384	212360

表 11.13 主要农产品产量与建国以来最高年产量的比较（2018 年）
OUTPUT OF MAJOR AGRICULTURAL PRODUCTS IN COMPARISON WITH THE PEAK YEAR SINCE THE FOUNDATION OF PRC (2018)

单位：万吨 (10 000 tons)

指 标	Item	2018	建国以来最高产量 Output in the Peak Year Since the Foundation of PRC		2018 年为建国以来最高年份的比重 (%) 2018 as Percentage of Peak Year (%)
			年 份 Year	产 量 Output	
粮食总产量	Total Output of Grain	1079.34	1997	1184.63	91.1
#稻　谷	Rice	486.92	1997	552.44	88.1
小　麦	Wheat	8.15	1995	156.24	5.2
玉　米	Corn	251.33	2016	252.78	99.4
豆　类	Beans	40.86	2017	40.22	101.6
薯　类	Tubers	284.89	2017	283.26	100.6
油菜籽	Rapeseed	48.60	2017	47.43	102.5
麻　类	Fiber Crops	0.64	2017	0.70	92.7
甘　蔗	Sugarcane	9.10	2017	8.79	103.5
烤　烟	Flue-cured Tobacco	6.24	2017	6.91	90.4
蔬菜类	Vegetables	1932.73	2017	1862.63	103.8
年末生猪存栏头数（万头）	Number of Hogs at Year-end (10 000 heads)	1167.19	2005	1708.80	68.3
猪　肉	Pork	132.16	2005	144.46	91.5
禽　肉	Meat of Poultry	32.34	2017	32.20	100.4
禽　蛋	Poultry Eggs	41.46	2017	40.31	102.9
水产品	Aquatic Products	52.96	2017	51.51	102.8
蚕　茧	Silkworm Cocoon	1.35	1994	5.74	23.5
茶　叶	Tea	4.20	2017	3.88	108.4
水　果	Fruits	431.27	2017	403.38	106.9

重/庆/统/计/年/鉴

主要统计指标解释

农林牧渔业总产值

指以货币表现的农、林、牧、渔业全部产品和对农林牧渔业生产活动进行的各种支持性服务活动的价值总量，它反映一定时期内农林牧渔业生产总规模和总成果。1957 年以前的农林牧渔业总产值中包括了厩肥和农民自给性手工业(如农民自制衣服、鞋、袜，自己从事粮食初步加工等)。1958 年及以后，林业中增加了村及村以下竹木采伐产值；牧业中取消了厩肥产值；副业中取消了农民自给性手工业产值，增加了村及村以下办的工业产值； 渔业中增加了海洋捕捞水产品产值。1980 年及以后，在副业中增加了农民家庭兼营工业商品部分的产值。从 1984 年起村及村以下工业产值划归工业。从 1993 年起取消副业，将野生动物的捕猎划入牧业，野生植物采集和农民家庭兼营商品性工业划归农业。从 2003 年起，执行新的国民经济行业分类标准，农林牧渔业总产值中包括了农林牧渔服务业产值。林业中增加了森林采运业产值。农业中取消了家庭兼营商品性工业产值，将野生林产品的采集划归林业。第一次农业普查以后，由于畜牧业产品年报数据与普查数据之间存在一定的差距，根据农业普查结果，对畜牧业年报数据和畜牧业产值进行了修正。2010 年执行《统计用产品分类目录》， 对 2009 年的农业、林业产值做了相应调整。

农林牧渔业总产值的计算方法通常是按农、林、牧、渔业产品及其副产品的产量分别乘以各自单位产品价格求得；少数生产周期较长，当年没有产品或产品产量不易统计的，则采用间接方法匡算其产值；然后将四业产品产值及农林牧渔服务业产值相加即为农林牧渔业总产值。

粮食产量

指农业生产经营者日历年度内生产的全部粮食数量。按收获季节包括夏收粮食、早稻和秋收粮食，按作物品种包括谷物、薯类和豆类。其产量计算方法：谷物按脱粒后的原粮计算，豆类按去豆荚后的干豆计算；薯类(包括甘薯和马铃薯，不包括芋头和木薯)1963 年以前按每 4 公斤鲜薯折 1 公斤粮食计算，从 1964 年开始改为按 5 公斤鲜薯折 1 公斤粮食计算，2014 年开始按鲜薯计算；城市郊区作为蔬菜的薯类(如马铃薯等)按鲜品计算，并且不作粮食统计。1989 年以前全国粮食产量数据主要靠全面报表取得，1989 年开始使用抽样调查数据。

油料产量

指全部油料作物的生产量。包括花生、油菜籽、芝麻、向日葵籽，胡麻籽（亚麻籽）和其他油料。不包括大豆，也不包括木本油料和野生油料。花生以带壳干花生计算。

水产品产量

指渔业（捕捞和养殖）生产活动的最终有效成果，包括全部海水和淡水鱼类、甲壳类（虾、蟹）、贝类、头足类、藻类和其他类渔业产品的最终产量。水产品产量是通过各级水产部门逐级上报取得数据。1995 年及以前，贝类中牡蛎按鲜肉计算；蚶、蛤、蛙按 5 斤鲜品折 1 斤计算。1996 年以后则统一按鲜品计算。

猪、牛、羊肉产量

指当年出栏并已屠宰、除去头蹄下水后带骨肉(即胴体重)的重量。包括全社会范围内的产量。1996 年以前为全面统计并逐级上报数据。1996 年第一次农业普查以后，根据普查结果，对畜牧业主要年报数据进行了修正。1999 年以后，国家统计局在部分地区开展了猪、牛、羊、禽等主要畜禽品种的抽样调查，并用抽样数据作为国家定案数据使用。未开展抽样调查的地区和品种，仍使用各级统计部门逐级上报数据。2007 年，根据第二次农业普查结果，对 2000—2006 年畜牧业主要年报数据进行了修正。2008 年，建立了主要畜禽监测调查制度，猪、牛、羊、禽等主要畜禽数据均以抽样调查数为法定数据。

期初（末）畜禽存栏头（只）数

指报告期初（末）农村各种合作经济组织和国营农场、农民个人、机关、团体、学校、工矿企业，部

主要统计指标解释

队等单位以及城镇居民饲养的大牲畜、猪、羊、家禽等畜禽的存栏头（只）数。

■ 农作物播种面积

指农业生产经营者应在日历年度内收获农作物在全部土地（耕地或非耕地）上的播种或移植面积。凡是本年内收获的农作物，无论是本年还是上年播种，都算为播种面积，但不包括本年播种，下年收获的农作物面积。

■ 耕地灌溉面积

指具有一定的水源，地块比较平整，灌溉工程或设备已经配套，在一般年景下能够进行正常灌溉的耕地面积。在一般情况下，耕地灌溉面积应等于灌溉工程或设备已经配套，能够进行正常灌溉的水田和水浇地面积之和。它是反映我国农田水利建设的重要指标。

■ 农用化肥施用量

指本年内实际用于农业生产的化肥数量，包括氮肥、磷肥，钾肥和复合肥。化肥施用量要求按折纯量计算数量。折纯法化肥施用量是把氮肥、磷肥和钾肥分别按含氮、含五氧化二磷、含氧化钾的百分之一百成份折算后的数量。复合肥按其所含主要成分折算。公式为：

折纯量＝实物量×某种化肥有效成份含量的百分比

■ 农业机械总动力

指全部农业机械动力的额定功率之和。农业机械是指用于种植业、畜牧业、渔业、农产品初加工、农用运输和农田基本建设等活动的机械及设备。农机总动力按使用能源不同分为以下四部分：

柴油发动机动力：指全部柴油发动机额定功率之和；

汽油发动机动力：指全部汽油发动机额定功率之和；

电动机动力：指全部电动机（含潜水电泵的电动机）额定功率之和；

其他机械动力：指采用柴油、汽油、电力之外的其他能源，如水力、风力、煤炭、太阳能等动力机械功率之和。

这个指标的统计数据主要来源于农机部门。

■ 乡村人口

指乡村地区常住居民户数中的常住人口数，即经常在家或在家居住6个月以上，而且经济和生活与本户连成一体的人口。外出从业人员在外居住时间虽然在6个月以上，但收入主要带回家中，经济与本户连为一体，仍视为家庭常住人口；在家居住，生活和本户连成一体的国家职工、退休人员也为家庭常住人口。但是现役军人、中专及以上（走读生除外）的在校学生、以及常年在外（不包括探亲、看病等）且已有稳定的职业与居住场所的外出从业人员，不应当作家庭常住人口。

Explanatory Notes on Main Statistical Indicators

Gross Output Value of Agriculture, Forestry, Animal Husbandry and Fishery

Refers to the total value of products of agriculture, forestry, animal husbandry and fishery, and total value of services in support of agriculture, forestry, animal husbandry and fishery activities. It reflects the total scale and results of agricultural production during a given period. Prior to 1957, China's gross agricultural output value included barnyard manure and handicraft products for self-consumption (clothes, shoes, stockings, and initial grain processing undertaken by peasants). Since 1958, cutting and felling of bamboo and trees by villages and other cooperative organizations under villages have been included in forestry; value of barnyard manure has been excluded from animal husbandry; self-consumed handicrafts have not been included from sideline occupations, while the output value of industries run by villages and cooperative organizations under village has been included in sideline occupations; and the output value of fish catches by motor fishing boats has been added to fishery. Since 1980, the value of handicraft products made for sale by individuals in households has been added to sideline occupations. Since 1984, industries run by villages and under villages have been included in the sector of industry. Since 1993, the subdivision of sideline occupations has been cancelled, and the hunting of wild animals has been classified into animal husbandry, and the gathering of wild plants and commodity industry run by rural household have been included in farming. A new industrial classification of economic activities was introduced in 2003. Under the new classification, value of services to agriculture, forestry, animal husbandry and fishery is included in the gross output value of agriculture, value of wood felling and transport is included in forestry, value of industrial output by rural households is not included in agriculture. The First Agriculture Census of China revealed some discrepancy between the production of animal products from the annual reports and that from the census. According to the result of the First Agriculture census, efforts were made to adjust the annual reports of animal husbandry output and the output value of animal husbandry to make the figures from the annual reports consistent with the census data. "The Classification of Products for Statistical Purposes" implemented in 2010 made relevant revision on the output value of agriculture and forestry in 2009.

Gross output value of agriculture is obtained by multiplying the output of each product or by-product by its price, resulting in the output value of each single item. For a small number of products, annual output of which is not available or difficult to get due to the long production (growing) process involved, the output value is estimated through an indirect approach. The sum of output values of all products of agriculture, forestry, animal husbandry and fishery and services in support to those industries is then equal to the gross output value of agriculture.

Grain Output

Refers to the total output of grains produced by agricultural producers within a calendar year. It includes summer grain, early rice and autumn grain if classified by harvest seasons; it covers cereal, tubers and beans if classified by type of crops. Output of cereal should be limited to husked grain only. Output of beans refers to dry beans without pods. The output of tubers (sweet potatoes and potatoes, not including taros and cassava) are converted into that of grain at the ratio 4:1, i.e. 4 kilograms of fresh tubers were equivalent to 1 kilogram of grain up to 1963. Since 1964 the ratio for conversion has been 5:1, and Starting from 2014, the ratio for conversion has been 1:1. Tubers supplied as vegetables (such as potatoes) in cities and suburbs are calculated as fresh vegetables and their output is not included in the output of grain. Data on grain production before 1989 were obtained through the Comprehensive Statistical Reporting System. Since 1989, data from sample surveys are used.

EXPLANATORY NOTES TO MAJOR STATISTICAL INDICATORS

Yield of Oil-bearing Crops

Refers to the total yield of oil-bearing crops of various kinds, including peanuts, (dry, in shell) rapeseeds, sesame, sunflower seeds, flax seeds, and other oil-bearing crops. Soybeans, oil-bearing woody plants, and oil-bearing crops are not included.

Output of Aquatic Products

Refers to final output actually yielded from fishing production (fishery and breeding), including all output of marine and freshwater fish, crustaceans (shrimps, crabs), shellfish, cephalopod, seaweed and other fishery products. Data on output of aquatic products are reported by aquatic product agencies level by level. Before 1995, among the shellfish, oyster was counted as fresh meat; 5 kilograms of ark shell, clams and frogs are equivalent to 1 kilogram of fresh aquatic products; they have all been counted as fresh aquatic products since 1996.

Output of Pork, Beef, and Mutton

Refers to the meat of slaughtered hogs, cattle, sheep and goats with head, feet, and offal taken away. Data refers to the production of the whole country. Before 1996, it was a comprehensive reporting from the lower level to the upper one. The First Agricultural Census of China in 1996 revealed some discrepancy between the production of animal products from the annual reports and that from the census. Efforts were made to adjust the output value of animal husbandry to make the figures from the annual reports consistent with the census data. Since 1999, the NBS conducted sample surveys for the major animal husbandry products, such as hogs, cattle, sheep and goats and fowls, and the data from sample surveys are used as national finalized data. Those products, which are not covered by the sample survey, are still reported by statistical agencies level by level. In 2007, the data on animal husbandry from 2000 to 2006 were revised according to the results of the Second Agriculture Census of China. In 2008, A Monitoring and Survey Program was set up on main livestock, the data on the main livestock such as hog, cattle, sheep and poultry became the official data based on the sampling survey.

Number of Livestock or Poultry in Hand at the Beginning (or End) of the Reference Period

Refers to the total number of large animals, pigs, sheep, fowls, etc., raised by rural cooperative organizations, state farms, rural individuals, government agencies, schools, industrial and mining enterprises, army, and urban residents at the beginning (or end) of the reference period.

Sown Area of Crops

Refers to area of all land (cultivated or non-cultivated area) sown or transplanted with crops that are harvested within the calendar year by agricultural producers. All crops harvested within the year are counted as sown area, regardless of being sown in this year or the previous year. Crops sown this year but will be harvested in the coming year are excluded.

Irrigated Area of Cultivated Land

Refers to area of land that are effectively irrigated, i.e. relatively level land, where there are water sources or complete sets of irrigation facilities to lift and move adequate water for irrigation purpose under normal conditions. Under normal situations, irrigated area of cultivated land is the sum of watered fields and irrigated fields where irrigation systems or equipment have been installed for regular irrigation purpose. It is an important indicator to reflect the farmland water conservancy construction in China.

Consumption of Chemical Fertilizers for Farming

Refers to the quantity of chemical fertilizers applied in agriculture in the year, including nitrogenous fertilizer, phosphate fertilizer, potash fertilizer, and compound fertilizer. The consumption of chemical fertilizers is required in calculation to convert the gross weight into weight containing 100% effective component (e.g. 100% nitrogen content in nitrogenous fertilizer, 100% phosphorous pentoxide content in phosphate fertilizer, 100% potassium oxide content in potash fertilizer). Compound fertilizer is converted with its major component. The formula is:

Volume of effective component= physical quantity × effective component of certain chemical fertilizer (%)

□ Total Power of Agricultural Machinery

Refers to the total rated capacity of all agricultural machinery. Agricultural machinery refers to the machineries and equipments which are used for activities of planting, animal husbandry, fishery, primary processing of agricultural products, agricultural transport and infrastructure construction of farmland. Total power of agricultural machinery is grouped into four parts according to the energy used:

Diesel engine power refers to the total rated capacity of all diesel engines.

Gasoline engine power refers to the total rated capacity of all gasoline engines.

Motor power refers to the total rated capacity of all motors (include submersible pump motors).

Other mechanical powers refer to the total mechanical capacity of the sources of energy besides diesel, gasoline and motor power, such as hydro power, wind power, coal and solar energy.

Data are mainly from agricultural machinery agencies.

□ Rural Population

Refers to permanent rural population, also refers to persons staying at home regularly or for over 6 months during a year and integrated with a household economically and in terms of living. Members of a household staying away from the residence for over 6 months but keeping a close economic relation with the household by sending the majority of income to the household are also regarded as permanent residents of a household. National civil servants and retired people staying at home and keeping a close economic relation with the household are also regarded as permanent residents of a household. However, the rural permanent population does not include CPLA, students at technical secondary school and above (excluding day-students), and persons staying away from the residence all year round (excluding persons visiting relatives and seeing the doctor, etc.) but having stable occupation and living place.

第十二章·工 业
INDUSTRY

简要说明 BRIEF INTRODUCTION

本章资料主要包括工业企业主要指标，规模以上（即指年主营业务收入2000万元及以上）工业企业单位数、主要经济指标和效益指标，国有控股工业企业的主要经济指标和效益指标，私营工业企业的主要经济指标和效益指标，外商投资和港澳台投资企业的主要经济指标和效益指标，大中型工业企业的主要经济指标和效益指标，主要工业产品产量以及占全国当年产量的比重。本章资料由市统计局工业处整理提供。

The data in this chapter cover the main indicators of industrial enterprises; the number, main economic indicators and benefit indicators of enterprises above designated size (enterprises with annual revenue from principal business 20 million yuan and above); the main economic indicators and benefit indicators of state-holding industrial enterprises, private industrial enterprises, industrial enterprises with Hong Kong, Macao, Taiwan and foreign funds and large and medium-sized industrial enterprises; the output of major industrial products and their percentage to nation total in this year. The data in this chapter are sorted and provided by Division of Industry Statistics, Chongqing Municipal Bureau of Statistics.

表 12.1 工业企业主要指标（1978 － 2018 年）
MAJOR INDICATORS OF INDUSTRIAL ENTERPRISES (1978-2018)

单位：万元 (10 000 yuan)

年 份 Year	单位数 (个) Number of Enterprises (unit)	从业人员平均人数 (人) Average Emloyment (person)	工业总产值 Industrial Gross Output Value	
			绝对值 Value	指 数 (上年 =100) Index Preceding Year=100
1978	8037	951217	643444	100.0
1980	10963	998963	772307	104.6
1985	9924	1251649	1408126	117.2
1986	12454	1473491	1604215	104.1
1987	11556	1511086	1921043	112.4
1988	11303	1552189	2529674	116.1
1989	10976	1587712	2991130	102.4
1990	10763	1610473	2993490	100.7
1991	10780	1652984	3424558	111.8
1992	9693	1662144	4191279	116.3
1993	9083	1752822	5847377	118.2
1994	9713	1692108	7185418	115.4
1995	11474	1724173	7651109	115.2
1996	2332	1474400	7304148	
1997	2210	1428600	7947952	114.4
1998	2000	1164200	7667894	100.7
1999	1975	1004400	8585525	118.9
2000	2040	907900	9623226	113.6
2001	2054	841900	10728325	115.5
2002	2072	820103	12283741	119.8
2003	2243	843341	15889928	126.7
2004	2634	900546	21427261	129.9
2005	2946	924204	25258684	118.6
2006	3214	968440	32142340	127.4
2007	3942	1082675	43632489	133.6
2008	6119	1321310	57558984	129.3
2009	6412	1372758	67729015	115.2
2010	7130	1465587	91435532	128.4
2011	4778	1457566	118470581	128.2
2012	4985	1549702	130951235	118.0
2013	5559	1694189	157854080	114.5
2014	6158	1771250	187823331	114.6
2015	6608	1819621	214000118	112.4
2016	6782	1852580	239065803	110.2
2017	6684	1690124	211732144	114.4
2018	6438	1533918	206900438	102.9

注：1）本表统计口径 1996 年以前为全部独立核算工业企业，1996 年 -2006 年为全部国有及规模以上（即年主营业务收入在 500 万元及以上）非国有工业企业，2007 年为规模以上（即年主营业务收入在 500 万元及以上）工业企业 ,2011 年为规模以上（即年主营业务收入在 2000 万元及以上）工业企业（下表同）。
2）工业总产值的绝对值按现价计算。由于工业统计制度变更，工业总产值指数 2003 年及以前按可比价计算，2004 年起按现价计算。
3）2018 年同期总产值、主营业务收入、利润总额及产品产量数据根据有关制度规定进行了修订，增速按照可比口径计算。

Note: a) The statistic scope of this table is all the industrial enterprises with independent accounting system before 1996, is all the state-owned industrial enterprises and non-state-owned industrial enterprises over designated size (with annual revenue from principal business 5 million yuan and above) from 1996 to 2006, and is the industrial enterprises over designated size (with annual revenue from principal business 5 million yuan and above) in 2007 and is the industrial enterprises over designated size (with annual revenue from principal business 20 million yuan and above) in 2011 (the same below).
b) Gross output value of industry are calculated at current prices. As industry statistic system has been changed, the index of industrial gross output value in 2003 and previous years is calculated at constant prices, while the index is calculated at current prices since 2004.
c) Since 2018, gross output value, revenue from principal business, total pre-tax profits and output of products are adjusted in accordance with related regulations, and the growth rate are calculated by comparable scope.

表 12.1 续表 continued

单位：万元 (10 000 yuan)

年 份 Year	年末固定资产 Year-end Fixed Assets		流动资产合计 Total Circulating Assets	主营业务收入 Revenue from Principal Business	利税总额 Total Pre-tax Profits	利润总额 Total Profits
	原 值 Original Value	净 值 Net Value				
1978	706016	475301	298093	595593	119300	
1980	823370	540178	329897	708120	146213	
1985	1339800	923111	604983	1449426	260677	
1986	1445859	970019	743986	1559353	225749	
1987	1635303	1135872	908572	1897962	251220	
1988	1830786	1254850	1062157	2472560	358610	
1989	2063326	1405200	1441939	2734475	365348	
1990	2314886	1490850	1942657	2782262	253309	
1991	2585930	1647544	2418353	3338105	291455	
1992	2947902	1784094	2852708	4167995	365134	
1993	3424857	2106423	3484050	6124846	551046	
1994	4953046	2967592	4631636	6294911	573144	
1995	7307273	4057468	5702467	7524836	580345	
1996	7708153	5398622	5749079	7113430	480449	-49429
1997	8578673	5952377	6959065	7981695	460736	-116702
1998	9866758	6940364	7202796	7809127	393220	-193078
1999	10840971	7604150	7733524	8546131	572648	-67491
2000	11515782	7848443	8157646	9593576	855670	156449
2001	12056356	7958216	8874861	10732455	1016889	238170
2002	12730167	8282507	9228472	12357157	1320260	405426
2003	13424490	8576299	10305605	15950727	1910901	859689
2004	14970250	9738481	11641381	21088433	2420163	1155898
2005	16779752	11001178	13571979	25151726	2564825	1155912
2006	20266728	13551444	15484263	32008042	3192103	1557631
2007	24067348	16421036	18541937	42629860	5025623	2405387
2008	30254424	20829025	24807777	56676087	6017115	3086786
2009	34109428	22757818	28630140	66247114	7105030	3560249
2010	44634155	29639590	36084780	90390303	10118841	5185939
2011	50234507	30341715	45089210	113823442	11643029	6603471
2012	58315944	36101279	53572842	128803222	12244123	6453886
2013	72786258	46301592	62293267	155817793	17342546	9076025
2014	85835043	54276237	71747271	186886282	22189470	12296456
2015	103933391	65401572	80949784	209022428	24492098	14118589
2016	122053328	80001548	92379294	234670318	27647239	16483625
2017	115697854	72411733	92886887	207724101	24741003	15018747
2018	119528964	69272300	94879529	202440777	22311702	13333772

表 12.2 主要工业产品产量（1978 – 2018 年）
OUTPUT OF MAJOR INDUSTRIAL PRODUCTS (1978-2018)

年 份 Year	天然气（亿立方米） Natural Gas (100 millioncu.m)	发电量（亿千瓦时） Electricity (100 million kwh)	钢 材（万吨） Steel Products (10 000 tons)	铝 材（万吨） Aluminum Products (10 000 tons)	水 泥（万吨） Cement (10 000 tons)	汽 车（万辆） Motor Vehicles (10 000 units)	其中 of which #轿 车（万辆） Cars (10 000 units)	摩托车（万辆） Motorcycles (10 000 units)
1978	0.09	29.60	73.09	1.47	96.14	0.16		
1980	15.78	33.32	76.52	2.27	129.10	0.23		0.27
1985	24.47	36.67	86.35	4.50	262.78	0.89		47.18
1986	25.88	41.96	94.99	4.55	269.20	0.61		31.94
1987	28.39	54.73	111.36	5.00	308.29	0.90		27.14
1988	29.44	66.38	121.06	5.01	353.43	1.66		44.47
1989	31.96	72.64	102.59	4.99	345.39	2.02		36.85
1990	34.59	73.75	109.61	3.97	351.85	2.18		38.22
1991	35.86	84.05	105.67	5.51	428.56	3.04		48.48
1992	36.44	91.95	112.24	5.55	517.31	4.56		69.37
1993	37.14	118.41	162.74	5.79	562.32	6.82		120.38
1994	41.87	124.36	130.74	6.19	642.62	8.77		170.23
1995	45.00	127.62	120.68	5.93	820.57	11.47		220.17
1996	26.10	128.73	117.55	7.36	648.76	12.41	1.34	177.36
1997	30.69	139.88	116.08	9.31	862.10	16.07	2.89	177.04
1998	33.24	158.67	131.01	10.62	1173.59	15.74	3.56	126.90
1999	34.74	158.27	135.10	12.11	1197.60	21.85	4.46	174.93
2000	38.98	167.90	156.98	13.98	1402.78	24.59	4.82	191.07
2001	41.88	170.41	161.42	16.82	1511.18	24.38	4.31	253.53
2002	45.41	184.75	201.48	19.94	1679.52	33.13	6.78	323.42
2003	47.29	188.64	235.24	21.60	1927.00	40.45	12.06	441.32
2004	51.57	232.82	288.10	26.23	1906.23	42.89	15.73	473.07
2005	57.09	234.03	294.70	39.36	2100.69	42.15	15.33	420.84
2006	70.88	275.44	382.87	66.41	2533.84	51.99	26.30	534.60
2007	71.11	325.22	436.57	81.13	2819.92	70.80	41.80	638.25
2008	79.50	396.64	487.20	79.76	3230.51	76.64	40.72	774.90
2009	75.70	428.26	477.44	75.15	3610.99	118.65	63.30	761.74
2010	67.48	456.71	699.91	102.79	4598.04	161.58	85.17	849.23
2011	62.94	529.57	948.17	134.45	4935.15	172.20	93.67	879.59
2012	55.76	536.53	1150.22	94.41	5499.59	184.46	102.40	877.51
2013	50.91	586.13	1290.55	109.79	6120.40	215.06	108.14	810.94
2014	48.05	644.50	1323.45	133.41	6666.61	262.89	111.32	844.62
2015	69.31	644.64	1411.46	171.37	6798.83	304.51	108.79	841.64
2016	96.45	670.81	1234.22	216.18	6781.59	315.62	97.95	787.66
2017	111.31	690.51	917.25	188.36	6370.93	299.82	84.94	595.69
2018	106.76	756.56	1187.66	192.55	6577.54	205.04	46.40	389.11

表 12.2 续表 continued

年 份 Year	微型计算机设备（万台） Computers (10 000 sets)	打印机（万台） Marking Machine (10 000 sets)	移动通信手持机（手机）（万台） Mobile Telephones (10 000 sets)	维纶纤维（万吨） PVA Fiber (10 000 tons)	硫 酸（万吨） Sulphuric Acid (10 000 tons)	啤 酒（万千升） Beer (10 000 kiloliters)	卷 烟（亿支） Cigarettes (100 million pieces)	农用化肥（万吨） Chemical Fertilizer (10 000 tons)
1978					12.76		87.70	20.23
1980					15.85		115.75	13.10
1985					15.09	3.47	246.70	15.23
1986					20.86	4.16	314.90	17.28
1987					23.25	5.18	346.95	21.70
1988					25.31	6.26	355.65	21.55
1989					27.33	5.90	356.20	21.60
1990					25.24	5.91	357.85	24.58
1991					33.10	6.67	368.85	28.24
1992					34.28	7.74	439.10	28.86
1993					25.96	15.61	437.10	31.73
1994					25.31	16.69	430.65	35.59
1995					48.84	18.89	502.25	54.37
1996				1.71	51.29	28.54	453.91	78.97
1997				1.23	52.00	40.05	507.38	66.07
1998				0.90	59.47	50.66	369.35	73.40
1999				0.63	61.83	50.81	482.85	74.27
2000				0.77	50.65	50.42	343.50	72.26
2001				1.03	65.77	39.91	338.50	77.57
2002				1.11	85.64	41.36	343.80	82.53
2003				1.18	99.18	44.42	387.50	89.97
2004				1.30	135.51	46.21	386.32	104.22
2005				1.56	150.08	53.87	396.08	121.89
2006				1.52	190.44	64.73	406.00	127.82
2007				1.57	223.78	76.49	426.00	154.20
2008				1.47	172.31	68.01	451.00	127.06
2009			374.93	1.23	202.29	72.77	476.00	152.00
2010	193.43		650.26	1.26	222.00	75.20	501.00	181.49
2011	2547.82		592.48	1.55	176.76	77.31	516.00	169.52
2012	4160.88	901.35	1095.76	1.41	221.54	77.23	551.00	206.63
2013	5593.34	1943.69	3695.78	1.79	209.35	80.04	571.00	204.33
2014	6446.78	1616.29	9418.24	1.62	202.83	73.72	576.00	213.99
2015	6180.79	1447.71	17605.08	1.34	204.16	76.71	546.50	214.85
2016	6764.65	1374.62	28708.36	1.83	193.66	76.09	440.40	177.44
2017	6619.78	1450.93	23732.52	2.05	185.64	78.95	421.50	145.95
2018	7074.08	1589.48	18868.17	1.98	171.07	70.61	520.00	143.75

表 12.3 工业企业经济效益指标（1992 – 2018 年）
INDICATORS ON ECONOMIC BENEFIT OF INDUSTRIAL ENTERPRISES (1992-2018)

单位：% (%)

年 份 Year	经济效益综合指数 Comprehensive Index of Economic Benefits	总资产贡献率 Ratio of Total Assets to Industrial Output Value	资本保值增值率 Ratio of Assets Appreciation YOY	资产负债率 Asset-liability Ratio
1992	76.2			
1993	84.6			
1994	83.9			
1995	73.0			
1996	63.8	2.8	125.7	68.6
1997	60.3	2.7	113.9	68.4
1998	57.3	5.0	103.0	68.3
1999	67.7	5.5	101.4	67.1
2000	87.1	6.3	112.1	64.8
2001	95.2	6.9	108.3	62.7
2002	109.8	7.8	120.7	61.3
2003	129.7	9.9	115.8	60.8
2004	140.9	10.6	120.2	60.8
2005	139.4	10.0	116.2	59.7
2006	153.7	10.5	114.4	59.8
2007	187.7	12.6	118.2	59.7
2008	204.0	12.2	117.6	60.0
2009	204.4	12.1	114.6	60.3
2010	226.0	13.6	125.0	60.3
2011	244.1	13.7	120.5	60.7
2012	262.5	12.6	121.1	63.0
2013	254.1	14.2	118.0	63.8
2014	284.9	15.4	115.8	62.4
2015		14.9	112.5	61.9
2016		14.7	112.7	61.2
2017		13.4	114.2	58.8
2018		11.9	106.5	57.1

表 12.3 续表 continued

年 份 Year	流动资产周转率（次） Turnover Ratio of Circulating Assets (time)	成本费用利润率 Ratio of Profits to Cost	全员劳动生产率(元/人年) Overall Labor Productivity (yuan/person-year)	产品销售率 Sales as Percentage of Output
1992	1.4	3.2	7296	97.0
1993	1.6	3.1	10758	97.1
1994	1.4	2.7	12638	96.4
1995	1.2	0.7	11804	96.3
1996	1.3	-1.2	13546	96.5
1997	1.2	-1.8	14972	95.6
1998	1.1	-2.4	16690	97.2
1999	1.1	-1.1	23385	97.5
2000	1.2	1.7	31081	99.1
2001	1.2	2.3	37750	97.9
2002	1.3	3.4	46464	98.1
2003	1.5	5.7	55957	97.8
2004	1.8	5.8	66148	99.9
2005	1.9	4.9	77511	98.8
2006	2.1	5.2	87750	98.4
2007	2.3	6.1	127993	97.1
2008	2.4	5.8	156167	98.0
2009	2.3	5.8	159484	98.3
2010	2.5	6.1	183031	98.1
2011	2.6	6.0	213463	97.4
2012	2.4	5.4	223843	97.8
2013	2.5	6.2	230218	98.0
2014	2.7	7.0	270083	98.2
2015	2.6	7.2	297050	97.9
2016	2.6	7.5	300204	98.3
2017	2.3	7.7	318885	98.0
2018	2.2	7.0	330180	98.2

注：1）经济效益综合指数 1997 年前由资金利税率、增加值率、流动资产周转率、成本费用利润率、全员劳动生产率、产品销售率等六项指标构成，从 1997 年起由总资产贡献率、资本保值增值率、资产负债率、流动资产周转率、成本费用利润率、全员劳动生产率、产品销售率等七项指标构成。
2）由于部分指标无法取得，因此 2008 年资本保值增值率、全员劳动生产率采用 2008 年 12 月快报数代替，其余指标均取自 2008 年经济普查数。

Note: a) Comprehensive index of economic benefits before 1997 are composed of 6 items, namely ratio of pretax profits to total industrial assets, ratio of value-added to gross industrial output value, turnover ratio of circulating assets, ratio of profits to cost, overall labor productivity and sales as percentage of output, and since 1997 are composed of 7 items, namely ratio of total assets to industrial output value, ratio of ssets appreciation YOY, asset-liability ratio, turnover ratio of circulating assets, ratio of profits to cost, overall labor productivity and sales as percentage of output.
b) Because some of the indices are not available, the index of industrial gross output value, value-added of industry and its index in 2008 are replaced by the accumulated value in December 2008, and other indices are the data from the census of economy in 2008.

表 12.4 规模以上工业企业单位数（2017 － 2018 年）
NUMBER OF INDUSTRIAL ENTERPRISES ABOVE DESIGNATED SIZE (2017-2018)

单位：个 (unit)

指 标	Item	2017	2018
总　计	**Total**	**6684**	**6438**
#国有控股企业	State-holding Enterprises	511	520
#亏损企业	Loss-generating Enterprises	567	640
按登记注册类型分	**By Status of Registration**		
内资企业	Domestic-funded Enterprises	6279	6021
国有企业	State-owned Enterprises	28	23
集体企业	Collective-owned Enterprises	23	21
股份合作企业	Cooperative Share Holding Enterprises	10	10
国有联营	State Joint Ownership Enterprises		
集体联营	Collective Joint Ownership Enterprises	1	1
国有与集体联营	Joint State-collective Enterprises		
其他联营	Other Joint Ownership Enterprises	1	1
国有独资公司	Soly State-funded Corporations	148	142
其他有限责任公司	Other Limited Liability Corporations	1641	1048
股份有限公司	Share-holding Corporations Ltd.	197	149
私营独资	Soly Private-funded Enterprises	190	152
私营合作	Cooperative Private Enterprises	27	19
私营有限责任公司	Private Limited Liability Corporations	3766	4252
私营股份有限公司	Private Share-holding Corporations Ltd.	240	200
其他内资	Other Enterprises	7	3
港澳台商投资企业	Enterprises Funded by Hong Kong, Macao and Taiwan	164	145
合资经营	Joint-ventures	61	53
合作经营	Cooperative Enterprises	2	1
独　资	Enterprises with Sole Investment	90	81
投资股份有限公司	Share-holding Corporations Ltd.	6	4
其　他	Others	5	6
外商投资企业	Foreign-funded Enterprises	241	272
中外合资经营	Joint-ventures	118	134
中外合作经营	Cooperative Enterprises	6	3
外资企业	Enterprises with Sole Investment	105	126
外商投资股份有限公司	Share-holding Corporations Ltd.	7	5
其　他	Others	5	4
按轻重工业分	**By Light and Heavy Industries**		
轻工业	Light Industry	2033	1934
重工业	Heavy Industry	4651	4504
按企业规模分	**By Size**		
大型企业	Large	199	174
中型企业	Medium	1070	903
小型微型企业	Small & Mini	5415	5361

表 12.5 规模以上工业企业主要产品产量占全国的比重（2018 年）
OUTPUT OF MAJOR INDUSTRIAL PRODUCTS OF INDUSTRIA ENTERPRISES ABOVE DESIGNATED SIZED AS PERCENTAGE OF NATION TOTAL (2018)

产　品	Products	全 国 Nation Total	重 庆 Chongqing	重庆占全国比重 (%) Chongqing as % of Nation Total
布 (亿米)	Cloth (100 million m)	498.90	1.73	0.3
蚕 丝 (万吨)	Silk (10 000 tons)	8.65	0.19	2.1
原 盐 (万吨)	Salt (10 000 tons)	5836.20	213.86	3.7
卷 烟 (亿支)	Cigarettes (100 million pieces)	23356.20	520.00	2.2
白 酒 (万千升)	Liquor (10 000 kiloliters)	871.20	11.19	1.3
啤 酒 (万千升)	Beer (10 000 kiloliters)	3812.20	70.61	1.9
饮 料 (万吨)	Soft Beverage (10 000 tons)	15679.20	280.60	1.8
乳制品 (万吨)	Dairy Products (10 000 tons)	2687.10	21.18	0.8
发电量 (亿千瓦小时)	Electricity (100 million kwh)	67914.20	756.56	1.1
天然气 (亿立方米)	Natural Gas (100 million cu.m)	1610.20	106.76	6.6
生 铁 (万吨)	Pig Iron (10 000 tons)	77105.40	580.43	0.8
粗 钢 (万吨)	Crude Steel (10 000 tons)	92826.40	638.16	0.7
钢 材 (万吨)	Steel Products (10 000 tons)	110551.60	1187.66	1.1
铝 材 (万吨)	Aluminum Products (10 000 tons)	4554.60	192.55	4.2
水 泥 (万吨)	Cement (10 000 tons)	217666.80	6577.54	3.0
硫 酸 (万吨)	Sulphuric Acid (10 000 tons)	8636.40	171.07	2.0
纯 碱 (万吨)	Soda Ash (10 000 tons)	2620.50	106.10	4.0
烧 碱 (万吨)	Caustic Soda (10 000 tons)	3420.20	32.85	1.0
农用化肥 (万吨)	Chemical Fertilizer (10 000 tons)	5459.60	143.75	2.6
合成氨 (万吨)	Synthetic Ammonia (10 000 tons)	4611.50	144.07	3.1
中成药 (万吨)	Traditional Chinese Medicine (10 000 tons)	261.90	12.26	4.7
涂 料 (万吨)	Paint (10 000 tons)	1759.80	45.35	2.6
汽 车 (万辆)	Motor Vehicles (10 000 units)	2796.80	205.04	7.3
#轿 车	Cars	1160.10	46.40	4.0
摩托车 (万辆)	Motorcycles (10 000 units)	1899.90	389.11	20.5
微型计算机设备 (万台)	Microcomputers (10 000 sets)	30700.20	7074.08	23.0
移动通信手持机 (手机)(万台)	Mobile Telephone(10 000 sets)	179846.40	18868.17	10.5

表12.6 规模以上工业企业主要经济指标（2018年）
MAIN ECONOMIC INDICATORS OF INDUSTRIAL ENTERPRISES ABOVE DESIGNATED SIZE (2018)

指 标	Item	单位数（个）Number of Enterprises (unit)
总 计	**Total**	**6438**
按登记注册类型分	**By Status of Registration**	
内资企业	Domestic-funded Enterprises	6021
#国有企业	State-owned	23
集体企业	Collective-owned	21
港澳台投资企业	Funded by Hong Kong, Macao and Taiwan	145
外商投资企业	Foreign-funded	272
按轻、重工业分	**By Light and Heavy Industries**	
轻工业	Light Industry	1934
重工业	Heavy Industry	4504
按企业规模分	**By Size**	
大型企业	Large	190
中型企业	Medium	915
小型微型企业	Small & Mini	5333
按行业分	**By Sector**	
煤炭开采和洗选业	Mining and Washing of Coal	48
石油和天然气开采业	Extraction of Petroleum and Natural Gas	3
黑色金属矿采选业	Mining and Processing of Ferrous Metal Ores	14
有色金属矿采选业	Mining and Processing of Non-ferrous Metal Ores	2
非金属矿采选业	Mining and Processing of Non-metal Ores	116
开采辅助活动	Support Activities for Mining	0
其他采矿业	Mining of Other Ores	0
农副食品加工业	Processing of Food from Agricultural Products	458
食品制造业	Manufacture of Foods	171
酒、饮料和精制茶制造业	Manufacture of Liquor, Beverages and Refined Tea	97
烟草制品业	Manufacture of Tobacco	4
纺织业	Manufacture of Textile	52
纺织服装、服饰业	Manufacture of Textile Wearing Apparel and Accessories	64
皮革、毛皮、羽毛及其制品和制鞋业	Manufacture of Leather, Fur, Feather and Related Products and Footwear	74
木材加工和木、竹、藤、棕、草制品业	Processing of Timber, Manufacture of Wood, Bamboo, Rattan, Palm and Straw Products	92
家具制造业	Manufacture of Furniture	84
造纸及纸制品业	Manufacture of Paper and Paper Products	106
印刷和记录媒介复制业	Printing and Reproduction of Recording Media	120
文教、工美、体育和娱乐用品制造业	Manufacture of Articles for Culture, Education, Arts and Crafts, Sport and Entertainment Activities	54
石油、煤炭及其他燃料加工业	Processing of Petroleum, Coking and Processing of Nuclear Fuel	16
化学原料和化学制品制造业	Manufacture of Raw Chemical Materials and Chemical Products	232
医药制造业	Manufacture of Medicines	133
化学纤维制造业	Manufacture of Chemical Fibres	4
橡胶和塑料制品业	Manufacture of Rubber and Plastics Products	264
非金属矿物制品业	Manufacture of Non-metallic Mineral Products	670
黑色金属冶炼和压延加工业	Smelting and Pressing of Ferrous Metals	89
有色金属冶炼和压延加工业	Smelting and Pressing of Non-ferrous Metals	119
金属制品业	Manufacture of Metal Products	313
通用设备制造业	Manufacture of General Purpose Machinery	367
专用设备制造业	Manufacture of Special Purpose Machinery	235
汽车制造业	Manufacture of Automobiles	959
铁路、船舶、航空航天和其他运输设备制造业	Manufacture of Railway, Ship, Aerospace and Other Transport Equipment	452
电气机械及器材制造业	Manufacture of Electrical Machinery and Apparatus	258
计算机、通信和其他电子设备制造业	Manufacture of Computers, Communication and Other Electronic Equipment	438
仪器仪表制造业	Manufacture of Measuring Instruments and Machinery	76
其他制造业	Other Manufacture	17
废弃资源综合利用业	Utilization of Waste Resources	30
金属制品、机械和设备修理业	Repair Service of Metal Products, Machinery and Equipment	5
电力、热力的生产和供应业	Production and Supply of Electric Power and Heat Power	81
燃气生产和供应业	Production and Supply of Gas	74
水的生产和供应业	Production and Supply of Water	47

单位：万元 (10 000 yuan)

从业人员平均人数（万人）Average Employment (10 000 persons)	工业总产值 Gross Industrial Output Value	工业销售产值 Sales Value of Industry	其中 of which	实收资本 Paid-in Capital	其中 of which	
			#出口交货值 Value of Export Delivery		#国家资本 State Capital	#外商资本 Foreign Capital
153.39	**206900438**	**203104904**	**34859678**	**37696448**	**12087864**	**3221578**
126.27	158089048	154867304	8774979	29274466	10552782	212860
0.30	606151	588671	33715	284116	280928	
0.29	136527	135789		9307		
11.44	19119214	19007862	12861891	2862618	270366	185454
15.68	29692176	29229738	13222807	5559364	1264715	2823265
37.27	42226476	41392395	1340862	5366997	444079	165869
116.12	164673962	161712509	33518816	32329451	11643785	3055709
48.65	88224662	87658048	29549540	16181791	6312038	1464171
46.93	46187658	44576184	2881567	8524030	2786145	642595
57.82	72488118	70870672	2428571	12990626	2989681	1114811
3.81	1197257	1181366		1362561	1224178	
0.16	906655	906568		45081	13446	
0.18	122796	121977		8930		
0.04	24011	22284		2448	6	
1.08	1144878	1140479		159959	10041	
5.92	8351689	8213972	87962	654697	34674	13970
2.90	2346918	2304269	27763	257187	17283	996
1.92	1866645	1811132	91286	495747	60481	69539
0.46	1483878	1464469		185268	98110	
0.80	553324	549263	57208	54555	4000	
1.44	698795	647297	90966	95008	4000	12346
2.60	1829512	1816461	49217	59192	11639	
1.18	1309357	1293259	2880	77314		
1.26	958756	949008	33242	103938		
2.05	3066768	3065527	56866	1037220	15860	26032
1.93	1667995	1659483	128895	203011	7822	2040
1.15	1126119	1101384	174913	92489		5588
0.17	770015	688265		113763	10000	
4.63	8299865	8067272	327895	2237977	805291	383743
4.17	5769591	5435245	199724	1050841	124478	9090
0.18	278094	267901	22052	68203	5703	
4.02	4401067	4314608	231103	699904	80018	175248
11.50	12823250	12570142	129723	2460200	265120	103811
1.94	5718781	5614361		1319493	47377	5000
2.55	6724512	6527040	206055	1391808	690571	35
5.19	4982637	4873725	126130	631346	97768	34381
7.29	7692567	7555482	554330	1378417	643700	118742
3.98	4284818	4173516	219103	876131	361756	34302
29.93	37406124	37411342	1015713	5369484	1092618	928715
11.01	9415206	9179998	1847199	1598410	324454	40177
5.91	9490715	9276282	276508	1294587	179192	107473
23.67	46215911	44973027	28726365	5501178	687082	1012823
1.85	1426170	1410005	35528	408888	140373	15328
0.15	1010225	1022670	141053	297233	146946	
0.32	561221	558783		199660		
0.18	43854	43693		11300		
3.81	7796763	7767417		4696360	4144691	87200
1.04	2585031	2582228		482965	237857	35000
0.99	548672	543709		713695	501329	

表 12.6 续表 1 continued 1

指 标	Item	资 产 Total Assets
总 计	**Total**	**201293720**
按登记注册类型分	**By Status of Registration**	
内资企业	Domestic-funded Enterprises	162503655
#国有企业	State-owned	1497201
集体企业	Collective-owned	238903
港澳台投资企业	Funded by Hong Kong, Macao and Taiwan	14037277
外商投资企业	Foreign-funded	24752787
按轻、重工业分	**By Light and Heavy Industries**	
轻工业	Light Industry	31054110
重工业	Heavy Industry	170239609
按企业规模分	**By Size**	
大型企业	Large	86452003
中型企业	Medium	47467638
小型微型企业	Small & Mini	67374078
按行业分	**By Sector**	
煤炭开采和洗选业	Mining and Washing of Coal	4756867
石油和天然气开采业	Extraction of Petroleum and Natural Gas	2396836
黑色金属矿采选业	Mining and Processing of Ferrous Metal Ores	89856
有色金属矿采选业	Mining and Processing of Non-ferrous Metal Ores	28458
非金属矿采选业	Mining and Processing of Non-metal Ores	1022291
开采辅助活动	Support Activities for Mining	
其他采矿业	Mining of Other Ores	
农副食品加工业	Processing of Food from Agricultural Products	4119854
食品制造业	Manufacture of Foods	1633596
酒、饮料和精制茶制造业	Manufacture of Liquor, Beverages and Refined Tea	1634730
烟草制品业	Manufacture of Tobacco	1750255
纺织业	Manufacture of Textile	636378
纺织服装、服饰业	Manufacture of Textile Wearing Apparel and Accessories	395009
皮革、毛皮、羽毛及其制品和制鞋业	Manufacture of Leather, Fur, Feather and Related Products and Footwear	551297
木材加工和木、竹、藤、棕、草制品业	Processing of Timber, Manufacture of Wood, Bamboo, Rattan, Palm and Straw Products	596874
家具制造业	Manufacture of Furniture	737431
造纸及纸制品业	Manufacture of Paper and Paper Products	3226819
印刷和记录媒介复制业	Printing and Reproduction of Recording Media	1445494
文教、工美、体育和娱乐用品制造业	Manufacture of Articles for Culture, Education, Arts and Crafts, Sport and Entertainment Activities	645640
石油、煤炭及其他燃料加工业	Processing of Petroleum, Coking and Processing of Nuclear Fuel	480035
化学原料和化学制品制造业	Manufacture of Raw Chemical Materials and Chemical Products	9682994
医药制造业	Manufacture of Medicines	6861235
化学纤维制造业	Manufacture of Chemical Fibres	291321
橡胶和塑料制品业	Manufacture of Rubber and Plastics Products	3123326
非金属矿物制品业	Manufacture of Non-metallic Mineral Products	12146083
黑色金属冶炼和压延加工业	Smelting and Pressing of Ferrous Metals	4642354
有色金属冶炼和压延加工业	Smelting and Pressing of Non-ferrous Metals	4718533
金属制品业	Manufacture of Metal Products	3959977
通用设备制造业	Manufacture of General Purpose Machinery	7434896
专用设备制造业	Manufacture of Special Purpose Machinery	4879421
汽车制造业	Manufacture of Automobiles	40076511
铁路、船舶、航空航天和其他运输设备制造业	Manufacture of Railway, Ship, Aerospace and Other Transport Equipment	9863626
电气机械及器材制造业	Manufacture of Electrical Machinery and Apparatus	7771366
计算机、通信和其他电子设备制造业	Manufacture of Computers, Communication and Other Electronic Equipment	29971032
仪器仪表制造业	Manufacture of Measuring Instruments and Machinery	1962560
其他制造业	Other Manufacture	1944528
废弃资源综合利用业	Utilization of Waste Resources	534973
金属制品、机械和设备修理业	Repair Service of Metal Products, Machinery and Equipment	51758
电力、热力的生产和供应业	Production and Supply of Electric Power and Heat Power	19388754
燃气生产和供应业	Production and Supply of Gas	2453502
水的生产和供应业	Production and Supply of Water	3387252

单位：万元 (10 000 yuan)

其 中 of which	固定资产 Fixed Assets		负 债	其 中 of which
#流动资产 Circulating Assets	原 值 Original Value	净 值 Net Value	Total Liabilities	#流动负债 Total Circulating Liabilities
94890957	**119528964**	**69272300**	**114971233**	**92336274**
72652096	98273725	56973047	89514177	70361148
864104	722929	402706	971933	759697
81065	43720	26225	79752	71567
8902071	6088554	3611606	9467414	8455987
13336790	15166685	8687648	15989643	13519140
15483743	18287027	10004697	13929064	11433722
79407214	101241937	59267604	101042170	80902553
42152991	51829559	29058067	50723062	42753031
22693924	28910856	15790985	26728846	21406737
30044042	38788549	24423248	37519325	28176506
1269815	1918235	1284343	2418902	2000138
73352	3017813	1576178	983048	680119
57535	28643	15312	49872	48633
15125	14871	10454	20653	20653
380511	541728	333221	453812	383004
1745527	2768612	1623884	1529208	1338726
745895	953399	597274	707317	613857
734762	1029294	510518	673714	592323
1425083	533356	216166	603649	584869
406247	231953	129246	525727	466072
243318	156421	103104	164242	117772
297759	1264013	192086	278170	227536
226413	551917	289698	214127	177450
221691	485653	355369	252382	212024
1324132	2070151	1386603	1553504	1022004
811427	835659	377796	754341	610595
326149	414411	226333	259179	237102
239031	306076	203389	328770	168243
3039264	7550173	4543211	5748663	4363721
3395639	3598398	1835448	3059845	2384319
130075	191402	137895	97612	54591
1287708	2463313	1474376	1560345	1364398
5871508	7589834	4106333	6995631	6178464
1805563	3253311	2281506	2127218	1630400
2021264	3460970	1941343	3020397	2656874
1984747	2302884	1357639	2244302	1921690
3952558	3614866	2228305	3765276	3272633
2723084	2152012	1326133	2500104	2117499
20194157	19365879	11221453	24298444	21608767
5382637	4212258	2088463	5489056	4778054
5125068	2535042	1534026	4630988	3155184
20548472	11010807	6546592	19913635	17300231
1410886	483198	272716	1032599	905679
1039103	1021339	649875	1116917	1027665
221688	308398	248208	245066	182135
47045	14528	4527	29151	28605
2279136	23818683	13700802	12518491	6128187
987937	1381960	889576	1425612	1103652
899645	2077505	1452904	1381267	672407

表 12.6 续表 2 continued 2

指 标	Item	所有者权益 Creditors' Equity
总　计	**Total**	**86322460**
按登记注册类型分	**By Status of Registration**	
内资企业	Domestic-funded Enterprises	72989452
#国有企业	State-owned	525268
集体企业	Collective-owned	159151
港澳台投资企业	Funded by Hong Kong, Macao and Taiwan	4569863
外商投资企业	Foreign-funded	8763145
按轻、重工业分	**By Light and Heavy Industries**	
轻工业	Light Industry	17125042
重工业	Heavy Industry	69197418
按企业规模分	**By Size**	
大型企业	Large	35728940
中型企业	Medium	20738790
小型微型企业	Small & Mini	29854730
按行业分	**By Sector**	
煤炭开采和洗选业	Mining and Washing of Coal	2337965
石油和天然气开采业	Extraction of Petroleum and Natural Gas	1413788
黑色金属矿采选业	Mining and Processing of Ferrous Metal Ores	39985
有色金属矿采选业	Mining and Processing of Non-ferrous Metal Ores	7805
非金属矿采选业	Mining and Processing of Non-metal Ores	568479
开采辅助活动	Support Activities for Mining	
其他采矿业	Mining of Other Ores	
农副食品加工业	Processing of Food from Agricultural Products	2590645
食品制造业	Manufacture of Foods	926279
酒、饮料和精制茶制造业	Manufacture of Liquor, Beverages and Refined Tea	961017
烟草制品业	Manufacture of Tobacco	1146607
纺织业	Manufacture of Textile	110651
纺织服装、服饰业	Manufacture of Textile Wearing Apparel and Accessories	230767
皮革、毛皮、羽毛及其制品和制鞋业	Manufacture of Leather, Fur, Feather and Related Products and Footwear	273127
木材加工和木、竹、藤、棕、草制品业	Processing of Timber, Manufacture of Wood, Bamboo, Rattan, Palm and Straw Products	382746
家具制造业	Manufacture of Furniture	485049
造纸及纸制品业	Manufacture of Paper and Paper Products	1673315
印刷和记录媒介复制业	Printing and Reproduction of Recording Media	691152
文教、工美、体育和娱乐用品制造业	Manufacture of Articles for Culture, Education, Arts and Crafts, Sport and Entertainment Activities	386461
石油、煤炭及其他燃料加工业	Processing of Petroleum, Coking and Processing of Nuclear Fuel	151266
化学原料和化学制品制造业	Manufacture of Raw Chemical Materials and Chemical Products	3934329
医药制造业	Manufacture of Medicines	3801389
化学纤维制造业	Manufacture of Chemical Fibres	193709
橡胶和塑料制品业	Manufacture of Rubber and Plastics Products	1562978
非金属矿物制品业	Manufacture of Non-metallic Mineral Products	5150449
黑色金属冶炼和压延加工业	Smelting and Pressing of Ferrous Metals	2515135
有色金属冶炼和压延加工业	Smelting and Pressing of Non-ferrous Metals	1698136
金属制品业	Manufacture of Metal Products	1715674
通用设备制造业	Manufacture of General Purpose Machinery	3669619
专用设备制造业	Manufacture of Special Purpose Machinery	2379316
汽车制造业	Manufacture of Automobiles	15778063
铁路、船舶、航空航天和其他运输设备制造业	Manufacture of Railway, Ship, Aerospace and Other Transport Equipment	4374567
电气机械及器材制造业	Manufacture of Electrical Machinery and Apparatus	3140378
计算机、通信和其他电子设备制造业	Manufacture of Computers, Communication and Other Electronic Equipment	10057397
仪器仪表制造业	Manufacture of Measuring Instruments and Machinery	929960
其他制造业	Other Manufacture	827611
废弃资源综合利用业	Utilization of Waste Resources	289907
金属制品、机械和设备修理业	Repair Service of Metal Products, Machinery and Equipment	22607
电力、热力的生产和供应业	Production and Supply of Electric Power and Heat Power	6870262
燃气生产和供应业	Production and Supply of Gas	1027890
水的生产和供应业	Production and Supply of Water	2005984

单位：万元 (10 000 yuan)

主营业务收入 Revenue from Principal Business	主营业务成本 Cost of Principal Business	主营业务税金及附加 Tax and Extra Charges of Principal Business	本年应交增值税 VAT Payable	利润总额 Total After-tax Profits	利税总额 Total Pre-tax Profits	应付职工薪酬 Total Wages
202440777	**171186148**	**2632055**	**6207202**	**13333772**	**22311702**	**13536798**
152922480	126865065	2291303	5334259	11878221	19611553	11193112
597218	515509	2383	7699	23809	36293	131384
120456	100382	1926	5980	7924	15839	17976
18949252	17574385	52502	221319	605673	885671	832223
30569044	26746698	288250	651624	849878	1814478	1511464
41044915	32105261	1156681	1707303	3442325	6324744	2791911
161395862	139080887	1475373	4499898	9891447	15986959	10744888
88046891	76841177	1631674	2079797	3718301	7527763	5265835
44967409	36772767	376276	1732859	3838308	5960158	3839260
69426477	57572203	624105	2394546	5777163	8823781	4431703
1273898	1132121	26563	121066	94402	246444	370745
889174	609674	34430	4788	363585	402894	24433
119088	73226	2235	10790	15955	28981	12708
22406	17796	903	1575	2570	5047	3726
1103804	854823	28406	51569	100279	180823	81351
8070749	6875435	58297	286093	646829	992068	392687
2451510	1949379	20945	96464	212519	330240	201558
1943675	1371237	92359	78656	221370	392453	147735
1455023	546774	759558	153479	-11426	901611	117186
590950	518190	4529	17884	23272	45690	54503
625332	505918	4400	17909	36933	59243	80234
1789296	1599178	7825	49065	129436	186356	156160
1200823	973178	10276	47538	112547	170626	79083
896190	703842	12367	32793	86186	132311	81858
3019969	2545275	16110	92086	218311	330626	154114
1643596	1328039	11841	54028	149100	215040	147260
1048750	897902	7261	48485	92657	148515	65056
756836	684328	4872	11176	25757	42665	17928
7788999	6149074	64305	320254	803647	1206352	481827
5332786	3327438	65301	344055	526422	936522	365588
267901	203059	896	5019	42253	49367	11069
4184002	3472052	32400	146125	325853	507244	290098
12397297	9593592	123807	557227	1549720	2235921	942047
5470705	4837765	29789	215511	408473	654250	212880
6276999	5792889	23809	288261	393715	715674	316396
4812464	3965778	47193	186753	406266	640789	436775
7467900	6010718	62362	280526	685877	1030801	642143
4188443	3296509	35743	178447	433697	649958	350750
37996226	32103237	704233	951146	1533878	3224539	2815975
8628158	7336437	67130	280511	622102	974206	832418
9746705	8265107	52255	304253	698810	1065548	490369
45009676	41302779	129971	526775	1682508	2360124	1764178
1398538	1033368	11450	58211	128723	198452	220564
1012644	864687	3131	9762	44755	60135	178537
547626	467090	3357	18337	44112	65838	35076
43658	39150	500	3027	58	3584	16700
7738233	7187200	56641	305083	117208	483664	681882
2673123	2369296	9440	30050	243110	283882	139427
557624	382605	5170	22428	122305	153222	123779

表 12.7 规模以上工业企业经济效益指标（2018 年）
INDICATORS ON ECONOMIC BENEFIT OF INDUSTRIAL ENTERPRISES ABOVE DESIGNATED SIZE (2018)

指 标	Item	总资产贡献率 Ratio of Total Assets to Industrial Output Value
总 计	**Total**	**11.9**
按登记注册类型分	**By Status of Registration**	
内资企业	Domestic-funded Enterprises	13.0
#国有企业	State-owned	2.6
集体企业	Collective-owned	6.8
港澳台投资企业	Funded by Hong Kong, Macao and Taiwan	6.8
外商投资企业	Foreign-funded	7.9
按轻、重工业分	**By Light and Heavy Industries**	
轻工业	Light Industry	21.1
重工业	Heavy Industry	10.3
按企业规模分	**By Size**	
大型企业	Large	9.3
中型企业	Medium	13.5
小型微型企业	Small & Mini	14.1
按行业分	**By Sector**	
煤炭开采和洗选业	Mining and Washing of Coal	5.7
石油和天然气开采业	Extraction of Petroleum and Natural Gas	17.6
黑色金属矿采选业	Mining and Processing of Ferrous Metal Ores	32.8
有色金属矿采选业	Mining and Processing of Non-ferrous Metal Ores	17.8
非金属矿采选业	Mining and Processing of Non-metal Ores	19.0
开采辅助活动	Support Activities for Mining	
其他采矿业	Mining of Other Ores	
农副食品加工业	Processing of Food from Agricultural Products	24.8
食品制造业	Manufacture of Foods	21.0
酒、饮料和精制茶制造业	Manufacture of Liquor, Beverages and Refined Tea	24.5
烟草制品业	Manufacture of Tobacco	51.4
纺织业	Manufacture of Textile	7.9
纺织服装、服饰业	Manufacture of Textile Wearing Apparel and Accessories	15.5
皮革、毛皮、羽毛及其制品和制鞋业	Manufacture of Leather, Fur, Feather and Related Products and Footwear	34.7
木材加工和木、竹、藤、棕、草制品业	Processing of Timber, Manufacture of Wood, Bamboo, Rattan, Palm and Straw Products	29.4
家具制造业	Manufacture of Furniture	18.9
造纸及纸制品业	Manufacture of Paper and Paper Products	11.0
印刷和记录媒介复制业	Printing and Reproduction of Recording Media	15.6
文教、工美、体育和娱乐用品制造业	Manufacture of Articles for Culture, Education, Arts and Crafts, Sport and Entertainment Activities	23.5
石油、煤炭及其他燃料加工业	Processing of Petroleum, Coking and Processing of Nuclear Fuel	10.4
化学原料和化学制品制造业	Manufacture of Raw Chemical Materials and Chemical Products	14.1
医药制造业	Manufacture of Medicines	14.6
化学纤维制造业	Manufacture of Chemical Fibres	17.7
橡胶和塑料制品业	Manufacture of Rubber and Plastics Products	17.4
非金属矿物制品业	Manufacture of Non-metallic Mineral Products	19.7
黑色金属冶炼和压延加工业	Smelting and Pressing of Ferrous Metals	14.7
有色金属冶炼和压延加工业	Smelting and Pressing of Non-ferrous Metals	17.0
金属制品业	Manufacture of Metal Products	17.1
通用设备制造业	Manufacture of General Purpose Machinery	14.7
专用设备制造业	Manufacture of Special Purpose Machinery	13.6
汽车制造业	Manufacture of Automobiles	8.6
铁路、船舶、航空航天和其他运输设备制造业	Manufacture of Railway, Ship, Aerospace and Other Transport Equipment	10.6
电气机械及器材制造业	Manufacture of Electrical Machinery and Apparatus	14.5
计算机、通信和其他电子设备制造业	Manufacture of Computers, Communication and Other Electronic Equipment	8.3
仪器仪表制造业	Manufacture of Measuring Instruments and Machinery	10.6
其他制造业	Other Manufacture	3.1
废弃资源综合利用业	Utilization of Waste Resources	14.5
金属制品、机械和设备修理业	Repair Service of Metal Products, Machinery and Equipment	7.4
电力、热力的生产和供应业	Production and Supply of Electric Power and Heat Power	4.3
燃气生产和供应业	Production and Supply of Gas	11.7
水的生产和供应业	Production and Supply of Water	4.6

单位：% (%)

资本保值增值率 Ratio of Assets Appreciation YOY	资产负债率 Asset-liability Ratio	流动资产周转率（次） Turnover Ratio of Circulating Assets (time)	成本费用利润率 Ratio of Profits to Cost	产品销售率 Sales as Percentage of Output
106.5	**57.1**	**2.2**	**7.0**	**98.2**
106.9	55.1	2.2	8.3	98.0
175.2	64.9	0.8	3.6	97.1
126.8	33.4	1.5	7.0	99.5
110.0	67.4	2.2	3.3	99.4
101.4	64.6	2.3	2.8	98.4
106.9	44.9	2.7	9.3	98.0
106.4	59.4	2.1	6.4	98.2
106.2	58.7	2.1	4.4	99.4
103.2	56.3	2.0	9.1	96.5
109.4	55.7	2.4	9.0	97.8
105.8	50.9	1.2	6.5	98.7
127.1	41.0	13.4	51.1	100.0
0.0	55.5	2.1	15.8	99.3
89.1	72.6	1.5	13.6	92.8
92.8	44.4	2.9	10.2	99.6
102.1	37.1	4.6	8.7	98.4
101.0	43.3	3.3	9.4	98.2
117.6	41.2	2.7	13.3	97.0
99.0	34.5	1.0	-1.6	98.7
66.1	82.6	1.6	3.8	99.3
74.8	41.6	2.6	6.2	92.6
96.0	50.5	6.1	7.8	99.3
97.1	35.9	5.3	10.4	98.8
92.7	34.2	4.1	10.8	99.0
115.2	48.1	2.3	7.6	100.0
99.4	52.2	2.0	10.0	99.5
99.3	40.1	3.2	9.7	97.8
91.6	68.5	3.2	3.5	89.4
127.7	59.4	2.6	11.2	97.2
126.0	44.6	1.6	10.8	94.2
116.0	33.5	2.1	18.8	96.3
94.9	50.0	3.3	8.5	98.0
116.2	57.6	2.1	14.2	98.0
106.3	45.8	3.0	8.1	98.2
98.3	64.0	3.3	6.3	97.1
101.6	56.7	2.5	9.1	97.8
106.2	50.6	1.9	10.0	98.2
102.6	51.2	1.6	11.5	97.4
99.0	60.6	2.0	4.1	100.0
101.3	55.7	1.6	7.7	97.5
102.0	59.6	2.0	7.5	97.7
113.1	66.4	2.2	3.9	97.3
106.9	52.6	1.0	9.7	98.9
99.7	57.4	1.0	4.4	101.2
66.3	45.8	2.6	8.5	99.6
118.2	56.3	1.0	0.1	99.6
105.1	64.6	3.4	1.5	99.6
112.9	58.1	2.8	9.7	99.9
113.4	40.8	0.8	21.0	99.1

表 12.7 续表 continued

指 标	Item	销售利润率 Rate of Return on Sale
总 计	**Total**	**6.5**
按登记注册类型分	**By Status of Registration**	
内资企业	Domestic-funded Enterprises	7.6
#国有企业	State-owned	3.6
集体企业	Collective-owned	6.5
港澳台投资企业	Funded by Hong Kong, Macao and Taiwan	3.2
外商投资企业	Foreign-funded	2.7
按轻、重工业分	**By Light and Heavy Industries**	
轻工业	Light Industry	8.3
重工业	Heavy Industry	6.0
按企业规模分	**By Size**	
大型企业	Large	4.1
中型企业	Medium	8.3
小型微型企业	Small & Mini	8.2
按行业分	**By Sector**	
煤炭开采和洗选业	Mining and Washing of Coal	6.3
石油和天然气开采业	Extraction of Petroleum and Natural Gas	37.1
黑色金属矿采选业	Mining and Processing of Ferrous Metal Ores	13.4
有色金属矿采选业	Mining and Processing of Non-ferrous Metal Ores	11.5
非金属矿采选业	Mining and Processing of Non-metal Ores	9.0
开采辅助活动	Support Activities for Mining	
其他采矿业	Mining of Other Ores	
农副食品加工业	Processing of Food from Agricultural Products	8.0
食品制造业	Manufacture of Foods	8.6
酒、饮料和精制茶制造业	Manufacture of Liquor, Beverages and Refined Tea	11.3
烟草制品业	Manufacture of Tobacco	-0.8
纺织业	Manufacture of Textile	3.6
纺织服装、服饰业	Manufacture of Textile Wearing Apparel and Accessories	5.8
皮革、毛皮、羽毛及其制品和制鞋业	Manufacture of Leather, Fur, Feather and Related Products and Footwear	7.2
木材加工和木、竹、藤、棕、草制品业	Processing of Timber, Manufacture of Wood, Bamboo, Rattan, Palm and Straw Products	9.4
家具制造业	Manufacture of Furniture	9.6
造纸及纸制品业	Manufacture of Paper and Paper Products	7.1
印刷和记录媒介复制业	Printing and Reproduction of Recording Media	9.1
文教、工美、体育和娱乐用品制造业	Manufacture of Articles for Culture, Education, Arts and Crafts, Sport and Entertainment Activities	8.8
石油、煤炭及其他燃料加工业	Processing of Petroleum, Coking and Processing of Nuclear Fuel	3.4
化学原料和化学制品制造业	Manufacture of Raw Chemical Materials and Chemical Products	10.1
医药制造业	Manufacture of Medicines	9.8
化学纤维制造业	Manufacture of Chemical Fibres	15.7
橡胶和塑料制品业	Manufacture of Rubber and Plastics Products	7.7
非金属矿物制品业	Manufacture of Non-metallic Mineral Products	12.4
黑色金属冶炼和压延加工业	Smelting and Pressing of Ferrous Metals	7.5
有色金属冶炼和压延加工业	Smelting and Pressing of Non-ferrous Metals	5.9
金属制品业	Manufacture of Metal Products	8.3
通用设备制造业	Manufacture of General Purpose Machinery	9.0
专用设备制造业	Manufacture of Special Purpose Machinery	10.3
汽车制造业	Manufacture of Automobiles	3.9
铁路、船舶、航空航天和其他运输设备制造业	Manufacture of Railway, Ship, Aerospace and Other Transport Equipment	7.1
电气机械及器材制造业	Manufacture of Electrical Machinery and Apparatus	7.0
计算机、通信和其他电子设备制造业	Manufacture of Computers, Communication and Other Electronic Equipment	3.7
仪器仪表制造业	Manufacture of Measuring Instruments and Machinery	9.0
其他制造业	Other Manufacture	4.2
废弃资源综合利用业	Utilization of Waste Resources	7.8
金属制品、机械和设备修理业	Repair Service of Metal Products, Machinery and Equipment	0.1
电力、热力的生产和供应业	Production and Supply of Electric Power and Heat Power	1.5
燃气生产和供应业	Production and Supply of Gas	8.9
水的生产和供应业	Production and Supply of Water	17.6

单位：% (%)

流动比率 Current Ratio	速动比率 Quick Ratio	产权比率 Equity Ratio	人均实现利税（元） Per Capita Pre-tax Profits (yuan)	从业人员人均工资（元） Per Capita Wages of Employees (yuan)
1.0	**0.8**	**1.3**	**145457**	**88251**
1.0	0.8	1.2	155314	88644
1.1	0.9	1.9	120976	437948
1.1	1.0	0.5	54618	61988
1.1	0.9	2.1	77419	72747
1.0	0.8	1.8	115719	96394
1.4	1.0	0.8	169701	74910
1.0	0.8	1.5	137676	92533
1.0	0.8	1.4	154733	108239
1.1	0.8	1.3	127001	81808
1.1	0.9	1.3	152608	76647
0.6	0.6	1.0	64683	97308
0.1	0.1	0.7	2518084	152704
1.2	1.1	1.3	161003	70601
0.7	0.6	2.7	126170	93140
1.0	0.9	0.8	167429	75325
1.3	0.9	0.6	167579	66332
1.2	0.9	0.8	113876	69503
1.2	0.9	0.7	204403	76945
2.4	1.0	0.5	1960025	254753
0.9	0.7	4.8	57112	68129
2.1	1.1	0.7	41141	55718
1.3	1.0	1.0	71675	60062
1.3	1.0	0.6	144598	67019
1.1	0.8	0.5	105009	64967
1.3	0.9	0.9	161281	75178
1.3	1.0	1.1	111419	76301
1.4	1.1	0.7	129143	56571
1.4	0.8	2.2	250968	105456
0.7	0.5	1.5	260551	104066
1.4	1.1	0.8	224586	87671
2.4	1.7	0.5	274262	61494
0.9	0.7	1.0	126180	72164
1.0	0.8	1.4	194428	81917
1.1	0.7	0.9	337242	109732
0.8	0.6	1.8	280656	124077
1.0	0.8	1.3	123466	84157
1.2	0.9	1.0	141399	88085
1.3	1.0	1.1	163306	88128
0.9	0.8	1.5	107736	94085
1.1	1.0	1.3	88484	75606
1.6	1.3	1.5	180296	82973
1.2	1.0	2.0	99710	74532
1.6	1.2	1.1	107271	119224
1.0	0.8	1.4	400899	1190249
1.2	1.1	0.9	205744	109613
1.6	1.5	1.3	19913	92775
0.4	0.3	1.8	126946	178972
0.9	0.9	1.4	272964	134064
1.3	1.3	0.7	154770	125029

表 12.8 国有控股工业企业主要经济指标（2018 年）
MAIN ECONOMIC INDICATORS OF STATE-HOLDING INDUSTRIAL ENTERPRISES (2018)

指 标	Item	单位数（个）Number of Enterprises (unit)
总 计	**Total**	**520**
按登记注册类型分	**By Status of Registration**	
内资企业	Domestic-funded Enterprises	478
#国有企业	State-owned	23
集体企业	Collective-owned	
港澳台投资企业	Funded by Hong Kong, Macao and Taiwan	10
外商投资企业	Foreign-funded	32
按轻、重工业分	**By Light and Heavy Industries**	
轻工业	Light Industry	65
重工业	Heavy Industry	455
按企业规模分	**By Size**	
大型企业	Large	63
中型企业	Medium	139
小型微型企业	Small & Mini	318
按行业分	**By Sector**	
煤炭开采和洗选业	Mining and Washing of Coal	12
石油和天然气开采业	Extraction of Petroleum and Natural Gas	3
黑色金属矿采选业	Mining and Processing of Ferrous Metal Ores	
有色金属矿采选业	Mining and Processing of Non-ferrous Metal Ores	
非金属矿采选业	Mining and Processing of Non-metal Ores	5
开采辅助活动	Support Activities for Mining	
其他采矿业	Mining of Other Ores	
农副食品加工业	Processing of Food from Agricultural Products	15
食品制造业	Manufacture of Foods	8
酒、饮料和精制茶制造业	Manufacture of Liquor, Beverages and Refined Tea	3
烟草制品业	Manufacture of Tobacco	3
纺织业	Manufacture of Textile	1
纺织服装、服饰业	Manufacture of Textile Wearing Apparel and Accessories	1
皮革、毛皮、羽毛及其制品和制鞋业	Manufacture of Leather, Fur, Feather and Related Products and Footwear	2
木材加工和木、竹、藤、棕、草制品业	Processing of Timber, Manufacture of Wood, Bamboo, Rattan, Palm and Straw Products	
家具制造业	Manufacture of Furniture	
造纸及纸制品业	Manufacture of Paper and Paper Products	1
印刷和记录媒介复制业	Printing and Reproduction of Recording Media	5
文教、工美、体育和娱乐用品制造业	Manufacture of Articles for Culture, Education, Arts and Crafts, Sport and Entertainment Activities	
石油、煤炭及其他燃料加工业	Processing of Petroleum, Coking and Processing of Nuclear Fuel	2
化学原料和化学制品制造业	Manufacture of Raw Chemical Materials and Chemical Products	43
医药制造业	Manufacture of Medicines	14
化学纤维制造业	Manufacture of Chemical Fibres	
橡胶和塑料制品业	Manufacture of Rubber and Plastics Products	9
非金属矿物制品业	Manufacture of Non-metallic Mineral Products	38
黑色金属冶炼和压延加工业	Smelting and Pressing of Ferrous Metals	9
有色金属冶炼和压延加工业	Smelting and Pressing of Non-ferrous Metals	21
金属制品业	Manufacture of Metal Products	15
通用设备制造业	Manufacture of General Purpose Machinery	31
专用设备制造业	Manufacture of Special Purpose Machinery	17
汽车制造业	Manufacture of Automobiles	57
铁路、船舶、航空航天和其他运输设备制造业	Manufacture of Railway, Ship, Aerospace and Other Transport Equipment	20
电气机械及器材制造业	Manufacture of Electrical Machinery and Apparatus	13
计算机、通信和其他电子设备制造业	Manufacture of Computers, Communication and Other Electronic Equipment	20
仪器仪表制造业	Manufacture of Measuring Instruments and Machinery	17
其他制造业	Other Manufacture	5
废弃资源综合利用业	Utilization of Waste Resources	1
金属制品、机械和设备修理业	Repair Service of Metal Products, Machinery and Equipment	
电力、热力的生产和供应业	Production and Supply of Electric Power and Heat Power	66
燃气生产和供应业	Production and Supply of Gas	25
水的生产和供应业	Production and Supply of Water	38

单位：万元 (10 000 yuan)

从业人员平均人数（万人） Average Employment (10 000 persons)	工业总产值 Gross Output Value	工业销售产值 Sales Value of Industry	其 中 of which	实收资本 Paid-in Capital	其 中 of which	
			#出口交货值 Value of Export Delivery		#国家资本 State Capital	#外商资本 Foreign Capital
29.22	**50143321**	**49829179**	**2033371**	**17708452**	**11103925**	**636132**
24.63	41143883	40927558	1775735	15493624	10178223	200521
0.30	606151	588671	33715	284116	280928	
0.66	705122	696682	5653	453711	261888	45900
3.94	8294315	8204940	251984	1761117	663815	389711
3.34	5000399	4859130	18191	795114	337155	3161
25.88	45142922	44970049	2015180	16913338	10766770	632971
17.95	32623824	32552284	1758654	10285643	5934955	416343
7.20	8203717	8036933	158828	3486895	2400473	127821
4.08	9315779	9239963	115889	3935914	2768497	91967
2.72	564137	550434		1280859	1224178	
0.16	906655	906568		45081	13446	
0.15	118323	120547		46762	10041	
0.52	1031692	996359	1513	108636	32808	
0.47	332873	328015	977	62278	16578	
0.03	16978	11776		7573	1100	
0.45	1477245	1457836		180268	98110	
0.03	25058	29439	1290	1000		
0.01	3796	3796		4000	4000	
0.14	67157	61952		11639	11639	
0.02	14109	15803		3000	3000	
0.28	145162	137130		40316	1110	
0.07	170579	175108		38308	9000	
1.98	3211646	3095522	67602	982715	692953	4572
1.11	1546259	1470204	13640	259910	115727	
0.28	425572	416204	742	113928	78218	9161
1.23	2024115	2027785	97038	875167	253079	3798
0.14	314450	301759		95998	42277	5000
1.06	3431199	3280282	137931	998368	690571	
0.43	599396	555979	51503	230639	97606	22598
1.36	964554	943143	52555	654815	579632	
0.54	773882	756814	11595	439613	352612	16094
7.73	15061702	15312463	252499	2105122	872380	311054
0.40	1006630	982475	112901	390001	320744	26933
0.33	781331	765090	19418	178114	162543	
1.49	3266587	3299025	1078728	2415027	261669	109720
0.83	800855	786774	21666	276855	139382	5002
	865686	881062	111772	284986	146946	
0.04	18232	17676		8054		
3.67	7606049	7576871		4591920	4144691	87200
0.69	2100611	2099426		320766	237857	35000
0.86	470803	465866		656735	490029	

表 12.8 续表 1 continued 1

指 标	Item	资 产 Total Assets
总 计	**Total**	**83769833**
按登记注册类型分	**By Status of Registration**	
内资企业	Domestic-funded Enterprises	73148388
#国有企业	State-owned	1497201
集体企业	Collective-owned	
港澳台投资企业	Funded by Hong Kong, Macao and Taiwan	1648570
外商投资企业	Foreign-funded	8972875
按轻、重工业分	**By Light and Heavy Industries**	
轻工业	Light Industry	5431616
重工业	Heavy Industry	78338217
按企业规模分	**By Size**	
大型企业	Large	48065458
中型企业	Medium	16569680
小型微型企业	Small & Mini	19134695
按行业分	**By Sector**	
煤炭开采和洗选业	Mining and Washing of Coal	4105148
石油和天然气开采业	Extraction of Petroleum and Natural Gas	2396836
黑色金属矿采选业	Mining and Processing of Ferrous Metal Ores	
有色金属矿采选业	Mining and Processing of Non-ferrous Metal Ores	
非金属矿采选业	Mining and Processing of Non-metal Ores	196189
开采辅助活动	Support Activities for Mining	
其他采矿业	Mining of Other Ores	
农副食品加工业	Processing of Food from Agricultural Products	563180
食品制造业	Manufacture of Foods	318102
酒、饮料和精制茶制造业	Manufacture of Liquor, Beverages and Refined Tea	30940
烟草制品业	Manufacture of Tobacco	1671527
纺织业	Manufacture of Textile	44717
纺织服装、服饰业	Manufacture of Textile Wearing Apparel and Accessories	6288
皮革、毛皮、羽毛及其制品和制鞋业	Manufacture of Leather, Fur, Feather and Related Products and Footwear	58820
木材加工和木、竹、藤、棕、草制品业	Processing of Timber, Manufacture of Wood, Bamboo, Rattan, Palm and Straw Products	
家具制造业	Manufacture of Furniture	
造纸及纸制品业	Manufacture of Paper and Paper Products	28363
印刷和记录媒介复制业	Printing and Reproduction of Recording Media	222058
文教、工美、体育和娱乐用品制造业	Manufacture of Articles for Culture, Education, Arts and Crafts, Sport and Entertainment Activities	
石油、煤炭及其他燃料加工业	Processing of Petroleum, Coking and Processing of Nuclear Fuel	137108
化学原料和化学制品制造业	Manufacture of Raw Chemical Materials and Chemical Products	4684952
医药制造业	Manufacture of Medicines	1980617
化学纤维制造业	Manufacture of Chemical Fibres	
橡胶和塑料制品业	Manufacture of Rubber and Plastics Products	441408
非金属矿物制品业	Manufacture of Non-metallic Mineral Products	3238858
黑色金属冶炼和压延加工业	Smelting and Pressing of Ferrous Metals	327250
有色金属冶炼和压延加工业	Smelting and Pressing of Non-ferrous Metals	2803032
金属制品业	Manufacture of Metal Products	1045204
通用设备制造业	Manufacture of General Purpose Machinery	2748114
专用设备制造业	Manufacture of Special Purpose Machinery	2018098
汽车制造业	Manufacture of Automobiles	18440243
铁路、船舶、航空航天和其他运输设备制造业	Manufacture of Railway, Ship, Aerospace and Other Transport Equipment	1321720
电气机械及器材制造业	Manufacture of Electrical Machinery and Apparatus	2072489
计算机、通信和其他电子设备制造业	Manufacture of Computers, Communication and Other Electronic Equipment	6206710
仪器仪表制造业	Manufacture of Measuring Instruments and Machinery	1253845
其他制造业	Other Manufacture	1877158
废弃资源综合利用业	Utilization of Waste Resources	25639
金属制品、机械和设备修理业	Repair Service of Metal Products, Machinery and Equipment	
电力、热力的生产和供应业	Production and Supply of Electric Power and Heat Power	19004082
燃气生产和供应业	Production and Supply of Gas	1651199
水的生产和供应业	Production and Supply of Water	2849941

单位：万元 (10 000 yuan)

其中 of which	固定资产 Fixed Assets		负债	其中 of which
#流动资产 Circulating Assets	原值 Original Value	净值 Net Value	Total Liabilities	#流动负债 Total Circulating Liabilities
31982953	**59167415**	**33785177**	**49518918**	**35685480**
27426892	51798889	29525082	42371246	29746685
864104	722929	402706	971933	759697
446866	1100251	703211	928741	654873
4109196	6268275	3556884	6218931	5283923
3360662	2444772	1175153	2797623	2213640
28622291	56722643	32610024	46721296	33471840
19471631	34929196	18600229	26220393	21007195
7619077	9399912	5433728	11237838	7946711
4892246	14838307	9751219	12060687	6731574
1048459	1600991	1090665	2170073	1797573
73352	3017813	1576178	983048	680119
81793	178405	97918	206118	190429
226545	363205	179325	165311	140960
166577	163467	97808	187267	166226
13141	8994	6203	19078	18375
1372244	503667	190549	536981	536625
19581	13560	889	43667	25841
4396	1920	733	696	696
42348	34232	19232	33911	26989
20600	11209	6863	17277	17277
157821	130400	45985	127420	125680
82438	71129	42986	83487	78726
1087783	4269682	2454040	3420709	2639342
1078746	882330	463050	1354829	896379
167966	393234	222681	288777	213327
1313579	2542309	1381416	2250396	2049134
160592	162286	110268	252237	184336
983330	2546473	1345461	1950722	1699041
707051	493805	265093	804045	652853
1682610	943169	645552	1543565	1247986
1528585	447308	248554	1134561	953485
8864416	9085703	4969006	10525722	9251294
774892	629817	312600	871852	728657
1685000	193408	106187	1707671	590245
3055464	3131116	2001041	2494445	1697057
870984	330778	193243	691066	603218
1001914	989120	627375	1087042	999692
16348	15075	8308	14816	14641
2179059	23551811	13514970	12286421	6055059
693403	843429	526249	978391	773715
821937	1617569	1034747	1287320	630503

表 12.8 续表 2 continued 2

指 标	Item	所有者权益 Creditors' Equity
总　计	**Total**	**34250912**
按登记注册类型分	**By Status of Registration**	
内资企业	Domestic-funded Enterprises	30777140
#国有企业	State-owned	525268
集体企业	Collective-owned	
港澳台投资企业	Funded by Hong Kong, Macao and Taiwan	719829
外商投资企业	Foreign-funded	2753944
按轻、重工业分	**By Light and Heavy Industries**	
轻工业	Light Industry	2633993
重工业	Heavy Industry	31616919
按企业规模分	**By Size**	
大型企业	Large	21845065
中型企业	Medium	5331841
小型微型企业	Small & Mini	7074006
按行业分	**By Sector**	
煤炭开采和洗选业	Mining and Washing of Coal	1935075
石油和天然气开采业	Extraction of Petroleum and Natural Gas	1413788
黑色金属矿采选业	Mining and Processing of Ferrous Metal Ores	
有色金属矿采选业	Mining and Processing of Non-ferrous Metal Ores	
非金属矿采选业	Mining and Processing of Non-metal Ores	-9929
开采辅助活动	Support Activities for Mining	
其他采矿业	Mining of Other Ores	
农副食品加工业	Processing of Food from Agricultural Products	397869
食品制造业	Manufacture of Foods	130834
酒、饮料和精制茶制造业	Manufacture of Liquor, Beverages and Refined Tea	11862
烟草制品业	Manufacture of Tobacco	1134546
纺织业	Manufacture of Textile	1050
纺织服装、服饰业	Manufacture of Textile Wearing Apparel and Accessories	5592
皮革、毛皮、羽毛及其制品和制鞋业	Manufacture of Leather, Fur, Feather and Related Products and Footwear	24909
木材加工和木、竹、藤、棕、草制品业	Processing of Timber, Manufacture of Wood, Bamboo, Rattan, Palm and Straw Products	
家具制造业	Manufacture of Furniture	
造纸及纸制品业	Manufacture of Paper and Paper Products	11086
印刷和记录媒介复制业	Printing and Reproduction of Recording Media	94638
文教、工美、体育和娱乐用品制造业	Manufacture of Articles for Culture, Education, Arts and Crafts, Sport and Entertainment Activities	
石油、煤炭及其他燃料加工业	Processing of Petroleum, Coking and Processing of Nuclear Fuel	53622
化学原料和化学制品制造业	Manufacture of Raw Chemical Materials and Chemical Products	1264243
医药制造业	Manufacture of Medicines	625789
化学纤维制造业	Manufacture of Chemical Fibres	
橡胶和塑料制品业	Manufacture of Rubber and Plastics Products	152631
非金属矿物制品业	Manufacture of Non-metallic Mineral Products	988462
黑色金属冶炼和压延加工业	Smelting and Pressing of Ferrous Metals	75013
有色金属冶炼和压延加工业	Smelting and Pressing of Non-ferrous Metals	852309
金属制品业	Manufacture of Metal Products	241159
通用设备制造业	Manufacture of General Purpose Machinery	1204549
专用设备制造业	Manufacture of Special Purpose Machinery	883537
汽车制造业	Manufacture of Automobiles	7914521
铁路、船舶、航空航天和其他运输设备制造业	Manufacture of Railway, Ship, Aerospace and Other Transport Equipment	449869
电气机械及器材制造业	Manufacture of Electrical Machinery and Apparatus	364818
计算机、通信和其他电子设备制造业	Manufacture of Computers, Communication and Other Electronic Equipment	3712265
仪器仪表制造业	Manufacture of Measuring Instruments and Machinery	562779
其他制造业	Other Manufacture	790116
废弃资源综合利用业	Utilization of Waste Resources	10823
金属制品、机械和设备修理业	Repair Service of Metal Products, Machinery and Equipment	
电力、热力的生产和供应业	Production and Supply of Electric Power and Heat Power	6717661
燃气生产和供应业	Production and Supply of Gas	672808
水的生产和供应业	Production and Supply of Water	1562620

单位：万元 (10 000 yuan)

主营业务收入 Revenue from Principal Business	主营业务成本 Cost of Principal Business	主营业务税金及附加 Tax and Extra Charges of Principal Business	利润总额 Total After-tax Profits	利税总额 Total Pre-tax Profits	应付职工薪酬 Total Wages
51339081	**43089298**	**1417386**	**2071981**	**5172971**	**4285094**
41639426	35051641	1203685	2022559	4704559	3700139
597218	515509	2383	23809	36293	131384
787335	696226	5449	44149	71754	90732
8912320	7341430	208251	5273	396658	494223
4949829	3130313	800585	168371	1323931	366879
46389252	39958985	616801	1903611	3849040	3918214
33353717	27810799	1260653	772354	3072364	2987595
8607036	7335466	71190	357296	711424	818773
9378328	7943033	85543	942331	1389183	478727
645756	667539	15286	7272	81024	298697
889174	609674	34430	363585	402894	24433
124470	107786	2294	-8976	1219	13951
991664	852810	5600	93617	144592	32782
405558	337699	2938	12908	28097	39090
10093	6105	124	244	1127	2364
1448390	540965	759541	-10181	902531	116036
30363	27508	10	413	508	2332
4781	3423	70	-692	-227	1185
57267	51832	226	2136	2896	4049
18843	15511	147	1015	1793	2851
151654	122350	1275	9819	17520	21086
184471	139114	3640	17526	28570	11899
2983821	2412269	17513	177978	328873	239966
1479282	886359	27101	72315	213799	113946
424927	398605	2531	-1073	19695	20799
2056064	1575880	23042	236692	367496	141403
273850	264319	1598	-10674	-39	13789
3179838	3029490	10825	223435	462928	143381
553299	466592	3457	28287	40181	85385
943770	744260	9299	36512	77126	139705
809923	660179	4183	52933	73070	81908
16561232	14165645	407181	-54209	595551	1106379
730530	631676	6792	15015	41879	112207
1236345	1133469	2443	12125	41039	41330
3264656	2533803	2908	315108	364771	263583
767237	564609	6600	63635	99747	142821
876799	758175	1120	28569	35576	168835
16542	11897	220	1400	3158	2989
7546928	7051014	54851	92375	450701	669251
2196705	1993882	5754	180751	204664	110371
474850	324861	4388	112123	140210	116294

表 12.9 国有控股工业企业经济效益指标(2018 年)

INDICATORS ON ECONOMIC BENEFIT OF STATE-HOLDING INDUSTRIAL ENTERPRISES (2018)

指 标	Item	总资产贡献率 Ratio of Total Assets to Industrial Output Value
总 计	**Total**	**7.1**
按轻、重工业分	**By Light and Heavy Industries**	
轻工业	Light Industry	25.2
重工业	Heavy Industry	5.9
按企业规模分	**By Size**	
大型企业	Large	6.9
中型企业	Medium	5.7
小型微型企业	Small & Mini	8.9
按行业分	**By Sector**	
煤炭开采和洗选业	Mining and Washing of Coal	2.4
石油和天然气开采业	Extraction of Petroleum and Natural Gas	17.6
黑色金属矿采选业	Mining and Processing of Ferrous Metal Ores	
有色金属矿采选业	Mining and Processing of Non-ferrous Metal Ores	
非金属矿采选业	Mining and Processing of Non-metal Ores	4.7
开采辅助活动	Support Activities for Mining	
其他采矿业	Mining of Other Ores	
农副食品加工业	Processing of Food from Agricultural Products	26.0
食品制造业	Manufacture of Foods	10.0
酒、饮料和精制茶制造业	Manufacture of Liquor, Beverages and Refined Tea	4.5
烟草制品业	Manufacture of Tobacco	53.9
纺织业	Manufacture of Textile	4.0
纺织服装、服饰业	Manufacture of Textile Wearing Apparel and Accessories	-3.6
皮革、毛皮、羽毛及其制品和制鞋业	Manufacture of Leather, Fur, Feather and Related Products and Footwear	5.5
木材加工和木、竹、藤、棕、草制品业	Processing of Timber, Manufacture of Wood, Bamboo, Rattan, Palm and Straw Products	
家具制造业	Manufacture of Furniture	
造纸及纸制品业	Manufacture of Paper and Paper Products	7.2
印刷和记录媒介复制业	Printing and Reproduction of Recording Media	8.2
文教、工美、体育和娱乐用品制造业	Manufacture of Articles for Culture, Education, Arts and Crafts, Sport and Entertainment Activities	
石油、煤炭及其他燃料加工业	Processing of Petroleum, Coking and Processing of Nuclear Fuel	22.2
化学原料和化学制品制造业	Manufacture of Raw Chemical Materials and Chemical Products	9.3
医药制造业	Manufacture of Medicines	12.4
化学纤维制造业	Manufacture of Chemical Fibres	
橡胶和塑料制品业	Manufacture of Rubber and Plastics Products	6.0
非金属矿物制品业	Manufacture of Non-metallic Mineral Products	13.4
黑色金属冶炼和压延加工业	Smelting and Pressing of Ferrous Metals	1.6
有色金属冶炼和压延加工业	Smelting and Pressing of Non-ferrous Metals	18.9
金属制品业	Manufacture of Metal Products	4.5
通用设备制造业	Manufacture of General Purpose Machinery	3.9
专用设备制造业	Manufacture of Special Purpose Machinery	3.4
汽车制造业	Manufacture of Automobiles	3.2
铁路、船舶、航空航天和其他运输设备制造业	Manufacture of Railway, Ship, Aerospace and Other Transport Equipment	3.7
电气机械及器材制造业	Manufacture of Electrical Machinery and Apparatus	3.6
计算机、通信和其他电子设备制造业	Manufacture of Computers, Communication and Other Electronic Equipment	6.7
仪器仪表制造业	Manufacture of Measuring Instruments and Machinery	8.4
其他制造业	Other Manufacture	1.8
废弃资源综合利用业	Utilization of Waste Resources	12.8
金属制品、机械和设备修理业	Repair Service of Metal Products, Machinery and Equipment	
电力、热力的生产和供应业	Production and Supply of Electric Power and Heat Power	4.2
燃气生产和供应业	Production and Supply of Gas	12.2
水的生产和供应业	Production and Supply of Water	5.0

单位：% (%)

资本保值增值率 Ratio of Assets Appreciation YOY	资产负债率 Asset-liability Ratio	流动资产周转率（次） Turnover Ratio of Circulating Assets (time)	成本费用利润率 Ratio of Profits to Cost	产品销售率 Sales as Percentage of Output
105.2	**59.1**	**1.7**	**4.1**	**99.4**
118.3	51.5	1.5	4.1	97.2
104.2	59.6	1.7	4.1	99.6
103.7	54.6	1.8	2.4	99.8
97.8	67.8	1.2	4.1	98.0
114.6	63.0	2.0	10.5	99.2
85.9	52.9	0.8	0.8	97.6
127.1	41.0	13.4	51.1	100.0
71.7	105.1	1.6	-6.7	101.9
113.1	29.4	4.4	10.3	96.6
104.7	58.9	2.5	3.2	98.5
120.0	61.7	0.8	2.3	69.4
99.0	32.1	1.1	-1.4	98.7
	97.7	1.7	1.3	117.5
91.2	11.1	1.2	-11.3	100.0
82.7	57.7	1.6	3.3	92.3
108.1	60.9	0.9	5.7	112.0
99.9	57.4	1.0	6.9	94.5
113.9	60.9	2.2	10.7	102.7
136.6	73.0	2.8	6.1	96.4
160.0	68.4	1.4	5.2	95.1
97.9	65.4	2.6	-0.3	97.8
128.7	69.5	1.6	12.7	100.2
84.8	77.1	1.8	-3.7	96.0
107.7	69.6	3.6	6.8	95.6
119.1	76.9	0.8	5.1	92.8
109.1	56.2	0.6	3.7	97.8
85.3	56.2	0.5	6.9	97.8
94.7	57.1	1.9	-0.3	101.7
100.3	66.0	1.0	2.0	97.6
87.4	82.4	0.7	1.0	97.9
106.8	40.2	1.1	10.7	101.0
108.1	55.1	0.9	8.6	98.2
	57.9	0.9	3.1	101.8
	57.8	2.0	4.3	97.0
105.7	64.7	3.5	1.2	99.6
119.2	59.3	3.2	8.7	99.9
112.1	45.2	0.7	22.2	99.0

表 12.9 续表 continued

指 标	Item	销售利润率 Rate of Return on Sale
总 计	**Total**	**3.9**
按轻、重工业分	**By Light and Heavy Industries**	
轻工业	Light Industry	3.4
重工业	Heavy Industry	3.9
按企业规模分	**By Size**	
大型企业	Large	2.2
中型企业	Medium	4.0
小型微型企业	Small & Mini	9.6
按行业分	**By Sector**	
煤炭开采和洗选业	Mining and Washing of Coal	0.8
石油和天然气开采业	Extraction of Petroleum and Natural Gas	37.1
黑色金属矿采选业	Mining and Processing of Ferrous Metal Ores	
有色金属矿采选业	Mining and Processing of Non-ferrous Metal Ores	
非金属矿采选业	Mining and Processing of Non-metal Ores	-7.0
开采辅助活动	Support Activities for Mining	
其他采矿业	Mining of Other Ores	
农副食品加工业	Processing of Food from Agricultural Products	9.4
食品制造业	Manufacture of Foods	3.1
酒、饮料和精制茶制造业	Manufacture of Liquor, Beverages and Refined Tea	2.4
烟草制品业	Manufacture of Tobacco	-0.7
纺织业	Manufacture of Textile	1.3
纺织服装、服饰业	Manufacture of Textile Wearing Apparel and Accessories	-13.4
皮革、毛皮、羽毛及其制品和制鞋业	Manufacture of Leather, Fur, Feather and Related Products and Footwear	3.2
木材加工和木、竹、藤、棕、草制品业	Processing of Timber, Manufacture of Wood, Bamboo, Rattan, Palm and Straw Products	
家具制造业	Manufacture of Furniture	
造纸及纸制品业	Manufacture of Paper and Paper Products	5.4
印刷和记录媒介复制业	Printing and Reproduction of Recording Media	6.4
文教、工美、体育和娱乐用品制造业	Manufacture of Articles for Culture, Education, Arts and Crafts, Sport and Entertainment Activities	
石油、煤炭及其他燃料加工业	Processing of Petroleum, Coking and Processing of Nuclear Fuel	9.5
化学原料和化学制品制造业	Manufacture of Raw Chemical Materials and Chemical Products	5.8
医药制造业	Manufacture of Medicines	4.9
化学纤维制造业	Manufacture of Chemical Fibres	
橡胶和塑料制品业	Manufacture of Rubber and Plastics Products	-0.3
非金属矿物制品业	Manufacture of Non-metallic Mineral Products	11.2
黑色金属冶炼和压延加工业	Smelting and Pressing of Ferrous Metals	-3.8
有色金属冶炼和压延加工业	Smelting and Pressing of Non-ferrous Metals	6.3
金属制品业	Manufacture of Metal Products	4.9
通用设备制造业	Manufacture of General Purpose Machinery	3.6
专用设备制造业	Manufacture of Special Purpose Machinery	6.4
汽车制造业	Manufacture of Automobiles	-0.3
铁路、船舶、航空航天和其他运输设备制造业	Manufacture of Railway, Ship, Aerospace and Other Transport Equipment	2.0
电气机械及器材制造业	Manufacture of Electrical Machinery and Apparatus	1.0
计算机、通信和其他电子设备制造业	Manufacture of Computers, Communication and Other Electronic Equipment	9.6
仪器仪表制造业	Manufacture of Measuring Instruments and Machinery	8.0
其他制造业	Other Manufacture	3.1
废弃资源综合利用业	Utilization of Waste Resources	4.2
金属制品、机械和设备修理业	Repair Service of Metal Products, Machinery and Equipment	
电力、热力的生产和供应业	Production and Supply of Electric Power and Heat Power	1.2
燃气生产和供应业	Production and Supply of Gas	8.1
水的生产和供应业	Production and Supply of Water	18.4

单位：% (%)

流动比率 Current Ratio	速动比率 Quick Ratio	产权比率 Equity Ratio	人均实现利税（元） Per Capita Pre-tax Profits (yuan)	从业人员人均工资（元） Per Capita Wages of Employees (yuan)
0.9	**0.7**	**1**	**177035**	**146649**
1.5	0.9	1.1	396386	109844
0.9	0.7	1.5	148726	151399
0.9	0.7	1.2	171162	166440
1.0	0.8	2.1	98809	113718
0.7	0.6	1.7	340486	117335
0.6	0.6	1.1	29788	109815
0.1	0.1	0.7	2518084	152704
0.4	0.4	-20.8	8127	93005
1.6	1.2	0.4	278061	63042
1.0	0.8	1.4	59782	83171
0.7	0.6	1.6	37577	78813
2.6	1.0	0.5	2005625	257858
0.8	0.6	41.6	16923	77727
6.3	5.5	0.1	-22680	118460
1.6	1.1	1.4	20688	28923
1.2	0.8	1.6	89665	142565
1.3	0.9	1.4	62571	75309
1.1	0.5	1.6	408139	169991
0.4	0.3	2.7	166098	121195
1.2	0.9	2.2	192612	102654
0.8	0.5	1.9	70337	74283
0.6	0.5	2.3	298777	114961
0.9	0.6	3.4	-276	98493
0.6	0.4	2.3	436725	135265
1.1	0.8	3.3	93444	198569
1.4	1.1	1.3	56710	102724
1.6	1.3	1.3	135316	151681
1.0	0.8	1.3	77044	143128
1.1	0.8	1.9	104698	280517
2.9	2.5	4.7	124362	125241
1.8	1.5	0.7	244813	176901
1.4	1.2	1.2	120177	172073
1.0	0.8	1.4		
1.1	1.1	1.4	78955	74712
0.4	0.3	1.8	122807	182357
0.9	0.9	1.5	296615	159958
1.3	1.2	0.8	163035	135225

表 12.10 私营工业企业主要经济指标(2018 年)
MAIN ECONOMIC INDICATORS OF PRIVATE INDUSTRIAL ENTERPRISES (2018)

指 标	Item	单位数(个) Number of Enterprises (unit)
总 计	**Total**	**4623**
按登记注册类型分	**By Status of Registration**	
私营独资企业	Solely Private-funded Enterprises	152
私营合伙企业	Private Partnership Enterprises	19
私营有限责任公司	Private Limited Liability Companies	4252
私营股份有限公司	Private Share-holding Companies	200
按轻、重工业分	**By Light and Heavy Industries**	
轻工业	Light Industry	1498
重工业	Heavy Industry	3125
按企业规模分	**By Size**	
大型企业	Large	52
中型企业	Medium	505
小型微型企业	Small & Mini	4066
按行业分	**By Sector**	
煤炭开采和洗选业	Mining and Washing of Coal	33
石油和天然气开采业	Extraction of Petroleum and Natural Gas	
黑色金属矿采选业	Mining and Processing of Ferrous Metal Ores	14
有色金属矿采选业	Mining and Processing of Non-ferrous Metal Ores	1
非金属矿采选业	Mining and Processing of Non-metal Ores	94
开采辅助活动	Support Activities for Mining	
其他采矿业	Mining of Other Ores	
农副食品加工业	Processing of Food from Agricultural Products	362
食品制造业	Manufacture of Foods	133
酒、饮料和精制茶制造业	Manufacture of Liquor, Beverages and Refined Tea	71
烟草制品业	Manufacture of Tobacco	1
纺织业	Manufacture of Textile	42
纺织服装、服饰业	Manufacture of Textile Wearing Apparel and Accessories	49
皮革、毛皮、羽毛及其制品和制鞋业	Manufacture of Leather, Fur, Feather and Related Products and Footwear	63
木材加工和木、竹、藤、棕、草制品业	Processing of Timber, Manufacture of Wood, Bamboo, Rattan, Palm and Straw Products	79
家具制造业	Manufacture of Furniture	77
造纸及纸制品业	Manufacture of Paper and Paper Products	82
印刷和记录媒介复制业	Printing and Reproduction of Recording Media	86
文教、工美、体育和娱乐用品制造业	Manufacture of Articles for Culture, Education, Arts and Crafts, Sport and Entertainment Activities	42
石油、煤炭及其他燃料加工业	Processing of Petroleum, Coking and Processing of Nuclear Fuel	12
化学原料和化学制品制造业	Manufacture of Raw Chemical Materials and Chemical Products	127
医药制造业	Manufacture of Medicines	79
化学纤维制造业	Manufacture of Chemical Fibres	4
橡胶和塑料制品业	Manufacture of Rubber and Plastics Products	221
非金属矿物制品业	Manufacture of Non-metallic Mineral Products	512
黑色金属冶炼和压延加工业	Smelting and Pressing of Ferrous Metals	72
有色金属冶炼和压延加工业	Smelting and Pressing of Non-ferrous Metals	75
金属制品业	Manufacture of Metal Products	245
通用设备制造业	Manufacture of General Purpose Machinery	265
专用设备制造业	Manufacture of Special Purpose Machinery	167
汽车制造业	Manufacture of Automobiles	663
铁路、船舶、航空航天和其他运输设备制造业	Manufacture of Railway, Ship, Aerospace and Other Transport Equipment	354
电气机械及器材制造业	Manufacture of Electrical Machinery and Apparatus	200
计算机、通信和其他电子设备制造业	Manufacture of Computers, Communication and Other Electronic Equipment	275
仪器仪表制造业	Manufacture of Measuring Instruments and Machinery	42
其他制造业	Other Manufacture	10
废弃资源综合利用业	Utilization of Waste Resources	18
金属制品、机械和设备修理业	Repair Service of Metal Products, Machinery and Equipment	3
电力、热力的生产和供应业	Production and Supply of Electric Power and Heat Power	7
燃气生产和供应业	Production and Supply of Gas	38
水的生产和供应业	Production and Supply of Water	5

单位：万元 (10 000 yuan)

从业人员平均人数（万人） Average Employment (10 000 persons)	工业总产值 Gross Output Value	工业销售产值 Sales Value of Industry	其 中 of which #出口交货值 Value of Export Delivery	实收资本 Paid-in Capital	其 中 of which #国家资本 State Capital	#外商资本 Foreign Capital
78.55	**84660640**	**82631470**	**4905500**	**8725912**	**212078**	**1185**
1.97	2012804	1989239	3162	56431		
0.25	178853	177146		45865		
71.68	77786520	75898323	4555819	7672445	205278	847
4.65	4682463	4566763	346519	951171	6800	338
23.96	24495519	24069475	702942	2149624	21774	
54.59	60165120	58561995	4202558	6576289	190303	1185
10.78	13825495	13694988	2734986	1156146	54703	
25.12	23096956	22093307	700176	2052399	126670	
42.65	47738189	46843176	1470339	5517367	30705	1185
0.94	585333	584039		67418		
0.18	122796	121977		8930		
0.02	7090	5363		2418	6	
0.76	861345	854720		78622		
4.46	5416617	5353464	81346	381460	742	
1.80	1361251	1334358	24516	137103	705	
1.18	1191416	1162336	91286	261443	3100	
0.02	6633	6633		5000		
0.47	322413	318298	3247	28572		
0.86	427946	399254	33479	46554		
2.14	1567269	1559778	46361	44047		
0.97	1102303	1088179	2880	63300		
1.11	807378	799298	60	97748		
0.99	1037772	1027484	9283	94067	2860	
1.19	1113438	1100825	62541	78265	6713	
0.68	639779	633582	108179	48843		
0.09	567968	482545		71122		
1.40	2121420	2085657	53794	261929	1732	
1.67	1709974	1619073	53196	330495	150	
0.18	278094	267901	22052	68203	5703	
2.89	3059957	3000899	40547	265814	1800	827
7.71	8109071	7913821	8736	934125	787	358
0.84	2411688	2357433		261225		
1.19	2592240	2551883	38327	290622		
3.75	3719895	3664020	18610	282909	162	
4.26	4384195	4294432	226221	332721		
2.45	2659064	2594119	126039	213424	600	
13.81	12676781	12479556	122600	1393489	58615	
8.35	6619476	6465740	1195448	716771	3680	
3.49	5780581	5569624	132333	676564	1010	
7.37	9926944	9474817	2367883	736185	123413	
0.66	368525	360679	7255	77718		
0.12	118186	116415	29281	7215		
0.14	416774	415883		140930		
0.02	10936	10776		1328		
0.05	136032	136032		49003		
0.28	392848	391395		144471		
0.06	29211	29185		25860	300	

表 12.10 续表 1 continued 1

指 标	Item	资 产 Total Assets
总 计	**Total**	**60422202**
按登记注册类型分	**By Status of Registration**	
私营独资企业	Solely Private-funded Enterprises	1106828
私营合伙企业	Private Partnership Enterprises	217698
私营有限责任公司	Private Limited Liability Companies	54252823
私营股份有限公司	Private Share-holding Companies	4844852
按轻、重工业分	**By Light and Heavy Industries**	
轻工业	Light Industry	14355852
重工业	Heavy Industry	46066350
按企业规模分	**By Size**	
大型企业	Large	10045771
中型企业	Medium	17335646
小型微型企业	Small & Mini	33040785
按行业分	**By Sector**	
煤炭开采和洗选业	Mining and Washing of Coal	517327
石油和天然气开采业	Extraction of Petroleum and Natural Gas	
黑色金属矿采选业	Mining and Processing of Ferrous Metal Ores	89856
有色金属矿采选业	Mining and Processing of Non-ferrous Metal Ores	4967
非金属矿采选业	Mining and Processing of Non-metal Ores	630527
开采辅助活动	Support Activities for Mining	
其他采矿业	Mining of Other Ores	
农副食品加工业	Processing of Food from Agricultural Products	2682416
食品制造业	Manufacture of Foods	920796
酒、饮料和精制茶制造业	Manufacture of Liquor, Beverages and Refined Tea	832379
烟草制品业	Manufacture of Tobacco	78728
纺织业	Manufacture of Textile	201672
纺织服装、服饰业	Manufacture of Textile Wearing Apparel and Accessories	283221
皮革、毛皮、羽毛及其制品和制鞋业	Manufacture of Leather, Fur, Feather and Related Products and Footwear	451859
木材加工和木、竹、藤、棕、草制品业	Processing of Timber, Manufacture of Wood, Bamboo, Rattan, Palm and Straw Products	500966
家具制造业	Manufacture of Furniture	661394
造纸及纸制品业	Manufacture of Paper and Paper Products	555142
印刷和记录媒介复制业	Printing and Reproduction of Recording Media	815396
文教、工美、体育和娱乐用品制造业	Manufacture of Articles for Culture, Education, Arts and Crafts, Sport and Entertainment Activities	351257
石油、煤炭及其他燃料加工业	Processing of Petroleum, Coking and Processing of Nuclear Fuel	319508
化学原料和化学制品制造业	Manufacture of Raw Chemical Materials and Chemical Products	1487497
医药制造业	Manufacture of Medicines	1790016
化学纤维制造业	Manufacture of Chemical Fibres	291321
橡胶和塑料制品业	Manufacture of Rubber and Plastics Products	1776157
非金属矿物制品业	Manufacture of Non-metallic Mineral Products	5714989
黑色金属冶炼和压延加工业	Smelting and Pressing of Ferrous Metals	1335236
有色金属冶炼和压延加工业	Smelting and Pressing of Non-ferrous Metals	1382513
金属制品业	Manufacture of Metal Products	2328409
通用设备制造业	Manufacture of General Purpose Machinery	2859604
专用设备制造业	Manufacture of Special Purpose Machinery	2059691
汽车制造业	Manufacture of Automobiles	11468129
铁路、船舶、航空航天和其他运输设备制造业	Manufacture of Railway, Ship, Aerospace and Other Transport Equipment	6304484
电气机械及器材制造业	Manufacture of Electrical Machinery and Apparatus	3394700
计算机、通信和其他电子设备制造业	Manufacture of Computers, Communication and Other Electronic Equipment	6706761
仪器仪表制造业	Manufacture of Measuring Instruments and Machinery	371710
其他制造业	Other Manufacture	48281
废弃资源综合利用业	Utilization of Waste Resources	315425
金属制品、机械和设备修理业	Repair Service of Metal Products, Machinery and Equipment	7216
电力、热力的生产和供应业	Production and Supply of Electric Power and Heat Power	193473
燃气生产和供应业	Production and Supply of Gas	647334
水的生产和供应业	Production and Supply of Water	41846

单位：万元 (10 000 yuan)

其 中 of which	固定资产 Fixed Assets		负 债	其 中 of which
#流动资产 Circulating Assets	原 值 Original Value	净 值 Net Value	Total Liabilities	#流动负债 Total Circulating Liabilities
29855148	**32542207**	**18769347**	**31480811**	**27044938**
288065	802031	510415	296120	198162
23384	181150	148777	50725	31375
27097497	29653524	17101686	28926924	25105754
2446202	1905502	1008470	2207043	1709648
6309914	9226967	5287030	6044129	5029299
23545234	23315240	13482318	25436683	22015639
5745551	4232077	2229293	6165196	5524276
7774869	11195963	6221644	8664396	7393557
16334728	17114167	10318410	16651220	14127105
166218	237274	134067	179083	157250
57535	28643	15312	49872	48633
3060	3220	955	164	164
273596	299917	190190	220420	173085
1019687	1972873	1193598	956330	842104
419288	506886	335376	335636	292745
267685	470318	308641	311918	267548
52839	29689	25617	66668	48244
117563	83357	51351	118715	99010
164578	112456	80701	128996	85324
231611	1077012	157508	219785	179195
196191	451472	240816	174830	140087
194726	426817	310985	237032	196850
241922	299190	201142	302255	239932
398253	477420	235001	403165	268848
148435	281028	165827	138374	129007
143315	191186	152600	240182	84415
593093	731694	488382	537712	443940
823884	861679	555217	685110	601575
130075	191402	137895	97612	54591
805247	1258784	735446	805866	703435
2859882	3319130	1780491	2888050	2571530
750761	811429	371973	827485	747034
742521	695086	429505	720557	666827
959833	1399234	903373	1101944	946296
1075024	2020837	1234661	1223368	1075094
738661	1272778	879186	997018	820197
5816178	5516502	3313728	7396303	6587151
3342364	2857600	1390839	3321834	2921195
1922643	1294197	808627	1704652	1506848
4531908	2431042	1281641	4363944	3625114
254082	93895	52526	149427	121422
31826	20475	13042	15817	13915
63281	246546	206991	89371	78333
4677	5375	1813	1714	1468
50614	98722	62283	108387	29493
242090	444291	301588	354095	270385
20003	22753	20455	7120	6653

表 12.10 续表 2 continued 2

指 标	Item	所有者权益 Creditors' Equity
总 计	**Total**	**28941372**
按登记注册类型分	**By Status of Registration**	
私营独资企业	Solely Private-funded Enterprises	810709
私营合伙企业	Private Partnership Enterprises	166973
私营有限责任公司	Private Limited Liability Companies	25325882
私营股份有限公司	Private Share-holding Companies	2637808
按轻、重工业分	**By Light and Heavy Industries**	
轻工业	Light Industry	8311720
重工业	Heavy Industry	20629652
按企业规模分	**By Size**	
大型企业	Large	3880575
中型企业	Medium	8671249
小型微型企业	Small & Mini	16389548
按行业分	**By Sector**	
煤炭开采和洗选业	Mining and Washing of Coal	338243
石油和天然气开采业	Extraction of Petroleum and Natural Gas	
黑色金属矿采选业	Mining and Processing of Ferrous Metal Ores	39985
有色金属矿采选业	Mining and Processing of Non-ferrous Metal Ores	4803
非金属矿采选业	Mining and Processing of Non-metal Ores	410107
开采辅助活动	Support Activities for Mining	
其他采矿业	Mining of Other Ores	
农副食品加工业	Processing of Food from Agricultural Products	1726085
食品制造业	Manufacture of Foods	585159
酒、饮料和精制茶制造业	Manufacture of Liquor, Beverages and Refined Tea	520462
烟草制品业	Manufacture of Tobacco	12061
纺织业	Manufacture of Textile	82957
纺织服装、服饰业	Manufacture of Textile Wearing Apparel and Accessories	154225
皮革、毛皮、羽毛及其制品和制鞋业	Manufacture of Leather, Fur, Feather and Related Products and Footwear	232075
木材加工和木、竹、藤、棕、草制品业	Processing of Timber, Manufacture of Wood, Bamboo, Rattan, Palm and Straw Products	326135
家具制造业	Manufacture of Furniture	424362
造纸及纸制品业	Manufacture of Paper and Paper Products	252887
印刷和记录媒介复制业	Printing and Reproduction of Recording Media	412230
文教、工美、体育和娱乐用品制造业	Manufacture of Articles for Culture, Education, Arts and Crafts, Sport and Entertainment Activities	212882
石油、煤炭及其他燃料加工业	Processing of Petroleum, Coking and Processing of Nuclear Fuel	79326
化学原料和化学制品制造业	Manufacture of Raw Chemical Materials and Chemical Products	949783
医药制造业	Manufacture of Medicines	1104906
化学纤维制造业	Manufacture of Chemical Fibres	193709
橡胶和塑料制品业	Manufacture of Rubber and Plastics Products	970290
非金属矿物制品业	Manufacture of Non-metallic Mineral Products	2826936
黑色金属冶炼和压延加工业	Smelting and Pressing of Ferrous Metals	507751
有色金属冶炼和压延加工业	Smelting and Pressing of Non-ferrous Metals	661956
金属制品业	Manufacture of Metal Products	1226464
通用设备制造业	Manufacture of General Purpose Machinery	1636235
专用设备制造业	Manufacture of Special Purpose Machinery	1062673
汽车制造业	Manufacture of Automobiles	4071823
铁路、船舶、航空航天和其他运输设备制造业	Manufacture of Railway, Ship, Aerospace and Other Transport Equipment	2982646
电气机械及器材制造业	Manufacture of Electrical Machinery and Apparatus	1690048
计算机、通信和其他电子设备制造业	Manufacture of Computers, Communication and Other Electronic Equipment	2342818
仪器仪表制造业	Manufacture of Measuring Instruments and Machinery	222283
其他制造业	Other Manufacture	32463
废弃资源综合利用业	Utilization of Waste Resources	226054
金属制品、机械和设备修理业	Repair Service of Metal Products, Machinery and Equipment	5503
电力、热力的生产和供应业	Production and Supply of Electric Power and Heat Power	85086
燃气生产和供应业	Production and Supply of Gas	293238
水的生产和供应业	Production and Supply of Water	34726

单位：万元 (10 000 yuan)

主营业务收入 Revenue from Principal Business	主营业务成本 Cost of Principal Business	主营业务税金及附加 Tax and Extra Charges of Principal Business	利润总额 Total After-tax Profits	利税总额 Total Pre-tax Profits	应付职工薪酬 Total Wages
80595519	**66112204**	**744027**	**7329754**	**10992944**	**5640755**
1970056	1557993	26520	225534	349284	148528
178913	139290	2698	17781	29940	13532
74027540	60848601	681065	6715595	10075889	5129154
4419010	3566320	33744	370845	537831	349542
23628675	19039705	242033	2217921	3366188	1635669
56966844	47072499	501994	5111833	7626756	4005087
13064350	11032696	113777	1066231	1572422	730019
22025844	17719376	194535	2292384	3389985	1852849
45505325	37360132	435715	3971138	6030537	3057888
581539	434155	10162	79631	150662	64644
119088	73226	2235	15955	28981	12708
5484	3894	12	1136	1342	2324
837718	637446	22801	92552	150206	56076
5234426	4394320	42300	436299	671314	288595
1321217	1036842	12444	132198	193819	108359
1154270	854864	64099	125935	242925	79894
6633	5809	17	-1245	-920	1150
318155	268062	2669	21891	35442	26724
373594	303283	2834	26466	37941	45078
1544256	1376606	7146	115297	166099	134674
1010816	817762	8839	95444	147879	63013
749201	587151	9230	68722	105948	71081
1023656	856113	5459	90649	122834	77603
1075192	860623	7826	101937	145526	84740
632954	538690	5179	58419	100462	39895
540526	518673	815	8969	13450	5111
2038143	1637224	28875	210395	324098	119261
1610722	1012284	18958	181107	305601	135747
267901	203059	896	42253	49367	11069
2865945	2366846	25078	252698	365723	203824
7710008	6063751	72898	924972	1326545	573396
2431791	2148986	13290	213773	333340	63414
2403797	2127770	8910	147461	206469	140083
3587141	2931948	35525	340332	534117	274442
4190684	3385148	38136	432441	655838	331620
2570624	1998247	24902	306167	457149	187139
11796626	9715309	97547	912913	1415912	1013045
6214744	5260066	50000	492217	741803	551219
5651406	4664080	27786	502643	728854	261924
9277764	7894976	85413	730723	1003125	507128
363335	270351	2874	35746	54439	42129
112296	86631	1829	15942	24114	8019
409110	353640	1925	35690	47336	23445
10913	9893	55	224	562	763
138229	94275	1448	22483	28650	7268
386443	296574	3400	55340	70511	21195
29175	23629	216	3976	5482	2956

表 12.11 私营工业企业经济效益指标(2018 年)
INDICATORS ON ECONOMIC BENEFIT OF PRIVATE INDUSTRIAL ENTERPRISES (2018)

指 标	Item	总资产贡献率 Ratio of Total Assets to Industrial Output Value
总 计	**Total**	**19.0**
按轻、重工业分	**By Light and Heavy Industries**	
轻工业	Light Industry	24.3
重工业	Heavy Industry	17.4
按企业规模分	**By Size**	
大型企业	Large	16.3
中型企业	Medium	20.4
小型微型企业	Small & Mini	19.1
按行业分	**By Sector**	
煤炭开采和洗选业	Mining and Washing of Coal	30.5
石油和天然气开采业	Extraction of Petroleum and Natural Gas	
黑色金属矿采选业	Mining and Processing of Ferrous Metal Ores	32.8
有色金属矿采选业	Mining and Processing of Non-ferrous Metal Ores	27.2
非金属矿采选业	Mining and Processing of Non-metal Ores	24.7
开采辅助活动	Support Activities for Mining	
其他采矿业	Mining of Other Ores	
农副食品加工业	Processing of Food from Agricultural Products	26.0
食品制造业	Manufacture of Foods	21.9
酒、饮料和精制茶制造业	Manufacture of Liquor, Beverages and Refined Tea	30.0
烟草制品业	Manufacture of Tobacco	-1.1
纺织业	Manufacture of Textile	18.7
纺织服装、服饰业	Manufacture of Textile Wearing Apparel and Accessories	14.0
皮革、毛皮、羽毛及其制品和制鞋业	Manufacture of Leather, Fur, Feather and Related Products and Footwear	37.7
木材加工和木、竹、藤、棕、草制品业	Processing of Timber, Manufacture of Wood, Bamboo, Rattan, Palm and Straw Products	30.4
家具制造业	Manufacture of Furniture	17.0
造纸及纸制品业	Manufacture of Paper and Paper Products	23.2
印刷和记录媒介复制业	Printing and Reproduction of Recording Media	18.7
文教、工美、体育和娱乐用品制造业	Manufacture of Articles for Culture, Education, Arts and Crafts, Sport and Entertainment Activities	29.2
石油、煤炭及其他燃料加工业	Processing of Petroleum, Coking and Processing of Nuclear Fuel	5.9
化学原料和化学制品制造业	Manufacture of Raw Chemical Materials and Chemical Products	22.5
医药制造业	Manufacture of Medicines	18.0
化学纤维制造业	Manufacture of Chemical Fibres	17.7
橡胶和塑料制品业	Manufacture of Rubber and Plastics Products	21.5
非金属矿物制品业	Manufacture of Non-metallic Mineral Products	24.2
黑色金属冶炼和压延加工业	Smelting and Pressing of Ferrous Metals	25.5
有色金属冶炼和压延加工业	Smelting and Pressing of Non-ferrous Metals	16.0
金属制品业	Manufacture of Metal Products	24.0
通用设备制造业	Manufacture of General Purpose Machinery	23.7
专用设备制造业	Manufacture of Special Purpose Machinery	22.7
汽车制造业	Manufacture of Automobiles	13.4
铁路、船舶、航空航天和其他运输设备制造业	Manufacture of Railway, Ship, Aerospace and Other Transport Equipment	12.6
电气机械及器材制造业	Manufacture of Electrical Machinery and Apparatus	22.0
计算机、通信和其他电子设备制造业	Manufacture of Computers, Communication and Other Electronic Equipment	15.3
仪器仪表制造业	Manufacture of Measuring Instruments and Machinery	15.1
其他制造业	Other Manufacture	51.6
废弃资源综合利用业	Utilization of Waste Resources	18.2
金属制品、机械和设备修理业	Repair Service of Metal Products, Machinery and Equipment	8.2
电力、热力的生产和供应业	Production and Supply of Electric Power and Heat Power	15.4
燃气生产和供应业	Production and Supply of Gas	11.6
水的生产和供应业	Production and Supply of Water	13.5

单位：% (%)

资本保值增值率 Ratio of Assets Appreciation YOY	资产负债率 Asset-liability Ratio	流动资产周转率（次） Turnover Ratio of Circulating Assets (time)	成本费用利润率 Ratio of Profits to Cost	产品销售率 Sales as Percentage of Output
108.2	**52.1**	**2.7**	**10.0**	**97.6**
102.5	42.1	3.8	10.4	98.3
110.7	55.2	2.5	9.8	97.3
109.4	61.4	2.3	8.9	99.1
108.1	50.0	2.9	11.6	95.7
108.1	50.4	2.8	9.6	98.1
210.7	34.6	3.5	16.2	99.8
132.6	55.5	2.1	15.8	99.3
0.0	3.3	1.8	26.2	75.6
89.8	35.0	3.1	12.8	99.2
97.1	35.7	5.2	9.1	98.8
92.9	36.5	3.2	11.1	98.0
99.9	37.5	4.3	13.0	97.6
0.0	84.7	0.1	-15.8	100.0
49.0	58.9	2.7	7.4	98.7
80.3	45.6	2.3	7.6	93.3
96.8	48.6	6.7	8.1	99.5
95.3	34.9	5.2	10.5	98.7
93.7	35.8	3.9	10.2	99.0
121.4	54.5	4.3	9.7	99.0
106.3	49.4	2.7	10.6	98.9
102.0	39.4	4.3	10.3	99.0
104.4	75.2	3.8	1.7	85.0
116.0	36.2	3.5	11.6	98.3
122.3	38.3	2.0	12.6	94.7
122.3	33.5	2.1	18.8	96.3
97.8	45.4	3.6	9.7	98.1
118.0	50.5	2.7	13.7	97.6
98.1	62.0	3.2	9.7	97.8
101.6	52.1	3.3	6.6	98.4
104.6	47.3	3.8	10.5	98.5
107.3	42.8	3.9	11.6	98.0
109.8	48.4	3.5	13.6	97.6
104.5	64.5	2.1	8.2	98.4
105.1	52.7	1.9	8.6	97.7
105.5	50.2	3.0	9.7	96.4
124.5	65.1	2.1	8.6	95.5
116.2	40.2	1.5	10.7	97.9
95.7	32.8	3.5	16.8	98.5
48.2	28.3	6.5	9.5	99.8
108.3	23.8	2.3	2.1	98.5
94.9	56.0	2.8	19.5	100.0
102.3	54.7	1.6	16.5	99.6
141.3	17.0	1.5	15.8	99.9

表 12.11 续表 continued

指 标	Item	销售利润率 Rate of Return on Sale
总 计	**Total**	**9.0**
按轻、重工业分	**By Light and Heavy Industries**	
轻工业	Light Industry	9.3
重工业	Heavy Industry	8.9
按企业规模分	**By Size**	
大型企业	Large	8.0
中型企业	Medium	10.3
小型微型企业	Small & Mini	8.6
按行业分	**By Sector**	
煤炭开采和洗选业	Mining and Washing of Coal	13.7
石油和天然气开采业	Extraction of Petroleum and Natural Gas	
黑色金属矿采选业	Mining and Processing of Ferrous Metal Ores	13.4
有色金属矿采选业	Mining and Processing of Non-ferrous Metal Ores	20.7
非金属矿采选业	Mining and Processing of Non-metal Ores	11.0
开采辅助活动	Support Activities for Mining	
其他采矿业	Mining of Other Ores	
农副食品加工业	Processing of Food from Agricultural Products	8.3
食品制造业	Manufacture of Foods	9.9
酒、饮料和精制茶制造业	Manufacture of Liquor, Beverages and Refined Tea	10.9
烟草制品业	Manufacture of Tobacco	-18.8
纺织业	Manufacture of Textile	6.9
纺织服装、服饰业	Manufacture of Textile Wearing Apparel and Accessories	7.0
皮革、毛皮、羽毛及其制品和制鞋业	Manufacture of Leather, Fur, Feather and Related Products and Footwear	7.5
木材加工和木、竹、藤、棕、草制品业	Processing of Timber, Manufacture of Wood, Bamboo, Rattan, Palm and Straw Products	9.4
家具制造业	Manufacture of Furniture	9.1
造纸及纸制品业	Manufacture of Paper and Paper Products	8.8
印刷和记录媒介复制业	Printing and Reproduction of Recording Media	9.5
文教、工美、体育和娱乐用品制造业	Manufacture of Articles for Culture, Education, Arts and Crafts, Sport and Entertainment Activities	9.2
石油、煤炭及其他燃料加工业	Processing of Petroleum, Coking and Processing of Nuclear Fuel	1.6
化学原料和化学制品制造业	Manufacture of Raw Chemical Materials and Chemical Products	10.2
医药制造业	Manufacture of Medicines	11.2
化学纤维制造业	Manufacture of Chemical Fibres	15.7
橡胶和塑料制品业	Manufacture of Rubber and Plastics Products	8.8
非金属矿物制品业	Manufacture of Non-metallic Mineral Products	11.9
黑色金属冶炼和压延加工业	Smelting and Pressing of Ferrous Metals	8.8
有色金属冶炼和压延加工业	Smelting and Pressing of Non-ferrous Metals	6.0
金属制品业	Manufacture of Metal Products	9.4
通用设备制造业	Manufacture of General Purpose Machinery	10.3
专用设备制造业	Manufacture of Special Purpose Machinery	11.9
汽车制造业	Manufacture of Automobiles	7.4
铁路、船舶、航空航天和其他运输设备制造业	Manufacture of Railway, Ship, Aerospace and Other Transport Equipment	7.8
电气机械及器材制造业	Manufacture of Electrical Machinery and Apparatus	8.8
计算机、通信和其他电子设备制造业	Manufacture of Computers, Communication and Other Electronic Equipment	7.9
仪器仪表制造业	Manufacture of Measuring Instruments and Machinery	9.7
其他制造业	Other Manufacture	14.2
废弃资源综合利用业	Utilization of Waste Resources	8.7
金属制品、机械和设备修理业	Repair Service of Metal Products, Machinery and Equipment	2.1
电力、热力的生产和供应业	Production and Supply of Electric Power and Heat Power	16.2
燃气生产和供应业	Production and Supply of Gas	14.1
水的生产和供应业	Production and Supply of Water	13.6

单位：% (%)

流动比率 Current Ratio	速动比率 Quick Ratio	产权比率 Equity Ratio	人均实现利税（元） Per Capita Pre-tax Profits (yuan)	从业人员人均工资（元） Per Capita Wages of Employees (yuan)
1.1	**0.9**	**1.1**	**139948**	**71811**
1.3	0.9	0.7	140492	68267
1.1	0.9	1.2	139710	73367
1.0	0.8	1.6	145865	67720
1.1	0.8	1.0	134952	73760
1.2	0.9	1.0	141396	71697
1.1	1.0	0.5	160279	68770
1.2	1.1	1.3	161003	70601
18.7	13.8	0.0	67080	116175
1.6	1.4	0.5	197640	73784
1.2	0.9	0.6	150519	64707
1.4	1.1	0.6	107677	60199
1.0	0.6	0.6	205869	67707
1.1	1.1	5.5	-46005	57515
1.2	0.7	1.4	75408	56859
1.9	1.1	0.8	44117	52417
1.3	1.0	1.0	77616	62932
1.4	1.1	0.5	152452	64962
1.0	0.7	0.6	95448	64036
1.0	0.7	1.2	124075	78387
1.5	1.1	1.0	122290	71210
1.2	0.9	0.7	147739	58670
1.7	1.1	3.0	149440	56788
1.3	1.0	0.6	231499	85186
1.4	1.1	0.6	182994	81286
2.4	1.7	0.5	274262	61494
1.1	0.8	0.8	126548	70527
1.1	1.0	1.0	172055	74370
1.0	0.8	1.6	396833	75492
1.1	0.9	1.1	173504	117716
1.0	0.8	0.9	142431	73185
1.0	0.7	0.8	153953	77845
0.9	0.6	0.9	186592	76383
0.9	0.7	1.8	102528	73356
1.1	1.0	1.1	88839	66014
1.3	1.1	1.0	208841	75050
1.3	1.0	1.9	136109	68810
2.1	1.6	0.7	82484	63832
2.3	1.1	0.5	200952	66827
0.8	0.7	0.4	338112	167464
3.2	1.8	0.3	28100	38145
1.7	1.7	1.3	572992	145350
0.9	0.9	1.2	251825	75696
3.0	2.7	0.2	91362	49262

表 12.12 内资工业企业主要经济指标（2018 年）
MAIN ECONOMIC INDICATORS OF INDUSTRIAL ENTERPRISES WITH DOMESTIC FUNDS (2018)

指 标	Item	单位数（个） Number of Enterprises (unit)
总 计	**Total**	**6021**
按登记注册类型分	**By Status of Registration**	
#国有企业	State-owned	23
集体企业	Collective-owned	21
按轻、重工业分	**By Light and Heavy Industries**	
轻工业	Light Industry	1845
重工业	Heavy Industry	4176
按企业规模分	**By Size**	
大型企业	Large	136
中型企业	Medium	790
小型微型企业	Small & Mini	5095
按行业分	**By Sector**	
煤炭开采和洗选业	Mining and Washing of Coal	48
石油和天然气开采业	Extraction of Petroleum and Natural Gas	3
黑色金属矿采选业	Mining and Processing of Ferrous Metal Ores	14
有色金属矿采选业	Mining and Processing of Non-ferrous Metal Ores	2
非金属矿采选业	Mining and Processing of Non-metal Ores	116
开采辅助活动	Support Activities for Mining	
其他采矿业	Mining of Other Ores	
农副食品加工业	Processing of Food from Agricultural Products	448
食品制造业	Manufacture of Foods	167
酒、饮料和精制茶制造业	Manufacture of Liquor, Beverages and Refined Tea	87
烟草制品业	Manufacture of Tobacco	4
纺织业	Manufacture of Textile	50
纺织服装、服饰业	Manufacture of Textile Wearing Apparel and Accessories	56
皮革、毛皮、羽毛及其制品和制鞋业	Manufacture of Leather, Fur, Feather and Related Products and Footwear	73
木材加工和木、竹、藤、棕、草制品业	Processing of Timber, Manufacture of Wood, Bamboo, Rattan, Palm and Straw Products	92
家具制造业	Manufacture of Furniture	82
造纸及纸制品业	Manufacture of Paper and Paper Products	95
印刷和记录媒介复制业	Printing and Reproduction of Recording Media	114
文教、工美、体育和娱乐用品制造业	Manufacture of Articles for Culture, Education, Arts and Crafts, Sport and Entertainment Activities	50
石油、煤炭及其他燃料加工业	Processing of Petroleum, Coking and Processing of Nuclear Fuel	16
化学原料和化学制品制造业	Manufacture of Raw Chemical Materials and Chemical Products	204
医药制造业	Manufacture of Medicines	128
化学纤维制造业	Manufacture of Chemical Fibres	4
橡胶和塑料制品业	Manufacture of Rubber and Plastics Products	251
非金属矿物制品业	Manufacture of Non-metallic Mineral Products	651
黑色金属冶炼和压延加工业	Smelting and Pressing of Ferrous Metals	87
有色金属冶炼和压延加工业	Smelting and Pressing of Non-ferrous Metals	112
金属制品业	Manufacture of Metal Products	302
通用设备制造业	Manufacture of General Purpose Machinery	347
专用设备制造业	Manufacture of Special Purpose Machinery	220
汽车制造业	Manufacture of Automobiles	844
铁路、船舶、航空航天和其他运输设备制造业	Manufacture of Railway, Ship, Aerospace and Other Transport Equipment	445
电气机械及器材制造业	Manufacture of Electrical Machinery and Apparatus	246
计算机、通信和其他电子设备制造业	Manufacture of Computers, Communication and Other Electronic Equipment	350
仪器仪表制造业	Manufacture of Measuring Instruments and Machinery	70
其他制造业	Other Manufacture	17
废弃资源综合利用业	Utilization of Waste Resources	29
金属制品、机械和设备修理业	Repair Service of Metal Products, Machinery and Equipment	5
电力、热力的生产和供应业	Production and Supply of Electric Power and Heat Power	79
燃气生产和供应业	Production and Supply of Gas	69
水的生产和供应业	Production and Supply of Water	44

单位：万元 (10 000 yuan)

从业人员平均人数（万人） Average Employment (10 000 persons)	工业总产值 Gross Output Value	工业销售产值 Sales Value of Industry	其 中 of which	实收资本 Paid-in Capital	其 中 of which	
			#出口交货值 Value of Export Delivery		#国家资本 State Capital	#外商资本 Foreign Capital
126.27	**158089048**	**154867304**	**8774979**	**29274466**	**10552782**	**212860**
0.30	606151	588671	33715	284116	280928	
0.29	136527	135789		9307		
33.50	37625199	36866601	956686	3910622	364919	11154
92.76	120463849	118000704	7818293	25363844	10187864	201706
32.00	52251240	52059573	5614413	12050402	5439501	198675
39.70	39148960	37664662	1284622	6617428	2466704	10000
55	66688848	65143069	1875944	10606636	2646577	4185
3.81	1197257	1181366		1362561	1224178	
0.16	906655	906568		45081	13446	
0.18	122796	121977		8930		
0.04	24011	22284		2448	6	
1.08	1144878	1140479		159959	10041	
5.71	7570778	7428929	87962	564251	33650	
2.65	2145219	2103477	26087	236730	9283	
1.41	1375724	1335352	91286	324598	4200	
0.46	1483878	1464469		185268	98110	
0.62	431086	432112	6888	53555	4000	
1.01	512938	481574	53051	59918	4000	
2.56	1818009	1805153	49217	59128	11639	
1.18	1309357	1293259	2880	77314		
1.19	888905	880120	60	103861		
1.18	1222957	1207213	41845	144874	15860	
1.79	1538833	1530073	77711	178065	7822	
0.83	1004908	993758	135096	72585		
0.17	770015	688265		113763	10000	
4.23	7162476	6957955	245569	1596920	660275	
4.12	5709054	5375739	168695	1021064	124478	1154
0.18	278094	267901	22052	68203	5703	
3.39	3653442	3583745	42917	363595	12531	827
10.61	11720525	11492988	9546	1876267	260920	358
1.92	5573111	5479614		1262993	30877	
2.40	6444883	6251403	176284	1335852	690571	
4.89	4792344	4684013	91861	471248	79835	
6.46	6375530	6264645	335423	1117310	585574	
3.69	4019632	3911784	211087	780037	361354	
23.41	26542728	26659827	471393	3377656	489215	93199
10.65	9015742	8774409	1693302	1493547	319520	
5.29	8953912	8769272	160490	1018556	163553	10000
11.35	19273479	18318732	4409718	3449096	351582	104820
1.57	1174836	1154707	23510	385912	137409	2502
0.15	1010225	1022670	141053	297233	146946	
0.32	557405	555158		198358		
0.18	43854	43693		11300		
3.75	7582703	7553357		4496400	4053931	
0.76	2279586	2276947		321575	132857	
0.89	457283	452320		578458	499417	

表 12.12 续表 1 continued 1

指 标	Item	资 产 Total Assets
总 计	**Total**	**162503655**
按登记注册类型分	**By Status of Registration**	
#国有企业	State-owned	1497201
集体企业	Collective-owned	238903
按轻、重工业分	**By Light and Heavy Industries**	
轻工业	Light Industry	26225202
重工业	Heavy Industry	136278454
按企业规模分	**By Size**	
大型企业	Large	61470080
中型企业	Medium	40448139
小型微型企业	Small & Mini	60585437
按行业分	**By Sector**	
煤炭开采和洗选业	Mining and Washing of Coal	4756867
石油和天然气开采业	Extraction of Petroleum and Natural Gas	2396836
黑色金属矿采选业	Mining and Processing of Ferrous Metal Ores	89856
有色金属矿采选业	Mining and Processing of Non-ferrous Metal Ores	28458
非金属矿采选业	Mining and Processing of Non-metal Ores	1022291
开采辅助活动	Support Activities for Mining	
其他采矿业	Mining of Other Ores	
农副食品加工业	Processing of Food from Agricultural Products	3719458
食品制造业	Manufacture of Foods	1471880
酒、饮料和精制茶制造业	Manufacture of Liquor, Beverages and Refined Tea	1095193
烟草制品业	Manufacture of Tobacco	1750255
纺织业	Manufacture of Textile	321688
纺织服装、服饰业	Manufacture of Textile Wearing Apparel and Accessories	317209
皮革、毛皮、羽毛及其制品和制鞋业	Manufacture of Leather, Fur, Feather and Related Products and Footwear	546850
木材加工和木、竹、藤、棕、草制品业	Processing of Timber, Manufacture of Wood, Bamboo, Rattan, Palm and Straw Products	596874
家具制造业	Manufacture of Furniture	702148
造纸及纸制品业	Manufacture of Paper and Paper Products	712964
印刷和记录媒介复制业	Printing and Reproduction of Recording Media	1319564
文教、工美、体育和娱乐用品制造业	Manufacture of Articles for Culture, Education, Arts and Crafts, Sport and Entertainment Activities	515876
石油、煤炭及其他燃料加工业	Processing of Petroleum, Coking and Processing of Nuclear Fuel	480035
化学原料和化学制品制造业	Manufacture of Raw Chemical Materials and Chemical Products	7739507
医药制造业	Manufacture of Medicines	6806861
化学纤维制造业	Manufacture of Chemical Fibres	291321
橡胶和塑料制品业	Manufacture of Rubber and Plastics Products	2312803
非金属矿物制品业	Manufacture of Non-metallic Mineral Products	10236520
黑色金属冶炼和压延加工业	Smelting and Pressing of Ferrous Metals	4488913
有色金属冶炼和压延加工业	Smelting and Pressing of Non-ferrous Metals	4470284
金属制品业	Manufacture of Metal Products	3618295
通用设备制造业	Manufacture of General Purpose Machinery	6489080
专用设备制造业	Manufacture of Special Purpose Machinery	4626592
汽车制造业	Manufacture of Automobiles	28754850
铁路、船舶、航空航天和其他运输设备制造业	Manufacture of Railway, Ship, Aerospace and Other Transport Equipment	9520414
电气机械及器材制造业	Manufacture of Electrical Machinery and Apparatus	7199183
计算机、通信和其他电子设备制造业	Manufacture of Computers, Communication and Other Electronic Equipment	16400284
仪器仪表制造业	Manufacture of Measuring Instruments and Machinery	1753574
其他制造业	Other Manufacture	1944528
废弃资源综合利用业	Utilization of Waste Resources	526873
金属制品、机械和设备修理业	Repair Service of Metal Products, Machinery and Equipment	51758
电力、热力的生产和供应业	Production and Supply of Electric Power and Heat Power	18812703
燃气生产和供应业	Production and Supply of Gas	1645121
水的生产和供应业	Production and Supply of Water	2969892

单位：万元 (10 000 yuan)

其 中 of which	固定资产 Fixed Assets		负 债	其 中 of which
#流动资产 Circulating Assets	原 值 Original Value	净 值 Net Value	Total Liabilities	#流动负债 Total Circulating Liabilities
72652096	**98273725**	**56973047**	**89514177**	**70361148**
864104	722929	402706	971933	759697
81065	43720	26225	79752	71567
13118264	15136573	8163604	11460791	9556209
59533832	83137151	48809442	78053386	60804939
27132876	39113243	21729499	32699003	26728052
19097717	24242779	13240973	23152585	18438086
26421503	34917703	22002575	33662589	25195009
1269815	1918235	1284343	2418902	2000138
73352	3017813	1576178	983048	680119
57535	28643	15312	49872	48633
15125	14871	10454	20653	20653
380511	541728	333221	453812	383004
1464327	2602735	1533477	1339701	1158368
670424	832955	529955	627492	534032
455726	580940	350301	411048	356086
1425083	533356	216166	603649	584869
161949	117026	65530	203160	153863
188126	120974	85374	138957	94929
294497	1261927	190154	274037	223404
226413	551917	289698	214127	177450
206494	459682	335615	248342	208100
328776	368242	247068	378251	313310
725309	756691	344575	677487	534960
245289	377817	203820	207026	195218
239031	306076	203389	328770	168243
2369926	6184752	3655290	4841384	3885143
3369656	3541170	1816470	3036993	2362054
130075	191402	137895	97612	54591
1051270	1585327	959312	1092843	914166
5105582	6293391	3339436	5950521	5252891
1745204	3145503	2198085	1982243	1520342
1855212	3394088	1901134	2873939	2513583
1834192	1999472	1201359	2108265	1785880
3307925	3223862	2033569	3258590	2803377
2567073	1884886	1249094	2418276	2038096
14173505	12443241	7437089	16818048	14911217
5158135	4083540	2048768	5300248	4625656
4858210	2010436	1255130	4365981	2938397
10353114	6223629	3725652	9231269	7486860
1241507	427861	241306	930254	810651
1039103	1021339	649875	1116917	1027665
218277	303460	244348	237371	174954
47045	14528	4527	29151	28605
2198260	23286595	13264137	12135071	6032177
773003	950661	608873	993422	788876
828042	1672956	1187067	1117448	570588

表 12.12 续表 2 continued 2

指 标	Item	所有者权益 Creditors' Equity
总 计	**Total**	**72989452**
按登记注册类型分	**By Status of Registration**	
#国有企业	State-owned	525268
集体企业	Collective-owned	159151
按轻、重工业分	**By Light and Heavy Industries**	
轻工业	Light Industry	14764406
重工业	Heavy Industry	58225046
按企业规模分	**By Size**	
大型企业	Large	28771076
中型企业	Medium	17295551
小型微型企业	Small & Mini	26922824
按行业分	**By Sector**	
煤炭开采和洗选业	Mining and Washing of Coal	2337965
石油和天然气开采业	Extraction of Petroleum and Natural Gas	1413788
黑色金属矿采选业	Mining and Processing of Ferrous Metal Ores	39985
有色金属矿采选业	Mining and Processing of Non-ferrous Metal Ores	7805
非金属矿采选业	Mining and Processing of Non-metal Ores	568479
开采辅助活动	Support Activities for Mining	
其他采矿业	Mining of Other Ores	
农副食品加工业	Processing of Food from Agricultural Products	2379756
食品制造业	Manufacture of Foods	844388
酒、饮料和精制茶制造业	Manufacture of Liquor, Beverages and Refined Tea	684147
烟草制品业	Manufacture of Tobacco	1146607
纺织业	Manufacture of Textile	118528
纺织服装、服饰业	Manufacture of Textile Wearing Apparel and Accessories	178253
皮革、毛皮、羽毛及其制品和制鞋业	Manufacture of Leather, Fur, Feather and Related Products and Footwear	272813
木材加工和木、竹、藤、棕、草制品业	Processing of Timber, Manufacture of Wood, Bamboo, Rattan, Palm and Straw Products	382746
家具制造业	Manufacture of Furniture	453807
造纸及纸制品业	Manufacture of Paper and Paper Products	334714
印刷和记录媒介复制业	Printing and Reproduction of Recording Media	642076
文教、工美、体育和娱乐用品制造业	Manufacture of Articles for Culture, Education, Arts and Crafts, Sport and Entertainment Activities	308850
石油、煤炭及其他燃料加工业	Processing of Petroleum, Coking and Processing of Nuclear Fuel	151266
化学原料和化学制品制造业	Manufacture of Raw Chemical Materials and Chemical Products	2898120
医药制造业	Manufacture of Medicines	3769867
化学纤维制造业	Manufacture of Chemical Fibres	193709
橡胶和塑料制品业	Manufacture of Rubber and Plastics Products	1219958
非金属矿物制品业	Manufacture of Non-metallic Mineral Products	4285996
黑色金属冶炼和压延加工业	Smelting and Pressing of Ferrous Metals	2506669
有色金属冶炼和压延加工业	Smelting and Pressing of Non-ferrous Metals	1596345
金属制品业	Manufacture of Metal Products	1510028
通用设备制造业	Manufacture of General Purpose Machinery	3230488
专用设备制造业	Manufacture of Special Purpose Machinery	2208316
汽车制造业	Manufacture of Automobiles	11936797
铁路、船舶、航空航天和其他运输设备制造业	Manufacture of Railway, Ship, Aerospace and Other Transport Equipment	4220162
电气机械及器材制造业	Manufacture of Electrical Machinery and Apparatus	2833201
计算机、通信和其他电子设备制造业	Manufacture of Computers, Communication and Other Electronic Equipment	7169014
仪器仪表制造业	Manufacture of Measuring Instruments and Machinery	823320
其他制造业	Other Manufacture	827611
废弃资源综合利用业	Utilization of Waste Resources	289501
金属制品、机械和设备修理业	Repair Service of Metal Products, Machinery and Equipment	22607
电力、热力的生产和供应业	Production and Supply of Electric Power and Heat Power	6677631
燃气生产和供应业	Production and Supply of Gas	651698
水的生产和供应业	Production and Supply of Water	1852444

单位：万元 (10 000 yuan)

主营业务收入 Revenue from Principal Business	主营业务成本 Cost of Principal Business	主营业务税金及附加 Tax and Extra Charges of Principal Business	利润总额 Total After-tax Profits	利税总额 Total Pre-tax Profits	应付职工薪酬 Total Wages
152922480	**126865065**	**2291303**	**11878221**	**19611553**	**11193112**
597218	515509	2383	23809	36293	131384
120456	100382	1926	7924	15839	17976
36308316	28181976	1107691	3142054	5833856	2505316
116614165	98683089	1183612	8736167	13777697	8687796
51323893	43312793	1369857	3045745	6065756	3896693
38097313	30996745	328820	3360639	5226624	3194499
63501275	52555526	592626	5471837	8319173	4101920
1273898	1132121	26563	94402	246444	370745
889174	609674	34430	363585	402894	24433
119088	73226	2235	15955	28981	12708
22406	17796	903	2570	5047	3726
1103804	854823	28406	100279	180823	81351
7291919	6156364	55999	620871	948876	373408
2159037	1728114	18383	186418	287002	172462
1314543	951775	70703	158700	292443	94315
1455023	546774	759558	-11426	901611	117186
433049	367658	3437	31241	49524	42073
457464	372552	3089	32248	46686	57880
1778481	1589941	7738	128470	184442	154389
1200823	973178	10276	112547	170626	79083
827575	650975	11192	76943	118532	76647
1211246	1010099	6736	103830	141931	92195
1517544	1229123	11171	130511	193091	136565
958650	832100	6650	74511	126887	51996
756836	684328	4872	25757	42665	17928
6645927	5349037	58351	600325	926131	432138
5270376	3270965	65209	526326	935935	361607
267901	203059	896	42253	49367	11069
3439944	2863970	28431	279304	423092	243618
11314014	8844937	110731	1373869	1994936	830159
5338125	4699149	29097	425503	669508	209577
6010553	5555717	22042	382825	694331	291783
4603389	3781306	44878	407692	638371	401797
6151117	4985821	53424	536898	836191	540841
3936424	3079128	34024	414144	618632	326245
26421632	22400065	485386	1447723	2653988	2098759
8245877	7013613	64752	606513	946766	790733
9264046	7844952	43004	694732	1036624	442843
18218010	15641297	105903	1271008	1679116	963249
1148311	847944	9854	101888	159193	186522
1012644	864687	3131	44755	60135	178537
541869	462059	3284	43946	65591	34813
43658	39150	500	58	3584	16700
7525078	7005297	54982	107699	471548	674610
2286699	2007683	6606	216821	248204	90481
466325	324610	4483	106531	131806	107943

表 12.13 内资工业企业经济效益指标（2018 年）
INDICATORS ON ECONOMIC BENEFIT OF INDUSTRIAL ENTERPRISES WITH DOMESTIC FUNDS (2018)

指 标	Item	总资产贡献率 Ratio of Total Assets to Industrial Output Value
总 计	**Total**	**13.0**
按轻、重工业分	**By Light and Heavy Industries**	
轻工业	Light Industry	23.0
重工业	Heavy Industry	11.0
按企业规模分	**By Size**	
大型企业	Large	10.5
中型企业	Medium	14.0
小型微型企业	Small & Mini	14.8
按行业分	**By Sector**	
煤炭开采和洗选业	Mining and Washing of Coal	5.7
石油和天然气开采业	Extraction of Petroleum and Natural Gas	17.6
黑色金属矿采选业	Mining and Processing of Ferrous Metal Ores	32.8
有色金属矿采选业	Mining and Processing of Non-ferrous Metal Ores	17.8
非金属矿采选业	Mining and Processing of Non-metal Ores	19.0
开采辅助活动	Support Activities for Mining	
其他采矿业	Mining of Other Ores	
农副食品加工业	Processing of Food from Agricultural Products	26.3
食品制造业	Manufacture of Foods	20.5
酒、饮料和精制茶制造业	Manufacture of Liquor, Beverages and Refined Tea	27.5
烟草制品业	Manufacture of Tobacco	51.4
纺织业	Manufacture of Textile	16.8
纺织服装、服饰业	Manufacture of Textile Wearing Apparel and Accessories	15.3
皮革、毛皮、羽毛及其制品和制鞋业	Manufacture of Leather, Fur, Feather and Related Products and Footwear	34.6
木材加工和木、竹、藤、棕、草制品业	Processing of Timber, Manufacture of Wood, Bamboo, Rattan, Palm and Straw Products	29.4
家具制造业	Manufacture of Furniture	17.8
造纸及纸制品业	Manufacture of Paper and Paper Products	20.9
印刷和记录媒介复制业	Printing and Reproduction of Recording Media	15.3
文教、工美、体育和娱乐用品制造业	Manufacture of Articles for Culture, Education, Arts and Crafts, Sport and Entertainment Activities	25.0
石油、煤炭及其他燃料加工业	Processing of Petroleum, Coking and Processing of Nuclear Fuel	10.4
化学原料和化学制品制造业	Manufacture of Raw Chemical Materials and Chemical Products	13.7
医药制造业	Manufacture of Medicines	14.7
化学纤维制造业	Manufacture of Chemical Fibres	17.7
橡胶和塑料制品业	Manufacture of Rubber and Plastics Products	19.2
非金属矿物制品业	Manufacture of Non-metallic Mineral Products	20.7
黑色金属冶炼和压延加工业	Smelting and Pressing of Ferrous Metals	15.5
有色金属冶炼和压延加工业	Smelting and Pressing of Non-ferrous Metals	17.4
金属制品业	Manufacture of Metal Products	18.6
通用设备制造业	Manufacture of General Purpose Machinery	13.8
专用设备制造业	Manufacture of Special Purpose Machinery	13.6
汽车制造业	Manufacture of Automobiles	9.9
铁路、船舶、航空航天和其他运输设备制造业	Manufacture of Railway, Ship, Aerospace and Other Transport Equipment	10.7
电气机械及器材制造业	Manufacture of Electrical Machinery and Apparatus	15.2
计算机、通信和其他电子设备制造业	Manufacture of Computers, Communication and Other Electronic Equipment	10.7
仪器仪表制造业	Manufacture of Measuring Instruments and Machinery	9.5
其他制造业	Other Manufacture	3.1
废弃资源综合利用业	Utilization of Waste Resources	14.7
金属制品、机械和设备修理业	Repair Service of Metal Products, Machinery and Equipment	7.4
电力、热力的生产和供应业	Production and Supply of Electric Power and Heat Power	4.3
燃气生产和供应业	Production and Supply of Gas	15.4
水的生产和供应业	Production and Supply of Water	4.4

单位：% (%)

资本保值增值率 Ratio of Assets Appreciation YOY	资产负债率 Asset-liability Ratio	流动资产周转率(次) Turnover Ratio of Circulating Assets (time)	成本费用利润率 Ratio of Profits to Cost	产品销售率 Sales as Percentage of Output
106.9	**55.1**	**2.2**	**8.3**	**98.0**
107.3	43.7	2.8	9.7	98.0
106.8	57.3	2.0	7.9	98.0
107.3	53.2	2.0	6.2	99.6
102.9	57.2	2.0	9.5	96.2
109.4	55.6	2.4	9.4	97.7
105.8	50.9	1.2	6.5	98.7
127.1	41.0	13.4	51.1	100.0
0.0	55.5	2.1	15.8	99.3
89.1	72.6	1.5	13.6	92.8
92.8	44.4	2.9	10.2	99.6
100.5	36.0	5.0	9.3	98.1
100.2	42.6	3.3	9.4	98.1
125.2	37.5	2.9	14.4	97.1
99.0	34.5	1.0	-1.6	98.7
60.7	63.2	2.7	7.7	100.2
80.8	43.8	2.5	7.5	93.9
95.9	50.1	6.1	7.8	99.3
96.8	35.9	5.3	10.4	98.8
92.7	35.4	4.0	10.4	99.0
116.9	53.1	3.7	9.4	98.7
101.0	51.3	2.1	9.5	99.4
103.0	40.1	3.9	8.5	98.9
91.6	68.5	3.2	3.5	89.4
128.8	62.6	2.9	9.6	97.1
126.2	44.6	1.6	11.0	94.2
116.0	33.5	2.1	18.8	96.3
94.0	47.3	3.3	8.9	98.1
116.5	58.1	2.2	13.9	98.1
107.1	44.2	3.1	8.7	98.3
100.5	64.3	3.5	6.4	97.0
101.9	58.3	2.5	9.7	97.7
108.1	50.2	1.9	9.4	98.3
102.7	52.3	1.5	11.7	97.3
100.4	58.5	1.9	5.6	100.4
100.8	55.7	1.6	7.9	97.3
106.9	60.7	2.0	7.9	97.9
111.5	56.3	1.8	7.5	95.1
105.9	53.1	1.0	9.3	98.3
99.7	57.4	1.0	4.4	101.2
66.0	45.1	2.6	8.5	99.6
118.2	56.3	1.0	0.1	99.6
105.1	64.5	3.5	1.4	99.6
121.1	60.4	3.0	10.3	99.9
115.1	37.6	0.7	22.4	98.9

表 12.13 续表 continued

指 标	Item	销售利润率 Rate of Return on Sale
总 计	**Total**	**7.6**
按轻、重工业分	**By Light and Heavy Industries**	
轻工业	Light Industry	8.6
重工业	Heavy Industry	7.3
按企业规模分	**By Size**	
大型企业	Large	5.8
中型企业	Medium	8.6
小型微型企业	Small & Mini	8.5
按行业分	**By Sector**	
煤炭开采和洗选业	Mining and Washing of Coal	6.3
石油和天然气开采业	Extraction of Petroleum and Natural Gas	37.1
黑色金属矿采选业	Mining and Processing of Ferrous Metal Ores	13.4
有色金属矿采选业	Mining and Processing of Non-ferrous Metal Ores	11.5
非金属矿采选业	Mining and Processing of Non-metal Ores	9.0
开采辅助活动	Support Activities for Mining	
其他采矿业	Mining of Other Ores	
农副食品加工业	Processing of Food from Agricultural Products	8.5
食品制造业	Manufacture of Foods	8.5
酒、饮料和精制茶制造业	Manufacture of Liquor, Beverages and Refined Tea	12.0
烟草制品业	Manufacture of Tobacco	-0.8
纺织业	Manufacture of Textile	7.1
纺织服装、服饰业	Manufacture of Textile Wearing Apparel and Accessories	7.0
皮革、毛皮、羽毛及其制品和制鞋业	Manufacture of Leather, Fur, Feather and Related Products and Footwear	7.2
木材加工和木、竹、藤、棕、草制品业	Processing of Timber, Manufacture of Wood, Bamboo, Rattan, Palm and Straw Products	9.4
家具制造业	Manufacture of Furniture	9.3
造纸及纸制品业	Manufacture of Paper and Paper Products	8.5
印刷和记录媒介复制业	Printing and Reproduction of Recording Media	8.6
文教、工美、体育和娱乐用品制造业	Manufacture of Articles for Culture, Education, Arts and Crafts, Sport and Entertainment Activities	7.7
石油、煤炭及其他燃料加工业	Processing of Petroleum, Coking and Processing of Nuclear Fuel	3.4
化学原料和化学制品制造业	Manufacture of Raw Chemical Materials and Chemical Products	8.8
医药制造业	Manufacture of Medicines	9.9
化学纤维制造业	Manufacture of Chemical Fibres	15.7
橡胶和塑料制品业	Manufacture of Rubber and Plastics Products	8.1
非金属矿物制品业	Manufacture of Non-metallic Mineral Products	12.1
黑色金属冶炼和压延加工业	Smelting and Pressing of Ferrous Metals	8.0
有色金属冶炼和压延加工业	Smelting and Pressing of Non-ferrous Metals	6.0
金属制品业	Manufacture of Metal Products	8.7
通用设备制造业	Manufacture of General Purpose Machinery	8.5
专用设备制造业	Manufacture of Special Purpose Machinery	10.5
汽车制造业	Manufacture of Automobiles	5.3
铁路、船舶、航空航天和其他运输设备制造业	Manufacture of Railway, Ship, Aerospace and Other Transport Equipment	7.3
电气机械及器材制造业	Manufacture of Electrical Machinery and Apparatus	7.3
计算机、通信和其他电子设备制造业	Manufacture of Computers, Communication and Other Electronic Equipment	6.9
仪器仪表制造业	Manufacture of Measuring Instruments and Machinery	8.6
其他制造业	Other Manufacture	4.2
废弃资源综合利用业	Utilization of Waste Resources	7.9
金属制品、机械和设备修理业	Repair Service of Metal Products, Machinery and Equipment	0.1
电力、热力的生产和供应业	Production and Supply of Electric Power and Heat Power	1.4
燃气生产和供应业	Production and Supply of Gas	9.3
水的生产和供应业	Production and Supply of Water	18.5

单位：% (%)

流动比率 Current Ratio	速动比率 Quick Ratio	产权比率 Equity Ratio	人均实现利税（元） Per Capita Pre-tax Profits (yuan)	从业人员人均工资（元） Per Capita Wages of Employees (yuan)
1.0	**0.8**	**1.2**	**155314**	**88644**
1.4	1.0	0.8	174145	74786
1.0	0.8	1.3	148531	93659
1.0	0.8	1.1	189555	121772
1.0	0.8	1.3	131653	80466
1.1	0.9	1.3	152450	75168
0.6	0.6	1.0	64683	97308
0.1	0.1	0.7	2518084	152704
1.2	1.1	1.3	161003	70601
0.7	0.6	2.7	126170	93140
1.0	0.9	0.8	167429	75325
1.3	0.9	0.6	166178	65395
1.3	1.0	0.7	108303	65080
1.3	0.9	0.6	207407	66890
2.4	1.0	0.5	1960025	254753
1.1	0.6	1.7	79877	67859
2.0	1.2	0.8	46224	57307
1.3	1.0	1.0	72048	60308
1.3	1.0	0.6	144598	67019
1.0	0.7	0.6	99607	64409
1.1	0.8	1.1	120281	78131
1.4	1.0	1.1	107872	76293
1.3	1.0	0.7	152875	62646
1.4	0.8	2.2	250968	105456
0.6	0.4	1.7	218943	102160
1.4	1.1	0.8	227169	87769
2.4	1.7	0.5	274262	61494
1.2	0.9	0.9	124806	71864
1.0	0.9	1.4	188024	78243
1.2	0.7	0.8	348702	109155
0.7	0.6	1.8	289304	121576
1.0	0.8	1.4	130546	82167
1.2	0.9	1.0	129441	83721
1.3	1.0	1.1	167651	88413
1.0	0.8	1.4	113370	89652
1.1	0.9	1.3	88898	74247
1.7	1.3	1.5	195959	83713
1.4	1.1	1.3	147940	84868
1.5	1.2	1.1	101397	118804
1.0	0.8	1.4	400899	1190249
1.3	1.1	0.8	204973	108789
1.6	1.5	1.3	19913	92775
0.4	0.3	1.8	125746	179896
1.0	0.9	1.5	326585	119053
1.5	1.4	0.6	148096	121284

表 12.14 外商投资和港澳台投资工业企业主要经济指标（2018 年）

MAIN ECONOMIC INDICATORS OF INDUSTRIAL ENTERPRISES WITH HONG KONG, MACAO, TAIWAN AND FOREIGN FUNDS (2018)

指 标	Item	单位数（个）Number of Enterprises (unit)
总　计	**Total**	**417**
按登记注册类型分	**By Status of Registration**	
#港澳台投资企业	Funded by Hong Kong, Macao and Taiwan	145
外商投资企业	Foreign-funded	272
按轻、重工业分	**By Light and Heavy Industries**	
轻工业	Light Industry	89
重工业	Heavy Industry	328
按企业规模分	**By Size**	
大型企业	Large	54
中型企业	Medium	125
小型微型企业	Small & Mini	238
按行业分	**By Sector**	
煤炭开采和洗选业	Mining and Washing of Coal	
石油和天然气开采业	Extraction of Petroleum and Natural Gas	
黑色金属矿采选业	Mining and Processing of Ferrous Metal Ores	
有色金属矿采选业	Mining and Processing of Non-ferrous Metal Ores	
非金属矿采选业	Mining and Processing of Non-metal Ores	
开采辅助活动	Support Activities for Mining	
其他采矿业	Mining of Other Ores	
农副食品加工业	Processing of Food from Agricultural Products	10
食品制造业	Manufacture of Foods	4
酒、饮料和精制茶制造业	Manufacture of Liquor, Beverages and Refined Tea	10
烟草制品业	Manufacture of Tobacco	
纺织业	Manufacture of Textile	2
纺织服装、服饰业	Manufacture of Textile Wearing Apparel and Accessories	8
皮革、毛皮、羽毛及其制品和制鞋业	Manufacture of Leather, Fur, Feather and Related Products and Footwear	1
木材加工和木、竹、藤、棕、草制品业	Processing of Timber, Manufacture of Wood, Bamboo, Rattan, Palm and Straw Products	
家具制造业	Manufacture of Furniture	2
造纸及纸制品业	Manufacture of Paper and Paper Products	11
印刷和记录媒介复制业	Printing and Reproduction of Recording Media	6
文教、工美、体育和娱乐用品制造业	Manufacture of Articles for Culture, Education, Arts and Crafts, Sport and Entertainment Activities	4
石油、煤炭及其他燃料加工业	Processing of Petroleum, Coking and Processing of Nuclear Fuel	
化学原料和化学制品制造业	Manufacture of Raw Chemical Materials and Chemical Products	28
医药制造业	Manufacture of Medicines	5
化学纤维制造业	Manufacture of Chemical Fibres	
橡胶和塑料制品业	Manufacture of Rubber and Plastics Products	13
非金属矿物制品业	Manufacture of Non-metallic Mineral Products	19
黑色金属冶炼和压延加工业	Smelting and Pressing of Ferrous Metals	2
有色金属冶炼和压延加工业	Smelting and Pressing of Non-ferrous Metals	7
金属制品业	Manufacture of Metal Products	11
通用设备制造业	Manufacture of General Purpose Machinery	20
专用设备制造业	Manufacture of Special Purpose Machinery	15
汽车制造业	Manufacture of Automobiles	115
铁路、船舶、航空航天和其他运输设备制造业	Manufacture of Railway, Ship, Aerospace and Other Transport Equipment	7
电气机械及器材制造业	Manufacture of Electrical Machinery and Apparatus	12
计算机、通信和其他电子设备制造业	Manufacture of Computers, Communication and Other Electronic Equipment	88
仪器仪表制造业	Manufacture of Measuring Instruments and Machinery	6
其他制造业	Other Manufacture	
废弃资源综合利用业	Utilization of Waste Resources	1
金属制品、机械和设备修理业	Repair Service of Metal Products, Machinery and Equipment	
电力、热力的生产和供应业	Production and Supply of Electric Power and Heat Power	2
燃气生产和供应业	Production and Supply of Gas	5
水的生产和供应业	Production and Supply of Water	3

单位：万元 (10 000 yuan)

从业人员平均人数（万人）Average Employment (10 000 persons)	工业总产值 Gross Output Value	工业销售产值 Sales Value of Industry	其 中 of which #出口交货值 Value of Export Delivery	实收资本 Paid-in Capital	其 中 of which #国家资本 State Capital	#外商资本 Foreign Capital
27.13	**48811390**	**48237600**	**26084698**	**8421982**	**1535082**	**3008718**
11.44	19119214	19007862	12861891	2862618	270366	185454
15.68	29692176	29229738	13222807	5559364	1264715	2823265
3.77	4601277	4525795	384176	1456375	79161	154715
23.36	44210113	43711805	25700523	6965607	1455921	2854003
16.65	35973423	35598474	23935127	4131390	872537	1265497
7.23	7038698	6911522	1596945	1906603	319441	632595
3.25	5799269	5727603	552627	2383990	343104	1110626
0.21	780910	785043		90446	1024	13970
0.25	201699	200792	1676	20457	8000	996
0.51	490921	475781		171149	56281	69539
0.18	122238	117152	50320	1000		
0.43	185857	165723	37915	35090		12346
0.03	11503	11308		65		
0.07	69851	68887	33183	77		
0.88	1843811	1858313	15021	892346		26032
0.14	129162	129411	51184	24946		2040
0.32	121211	107626	39816	19904		5588
0.40	1137389	1109317	82326	641057	145016	383743
0.05	60538	59506	31029	29778		7936
0.63	747625	730863	188187	336308	67487	174421
0.89	1102725	1077154	120177	583934	4200	103453
0.02	145670	134746		56500	16500	5000
0.15	279629	275637	29772	55957		35
0.30	190293	189713	34269	160098	17933	34381
0.83	1317036	1290837	218907	261107	58125	118742
0.29	265186	261731	8016	96094	402	34302
6.52	10863396	10751514	544320	1991828	603404	835516
0.36	399464	405589	153896	104864	4934	40177
0.62	536803	507010	116019	276032	15639	97473
12.32	26942432	26654295	24316647	2052082	335500	908003
0.29	251334	255298	12019	22976	2964	12826
0.01	3816	3625		1301		
0.00						
0.06	214060	214060		199960	90760	87200
0.28	305446	305280		161390	105000	35000
0.10	91389	91389		135237	1912	

表 12.14 续表 1 continued 1

指 标	Item	资 产 Total Assets
总 计	**Total**	**38790064**
按登记注册类型分	**By Status of Registration**	
#港澳台投资企业	Funded by Hong Kong, Macao and Taiwan	14037277
外商投资企业	Foreign-funded	24752787
按轻、重工业分	**By Light and Heavy Industries**	
轻工业	Light Industry	4828909
重工业	Heavy Industry	33961156
按企业规模分	**By Size**	
大型企业	Large	24981923
中型企业	Medium	7019500
小型微型企业	Small & Mini	6788642
按行业分	**By Sector**	
煤炭开采和洗选业	Mining and Washing of Coal	
石油和天然气开采业	Extraction of Petroleum and Natural Gas	
黑色金属矿采选业	Mining and Processing of Ferrous Metal Ores	
有色金属矿采选业	Mining and Processing of Non-ferrous Metal Ores	
非金属矿采选业	Mining and Processing of Non-metal Ores	
开采辅助活动	Support Activities for Mining	
其他采矿业	Mining of Other Ores	
农副食品加工业	Processing of Food from Agricultural Products	400396
食品制造业	Manufacture of Foods	161716
酒、饮料和精制茶制造业	Manufacture of Liquor, Beverages and Refined Tea	539537
烟草制品业	Manufacture of Tobacco	
纺织业	Manufacture of Textile	314690
纺织服装、服饰业	Manufacture of Textile Wearing Apparel and Accessories	77800
皮革、毛皮、羽毛及其制品和制鞋业	Manufacture of Leather, Fur, Feather and Related Products and Footwear	4447
木材加工和木、竹、藤、棕、草制品业	Processing of Timber, Manufacture of Wood, Bamboo, Rattan, Palm and Straw Products	
家具制造业	Manufacture of Furniture	35282
造纸及纸制品业	Manufacture of Paper and Paper Products	2513855
印刷和记录媒介复制业	Printing and Reproduction of Recording Media	125930
文教、工美、体育和娱乐用品制造业	Manufacture of Articles for Culture, Education, Arts and Crafts, Sport and Entertainment Activities	129764
石油、煤炭及其他燃料加工业	Processing of Petroleum, Coking and Processing of Nuclear Fuel	
化学原料和化学制品制造业	Manufacture of Raw Chemical Materials and Chemical Products	1943487
医药制造业	Manufacture of Medicines	54374
化学纤维制造业	Manufacture of Chemical Fibres	
橡胶和塑料制品业	Manufacture of Rubber and Plastics Products	810522
非金属矿物制品业	Manufacture of Non-metallic Mineral Products	1909564
黑色金属冶炼和压延加工业	Smelting and Pressing of Ferrous Metals	153441
有色金属冶炼和压延加工业	Smelting and Pressing of Non-ferrous Metals	248249
金属制品业	Manufacture of Metal Products	341682
通用设备制造业	Manufacture of General Purpose Machinery	945816
专用设备制造业	Manufacture of Special Purpose Machinery	252828
汽车制造业	Manufacture of Automobiles	11321661
铁路、船舶、航空航天和其他运输设备制造业	Manufacture of Railway, Ship, Aerospace and Other Transport Equipment	343213
电气机械及器材制造业	Manufacture of Electrical Machinery and Apparatus	572184
计算机、通信和其他电子设备制造业	Manufacture of Computers, Communication and Other Electronic Equipment	13570749
仪器仪表制造业	Manufacture of Measuring Instruments and Machinery	208986
其他制造业	Other Manufacture	
废弃资源综合利用业	Utilization of Waste Resources	8101
金属制品、机械和设备修理业	Repair Service of Metal Products, Machinery and Equipment	
电力、热力的生产和供应业	Production and Supply of Electric Power and Heat Power	576051
燃气生产和供应业	Production and Supply of Gas	808382
水的生产和供应业	Production and Supply of Water	417359

单位：万元 (10 000 yuan)

其 中 of which	固定资产 Fixed Assets		负 债	其 中 of which
#流动资产 Circulating Assets	原 值 Original Value	净 值 Net Value	Total Liabilities	#流动负债 Total Circulating Liabilities
22238861	**21255240**	**12299254**	**25457057**	**21975126**
8902071	6088554	3611606	9467414	8455987
13336790	15166685	8687648	15989643	13519140
2365479	3150454	1841093	2468273	1877513
19873382	18104786	10458161	22988784	20097614
15020115	12716317	7328569	18024059	16024979
3596207	4668077	2550011	3576261	2968651
3622539	3870846	2420674	3856736	2981497
281200	165877	90407	189507	180358
75470	120444	67319	79825	79825
279036	448354	160217	262666	236237
244298	114927	63716	322567	312209
55192	35446	17731	25286	22843
3262	2086	1932	4133	4133
15198	25971	19754	4040	3924
995356	1701910	1139535	1175254	708694
86118	78968	33221	76855	75635
80860	36594	22512	52153	41885
669338	1365421	887920	907279	478578
25983	57228	18978	22852	22265
236439	877986	515064	467502	450232
765926	1296443	766896	1045110	925573
60359	107809	83420	144975	110058
166052	66882	40208	146458	143292
150554	303413	156280	136037	135810
644633	391004	194736	506685	469256
156011	267126	77038	81829	79403
6020652	6922638	3784364	7480396	6697550
224502	128718	39695	188808	152398
266858	524606	278896	265007	216787
10195359	4787178	2820940	10682366	9813371
169379	55336	31410	102346	95028
3411	4938	3860	7695	7181
80877	532088	436666	383420	96010
214934	431300	280703	432190	314776
71603	404549	265837	263819	101819

表 12.14 续表 2 continued 2

指 标	Item	所有者权益 Creditors' Equity
总　计	**Total**	**13333008**
按登记注册类型分	**By Status of Registration**	
#港澳台投资企业	Funded by Hong Kong, Macao and Taiwan	4569863
外商投资企业	Foreign-funded	8763145
按轻、重工业分	**By Light and Heavy Industries**	
轻工业	Light Industry	2360636
重工业	Heavy Industry	10972372
按企业规模分	**By Size**	
大型企业	Large	6957864
中型企业	Medium	3443239
小型微型企业	Small & Mini	2931906
按行业分	**By Sector**	
煤炭开采和洗选业	Mining and Washing of Coal	
石油和天然气开采业	Extraction of Petroleum and Natural Gas	
黑色金属矿采选业	Mining and Processing of Ferrous Metal Ores	
有色金属矿采选业	Mining and Processing of Non-ferrous Metal Ores	
非金属矿采选业	Mining and Processing of Non-metal Ores	
开采辅助活动	Support Activities for Mining	
其他采矿业	Mining of Other Ores	
农副食品加工业	Processing of Food from Agricultural Products	210889
食品制造业	Manufacture of Foods	81891
酒、饮料和精制茶制造业	Manufacture of Liquor, Beverages and Refined Tea	276871
烟草制品业	Manufacture of Tobacco	
纺织业	Manufacture of Textile	-7877
纺织服装、服饰业	Manufacture of Textile Wearing Apparel and Accessories	52514
皮革、毛皮、羽毛及其制品和制鞋业	Manufacture of Leather, Fur, Feather and Related Products and Footwear	314
木材加工和木、竹、藤、棕、草制品业	Processing of Timber, Manufacture of Wood, Bamboo, Rattan, Palm and Straw Products	
家具制造业	Manufacture of Furniture	31242
造纸及纸制品业	Manufacture of Paper and Paper Products	1338601
印刷和记录媒介复制业	Printing and Reproduction of Recording Media	49076
文教、工美、体育和娱乐用品制造业	Manufacture of Articles for Culture, Education, Arts and Crafts, Sport and Entertainment Activities	77611
石油、煤炭及其他燃料加工业	Processing of Petroleum, Coking and Processing of Nuclear Fuel	
化学原料和化学制品制造业	Manufacture of Raw Chemical Materials and Chemical Products	1036209
医药制造业	Manufacture of Medicines	31522
化学纤维制造业	Manufacture of Chemical Fibres	
橡胶和塑料制品业	Manufacture of Rubber and Plastics Products	343020
非金属矿物制品业	Manufacture of Non-metallic Mineral Products	864453
黑色金属冶炼和压延加工业	Smelting and Pressing of Ferrous Metals	8466
有色金属冶炼和压延加工业	Smelting and Pressing of Non-ferrous Metals	101791
金属制品业	Manufacture of Metal Products	205646
通用设备制造业	Manufacture of General Purpose Machinery	439131
专用设备制造业	Manufacture of Special Purpose Machinery	171000
汽车制造业	Manufacture of Automobiles	3841265
铁路、船舶、航空航天和其他运输设备制造业	Manufacture of Railway, Ship, Aerospace and Other Transport Equipment	154404
电气机械及器材制造业	Manufacture of Electrical Machinery and Apparatus	307177
计算机、通信和其他电子设备制造业	Manufacture of Computers, Communication and Other Electronic Equipment	2888383
仪器仪表制造业	Manufacture of Measuring Instruments and Machinery	106641
其他制造业	Other Manufacture	
废弃资源综合利用业	Utilization of Waste Resources	406
金属制品、机械和设备修理业	Repair Service of Metal Products, Machinery and Equipment	
电力、热力的生产和供应业	Production and Supply of Electric Power and Heat Power	192631
燃气生产和供应业	Production and Supply of Gas	376192
水的生产和供应业	Production and Supply of Water	153540

单位：万元 (10 000 yuan)

主营业务收入 Revenue from Principal Business	主营业务成本 Cost of Principal Business	主营业务税金及附加 Tax and Extra Charges of Principal Business	利润总额 Total After-tax Profits	利税总额 Total Pre-tax Profits	应付职工薪酬 Total Wages
49518296	**44321083**	**340752**	**1455551**	**2700149**	**2343687**
18949252	17574385	52502	605673	885671	832223
30569044	26746698	288250	849878	1814478	1511464
4736599	3923284	48991	300272	490888	286595
44781697	40397799	291762	1155279	2209262	2057092
36722998	33528384	261817	672556	1462008	1369142
6870097	5776022	47456	477669	733534	644762
5925202	5016677	31479	305326	504608	329783
778830	719071	2298	25958	43192	19279
292472	221266	2562	26101	43238	29096
629132	419462	21656	62670	100010	53420
157901	150532	1092	-7969	-3834	12431
167869	133367	1311	4685	12557	22354
10815	9237	86	966	1914	1771
68614	52868	1175	9244	13779	5211
1808723	1535176	9374	114481	188695	61919
126052	98916	670	18589	21948	10695
90100	65802	611	18146	21629	13060
1143072	800037	5954	203323	280221	49689
62411	56473	92	96	587	3980
744058	608082	3969	46549	84152	46480
1083284	748655	13076	175851	240985	111887
132580	138616	691	-17030	-15258	3302
266446	237172	1767	10889	21343	24612
209075	184472	2315	-1426	2418	34978
1316783	1024898	8938	148978	194610	101302
252019	217382	1719	19554	31326	24505
11574595	9703172	218847	86155	570551	717216
382281	322825	2378	15588	27440	41685
482659	420155	9252	4079	28924	47526
26791666	25661482	24069	411501	681008	800929
250227	185424	1596	26835	39259	34042
5757	5032	73	166	247	264
213154	181903	1659	9509	12116	7272
386424	361613	2835	26289	35678	48946
91298	57995	687	15774	21417	15836

表 12.15 外商投资和港澳台投资工业企业经济效益指标（2018 年）
IINDICATORS ON ECONOMIC BENEFIT OF INDUSTRIAL ENTERPRISES WITH HONG KONG, MACAO, TAIWAN AND FOREIGN FUNDS (2018)

指 标	Item	总资产贡献率 Ratio of Total Assets to Industrial Output Value
总 计	**Total**	**7.5**
按轻、重工业分	**By Light and Heavy Industries**	
轻工业	Light Industry	10.7
重工业	Heavy Industry	7.1
按企业规模分	**By Size**	
大型企业	Large	6.4
中型企业	Medium	11.1
小型微型企业	Small & Mini	8.1
按行业分	**By Sector**	
煤炭开采和洗选业	Mining and Washing of Coal	
石油和天然气开采业	Extraction of Petroleum and Natural Gas	
黑色金属矿采选业	Mining and Processing of Ferrous Metal Ores	
有色金属矿采选业	Mining and Processing of Non-ferrous Metal Ores	
非金属矿采选业	Mining and Processing of Non-metal Ores	
开采辅助活动	Support Activities for Mining	
其他采矿业	Mining of Other Ores	
农副食品加工业	Processing of Food from Agricultural Products	10.9
食品制造业	Manufacture of Foods	25.8
酒、饮料和精制茶制造业	Manufacture of Liquor, Beverages and Refined Tea	18.3
烟草制品业	Manufacture of Tobacco	
纺织业	Manufacture of Textile	-1.2
纺织服装、服饰业	Manufacture of Textile Wearing Apparel and Accessories	16.2
皮革、毛皮、羽毛及其制品和制鞋业	Manufacture of Leather, Fur, Feather and Related Products and Footwear	43.0
木材加工和木、竹、藤、棕、草制品业	Processing of Timber, Manufacture of Wood, Bamboo, Rattan, Palm and Straw Products	
家具制造业	Manufacture of Furniture	39.8
造纸及纸制品业	Manufacture of Paper and Paper Products	8.2
印刷和记录媒介复制业	Printing and Reproduction of Recording Media	18.7
文教、工美、体育和娱乐用品制造业	Manufacture of Articles for Culture, Education, Arts and Crafts, Sport and Entertainment Activities	17.2
石油、煤炭及其他燃料加工业	Processing of Petroleum, Coking and Processing of Nuclear Fuel	
化学原料和化学制品制造业	Manufacture of Raw Chemical Materials and Chemical Products	16.0
医药制造业	Manufacture of Medicines	1.3
化学纤维制造业	Manufacture of Chemical Fibres	
橡胶和塑料制品业	Manufacture of Rubber and Plastics Products	12.2
非金属矿物制品业	Manufacture of Non-metallic Mineral Products	14.1
黑色金属冶炼和压延加工业	Smelting and Pressing of Ferrous Metals	-7.1
有色金属冶炼和压延加工业	Smelting and Pressing of Non-ferrous Metals	10.5
金属制品业	Manufacture of Metal Products	0.7
通用设备制造业	Manufacture of General Purpose Machinery	20.8
专用设备制造业	Manufacture of Special Purpose Machinery	12.3
汽车制造业	Manufacture of Automobiles	5.4
铁路、船舶、航空航天和其他运输设备制造业	Manufacture of Railway, Ship, Aerospace and Other Transport Equipment	8.0
电气机械及器材制造业	Manufacture of Electrical Machinery and Apparatus	5.5
计算机、通信和其他电子设备制造业	Manufacture of Computers, Communication and Other Electronic Equipment	5.4
仪器仪表制造业	Manufacture of Measuring Instruments and Machinery	19.8
其他制造业	Other Manufacture	
废弃资源综合利用业	Utilization of Waste Resources	4.4
金属制品、机械和设备修理业	Repair Service of Metal Products, Machinery and Equipment	
电力、热力的生产和供应业	Production and Supply of Electric Power and Heat Power	4.6
燃气生产和供应业	Production and Supply of Gas	4.3
水的生产和供应业	Production and Supply of Water	6.3

单位：% (%)

资本保值增值率 Ratio of Assets Appreciation YOY	资产负债率 Asset-liability Ratio	流动资产周转率（次） Turnover Ratio of Circulating Assets (time)	成本费用利润率 Ratio of Profits to Cost	产品销售率 Sales as Percentage of Output
104.3	**65.6**	**2.3**	**3.0**	**98.8**
104.7	51.1	2.1	6.6	98.4
104.2	67.7	2.3	2.6	98.9
102.3	72.2	2.5	1.9	99.0
104.6	51.0	2.0	7.3	98.2
108.8	56.8	1.7	5.3	98.8
123.6	47.3	2.8	3.4	100.5
111.3	49.4	4.0	9.4	99.6
102.2	48.7	2.3	11.2	96.9
111.5	102.5	0.8	-3.8	95.8
60.3	32.5	3.1	2.9	89.2
391.5	92.9	3.3	9.9	98.3
105.5				
0.0	11.5	4.5	15.9	98.6
114.8	46.8	1.9	6.5	100.8
78.8	61.0	1.5	17.3	100.2
88.2	40.2	1.1	24.1	88.8
124.5	46.7	1.7	21.6	97.5
97.4	42.0	2.4	0.2	98.3
98.1	57.7	3.2	6.6	97.8
114.9	54.7	1.5	18.1	97.7
33.2	94.5	2.2	-11.3	92.5
73.2	59.0	1.7	4.1	98.6
99.6	39.8	1.5	-0.6	99.7
96.2	53.6	2.1	12.8	98.0
101.6	32.4	1.7	8.1	98.7
95.1	66.1	2.0	0.7	99.0
113.0	55.0	1.8	4.0	101.5
74.4	46.3	1.8	0.9	94.5
116.8	78.7	2.6	1.6	98.9
112.9	49.0	1.5	11.8	101.6
169.3	95.0	1.7	3.0	95.0
103.8	66.6	2.7	4.6	100.0
101.4	53.5	1.9	6.4	100.0
99.7	63.2	1.7	14.6	100.0

表 12.15 续表 continued

指 标	Item	销售利润率 Rate of Return on Sale
总 计	**Total**	**2.9**
按轻、重工业分	**By Light and Heavy Industries**	
轻工业	Light Industry	6.1
重工业	Heavy Industry	2.6
按企业规模分	**By Size**	
大型企业	Large	1.8
中型企业	Medium	6.8
小型微型企业	Small & Mini	5.1
按行业分	**By Sector**	
煤炭开采和洗选业	Mining and Washing of Coal	
石油和天然气开采业	Extraction of Petroleum and Natural Gas	
黑色金属矿采选业	Mining and Processing of Ferrous Metal Ores	
有色金属矿采选业	Mining and Processing of Non-ferrous Metal Ores	
非金属矿采选业	Mining and Processing of Non-metal Ores	
开采辅助活动	Support Activities for Mining	
其他采矿业	Mining of Other Ores	
农副食品加工业	Processing of Food from Agricultural Products	3.3
食品制造业	Manufacture of Foods	8.6
酒、饮料和精制茶制造业	Manufacture of Liquor, Beverages and Refined Tea	9.7
烟草制品业	Manufacture of Tobacco	
纺织业	Manufacture of Textile	-3.9
纺织服装、服饰业	Manufacture of Textile Wearing Apparel and Accessories	2.8
皮革、毛皮、羽毛及其制品和制鞋业	Manufacture of Leather, Fur, Feather and Related Products and Footwear	8.9
木材加工和木、竹、藤、棕、草制品业	Processing of Timber, Manufacture of Wood, Bamboo, Rattan, Palm and Straw Products	
家具制造业	Manufacture of Furniture	13.5
造纸及纸制品业	Manufacture of Paper and Paper Products	6.1
印刷和记录媒介复制业	Printing and Reproduction of Recording Media	14.7
文教、工美、体育和娱乐用品制造业	Manufacture of Articles for Culture, Education, Arts and Crafts, Sport and Entertainment Activities	20.1
石油、煤炭及其他燃料加工业	Processing of Petroleum, Coking and Processing of Nuclear Fuel	
化学原料和化学制品制造业	Manufacture of Raw Chemical Materials and Chemical Products	17.7
医药制造业	Manufacture of Medicines	0.2
化学纤维制造业	Manufacture of Chemical Fibres	
橡胶和塑料制品业	Manufacture of Rubber and Plastics Products	6.2
非金属矿物制品业	Manufacture of Non-metallic Mineral Products	15.2
黑色金属冶炼和压延加工业	Smelting and Pressing of Ferrous Metals	-12.6
有色金属冶炼和压延加工业	Smelting and Pressing of Non-ferrous Metals	3.9
金属制品业	Manufacture of Metal Products	-0.6
通用设备制造业	Manufacture of General Purpose Machinery	11.3
专用设备制造业	Manufacture of Special Purpose Machinery	7.4
汽车制造业	Manufacture of Automobiles	0.7
铁路、船舶、航空航天和其他运输设备制造业	Manufacture of Railway, Ship, Aerospace and Other Transport Equipment	3.8
电气机械及器材制造业	Manufacture of Electrical Machinery and Apparatus	0.8
计算机、通信和其他电子设备制造业	Manufacture of Computers, Communication and Other Electronic Equipment	1.5
仪器仪表制造业	Manufacture of Measuring Instruments and Machinery	10.6
其他制造业	Other Manufacture	
废弃资源综合利用业	Utilization of Waste Resources	2.9
金属制品、机械和设备修理业	Repair Service of Metal Products, Machinery and Equipment	
电力、热力的生产和供应业	Production and Supply of Electric Power and Heat Power	4.4
燃气生产和供应业	Production and Supply of Gas	6.4
水的生产和供应业	Production and Supply of Water	13.1

单位：% (%)

流动比率 Current Ratio	速动比率 Quick Ratio	产权比率 Equity Ratio	人均实现利税（元） Per Capita Pre-tax Profits (yuan)	从业人员人均工资（元） Per Capita Wages of Employees (yuan)
1.0	**0.8**	**1.9**	**99526**	**86387**
1.3	0.9	1.1	130209	76020
1.0	0.8	2.1	94575	88060
0.9	0.8	2.6	87808	82231
1.2	1.0	1.0	101457	89179
1.2	0.9	1.3	155264	101472
1.6	0.9	0.9	205674	91805
1.0	0.8	1.0	172954	116384
1.2	1.0	1.0	196098	104745
0.8	0.7	-41.0	-21300	69058
2.4	1.0	0.5	29202	51985
0.8	0.8	13.1	63793	59040
3.9	2.3	0.1	196839	74447
1.4	1.0	0.9	214426	70363
1.1	1.1	1.6	156774	76393
1.9	1.4	0.7	67589	40812
1.4	1.1	0.9	700552	124223
1.2	0.6	0.7	11742	79606
0.5	0.3	1.4	133574	73778
0.8	0.7	1.2	270770	125716
0.6	0.3	17.1	-762900	165120
1.2	1.0	1.4	142289	164082
1.1	0.8	0.7	8059	116592
1.4	1.2	1.2	234470	122051
2.0	1.5	0.5	108021	84500
0.9	0.7	2.0	87508	110002
1.5	1.3	1.2	76221	115791
1.2	0.9	0.9	46651	76654
1.0	0.9	3.7	55277	65010
1.8	1.4	1.0	135376	117386
0.5	0.4	18.9	24670	26370
0.8	0.8	2.0	201940	121203
0.7	0.7	1.2	127421	174807
0.7	0.6	1.7	214167	158364

表 12.16 大中型工业企业主要经济指标（2018 年）
MAIN ECONOMIC INDICATORS OF LARGE & MEDIUM-SIZED INDUSTRIAL ENTERPRISES (2018)

指 标	Item	单位数（个）Number of Enterprises (unit)	从业人员平均人数（万人）Average Employment (10 000 persons)	工业总产值 Gross Output Value
总 计	**Total**	**1105**	**95.57**	**134412320**
按登记注册类型分	**By Status of Registration**			
内资企业	Domestic-funded Enterprises	926	71.69	91400200
#国有企业	State-owned	13	0.17	531941
集体企业	Collective-owned	2	0.08	12784
港澳台投资企业	Funded by Hong Kong, Macao and Taiwan	74	10.51	17365056
外商投资企业	Foreign-funded	105	13.36	25647065
按轻、重工业分	**By Light and Heavy Industries**			
轻工业	Light Industry	308	20.64	23609759
重工业	Heavy Industry	797	74.94	110802561

指 标	Item	固定资产净值 Net Value of Fixed Assets	负 债 Total Liabilities	其中 of which #流动负债 Total Circulating Liabilities
总 计	**Total**	**44849052**	**77451908**	**64159768**
按登记注册类型分	**By Status of Registration**			
内资企业	Domestic-funded Enterprises	34970472	55851588	45166139
#国有企业	State-owned	350460	814517	678844
集体企业	Collective-owned	2096	17367	17367
港澳台投资企业	Funded by Hong Kong, Macao and Taiwan	3088086	8534496	7734559
外商投资企业	Foreign-funded	6790494	13065824	11259070
按轻、重工业分	**By Light and Heavy Industries**			
轻工业	Light Industry	5909736	8702106	7149892
重工业	Heavy Industry	38939316	68749803	57009876

单位：万元 (10 000 yuan)

工业销售产值 Sales Value of Industry	其 中 of which #出口交货值 Value of Export Delivery	实收资本 Paid-in Capital	其 中 of which #国家资本 State Capital	#外商资本 Foreign Capital	资 产 Total Assets	其 中 of which #流动资产 Circulating Assets	固定资产原值 Original Value of Fixed Assets
132234232	**32431106**	**24705822**	**9098183**	**2106767**	**133919641**	**64846915**	**80740415**
89724235	6899035	18667830	7906205	208675	101918219	46230593	63356021
515958	33715	237048	236628		1241045	688816	624522
12762		2730			23624	20872	4239
17292638	12603435	2336628	210847	174472	12356656	8047952	5223444
25217359	12928636	3701364	981132	1723620	19644767	10568370	12160950
23159571	687115	3126129	351403	96367	18955065	9882323	11521270
109074660	31743991	21579693	8746780	2010400	114964577	54964592	69219145

所有者权益 Creditors' Equity	主营业务收入 Revenue from Principal Business	主营业务成本 Cost of Principal Business	主营业务税金及附加 Tax and Extra Charges of Principal Business	利润总额 Total After-tax Profits	利税总额 Total Pre-tax Profits	工资总额 Total Wages
56467730	**133014300**	**113613944**	**2007950**	**7556609**	**13487921**	**9105095**
46066628	89421206	74309539	1698677	6406384	11292380	7091192
426528	518071	449081	1524	18337	27162	118673
6257	12992	13257	153	-591	-191	3700
3822160	17230141	16083124	41568	515493	749403	758551
6578943	26362954	23221281	267705	634732	1446139	1255352
10252959	23356652	17576528	990365	1966087	4074268	1636868
46214771	109657648	96037417	1017585	5590523	9413653	7468227

表 12.17 大中型工业企业经济效益指标（2018 年）
IINDICATORS ON ECONOMIC BENEFIT OF LARGE & MEDIUM-SIZED INDUSTRIAL ENTERPRISES (2018)

指 标	Item	总资产贡献率 Ratio of Total Assets to Industrial Output Value
总 计	**Total**	**10.8**
按登记注册类型分	**By Status of Registration**	
内资企业	Domestic-funded Enterprises	11.9
#国有企业	State-owned	2.3
集体企业	Collective-owned	-0.8
港澳台投资企业	Funded by Hong Kong, Macao and Taiwan	6.5
外商投资企业	Foreign-funded	7.9
按轻、重工业分	**By Light and Heavy Industries**	
轻工业	Light Industry	22.1
重工业	Heavy Industry	8.9

指 标	Item	销售利润率 Rate of Return on Sale
总 计	**Total**	**5.6**
按登记注册类型分	**By Status of Registration**	
内资企业	Domestic-funded Enterprises	7.0
#国有企业	State-owned	3.2
集体企业	Collective-owned	-4.2
港澳台投资企业	Funded by Hong Kong, Macao and Taiwan	3.0
外商投资企业	Foreign-funded	2.4
按轻、重工业分	**By Light and Heavy Industries**	
轻工业	Light Industry	8.2
重工业	Heavy Industry	5.0

单位：% (%)

资本保值增值率 Ratio of Assets Appreciation YOY	资产负债率 Asset-liability Ratio	流动资产周转率（次）Turnover Ratio of Circulating Assets (time)	成本费用利润率 Ratio of Profits to Cost	产品销售率 Sales as Percentage of Output
105.0	**57.8**	**2.1**	**5.9**	**98.4**
105.5	54.8	2.0	7.6	98.2
255.6	65.6	0.8	3.1	97.0
176.3	73.5	0.7	-4.0	99.8
109.5	69.1	2.2	3.0	99.6
99.8	66.5	2.5	2.5	98.3
110.3	45.9	2.4	9.4	98.1
103.8	59.8	2.0	5.3	98.4

流动比率 Current Ratio	速动比率 Quick Ratio	产权比率 Equity Ratio	人均实现利税（元）Per Capita Pre-tax Profits (yuan)
1.0	**0.8**	**1**	**141131**
1.0	0.8	1	157517
1.0	0.7	2	159775
1.2	1.1	3	-2382
1.0	0.9	2	71304
0.9	0.7	2	108244
1.4	1.0	1	197397
1.0	0.8	1	125616

表 12.18 规模以上工业企业主要产品产量（2017 － 2018 年）
OUTPUT OF MAJOR PRODUCTS OF INDUSTRIAL ENTERPRISES ABOVE DESIGNATED SIZE (2017-2018)

产 品	Products	2017	2018
化学纤维（万吨）	Chemical Fiber (10 000 tons)	8	10
纱（吨）	Yarn (ton)	60251	53747
布（万米）	Cloth (10 000 m)	27911	17290
印染布（万米）	Printed and Dyed Fabric (10 000 m)	10568	21346
毛 线（吨）	Knitting Wool (ton)	1043	1037
蚕 丝（吨）	Silk (ton)	3458	1850
丝织品（蚕丝及交织机织物（含蚕丝 ≥50%））（万米）	Silk Products (silk and mixture fabric (with content of silk ≥50%)) (10 000 m)	2443	2203
彩色电视机（部）	Color TV (Sets)	138063	19080
微型计算机设备（台）	Microcomputers (units)	66197817	70740768
#笔记本计算机	Laptops	60950604	57302257
显示器（万台）	Display(10 000 setss)	2420	2529
打印机（万台）	Marking Machine(10 000 setss)	1451	1589
移动通信手持机（手机）（万台）	Mobile Telephones(10 000 setss)	23733	18868
摩托车（万辆）	Motorcycles (10 000 units)	596	389
机制纸及纸板（吨）	Machine-made Paper and Paperboard (ton)	3289902	3084748
日用陶瓷制品（万件）	Household Ceramics(10 000 pcs)	418	480
日用玻璃制品（吨）	Daily-use Glassware (ton)	521568	620906
合成洗涤剂（吨）	Synthetic Detergents (ton)	34039	118642
卷 烟（亿支）	Cigarettes (100 million pieces)	422	520
白 酒（万千升）	Liquor (10 000 kiloliters)	12	11
啤 酒（万千升）	Beer (10 000 kiloliters)	79	71
罐 头（吨）	Canned Food (ton)	142146	60146
精制食用植物油（吨）	Edible Vegetable Oil (ton)	1536313	1156491
皮革鞋靴（万双）	Leather Shoes (10 000 pairs)	7460	8290
服 装（万件）	Garments (10 000 pcs)	9531	6770
乳制品（万吨）	Dairy Products (10 000 tons)	23	21
无酒精饮料（软饮料）（吨）	Non-alcoholic Beverage (soft) (ton)	2778228	2806021
焦 炭（万吨）	Coke (10 000 tons)	174	251
发电量（万千瓦时）	Electricity (10 000 kwh)	691	757
天然气（万立方米）	Natural Gas (10 000 cu.m)	1113100	1067600
生 铁（万吨）	Pig Iron (10 000 tons)	384	580
粗 钢（万吨）	Crude Steel (10 000 tons)	413	638
钢 材（万吨）	Steel Products (10 000 tons)	917	1188

表 12.18 续表 continued

产 品	Products	2017	2018
铝 材 (吨)	Aluminum Product (ton)	1883576	1925494
硫 酸 (吨)	Sulphuric Acid (ton)	1856399	1710697
盐 酸 (吨)	Hydrochloric Acid (ton)	30954	33856
烧 碱 (吨)	Caustic Soda (ton)	340149	328489
精甲醇 (商品量) (吨)	Fine Methyl Alcohol (commodities) (ton)	2248459	2240144
涂 料 (吨)	Paint (ton)	411125	453517
塑料制品 (吨)	Plastics (ton)	1449480	1375664
合成橡胶 (吨)	Synthetic Rubber (ton)	7081	5881
化学原料药 (吨)	Chemical Raw Material (ton)	33145	25533
中成药 (吨)	Traditional Chinese Medicine (ton)	120375	122649
轮胎外胎 (万条)	Tire (10 000 units)	2367	1682
水 泥 (万吨)	Cement (10 000 tons)	6371	6578
人造板 (立方米)	Artificial Boards (cu.m)	775405	753498
矿山设备 (吨)	Mining Equipment (ton)	40120	37913
起重设备 (起重机) (吨)	Hoist and Derrick (ton)	38670	32917
房间空气调节器 (台)	Air-Conditioners (unit)	16443304	18488632
发电设备 (千瓦)	Generating Equipment (kw)	1057767	1410460
交流电动机 (万千瓦)	AC Motors(10 000 kw)	610	718
变压器 (万千伏安)	Transformer Products (10 000 kva)	5273	4209
金属切削机床 (台)	Metal-cutting Machines (unit)	6015	6527
汽 车 (辆)	Motor Vehicles (unit)	2998157	2050411
#轿 车	Cars	849444	463955
内燃机 (发动机) (万千瓦)	Internal Combustion Engines (10 000 kw)	32991	25138
泵 (台)	Industry Pumps (unit)	889777	765474
风 机 (台)	Air Pumps (unit)	110002	143193
气体压缩机 (台)	Gas Compressors (unit)	5111969	5163213
轴 承 (万套)	Bearings (10 000 sets)	8432	6177
工业锅炉 (蒸吨)	Industry Boilers (ton)	905	1142
民用钢质船舶 (载重吨)	Civil Steel Ships (ton)	1124174	252478
合成氨 (吨)	Synthetic Ammonia (ton)	1468810	1440714
化肥 (100%) (吨)	Chemical Fertilizer (100%) (ton)	1459497	1437492
#氮 肥	Nitrogen Fertilizer	1006298	1007822
磷 肥	Phosphate Fertilizer	358530	335166
配混合饲料 (吨)	Mingled Forage (ton)	4825563	4591860
化学农药原药 (吨)	Chemical Pesticides (ton)	20114	12863

主要统计指标解释

■ 工业

指从事自然资源的开采，对采掘品和农产品进行加工和再加工的物质生产部门。具体包括：(1) 对自然资源的开采，如采矿、晒盐等（但不包括禽兽捕猎和水产捕捞）；(2) 对农副产品的加工、再加工，如粮油加工、食品加工、缫丝、纺织、制革等；(3) 对采掘品的加工、再加工，如炼铁、炼钢、化工生产、石油加工、机器制造、木材加工等，以及电力、燃气及水的生产和供应等；(4) 对工业品的修理、翻新，如机器设备的修理等。

工业统计调查单位为工业法人单位。

工业法人单位指从事工业生产经营活动的法人单位。工业法人单位应同时具备以下条件：①依法成立，有自己的名称、组织机构和场所，能够独立承担民事责任；②独立拥有（或授权）使用资产，承担负债，有权与其他单位签订合同；③具有包括资产负债表在内的帐户，或者能够根据需要编制帐户。

本年鉴中涉及的企业登记注册类型：

（1）国有企业：指企业全部资产归国家所有，并按《中华人民共和国企业法人登记管理条例》规定登记注册的非公司制的经济组织。不包括有限责任公司中的国有独资公司。

（2）集体企业：指企业资产归集体所有，并按《中华人民共和国企业法人登记管理条例》规定登记注册的经济组织。

（3）股份合作企业：指以合作制为基础，由企业职工共同出资入股，吸收一定比例的社会资产投资组建，实行自主经营，自负盈亏，共同劳动，民主管理，按劳分配与按股分红相结合的一种集体经济组织。

（4）联营企业：两个及两个以上相同或不同所有制性质的企业法人或事业单位法人，按自愿、平等、互利的原则，共同投资组成的经济组织称为联营企业。联营企业包括国有联营企业、集体联营企业、国有与集体联营企业和其他联营企业。

国有联营企业：指所有联营单位均为国有。

集体联营企业：指所有联营单位均为集体。

国有与集体联营企业：指联营单位既有国有也有集体。

其他联营企业：指上述三种联营企业之外的其他联营形式的企业。

（5）有限责任公司：根据《中华人民共和国公司登记管理条例》规定登记注册，由两个以上，五十个以下的股东共同出资，每个股东以其所认缴的出资额对公司承担有限责任，公司以其全部资产对其债务承担责任的经济组织称为有限责任公司。有限责任公司分为国有独资公司以及其他有限责任公司。

国有独资公司：指国家授权的投资机构或者国家授权的部门单独投资设立的有限责任公司。

其他有限责任公司：指国有独资公司以外的其他有限责任公司。

（6）股份有限公司：指根据《中华人民共和国公司登记管理条例》规定登记注册，其全部注册资本由等额股份构成并通过发行股票筹集资本，股东以其认购的股份对公司承担有限责任，公司以其全部资产对其债务承担责任的经济组织。

（7）私营企业：指由自然人投资设立或由自然人控股，以雇佣劳动为基础的营利性经济组织。包括按照《公司法》、《合伙企业法》、《私营企业暂行条例》以及《个人独资企业法》规定登记注册的私营有限责任公司、私营股份有限公司、私营合伙企业、私营独资企业和个人独资企业。

（8）其他内资企业：指上述第（1）至第（7）之外的其他内资经济组织。

（9）与港澳台商合资经营企业：指港澳台地区投资者与内地企业依照《中华人民共和国中外合资经营企业法》及有关法律的规定，按合同规定的比例投资设立、分享利润和分担风险的企业。

（10）与港澳台商合作经营企业：指港澳台地区投资者与内地企业依照《中华人民共和国中外合作经营企业法》及有关法律的规定，依照合作合同的约定进行投资或提供条件设立、分配利润和分担风险的企业。

（11）港澳台商独资经营企业：指依照《中华人民共和国外资企业法》及有关法律的规定，在内地由港澳台地区投资者全额投资设立的企业。

（12）港澳台商投资股份有限公司：指根据国家

主要统计指标解释

有关规定，经外经贸部依法批准设立，其中港、澳、台商的股本占公司注册资本的比例达25%以上的股份有限公司。凡其中港、澳、台商的股本占公司注册资本的比例小于25%的，属于内资企业中的股份有限公司。

(13) 中外合资经营企业：指外国企业或外国人与中国内地企业依照《中华人民共和国中外合资经营企业法》及有关法律的规定，按合同规定的比例投资设立、分享利润和分担风险的企业。

(14) 中外合作经营企业：指外国企业或外国人与中国内地企业依照《中华人民共和国中外合作经营企业法》及有关法律的规定，依照合作合同的约定进行投资或提供条件设立、分配利润和分担风险的企业。

(15) 外资企业：指依照《中华人民共和国外资企业法》及有关法律的规定，在中国内地由外国投资者全额投资设立的企业。

(16) 外商投资股份有限公司：指根据国家有关规定，经外经贸部依法批准设立，其中外资的股本占公司注册资本的比例达25%以上的股份有限公司。凡其中外资股本占公司注册资本的比例小于25%的，属于内资企业中的股份有限公司。

■ 国有控股企业

即原来的国有及国有控股企业，根据企业实收资本中国有经济成分的出资人的实际投资情况，或国有经济成分的出资人对企业资产的实际控制、支配程度进行分类。以下情况为国有控股：(1) 在企业的全部实收资本中，国有经济成分的出资人拥有的实收资本（股本）所占企业全部实收资本（股本）的比例大于50%的国有绝对控股。(2) 在企业的全部实收资本中，国有经济成分的出资人拥有的实收资本（股本）所占比例虽未大于50%，但相对大于其他任何一方经济成分的出资人所占比例的国有相对控股；或者虽不大于其他经济成分，但根据协议规定拥有企业实际控制权的国有协议控股。(3) 投资双方各占50%，且未明确由谁绝对控股的企业，若其中一方为国有经济成分的，一律按国有控股处理。

■ 轻工业

指主要提供生活消费品和制作手工工具的工业。按其所使用的原料不同，可分为两大类：(1) 以农产品为原料的轻工业，是指直接或间接以农产品为基本原料的轻工业。主要包括食品制造、饮料制造、烟草加工、纺织、缝纫、皮革和毛皮制作、造纸以及印刷等工业；(2) 以非农产品为原料的轻工业，是指以工业品为原料的轻工业。主要包括文教体育用品、化学药品制造、合成纤维制造、日用化学制品、日用玻璃制品、日用金属制品、手工工具制造、医疗器械制造、文化和办公用机械制造等工业。

■ 重工业

指为国民经济各部门提供物质技术基础的主要生产资料的工业。按其生产性质和产品用途，可以分为下列三类：(1) 采掘(伐)工业，是指对自然资源的开采，包括石油开采、煤炭开采、金属矿开采、非金属矿开采等工业；(2) 原材料工业，指向国民经济各部门提供基本材料、动力和燃料的工业。包括金属冶炼及加工、炼焦及焦炭、化学、化工原料、水泥、人造板以及电力、石油和煤炭加工等工业；(3) 加工工业，是指对工业原材料进行再加工制造的工业。包括装备国民经济各部门的机械设备制造工业、金属结构、水泥制品等工业，以及为农业提供的生产资料如化肥、农药等工业。

根据上述划分原则，修理业中以重工业产品为修理作业对象的划为重工业，反之划为轻工业。

■ 工业总产值

指工业企业在本年内生产的以货币形式表现的工业最终产品和提供工业劳务活动的总价值量。

(1) 工业总产值计算应遵循的原则

①工业生产的原则。即凡是企业在本年内生产的最终产品和提供的劳务，均应包括在内。其中的最终产品，不管是否在本年内销售，只要是本年内生产的，就应包括在内。凡不是工业生产的产品，均不得计入工业总产值。

②最终产品的原则。即企业生产的成品价值必须是本企业生产的，经检验合格不需再进行任何加工的最终产品。企业对外销售的半成品也应视为最终产品计入工业总产值。而在本企业内各车间转移的半成品和在制品只能计算其期末期初差额价值。

③“工厂法”原则。即以法人工业企业作为一个整体计算工业总产值，是其本年内生产的最终产品和提供劳务的总价值量。

(2) 工业总产值的内容

包括三部分：生产的成品价值、对外加工费收入、自制半成品在制品期末期初差额价值。

主要统计指标解释

①成品价值：指企业在本年内生产，并在本年内不再进行加工，经检验合格、包装入库的已经销售和准备销售的全部工业成品（包括半成品）价值合计。成品价值中包括企业生产的自制设备及提供给本企业在建工程、其他非工业部门和生活福利部门等单位使用的成品价值，但不包括用订货者来料加工的成品（半成品）价值。

工业总产值是按现行价格计算的。成品价值按成品实物量乘以本年不含应交增值税（销项税额）的产品实际销售平均单价计算。会计核算中按成本价格转帐的自制设备和自产自用的成品，按成本价格计算生产成品价值。

②对外加工费收入：指企业在本年内完成的对外承做的工业品加工（包括用订货者来料加工生产）的加工费收入和对外工业品修理作业所收取的加工费收入。对外加工费收入按不含应交增值税（销项税额）的价格计算，可根据会计"产品销售收入"科目的有关资料取得。

对于以对外加工生产为主，对外加工费收入所占比重较大的企业，如果对外加工费收入出现跨年度支付的情况，为保证总产值生产口径计算的准确性，则应将对外加工费收入按实际情况调整，记录本年应实际收取的对外加工费收入。

③自制半成品在制品期末期初差额价值。为了使工业总产值与工业中间投入中的物耗价值一致，以便同口径地计算工业增加值，规定本指标的计算原则是：凡是企业会计产品成本核算中计算半成品、在制品成本，则工业总产值中必须包括自制半成品在制品期末期初差额价值。反之则不包括。

自制半成品在制品期末期初差额价值等于自制半成品在制品期末价值减去期初价值后的余额，如果期末价值小于期初价值，该指标为负值，企业在计算产值时，应按负值计算，不能作为零处理。

（3）工业总产值计算的几种具体规定

①凡自备原材料，不论其加工繁简程度如何，一律按全价，即包括自备原材料的价值，计算工业总产值。

②凡来料加工，加工企业一律按财务上结算的加工费计算工业总产值，即不包括定货者来料的价值。一般分两种情况：a、工业企业之间的来料加工，加工企业（即承包单位）按财务上结算的加工费计算工业总产值；委托加工的企业（即发包单位）按全价计算工业总产值。b、工业企业与非工业企业之间的来料加工，当工业企业作为加工企业时一律按加工费计算工业总产值。

③自制半成品、在制品期末期初差额价值，原则上应计入工业总产值，但如果会计产品成本核算中不计算自制半成品、在制品成本，则不计入工业总产值；如果会计产品成本核算中计算自制半成品、在制品成本的，则计入工业总产值。

■ 工业销售产值

指以货币形式表现的，工业企业在本年内销售的本企业生产的工业产品或提供工业性劳务价值的总价值量。工业销售产值包括的内容为：(1) 销售成品价值；(2) 对外加工费收入。区分来料加工与自备原材料生产的依据同工业总产值中的规定。

■ 出口交货值

指工业企业交给外贸部门或自营（委托）出口（包括销往香港、澳门、台湾），用外汇价格结算的产品价值，以及外商来样、来料加工、来件装配和补偿贸易等生产的产品价值。在计算出口交货值时，要把外汇价格按交易时的汇率折算成人民币计算。

■ 资产总计

指企业过去的交易或者事项形成的、由企业拥有或者控制的、预期会给企业带来经济利益的资源。资产一般按流动性分为流动资产和非流动资产。其中流动资产可分为货币资金、交易性金融资产、应收票据、应收账款、预付款项、其他应收款、存货等；非流动资产可分为长期股权投资、固定资产、无形资产及其他非流动资产等。来源于会计"资产负债表"中"资产总计"项目的期末余额数。

■ 负债合计

指企业过去的交易或者事项形成的，预期会导致经济利益流出企业的现时义务。负债一般按偿还期长短分为流动负债和非流动负债。来源于会计"资产负债表"中"负债合计"项目的期末余额数。

■ 所有者权益

指所有者在企业资产中享有的经济利益，它等于企业资产减去负债后的余额。包括实收资本（或股本）、资本公积、盈余公积、未分配利润等。根据会计"资产负债表"中的"所有者权益合计"项的期末数填列。

主要统计指标解释

主营业务收入

指企业确认的销售商品、提供劳务等主营业务的收入。来源于会计“主营业务收入”科目的期末贷方余额（结转前）。

主营业务成本

指企业经营主要业务所发生的成本总额。来源于会计“主营业务成本”科目的期末借方余额（结转前）。

主营业务税金及附加

指企业经营主要业务应负担的营业税、消费税、城市维护建设税、资源税、土地增值税、教育费附加。根据会计“利润表”中对应指标的本年累计数填列。若执行2006年《企业会计制度》的企业，用“营业税金及附加”的本期累计数代替。

营业利润

指企业从事生产经营活动所取得的利润，即主营业务收入减主营业务成本和主营业务税金及附加，加其他业务利润，减去营业费用、管理费用、财务费用后的金额。本指标根据会计“利润表”中对应指标的“本年累计数”填列。

应交增值税

指企业按税法规定，从事货物销售或提供加工、修理修配劳务等增加货物价值的活动本期应交纳的税金。指企业在报告期应交增值税额。计算公式为：

本年应交增值税＝销项税额－(进项税额－进项税额转出)－出口抵减内销产品应纳税额－减免税款＋出口退税

利润总额

指企业在一定会计期间的经营成果，是生产经营过程中各种收入扣除各种耗费后的盈余，反映企业在报告期内实现的盈亏总额。来源于会计“利润表”中“利润总额”项目的本期金额数。

利税总额

指企业利润总额、产品销售税金及附加、应交增值税之和。

工业经济效益综合指数

是综合衡量地区工业经济效益总体水平的一种特殊相对数，是反映一定时期工业经济运行质量的主要指标。工业经济效益综合指数由总资产贡献率、资本保值增值率、资产负债率、流动资产周转率、成本费用利润率、全员劳动生产率和产品销售率的实际数值分别除以该项指标的全国标准值，并乘以各自的权数，加总后除以总权数求得。该指标可从静态水平和动态趋势上较为全面地反映各地区工业经济效益的变化情况，并可在一定程度上消除地区对比的不可比因素。

总资产贡献率

反映企业全部资产的获利能力，是企业经营业绩和管理水平的集中体现，是评价和考核企业盈利能力的核心指标。计算公式为：

总资产贡献率（%）＝（利润总额＋税金总额＋利息支出）／平均资产总额 ×100%

资本保值增值率

反映企业净资产的变动状况，是企业发展能力的集中体现。计算公式为：

资本保值增值率（%）＝报告期期末所有者权益／上年同期期末所有者权益 ×100%

资产负债率

该指标既反映企业经营风险的大小，也反映企业利用债权人提供的资金从事经营活动的能力。计算公式为：

资产负债率（%）＝负债总额／资产总额 ×100%

流动资产周转次数

指在一定时期内流动资产完成的周转次数，反映流动资产的周转速度。计算公式为：

流动资产周转次数＝产品销售收入／全部流动资产平均余额

成本费用利润率

指在一定时期内实现的利润与成本费用之比，是反映工业生产成本及费用投入的经济效益指标，同时也是反映降低成本的经济效益的指标。计算公式为：

成本费用利润率（%）＝利润总额／成本费用总额 ×100%

主要统计指标解释

■ 全员劳动生产率

指根据产品的价值量指标计算的平均每一就业人员在单位时间内的产品生产量。是考核企业经济活动的重要指标，是企业生产技术水平、经营管理水平、职工技术熟练程度和劳动积极性的综合表现。目前，我国的全员劳动生产率是将工业企业的增加值除以同一时期全部就业人员的平均人数来计算的。计算公式为：

全员劳动生产率＝工业增加值／全部从业人员平均人数

■ 产品销售率

指工业销售产值与同期全部工业总产值之比，反映工业产品已实现销售的程度，分析工业产销衔接情况，研究工业产品满足社会需求程度的指标。计算公式为：

产品销售率（%）＝现价工业销售产值／报告期现价工业总产值 ×100%

■ 销售利润率

指企业利润与销售收入的比率。计算公式为：

销售利润率（%）＝利润／销售收入 ×100%

资本积累率

指企业所有者权益增长额与年初所有者权益的比率。计算公式为：

资本积累率（%）＝所有者权益增长额／年初所有者权益 ×100%

■ 流动比率

指流动资产与流动负债的比率，它表明每一元流动负债有多少流动资产作为偿还的保证，反映企业用可在短期内转变为现金的流动资产偿还到期流动负债的能力。计算公式为：

流动比率＝流动资产／流动负债

■ 速动比率

指企业速动资产与流动负债的比率。计算公式为：

速动比率＝速动资产／流动负债

■ 产权比率

指企业负债总额与所有者权益的比率，是企业财务结构稳健与否的重要标志，也称资本负债率。计算公式为：

产权比率＝负债总额／所有者权益

■ 流动资产合计

资产满足以下条件之一应归为流动资产：（1）预计在一个正常营业周期中变现、出售或耗用，主要包括存货、应收账款等；（2）主要为交易目的而持有；（3）预计在资产负债表日起一年内（含一年）变现；（4）自资产负债日起一年内，交换其他资产或清偿负债的能力不受限制的现金或现金等价物。包括货币资金、应收票据、应收账款、存货等项目。来源于会计“资产负债表”中“流动资产合计”项目的期末余额数。

■ 平均用工人数

指报告期企业平均实际拥有的、参与本企业生产经营活动的人员数。

Explanatory Notes on Main Statistical Indicators

Industry

Refers to the material production sector which is engaged in the extraction of natural resources and processing and reprocessing of minerals and agricultural products, including (1) extraction of natural resources, such as mining, salt production (but not including hunting and fishing); (2) processing and reprocessing of farm and sideline produces, such as grain and oil processing, food processing, silk reeling, spinning and weaving and leather making; (3) processing and reprocessing of mineral products, such as steel making, iron smelting, chemicals manufacturing, petroleum processing, machine building, timber processing, and production and supply of electricity, gas and water; (4) repairing and renovating of industrial products such as the machinery.

In industrial surveys, the units of enquiry are industrial corporate units.

Industrial corporate units refer to corporate units engaging in industrial production and operation activities, which meet the following requirements: (1) They are established legally, having their own names, organizations, location, and are able to take civil liability independently; (2) They possess (or are authorized to use) assets independently, assume liabilities and are entitled to sign contracts with other units; (3) They have accounts including the balance sheets or can compile the accounts according to the need.

Types of enterprise registration involved in this yearbook are as the following:

(1) State-owned Enterprises: refer to non-corporation economic units where the entire assets are owned by the state and which have registered in accordance with the Regulation of the People's Republic of China on the Management of Registration of Corporate Enterprises. Excluded from this category are sole state-funded corporations in the limited liability corporations.

(2) Collective-owned Enterprises: refer to economic units where the assets are owned collectively and which have registered in accordance with the Regulation of the People's Republic of China on the Management of Registration of Corporate Enterprises.

(3) Cooperative Enterprises: refer to a form of collective economic units (enterprises) where capitals come mainly from employees as their shares, with certain proportion of capital from the outside, where production is organized on the basis of independent operation, independent accounting for profits and losses, joint work, democratic management, and a distribution system that integrates remuneration according to work with dividend according to capital share.

(4) Joint Ownership Enterprises: refer to economic units established by two or more corporate enterprises or corporate institutions of the same or different ownership, through joint investment on the basis of equality, voluntary participation and mutual benefits. They include state joint ownership enterprises, collective joint ownership enterprises, Joint State-collective Enterprises, other joint ownership enterprises. They include:

a) State-owned joint-operation enterprises (joint operation between State-owned enterprises);

b) Collective joint-operation enterprises (joint operation between collective enterprises);

c) State-collective joint-operation enterprises (joint operation between state and collective enterprises);

d)Other joint-operation enterprises(joint operation exclude state and collective enterprises).

(5) Limited Liability Corporations: refer to economic units established with investment from 2-50 investors and registered in accordance with the Regulation of the People's Republic of China on the Management of Registration of Corporations, each investor bearing limited liability to the corporation depending on its share of investment, and the corporation bearing liability to its debt to the maximum of its total assets. Limited liability corporations include exclusive state-funded limited liability corporations and other

limited liability corporations.

Exclusive state-funded limited liability corporations: State-authorized investment institutions or departments of State has authorized the establishment of a separate investment in the limited liability company.

Other limited liability corporations: corporation exclude exclusive state-funded limited liability company.

(6) Share holding Corporations Ltd.: refer to economic units registered in accordance with the Regulation of the People's Republic of China on the Management of Registration of Corporations, with total registered capitals divided into equal shares and raised through issuing stocks. Each investor bears limited liability to the corporation depending on the holding of shares, and the corporation bears liability to its debt to the maximum of its total assets.

(7) Private Enterprises: refer to profit-making economic units invested and established by natural persons, or controlled by natural persons using employed labor. Included in this category are private limited liability corporations, private share-holding corporations Ltd., private partnership enterprises and private-funded enterprises registered in accordance with the Corporation Law, Partnership Enterprises Law and Interim Regulations on Private Enterprise.

(8) Other Domestic-funded Enterprises: refer to domestic-funded economic units other than those mentioned above.

(9) Joint-venture Enterprises with Funds from Hong Kong, Macao and Taiwan: refer to enterprises jointly established by invertors from Hong Kong, Macao and Taiwan with enterprises in the mainland of China in accordance with the Law of the People's Republic of China on Sino-foreign Joint Venture Enterprises and other relevant laws, where the share of investment, profits and risks is stipulated in the contract.

(10) Cooperative Enterprises with Funds from Hong Kong Macau and Taiwan: established by investors from Hong Kong, Macau and Taiwan with enterprises in the mainland of China in accordance with the Law of the People's Republic of China on Sino-foreign Cooperative Enterprises and other relevant laws, where the investment or provision of facilities, and the share of profits and risks is stipulated in the cooperative contract.

(11) Enterprises with Sole (exclusive) Investment from Hong Kong, Macau and Taiwan: refer to enterprises established in the mainland of China with exclusive investment from investors from Hong Kong, Macau and Taiwan in accordance with the Law of the People's Republic of China on Foreign-Funded Enterprises and other relevant laws.

(12) Share-holding Corporations Ltd. with Investment from Hong Kong, Macau and Taiwan: refer to share-holding corporations Ltd. established with the approval from the former Ministry of Foreign Trade and Economic Relations in line with relevant state regulations, where the share of investment from Hong Kong, Macau or Taiwan businessmen exceeds 25% of the total registered capital of the corporation. In case the share of investment from Hong Kong, Macau or Taiwan is less than 25% of the total registered capital, the enterprise is to be classified as domestic-funded share-holding corporation Ltd.

(13) Joint-venture Enterprises with Foreign Investment: refer to enterprises jointly established by foreign enterprises or foreigners with enterprises in the mainland of China in accordance with the Law of the People's Republic of China on Sino-foreign Joint Venture Enterprises and other relevant laws, where the share of investment, profits and risks is stipulated in the contract.

(14) Cooperation Enterprises with Foreign Investment: refer to enterprises jointly established by foreign enterprises or foreigners with enterprises in the mainland of China in accordance with the Law of the People's Republic of China on Sino-foreign Cooperative Enterprises and other relevant laws, where the investment or provision of facilities, and the share of profits and risks is stipulated in the cooperative contract.

(15) Enterprises with Sole (exclusive) Foreign Investment: refer to enterprises established in the mainland of China with exclusive investment from foreign investors in accordance with the Law of the People's Republic of China on Foreign-Funded Enterprises and other relevant laws.

(16) Share-holding Corporations Ltd. with Foreign Investment: refer to share-holding corporations Ltd. established with the approval from the Ministry of Foreign Trade and Economic Relations in line with

EXPLANATORY NOTES TO MAJOR STATISTICAL INDICATORS

relevant state regulations, where the share of investment from foreign investors exceeds 25% of the total registered capital of the corporation. In case the share of foreign investment is less than 25% of the total registered capital, the enterprise is to be classified as domestic-funded share-holding corporation Ltd.

State-holding Enterprises

Cover the original state-owned enterprises and state-holding enterprises. They are classified according to the actual investment made by the contributor of state-owned part in the paid-in capital of the enterprises, or the degree of control or dominance of the contributor on the assets of the enterprises. The following cases are regarded as state-holding: (1) Absolute state-holding in which the contributors of state-owned parts possess more than 50% of all the paid-in capital (stocks) of the enterprises; (2) Relative state-holding in which the contributors of state-owned parts possess no more than 50% of the paid-in capital (stocks) of the enterprises, but more than that of any other contributors; or Agreed state-holding in which the contributors of state-owned parts possess no more than other contributors but have actual control over the enterprises according to agreements; (3) In the case both contributors possess 50% and it is not clear which one is in absolute holding position, the enterprise is regarded as state-holding enterprise if one of the contributor has state-owned elements.

For explanation of types of registration covered in this chapter, please refer to General Survey.

Light Industry

Refers to the industry that produces consumer goods and hand tools. It consists of two categories, depending on the materials used:

(1) Industries using farm products as raw materials. These are the branches of light industry which directly or indirectly use farm products as basic raw materials, including the manufacture of food and beverages, tobacco processing, textile, clothing, fur and leather manufacturing, paper making, printing, etc.

(2) Industries using non-farm products as raw materials. These are the branches of light industry which use manufactured goods as raw materials, including the manufacture of cultural, educational articles and sports goods, chemicals, synthetic fiber, chemical products for daily use, glass products for daily use, metal products for daily use, hand tools, medical apparatus and instruments, and the manufacture of cultural and office machinery.

Heavy Industry

Refers to the industry which produces capital goods, and provides various sectors of the national economy with necessary material and technical basis for production. It consists of the following three branches according to the purpose of production or the use of products:

(1) Mining, quarrying and logging industry, which refers to the industry that extracts natural resources, including extraction of petroleum, coal, metal and non-metal ores.

(2) Raw materials industry refers to the industry that provides various sectors of the national economy with raw materials, fuels and power. It includes smelting and processing of metals, coking and coke chemistry, chemical materials and building materials such as cement, plywood, and power, petroleum refining and coal dressing.

(3) Manufacturing industry which refers to the industry that processes raw materials. It includes machine-building industries which equip sectors of the national economy; industries producing metal structure and cement products; and industries producing means of agricultural production, such as chemical fertilizers and pesticides.

In accordance with the above principles of classification, the repairing trades, which are engaged primarily in repairing products of heavy industry, are classified as heavy industry while those which are engaged in repairing products of light industry are classified as light industry.

Gross Industrial Output Value

Refers to the total volume of final industrial products produced and industrial services provided in this year.

(1) Principles for calculations

① Statistics on industrial production follow the principle that all products produced by the enterprises and accepted through quality check during the reference period are to be included no matter whether they are sold or not during the reference period.

② Determination of final products follows the principle that all products that are included in the calculation of gross industrial output value are the final products of the enterprise which have been accepted through quality check and require no further processing. If an enterprise has semi-finished products to sell, these intermediate products are considered as the final products of the enterprise.

Finished and semi-finished products which transfer in the workshop can only calculate the difference value between the end and the beginning.

③ Gross industrial output value is calculated following the principle of factory approach, i.e. industrial enterprise is used as the basic accounting unit in calculating the gross industrial output value. By this approach, value of the same product is not to be double-counted, and the output value of different workshops (branch factories) within the enterprise should not be added. However, this approach allows the possibility of double counting between enterprises.

(2) Content

Gross industrial output value consists of 3 components: value of the finished products during the reference period, income from processing for external parties, and value of change in semi-finished products between the end and the beginning of the reference period.

① Value of finished products during the reference period: refers to the value of all finished (semi-finished) industrial products that are produced during the reference period without the need for further processing, checked for acceptance, packed and put into the warehouse of the enterprise, including the value of own-produced equipment and the value of products provided to the projects under construction of the enterprise, and to other non-industrial or welfare units. Value of finished products does not include the value of finished products (semi-finished products) that are produced using the materials from the clients who place the orders.

Value of finished products during the reference period is calculated by the quantity of products produced using own materials multiplied by the average unit prices at which products are sold (excluding value-added tax). Own-produced equipment and products produced for own use are valued at cost prices as in the case of enterprise accounting.

② Income from external processing: refers to income from contracted external processing of industrial products (including processing of industrial products using materials from the clients), and the income from industrial repairing work provided to other parties. Income from external processing is calculated using information from the item "products sales income" in the enterprise accounting at the prices with value-added tax excluded.

If the income from external processing is paid beyond one year, Enterprises which the share of income from processing service is significant should adjust and record actual income from external processing this year.

③ Value of change in semi-finished products between the end and the beginning of the reference period. If the enterprise accounting excludes the cost of semi-finished products, then it should not be included in the gross industrial output value, and the reverse if otherwise.

Value of change in semi-finished products between the end and the beginning of the reference period: refers to the value of change in semi-finished products between the end and the beginning of the reference period. If the value of the end is less than the beginning, the index is negative and not dealt as zero.

(3) Method of calculation

① All products produced using own materials are to be calculated with full value in reporting the gross industrial output value irrespective of the complexity of production.

② For external processing, it allows calculate using processing fee. There are two cases: a. Between industrial enterprises. For gross industrial output value, processing enterprises calculate using processing fee

EXPLANATORY NOTES TO MAJOR STATISTICAL INDICATORS

and Commissioned processing calculate using full price. B. Between industrial enterprise and non-industrial enterprise. When industrial enterprise is processing enterprise, it allows calculate using processing fee.

③ The value of change in semi-finished products should be included in the gross industrial output value if it is included in the accounting record of the enterprise, otherwise it should not be included.

□ Industrial Sales Value

Is the total volume of industrial products produced and sold by industrial enterprises in a given period in monetary terms. It includes: (1) the value of finished-products; (2) the value for external processing. The difference between all products produced using own materials and external processing for calculation of industrial sales value is as same as the calculation of gross industry output value.

□ Value of Export Delivery

Refers to the value of products exported via foreign trade agencies or by the industrial enterprises on their own (including the export to Hong Kong, Macao and Taiwan), as well as the value of products in the productions like processing with foreign designs, processing on given materials, assembling of supplied parts and compensation trade, which is settled by foreign exchanges. The value of export delivery should be calculated in RMB according to the exchange rate at the time of trade.

□ Total Assets

Refer to all resources that are owned or controlled by enterprises through previous trades or transactions with expectation of making economic profits. Classified by the degree of liquidity, total assets include current assets and non-current assets. Current assets can be classified into monetary capital, trading financial assets, notes receivable, accounts receivable, advanced payments, other receivables and inventories. Non-current assets can be divided into long-term equity investment, fixed assets, intangible assets and other non-current assets. Data on this indicator can be obtained from the year-end figures of total assets in the Balance Sheet of accounting records.

□ Total Liabilities

Refer to payable liabilities of enterprises that accumulated from previous trades or transactions with expectation of economic profits leaking out. In terms of payment, it can be divided into liquid liabilities and long-term liabilities. Data on this indicator can be obtained from the year-end figures of total liabilities in the Balance Sheet of accounting records.

□ Creditors' Equity

Refers to investors' ownership of net assets of the enterprise. It is equal to the total assets of the enterprise minus its total liabilities, including the primary input from investors, capital accumulation fund, surplus accumulation fund and undistributed profit. It is the last digital of "creditors' equity" in "balance sheet". Creditors' equity correspond to the summation item of creditors' equity shown in the balance sheets of the enterprises.

□ Revenue from Principal Business

Refers to the income confirmed of an enterprise from the principal business of selling products and providing labor services. Data on this indicator can be obtained from the year-end credit balance of "revenue from principal business" in the accounting record of enterprise (before carryover).

□ Cost of Principal Business

Refers to the total cost occurred from the principal business of the enterprise. Data can be obtained from the year-end debit balance of "cost of principal business" in the accounting record of enterprise (before carryover).

□ Tax and Extra Charges from Principal Business

Refer to the tax and charges including the business tax, consumption tax, city maintenance and construction tax, resources tax, land increasing value tax and extra charges for education and etc. It is the annual accumulation of the corresponding item in the "profit table" of the accountant. For enterprises that follow the 2006 Enterprise Accounting Standards, the year-end accumulation of tax and extra charges from the sales of products is used as a substitute.

□ Profit from Business

Refers to the profits from operation activities, that is the main business income minus the cost of main business and main business tax and surcharges, add other business profits, minus operating expenses, management fees, finance charges. It is the annual accumulation of the corresponding item in the "profit table" of the accountant.

□ Value Added Tax Payable

Refers to the amount of the value-added tax, which should be paid by the enterprises in the reporting period. According to the tax laws, increasing the activities of the current value of the goods, such as the sale of goods or the provision of processing, repair workshop and other services should pay taxes. It is calculated as follows:

Value added tax payable=tax on sales-(tax on purchases-transferred tax on purchases) - Tax credits-tax cut +export rebate

□ Total Profits

Refers to the operation results in a certain accounting period, and it is the balance of various incomes minus various spendings in the course of operation, reflecting the total profits and losses of enterprises in reference period. Data are obtained from the amount of total profits in the profit statement of the accounting record of enterprise.

□ Total Value of Profit and Tax (Pre-tax Profits)

Refers to the sum of the total profits, products sales tax and surcharges and the value added tax payable of industrial enterprises. It is also called Pre-tax profits.

□ Industrial Comprehensive Index of Economic Efficiency

Is a special kind of relative figure to comprehensively measure overall economic efficiency of regional industry, showing the quality of industrial economic efficiency of the reference period. Industrial comprehensive index of economic efficiency is calculated with 7 items of ratio of total assets to industrial output value, ratio of creditors' equity of current year to that of previous year, ratio of liabilities to assets, turnover ratio of output value, circulating funds, ratio of profits to cost, overall labor productivity, ratio of sales to products. The actual figure of every indicator above is divided by responding national standard numerical value, and the results multiply correlative weight coefficients, then the total number is divided by general weight coefficient. The index comprehensively reflects the changes of regional industrial economic efficiency in static and dynamic status, eliminating the incomparable factors at a certain extent.

□ Ratio of Total Assets to Industrial Output Value

Reflects the profit-making capability of all assets of the enterprise and is a key indicator manifesting the performance and management and evaluating the profit-making potential of the enterprise. It is calculated as follows:

Ratio of Total Assets to Industrial Output (%) = [(Total profits + Total taxes + Interest payment) / average assets] × 100%

□ Capital Maintenance and Appreciation Rate

Reflects the changes of an enterprise's net assets. It epitomizes the growth capability of an enterprise. Its calculating formula is:

Capital Maintenance and appreciation rate = Ownership equity at the end of the reporting period/ Ownership equity at the same period of the previous year.

EXPLANATORY NOTES TO MAJOR STATISTICAL INDICATORS

Ratio of Liabilities to Assets

Reflect both the operation risk and the capability of the enterprise in making use of the capital from the creditors. It is calculated as follows:

Ratio of liabilities to assets (%) = Total liabilities/ total assets×100%

Turnover Ratio of Circulating Funds

Refers to times of turnover of circulating funds in a given period of time, which reflects the speed of the turnover of working capital and is calculated as follows:

Turnover Ratio of Circulating Funds (%) = Sales Revenue of Products/Average Balance of Total Circulating Funds×100%

Ratio of Profits to Costs

Refers to the ratio of profits realized in a given period to the total costs in the same period, which reflects the economic efficiency of input cost and is calculated as follows:

Ratio of Profits to Cost (%) =Total Profits/Total Costs×100%

Overall Labor Productivity

Refers to the average output per employed person in industrial enterprises in value terms. At present, the value added and the average number of staff and workers of an industrial enterprises in a given period are used to calculate the overall labor productivity. The formula used is:

Overall Labor Productivity = (Value Added of Industry) / (Average Number of Staff and Workers)

Ratio of Sales to Products

Refers to the ratio of total sales in a given period to the gross output value in the same period, which reflects the extent of industrial output sold and is calculated as follows:

Ratio of Sales to Products (%) =Total Sales (at Current Prices) / Gross Output Value (at Current Prices) ×100%

Ratio of Profits to Sales

Refers to the ratio of total profits to the sales revenue in a given period and is calculated as follows:

Ratio of Profits to Sales (%) =Total Profits /Sales Revenue×100%

Ratio of Accumulated Capital to Original Capital

Refers to the ratio of the increased volume of creditors' equity to the creditors' equity at the year's beginning. The formula used is:

Ratio of Accumulated Capital to Original Capital (%) = Increased Volume of Creditors' Equity / Creditors' Equity at Year's Beginning×100%

Current Ratio

Refers to the ratio of the circulating assets to the circulating liabilities, i.e. the amount of circulating assets as the guarantee to pay off each yuan of circulating liabilities, which reflects the ability of the enterprise to pay off the due circulating liabilities with the circulating assets realizable in a short period of time. The formula is:

Current Ratio (%) = Circulating Assets / Circulating Liabilities

Quick Ratio

Refers to the ratio of quick assets to circulating liabilities of the enterprise, and is calculated as the follows:

Quick Ratio = Quick Assets / Circulating Liabilities

Ratio of Equity to Production

Refers to the ratio of total liabilities to creditors' equity. It is the sign of financial stability of the enterprises, and also called ratio of total liabilities to total capital. The formula is:

Ratio of Equity to Production = Total Liabilities / Creditors' Equity

EXPLANATORY NOTES TO MAJOR STATISTICAL INDICATORS

Total Current Assets

Refer to the assets that meet one of the following requirements: (1) expected to be cashed, sold or used in a normal operation cycle, mainly including inventory and accounts receivable; (2) be owned for trading purpose mainly; (3) expected to be cashed in one year (including one year) from the day of the Balance Sheet; (4) unlimited cash or cash equivalents that can be exchanged with other assets or being capable of settling debts during one year since the day of the Balance Sheet. Included are monetary capital, notes receivable, accounts receivable and inventories. Data on this indicator can be obtained from the year-end figures of total current assets in the Balance Sheet of accounting records.

Annual Average Employees

Refers to the number of persons engaged in the enterprise production and operation activities in the reporting period, which are actually owned by the enterprise.

第十三章·建筑业

CONSTRUCTION

简要说明 BRIEF INTRODUCTION

本章资料包括全市按登记注册地统计的资质内建筑业基本情况、建筑企业房屋施工及竣工面积和劳务分包建筑业企业主要指标、各类建筑施工企业主要经济指标等，由市统计局固定资产投资处提供。全市建筑业增加值情况参见本书第二章国民经济核算。

The data in this chapter include the general information of all the construction enterprises with the place of registration in Chongqing, the main indicators on the floor space of buildings under construction and completed of construction enterprises and on the labor subcontractors in construction industry, as well as the main economic indicators on various construction enterprises. The data in this chapter are provided by Division of Statistics of Investment in Fixed Assets, Chongqing Municipal Bureau of Statistics. See Chapter 2 National Economic Accounting of this book for the value added of construction industry.

表 13.1 建筑业基本情况（1985 － 2018 年）
BASIC STATISTICS ON CONSTRUCTION INDUSTRY (1985-2018)

年 份 Year	企业数（个） Number of Enterprises (unit)	年末从业人数（万人） Number of Employed Persons at Year-end (10 000 persons)	总产值（万元） Gross Output Value (10 000 yuan)	房屋建筑施工面积（万平方米） Floor Space of Buildings under Construction (10 000 sq.m)	房屋建筑竣工面积（万平方米） Floor Space of Buildings Completed (10 000 sq.m)
1985	298	14.12	96201	684.85	340.18
1986	291	17.12	112719	674.54	345.37
1987	303	18.08	138515	740.55	350.79
1988	399	20.71	183070	866.76	372.69
1989	400	20.60	196510	853.54	391.35
1990	445	20.89	220685	905.58	450.19
1991	465	21.50	262155	915.31	458.23
1992	482	23.58	340256	1015.59	490.88
1993	607	22.47	426228	1238.22	537.78
1994	561	26.61	656959	1456.78	577.22
1995	556	28.24	810548	1678.02	656.38
1996	1473	64.43	2052964	4065.24	2276.97
1997	1501	68.98	2440552	4451.06	2562.73
1998	1655	80.46	2896198	5275.68	2837.02
1999	1735	75.49	3175927	5481.86	2974.82
2000	1785	73.37	3486579	6088.49	3083.72
2001	1721	83.99	4368064	7962.27	4341.38
2002	1778	82.05	5015839	8707.39	4711.06
2003	1760	81.80	5862095	9754.10	4939.62
2004	2442	86.91	6902774	10184.46	5167.65
2005	2310	83.10	7835658	10722.57	5155.18
2006	2455	86.72	8950918	11522.42	5309.27
2007	2486	96.97	11287118	13866.76	5750.65
2008	2483	105.42	14963195	15618.93	6485.30
2009	2465	118.88	19152495	16475.84	7473.16
2010	2467	139.33	25343196	19489.39	8292.00
2011	2530	134.84	33288252	21976.19	8989.56
2012	2575	138.59	39756696	26269.73	11601.82
2013	2578	170.45	47312167	29884.62	12240.32
2014	2591	167.45	55522069	32886.88	12815.64
2015	2628	177.17	62569430	32801.61	13542.58
2016	2736	181.41	70358133	32077.14	13751.59
2017	2908	187.28	76080004	33210.82	13448.18
2018	2968	196.70	78194241	35140.02	13780.06

注：1）1993 年实行一套表制度，附营建筑企业有所增加；1996 年以前口径范围包括全民、城镇集体建筑安装企业，1996-2001 年为资质等级四级以上的建筑企业（下表同）。
2）2002 年起建筑业执行新建筑资质，2002 年房屋建筑施工、竣工面积和 2003 年起所有数据不含劳务分包企业（下表同）。

Note: a) As the system of one suit of tables was implemented in 1993, the affiliated construction enterprises increased. The statistics scope before 1996 included the whole people-owned, collective-owned construction and installation enterprises; while the statistics scope from 1996 to 2001 included the construction and installation enterprises of qualification Grade-4 and above (the same below).
b) The new grade system was carried out in construction in 2002. The data of floor space under construction and completed in 2002, and all the data since 2003 exclude the data of labor subcontractors (the same below).

表 13.2 建筑业企业房屋施工及竣工面积（2017 － 2018 年）
FLOOR SPACE OF BUILDINGS UNDER CONSTRUCTION AND COMPLETED BY CONSTRUCTION ENTERPRISES (2017-2018)

单位：万元 (10 000 yuan)

指 标	Item	2017	2018
房屋建筑施工面积（万平方米）	**Floor Space of Buildings under Construction (10 000 sq.m)**	**33210.82**	**35140.02**
#本年新开工面积	Floor Space of Buildings Newly Started This Year	13932.78	15156.00
#实行投标承包面积	Floor Space Contracted by Bidding		
房屋建筑竣工面积（万平方米）	**Floor Space of Buildings Completed (10 000 sq.m)**	**13448.18**	**13780.06**
住宅房屋	Residential Buildings	9593.89	9835.91
商业及服务用房屋	Buildings for Business and Services	1003.01	983.86
#批发和零售业用房	Buildings for Wholesale and Retail	347.75	380.82
住宿和餐饮业用房	Buildings for Hotels and Catering Services	80.58	74.24
居民服务业用房	Buildings for Residential Services	538.65	516.12
办公用房	Office Buildings	680.68	591.94
科研、教育、医疗用房屋	Buildings for Scientific Research, Education, Medical Cares	448.50	424.11
#科学研究用房屋	Buildings for Scientific Research	24.27	24.76
教育用房屋	Buildings for Education	357.01	308.40
医疗用房屋（卫生医疗用房）	Buildings for Health and Medical Cares	67.22	90.95
文化、体育和娱乐用房	Buildings for Culture, Sports and Entertainment	66.79	61.55
厂房及建筑物	Works and Buildings	1051.16	1271.70
#厂 房	Works	609.34	654.80
仓 库	Warehouses	70.73	62.45
其他未列明的房屋建筑物	Other Buildings	533.42	548.53

表 13.3 劳务分包建筑业企业主要指标（2017 － 2018 年）
MAIN INDICATORS ON LABOR SUBCONTRACTORS IN CONSTRUCTION INDUSTRY (2017-2018)

单位：万元 (10 000 yuan)

指 标	Item	2017	2018
企业数（个）	Number of Enterprises (unit)	98	60
年末从业人数（人）	Number of Employed Persons at Year-end (person)	27121	8385
企业总收入	Total Revenue	366426	163342
#劳务收入	Revenue from Labor Services	361808	163151
税 金	Tax	17578	6589
利润总额	Total Profits	4715	2557
从业人员劳动报酬	Earnings of Employed Persons	148929	62486

表 13.4 建筑施工企业主要经济指标（2017－2018 年）
MAIN ECONOMIC INDICATORS ON CONSTRUCTION ENTERPRISES (2017-2018)

指 标	Type	2017	2018
企业数（个）	**Number of Enterprises (unit)**	**2908**	**2968**
年末从业人数（万人）	**Number of Employed Persons at Year-end (10 000 persons)**	**187.28**	**196.70**
总产值（万元）	**Gross Output Value (10 000 yuan)**	**76080004**	**78194241**
按登记注册类型分	By Status of Registration		
内资企业	Domestic-funded Enterprises	75993861	78056434
#国 有	State-owned Enterprises	6020476	6309968
其他有限责任	Other Limited Liability Enterprises	33788730	31570602
私 营	Private Enterprises	32737803	36623959
按构成分	By Constitution		
#建筑工程	Construction	68606862	70700574
安装工程	Installation	4522034	4815025
按行业分	By Sector		
#房屋和土木工程建筑业	Construction of Buildings and Civil Engineering	71726507	73093440
#房屋工程建筑业	Floor Space of Buildings under Construction (10 000 sq.m)	57453382	57681341
建筑安装业	Construction Installation	2036668	2447640
建筑装饰业	Construction Decoration	1262166	1468220
按资质等级分	By Grade		
施工总承包	General Contractors of Construction	70878182	73137817
#一 级	First Grade	29229237	29555209
二 级	Second Grade	20567810	19883339
专业承包	Specialized Contractors of Construction	5201822	5056424
#一 级	First Grade	1397153	1457782
二 级	Second Grade	1712493	1109313
竣工产值（万元）	**Output Value of Completed Construction (10 000 yuan)**	**37557825**	**37976699**
按登记注册类型分	By Status of Registration		
内资企业	Domestic-funded Enterprises	37531029	37973842
#国 有	State-owned Enterprises	1792987	1527477
其他有限责任	Other Limited Liability Enterprises	16643840	14654147
私 营	Private Enterprises	17345278	19238778
按行业分	By Sector		
#房屋和土木工程建筑业	Construction of Buildings and Civil Engineering	35409086	35589176
#房屋工程建筑业	Buildings	31041528	31304752
建筑安装业	Construction Installation	987295	1052559
建筑装饰业	Construction Decoration	662087	793420
按资质等级分	By Grade		
施工总承包	General Contractors of Construction	35270997	35855348
#一 级	First Grade	12327463	11418329
二 级	Second Grade	10206827	10120583
专业承包	Specialized Contractors of Construction	2286828	2121351
#一 级	First Grade	556256	720743
二 级	Second Grade	854256	559011
房屋建筑施工面积（万平方米）	**Floor Space of Buildings under Construction (10 000 sq.m)**	**33210.82**	**35140.02**
房屋建筑竣工面积（万平方米）	**Floor Space of Buildings Completed (10 000 sq.m)**	**13448.18**	**13780.06**
年末自有机械设备台数（万台）	**Number of Machinery and Equipment Self-owned at Year-end (10 000 sets)**	**19.09**	**16.14**
年末自有机械设备总功率（万千瓦）	**Total Power of Machinery and Equipment Self-owned at Year-end (10 000 kw)**	**472.14**	**421.55**

表 13.5 国有建筑施工企业主要经济指标（2017 – 2018 年）
MAIN ECONOMIC INDICATORS ON STATE-OWNED CONSTRUCTION ENTERPRISES (2017-2018)

指 标	Type	2017	2018
企业数（个）	**Number of Enterprises (unit)**	**96**	**96**
年末从业人数（万人）	**Number of Employed Persons at Year-end (10 000 persons)**	**9.43**	**8.75**
总产值（万元）	**Gross Output Value (10 000 yuan)**	**6020476**	**6309968**
按构成分	By Constitution		
#建筑工程	Construction	5233764	5819619
安装工程	Installation	337079	332451
按行业分	By Sector		
#房屋和土木工程建筑业	Construction of Buildings and Civil Engineering	5836412	6132580
#房屋工程建筑业	Buildings	1884205	1114741
建筑安装业	Construction Installation	92875	73063
建筑装饰业	Construction Decoration	59340	66165
按资质等级分	By Grade		
施工总承包	General Contractors of Construction	5660516	5964817
#一 级	First Grade	3444456	4514237
二 级	Second Grade	925104	326690
专业承包	Specialized Contractors of Construction	359960	345151
#一 级	First Grade	233214	223466
二 级	Second Grade	90121	82325
竣工产值（万元）	**Output Value of Completed Construction (10 000 yuan)**	**1792987**	**1527477**
按行业分	By Sector		
#房屋和土木工程建筑业	Construction of Buildings and Civil Engineering	1760003	1493917
#房屋工程建筑业	Buildings	781923	510681
建筑安装业	Construction Installation	13447	11976
建筑装饰业	Construction Decoration	1623	1286
按资质等级分	By Grade		
施工总承包	General Contractors of Construction	1693229	1400316
#一 级	First Grade	966539	647707
二 级	Second Grade	101249	133221
专业承包	Specialized Contractors of Construction	99758	127161
#一 级	First Grade	33611	41169
二 级	Second Grade	45840	54944
房屋建筑施工面积（万平方米）	**Floor Space of Buildings under Construction (10 000 sq.m)**	**779.12**	**1578.38**
房屋建筑竣工面积（万平方米）	**Floor Space of Buildings Completed (10 000 sq.m)**	**289.61**	**333.24**
年末自有机械设备台数（万台）	**Number of Machinery and Equipment Self-owned at Year-end (10 000 sets)**	**2.50**	**1.52**
年末自有机械设备总功率（万千瓦）	**Total Power of Machinery and Equipment Self-owned at Year-end (10 000 kw)**	**93.47**	**58.69**

表 13.6 其他有限责任制建筑施工企业主要经济指标（2017－2018 年）
MAIN ECONOMIC INDICATORS ON OTHER CONSTRUCTION ENTERPRISES OF LIMITED LIABILITY (2017-2018)

指 标	Type	2017	2018
企业数（个）	**Number of Enterprises (unit)**	**985**	**939**
年末从业人数（万人）	**Number of Employed Persons at Year-end (10 000 persons)**	**75.84**	**76.08**
总产值（万元）	**Gross Output Value (10 000 yuan)**	**33788730**	**31570602**
按构成分	By Constitution		
#建筑工程	Construction	30793758	28754712
安装工程	Installation	1984598	2101260
按行业分	By Sector		
#房屋和土木工程建筑业	Construction of Buildings and Civil Engineering	32392932	29740048
#房屋工程建筑业	Buildings	23831319	22137503
建筑安装业	Construction Installation	844415	1192988
建筑装饰业	Construction Decoration	338298	409050
按资质等级分	By Grade		
施工总承包	General Contractors of Construction	32066891	30221985
#一 级	First Grade	16092646	13965974
二 级	Second Grade	8332802	7539886
专业承包	Specialized Contractors of Construction	1721839	1348617
#一 级	First Grade	410134	409029
二 级	Second Grade	670925	331959
竣工产值（万元）	**Output Value of Completed Construction (10 000 yuan)**	**16643840**	**14654147**
按行业分	By Sector		
#房屋和土木工程建筑业	Construction of Buildings and Civil Engineering	15784826	13775025
#房屋工程建筑业	Buildings	13222449	11848318
建筑安装业	Construction Installation	527769	566961
建筑装饰业	Construction Decoration	216847	239225
按资质等级分	By Grade		
施工总承包	General Contractors of Construction	15522522	13937090
#一 级	First Grade	7375370	5767994
二 级	Second Grade	4228481	3844350
专业承包	Specialized Contractors of Construction	1121318	717058
#一 级	First Grade	235095	265266
二 级	Second Grade	524655	214774
房屋建筑施工面积（万平方米）	**Floor Space of Buildings under Construction (10 000 sq.m)**	**17151.55**	**16925.90**
房屋建筑竣工面积（万平方米）	**Floor Space of Buildings Completed (10 000 sq.m)**	**6490.67**	**5759.33**
年末自有机械设备台数（万台）	**Number of Machinery and Equipment Self-owned at Year-end (10 000 sets)**	**8.08**	**7.46**
年末自有机械设备总功率（万千瓦）	**Total Power of Machinery and Equipment Self-owned at Year-end (10 000 kw)**	**221.61**	**214.37**

表 13.7 私营建筑施工企业主要经济指标（2017－2018 年）
MAIN ECONOMIC INDICATORS ON PRIVATE CONSTRUCTION ENTERPRISES (2017-2018)

指 标	Type	2017	2018
企业数（个）	**Number of Enterprises (unit)**	**1694**	**1809**
年末从业人数（万人）	**Number of Employed Persons at Year-end (10 000 persons)**	**93.29**	**105.00**
总产值（万元）	**Gross Output Value (10 000 yuan)**	**32737803**	**36623959**
按构成分	By Constitution		
#建筑工程	Construction	29433906	32840771
安装工程	Installation	2054222	2194163
按行业分	By Sector		
#房屋和土木工程建筑业	Construction of Buildings and Civil Engineering	30441360	33699356
#房屋工程建筑业	Buildings	28996875	31863505
建筑安装业	Construction Installation	966128	1107938
建筑装饰业	Construction Decoration	792474	977008
按资质等级分	By Grade		
施工总承包	General Contractors of Construction	30018588	33481209
#一 级	First Grade	9300566	10111854
二 级	Second Grade	10121272	10775815
专业承包	Specialized Contractors of Construction	2719216	3142750
#一 级	First Grade	539393	806019
二 级	Second Grade	855462	619498
竣工产值（万元）	**Output Value of Completed Construction (10 000 yuan)**	**17345278**	**19238778**
按行业分	By Sector		
#房屋和土木工程建筑业	Construction of Buildings and Civil Engineering	16268010	17882821
#房屋工程建筑业	Buildings	15489077	16951571
建筑安装业	Construction Installation	380432	413062
建筑装饰业	Construction Decoration	431737	547524
按资质等级分	By Grade		
施工总承包	General Contractors of Construction	16320533	18044970
#一 级	First Grade	3885388	4500091
二 级	Second Grade	5162093	5423667
专业承包	Specialized Contractors of Construction	1024745	1193808
#一 级	First Grade	283664	407784
二 级	Second Grade	270724	281033
房屋建筑施工面积（万平方米）	**Floor Space of Buildings under Construction (10 000 sq.m)**	**13427.17**	**15156.55**
房屋建筑竣工面积（万平方米）	**Floor Space of Buildings Completed (10 000 sq.m)**	**6028.41**	**6849.85**
年末自有机械设备台数（万台）	**Number of Machinery and Equipment Self-owned at Year-end (10 000 sets)**	**7.98**	**6.69**
年末自有机械设备总功率（万千瓦）	**Total Power of Machinery and Equipment Self-owned at Year-end (10 000 kw)**	**145.47**	**136.20**

表 13.8 施工总承包建筑施工企业主要经济指标（2017－2018 年）
MAIN ECONOMIC INDICATORS ON GENERAL CONTRACTORS OF CONSTRUCTION (2017-2018)

指 标	Type	2017	2018
企业数（个）	**Number of Enterprises (unit)**	**1840**	**1932**
年末从业人数（万人）	**Number of Employed Persons at Year-end (10 000 persons)**	**165.46**	**172.72**
总产值（万元）	**Gross Output Value (10 000 yuan)**	**70878182**	**73137817**
按登记注册类型分	By Status of Registration		
内资企业	Domestic-funded Enterprises	70794250	73003154
#国 有	State-owned Enterprises	5660516	5964817
其他有限责任	Other Limited Liability Enterprises	32066891	30221985
私 营	Private Enterprises	30018588	33481209
按构成分	By Constitution		
#建筑工程	Construction	65451166	67753868
安装工程	Installation	3147396	3382240
按行业分	By Sector		
#房屋和土木工程建筑业	Construction of Buildings and Civil Engineering	69315882	71425927
#房屋工程建筑业	Buildings	55871925	56646661
建筑安装业	Construction Installation	996440	1265685
建筑装饰业	Construction Decoration	121692	171675
按资质等级分	By Grade		
#一 级	First Grade	29229237	29555209
二 级	Second Grade	20567810	19883339
竣工产值（万元）	**Output Value of Completed Construction (10 000 yuan)**	**35270997**	**35855348**
按登记注册类型分	By Status of Registration		
内资企业	Domestic-funded Enterprises	35245311	35855348
#国 有	State-owned Enterprises	1693229	1400316
其他有限责任	Other Limited Liability Enterprises	15522522	13937090
私 营	Private Enterprises	16320533	18044970
按行业分	By Sector		
#房屋和土木工程建筑业	Construction of Buildings and Civil Engineering	34530816	35017429
#房屋工程建筑业	Buildings	30474905	31001623
建筑安装业	Construction Installation	425989	549885
建筑装饰业	Construction Decoration	52359	67172
按资质等级分	By Grade		
#一 级	First Grade	12327463	11418329
二 级	Second Grade	10206827	10120583
房屋建筑施工面积（万平方米）	**Floor Space of Buildings under Construction (10 000 sq.m)**	**31130.33**	**33887.11**
房屋建筑竣工面积（万平方米）	**Floor Space of Buildings Completed (10 000 sq.m)**	**13006.18**	**13124.89**
年末自有机械设备台数（万台）	**Number of Machinery and Equipment Self-owned at Year-end (10 000 sets)**	**15.77**	**12.60**
年末自有机械设备总功率（万千瓦）	**Total Power of Machinery and Equipment Self-owned at Year-end (10 000 kw)**	**441.14**	**400.26**

表 13.9 专业承包建筑施工企业主要经济指标（2017－2018 年）
MAIN ECONOMIC INDICATORS ON SPECIALIZED CONTRACTORS OF CONSTRUCTION (2017-2018)

指 标	Type	2017	2018
企业数（个）	**Number of Enterprises (unit)**	**1068**	**1036**
年末从业人数（万人）	**Number of Employed Persons at Year-end (10 000 persons)**	**21.81**	**23.98**
总产值（万元）	**Gross Output Value (10 000 yuan)**	**5201822**	**5056424**
按登记注册类型分	By Status of Registration		
内资企业	Domestic-funded Enterprises	5199611	5053281
#国 有	State-owned Enterprises	359960	345151
其他有限责任	Other Limited Liability Enterprises	1721839	1348617
私 营	Private Enterprises	2719216	3142750
按构成分	By Constitution		
#建筑工程	Construction	3155696	2946706
安装工程	Installation	1374638	1432784
按行业分	By Sector		
#房屋和土木工程建筑业	Construction of Buildings and Civil Engineering	2410625	1667513
#房屋工程建筑业	Buildings	1581457	1034680
建筑安装业	Construction Installation	1040228	1181954
建筑装饰业	Construction Decoration	1140475	1296545
按资质等级分	By Grade		
#一 级	First Grade	1397153	1457782
二 级	Second Grade	1712493	1109313
竣工产值（万元）	**Output Value of Completed Construction (10 000 yuan)**	**2286828**	**2121351**
按登记注册类型分	By Status of Registration		
内资企业	Domestic-funded Enterprises	2285718	2118494
#国 有	State-owned Enterprises	99758	127161
其他有限责任	Other Limited Liability Enterprises	1121318	717058
私 营	Private Enterprises	1024745	1193808
按行业分	By Sector		
#房屋和土木工程建筑业	Construction of Buildings and Civil Engineering	878270	571747
#房屋工程建筑业	Buildings	566623	303129
建筑安装业	Construction Installation	561306	502675
建筑装饰业	Construction Decoration	609727	726248
按资质等级分	By Grade		
#一 级	First Grade	556256	720743
二 级	Second Grade	854256	559011
房屋建筑施工面积（万平方米）	**Floor Space of Buildings under Construction (10 000 sq.m)**	**2080.49**	**1252.91**
房屋建筑竣工面积（万平方米）	**Floor Space of Buildings Completed (10 000 sq.m)**	**442.00**	**655.17**
年末自有机械设备台数（万台）	**Number of Machinery and Equipment Self-owned at Year-end (10 000 sets)**	**3.32**	**3.54**
年末自有机械设备总功率（万千瓦）	**Total Power of Machinery and Equipment Self-owned at Year-end (10 000 kw)**	**31.00**	**21.29**

表 13.10 房屋和土木工程建筑施工企业主要经济指标（2017－2018 年）
MAIN ECONOMIC INDICATORS ON CONSTRUCTION ENTERPRISES OF BUILDINGS AND CIVIL ENGINEERING (2017-2018)

指 标	Type	2017	2018
企业数（个）	**Number of Enterprises (unit)**	**1941**	**2000**
年末从业人数（万人）	**Number of Employed Persons at Year-end (10 000 persons)**	**171.07**	**177.04**
总产值（万元）	**Gross Output Value (10 000 yuan)**	**71726507**	**73093440**
按登记注册类型分	By Status of Registration		
内资企业	Domestic-funded Enterprises	71690169	72961570
#国 有	State-owned Enterprises	5836412	6132580
其他有限责任	Other Limited Liability Enterprises	32392932	29740048
私 营	Private Enterprises	30441360	33699356
按构成分	By Constitution		
#建筑工程	Construction	66644098	67804162
安装工程	Installation	2802061	3120401
按资质等级分	By Grade		
施工总承包	General Contractors of Construction	69315882	71425927
#一 级	First Grade	28711510	29100033
二 级	Second Grade	19973063	19363916
专业承包	Specialized Contractors of Construction	2410625	1667513
#一 级	First Grade	490723	254520
二 级	Second Grade	875520	259805
竣工产值（万元）	**Output Value of Completed Construction (10 000 yuan)**	**35409086**	**35589176**
按登记注册类型分	By Status of Registration		
内资企业	Domestic-funded Enterprises	35383400	35589176
#国 有	State-owned Enterprises	1760003	1493917
其他有限责任	Other Limited Liability Enterprises	15784826	13775025
私 营	Private Enterprises	16268010	17882821
按资质等级分	By Grade		
施工总承包	General Contractors of Construction	34530816	35017429
#一 级	First Grade	12181868	11199328
二 级	Second Grade	9963620	9951223
专业承包	Specialized Contractors of Construction	878270	571747
#一 级	First Grade	110703	76159
二 级	Second Grade	393287	188493
房屋建筑施工面积（万平方米）	**Floor Space of Buildings under Construction (10 000 sq.m)**	**32298.54**	**33700.63**
房屋建筑竣工面积（万平方米）	**Floor Space of Buildings Completed (10 000 sq.m)**	**13079.73**	**13213.16**
年末自有机械设备台数（万台）	**Number of Machinery and Equipment Self-owned at Year-end (10 000 sets)**	**15.87**	**12.85**
年末自有机械设备总功率（万千瓦）	**Total Power of Machinery and Equipment Self-owned at Year-end (10 000 kw)**	**439.85**	**399.73**

表 13.11 建筑安装企业主要经济指标（2017－2018 年）
MAIN ECONOMIC INDICATORS ON CONSTRUCTION ENTERPRISES OF INSTALLATION (2017-2018)

指 标	Type	2017	2018
企业数（个）	**Number of Enterprises (unit)**	**345**	**338**
年末从业人数（万人）	**Number of Employed Persons at Year-end (10 000 persons)**	**6.83**	**6.73**
总产值（万元）	**Gross Output Value (10 000 yuan)**	**2036668**	**2447640**
按登记注册类型分	By Status of Registration		
内资企业	Domestic-funded Enterprises	1989074	2444846
#国 有	State-owned Enterprises	92875	73063
其他有限责任	Other Limited Liability Enterprises	844415	1192988
私 营	Private Enterprises	966128	1107938
按构成分	By Constitution		
#建筑工程	Construction	658257	1026307
安装工程	Installation	1319701	1317051
按资质等级分	By Grade		
施工总承包	General Contractors of Construction	996440	1265685
#一 级	First Grade	413085	323513
二 级	Second Grade	347363	374400
专业承包	Specialized Contractors of Construction	1040228	1181954
#一 级	First Grade	279073	364818
二 级	Second Grade	360241	358961
竣工产值（万元）	**Output Value of Completed Construction (10 000 yuan)**	**987295**	**1052559**
按登记注册类型分	By Status of Registration		
内资企业	Domestic-funded Enterprises	987295	1052559
#国 有	State-owned Enterprises	13447	11976
其他有限责任	Other Limited Liability Enterprises	527769	566961
私 营	Private Enterprises	380432	413062
按资质等级分	By Grade		
施工总承包	General Contractors of Construction	425989	549885
#一 级	First Grade	41052	87338
二 级	Second Grade	172395	109571
专业承包	Specialized Contractors of Construction	561306	502675
#一 级	First Grade	109409	157979
二 级	Second Grade	222620	129066
房屋建筑施工面积（万平方米）	**Floor Space of Buildings under Construction (10 000 sq.m)**	**416.83**	**835.08**
房屋建筑竣工面积（万平方米）	**Floor Space of Buildings Completed (10 000 sq.m)**	**158.04**	**275.44**
年末自有机械设备台数（万台）	**Number of Machinery and Equipment Self-owned at Year-end (10 000 sets)**	**0.88**	**0.73**
年末自有机械设备总功率（万千瓦）	**Total Power of Machinery and Equipment Self-owned at Year-end (10 000 kw)**	**17.67**	**13.33**

表 13.12 建筑装饰企业主要经济指标（2017－2018 年）
MAIN ECONOMIC INDICATORS ON CONSTRUCTION ENTERPRISES OF DECORATION (2017-2018)

指 标	Type	2017	2018
企业数（个）	**Number of Enterprises (unit)**	**392**	**376**
年末从业人数（万人）	**Number of Employed Persons at Year-end (10 000 persons)**	**4.36**	**4.80**
总产值（万元）	**Gross Output Value (10 000 yuan)**	**1262166**	**1468220**
按登记注册类型分	By Status of Registration		
内资企业	Domestic-funded Enterprises	1261037	1465720
#国 有	State-owned Enterprises	59340	66165
其他有限责任	Other Limited Liability Enterprises	338298	409050
私 营	Private Enterprises	792474	977008
按构成分	By Constitution		
#建筑工程	Construction	735204	945422
安装工程	Installation	295098	285992
按资质等级分	By Grade		
施工总承包	General Contractors of Construction	121692	171675
#一 级	First Grade	2953	3013
二 级	Second Grade	24681	97295
专业承包	Specialized Contractors of Construction	1140475	1296545
#一 级	First Grade	540808	615643
二 级	Second Grade	412099	410484
竣工产值（万元）	**Output Value of Completed Construction (10 000 yuan)**	**662087**	**793420**
按登记注册类型分	By Status of Registration		
内资企业	Domestic-funded Enterprises	660977	790920
#国 有	State-owned Enterprises	1623	1286
其他有限责任	Other Limited Liability Enterprises	216847	239225
私 营	Private Enterprises	431737	547524
按资质等级分	By Grade		
施工总承包	General Contractors of Construction	52359	67172
#一 级	First Grade	2953	3013
二 级	Second Grade	2035	33250
专业承包	Specialized Contractors of Construction	609727	726248
#一 级	First Grade	268175	367636
二 级	Second Grade	224103	235607
房屋建筑施工面积（万平方米）	**Floor Space of Buildings under Construction (10 000 sq.m)**	**1.42**	**85.20**
房屋建筑竣工面积（万平方米）	**Floor Space of Buildings Completed (10 000 sq.m)**	**0.23**	**33.27**
年末自有机械设备台数（万台）	**Number of Machinery and Equipment Self-owned at Year-end (10 000 sets)**	**1.96**	**1.74**
年末自有机械设备总功率（万千瓦）	**Total Power of Machinery and Equipment Self-owned at Year-end (10 000 kw)**	**10.06**	**1.77**

表 13.13 建筑施工企业按资质等级分主要财务和经济效益指标（2018 年）

MAIN INDICATORS ON FINANCE AND ECONOMIC BENEFIT OF CONSTRUCTION ENTERPRISES BY GRADE (2018)

单位：万元 (10 000 yuan)

指 标	Item	合 计 Total	其中 of which 施工总承包 General Contractors	专业承包 Specialized Contractors
企业数（个）	Number of Enterprises (unit)	2968	1932	1036
年末从业人数（万人）	Number of Employed Persons at Year-end (10 000 persons)	196.70	172.72	23.98
自有固定资产原价	Original Value of Fixed Assets Owned	4797833	4375344	422489
自有固定资产净价	Net Value of Fixed Assets Owned	2664646	2448089	216558
总产值	Gross Output Value	78194241	73137817	5056424
实收资本	Paid-in Capital	9509411	8560362	949050
资产合计	Total Assets	60696342	55530709	5165633
#流动资产	Current Assets	49461238	44919941	4541297
固定资产	Fixed Assets	4793727	4373757	419970
负债合计	Total Liabilities	42943915	39467648	3476267
流动负债	Current Liabilities	37504413	34343200	3161214
非流动负债	Non-current Liabilities	3436242	3276282	159959
所有者权益	Creditors' Equity	17752427	16063061	1689366
利税总额	Total Pre-tax Profits	6318467	5885157	433309
#利润总额	Total Profits	2952439	2747010	205430
营业收入	Operating Revenue	63464797	57962198	5502598
#主营业务收入	Revenue from Major Business	62489736	57171216	5318521
房屋建筑施工面积（万平方米）	Floor Space of Buildings under Construction (10 000 sq.m)	35140.02	33887.11	1252.91
房屋建筑竣工面积（万平方米）	Floor Space of Buildings Completed (10 000 sq.m)	13780.06	13124.89	655.17
全员劳动生产率：	Overall Labor Productivity			
按总产值计算（元／人）	In Terms of Gross Output Value (yuan/person)	327437	341333	206083
房屋建筑面积竣工率（%）	Rate of Floor Space of Buildings Completed (%)	39.2	38.7	52.3
资产负债率（%）	Asset-liability Ratio (%)	70.8	71.1	67.3

表 13.14 建筑施工企业按行业分主要财务和经济效益指标 (2018 年)
MAIN INDICATORS ON FINANCE AND ECONOMIC BENEFIT OF CONSTRUCTION ENTERPRISES BY SECTOR (2018)

单位：万元 (10 000 yuan)

指 标	Item	合 计 Total	其 中 of which 房屋和土木工程建筑业 Building and Civil Engineering	建筑安装业 Construction Installation	建筑装饰业 Construction Decoration
企业数 (个)	Number of Enterprises (unit)	2968	2000	338	376
年末从业人数 (万人)	Number of Employed Persons at Year-end (10 000 persons)	196.70	177.04	6.73	4.80
自有固定资产原价	Original Value of Fixed Assets Owned	4797833	4373286	232652	120492
自有固定资产净价	Net Value of Fixed Assets Owned	2664646	2438766	125950	66655
总产值	Gross Output Value	78194241	73093440	2447640	1468220
实收资本	Paid-in Capital	9509411	8555566	457951	306706
资产合计	Total Assets	60696342	55434402	2877319	1399884
#流动资产	Current Assets	49461238	44998155	2450076	1160273
固定资产	Fixed Assets	4793727	4371699	230461	120211
负债合计	Total Liabilities	42943915	39402338	1922360	943028
流动负债	Current Liabilities	37504413	34245969	1868565	798785
非流动负债	Non-current Liabilities	3436242	3285512	35048	92592
所有者权益	Creditors' Equity	17752427	16032064	954958	456857
利税总额	Total Pre-tax Profits	6318467	5828075	285749	106914
#利润总额	Total Profits	2952439	2713167	148157	42589
营业收入	Operating Revenue	63464797	57897692	2639730	1584703
#主营业务收入	Revenue from Major Business	62489736	57098439	2590538	1556481
房屋建筑施工面积 (万平方米)	Floor Space of Buildings under Construction (10 000 sq.m)	35140.02	33700.63	835.08	85.20
房屋建筑竣工面积 (万平方米)	Floor Space of Buildings Completed (10 000 sq.m)	13780.06	13213.16	275.44	33.27
全员劳动生产率:	Overall Labor Productivity				
按总产值计算 (元/人)	In Terms of Gross Output Value (yuan/person)	327437	334794	325930	264520
房屋建筑面积竣工率 (%)	Rate of Floor Space of Buildings Completed (%)	39.2	39.2	33.0	39.0
资产负债率 (%)	Asset-liability Ratio (%)	70.8	71.1	66.8	67.4

重/庆/统/计/年/鉴

主要统计指标解释

建筑业统计单位

指从事房屋、构筑物建造和设备安装活动的法人企业。建筑业法人企业应具有建筑业资质并能够独立核算，同时其应具备以下条件：①依法成立，有自己的名称、组织机构和场所，能够承担民事责任；②独立拥有和使用资产，承担负债，有权与其他单位签订合同；③独立核算盈亏，能够编制资产负债表。

建筑业总产值

是以货币形式表现的建筑业企业在一定时期内生产的建筑业产品和提供的服务的总和。建筑业总产值包括：

⑴建筑工程产值：指列入建筑工程预算内的各种工程价值。

⑵安装工程产值：指设备安装工程价值，不包括被安装设备本身的价值。

⑶其他产值：建筑业总产值中除建筑工程、安装工程以外的产值。包括房屋构筑物修理产值、非标准设备制造产值、总包企业向分包企业收取的管理费以及不能明确划分的施工活动所完成的产值。

a. 房屋构筑物修理产值：指房屋和构筑物修理所完成的产值，但不包括被修理房屋、构筑物本身价值和生产设备的修理产值。

b. 非标准设备制造产值：指加工制造没有定型的非标准生产设备的加工费和原材料价值（如化工厂、炼油厂用的各种罐、槽，矿井生产统一使用的各种漏斗、三角槽、阀门等）以及附属加工厂为本企业承建工程制作的非标准设备的价值。

建筑业增加值

指建筑业企业在报告期内以货币形式表现的建筑业生产经营活动的最终成果。

从2004年第一次全国经济普查开始，建筑业现价增加值按生产法和分配法（收入法）两种方法计算，以收入法的计算结果为准，即从收入的角度出发，根据生产要素在生产过程中应得的收入份额计算。具体计算方法：经济普查年度建筑业增加值按照《经济普查年度GDP核算方案》计算，非经济普查年度建筑业增加值按照《非经济普查年度GDP核算方案》计算。

房屋建筑施工面积

指在报告期内施过工的全部房屋建筑面积，包括本期新开工的房屋面积、上期施工跨入本期继续施工的房屋面积、上期停缓建在本期恢复施工的房屋面积、本期竣工的房屋面积及本期施工后又停缓建的房屋面积。

房屋建筑竣工面积

指在报告期内房屋建筑按照设计要求全部完工，达到了使用条件，经验收鉴定合格，正式移交使用单位的房屋建筑面积。

Explanatory Notes on Main Statistical Indicators

Statistical Unit in the Construction Industry

Refers to a corporate enterprise engaged in the construction of buildings and structures and in the installation of equipment. A corporate construction enterprise should have qualification certificates with independent accounting system, and should meet the following 3 requirements: a) being set up in line with relevant legal basis, having its full name, organization and location, and capable of taking civil liabilities; b) independently possessing and using its assets and assuming its liabilities, and entitled to sign contracts with other institutions; and c) making independent accounts of its profits and losses, and capable of compiling its own balance sheet.

Gross Output Value of Construction

Refers to total of construction products and services, expressed in money terms, produced or rendered by construction and installation enterprises during a given period of time. It includes:

(1) Output value of construction projects: the value of projects covered by the project budgets;

(2) Output value of installation projects: the value of the installation of equipment, (excluding the value of the equipment to be installed);

(3) Other output values: the output value of construction industry apart from that of construction projects and installation projects. It includes: output value of repair of buildings and structures; output value of non-standard equipment manufacturing; overhead expenses received by contracted enterprises from the sub-contracted enterprises and the completed output value of construction activities for which there is no clear definition.

a. Output value of repair of buildings and structures: the value created through the repairs of buildings or structures. It does not include the value of buildings or structures being repaired and the value of the repair of production equipment;

b. Output value of manufactured non-standard equipment: the value of non-standard production equipment, including raw materials and manufacturing cost, made for the construction project (i.e., chemical plant; kettles or tanks used by refineries; various fillers, triangle tanks, valves used by mines). It also includes the output value of equipment manufactured by subsidiary workshops.

Value-added of Construction

Refers to the final result of the activities of production and operation of enterprises of the construction industry in monetary terms during the reference period.

Starting from the 2004 economic census, value-added of construction is calculated by both production approach and income approach, with the figures from the income approach as the final figures., Under the income approach,, calculation starts from the perspective of income and is based on the share of income derived from the production process by the relevant factors of production.. Specifically, value-added of construction for the Census years is calculated in accordance with the Programme of Compilation of GDP and National Accounts for the Year of Economic Census, and value-added of construction for other years is calculated in accordance with the Programme of Compilation of GDP and National Accounts for the Non Economic Census Years.

Floor Space of Buildings Under Construction

Refers to floor space of buildings under construction during the reference period, including the floor space of buildings for which construction has newly started; buildings for which construction has started earlier and is continuing during the reference period; and buildings for which construction has been suspended earlier but has restarted during the reference period; buildings completed during the reference period; and buildings under construction but construction has subsequently been during the reference period.

□ Floor Space of Buildings Completed

Refers to the floor space of buildings that are completed in the reference period in accordance with the requirements of the design, up to the standard for being put into use, and having been checked and accepted by departments concerned as qualified ones.

第十四章·运输和邮电

TRANSPORT, POSTAL AND TELECOMMUNICATION SERVICES

简要说明 BRIEF INTRODUCTION

本章反映全市交通运输业和邮电通信业情况，主要包括货物和旅客运输量、港口吞吐量、交通基础设施和运输营运工具、民用车辆和船舶、主要港口码头泊位和仓库、邮电业务、电信主要通信能力和邮电通信水平。本章资料由市统计局服务业统计处负责整理编辑。

交通运输有关资料来源于市交通局、市公安局、成都铁路局、民航重庆安全监督管理局和市统计局。邮电通信业资料来源于市邮政局和市通信管理局。

The data in this chapter show the conditions of transport, postal and telecommunication services, mainly covering the data of freight and passenger traffic, freight handled at ports, transport infrastructure and means, civil motor vehicles and transport vessels, berths and warehouses at major ports, business volume of postal and telecommunication services, main communication capacity of telecommunications and level of postal and telecommunication services. The data in this chapter are sorted and compiled by Division of Service Statistics, Chongqing Municipal Bureau of Statistics.

The data of transport are provided by Ministry of Transport of Chongqing, Chongqing Public Security Bureau, Chengdu Railway Bureau, CAAC Chongqing Safety Supervision and Administrative Bureau and Chongqing Municipal Bureau of Statistics. The data of postal and telecommunication services are provided by Post Bureau of Chongqing and Chongqing Communications Administration.

表 14.1 主要年份客货运输量及周转量
PASSENGER AND FREIGHT TRAFFIC AND PASSENGER-KILOMETERS AND FREIGHT TON-KILOMETERS IN MAJOR YEARS

年份 Year	客运量（万人） Passenger Traffic (10 000 persons)	旅客周转量（万人公里） Passenger-kilometers (10 000 person-km)	货运量（万吨） Freight Traffic (10 000 tons)	货物周转量（万吨公里） Freight ton-kilometers (10 000 ton-km)
1952	82		134	31531
1957	121		842	632103
1962	965	12619	808	147390
1965	1707	23268	2365	141406
1970	2136	27461	2536	111415
1975	3602	40180	3226	276337
1978	5294	293741	4816	1189803
1980	7846	417025	4469	1106294
1985	16923	975571	13513	2004938
1986	18308	1119673	14860	2184266
1987	21002	1160714	15618	2296505
1988	21119	1206942	22881	2470614
1989	22692	1185786	20764	2676052
1990	20332	1068775	15546	2452448
1991	26598	1176783	16186	2702591
1992	32924	1543492	17419	3005694
1993	34025	1724473	18841	3282548
1994	36340	1890785	21130	3077590
1995	39731	2104270	22796	3359847
1996	42370	2094740	24339	3150421
1997	46199	2242533	23979	2972254
1998	49020	2346281	25328	2684566
1999	52442	2434000	25190	2742000
2000	56969	2577859	26852	3063900
2001	59244	2662900	28212	3253200
2002	61918	2776900	29787	3376300
2003	58290	2526100	32565	3680300
2004	63495	2994200	36434	5180300
2005	60436	3018038	39200	6248968
2006	61228	3015761	42808	8213853
2007	77187	3938936	49973	10497955
2008	107191	4430156	63651	14864332
2009	114598	4814394	68491	16442995
2010	126804	5497718	81385	20103977
2011	141499	6808274	96782	25302835
2012	157800	7553916	86398	26480626
2013	66645	6520061	87115	22932580
2014	70056	7257895	97287	25888734
2015	64164	7895976	103739	27063382
2016	63402	8048052	107840	29647694
2017	63298	8697933	115346	33707601
2018	63634	9053806	128234	35936344

注：1）1996 年起铁路数据按重庆现地域进行了调整。
2）2013 年，据交通专项调查数据，对公路、水路客（货）运量和客（货）运周转量进行了调整。

Note: a) The data of railway have been adjusted according to present administrative divisions of Chongqing since 1996.
b) The data of freight traffic and freight ton-kilometers were adjusted according to the transport survey data in 2013.

表 14.2 主要年份港口吞吐量和公路线路里程
VOLUME OF FREIGHT HANDLED IN COASTAL PORTS AND LENGTH OF HIGHWAYS IN MAJOR YEARS

年份 Year	港口货物吞吐量（万吨） Freight Handled in Coastal Ports (10 000 tons)	其中 of which		公路线路里程（公里） Length of Highways (km)	其中 of which
		进港 In-port	出港 Out-port		高速公路 Expressways
1952	61.80	26.60	35.20	743	
1957	356.10	73.10	283.00	1021	
1962	173.50	93.40	80.10	6044	
1965	217.10	115.70	101.40	7221	
1970	267.00	161.00	106.00	7538	
1975	228.90	108.90	120.00	9753	
1978	369.80	184.10	185.70	15421	
1980	378.20	194.10	184.10	16811	
1985	438.30	195.40	242.90	19377	
1986	532.70	303.40	229.30	19666	
1987	553.70	292.28	261.42	19942	
1988	570.30	296.14	274.16	20609	
1989	651.93	330.74	321.19	20944	
1990	572.50	275.70	296.80	21162	
1991	566.10	262.77	303.33	21474	
1992	664.90	326.80	338.10	21804	
1993	687.70	299.50	388.20	21990	
1994	665.65	289.26	376.39	22148	
1995	853.00	390.00	463.00	22556	
1996	1076.00	492.00	584.00	26892	114
1997	2548.70	977.20	1571.50	27045	114
1998	2477.30	1186.60	1290.70	27210	134
1999	2599.84	1610.44	989.40	28086	134
2000	2448.00	1485.00	963.00	30354	232
2001	2839.87	1690.39	1149.48	30654	320
2002	3004.00	1718.41	1285.59	31060	399
2003	3243.76	1796.24	1447.52	31407	580
2004	4539.00	2337.09	2201.91	32344	714
2005	5251.30	2758.11	2493.19	98218	748
2006	5420.43	2747.65	2672.78	100299	778
2007	6433.54	3330.46	3103.08	104705	1049
2008	7892.80	4349.38	3543.42	108632	1165
2009	8611.62	4833.29	3778.33	110951	1577
2010	9668.42	5682.24	3986.18	116949	1861
2011	11605.67	7338.72	4266.95	118562	1861
2012	12502.40	7670.01	4832.39	120728	1909
2013	13676.00	8618.55	5057.34	122846	2312
2014	14664.78	8946.76	5718.03	127392	2401
2015	15680.00	9499.00	6181.00	140551	2525
2016	17372.00	10037.00	7335.00	142921	2818
2017	19722.00	11935.00	7787.00	147881	3023
2018	20443.70	11469.34	8974.36	157483	3096

注：2006 年起，公路线路里程包括村道，2005 年数据按同口径进行了调整。
Note: The length of highways has included village roads since 2006, and the data of 2005 has been adjusted according to the same scope.

表 14.3 主要年份邮电通信指标
INDICATORS OF POSTAL AND TELECOMMUNICATION SERVICES IN MAJOR YEARS

年 份 Year	邮政局、所（个） Number of Postal Offices (unit)	邮电业务总量（万元） Total Business Volume of Postal and Telecommunication Services (10 000 yuan)	其 中 of which #电 信 Telecommunication Services	邮电业务收入（万元） Business Revenue from Postal and Telecommunication Services (10 000 yuan)	其 中 of which #电 信 Telecommunication Services
1952	1023	12		133	
1957	1846	33		874	
1962	1747	102		1000	
1965	1751	245		1461	
1970	2166	267		1371	
1975	1933	2190		1726	
1978	1925	2650		2103	
1980	1917	5071		2650	
1985	1853	7268		5796	
1986	1862	8264		6840	
1987	1896	9719		7675	
1988	1918	11853		10120	
1989	2025	14351		11734	
1990	2056	18999		14222	
1991	2047	23708		20585	
1992	2075	31305		27608	
1993	2041	47627		41653	
1994	1957	70543		71212	
1995	2220	109627		157568	
1996	2314	159929		167313	
1997	1821	233471	211458	223052	184899
1998	1958	345932	319375	264846	219493
1999	1958	519537	490494	401767	349001
2000	2018	858200	822824	544369	482075
2001	2154	706000	635041	663200	593050
2002	2202	867600	791573	770500	695409
2003	2218	1213062	1128172	870787	788000
2004	2121	1686491	1592416	1006050	918555
2005	2068	2101467	1996000	1121730	1030130
2006	2008	2761750	2634708	1197759	1099750
2007	1981	3658095	3505910	1315347	1194089
2008	1927	4247535	4065296	1518100	1397500
2009	1838	4898417	4646833	1633300	1477100
2010	1775	1997363	1795756	1790807	1598773
2011	1678	2426432	2167301	2023921	1776624
2012	1635	2771655	2458900	2311346	2006441
2013	1684	3298926	2907701	2573186	2187644
2014	1720	4180875	3710644	2696119	2218948
2015	1756	5523531	4913412	2824637	2220727
2016	1780	8875912	8083709	3219900	2453000

年 份 Year	邮政局、所（个） Number of Postal Offices (unit)	邮政业务总量（万元） Total Business Volume of Postal Services (10 000 yuan)	电信业务总量（万元） Total Business Volume of Telecommunication Services (10 000 yuan)	邮电业务收入（万元） Business Revenue from Postal and Telecommunication Services (10 000 yuan)	其 中 of which #电 信 Telecommunication Services
2017	1781	999506	6114830	3508500	2584000
2018	1772	1348300	15413000	3687892	2572892

注：1）邮政业务总量 2001 年前为 1990 年不变价，2001-2009 年为 2000 年不变价口径，2010 年及以后为 2010 年不变价口径（以下各表同）。
2）电信业务总量 2001 年前为 1990 年不变价，2001-2009 年为 2000 年不变价口径，2010-2016 年为 2010 年不变价口径，2017 年及以后为 2015 年不变价口径（以下各表同）。

Note: a) The data of total business volume of postal services before 2001 were calculated at 1990 constant price, the data from 2001 to 2009 were calculated at 2000 constant price, while the data of 2010 and afterwards were calculated at 2010 constant price (the same for the tables below).
b) The data of total business volume of telecommunication services before 2001 were calculated at 1990 constant price, the data from 2001 to 2009 were calculated at 2000 constant price, the data from 2010 to 2016 were calculated at 2010 constant price, while the data of 2017 and afterwards were calculated at 2015 constant price (the same for the tables below).

表 14.4 邮电业务主要指标（1985 － 2018 年）
MAIN INDICATORS OF POSTAL AND TELECOMMUNICATION SERVICES (1985-2018)

年 份 Year	函 件（万件） Number of Letters (10 000 pcs)	特快专递（万件） Pieces of Express Mail Services (10 000 pcs)	邮政部门报刊累计数（万份） Accumulated Issue of Newspapers and Magazines (10 000 copies)	长途电话（万分钟） Long-distance Calls (10 000 minutes)	移动电话用户（万户） Mobile Telephone Subscribers (10 000 subscribers)	固定互联网络用户（万户） Subscribers of Internet Services (10 000 subscribers)	本地电话年末用户（万户） Subscribers of Local Telephone at Year-end (10 000 subscribers)	其中 of which: #城市电话用户 Urban Fixed Telephone Subscribers
1985	8961		32750	477			3.80	3.10
1986	10210		34696	515			4.83	3.42
1987	11755	1	36902	595			5.39	3.93
1988	12432	1	40591	707			6.07	4.58
1989	11609	2	16162	724			6.62	5.17
1990	11544	2	16037	873	0.08		7.25	5.70
1991	11539	3	17540	1227	0.09		8.87	7.15
1992	13618	7	18216	2132	0.15		12.63	10.69
1993	16013	22	18464	3519	0.59		18.53	16.30
1994	16519	40	15491	7022	1.73		29.00	25.39
1995	14633	52	16453	11650	3.62		37.24	32.10
1996	14100	63	15572	18288	9.00	0.03	66.50	56.33
1997	12159	68	28025	23527	19.15	0.20	126.25	108.91
1998	12715	97	30922	23912	40.73	0.76	156.28	123.52
1999	13266	145	33532	22210	79.90	2.49	197.88	148.22
2000	11542	210	31232	23424	160.00	10.00	268.43	186.93
2001	13561	260	27506	22555	245.80	28.60	337.70	221.40
2002	18038	235	27177	23607	424.70	55.60	413.63	262.34
2003	20497	272	25945	23408	619.40	88.65	533.40	343.80
2004	18426	334	19833	26115	811.61	122.16	642.39	425.49
2005	12499	348	22369	27450	943.40	128.66	688.91	456.51
2006	9553	386	22455	27018	1064.60	140.60	725.50	469.07
2007	6579	520	22178	28379	1176.90	169.30	723.13	459.27
2008	5476	1608	23475	233680	1281.70	189.57	688.10	435.10
2009	5218	2240	25281	254955	1440.92	203.80	627.73	397.80
2010	4927	2829	24942	386223	1664.40	263.10	582.70	376.40
2011	6146	4068	31217	582024	1801.19	326.78	571.25	384.54
2012	5706	5498	32440	936647	2069.65	388.07	575.71	409.31
2013	5348	10615	34834	746564	2380.78	505.00	580.33	430.29
2014	4700	13886	35824	807641	2589.89	539.70	582.97	441.22
2015	3119	20525	36334	894215	2788.78	696.50	564.98	436.64
2016	2301	28383	41273	996066	2880.10	848.80	541.62	420.20
2017	1768	32875	40898	573184	3274.88	1074.00	566.80	435.80
2018	1492	45795	37437	724461	3650.70	1273.80	589.00	445.00

注：1）1985 年 -2007 年长途电话计量单位为（万次）；2008 年起对长途电话通话时长统计口径作了调整，同时长途电话计量单位改为通话时长计量（万分钟）；2017 年对长途电话通话时长统计口径进行了调整，长途电话（万分钟）仅包括去话通话时长，不再包括来话通话时长；2018 年数据是 ' 固定长途电话通话时长 ',' 国内长途去话通话时长 ',' 国际长途去话通话时长 ' 相加。
2）2009 年起特快专递包括快递公司数据，2008 年数据按同口径进行了调整。

Note: a) From 1985 to 2007, the data of long-distance calls was calculated at 10 000 times. From 2008 to 2016, the data of long-distance calls has been calculated by hold-on time (10 000 min). In 2017, the data of long-distance calls has been calculated just by the length of outgoing call time (10 000 min), and the length of incoming call has been not included. Since 2018, the data of long-distance calls has been calculated by adding 'Fixed Long-distance Call Time','Domestic Long-distance Call Time' and 'International Long-distance Call Time'.
b) Since 2009, the data of express mail services has included the data of express delivery companies and the data of 2008 has been adjusted according to the same scope.

表 14.5 交通基础设施和交通运输营运工具（2017 – 2018 年）
TRANSPORT INFRASTRUCTURE AND TRANSPORT MEANS (2017-2018)

指 标	Item	2017	2018
交通基础设施	**Transport Infrastructure**		
公路线路里程（公里）	Length of Highways (km)	147881	157483
按行政等级分	By Administrative Level		
#国 道	National	8054	8061
省 道	Provincial	10071	10160
按技术等级分	By Technical Level		
等级公路	Expressway and Class I-IV Highways	122758	133942
#高速公路	Expressway	3023	3096
一级公路	First Class	926	952
二级公路	Second Class	8373	8572
等外公路	Highways Below Class IV	25123	23541
公路桥梁数量（座）	Number of Highway-bridges (unit)	11503	12512
公路桥梁总延米（延米）	Extended Length of Highway-bridges (extended meter)	844630	890055
铁路营运里程（公里）	Length of Railways in Operation (km)	2371	2371
内河航道里程（公里）	Length of Navigable Inland Waterways (km)	4472	4472
#等级航道	Standard Waterways	1917	1928
与重庆正班通航点（个）	Number of Navigable Cities from Chongqing (city)	179	203
国 内	Domestic Routes	127	142
国 际（地区）	International (regional) Routes	52	61
交通运输营运工具	Transport Means		
公路营运载货汽车（辆）	Business Trucks (unit)	295208	279759
公路营运载客汽车（辆）	Business Buses and Cars (unit)	18327	17615
运输船舶实有数（艘）	Transportation Vessels (unit)	2936	2806
机动船	Motor Vessels	2907	2774
驳 船	Barges	29	32
重庆机场飞行起降架次（万架次）	Throughput of Civil Aircrafts in Chongqing Airport (10 000 flights)	31.47	33.10

注：从 2018 年起，出租车和公交车划入城市交通载客汽车，不再算作公路营运载客汽车。
Note: Sinte 2018, taxies and buses are considered as city business buses and cars, not as business buses and cars.

表 14.6 民用车辆、船舶拥有量（2017－2018 年）
POSSESSION OF CIVIL MOTOR VEHICLES AND TRANSPORT VESSELS (2017-2018)

指 标	Item	2017	2018
民用车辆拥有量（辆）	**Possession of Civil Motor Vehicles (unit)**	**5674952**	**6317233**
#私人民用车辆拥有量	Private Vehicles	5138074	5710074
#载客汽车	Buses and Cars	2989779	3396309
载货汽车	Trucks	206709	223893
#汽 车	Motor Vehicles	3710685	4196910
载客汽车	Buses and Cars	3284214	3728824
载货汽车	Trucks	402598	442935
其它汽车	Others	23873	25151
摩托车	Motorcycles	1919042	2073681
民用船舶拥有量（艘）	**Possession of Civil Transport Vessels (unit)**	**2936**	**2806**
#私人船舶拥有量	Private Vessels	665	490
#机动船	Motor Vessels	657	482
#客 船	Passenger Vessels	234	166
货 船	Cargo Vessels	420	314
驳 船	Barges	8	8
#机动船	Motor Vessels	2907	2774
#客 船	Passenger Vessels	593	507
货 船	Cargo Vessels	2289	2238
驳 船	Barges	29	32

表 14.7 客货运输量、周转量及港口吞吐量（2017 – 2018 年）
PASSENGER AND FREIGHT TRAFFIC, PASSENGER-KILOMETERS AND FREIGHT TON-KILOMETERS AND VOLUME OF FREIGHTS HANDLED IN COASTAL PORTS (2017-2018)

指 标	Item	2017	2018
客运量总计（万人）	**Total Passenger Traffic (10 000 persons)**	**63298.02**	**63634.19**
铁 路	Railway	6349.24	7706.79
公 路	Highway	53307.00	52150.00
水 路	Waterway	865.61	730.64
民 航	Civil Aviation	2776.16	3046.76
旅客周转量总计（亿人公里）	**Total Passenger-kilometers (100 million person-km)**	**869.79**	**905.38**
铁 路	Railway	196.96	223.79
公 路	Highway	289.54	260.43
水 路	Waterway	5.68	5.59
民 航	Civil Aviation	377.61	415.57
货运量总计（万吨）	**Total Freight Traffic (10 000 tons)**	**115346.14**	**128234.37**
铁 路	Railway	1808.38	1705.26
公 路	Highway	95019.00	107064.00
水 路	Waterway	18505.50	19451.95
民 航	Civil Aviation	13.26	13.16
货物周转量总计（亿吨公里）	**Total Freight Ton-kilometers (100 million ton-km)**	**3370.76**	**3593.63**
铁 路	Railway	174.13	201.08
公 路	Highway	1068.96	1152.75
水 路	Waterway	2125.72	2237.85
民 航	Civil Aviation	1.95	1.95
港口货物吞吐量（万吨）	**Total Cargo Handled at Ports (10 000 tons)**	**19722.00**	**20443.70**
#集装箱	Containers	1663.90	1540.44
进港量	In-port	11935.00	11469.34
出港量	Out-port	7787.00	8974.36
空港吞吐量	**Throughput of Airports**		
旅 客（万人）	Passengers (10 000 persons)	3966.01	4287.58
货 物（万吨）	Cargo (10 000 tons)	36.89	38.44

注：1）2012 年将四川航空纳入统计范围，交通运输客运货运量（周转量）同期出现相应变化。
2）2011 年起，空港吞吐量包含黔江武陵机场。

Note: a) Sichuan Airline was taken into statistics in 2012, so the data of passenger and freight traffic (turnover) in 2012 has been adjusted.
b) The data of Qianjiang Wuling Airport has been included in the throughput of airports since 2011.

表 14.8 港口码头泊位数(2017－2018 年)
NUMBER OF BERTHS IN COASTAL PORTS (2017-2018)

指 标	Item	2017	2018
码头岸线长度(米)	**Length of Quay Line (m)**	**87991**	**84626**
非生产用	For Productive Use	67000	63760
非生产用	For Non-productive Use	20991	20866
泊位个数(个)	**Number of Berths (unit)**	**1101**	**1022**
生产用	For Productive Use	741	664
非生产用	For Non-productive Use	360	358

表 14.9 主要港口码头仓库(2017－2018 年)
WAREHOUSES IN MAIN COASTAL PORTS (2017-2018)

指 标	Item	2017	2018
集装箱吞吐量(吨)	Containers Handled in Coastal Ports (ton)	15358739	15404429
国际集装箱	International Containers	5859671	5674652
国内集装箱	Domestic Containers	9499068	9729777
集装箱吞吐量(TEU)	Containers Handled in Coastal Ports (TEU)	1131642	1169064
国际集装箱	International Containers	544604	487632
国内集装箱	Domestic Containers	587038	681432

注：TEU 是“折合 20 英尺标准箱”的英文缩写。
Note: TEU is the abbreviation of " Twenty-foot Equivalent Unit".

表 14.10 邮电业务基本情况 (2017 – 2018 年)
BASIC CONDITIONS OF POSTAL AND TELECOMMUNICATION SERVICES (2017-2018)

指 标	Item	2017	2018
邮政局（所）数（处）	Number of Postal Offices (unit)	1781	1772
邮电业务总量（万元）	Business Volume of Postal and Telecommunication Services (10 000 yuan)		
邮 政	Postal Services	999506	1348300
电 信	Telecommunication Services	6114830	15413000
函件（万件）	Number of Letters (10 000 pcs)	1768	1492
包件（万件）	Number of Parcels (10 000 pcs)	36	26
特快专递（万件）	Pieces of Express Mail Services (10 000 pcs)	32875	45795.0
邮政部门报刊累计数（万份）	Accumulated Issue of Newspapers and Magazines (10 000 copies)	40898	37437
长途电话（万分钟）	Long-distance Calls (10 000 min)	573184	724461
本地固定电话用户（万户）	Number of Fixed Telephone Subscribers at Year-end (10 000 subscribers)	566.80	589.00
城市电话用户	Urban Fixed Telephone Subscribers	435.80	445.00
乡村电话用户	Rural Fixed Telephone Subscribers	130.99	144.00
移动电话年末用户（万户）	Mobile Telephone Subscribers at Year-end (10 000 subscribers)	3274.88	3650.70
固定互联网络用户（万户）	Internet Subscribers (10 000 subscribers)	1074.00	1273.80

注：1）2017 年电信业务总量为 2015 年不变价口径，2016 年为 2010 年不变价口径。
2）2017 年长途电话（万分钟）仅包括去话通话时长，2016 年包括去话和来话通话时长。
3）2018 年开始，无公用电话指标。

Note: a) The data of total business volume of telecommunication services in 2016 was calculated at 2010 constant price, and services in 2017 was calculated at 2015 constant price.
b) Since 2017, the data of long-distance calls (10 000 min) has been calculated just by the length of outgoing call time, and the length of incoming call has been not included.
c) Since 2018, the public telephones has been are cancelled.

表 14.11 快递业务量(1997 – 2018 年)
BUSINESS VOLUME OF EXPRESS SERVICES (1997-2018)

年 份 Year	快 递 (万件) Pieces of Express Mail Services (10 000 pcs)	快递业务收入 (万元) Revenue from Express Service (10 000 yuan)
1997	67.0	2127.0
1998	98.0	3201.0
1999	144.0	4245.0
2000	208.0	7544.0
2001	260.0	10484.0
2002	229.0	6600.0
2003	271.0	8031.0
2004	335.0	7611.0
2005	349.0	8401.0
2006	385.0	11153.0
2007	519.0	13941.0
2008	1651.3	35346.1
2009	2240.0	48879.2
2010	2829.4	60268.1
2011	4068.3	76828.8
2012	5497.9	103426.5
2013	10614.8	136957.5
2014	13886.3	201060.0
2015	20525.4	286533.2
2016	28382.5	389617.2
2017	32874.9	447311.0
2018	45795.0	580358.0

表 14.12 电信主要通信能力（2017 – 2018 年）
MAIN COMMUNICATION CAPACITY OF TELECOMMUNICATIONS (2017-2018)

指 标	Item	2017	2018
接入网设备容量（万门）	Capacity of Access Network Equipments (10 000 lines)	180	305
移动电话交换机容量（万户）	Capacity of Mobile Telephone Exchanges (10 000 subscribers)	4099	4099
移动电话基站数（个）	Number of Base Stations of Mobile Telephones (unit)	148530	156900
光缆线路长度（万公里）	Length of Optical Cable Lines (10 000km)	93	107

表 14.13 邮电通信水平（2017 – 2018 年）
POSTAL AND TELECOMMUNICATION SERVICES AVAILABLE (2017-2018)

指 标	Item	2017	2018
平均每一邮政局所服务面积（平方公里）	Average Area Served by Every Post Office (sq.km)	46.27	46.50
平均每一邮政局所服务人口（万人）	Average Population Served by Every Post Office (10 000 persons)	1.73	1.75
平均每人每年发函件数（件）	Annual Average Number of Letters Mailed Per Capita (piece)	0.57	0.48
平均每人每年自邮政部门订报刊数（份）	Annual Average Number of Newspapers and Magazines Subscribed from Postal Departments Per Capita (piece)	13.30	12.07
平均每百人拥有电话机（含移动）（部）	Number of Telephone Sets (including mobile phones) Owned Per 100 Persons (unit)	124.93	136.69
平均每百人拥有移动电话（部）	Number of Mobile Telephones Owned Per 100 Persons (unit)	106.49	117.70

注：人均指标按年末常住人口计算。
Note: The per capital indicators are calculated upon the permanent population at year-end.

重/庆/统/计/年/鉴

主要统计指标解释

■ 货（客）运量

指在一定时期内，各种运输工具实际运送的货物（旅客）数量。是反映运输业为国民经济和人民生活服务的数量指标，也是制定和检查运输生产计划，研究运输发展规模和速度的重要指标。货运按吨计算，客运按人计算。货物不论运输距离长短或货物类别，均按实际重量统计；旅客不论行程远近或票价多少，均按一人一次作为客运量统计。半价票，小孩票也按一人统计。

■ 货物（旅客）周转量

指在一定时期内，由各种运输工具运送的货物（旅客）数量与其相应运输距离的乘积之总和。是反映运输业生产总成果的重要指标，也是编制和检查运输生产计划，计算运输效率、劳动生产率以及核算运输单位成本的主要基础资料。通常以吨公里和人公里为计算单位。计算货物周转量通常按发出站与到达站之间的最短距离，也就是计费距离计算。计算公式为：

货物（旅客）周转量＝Σ货物（旅客）运输量×运输距离

■ 公路里程

指报告期末公路的实际长度。统计范围：包括城间、城乡间、乡（村）间能行驶汽车的公共道路，公路通过城镇街道的里程，公路桥梁长度、隧道长度、渡口宽度。不包括城市街道里程，断头路里程，农（林）业生产用道路里程，工（矿）企业等内部道路里程。统计原则：按已竣工验收或交付使用的实际里程计算；两条或多条公路共同经由同一路段的重复里程，只计算一次。

■ 内河航道里程

指在一定时期内，能通航运输船舶及排筏的天然河流、湖泊水库、运河及通航渠道的长度。包括全年季节性通航累计三个月以上的航道，不包括仅供零散流放竹、木排的河道。两省以河为界的航道里程，双方均按一半计算，以免重复。

■ 民用汽车拥有量

指报告期末，在公安交通管理部门按照《机动车注册登记工作规范》，已注册登记领有民用车辆牌照的全部汽车数量。汽车拥有量统计的主要分类：根据汽车结构分为载客汽车、载货汽车及其他汽车；根据汽车所有者不同分为个人（私人）汽车、单位汽车；根据汽车的使用性质分为营运汽车、非营运汽车和特种汽车；根据汽车大小规格不同载客汽车分为大型、中型、小型和微型，载货汽车分为重型、中型、轻型和微型。

■ 邮政、电信业务总量

指以货币形式表示的邮政、电信通信企业为社会提供各类邮政、电信通信服务的总数量。计算方法为各类业务的实物量分别乘以相应的不变单价，求出各类业务的货币量加总求得。没有不变单价的业务按其业务收入直接相加。

邮电业务总量＝Σ（各类邮电业务量×不变单价）＋出租代维及其他业务收入

＝邮政业务总量＋电信业务总量

■ 固定电话用户

指在电信企业营业网点办理开户登记手续并已接入固定电话网上的全部电话用户。包括普通电话用户、无线市话用户、公用电话用户、窄带综合业务数字网（N—ISDN）用户、智能网专用接入终端用户等。

■ 城市电话用户

指直辖市、省辖市、地级市、县级市的市区、市郊区及县城（包括县人民政府所在地的县城关区或行政建制相当于县人民政府所在地的镇）范围内接入局用交换机的电话用户数，包括分布在农村地区的独立工矿区、林区、驻军等接入局用交换机的电话用户数。

■ 农村电话用户

指按行政区划属于城市范围以外的乡（镇）、村电话用户。

主要统计指标解释

■ 移动电话用户

指在电信运营企业营业网点办理开户登记手续，通过移动电话交换机进入移动电话网，占用移动电话号码的各类电话用户。包括各类签约用户、智能网预付费用户、无线上网卡用户。

■ 局用交换机容量

指安装在电信企业内用于接续本地固定电话的电话交换机容量，包括接入网设备容量（安装在电信运营企业用于连接语音用户的远端节点的设备容量）。

■ 移动电话交换机容量

指移动电话交换机根据一定话务模型和交换机处理能力计算出来的最大同时服务用户的数量。按报告期末已割接入网正式投入使用的设备实际容量统计。

■ 铁路营业里程

又称营业长度，指投入客货运输营业或临时营业的线路长度。

■ 电气化里程

指具备了电力机车牵引条件，并已交付运营的线路里程。

■ 定期航班航线里程

指定期航班营运里程的总长度，以万公里为计算单位。航线里程的统计分为按重复距离计算和按不重复距离计算两种形式。“按重复距离计算”是指不同航线的相同航段距离可以重复累加；“按不重复距离计算”则不同航线相同航段只统计一次。

■ 管道输油（气）里程

指油、气、成品油等各类介质实际输送距离，是反映运输管线长度的指标，也是计算周转量的依据。对于有复线和备用线的地段，原则上按单线计算管输里程。双线同时输送又不能分开计量的情况下，管输里程为双线长度之和除以2。

■ 港口货物吞吐量

指经由水路进、出港区范围，并经过装卸的货物数量。按货物流向分为进港吞吐量和出港吞吐量，按货物的贸易性质分为内贸和外贸吞吐量。货物类别根据现行的交通行业《运输货物分类和代码》标准分类。

■ 民用运输船舶拥有量

指报告期末在水路运输管理部门注册登记的从事水上客、货运输活动的我国企业或私人拥有的营业性运输船舶（含我国企业或私人拥有的悬挂外国旗的船舶）数量。不包括非运输船舶及农业、渔业生产船舶。

■ 互联网上网人数

指过去半年内使用过互联网的6周岁及以上中国居民人数。

■ 长途电话交换机容量

指电信企业用于接入长途电话网的电话交换机的设备额定容量。

■ 互联网宽带接入端口

指用于接入互联网用户的各类实际安装运行的接入端口的数量，包括xDSL用户接入端口、LAN接入端口、其他类型接入端口等，不包括窄带拨号接入端口。

Explanatory Notes on Main Statistical Indicators

Freight (Passenger) Traffic

Refers to the volume of freight (passenger) transported with various means. Freight transport is calculated in tons and passenger traffic is calculated in the number of persons. Despite the type of freight and traveling distance, the freight transport is calculated in the actual weight of the goods; and despite the traveling distance and ticket price, the passenger traffic is calculated by the principle that one person can be counted only once in one travel. The passenger who travels with a half-price ticket or a child ticket is also calculated as one person. The freight (passenger) traffic provides a quantitative measure to show how the transport industry serves the national economy and people, and is also an important indicator for planning the transport industry and for studying the development scale and speed of the transport industry.

Freight Ton-kilometers (Passenger-kilometers)

Refer to the sum of the products of the volume of transported cargo (passengers) multiplying by the transport distance. It is an important indicator to reflect the achievement of transportation industry. Normally, the shortest distance between the departure station and the destination station (i.e., the payable distance) is the basis to calculate the freight ton-kilometers. This is an important indicator to show the total results of the transport industry, to prepare and examine the transport plan and to measure the efficiency, the labour productivity and the unit cost of transport. The formula is as follows:

Freight Ton-kilometers (Passenger-Kilometers) = ∑ [Freight (Passenger) Traffic × Distance of Transportation]

Length of Highways

Refers to the actual length of highways at the end of reference period. It covers public roads running vehicles among cities, city and rural areas, township (villages), highways passing through streets at small cities and towns, length of bridges and tunnels, width of ferry piers. It does not include the length of streets in cities, dead end highways, the length of streets built for agricultural (forest) production and inside factories (mines). It can only be calculated with the actual mileage having been completed, checked and accepted or put into operation. If two or more highways go the same section of the way, the length of the section is only calculated for once.

Length of Navigable Inland Waterways

Refers to the length of natural rivers, lakes, reservoirs and canals that are open to navigation for ships and rafts during a given period. It includes the channels with annual seasonal navigation for more than three months other than the waterways only for scattered bamboo and wooden rafts. If two provinces share one river as the border, the length of waterways will be half divided for each province to avoid duplication.

Possession of Civil Motor Vehicles

Refer to the total numbers of vehicles that are registered and received vehicles' license tags according to the Work Standard for Motor Vehicles Registration formulated by transport management office under department of public security at the end of reference period. They are divided into following categories according to the structure of motor vehicles: passenger vehicles, trucks and others; and private vehicles and vehicles for units use according to ownerships; working vehicles, non-working vehicles and special motor vehicles according to kind of usage; large passenger

EXPLANATORY NOTES TO MAJOR STATISTICAL INDICATORS

vehicles, medium passenger vehicles and small passenger vehicles, heavy trucks, light-heavy trucks and light trucks according to sizes of vehicles.

Business Volume of Post and Telecommunications

Refers to the total amount of postal and telecommunication services, expressed in value terms, provided by the post and telecommunications departments for society. Business volume of post and telecommunications is the sum of each service in kind multiplying with its correspondent unit price (constant price). Business without constant price add their business revenue directly.

Business Volume of Postal and Telecommunication Services = ∑ (Transaction of Post and Telecommunication Services × Constant Price) + Income from Leasing, Maintenance and other Services = Business Volume of Postal Services + Business Volume of Telecommunication Services

Local Telephone Subscribers

Refer to all subscribers who have gone through registration procedures in the operation points of enterprises engaged in telecommunications and are hence connected to the local telecommunications service provider through fixed line network. Included are general subscribers, wireless local telephone subscribers, public telephones subscribers, N-ISDN subscribers and intelligent network terminal subscribers.

Urban Telephone Subscribers

Refer to subscribers telephone subscribers, located at municipalities, cities under the jurisdiction of province, cities at prefectural level, downtown and suburb of city at county level town and county towns (including country towns where county government located, and towns of county level according to the administrative organizational system), that are connected to the public line telephone network, including rural mineral area, forest area, military area.

Rural Telephone Subscribers

Refer to telephone subscribers, located at the towns and villages outside the coverage of urban areas according to the administrative division.

Mobile Telephone Subscribers

Refer to persons who have gone through registration procedures in the operation points of enterprises engaged in telecommunications and are hence connected with the mobile telephone communication network through the mobile telephone switchboards and occupy mobile phone numbers. Included are various types of subscriber, prepaid users for intelligent network and wireless network card users.

Capacity of Office Telephone Exchanges

Refers to the capacity (measured in gate) of telephone exchanges installed in the offices of telecommunication service providers for communication between fixed telephones. It includes the capacity of access network equipment (capacity of equipment installed in the offices of telecommunication service providers for connecting distant nodes of voice users).

Capacity of Mobile Telephone Exchanges

Refers to the capacity of the maximum services provided to subscribers at any one time as computed based on a certain model of calls distribution and transacting capacity of the mobile telephone exchanges. It is calculated based on the actual capacity of equipments connected to network through cutover and put into operation officially at the end of the reference period.

Length of Railways in Operation

Refers to the total length of the trunk line for passenger and freight transportation in full operation or temporary operation.

EXPLANATORY NOTES TO MAJOR STATISTICAL INDICATORS

Length of Electrified Trunk Line

Refers to the length of the trunk line capable for the running of electrified locomotives and having been put into operation.

Length of Routes with Scheduled Flights

Refers to the total length of all routes for scheduled flights, which is calculated using million kilometres as the unit. There are usually two ways to calculate the route length: duplicated calculation and non-duplicated calculation. Duplicated calculation means that the same segment of different routes can be added duplicately, while the non-duplicated calculation allows the same segment of different routes be counted once only.

Length of Oil (Gas) Pipelines

Refers to the actual transport distance of oil, gas and oil products, an indicator reflecting the length of transportation routes and a reference to calculate the freight-kilometers. For those sections with double pipelines and alternate pipeline, the length will be calculated according to the length of single pipeline in principle. If the double pipelines perform the transportation at the same time and unable to be counted separately, the length of pipelines will be the length of double pipelines divided by 2.

Volume of Freight Handled in Coastal Ports

Refers to the volume of cargo passing in and out of the harbour area of the major coastal ports and having been loaded and unloaded. The volume of freight handled may be classified by direction of cargo flow as in-port freight and out-port freight, or by nature of cargo as freight for domestic trade and freight for foreign trade. It can also be classified by type of freight based on the existing standard classification for transportation industry "Classification and Coding for Freight".

Possession of Civil Transport Vessels

Refers to the total number at the end of reference period of operating transport vessels owned by Chinese enterprises or privately that are registered in the water transportation management institutions and permitted to perform cargo transport activities (including vessels with foreign flags but owned by Chinese enterprises or citizens). Non-transport vessels and vessels used for agriculture and fishery are not included.

Internet Users

Refer to the number of Chinese citizens aged 6 and over who use the Internet in the past six months.

Capacity of Long Distance Telephone Exchanges

Refers to the rated capacity of telephone exchanges to connect long distance telephone network by enterprises engaged in telecommunications.

Broadband Connection Terminals

Refer to the connection terminals to internet users actually installed and put into operation, including connection terminals for XDSL, connection terminals for LAN, and other types of connection terminals. N-ISDN connection terminals are not included.

第十五章·国内贸易

DOMESTIC TRADE

简要说明
BRIEF INTRODUCTION

本章主要内容有社会消费品零售总额，批发和零售业商品销售总额，限额以上批发零售和住宿餐饮业企业财务状况、限额以上住宿业和限额以上餐饮业基本经营情况，以及限额以上批发和零售业、住宿和餐饮业连锁经营情况。本章资料由市统计局贸易外经处提供。

The data in this chapter cover the total sales of the consumer goods, total sales of wholesale and retail trade, the financial indicators of wholesale and retail, hotel and catering enterprises above designated size□the operation of hotels and the enterprises in catering trade above designated size, and the operation of chain enterprises above designated size in wholesale, retail, hotel and catering trade. All the data in this chapter are provided by Division of Trade and External Economic Relations Statistics, Municipal Bureau of Statistics.

表 15.1 社会消费品零售总额（1949 － 2018 年）
TOTAL RETAIL SALES OF CONSUMER GOODS (1949-2018)

单位：万元 (10 000 yuan)

年 份 Year	社会消费品零售总额 Total Retail Sales of Consumer Goods	其 中 of which 国有经济 State-owned	集体经济 Collective -owned	个体及私营经济 Self-employed Individual and Private	外资及港澳台经济 Funded by Hong Kong, Macao, Taiwan & Foreign Entrepreneurs	其 他 Others
1949	46167					
1950	50695					
1951	55644					
1952	61973	19332	9941	32009		691
1953	77007	28033	13017	34889		1068
1954	83302	38415	19862	23381		1644
1955	84015	37910	18769	25264		2072
1956	98852	50892	39094	4648		4218
1957	108061	55533	43171	4458		4899
1958	119981	72248	40787	2705		4241
1959	141591	106899	26508	3006		5178
1960	156655	116749	28958	7877		3071
1961	133022	101961	20412	8403		2246
1962	124248	87477	27335	6987		2449
1963	112094	74490	31651	3913		2040
1964	122995	85845	32817	2405		1928
1965	134722	94009	35935	2318		2460
1966	147697	103011	38259	3585		2842
1967	155358	110170	40829	1502		2857
1968	132702	91591	37960	535		2616
1969	152531	110384	38638	638		2871
1970	163612	118044	40460	2120		2988
1971	172626	124688	42034	2739		3165
1972	191113	135637	45994	5863		3619
1973	195825	141100	48694	2376		3655
1974	197474	140839	50050	2682		3903
1975	217537	148811	53318	11876		3532
1976	218022	111129	95330	8200		3363
1977	233979	118830	102849	8402		3898
1978	250188	126981	112537	6599		4071
1979	301563	156918	130798	8043		5804
1980	366349	178516	162400	17649		7784
1981	405952	193060	180443	24020		8429
1982	431269	201845	188198	30649		10577

表 15.1 续表 continued

单位：万元 (10 000 yuan)

年 份 Year	社会消费品零售总额 Total Retail Sales of Consumer Goods	其 中 of which				
		国有经济 State-owned	集体经济 Collective -owned	个体及私营经济 Self-employed Individual and Private	外资及港澳台经济 Funded by Hong Kong, Macao, Taiwan & Foreign Entrepreneurs	其 他 Others
1983	466704	212294	190909	53632		9869
1984	538909	229611	202957	93137		13204
1985	690779	256981	261103	155266		17429
1986	780787	290656	260816	207041		22274
1987	926227	343448	302177	253031		27571
1988	1191747	430347	372593	350032		38775
1989	1332450	445314	380342	344338		162456
1990	1371244	464257	370361	352587		184039
1991	1569138	524150	448634	359098		237256
1992	2031140	661857	554059	494300		320924
1993	2573768	933913	704291	492283	2372	440909
1994	3343325	1079062	664616	880747	3166	715734
1995	4161295	1004126	752266	1223620	23727	1157556
1996	4986299	1106800	792017	1550975	25224	1511283
1997	5681890	1137394	853410	1529836	34914	2126336
1998	6193991	1029384	710562	2103320	82477	2268248
1999	6670104	1129936	643832	2562478	115128	2218730
2000	7199508	1075849	675284	2855855	163455	2429065
2001	7823114	1190283	634269	3243281	205648	2549633
2002	8535962	1166478	544491	3717999	208733	2898261
2003	9346711	1117167	406950	4449249	221716	3151629
2004	10683290	864210	201479	7404246	210630	2002725
2005	12278119	1062661	210209	8242314	266333	2496602
2006	14315133	1741735	235363	9545634	345925	2446476
2007	17111165	1446490	254185	11391396	523912	3495182
2008	21471209	1215973	366449	13829885	751017	5307885
2009	25150155	1120799	316943	17276857	1808557	4626999
2010	30511078	1902684	456845	19040132	837470	8273947
2011	37823300	3206202	536627	23684988	2761399	7634084
2012	44029922	3308480	563925	25858861	3207278	11091378
2013	50557683	2410511	584603	33794724	1693685	12074160
2014	57106660	2512026	616649	36266710	1853831	15857444
2015	64240226	2867787	678242	40497664	2148777	18047756
2016	72713516	3121311	761442	45662569	2756528	20411666
2017	80676654	1864808	871713	53593575	3433342	20913216
2018	79770105	1948152	973534	61093469	4091034	11663916

注：1）2009 年 -2013 年已根据三经普调整。
2）2018 年上年同期社会消费品零售总额根据第三次全国农业普查结果及有关制度规定进行了修订，增速按照可比口径计算。以下同理。

Note: a) The data of 2009-2013 has been adjusted according to the result of the 3rd National Economic Census.
b) Since 2018, the total retail sales of consumer goods are corrected with accordance with the 3rd National Agricultural Census. The growth speed are calculated by comparable calibration.

表 15.2 社会消费品零售总额（2017 – 2018 年）
TOTAL RETAIL SALES OF CONSUMER GOODS (2017-2018)

单位：万元 (10 000 yuan)

指 标	Item	2017	2018
总 计	Total	**80676654**	**79770105**
按销售单位所在地分	By Location		
城 镇	City	76511785	75556142
#城 区	County	53525076	52862155
乡 村	Under County Level	4164869	4213963
按登记注册类型分	By Status of Registration		
国有经济	State-owned	1864808	1948152
集体经济	Collective-owned	871713	973534
个体及私营经济	Individual and Private	53593575	61093469
外资及港澳台经济	Funded by Hong Kong, Macao, Taiwan & Foreign Entrepreneurs"	3433342	4091034
其他经济	Others	20913216	11663916
按行业分	By Sector		
批发和零售业	Wholesale and Retail Trades	68860324	67055342
住宿和餐饮业	Hotels and Catering Services	11816330	12714763

表 15.3 限额以上住宿和餐饮业法人企业基本经营情况（2017 – 2018 年）
BASIC CONDITIONS OF ENTERPRISES ABOVE DESIGNATED SIZE OF HOTELS AND CATERING SERVICES (2017-2018)

指 标	Item	2017	2018
营业额（万元）	Business Revenue(10 000 yuan)	3211024	2647423
客房收入	From Hotel Rooms	591176	573485
餐费收入	From Meals	2381864	1878374
商品销售收入	From Commodities	144077	113537
其他收入	Other Income	93907	82027
住宿餐饮设施	Infrastructure of Hotels and Catering Services		
床位数（个）	Number of Beds (unit)	223735	163170
餐位数（位）	Number of Catering Seats (unit)	1035484	915374

表 15.4 批发和零售业商品销售总额(2018 年)
TOTAL SALES OF ENTERPRISES IN WHOLESALE AND RETAIL TRADES (2018)

单位：万元 (10 000 yuan)

指 标	Item	销售总额 Total Sales	其 中 of which 批 发 Wholesale	零 售 Retail
总 计	**Total**	**280738594**	**213683252**	**67055342**
限额以上批发和零售法人企业	**Enterprises above Designated Size in Wholesales and Retail Trade**	**130264422**	**97795823**	**32468599**
按登记注册类型分	**By Status Registration**			
内资企业	Domestic-funded Enterprises	122698325	94010757	28687568
国有企业	State-owned Enterprises	8228199	8172100	56099
集体企业	Collective-owned Enterprises	164363	114029	50333
股份合作企业	Cooperative Enterprises	445796	403772	42024
联营企业	Joint-owned Enterprises	7474		7474
有限责任公司	Limited-liability Companies	49786602	39497723	10288879
股份有限公司	Share Holding Corporation Ltd.	10094924	4658440	5436484
私营企业	Private Enterprises	53924721	41125339	12799382
其他企业	Other Enterprises	46247	39354	6893
港、澳、台商投资企业	Enterprises Funded by Hong Kong, Macao and Taiwan	3555755	2174462	1381293
外商投资企业	Foreign-funded Enterprises	4010342	1610604	2399737
按行业分	**By Sector**			
农、林、牧、渔产品批发	Wholesale of Farm, Forestry, Animal Husbandry and Fishery Products	898914	818084	80830
食品、饮料及烟草制品批发	Wholesale of Food, Beverages and Tobacco	14433500	13879954	553546
纺织、服装及家电用品批发	Wholesale of Textiles, Garments and Household Electrical Appliances	12640926	12421358	219568
文化、体育用品及器材批发	Wholesale of Cultural, Sports Appliances and Equipment	1151760	1143193	8567
医药及医疗器材批发	Wholesale of Medicines and Medical Appliances	6129637	5995161	134476
矿产品、建材及化工产品批发	Wholesale of Mineral Products, Building Materials and Chemical Products	39625543	38278955	1346588
机械设备、五金交电及电子产品批发	Wholesale of Machinery, Hardware and Electronic Products	20027441	19227066	800375
贸易经纪与代理	Trade Broker and Agency	376598	376433	165
其他批发	Other Wholesale not Classified Elsewhere	1480710	1433240	47470
综合零售	Retail Trades	8154650	571127	7583523
食品、饮料及烟草制品专门零售	Special Retail of Food, Beverages and Tobacco	1218952	208860	1010092
纺织、服装及日用品专门零售	Special Retail of Textiles, Garments and Daily Consumer Articles	1339551	68667	1270884
文化、体育用品及器材专门零售	Retail of Cultural, Sports Appliances and Equipment	868826	332931	535895
医药及医疗器材专门零售	Retail of Medicines and Medical Appliances	1166238	254043	912195
汽车、摩托车、零配件和燃料及其他动力销售	Retail of Motor Vehicles, Motorcycles, Fuel and Parts	15009926	2119252	12890674
家用电器及电子产品专门零售	Special Retail of Household Electrical Appliances and Electronic Products	3004311	363609	2640702
五金、家具及室内装修材料专门零售	Special Retail of Hardware, Furniture and Decoration Materials	1029094	134823	894270
货摊、无店铺及其他零售	Stalls, Non-shop and Other Retails	1707848	169069	1538779

注：2018 年上年同期销售总额根据第三次全国农业普查结果及有关制度规定进行了修订，增速按照可比口径计算。
Note: Since 2018, the total retail sales of consumer goods are corrected with accordance with the 3rd National Agricultural Census. The growth speed are calculated by comparable calibration.

表 15.5 限额以上批发和零售业主要商品分类销售额（2017－2018 年）
SALES OF MAIN COMMODITIES OF THE ENTERPRISES ABOVE DESIGNATED SIZE IN WHOLESALE AND RETAIL TRADES BY CATEGORY (2017-2018)

单位：亿元 (100 million yuan)

指 标	Item	销售总额 Total Sales		其 中 of which 批 发 Wholesale		零 售 Retail	
		2017	2018	2017	2018	2017	2018
总 计	**Total**	**13570.04**	**12864.07**	**8890.93**	**9254.31**	**4679.11**	**3609.76**
其中：通过互联网实现的商品销售	Commodities Sold Over the Web	1305.34	1580.86	1006.73	1340.25	298.61	240.62
粮油、食品、饮料、烟酒类	Grain and Oil, Food, Beverages, Tobacco and Liquor	2446.36	2030.52	1685.54	1400.83	760.82	629.70
肉禽蛋类	Meat, Poultry and Eggs	227.31	136.69	137.82	69.63	89.49	67.06
其他食品类	Other Food	1112.99	860.03	595.36	422.78	517.63	437.25
饮料类	Beverages	124.29	83.36	73.24	38.34	51.05	45.02
烟酒类	Tobacco and Liquor	981.77	950.44	879.12	870.08	102.65	80.36
服装鞋帽、针、纺织品类	Clothing, Shoes, Hats and Textiles	739.65	603.02	327.68	287.45	411.97	315.57
服装类	Clothing	531.78	436.17	220.10	208.89	311.68	227.28
鞋帽类	Shoes and Hats	134.81	128.64	64.42	65.76	70.39	62.88
针、纺织品类	Knitwear and Textiles	73.05	38.21	43.15	12.80	29.90	25.41
化妆品类	Cosmetics	119.49	121.35	77.85	81.57	41.64	39.78
金银珠宝类	Gold, Silver and Jewelry	129.76	139.32	73.55	86.02	56.21	53.30
日用品类	Articles for Daily Use	340.20	361.98	147.45	184.59	192.75	177.39
#儿童玩具类	Children Toys	10.18	6.58	1.02	0.34	9.16	6.25
五金、电料类	Hardware and Electrical Materials	81.25	63.47	33.93	31.37	47.32	32.10
体育、娱乐用品类	Sports and Recreation Articles	14.70	13.13	9.73	9.56	4.97	3.56
#照相器材类	Photographic Equipment	0.33	0.28	0.22	0.18	0.11	0.10
书报杂志类	Newspapers and Magazines	42.61	40.09	17.64	19.36	24.97	20.73
电子出版物及音像制品类	E-journal and Video Products	2.86	1.76	0.93	0.24	1.93	1.52
家用电器和音像器材类	Household Appliances and Video Appliances	671.21	757.69	307.52	444.74	363.69	312.95
中西药品类	Traditional Chinese and Western Medicines	979.24	679.38	609.13	559.41	370.11	119.97
#西　药	Western Medicines	718.87	524.26	449.94	441.42	268.93	82.84
中草药及中成药	Traditional Chinese Medicines	107.69	80.66	62.85	60.83	44.84	19.83
文化办公用品类	Cultural and Office Articles	249.29	271.61	127.83	165.24	121.46	106.37
#计算机及其配套产品	Computer and Supporting Products	90.29	91.23	49.25	61.23	41.04	30.00
家具类	Furniture	273.29	86.25	45.82	4.37	227.47	81.89
通讯器材类	Communication Appliances	451.81	848.56	339.50	746.45	112.31	102.11
煤炭及制品类	Coal and Related Products	378.21	317.99	366.93	310.75	11.28	7.23
木材及制品类	Wood and Wooden Products	25.59	9.13	25.59	9.13		
石油及制品类	Petroleum and Related Products	1314.10	1176.86	860.13	716.25	453.97	460.61
化工材料及制品类	Chemical Materials and Related Products	820.79	835.18	820.79	835.18		
#化肥类	Fertilizers	185.09	100.46	185.09	100.46		
金属材料类	Metal Materials	1450.18	1799.74	1450.18	1799.74		
建筑及装潢材料类	Building and Decoration Materials	429.35	328.19	258.58	210.30	170.77	117.89
机电产品设备类	Mechanical and Electrical Products	307.36	247.05	235.25	184.79	72.11	62.26
#农机类	Agricultural Machinery	13.42	9.48	13.42	9.48		
汽车类	Automobiles	1831.08	1785.02	682.61	875.10	1148.47	909.93
种子饲料类	Seed and Feedstuff	33.72	17.96	33.72	17.96		
棉麻类	Cotton, Hemp	22.52	15.04	22.06	14.72	0.46	0.32
其他类	Others	415.42	313.78	330.98	259.20	84.44	54.58

表 15.6 限额以上批发业法人企业财务状况（2018 年）
FINANCIAL INDICATORS OF WHOLESALE ENTERPRISES ABOVE DESIGNATED SIZE (2018)

指 标	Item	法人企业数（个）Number of Enterprises(unit)	其中 of which 执行《2006 年企业会计准则》企业数（个）Number of Enterprises which Implemented Accounting standard for Business Enterprise in 2006	一、年初存货 Inventory at the Begining of Year
总 计	**Total**	**2283**	**1567**	**4155692**
按批发行业小类分	By Wholesale Sector			
农、林、牧、渔产品批发	Wholesale of Farm, Forestry and Animal Husbandry Products	67	44	75719
谷物、豆及薯类批发	Wholesale of Cereal, Bean and Tubers	18	16	52640
种子批发	Wholesale of Seeds	5		729
畜牧渔业饲料批发	Wholesale of Feedstuff	3	2	1019
棉、麻批发	Wholesale of Cotton and Fiber Crops	3	2	3535
林业产品批发	Wholesale of Forestry Products	7	5	12026
牲畜批发	Wholesale of Livestock	10	4	1687
渔业产品批发	Wholesale of Fishery	1	1	893
其他农牧产品批发	Wholesale of Other Farm Products and Livestock Products	20	14	3191
食品、饮料及烟草制品批发	Wholesale of Food, Beverages and Tobacco	393	268	628120
米、面制品及食用油批发	Wholesale of Rice, Flour and Edible Oil	72	45	146317
糕点、糖果及糖批发	Wholesale of Cake, Candy and Sugar	13	13	18526
果品、蔬菜批发	Wholesale of Fruits and Vegetables	52	27	8461
肉、禽、蛋、奶及水产品批发	Wholesale of Meat, Poultry, Eggs and Aquatic Products	50	38	16131
盐及调味品批发	Wholesale of Salts and Condiments	19	15	14937
营养和保健品批发	Wholesale of Nutraceutical Products	4	2	2137
酒、饮料及茶叶批发	Wholesale of Liquor, Beverages and Tea	85	50	35665
烟草制品批发	Wholesale of Tobacco	38	36	307738
其他食品批发	Wholesale of other Food	60	42	78207
纺织、服装及家庭用品批发	Wholesale of Textiles, Garments and Household Articles	91	62	804517
纺织品、针织品及原料批发	Wholesale of Textiles, Knitwear and Raw Materials	9	5	12173
服装批发	Wholesale of Garments	8	6	371233
鞋帽批发	Wholesale of Shoes and Hats	5	2	3734
化妆品及卫生用品批发	Wholesale of Cosmetics and Sanitary Articles	13	9	28963
厨房、卫生间用具及日用杂货批发	Wholesale of Kitchen Utensils, Bathroom Articles and Daily Groceries	10	8	25277
灯具、装饰物品批发	Wholesale of Light Fittings and Decorative Articles	3	2	19221
家用视听设备批发	Wholesale of Household Audio-visual Equipments	12	10	157345
日用家电批发	Wholesale of Household Electrical Appliances	21	15	116559
其他家庭用品批发	Wholesale of Other Household Articles	10	5	70013
文化、体育用品及器材批发	Wholesale of Cultural and Sports Articles and Equipment	31	22	316247
文具用品批发	Wholesale of Cultural Articles	9	5	4501
体育用品及器材批发	Wholesale of Sports Articles	3	1	5701
首饰、工艺品及收藏品批发	Wholesale of Jewelry, Handicrafts and Collections	16	15	304738
其他文化用品批发	Wholesale of Other Cultural Goods	3	1	1307
医药及医疗器材批发	Wholesale of Medicines and Medical Appliances	285	211	494534
西药批发	Wholesale of Western Medicines	186	140	438205
中药批发	Wholesale of Traditional Chinese Medicines	25	16	16251
动物用药品批发	Wholesale of Animal Drugs	4	3	5605
医疗用品及器材批发	Wholesale of Medical Articles and Appliances	70	52	34473

单位：万元 (10 000 yuan)

二、期末资产负债 Assets and Liabilities

流动资产合计 Total Current Assets	其中 of which 货币资金 Bank and Cash	应收帐款 Accounts Receivable	存货 Inventory	固定资产合计 Total Fixed Assets	可供出售金融资产 Available for Sale Financial Assets	持有至到期投资 Held-to-maturity Securities	长期股权投资 Long-term Investment on Stocks	固定资产原价 Total Original Value of Fixed Assets	其中 of which 房屋和构筑物 Buildings and Structures
29650982	**4899794**	**8582345**	**4270632**	**1515450**	**215389**	**19890**	**1935269**	**2417855**	**771818**
252430	28801	42491	59251	67409	305		10719	102182	45591
92934	16708	6023	40932	47598			66	73885	31435
2772	97	802	647	2945				3340	3223
38186	690	5535	630	342			85	644	191
68082	4579	12303	10846	2678	305		10567	4722	3843
23520	646	8743	2712	3298				4917	1595
7778	1685	1001	1131	4371				5430	2899
1265	24	249	413	500				511	511
17894	4373	7837	1940	5676				8733	1894
3744759	1751174	270799	624896	513718	27816		301495	881090	293008
832360	80403	50347	114718	137883	712		8250	199490	63651
47055	9673	6103	19448	10610			60	14133	8761
91238	7434	25079	10123	28436				39731	9077
90851	5741	32009	27983	12875	3908			20275	5008
131830	13868	14394	12228	9021	18580		71363	15361	7251
10454	3407	611	3322	66				174	
331856	91756	36769	37874	21287			1753	33186	5480
1931390	1516392	67099	317975	203716	4616		138002	450112	106799
277726	22500	38388	81225	89824			82067	108630	86981
4294365	469852	2341204	883340	18137	-19	17400	24660	27682	12833
80144	11658	26147	12522	515			100	1280	419
1269473	1982	948171	279856	205		9400	1223	409	
20116	5163	3032	3556	2076				2562	117
140636	90815	12569	25454	6927			3320	9929	7824
47595	1424	15535	23770	1638			545	2717	1127
27382	1866	4577	19721	488				644	
1975650	21070	1253661	348334	374			2000	1045	
650389	328164	61400	114000	3481	-19	8000	17473	6038	3226
82980	7711	16111	56128	2434				3057	121
810508	55025	199350	412684	10352			34642	27776	8364
90964	29556	44008	5463	1577			29610	2086	1373
14067	472	5257	7210	93				386	
702386	24841	149374	398725	7903			5032	23962	6846
3091	157	712	1287	779				1342	144
3312548	227823	1492925	465265	154672	2101	209	543410	231484	85563
2804619	170635	1230591	407632	126319	1981	9	529714	187641	70834
89498	6404	52390	11988	5107			3031	8326	3993
63800	13832	22493	6518	4299			5905	6717	1306
354631	36953	187451	39127	18949	120	200	4760	28800	9430

表 15.6 续表 1 continued 1

指 标	Item	二、期末资产负债 Assets and Liabilities		
		其 中 of which		
		机器设备 Machinery and Equipments	运输工具 Transportation Equipments	电子设备 Electronic Equipments
总 计	**Total**	**119172**	**139437**	**43120**
按批发行业小类分	By Wholesale Sector			
农、林、牧、渔产品批发	Wholesale of Farm, Forestry and Animal Husbandry Products	7769	2330	1075
谷物、豆及薯类批发	Wholesale of Cereal, Bean and Tubers	5922	962	783
种子批发	Wholesale of Seeds	16	71	22
畜牧渔业饲料批发	Wholesale of Feedstuff	360	65	14
棉、麻批发	Wholesale of Cotton and Fiber Crops	559	246	61
林业产品批发	Wholesale of Forestry Products	56	366	20
牲畜批发	Wholesale of Livestock	442	255	145
渔业产品批发	Wholesale of Fishery			
其他农牧产品批发	Wholesale of Other Farm Products and Livestock Products	414	365	31
食品、饮料及烟草制品批发	Wholesale of Food, Beverages and Tobacco	28789	24853	11396
米、面制品及食用油批发	Wholesale of Rice, Flour and Edible Oil	4208	3475	619
糕点、糖果及糖批发	Wholesale of Cake, Candy and Sugar	685	855	51
果品、蔬菜批发	Wholesale of Fruits and Vegetables	3786	4624	154
肉、禽、蛋、奶及水产品批发	Wholesale of Meat, Poultry, Eggs and Aquatic Products	1846	1284	410
盐及调味品批发	Wholesale of Salts and Condiments	2193	1630	2444
营养和保健品批发	Wholesale of Nutraceutical Products		36	55
酒、饮料及茶叶批发	Wholesale of Liquor, Beverages and Tea	1667	3958	899
烟草制品批发	Wholesale of Tobacco	6038	6722	5264
其他食品批发	Wholesale of other Food	8368	2269	1502
纺织、服装及家庭用品批发	Wholesale of Textiles, Garments and Household Articles	746	2793	876
纺织品、针织品及原料批发	Wholesale of Textiles, Knitwear and Raw Materials	396	124	
服装批发	Wholesale of Garments	57	43	22
鞋帽批发	Wholesale of Shoes and Hats	129	224	4
化妆品及卫生用品批发	Wholesale of Cosmetics and Sanitary Articles	22	423	70
厨房、卫生间用具及日用杂货批发	Wholesale of Kitchen Utensils, Bathroom Articles and Daily Groceries	18	115	36
灯具、装饰物品批发	Wholesale of Light Fittings and Decorative Articles	13	105	24
家用视听设备批发	Wholesale of Household Audio-visual Equipments	30	148	186
日用家电批发	Wholesale of Household Electrical Appliances	67	1534	456
其他家庭用品批发	Wholesale of Other Household Articles	14	79	79
文化、体育用品及器材批发	Wholesale of Cultural and Sports Articles and Equipment	146	678	3801
文具用品批发	Wholesale of Cultural Articles	117	402	126
体育用品及器材批发	Wholesale of Sports Articles			2
首饰、工艺品及收藏品批发	Wholesale of Jewelry, Handicrafts and Collections	29	209	3573
其他文化用品批发	Wholesale of Other Cultural Goods		67	100
医药及医疗器材批发	Wholesale of Medicines and Medical Appliances	15601	17650	7623
西药批发	Wholesale of Western Medicines	9967	13076	5977
中药批发	Wholesale of Traditional Chinese Medicines	292	574	156
动物用药品批发	Wholesale of Animal Drugs		73	75
医疗用品及器材批发	Wholesale of Medical Articles and Appliances	5342	3928	1415

单位：万元 (10 000 yuan)

二、期末资产负债 Assets and Liabilities

累计折旧 Cumulatice Depreciation	其中 of which 本年折旧 Depreciation	固定资产净值 Net Value of Fixed Assets	固定资产减值准备 Impairment for Fixed Assets	在建工程 Construction in Progress	无形资产 Intangible Assets	土地使用权 Land Use Rights	软件使用权 Software Use Rights	商誉 Goodwill	非流动资产合计 Total Non-current Assets
871164	**178564**	**1529674**	**14224**	**372413**	**5261187**	**2357475**	**62665**	**44439**	**5799406**
29912	4330	72270	4861	38724	189401	43669			223801
21606	1902	52279	4681	37649	184531	42669			158167
395	18	2945							2949
302	66	342							649
2044	839	2678							29923
1619	230	3298		18	3785				11936
1033	354	4397	26	1048	12				8168
11	4	500							1675
2903	917	5830	154	10	1073	1000			10333
351393	59388	517424	3706	150920	1536413	1287928	17693	50	1439217
48827	16648	139075	1193	91584	1071308	845501			519165
3522	1390	10610		200	22679	22679			16220
10014	3526	29717	1281	1816	6886	6886			41519
6627	1688	13434	560	336	5441	1808	651		27770
6313	1333	9047	26	4206	39060	33222	4547	50	143245
107	45	66		141	408		408		271
11442	3667	21744	458	94	4994		4358		38626
245750	27276	203890	174	49134	223156	215490	7590		454240
18790	3816	89839	15	3410	162481	162342	139		198160
9516	1757	18164	27	83	2679		997		86677
766	238	515		37					2605
204	23	205			5		5		17002
486	164	2076			17		17		2083
3002	271	6927		3	1126		975		12295
1079	259	1638		43					2576
156	67	488							1000
665	92	379	5		3				13613
2557	449	3482	1		1528				31268
602	195	2455	21						4236
17424	2444	10352	0	85	5655		4147		48873
509	187	1577	0	22	2251		2107		31737
294	30	93							93
16059	2155	7903		63	2450		2040		16039
563	72	779			954				1004
76568	19789	154854	182	7275	118418	24760	6152	8	835200
61246	14253	126395	77	5658	106369	18346	4406	7	780725
3197	1661	5118	11		661		661		12244
2418	386	4299							10207
9708	3488	19042	94	1618	11388	6414	1085	1	32026

表 15.6 续表 2 continued 2

指 标	Item	二、期末资产负债 Assets and Liabilities 资产总计 Total Assets	流动负债合计 Total Current Liabilities	其 中 of which 应付账款 Accounts Payable
总 计	**Total**	**35468551**	**23663910**	**6821384**
按批发行业小类分	By Wholesale Sector			
农、林、牧、渔产品批发	Wholesale of Farm, Forestry and Animal Husbandry Products	479412	243470	25442
谷物、豆及薯类批发	Wholesale of Cereal, Bean and Tubers	254297	97808	3029
种子批发	Wholesale of Seeds	5721	1579	497
畜牧渔业饲料批发	Wholesale of Feedstuff	38835	33323	369
棉、麻批发	Wholesale of Cotton and Fiber Crops	98005	73012	4006
林业产品批发	Wholesale of Forestry Products	35455	19240	6343
牲畜批发	Wholesale of Livestock	15948	5714	1832
渔业产品批发	Wholesale of Fishery	2940	1276	265
其他农牧产品批发	Wholesale of Other Farm Products and Livestock Products	28211	11519	9100
食品、饮料及烟草制品批发	Wholesale of Food, Beverages and Tobacco	5187626	1988930	578125
米、面制品及食用油批发	Wholesale of Rice, Flour and Edible Oil	1352464	336429	43293
糕点、糖果及糖批发	Wholesale of Cake, Candy and Sugar	63275	39793	2887
果品、蔬菜批发	Wholesale of Fruits and Vegetables	132453	53099	16187
肉、禽、蛋、奶及水产品批发	Wholesale of Meat, Poultry, Eggs and Aquatic Products	121165	76587	28744
盐及调味品批发	Wholesale of Salts and Condiments	275566	123272	7996
营养和保健品批发	Wholesale of Nutraceutical Products	10725	5500	284
酒、饮料及茶叶批发	Wholesale of Liquor, Beverages and Tea	370463	207777	14406
烟草制品批发	Wholesale of Tobacco	2385630	843671	253052
其他食品批发	Wholesale of other Food	475886	302802	211277
纺织、服装及家庭用品批发	Wholesale of Textiles, Garments and Household Articles	4397290	3650802	1266182
纺织品、针织品及原料批发	Wholesale of Textiles, Knitwear and Raw Materials	82749	67940	29004
服装批发	Wholesale of Garments	1306646	750089	612057
鞋帽批发	Wholesale of Shoes and Hats	18555	16706	7339
化妆品及卫生用品批发	Wholesale of Cosmetics and Sanitary Articles	152931	93961	22775
厨房、卫生间用具及日用杂货批发	Wholesale of Kitchen Utensils, Bathroom Articles and Daily Groceries	50171	46955	4974
灯具、装饰物品批发	Wholesale of Light Fittings and Decorative Articles	28381	19465	2029
家用视听设备批发	Wholesale of Household Audio-visual Equipments	1989263	1984268	561912
日用家电批发	Wholesale of Household Electrical Appliances	681657	610966	23642
其他家庭用品批发	Wholesale of Other Household Articles	86937	60452	2451
文化、体育用品及器材批发	Wholesale of Cultural and Sports Articles and Equipment	859381	527230	253182
文具用品批发	Wholesale of Cultural Articles	122701	86931	38174
体育用品及器材批发	Wholesale of Sports Articles	14160	13713	12409
首饰、工艺品及收藏品批发	Wholesale of Jewelry, Handicrafts and Collections	718425	424674	201613
其他文化用品批发	Wholesale of Other Cultural Goods	4095	1913	986
医药及医疗器材批发	Wholesale of Medicines and Medical Appliances	4147480	2631196	879204
西药批发	Wholesale of Western Medicines	3585076	2257652	729066
中药批发	Wholesale of Traditional Chinese Medicines	101742	71519	30957
动物用药品批发	Wholesale of Animal Drugs	74006	54557	14192
医疗用品及器材批发	Wholesale of Medical Articles and Appliances	386657	247468	104989

单位：万元 (10 000 yuan)

二、期末资产负债 Assets and Liabilities									
非流动负债合计 Total Non-current Liabilities	负债合计 Total Liabilities	所有者权益合计 Total Owner's Equity	其 中 of which						
			实收资本 Paid-up Capital	其 中 of which					
				国家资本 State Capital	集体资本 Collective Capital	法人资本 Corporate Capital	个人资本 Personal Capital	港澳台资本 HMT Capital	外商资本 Foreign Capital
1141445	**24790047**	**10678504**	**5807055**	**1553507**	**25138**	**3053972**	**972248**	**145723**	**56467**
46832	290457	188955	62520	32025	150	20976	9370		
42831	140945	113352	29597	25314	150	3763	370		
280	1859	3862	3569	3100		280	189		
420	33743	5092	1424	324		500	600		
263	73274	24731	10620			10000	620		
1868	21108	14347	6429	3287		2130	1012		
495	6209	9738	3153			971	2182		
	1276	1664	1657			1657			
674	12042	16169	6072			1675	4397		
312307	2314277	2873349	1461601	79748	3736	1259099	109054		9964
254730	605674	746790	78413	22223	15	40198	15977		
5405	45197	18078	10399		213	4602	5584		
3086	56429	76024	33805	50	1853	20079	11823		
2984	81616	39549	24767		1000	12100	11667		
22163	144893	130674	1176136	3500		1166402	6234		
169	5669	5056	503			350	153		
2799	210576	159887	39624		570	8554	20538		9962
8548	848655	1536975	50826	50676		150			
12424	315568	160318	47129	3300	85	6665	37078		2
14866	3667638	729653	203006	15000	1300	164497	22208		
220	68160	14589	20652	15000		4048	1604		
	750089	556557	40868			39001	1867		
	16706	1850	1154			600	554		
2694	95772	57159	13316		1300	2620	9396		
69	47025	3146	3911			690	3220		
4804	24270	4112	1541			1391	150		
1177	1985445	3819	106239			105968	271		
50	611016	70641	9968			4991	4978		
5851	69157	17781	5356			5189	167		
20619	547849	311533	78572	1275	3345	41298	8593	23560	500
619	87549	35152	24071		95	20793	3183		
	13713	448	744			744			
20000	444674	273751	52727	1275	3000	19392	5000	23560	500
	1913	2183	1030		250	370	410		
160347	2792345	1355136	578708	174023	48	163417	240170	750	300
155587	2412772	1172304	485893	163832	48	128622	192341	750	300
1372	72891	28851	22415	810		12419	9185		
622	55179	18828	11548			4586	6962		
2766	251503	135154	58853	9381		17791	31682		

表 15.6 续表 3 continued 3

指 标	Item	三、损益及分配 Profits and Losses		
		营业收入 Gross Sales	其中 of which 主营业务收入 Main Business Income	营业成本 Operating Cost
总 计	**Total**	**87970583**	**87550241**	**81020562**
按批发行业小类分	By Wholesale Sector			
农、林、牧、渔产品批发	Wholesale of Farm, Forestry and Animal Husbandry Products	851629	845427	777358
谷物、豆及薯类批发	Wholesale of Cereal, Bean and Tubers	264596	262310	242738
种子批发	Wholesale of Seeds	52257	52257	45523
畜牧渔业饲料批发	Wholesale of Feedstuff	94142	91036	90107
棉、麻批发	Wholesale of Cotton and Fiber Crops	230011	229822	226104
林业产品批发	Wholesale of Forestry Products	49110	48807	42028
牲畜批发	Wholesale of Livestock	46598	46598	36538
渔业产品批发	Wholesale of Fishery	2622	2622	1964
其他农牧产品批发	Wholesale of Other Farm Products and Livestock Products	112294	111977	92356
食品、饮料及烟草制品批发	Wholesale of Food, Beverages and Tobacco	12795399	12681054	10227930
米、面制品及食用油批发	Wholesale of Rice, Flour and Edible Oil	1798760	1783233	1663324
糕点、糖果及糖批发	Wholesale of Cake, Candy and Sugar	148201	146714	130774
果品、蔬菜批发	Wholesale of Fruits and Vegetables	490317	486311	378665
肉、禽、蛋、奶及水产品批发	Wholesale of Meat, Poultry, Eggs and Aquatic Products	383730	379695	329074
盐及调味品批发	Wholesale of Salts and Condiments	292782	290730	268280
营养和保健品批发	Wholesale of Nutraceutical Products	26362	26354	18659
酒、饮料及茶叶批发	Wholesale of Liquor, Beverages and Tea	908480	906550	688036
烟草制品批发	Wholesale of Tobacco	6997034	6953808	5164361
其他食品批发	Wholesale of other Food	1749733	1707659	1586758
纺织、服装及家庭用品批发	Wholesale of Textiles, Garments and Household Articles	11652469	11616501	11144901
纺织品、针织品及原料批发	Wholesale of Textiles, Knitwear and Raw Materials	77390	77331	71870
服装批发	Wholesale of Garments	4308342	4307852	4010495
鞋帽批发	Wholesale of Shoes and Hats	23886	23886	21048
化妆品及卫生用品批发	Wholesale of Cosmetics and Sanitary Articles	336025	331052	245827
厨房、卫生间用具及日用杂货批发	Wholesale of Kitchen Utensils, Bathroom Articles and Daily Groceries	60760	60728	51859
灯具、装饰物品批发	Wholesale of Light Fittings and Decorative Articles	41906	41585	35541
家用视听设备批发	Wholesale of Household Audio-visual Equipments	4774365	4774356	4762302
日用家电批发	Wholesale of Household Electrical Appliances	1893623	1863760	1834348
其他家庭用品批发	Wholesale of Other Household Articles	136172	135953	111610
文化、体育用品及器材批发	Wholesale of Cultural and Sports Articles and Equipment	1051364	1040030	890686
文具用品批发	Wholesale of Cultural Articles	213974	213695	199428
体育用品及器材批发	Wholesale of Sports Articles	18556	18556	15415
首饰、工艺品及收藏品批发	Wholesale of Jewelry, Handicrafts and Collections	811040	800415	670521
其他文化用品批发	Wholesale of Other Cultural Goods	7794	7364	5322
医药及医疗器材批发	Wholesale of Medicines and Medical Appliances	5329467	5299218	4778122
西药批发	Wholesale of Western Medicines	4499458	4471747	4103074
中药批发	Wholesale of Traditional Chinese Medicines	179858	179858	156456
动物用药品批发	Wholesale of Animal Drugs	120845	120293	106774
医疗用品及器材批发	Wholesale of Medical Articles and Appliances	529306	527321	411819

单位：万元 (10 000 yuan)

三、损益及分配 Profits and Losses

其 中 of which	税金及附加 Taxes and Surcharges	其 中 of which	其他业务利润 Other Business Profits	销售费用 Sales Expenses	管理费用 Management Expenses	财务费用 Financial Expenses	其 中 of which		资产减值损失 Impairment of Assets
主营业务成本 Main Business Cost		主营业务税金及附加 Main Business Taxes and Surchargers					利息收入 Interest Income	利息支出 Interest Expenses	
80716474	**1037050**	**1021439**	**86575**	**1983692**	**1115424**	**231491**	**86091**	**245847**	**50002**
776756	2916	2865	515	16664	20954	5438	1580	4269	1072
242605	594	567	515	6446	9431	1527	896	1555	636
45523	23	23		2900	2618	84		15	
90037	8	8		449	550	933		920	324
225913	188	188		721	849	582	42	618	
41962	219	219		1456	3633	440	46	391	16
36538	752	751		2416	1347	230	20	173	
1964	19	19		142	95	2		2	
92214	1114	1090		2136	2432	1640	576	596	96
10140350	890754	877952	10400	435168	429095	-12710	41956	22607	3031
1651975	6783	3146	4477	53874	33975	5792	3236	7616	2601
130378	1406	1389	215	7272	3689	1175	232	822	3
377902	1968	1940	8	22429	15988	1418	1010	922	-217
327597	1454	1385	2222	17181	13027	1824	177	1027	18
266545	1178	861	1093	12689	7770	2871	3708	6400	317
18659	11	11		4199	1420	3	2	5	9
687971	5798	3647	1089	69586	33501	4095	279	3575	111
5103311	868278	862314	856	191333	307989	-32145	33336	899	67
1576012	3879	3260	441	56606	11737	2256	-25	1340	121
11111172	13569	13533	1189	232416	145142	31770	3288	5896	4170
71800	159	155		2515	1796	478	62	507	270
4010495	5726	5726	161	118287	57384	2693	35	2641	3245
21048	125	125	425	1282	953	56	1		
243896	1474	1448	172	50840	7433	241	63	679	530
51843	143	143	4	4053	2470	631	28	405	32
35330	201	201	110	2384	1012	816			
4760109	3310	3309	144	8416	55133	27646	337	1515	-3
1805453	1187	1185	353	33489	15600	-2079	2761	129	78
111198	1245	1241	-179	11150	3360	1287		20	17
884839	2820	2569	3540	59804	14755	1420	-540	4265	1324
199428	352	352		5573	3689	352	612	1033	1317
15415	49	49		943	379	822		820	
664678	2147	2135	2831	52600	9814	216	-1153	2409	7
5317	273	34	708	689	873	29	1	2	
4754361	14220	13645	29262	221025	139710	38520	13076	38789	1724
4085580	10563	10344	21267	153929	95875	32834	12787	34344	1798
156456	423	423	316	9997	8467	1504	4	1366	-288
106774	303	290	789	8018	4315	549	89	497	
405552	2931	2589	6890	49081	31053	3633	196	2583	214

表 15.6 续表 4 continued 4

指 标	Item	三、损益及分配 Profits and Losses		
		公允价值变动收益 Change of Income Fair Value	投资收益 Income from Investment	资产处置收益 Income from Assets Disposal
总 计	**Total**	**3025**	**68716**	**18100**
按批发行业小类分	By Wholesale Sector			
农、林、牧、渔产品批发	Wholesale of Farm, Forestry and Animal Husbandry Products	-20	22	171
谷物、豆及薯类批发	Wholesale of Cereal, Bean and Tubers	23	1	171
种子批发	Wholesale of Seeds			
畜牧渔业饲料批发	Wholesale of Feedstuff	-95		
棉、麻批发	Wholesale of Cotton and Fiber Crops	2	11	
林业产品批发	Wholesale of Forestry Products	1		
牲畜批发	Wholesale of Livestock			
渔业产品批发	Wholesale of Fishery			
其他农牧产品批发	Wholesale of Other Farm Products and Livestock Products	51	10	
食品、饮料及烟草制品批发	Wholesale of Food, Beverages and Tobacco	201	6287	10316
米、面制品及食用油批发	Wholesale of Rice, Flour and Edible Oil	39	6495	2144
糕点、糖果及糖批发	Wholesale of Cake, Candy and Sugar	3	91	
果品、蔬菜批发	Wholesale of Fruits and Vegetables	-6	-76	
肉、禽、蛋、奶及水产品批发	Wholesale of Meat, Poultry, Eggs and Aquatic Products	4	10	
盐及调味品批发	Wholesale of Salts and Condiments	6	-125	
营养和保健品批发	Wholesale of Nutraceutical Products			
酒、饮料及茶叶批发	Wholesale of Liquor, Beverages and Tea	29	-430	
烟草制品批发	Wholesale of Tobacco		323	8173
其他食品批发	Wholesale of other Food	128		-1
纺织、服装及家庭用品批发	Wholesale of Textiles, Garments and Household Articles	9	11091	2439
纺织品、针织品及原料批发	Wholesale of Textiles, Knitwear and Raw Materials			
服装批发	Wholesale of Garments		39	
鞋帽批发	Wholesale of Shoes and Hats			
化妆品及卫生用品批发	Wholesale of Cosmetics and Sanitary Articles		1373	2439
厨房、卫生间用具及日用杂货批发	Wholesale of Kitchen Utensils, Bathroom Articles and Daily Groceries			
灯具、装饰物品批发	Wholesale of Light Fittings and Decorative Articles	2	-2	
家用视听设备批发	Wholesale of Household Audio-visual Equipments		459	
日用家电批发	Wholesale of Household Electrical Appliances		9223	
其他家庭用品批发	Wholesale of Other Household Articles	7		
文化、体育用品及器材批发	Wholesale of Cultural and Sports Articles and Equipment	1	6621	
文具用品批发	Wholesale of Cultural Articles	1	6083	
体育用品及器材批发	Wholesale of Sports Articles			
首饰、工艺品及收藏品批发	Wholesale of Jewelry, Handicrafts and Collections		538	
其他文化用品批发	Wholesale of Other Cultural Goods			
医药及医疗器材批发	Wholesale of Medicines and Medical Appliances	45	34181	-19
西药批发	Wholesale of Western Medicines	44	32959	-20
中药批发	Wholesale of Traditional Chinese Medicines		43	
动物用药品批发	Wholesale of Animal Drugs		1111	
医疗用品及器材批发	Wholesale of Medical Articles and Appliances	1	68	1

单位：万元 (10 000 yuan)

三、损益及分配 Profits and Losses						四、人工成本及增值税 Labor Cost and Value Added Tax		五、从事批发和零售业活动的从业人员平均人数（人） Average Employees
其他收益 Other Income	营业利润 Business Profits	营业外收入 Non-business Income	营业外支出 Non-business Expenses	利润总额 Total Profits	应交所得税 Income Tax Payable Financial Expenses	应付职工薪酬（本年贷方累计发生额） Total Payable Salaries	应交增值税 Value Added Tax Payable	
126367	**2584223**	**110179**	**67456**	**2648138**	**341912**	**1106407**	**1256784**	**108684**
8892	34567	2647	752	36462	2026	16435	4155	2763
8692	11348	2116	55	13409	305	6881	1925	864
87	1198	24	4	1218		462	267	111
	1678	13		1690	-5	637	-46	72
	1580	14	1	1594	219	828	110	122
112	1428	105	2	1531	207	3430	454	645
	4856	370	556	4671	9	2075	373	458
	400			400		139	55	39
	12079	6	135	11949	1290	1983	1017	452
33627	835557	25789	20982	838991	141049	519889	428174	27200
19761	53862	3851	1814	55924	1343	32670	9730	4050
	1825	400	42	2183	400	5715	1277	977
26	37392	926	15	38303	809	17880	7665	3118
18	21018	3274	3214	21206	972	13025	3538	2222
	1187	1749	155	1186	371	8361	2533	888
1	1924	119	8	2035	193	1385	6674	226
142	106683	810	226	107267	11819	34634	81983	4128
10836	520712	12342	15335	517720	112244	382384	296154	6670
2844	90955	2318	173	93168	12897	23836	18621	4921
30021	122384	9573	12612	119681	29833	49074	66640	7602
	202	20	8	213	15	2129	294	502
28891	139440	3433	11165	131708	19925	1935	30919	364
	421	4		425	72	1004	318	277
	32271	3803	51	36024	5913	13450	10009	1676
	1346	49	50	1571	741	3688	1280	771
294	2241	2		2243	326	1802	1143	154
	-81980	1828	1157	-81309	281	6396	8403	1841
114	20213	198	180	20341	1881	12099	9949	1249
721	8231	237	3	8465	681	6572	4325	768
2753	88157	1342	451	89586	13198	41011	16486	5126
243	9590	56	31	9615	519	3466	2629	416
	949			949	119	712	389	101
2510	77863	912	419	78893	12560	35935	13298	4395
	-245	374		129		899	170	214
5542	174970	4198	3961	175208	18501	128918	82475	17167
5521	134370	2670	3434	133606	12322	98839	60333	13503
6	2362	95	32	2425	265	7581	3010	1300
	2786	828	128	3487	324	2332	1282	228
15	35452	605	367	35690	5590	20166	17850	2136

表 15.6 续表 5 continued 5

指 标	Item	法人企业数(个) Number of Enterprises(unit)	其中 of which 执行《2006年企业会计准则》企业数(个) Number of Enterprises which Implemented Accounting standard for Business Enterprise in 2006	一、年初存货 Inventory at the Begining of Year
矿产品、建材及化工产品批发	Wholesale of Mineral Products, Building Materials and Chemical Products	984	663	1179573
煤炭及制品批发	Wholesale of Coal and Related Products	124	72	59823
石油及制品批发	Wholesale of Petroleum and Related Products	69	48	238895
非金属矿及制品批发	Wholesale of Nonmetal Mineral and Related Products	16	10	24631
金属及金属矿批发	Wholesale of Metal and Metal Mineral	276	206	478500
建材批发	Wholesale of Building Materials	305	190	83784
化肥批发	Wholesale of Fertilizers	46	30	131398
农药批发	Wholesale of Pesticides	2		470
农用薄膜批发	Wholesale of Films for Agriculture	1		38
其他化工产品批发	Wholesale of Other Chemical Products	145	107	162035
机械设备、五金产品及电子产品批发	Wholesale of Machinery, Hardware and Electronic Products	353	247	535628
农业机械批发	Wholesale of Agricultural Machinery	10	6	875
汽车及零配件批发	Wholesale of Automobile Fittings	118	70	194727
摩托车及零配件批发	Wholesale of Motorcycle and Fittings	48	36	53512
五金产品批发	Wholesale of Hardware	29	22	4402
电气设备批发	Wholesale of Electric Equipment	10	6	1709
计算机、软件及辅助设备批发	Wholesale of Computers, Software and Assistant Equipment	8	7	51705
通讯设备批发	Wholesale of Communication Equipment	50	38	136750
广播影视设备批发	Wholesale of Broadcast and TV Equipment	7	6	11877
其他机械设备及电子产品批发	Wholesale of Other Machinery and Electronic Products	73	56	80072
贸易经纪与代理	Trade Broker and Agency	7	5	85199
贸易代理	Trade Agency	7	5	85199
其他批发业	Other Wholesales	72	45	36154
再生物资回收与批发	Wholesale of Recycled Materials	55	31	31225
互联网批发	Wholesale of Internet Device	1	1	
其他未列明批发业	Other Wholesale not Classified Elsewhere	16	13	4929
按登记注册类型分	**By Status of Registration**			
内资企业	Domestic-funded Enterprises	2260	1547	3900455
国有企业	State-owned Enterprises	51	47	320054
集体企业	Collective-owned Enterprises	6	6	8768
股份合作企业	Cooperative Enterprises	7	6	17257
有限责任公司	Limited Liability Corporations	580	432	1869938
国有独资公司	State Sole Funded Corporations	62	58	597399
其他有限责任公司	Other Limited Liability Corporations	518	374	1272539
股份有限公司	Share-holding Corporations Ltd.	42	32	117213
私营企业	Private Enterprises	1563	1023	1565589
私营独资企业	Private-funded Enterprises	15	7	3227
私营合伙企业	Private Partnership Enterprises	1		4
私营有限责任公司	Private Limited Liability Corporations	1516	993	1529291
私营股份有限公司	Private Share-holding Corporations Ltd.	31	23	33067
其他企业	Other Enterprises	11	1	1637

单位：万元 (10 000 yuan)

二、期末资产负债 Assets and Liabilities

流动资产合计 Total Current Assets	其中 of which 货币资金 Bank and Cash	应收帐款 Accounts Receivable	存货 Inventory	固定资产合计 Total Fixed Assets	可供出售金融资产 Available for Sale Financial Assets	持有至到期投资 Held-to-maturity Securities	长期股权投资 Long-term Investment on Stocks	固定资产原价 Total Original Value of Fixed Assets	其中 of which 房屋和构筑物 Buildings and Structures
10047220	1233341	1999591	1177866	593159	166822	661	777885	913108	225970
943905	94661	261743	53838	57797	4564		102246	104376	31560
1028701	82342	151048	263039	281981	1469	1	305311	421623	25530
118215	16954	22449	6143	4249	550		2968	8228	4091
4104202	685378	702248	448777	93498	147990		191945	138325	70929
2119114	180516	445125	120137	83830	1030		28211	126859	55386
486302	55656	92533	91712	26400	7261		31650	35780	8550
2092	337	665	351	953			65	1345	1290
327	24	130	14	22				50	18
1244364	117472	323651	193857	44429	3959	660	115488	76523	28617
6494531	1030970	1965505	521555	117926	17703	1620	233635	180765	89846
4042	272	257	848	3489				3910	584
2729334	540927	484053	183373	20185	8		60866	33847	16141
1144092	92771	444845	43494	15579			116437	33620	14935
128952	20962	47197	4527	5750	-144		2173	9371	896
67293	2501	48766	2096	41681			6770	49827	46593
739172	159684	415106	87358	4715				8412	3760
945916	130219	261831	112909	14768		1600	31910	16887	672
216091	11861	100161	15312	730			1505	1438	39
519640	71775	163289	71639	11029	17839	20	13974	23453	6226
310289	19069	155780	99731	2564				3440	2174
310289	19069	155780	99731	2564				3440	2174
384332	83738	114700	26044	37514	660		8823	50329	8470
289276	77296	78885	19292	31599	418		8223	42710	5097
25973	12	20104	4566	13				14	
69084	6429	15711	2186	5902	242		600	7605	3373
28605941	4786322	8195408	4005269	1345453	214889	19890	1690783	2161034	762668
1997998	1526302	77965	331963	221260	4616		138906	477545	116583
17001	2022	2184	7188	1312			375	2245	461
92466	33208	6086	18854	12477			630	18164	15149
14327572	1933886	3046451	1810333	544745	208251	681	667404	785218	299042
4859904	641370	751279	506264	155016	188801		363824	227967	64096
9467669	1292516	2295172	1304069	389729	19450	681	303580	557251	234946
1383689	75272	445258	144422	96498	656		434436	150801	41693
10780531	1215363	4617187	1691934	463390	1367	19209	449032	718938	288219
11991	1239	4595	2793	2570				4092	382
32	9	20	3	45				85	40
10572745	1199821	4557315	1657934	445660	1358	19200	446235	691590	279975
195762	14294	55258	31205	15115	9	9	2797	23171	7823
6685	270	277	576	5772				8126	1520

表 15.6 续表 6 continued 6

指 标	Item	二、期末资产负债 Assets and Liabilities		
		其 中 of which		
		机器设备 Machinery and Equipments	运输工具 Transportation Equipments	电子设备 Electronic Equipments
矿产品、建材及化工产品批发	Wholesale of Mineral Products, Building Materials and Chemical Products	47590	68350	12692
煤炭及制品批发	Wholesale of Coal and Related Products	5675	26892	1784
石油及制品批发	Wholesale of Petroleum and Related Products	14838	4203	1351
非金属矿及制品批发	Wholesale of Nonmetal Mineral and Related Products	2301	1453	115
金属及金属矿批发	Wholesale of Metal and Metal Mineral	6653	14164	1834
建材批发	Wholesale of Building Materials	10276	14612	4683
化肥批发	Wholesale of Fertilizers	961	1130	1037
农药批发	Wholesale of Pesticides	16	23	16
农用薄膜批发	Wholesale of Films for Agriculture	5	27	
其他化工产品批发	Wholesale of Other Chemical Products	6866	5847	1872
机械设备、五金产品及电子产品批发	Wholesale of Machinery, Hardware and Electronic Products	13178	20551	4994
农业机械批发	Wholesale of Agricultural Machinery	2	124	8
汽车及零配件批发	Wholesale of Automobile Fittings	3461	5343	2370
摩托车及零配件批发	Wholesale of Motorcycle and Fittings	5061	3663	757
五金产品批发	Wholesale of Hardware	131	1319	84
电气设备批发	Wholesale of Electric Equipment	1457	819	623
计算机、软件及辅助设备批发	Wholesale of Computers, Software and Assistant Equipment	760	3004	199
通讯设备批发	Wholesale of Communication Equipment	770	199	158
广播影视设备批发	Wholesale of Broadcast and TV Equipment	9		3
其他机械设备及电子产品批发	Wholesale of Other Machinery and Electronic Products	1528	6079	793
贸易经纪与代理	Trade Broker and Agency	281	112	433
贸易代理	Trade Agency	281	112	433
其他批发业	Other Wholesales	5072	2121	230
再生物资回收与批发	Wholesale of Recycled Materials	4861	1444	149
互联网批发	Wholesale of Internet Device			14
其他未列明批发业	Other Wholesale not Classified Elsewhere	210	676	67
按登记注册类型分	**By Status of Registration**			
内资企业	Domestic-funded Enterprises	116397	138968	39379
国有企业	State-owned Enterprises	6666	8063	5479
集体企业	Collective-owned Enterprises	699	49	10
股份合作企业	Cooperative Enterprises		2252	
有限责任公司	Limited Liability Corporations	44326	29395	14846
国有独资公司	State Sole Funded Corporations	8507	3579	2013
其他有限责任公司	Other Limited Liability Corporations	35820	25816	12833
股份有限公司	Share-holding Corporations Ltd.	5556	2399	2440
私营企业	Private Enterprises	58919	96688	16539
私营独资企业	Private-funded Enterprises	254	123	3
私营合伙企业	Private Partnership Enterprises		10	
私营有限责任公司	Private Limited Liability Corporations	56146	91767	16160
私营股份有限公司	Private Share-holding Corporations Ltd.	2519	4788	376
其他企业	Other Enterprises	232	123	66

单位：万元 (10 000 yuan)

二、期末资产负债 Assets and Liabilities

累计折旧 Cumulatice Depreciation	其中 of which 本年折旧 Depreciation	固定资产净值 Net Value of Fixed Assets	固定资产减值准备 Impairment for Fixed Assets	在建工程 Construction in Progress	无形资产 Intangible Assets	土地使用权 Land Use Rights	软件使用权 Software Use Rights	商誉 Goodwill	非流动资产合计 Total Non-current Assets
315373	73972	597365	4206	153915	2796560	482871	10125	43481	2411707
46066	14811	58109	312	2897	8797	5898	47	33	220339
137736	23226	283886	1906	93610	2425853	287707	296	2	986766
3945	937	4283	34	221	475	300	175		10599
44541	12405	93759	261	1598	166813	140964	7927	2700	655050
42560	15123	84206	376	3161	23087	21504	1530	15	152998
8790	1393	26991	590	32560	131488	1900	103	40271	158715
392	199	953							1163
28	1	22							104
31316	5878	45157	727	19868	40047	24598	47	460	225974
57506	12505	118981	1055	19982	553297	476068	23551	900	597657
421	149	3489							4001
9105	2694	20584	399	1414	49296	26431	15956		93239
17806	2529	15814	235	12	75596	34085	4808		160453
3517	694	5750						500	9457
8146	2512	41681		159	54121	52417	1704		54097
3698	165	4715		18319	354233	354233			159822
2031	1417	14853	84	6	365		350		54149
708	147	730							2351
12075	2199	11365	337	72	19686	8902	733	400	60089
875	299	2564		53	17221	11601			47680
875	299	2564		53	17221	11601			47680
12597	4083	37701	187	1375	41543	30578			108595
10893	3364	31786	187	1129	29911	18946			99461
1	1	13							56
1703	718	5902		246	11632	11632			9077
785023	163464	1358995	13542	296687	3293988	2357475	60809	44439	4941409
255615	30295	221446	187	59553	252727	226148	7590		489885
933	49	1312			14		14		4951
5104	1309	13060	583	10	68		68		14256
234580	54596	550569	5824	200684	2474191	1765273	40491	43411	2482584
67268	9223	160699	5683	105971	938202	533131	10079	1200	1131598
167311	45373	389870	141	94713	1535989	1232142	30412	42211	1350986
42528	6244	96686	188	9991	122744	20579	330		651986
243910	70490	470151	6761	25584	444232	345475	12316	1028	1288971
1520	544	2571	1	3	2		2		5608
40	12	45			300	300			75
234302	68732	452412	6752	25581	439084	340427	12219	1028	1243260
8048	1203	15123	8		4846	4748	95		40028
2354	482	5772		865	12				8776

表 15.6 续表 7 continued 7

指 标	Item	二、期末资产负债 Assets and Liabilities 资产总计 Total Assets	流动负债合计 Total Current Liabilities	其中 of which 应付账款 Accounts Payable
矿产品、建材及化工产品批发	Wholesale of Mineral Products, Building Materials and Chemical Products	12457128	8607363	1690463
煤炭及制品批发	Wholesale of Coal and Related Products	1164244	769200	221236
石油及制品批发	Wholesale of Petroleum and Related Products	2015645	1051338	215056
非金属矿及制品批发	Wholesale of Nonmetal Mineral and Related Products	128792	81401	22582
金属及金属矿批发	Wholesale of Metal and Metal Mineral	4758283	3477155	391031
建材批发	Wholesale of Building Materials	2270866	1641973	286082
化肥批发	Wholesale of Fertilizers	645017	440161	27031
农药批发	Wholesale of Pesticides	3255	731	423
农用薄膜批发	Wholesale of Films for Agriculture	431	98	51
其他化工产品批发	Wholesale of Other Chemical Products	1470597	1145304	526970
机械设备、五金产品及电子产品批发	Wholesale of Machinery, Hardware and Electronic Products	7089338	5393833	1985529
农业机械批发	Wholesale of Agricultural Machinery	7937	3186	393
汽车及零配件批发	Wholesale of Automobile Fittings	2815016	2452127	1219556
摩托车及零配件批发	Wholesale of Motorcycle and Fittings	1302614	1037642	102897
五金产品批发	Wholesale of Hardware	145154	93718	17988
电气设备批发	Wholesale of Electric Equipment	121388	61047	44753
计算机、软件及辅助设备批发	Wholesale of Computers, Software and Assistant Equipment	898994	599436	310407
通讯设备批发	Wholesale of Communication Equipment	1000065	572243	108932
广播影视设备批发	Wholesale of Broadcast and TV Equipment	218442	146789	49176
其他机械设备及电子产品批发	Wholesale of Other Machinery and Electronic Products	579729	427646	131428
贸易经纪与代理	Trade Broker and Agency	357970	272659	4896
贸易代理	Trade Agency	357970	272659	4896
其他批发业	Other Wholesales	492927	348426	138363
再生物资回收与批发	Wholesale of Recycled Materials	388737	258128	108586
互联网批发	Wholesale of Internet Device	26029	22829	14834
其他未列明批发业	Other Wholesale not Classified Elsewhere	78161	67469	14942
按登记注册类型分	**By Status of Registration**			
内资企业	Domestic-funded Enterprises	33565512	22704530	6487712
国有企业	State-owned Enterprises	2487883	892794	265119
集体企业	Collective-owned Enterprises	21952	13180	361
股份合作企业	Cooperative Enterprises	106721	86452	958
有限责任公司	Limited Liability Corporations	16813785	11839615	3122123
国有独资公司	State Sole Funded Corporations	5991502	3914901	899007
其他有限责任公司	Other Limited Liability Corporations	10822283	7924714	2223116
股份有限公司	Share-holding Corporations Ltd.	2036617	1186482	422273
私营企业	Private Enterprises	12079899	8684130	2675527
私营独资企业	Private-funded Enterprises	17599	3584	1629
私营合伙企业	Private Partnership Enterprises	85	12	
私营有限责任公司	Private Limited Liability Corporations	11826425	8519196	2623319
私营股份有限公司	Private Share-holding Corporations Ltd.	235790	161338	50579
其他企业	Other Enterprises	18657	1879	1351

单位：万元 (10 000 yuan)

二、期末资产负债 Assets and Liabilities									
非流动负债合计 Total Non-current Liabilities	负债合计 Total Liabilities	所有者权益合计 Total Owner's Equity	其 中 of which						
			实收资本 Paid-up Capital	其 中 of which					
				国家资本 State Capital	集体资本 Collective Capital	法人资本 Corporate Capital	个人资本 Personal Capital	港澳台资本 HMT Capital	外商资本 Foreign Capital
490291	9086030	3371098	2328251	1205010	12738	666174	443100	84	1146
34838	804039	360205	178851	72795		42419	63637		
35253	1086591	929054	714104	550086	3215	118766	42038		
4190	85526	43266	31172	23100		6882	1106	84	
164631	3630346	1127937	886530	463146	3000	247199	173184		
197223	1839079	431787	299499	52668		130123	116707		
35937	476098	168919	66829	10265	1984	47456	7124		
	731	2523	646		344		302		
	98	333	50				50		
18219	1163523	307074	150571	32949	4195	73329	38951		1146
60228	5434411	1654927	948899	16974	2716	683278	113611	87762	44557
180	3319	4618	3638			1860	1778		
13199	2447665	367351	208158	6451	1573	179054	20780		300
170	1036119	266495	288944		400	266179	22365		
9899	103361	41794	25160			10017	15143		
20255	81302	40086	17390			16605	575		210
6760	606196	292798	134834	383	383	2986	1030	86459	43593
134	572382	427682	191930	3000		165077	22450	1303	100
	146789	71653	25397			21985	3412		
9632	437278	142450	53449	7141	360	19515	26079		355
34174	306833	51137	39240	29000		10039	200		
34174	306833	51137	39240	29000		10039	200		
1782	350209	142719	106259	452	1105	45193	25943	33567	
1679	259807	128930	95184	27	1003	40084	20504	33567	
	22829	3200	3000				3000		
104	67573	10588	8075	425	102	5109	2439		
1125925	23815148	9750364	5135139	1066237	25138	3027667	971052	950	44095
23764	912994	1574889	67023	59987		7036			
11	13191	8761	1648		1542	105			
82	86534	20187	7701		1169	5036	1495		
788993	12627058	4186727	3038557	926770	16942	1863340	187016	500	43989
428043	4342944	1648558	835073	659927	95	175051			
360950	8284114	2538169	2203484	266843	16847	1688289	187016	500	43989
96047	1295180	741437	162287	77027	720	76518	8022		
216824	8877803	3202095	1853919	2453	2746	1075421	772744	450	105
1069	4890	12709	1818			586	1232		
75	21	64	64			64			
214368	8710241	3116183	1815327	2453	2698	1057483	752138	450	105
1313	162651	73139	36710		48	17288	19374		
204	2389	16268	4005		2018	211	1775		

表 15.6 续表 8 continued 8

指 标	Item	三、损益及分配 Profits and Losses 营业收入 Gross Sales	其中 of which 主营业务收入 Main Business Income	营业成本 Operating Cost
矿产品、建材及化工产品批发	Wholesale of Mineral Products, Building Materials and Chemical Products	36568995	36433315	34804536
煤炭及制品批发	Wholesale of Coal and Related Products	2714182	2700292	2316332
石油及制品批发	Wholesale of Petroleum and Related Products	6548198	6465849	6202508
非金属矿及制品批发	Wholesale of Nonmetal Mineral and Related Products	214482	213918	191917
金属及金属矿批发	Wholesale of Metal and Metal Mineral	16264177	16247748	15879089
建材批发	Wholesale of Building Materials	3263963	3257472	3025861
化肥批发	Wholesale of Fertilizers	1467721	1456758	1405803
农药批发	Wholesale of Pesticides	36575	36575	31665
农用薄膜批发	Wholesale of Films for Agriculture	6616	6616	6190
其他化工产品批发	Wholesale of Other Chemical Products	6053081	6048086	5745170
机械设备、五金产品及电子产品批发	Wholesale of Machinery, Hardware and Electronic Products	17973515	17889681	16738540
农业机械批发	Wholesale of Agricultural Machinery	37597	37552	31746
汽车及零配件批发	Wholesale of Automobile Fittings	7390598	7319153	6898247
摩托车及零配件批发	Wholesale of Motorcycle and Fittings	981060	979957	902991
五金产品批发	Wholesale of Hardware	314783	313629	285544
电气设备批发	Wholesale of Electric Equipment	429172	428775	412584
计算机、软件及辅助设备批发	Wholesale of Computers, Software and Assistant Equipment	2271935	2271885	2211021
通讯设备批发	Wholesale of Communication Equipment	4487966	4484756	4147830
广播影视设备批发	Wholesale of Broadcast and TV Equipment	579018	574607	502339
其他机械设备及电子产品批发	Wholesale of Other Machinery and Electronic Products	1481387	1479367	1346238
贸易经纪与代理	Trade Broker and Agency	374983	374974	354066
贸易代理	Trade Agency	374983	374974	354066
其他批发业	Other Wholesales	1372764	1370041	1304423
再生物资回收与批发	Wholesale of Recycled Materials	1047609	1046514	995930
互联网批发	Wholesale of Internet Device	86330	86330	80964
其他未列明批发业	Other Wholesale not Classified Elsewhere	238825	237198	227529
按登记注册类型分	**By Status of Registration**			
内资企业	Domestic-funded Enterprises	82779418	82365160	76143952
国有企业	State-owned Enterprises	7156567	7110126	5302693
集体企业	Collective-owned Enterprises	102288	102037	96840
股份合作企业	Cooperative Enterprises	358905	354807	343003
有限责任公司	Limited Liability Corporations	35495574	35246531	33424620
国有独资公司	State Sole Funded Corporations	9958087	9941229	9610097
其他有限责任公司	Other Limited Liability Corporations	25537486	25305303	23814523
股份有限公司	Share-holding Corporations Ltd.	2869560	2854792	2727129
私营企业	Private Enterprises	36750953	36651296	34213889
私营独资企业	Private-funded Enterprises	117414	116368	105483
私营合伙企业	Private Partnership Enterprises	4365	4365	3645
私营有限责任公司	Private Limited Liability Corporations	36025938	35938557	33579832
私营股份有限公司	Private Share-holding Corporations Ltd.	603236	592006	524930
其他企业	Other Enterprises	45572	45572	35778

单位：万元 (10 000 yuan)

三、损益及分配 Profits and Losses

其 中 of which 主营业务成本 Main Business Cost	税金及附加 Taxes and Surcharges	其 中 of which 主营业务税金及附加 Main Business Taxes and Surchargers	其他业务利润 Other Business Profits	销售费用 Sales Expenses	管理费用 Management Expenses	财务费用 Financial Expenses	其 中 of which 利息收入 Interest Income	利息支出 Interest Expenses	资产减值损失 Impairment of Assets
34724889	57285	56056	14479	470243	239297	144607	21080	126045	23985
2301615	12813	12443	1518	106691	39222	16200	555	10734	4606
6165038	8603	8227	2864	120456	43920	12844	395	8340	8695
191858	480	480	504	4702	4515	839	1154	2113	682
15866842	17370	17166	6706	97538	66915	60043	8509	48569	3825
3012159	10040	9916	2155	68988	41174	20352	7742	16812	4353
1405417	2437	2412		19463	9966	14527	303	14740	181
31665	49	48		1686	282	8		8	
6190	2	2		19	35	1			
5744108	5492	5361	733	50700	33269	19793	2421	24730	1642
16668274	41824	41253	26546	522761	108631	7113	5130	28794	12740
31746	482	479	529	1981	1301	151		48	1
6847216	23783	23696	15750	292386	38003	-8774	3813	7062	1906
890271	1485	1404	97	41355	13412	-5442	-2647	7650	9791
284628	1479	1418	12	8124	4336	1049	339	1416	3
412584	477	477	3908	13085	3503	1236	-1	1364	-72
2210900	1101	1100		34676	3708	3104	457	1586	513
4147416	7872	7668	1548	68928	15488	5952	3710	4673	-186
502339	581	581	4411	10060	4257	6110	-937	3894	
1341174	4565	4429	292	52166	24623	3727	397	1100	784
354066	1426	1390	8	3416	2778	7588	219	9819	1919
354066	1426	1390	8	3416	2778	7588	219	9819	1919
1301767	12235	12176	636	22195	15062	7745	303	5365	39
995762	11743	11725	355	13535	11958	6359	237	5160	24
80964	29	29		4478	3	211	1	165	
225042	463	422	281	4182	3102	1176	66	40	15
75841330	1026411	1010855	80366	1805468	1073525	225336	85549	243739	49514
5240790	869576	863611	876	196807	316412	-31193	33436	1774	459
96790	116	97	160	1914	2088	311	16	248	34
342914	462	462	408	6917	2460	523	258	38	9
33271704	60256	56777	38684	706820	238760	142225	35610	162142	33409
9589582	17870	17493	2749	78282	55404	55715	18038	69467	15694
23682122	42387	39284	35935	628538	183356	86510	17572	92675	17715
2725285	5424	5074	11621	59117	29829	6139	13629	16780	-280
34128070	90408	84665	28617	832039	482477	107010	2600	62751	15883
103716	505	478		1789	1497	428	16	79	2
3645	77	77		71	89	62			62
33502658	86649	80945	27162	812620	472189	107007	1765	61745	16014
518051	3178	3166	1455	17560	8703	-488	819	927	-195
35778	170	170		1854	1497	322		8	

表 15.6 续表 9 continued 9

指 标	Item	三、损益及分配 Profits and Losses 公允价值变动收益 Change of Income Fair Value	投资收益 Income from Investment	资产处置收益 Income from Assets Disposal
矿产品、建材及化工产品批发	Wholesale of Mineral Products, Building Materials and Chemical Products	1293	35090	-402
煤炭及制品批发	Wholesale of Coal and Related Products	827	3767	
石油及制品批发	Wholesale of Petroleum and Related Products	12	23686	-408
非金属矿及制品批发	Wholesale of Nonmetal Mineral and Related Products	5	553	7
金属及金属矿批发	Wholesale of Metal and Metal Mineral	390	5001	8
建材批发	Wholesale of Building Materials	57	609	-9
化肥批发	Wholesale of Fertilizers	7	623	
农药批发	Wholesale of Pesticides			
农用薄膜批发	Wholesale of Films for Agriculture			
其他化工产品批发	Wholesale of Other Chemical Products	-4	851	
机械设备、五金产品及电子产品批发	Wholesale of Machinery, Hardware and Electronic Products	1482	-25139	5595
农业机械批发	Wholesale of Agricultural Machinery	1	1	
汽车及零配件批发	Wholesale of Automobile Fittings		2851	-11
摩托车及零配件批发	Wholesale of Motorcycle and Fittings	51	-27829	
五金产品批发	Wholesale of Hardware	-142	-825	28
电气设备批发	Wholesale of Electric Equipment		1	
计算机、软件及辅助设备批发	Wholesale of Computers, Software and Assistant Equipment	-1		
通讯设备批发	Wholesale of Communication Equipment		467	
广播影视设备批发	Wholesale of Broadcast and TV Equipment			
其他机械设备及电子产品批发	Wholesale of Other Machinery and Electronic Products	1572	194	5578
贸易经纪与代理	Trade Broker and Agency			
贸易代理	Trade Agency			
其他批发业	Other Wholesales	13	564	
再生物资回收与批发	Wholesale of Recycled Materials	13	314	
互联网批发	Wholesale of Internet Device			
其他未列明批发业	Other Wholesale not Classified Elsewhere		251	
按登记注册类型分	**By Status of Registration**			
内资企业	Domestic-funded Enterprises	3089	48083	18904
国有企业	State-owned Enterprises	-50	379	8173
集体企业	Collective-owned Enterprises		2119	
股份合作企业	Cooperative Enterprises	6	4	
有限责任公司	Limited Liability Corporations	2158	16277	7830
国有独资公司	State Sole Funded Corporations	1935	5260	33
其他有限责任公司	Other Limited Liability Corporations	223	11017	7797
股份有限公司	Share-holding Corporations Ltd.	14	33600	458
私营企业	Private Enterprises	961	-4296	2443
私营独资企业	Private-funded Enterprises	1	-615	
私营合伙企业	Private Partnership Enterprises			
私营有限责任公司	Private Limited Liability Corporations	958	-3681	2443
私营股份有限公司	Private Share-holding Corporations Ltd.	2		
其他企业	Other Enterprises			

单位：万元 (10 000 yuan)

三、损益及分配 Profits and Losses						四、人工成本及增值税 Labor Cost and Value Added Tax		五、从事批发和零售业活动的从业人员平均人数（人） Average Employees
其他收益 Other Income	营业利润 Business Profits	营业外收入 Non-business Income	营业外支出 Non-business Expenses	利润总额 Total Profits	应交所得税 Income Tax Payable Financial Expenses	应付职工薪酬（本年贷方累计发生额） Total Payable Salaries	应交增值税 Value Added Tax Payable	
14425	790939	38341	26011	817539	65793	201001	229975	29361
5222	226302	21415	6237	241481	21471	19246	50620	2873
555	130004	4551	1434	133121	9532	67458	45105	6486
179	12045	98	9	12134	556	2530	1836	306
6032	156848	6003	17053	160068	19750	41614	65105	4921
45	90714	2771	643	92842	7898	28481	40980	8461
54	15777	2664	250	18191	1615	12719	4401	1732
	2885	6		2892	156	444	402	59
	370			370		90	12	26
2339	155994	833	386	156442	4815	28420	21513	4497
30914	521061	13784	2427	539667	68137	134083	352344	16982
624	2383			2383	107	712	447	130
9016	151093	5100	626	156717	20834	38511	260751	3810
1083	-10642	889	114	-9868	-3848	17573	5493	2549
8660	21776	130	37	21870	-92	4599	5372	745
	2268	200	6	2462	405	6970	514	669
9268	26984	1975	10	28949	1838	5915	6358	750
2167	238559	3596	52	248207	36326	26226	48359	3765
	37552	301	272	37581	5796	5843	2125	863
97	51090	1593	1311	51367	6773	27735	22925	3701
178	3670	-53	74	3543	514	3679	38	262
178	3670	-53	74	3543	514	3679	38	262
16	12917	14559	186	27461	2861	12317	76498	2221
12	8357	14471	162	22837	2347	8650	74755	1696
	40			40		478		60
3	4520	88	24	4584	514	3189	1743	465
123394	2480720	107153	67024	2543099	332398	1034942	1211640	101676
10946	525393	12415	15391	522418	112634	389681	298044	8931
	3083	15	1	3098	166	1703	450	286
	5522	6	19	5509	371	1075	2461	225
65716	898115	53024	9803	941465	108073	288535	529819	33586
32771	168474	21137	1672	187939	20291	62377	63039	4489
32946	729642	31886	8131	753526	87781	226158	466779	29097
2730	78664	1636	1782	78519	4242	41388	19997	3645
44002	965818	39665	40010	987592	106754	310297	359980	54449
	6601		556	6046	169	2463	1273	400
	360			360		112	75	20
44002	909766	38652	38889	931649	101641	299926	350631	52738
	49091	1013	565	49539	4943	7796	8002	1291
	4125	392	19	4498	160	2262	890	554

表 15.6 续表 10 continued 10

指 标	Item	法人企业数(个) Number of Enterprises(unit)	其中 of which 执行《2006年企业会计准则》企业数(个) Number of Enterprises which Implemented Accounting standard for Business Enterprise in 2006	一、年初存货 Inventory at the Begining of Year
港、澳、台商投资企业	Enterprises with Funds from Hong Kong, Macao and Taiwan	9	7	117643
合资经营企业(港或澳、台资)	Joint-venture Enterprises	1		4
港、澳、台商独资经营企业	Enterprises with Sole Fund	5	4	92282
港、澳、台商投资股份有限公司	Share-holding Corporations Ltd. with Investment	2	2	3557
其他港澳台投资企业	Other Enterprises with Funds from Hong Kong, Macao and Taiwan	1	1	21800
外商投资企业	Foreign-funded Enterprises	14	13	137594
中外合资经营企业	Joint-venture Enterprises	7	7	127545
中外合作经营企业	Cooperative Enterprises	5	4	9997
外资企业	Enterprises with Sole Fund	1	1	53
其他外商投资企业	Other Foreign-funded Enterprises	1	1	
按控股情况分	**Trade Broker and Agency**			
国有控股	State-holding	236	218	1495121
集体控股	Collective-holding	37	26	147815
私人控股	Private-holding	1857	1210	1955206
港澳台商控股	Held by Corporation from Hong Kong, Macao and Taiwan	9	8	215525
外商控股	Foreign-holding	11	10	57271
其 他	Other	122	94	283117
按经营形式分	**By Form of Business**			
独立门店	Independent Store	1553	1040	1803503
连锁总店(总部)	Central Shop of Chain Store (Headquarter)	15	11	249092
连锁直营店	Direct-sale of Chain Store	5	5	125070
其 他	Other	710	511	1978027
按单位规模分	By Size of Enterprise			
大 型	Large	61	54	1002519
中 型	Medium	744	556	1897619
小 型	Small	1317	847	1103827
微 型	Micro	161	110	151728

单位：万元 (10 000 yuan)

二、期末资产负债 Assets and Liabilities

流动资产合计 Total Current Assets	其中 of which			固定资产合计 Total Fixed Assets	可供出售金融资产 Available for Sale Financial Assets	持有至到期投资 Held-to-maturity Securities	长期股权投资 Long-term Investment on Stocks	固定资产原价 Total Original Value of Fixed Assets	其中 of which
	货币资金 Bank and Cash	应收帐款 Accounts Receivable	存货 Inventory						房屋和构筑物 Buildings and Structures
596271	57819	252128	174478	19783	500		6681	34097	6846
877	24	661	30	226			120	323	116
510592	28259	241560	157527	936			2550	2819	
38933	29142	5458	2741	13585	500		4011	18508	
45870	395	4449	14180	5036				12447	6730
448771	55653	134810	90885	150214			237805	222724	2304
303224	34853	69497	79520	143648			237805	212021	
125639	20477	45788	11334	6558				10647	2304
1028		969	31	7				55	
18880	323	18556	1						
10619808	2488452	2103926	1398270	750145	200401	660	1259477	1262110	292784
503525	101095	106351	110138	24827	7839		25544	33412	7775
14597093	1534021	5240824	2071205	652615	2548	19230	575657	975930	430384
916368	70330	320362	366756	20015	500		8893	35337	6730
274436	82321	94738	32931	7269			1716	11728	2304
2733067	623304	715868	290756	54807	4102		63981	91212	30321
14016081	1639425	4456032	2050983	766681	47088	890	532462	1185892	411909
1833401	1361025	122160	257329	116900	4616		144384	259945	6880
214099	4341	21829	84120	120768			236239	194121	665
13587401	1895003	3982325	1878200	511101	163686	19000	1022184	777897	352364
5353523	912602	1271180	895765	483392	7916		908289	722635	171464
14268676	3129391	3414134	1956492	681785	75445	8670	805699	1179831	412285
7254824	683396	2447506	877325	333861	5049	11000	188177	486294	174341
2773960	174406	1449526	541050	16412	126978	220	33104	29094	13729

表 15.6 续表 11 continued 11

指 标	Item	二、期末资产负债 Assets and Liabilities 其中 of which 机器设备 Machinery and Equipments	运输工具 Transportation Equipments	电子设备 Electronic Equipments
港、澳、台商投资企业	Enterprises with Funds from Hong Kong, Macao and Taiwan	110	238	2990
合资经营企业(港或澳、台资)	Joint-venture Enterprises	109	82	16
港、澳、台商独资经营企业	Enterprises with Sole Fund			18
港、澳、台商投资股份有限公司	Share-holding Corporations Ltd. with Investment			
其他港澳台投资企业	Other Enterprises with Funds from Hong Kong, Macao and Taiwan		156	2956
外商投资企业	Foreign-funded Enterprises	2665	231	751
中外合资经营企业	Joint-venture Enterprises	1241	150	41
中外合作经营企业	Cooperative Enterprises	1424	81	655
外资企业	Enterprises with Sole Fund			55
其他外商投资企业	Other Foreign-funded Enterprises			
按控股情况分	**Trade Broker and Agency**			
国有控股	State-holding	33290	19173	16519
集体控股	Collective-holding	1156	1059	87
私人控股	Private-holding	75611	110253	20347
港澳台商控股	Held by Corporation from Hong Kong, Macao and Taiwan		156	2974
外商控股	Foreign-holding	2106	231	751
其 他	Other	6777	8443	2376
按经营形式分	**By Form of Business**			
独立门店	Independent Store	73163	79577	23840
连锁总店(总部)	Central Shop of Chain Store (Headquarter)	309	539	581
连锁直营店	Direct-sale of Chain Store	19	25	232
其 他	Other	45682	59296	18467
按单位规模分	By Size of Enterprise			
大 型	Large	22035	10518	10303
中 型	Medium	55832	76722	24191
小 型	Small	39619	49449	7858
微 型	Micro	1686	2747	768

单位：万元 (10 000 yuan)

二、期末资产负债 Assets and Liabilities									
累计折旧 Cumulatice Depreciation	其中 of which 本年折旧 Depreciation	固定资产净值 Net Value of Fixed Assets	固定资产减值准备 Impairment for Fixed Assets	在建工程 Construction in Progress	无形资产 Intangible Assets	土地使用权 Land Use Rights	软件使用权 Software Use Rights	商誉 Goodwill	非流动资产合计 Total Non-current Assets
14313	2651	19783			9411		15		158923
97		226							346
1883	1056	936			15		15		102478
4923	1113	13585			9396				49049
7410	482	5036							7050
71828	12449	150896	682	75725	1957788		1841		699074
67691	11839	144330	682	75712	1955448		137		691964
4089	608	6558		14	2340		1704		7087
48	3	7							23
492568	76297	757472	7327	252613	4042032	1417553	21947	1200	3443177
8585	2578	24827		32142	136343		164	40271	169139
311498	88758	659487	6871	41153	679614	567190	20404	2962	1769201
15322	2653	20015		56	9454		15		161427
4459	765	7269		18340	356710	354233	1841		66030
36379	7032	54833	26	27243	37022	18499	18294	6	181656
393592	87831	775344	8663	58635	844862	465988	27650	3710	2057220
143033	13144	116912	12	37206	177794	162069	9952		390877
72671	11685	121450	682	75712	1961372	4081	1980		639455
261868	65905	515969	4867	200859	2277159	1725337	23083	40729	2711854
237737	39945	484898	1506	131272	2876345	434850	24197	40271	2083179
477421	96508	686175	4390	204260	2085754	1697804	30862	2835	2673847
143738	39975	341878	8017	36772	298797	224821	7575	932	851249
12268	2137	16723	310	109	291		31	401	191131

表 15.6 续表 12 continued 12

指标	Item	二、期末资产负债 Assets and Liabilities		
		资产总计 Total Assets	流动负债合计 Total Current Liabilities	其中 of which 应付账款 Accounts Payable
港、澳、台商投资企业	Enterprises with Funds from Hong Kong, Macao and Taiwan	755194	460700	139050
合资经营企业(港或澳、台资)	Joint-venture Enterprises	1224	746	90
港、澳、台商独资经营企业	Enterprises with Sole Fund	613070	400891	139278
港、澳、台商投资股份有限公司	Share-holding Corporations Ltd. with Investment	87981	46063	-319
其他港澳台投资企业	Other Enterprises with Funds from Hong Kong, Macao and Taiwan	52919	13001	
外商投资企业	Foreign-funded Enterprises	1147845	498680	194622
中外合资经营企业	Joint-venture Enterprises	995188	406206	129318
中外合作经营企业	Cooperative Enterprises	132727	68802	53707
外资企业	Enterprises with Sole Fund	1051	4943	2722
其他外商投资企业	Other Foreign-funded Enterprises	18880	18730	8876
按控股情况分	**Trade Broker and Agency**			
国有控股	State-holding	14062985	8200318	1964319
集体控股	Collective-holding	672664	453370	103170
私人控股	Private-holding	16383472	11974192	3609661
港澳台商控股	Held by Corporation from Hong Kong, Macao and Taiwan	1077795	605583	215634
外商控股	Foreign-holding	340466	158509	97030
其　他	Other	2912513	2270059	830220
按经营形式分	**By Form of Business**			
独立门店	Independent Store	16072763	11566248	3125445
连锁总店(总部)	Central Shop of Chain Store (Headquarter)	2244450	611023	277187
连锁直营店	Direct-sale of Chain Store	853554	346046	72882
其　他	Other	16297784	11140593	3345870
按单位规模分	By Size of Enterprise			
大　型	Large	7436702	4937386	1128128
中　型	Medium	16964441	10662590	3303308
小　型	Small	8102138	5452748	1680700
微　型	Micro	2965270	2611187	709247

单位：万元 (10 000 yuan)

二、期末资产负债 Assets and Liabilities									
			其 中 of which						
				其 中 of which					
非流动负债合计 Total Non-current Liabilities	负债合计 Total Liabilities	所有者权益合计 Total Owner's Equity	实收资本 Paid-up Capital	国家资本 State Capital	集体资本 Collective Capital	法人资本 Corporate Capital	个人资本 Personal Capital	港澳台资本 HMT Capital	外商资本 Foreign Capital
73	460774	294420	150455	2112		3375	196	144773	
	746	478	280				196	84	
73	400964	212106	93490	2112				91378	
	46063	41919	37692			3375		34317	
	13001	39918	18994					18994	
15446	514126	633719	521462	485159		22930	1000		12373
15446	421652	573537	510201	485159		22830	1000		1212
	68802	63925	11061						11061
	4943	-3892	100			100			
	18730	150	100						100
637536	8845373	5217612	2977583	1514676	635	1439677	22295		300
33841	487211	185453	89152	311	12278	74764	1799		
419419	12369317	4014155	2272146	2613	3450	1347757	917687	534	105
73	605656	472139	154242	2112		7442		144689	
4774	163284	177183	57750			3100			54650
45597	2316818	595695	252178	33796	6757	181022	28691	500	1412
412628	11979170	4093593	2349097	655031	18993	1081385	527311	54813	11564
36996	648019	1596431	103356	53978	92	44656	4631		
26048	372094	481461	495867	485549		5300	5018		
665772	11790764	4507019	2858735	358949	6053	1922631	435289	90910	44903
215317	5152808	2283893	1162106	614863		405700	32264	109069	210
632528	11284079	5680362	3190600	805404	13443	1856727	425959	34817	54252
291645	5738451	2363688	1197573	126863	11600	579674	475894	1837	1706
1955	2614709	350561	256777	6379	95	211871	38132		300

表 15.6 续表 13 continued 13

指 标	Item	三、损益及分配 Profits and Losses 营业收入 Gross Sales	其中 of which 主营业务收入 Main Business Income	营业成本 Operating Cost
港、澳、台商投资企业	Enterprises with Funds from Hong Kong, Macao and Taiwan	2236746	2231431	2120388
合资经营企业(港或澳、台资)	Joint-venture Enterprises	3950	3950	3589
港、澳、台商独资经营企业	Enterprises with Sole Fund	1839514	1836621	1780374
港、澳、台商投资股份有限公司	Share-holding Corporations Ltd. with Investment	164992	164493	154760
其他港澳台投资企业	Other Enterprises with Funds from Hong Kong, Macao and Taiwan	228290	226368	181665
外商投资企业	Foreign-funded Enterprises	2954418	2953649	2756223
中外合资经营企业	Joint-venture Enterprises	2284125	2283661	2175540
中外合作经营企业	Cooperative Enterprises	546583	546288	469561
外资企业	Enterprises with Sole Fund	19087	19077	17144
其他外商投资企业	Other Foreign-funded Enterprises	104623	104623	93978
按控股情况分	**Trade Broker and Agency**			
国有控股	State-holding	28270689	28134671	25588859
集体控股	Collective-holding	1317558	1306254	1260189
私人控股	Private-holding	48029025	47872096	44684106
港澳台商控股	Held by Corporation from Hong Kong, Macao and Taiwan	2445868	2435913	2283452
外商控股	Foreign-holding	897911	897606	782093
其 他	Other	6963961	6858129	6386086
按经营形式分	**By Form of Business**			
独立门店	Independent Store	48041813	47839919	44932858
连锁总店(总部)	Central Shop of Chain Store (Headquarter)	3954369	3928306	2778291
连锁直营店	Direct-sale of Chain Store	1876454	1876339	1775998
其 他	Other	34097947	33905677	31533415
按单位规模分	By Size of Enterprise			
大 型	Large	15724707	15590708	14502321
中 型	Medium	42275901	42028346	38171206
小 型	Small	23566290	23533141	22116725
微 型	Micro	6403684	6398047	6230310

单位：万元 (10 000 yuan)

三、损益及分配 Profits and Losses

其 中 of which	税金及附加 Taxes and Surcharges	其 中 of which	其他业务利润 Other Business Profits	销售费用 Sales Expenses	管理费用 Management Expenses	财务费用 Financial Expenses	其 中 of which		资产减值损失 Impairment of Assets
主营业务成本 Main Business Cost		主营业务税金及附加 Main Business Taxes and Surchargers					利息收入 Interest Income	利息支出 Interest Expenses	
2119375	4974	4972	2017	53861	9588	4002	625	2106	480
3589	7	7		102	176	34		34	
1779498	1193	1191	2017	28244	1792	2994	607	1911	459
154623	2640	2640		947	1805	981	9	160	20
181664	1134	1134		24568	5816	-7	9		
2755769	5664	5612	4192	124363	32311	2153	-83	3	9
2175087	3985	3985	10	66611	21871	1795	-102	1	11
469561	1400	1348	4182	55664	10371	354	20	-2	
17144	33	33		2012		3	-1	4	-3
93978	247	247		76	70	1			
25442389	898947	891804	23343	448692	463614	72611	75026	135842	30196
1259989	1179	1159	460	22805	9604	13993	-404	14291	136
44585999	114264	106233	34906	1091425	571052	126220	9717	80048	18436
2278542	5319	5316	2760	55259	9462	2213	-1056	2074	480
782093	1860	1796	4182	81073	12689	-119	555	2	510
6331685	15312	14961	20924	282585	47506	16252	2253	13583	246
44764145	319434	316433	38695	965454	512440	141772	16833	120421	17344
2758695	460492	456508	203	122723	181855	-27911	33355	4926	33
1775996	7375	3918	54	66089	17385	3588	8	2409	49
31417638	249749	244580	47623	829426	403744	114042	35895	118093	32577
14431066	93658	90053	29230	519594	161164	30983	9399	53443	19239
37966780	850190	839963	43856	1035582	623870	100554	63089	139630	20141
22093283	60609	59019	12199	405788	271766	71379	14354	49598	10567
6225346	32592	32404	1290	22729	58623	28576	-750	3177	56

表 15.6 续表 14 continued 14

指 标	Item	三、损益及分配 Profits and Losses		
		公允价值变动收益 Change of Income Fair Value	投资收益 Income from Investment	资产处置收益 Income from Assets Disposal
港、澳、台商投资企业	Enterprises with Funds from Hong Kong, Macao and Taiwan	-63	622	
合资经营企业(港或澳、台资)	Joint-venture Enterprises		42	
港、澳、台商独资经营企业	Enterprises with Sole Fund	-63	580	
港、澳、台商投资股份有限公司	Share-holding Corporations Ltd. with Investment			
其他港澳台投资企业	Other Enterprises with Funds from Hong Kong, Macao and Taiwan			
外商投资企业	Foreign-funded Enterprises		20012	-805
中外合资经营企业	Joint-venture Enterprises		20012	-805
中外合作经营企业	Cooperative Enterprises			
外资企业	Enterprises with Sole Fund			
其他外商投资企业	Other Foreign-funded Enterprises			
按控股情况分	**Trade Broker and Agency**			
国有控股	State-holding	1926	63829	10085
集体控股	Collective-holding	10	3312	
私人控股	Private-holding	1282	-1051	7999
港澳台商控股	Held by Corporation from Hong Kong, Macao and Taiwan	-63	580	
外商控股	Foreign-holding			
其 他	Other	-131	2047	16
按经营形式分	**By Form of Business**			
独立门店	Independent Store	2305	-14804	15380
连锁总店(总部)	Central Shop of Chain Store (Headquarter)		6428	2
连锁直营店	Direct-sale of Chain Store		20012	-805
其 他	Other	721	57080	3522
按单位规模分	By Size of Enterprise			
大 型	Large	-6	69039	6762
中 型	Medium	2210	22178	11151
小 型	Small	817	4544	145
微 型	Micro	4	-27044	43

单位：万元 (10 000 yuan)

三、损益及分配 Profits and Losses						四、人工成本及增值税 Labor Cost and Value Added Tax		五、从事批发和零售业活动的从业人员平均人数（人） Average Employees
其他收益 Other Income	营业利润 Business Profits	营业外收入 Non-business Income	营业外支出 Non-business Expenses	利润总额 Total Profits	应交所得税 Income Tax Payable Financial Expenses	应付职工薪酬（本年贷方累计发生额） Total Payable Salaries	应交增值税 Value Added Tax Payable	
2707	45763	2503	230	48573	4856	31119	32784	3628
	42			42	13	91	44	13
494	24930	2290	100	27658	1481	8171	6079	1325
18	3858	154	91	3921	203	876	18680	105
2195	16934	58	39	16953	3159	21981	7981	2185
266	57740	524	202	56466	4659	40346	12360	3380
266	34448	319	190	32982	2939	26224	2147	2439
	13141	204	11	13333	182	12350	8302	631
	-102	1		-102		1715	199	300
	10253			10253	1538	58	1711	10
56469	882871	38930	19747	902054	151925	567520	406580	23619
196	13221	2551	326	15444	1792	14577	5728	1981
47815	1381489	55077	42883	1415934	154829	399433	741707	69116
2707	91994	2503	230	94804	11482	31052	34629	3619
9267	34576	299	31	33248	3555	17155	10806	1222
9913	175948	10429	4221	182155	18171	74408	56444	8573
45084	1129648	49877	31196	1164328	109609	469750	664983	59206
8631	416630	11282	14458	413678	98722	238619	183943	3627
269	24511	460	368	24603	871	28986	18676	2877
72383	1013434	48561	21434	1045529	132711	369052	389181	42974
13182	469710	31981	5832	496397	56145	280893	226545	26783
74836	1519184	44622	44917	1532289	217557	662041	844448	52433
37861	625634	31105	15515	647352	60838	155830	184894	28461
488	-30305	2471	1193	-27900	7373	7643	897	1007

表 15.7 限额以上零售业法人企业财务状况（2018 年）
FINANCIAL INDICATORS OF RETAIL ENTERPRISES ABOVE DESIGNATED SIZE (2018)

指 标	Item	法人企业数（个）Number of Enterprises(unit)	其中 of which：执行《2006 年企业会计准则》企业数（个）Number of Enterprises which Implemented Accounting standard for Business Enterprise in 2006	一、年初存货 Inventory at the Begining of Year
总 计	**Total**	**3199**	**2091**	**2173378**
按零售行业小类分	**By Retail Sector**			
综合零售	Comprehensive Retails	370	254	508405
百货零售	Department Stores	216	162	327006
超级市场零售	Supermarkets	98	56	166559
便利店零售	Convenience Stores	5	4	2755
其他综合零售	Other Comprehensive Retails	51	32	12085
食品、饮料及烟草制品专门零售	Special Retail of Food, Beverages and Tobacco	377	232	86691
粮油零售	Retail of Grains and Edible Oil	38	25	10101
糕点、面包零售	Retail of Cakes and Bread	17	11	3273
果品、蔬菜零售	Retail of Fruits and Vegetables	43	30	21316
肉、禽、蛋、奶及水产品零售	Retail of Meat, Poultry, Eggs and Aquatic Products	70	33	6180
营养和保健品零售	Retail of Nutraceutical Products	12	9	2107
酒、饮料及茶叶零售	Retail of Liquor, Beverages and Tea	85	51	18165
烟草制品零售	Retail of Tobacco	1	1	10682
其他食品零售	Retail of Other Food	111	72	14867
纺织、服装及日用品专门零售	Special Retail of Textile, Garments and Daily Consumer Articles	186	135	162406
纺织品及针织品零售	Retail of Textiles and Knitwear	18	14	4561
服装零售	Retail of Garments	77	56	98380
鞋帽零售	Retail of Shoes and Hats	12	10	9104
化妆品及卫生用品零售	Retail of Cosmetics and Sanitary Articles	17	14	8338
厨具卫具及日用杂品零售	Retail of Cooking Utensils, Bathroom Articles and Daily Groceries	13	8	11146
钟表、眼镜零售	Retail of Clocks, Watches and Glasses	13	9	26186
箱包零售	Retail of Suitcases and Bags	4	3	798
自行车等代步设备零售	Retail of Bicycles	1	1	56
其他日用品零售	Retail of Other General Merchandise	31	20	3839
文化、体育用品及器材专门零售	Special Retail of Cultural and Sports Articles	88	53	153953
文具用品零售	Retail of Cultural Articles	38	24	7844
体育用品及器材零售	Retail of Sports Articles	5	4	4377
图书、报刊零售	Retail of Books, Newspapers and Magazines	11	6	91903
珠宝首饰零售	Retail of Jewelry	19	12	47184
工艺美术品及收藏品零售	Retail of Handicrafts and Collections	11	4	1504
乐器零售	Retail of Musical Instrument	1	1	450
其他文化用品零售	Retail of Other Cultural Goods	3	2	692

单位：万元 (10 000 yuan)

二、期末资产负债 Assets and Liabilities

流动资产合计 Total Current Assets	其中 of which			固定资产合计 Total Fixed Assets	可供出售金融资产 Available for Sale Financial Assets	持有至到期投资 Held-to-maturity Securities	长期股权投资 Long-term Investment on Stocks	固定资产原价 Total Original Value of Fixed Assets	其中 of which
	货币资金 Bank and Cash	应收帐款 Accounts Receivable	存货 Inventory						房屋和构筑物 Buildings and Structures
8108557	**1462476**	**1102592**	**2207095**	**2109381**	**13666**	**124666**	**404718**	**3424003**	**1071694**
1572673	462003	113767	436496	551119	1184	267	178384	974307	141371
1246570	400795	55455	319194	387608	1184	267	175402	680400	33457
270668	57383	45725	99907	140437			2982	250247	85764
12969	2290	1211	2773	4848				8153	1328
42466	1536	11376	14622	18226				35508	20821
296683	51513	61972	65931	77556	138	13	917	111518	36909
30700	3737	7613	11539	8963				13891	6548
18766	4358	2970	3737	6480	5	3	2	12600	1100
60543	4093	4735	3675	13704				17184	1986
41881	4725	10505	5272	18942			330	24504	10780
5882	784	1015	2227	779				1436	400
55761	8305	14807	19316	12723	123		100	19434	4777
8055	2932	48	4286	18				218	90
75094	22579	20279	15879	15948	10	10	485	22253	11228
494946	64140	87301	175595	97747	20	5	2020	129777	52318
11260	697	2121	5372	2237	20	5	10	3890	1247
359199	50776	69905	90419	71386			1800	89528	31917
22826	1779	405	19392	8143				10529	6412
17595	1183	5764	9662	1187			10	2046	1067
25451	6272	-1398	17663	2310				3306	81
41137	1867	5512	27057	10258			200	15889	11311
891	52	450	237	33				43	
49		2	48	28				30	
16539	1515	4539	5746	2166				4517	282
438151	62924	101198	182388	86867	5446	123780	1780	149390	2975
44599	4333	15935	7920	7104				11080	1485
9077	574	2180	4995	519				910	
251272	50665	41849	105479	75708	5446	123780	937	131346	491
115015	4177	32807	61234	1964				3159	776
6111	1228	2374	1607	907			843	1388	223
543				5				21	
11534	1946	6054	1153	660				1486	

表 15.7 续表 1 continued 1

指 标	Item	二、期末资产负债 Assets and Liabilities 其中 of which 机器设备 Machinery and Equipments	运输工具 Transportation Equipments	电子设备 Electronic Equipments
总 计	**Total**	**268511**	**112971**	**98391**
按零售行业小类分	**By Retail Sector**			
综合零售	Comprehensive Retails	95405	15433	54309
百货零售	Department Stores	39569	3681	4731
超级市场零售	Supermarkets	46980	8192	48115
便利店零售	Convenience Stores	4330		978
其他综合零售	Other Comprehensive Retails	4525	3561	487
食品、饮料及烟草制品专门零售	Special Retail of Food, Beverages and Tobacco	12770	6726	3188
粮油零售	Retail of Grains and Edible Oil	1582	418	16
糕点、面包零售	Retail of Cakes and Bread	3698	290	329
果品、蔬菜零售	Retail of Fruits and Vegetables	381	641	364
肉、禽、蛋、奶及水产品零售	Retail of Meat, Poultry, Eggs and Aquatic Products	2789	1385	275
营养和保健品零售	Retail of Nutraceutical Products	128	574	69
酒、饮料及茶叶零售	Retail of Liquor, Beverages and Tea	2122	1388	1430
烟草制品零售	Retail of Tobacco		60	67
其他食品零售	Retail of Other Food	2070	1971	638
纺织、服装及日用品专门零售	Special Retail of Textile, Garments and Daily Consumer Articles	3860	2368	2971
纺织品及针织品零售	Retail of Textiles and Knitwear	184	396	39
服装零售	Retail of Garments	770	574	1543
鞋帽零售	Retail of Shoes and Hats	111	218	768
化妆品及卫生用品零售	Retail of Cosmetics and Sanitary Articles	163	187	115
厨具卫具及日用杂品零售	Retail of Cooking Utensils, Bathroom Articles and Daily Groceries	756	96	2
钟表、眼镜零售	Retail of Clocks, Watches and Glasses	1779	648	181
箱包零售	Retail of Suitcases and Bags			42
自行车等代步设备零售	Retail of Bicycles			
其他日用品零售	Retail of Other General Merchandise	98	250	284
文化、体育用品及器材专门零售	Special Retail of Cultural and Sports Articles	3387	946	930
文具用品零售	Retail of Cultural Articles	743	448	228
体育用品及器材零售	Retail of Sports Articles	209		68
图书、报刊零售	Retail of Books, Newspapers and Magazines	816	208	185
珠宝首饰零售	Retail of Jewelry	52	23	153
工艺美术品及收藏品零售	Retail of Handicrafts and Collections	439	35	296
乐器零售	Retail of Musical Instrument			
其他文化用品零售	Retail of Other Cultural Goods	1128	232	

单位：万元 (10 000 yuan)

二、期末资产负债 Assets and Liabilities									
累计折旧 Cumulatice Depreciation	其中 of which 本年折旧 Depreciation	固定资产净值 Net Value of Fixed Assets	固定资产减值准备 Impairment for Fixed Assets	在建工程 Construction in Progress	无形资产 Intangible Assets	土地使用权 Land Use Rights	软件使用权 Software Use Rights	商誉 Goodwill	非流动资产合计 Total Non-current Assets
1275853	**240790**	**2131870**	**22489**	**413289**	**6558471**	**4309061**	**50409**	**91416**	**5045281**
401480	48971	563075	11956	24842	543491	485378	20572	3981	1226541
274300	27163	396426	8818	17052	367341	336302	1649	2031	828765
107267	16108	142980	2542	5307	167215	147766	17796	1050	364688
2744	879	5409	561		607		607		7310
17169	4821	18260	35	2484	8328	1310	520	900	25779
31741	9562	79372	1816	21043	98770	64089	464	291	229554
4865	1005	9026	63	2178	59824	59824		10	36104
5649	1789	6694	214		4044	3758	266		16096
3433	853	13717	13	9114	616		129	20	58338
4736	1173	19768	826	493	468	457	11	3	28496
656	231	779			17		17		917
6088	2241	13346	623	443				60	17238
200	12	18			26		26		54
6114	2258	16025	76	8815	33775	50	15	198	72312
31854	8768	97858	110	238	165133	156410	339	63	367035
1651	1414	2239	3						3387
18075	3873	71388	2	238	164352	156410	130	3	332531
2385	890	8144	1						8937
759	232	1287	101		426				2104
996	396	2310			138				3888
5631	640	10258			217		209		12548
10	6	33							33
2	2	28							32
2346	1316	2171	5					60	3575
62256	2177	87134	267	140798	332015	950	1935		503314
3973	627	7107	2	140	34796		274		12131
391	176	519							986
55387	920	75958	250	140654	66012		1426		456124
1195	121	1964			13				5172
467	123	922	14	4	1185	950	235		5088
16	4	5							26
826	206	660			230009				23787

表 15.7 续表 2 continued 2

指 标	Item	二、期末资产负债 Assets and Liabilities 资产总计 Total Assets	流动负债合计 Total Current Liabilities	其中 of which 应付账款 Accounts Payable
总 计	**Total**	**13150705**	**9584058**	**1981208**
按零售行业小类分	**By Retail Sector**			
综合零售	Comprehensive Retails	2799918	2362468	706220
百货零售	Department Stores	2075548	1175873	395071
超级市场零售	Supermarkets	635813	1126480	298526
便利店零售	Convenience Stores	20278	37797	8392
其他综合零售	Other Comprehensive Retails	68279	22319	4231
食品、饮料及烟草制品专门零售	Special Retail of Food, Beverages and Tobacco	525826	188069	50430
粮油零售	Retail of Grains and Edible Oil	66804	23676	12908
糕点、面包零售	Retail of Cakes and Bread	34862	17383	2257
果品、蔬菜零售	Retail of Fruits and Vegetables	118881	23307	4167
肉、禽、蛋、奶及水产品零售	Retail of Meat, Poultry, Eggs and Aquatic Products	70328	30558	5557
营养和保健品零售	Retail of Nutraceutical Products	6799	3601	579
酒、饮料及茶叶零售	Retail of Liquor, Beverages and Tea	72638	38734	14320
烟草制品零售	Retail of Tobacco	8109	4174	502
其他食品零售	Retail of Other Food	147406	46636	10140
纺织、服装及日用品专门零售	Special Retail of Textile, Garments and Daily Consumer Articles	861995	343162	117532
纺织品及针织品零售	Retail of Textiles and Knitwear	14647	10632	3528
服装零售	Retail of Garments	691852	223438	75850
鞋帽零售	Retail of Shoes and Hats	31762	22901	11754
化妆品及卫生用品零售	Retail of Cosmetics and Sanitary Articles	19698	11617	2134
厨具卫具及日用杂品零售	Retail of Cooking Utensils, Bathroom Articles and Daily Groceries	29339	22931	2846
钟表、眼镜零售	Retail of Clocks, Watches and Glasses	53577	38546	14906
箱包零售	Retail of Suitcases and Bags	924	1536	412
自行车等代步设备零售	Retail of Bicycles	82	1	
其他日用品零售	Retail of Other General Merchandise	20114	11561	6103
文化、体育用品及器材专门零售	Special Retail of Cultural and Sports Articles	941655	458656	107377
文具用品零售	Retail of Cultural Articles	56730	27437	13655
体育用品及器材零售	Retail of Sports Articles	10047	6888	5003
图书、报刊零售	Retail of Books, Newspapers and Magazines	707397	305689	8036
珠宝首饰零售	Retail of Jewelry	120314	101668	76459
工艺美术品及收藏品零售	Retail of Handicrafts and Collections	11199	6647	1146
乐器零售	Retail of Musical Instrument	569	498	
其他文化用品零售	Retail of Other Cultural Goods	35400	9831	3078

单位：万元 (10 000 yuan)

二、期末资产负债 Assets and Liabilities									
非流动负债合计 Total Non-current Liabilities	负债合计 Total Liabilities	所有者权益合计 Total Owner's Equity	其 中 of which						
			实收资本 Paid-up Capital	其 中 of which					
				国家资本 State Capital	集体资本 Collective Capital	法人资本 Corporate Capital	个人资本 Personal Capital	港澳台资本 HMT Capital	外商资本 Foreign Capital
811346	**8917036**	**4199558**	**3851573**	**884088**	**16315**	**1993673**	**782528**	**80406**	**94565**
282558	1830046	969872	432591	11628	5779	288513	75553	18052	33067
149645	1325518	750030	207285	2400	1369	143561	40809	12658	6488
128455	439879	195934	169338	9228	3788	122915	25739	90	7579
1304	39101	-18823	24919			605	10	5304	19000
3154	25549	42730	31048		622	21432	8995		
55320	242443	283346	127912	17907	1594	67336	41075		
3249	26923	39881	8111	1820	679	2131	3481		
1567	18951	15911	3630			400	3230		
14046	36313	82530	37246			30088	7158		
4286	34843	35485	20806	715	176	10757	9159		
645	4246	2553	1520			407	1113		
5876	44707	27931	20442		435	12211	7796		
	4174	3935	2000	2000					
25651	72287	75119	34156	13372	304	11342	9139		
119865	462780	399215	102727	204	38	79053	18000	5432	
610	11243	3404	2541		38	989	1514		
114223	337675	354176	77525			64800	8264	4461	
411	23312	8450	6055			5377	678		
1398	13015	6684	3105	204		713	2188		
64	22994	6345	3729			1470	2260		
935	39383	14195	5633			3920	742	971	
	1536	-612	260			250	10		
	1	81	10				10		
2223	13621	6493	3870			1535	2335		
23124	482309	459346	52606	14003	782	25746	11975	100	
1332	28769	27961	14476	3	662	10203	3608		
601	7489	2558	1432			600	832		
15209	321374	386023	16008	13700	120	1546	642		
369	102067	18246	10673			6620	3954	100	
337	6984	4216	4447	300		3410	737		
	498	71	50				50		
5277	15130	20270	5520			3367	2153		

表 15.7 续表 3 continued 3

指 标	Item	三、损益及分配 Profits and Losses 营业收入 Gross Sales	其中 of which 主营业务收入 Main Business Income	营业成本 Operating Cost
总 计	**Total**	**32682496**	**31994415**	**28465978**
按零售行业小类分	**By Retail Sector**			
综合零售	Comprehensive Retails	7359064	7085476	6048882
百货零售	Department Stores	4576634	4402863	3709939
超级市场零售	Supermarkets	2542686	2450783	2149776
便利店零售	Convenience Stores	48246	41111	33937
其他综合零售	Other Comprehensive Retails	191499	190719	155230
食品、饮料及烟草制品专门零售	Special Retail of Food, Beverages and Tobacco	1130909	1125335	922976
粮油零售	Retail of Grains and Edible Oil	99296	99013	86092
糕点、面包零售	Retail of Cakes and Bread	101136	98610	61958
果品、蔬菜零售	Retail of Fruits and Vegetables	159399	159360	136464
肉、禽、蛋、奶及水产品零售	Retail of Meat, Poultry, Eggs and Aquatic Products	209943	208928	170213
营养和保健品零售	Retail of Nutraceutical Products	22116	22116	17502
酒、饮料及茶叶零售	Retail of Liquor, Beverages and Tea	217623	216893	180910
烟草制品零售	Retail of Tobacco	24681	24681	22892
其他食品零售	Retail of Other Food	296716	295734	246945
纺织、服装及日用品专门零售	Special Retail of Textile, Garments and Daily Consumer Articles	1212914	1176176	878319
纺织品及针织品零售	Retail of Textiles and Knitwear	33268	33215	26599
服装零售	Retail of Garments	756956	732912	535697
鞋帽零售	Retail of Shoes and Hats	69786	69786	54737
化妆品及卫生用品零售	Retail of Cosmetics and Sanitary Articles	63586	63345	47842
厨具卫具及日用杂品零售	Retail of Cooking Utensils, Bathroom Articles and Daily Groceries	61442	51412	43959
钟表、眼镜零售	Retail of Clocks, Watches and Glasses	143122	140801	98627
箱包零售	Retail of Suitcases and Bags	7251	7251	6705
自行车等代步设备零售	Retail of Bicycles	1935	1935	1648
其他日用品零售	Retail of Other General Merchandise	75569	75519	62506
文化、体育用品及器材专门零售	Special Retail of Cultural and Sports Articles	842110	827971	658250
文具用品零售	Retail of Cultural Articles	127102	126186	100201
体育用品及器材零售	Retail of Sports Articles	49146	49146	42861
图书、报刊零售	Retail of Books, Newspapers and Magazines	456008	443910	348552
珠宝首饰零售	Retail of Jewelry	172773	171729	140345
工艺美术品及收藏品零售	Retail of Handicrafts and Collections	16383	16302	12980
乐器零售	Retail of Musical Instrument	1691	1691	
其他文化用品零售	Retail of Other Cultural Goods	19007	19007	13311

单位：万元 (10 000 yuan)

三、损益及分配 Profits and Losses									
其 中 of which	税金及附加 Taxes and Surcharges	其 中 of which	其他业务利润 Other Business Profits	销售费用 Sales Expenses	管理费用 Management Expenses	财务费用 Financial Expenses	其 中 of which		资产减值损失 Impairment of Assets
主营业务成本 Main Business Cost		主营业务税金及附加 Main Business Taxes and Surchargers					利息收入 Interest Income	利息支出 Interest Expenses	
28103307	**135808**	**99824**	**204107**	**1961488**	**824314**	**155068**	**19874**	**79449**	**36785**
6009820	40911	16314	103176	603591	255496	31585	3349	10432	26915
3692422	32981	8624	28523	488709	205646	18453	3221	6535	25688
2128938	6172	5979	74280	87544	36013	11598	55	3476	1027
33787	192	191	42	13865	5362	243	7	177	124
154673	1567	1520	331	13474	8475	1291	67	245	76
915975	7535	7289	1541	77343	41894	7449	359	2561	657
85784	590	575	17	3526	3477	548	32	407	100
57553	285	280	48	28376	7094	634	51	152	87
136405	727	553	89	5660	4275	1870	33	71	26
169593	1639	1609	569	12853	7238	1434	72	508	46
17502	159	155		1612	1589	146		81	12
179837	2140	2125	171	10362	7723	1302	19	621	367
22892	20	20		1082	479	207	-44	163	1
246411	1975	1972	647	13873	10019	1309	197	558	20
870989	7969	7895	2035	160356	92336	14341	752	10482	4017
26599	225	225		2648	2051	246		6	6
530575	5088	5030	110	99259	72351	11717	620	8997	3799
54737	172	172		7768	5125	476	29	357	26
47624	610	610	22	8370	2512	319	71	105	56
42772	245	245	7	13092	2343	263	10	128	53
97874	931	915	1539	23177	4577	1029	22	777	10
6705	35	35		717	253	50		48	
1648	4	4		77	58	2			
62454	658	658	357	5248	3067	238	1	63	67
604782	5768	4036	17814	60589	53179	4329	2491	4926	124
100183	847	847	98	9664	5499	548	-65	76	233
42861	180	180		3357	1632	57		14	
295143	2613	887	15181	30269	38571	1433	2556	3870	-109
140306	1936	1935	2352	15107	5116	1408	-1	938	
12978	116	115	182	975	974	69	1	28	
	4			139	25				
13311	72	72		1079	1363	814			

表 15.7 续表 4 continued 4

指 标	Item	三、损益及分配 Profits and Losses		
		公允价值变动收益 Change of Income Fair Value	投资收益 Income from Investment	资产处置收益 Income from Assets Disposal
总　计	**Total**	**2243**	**65830**	**15565**
按零售行业小类分	**By Retail Sector**			
综合零售	Comprehensive Retails	723	36118	878
百货零售	Department Stores	702	29280	3
超级市场零售	Supermarkets	-11	6734	1043
便利店零售	Convenience Stores		60	-168
其他综合零售	Other Comprehensive Retails	33	44	
食品、饮料及烟草制品专门零售	Special Retail of Food, Beverages and Tobacco	494	157	25
粮油零售	Retail of Grains and Edible Oil	32	36	
糕点、面包零售	Retail of Cakes and Bread	1		
果品、蔬菜零售	Retail of Fruits and Vegetables		2	
肉、禽、蛋、奶及水产品零售	Retail of Meat, Poultry, Eggs and Aquatic Products	98	12	
营养和保健品零售	Retail of Nutraceutical Products	4		25
酒、饮料及茶叶零售	Retail of Liquor, Beverages and Tea	364	27	
烟草制品零售	Retail of Tobacco			•
其他食品零售	Retail of Other Food	-5	81	
纺织、服装及日用品专门零售	Special Retail of Textile, Garments and Daily Consumer Articles	153	1098	2
纺织品及针织品零售	Retail of Textiles and Knitwear	150		
服装零售	Retail of Garments	-10	979	2
鞋帽零售	Retail of Shoes and Hats	-20	3	
化妆品及卫生用品零售	Retail of Cosmetics and Sanitary Articles	2		
厨具卫具及日用杂品零售	Retail of Cooking Utensils, Bathroom Articles and Daily Groceries	12		
钟表、眼镜零售	Retail of Clocks, Watches and Glasses		112	
箱包零售	Retail of Suitcases and Bags			
自行车等代步设备零售	Retail of Bicycles			
其他日用品零售	Retail of Other General Merchandise	19	4	
文化、体育用品及器材专门零售	Special Retail of Cultural and Sports Articles	4	12760	-33
文具用品零售	Retail of Cultural Articles	4		-38
体育用品及器材零售	Retail of Sports Articles		39	
图书、报刊零售	Retail of Books, Newspapers and Magazines		12685	
珠宝首饰零售	Retail of Jewelry		24	
工艺美术品及收藏品零售	Retail of Handicrafts and Collections			
乐器零售	Retail of Musical Instrument			
其他文化用品零售	Retail of Other Cultural Goods		12	6

单位：万元 (10 000 yuan)

三、损益及分配 Profits and Losses						四、人工成本及增值税 Labor Cost and Value Added Tax		五、从事批发和零售业活动的从业人员平均人数（人） Average Employees
其他收益 Other Income	营业利润 Business Profits	营业外收入 Non-business Income	营业外支出 Non-business Expenses	利润总额 Total Profits	应交所得税 Income Tax Payable Financial Expenses	应付职工薪酬（本年贷方累计发生额） Total Payable Salaries	应交增值税 Value Added Tax Payable	
7535	**931252**	**39770**	**24994**	**942831**	**89233**	**1361715**	**458703**	**202203**
1004	198642	7268	6110	199838	30647	466952	117361	70132
1678	134379	3453	3941	133935	20810	311216	83039	35144
-676	59460	3267	1737	60984	9208	141661	30632	31947
	-5673	430	331	-5575		6802	578	1506
2	10476	118	101	10493	629	7273	3112	1535
1187	67491	2913	720	69684	4604	61433	14619	12085
1132	5233	278	151	5360	145	3530	1102	705
3	2196	470	194	2472	105	18681	1389	3024
	9769	1079	83	10764	148	3740	1841	793
34	13454	540	70	13925	1308	9764	2591	2073
	1037	1	25	1013	62	2418	450	414
2	14423	133	75	14481	1763	9138	3166	2425
						847		206
15	21379	413	122	21669	1074	13316	4081	2445
150	54937	899	1206	54627	8179	121695	24815	19005
	1071	2	576	497	51	3157	498	554
15	28875	700	480	29093	5182	81198	14561	11056
3	1465	8	7	1466	126	8119	637	2283
	3719	4	1	3721	696	4497	710	1008
	1509	11	30	1490	121	6373	1546	1023
2	14750	158	111	14796	1779	13523	5893	2027
	-514	3		-511		575	253	130
	145			145		31	43	10
131	3919	12	2	3930	224	4223	674	914
669	68839	2798	558	70876	1812	87276	8223	7530
485	8345	30	15	8360	579	6940	1413	1634
	1098	10	2	1106	264	11584	983	656
	47566	1596	538	48421	98	58096	3624	3108
	7988	972	3	8957	371	8144	1383	1712
	1270	191	1	1461	129	915	506	188
						133	1	17
184	2571			2571	371	1464	313	215

表 15.7 续表 5 continued 5

指 标	Item	法人企业数(个) Number of Enterprises(unit)	其中 of which: 执行《2006年企业会计准则》企业数(个) Number of Enterprises which Implemented Accounting standard for Business Enterprise in 2006	一、年初存货 Inventory at the Begining of Year
医药及医疗器材专门零售	Special Retail of Medicine and Medical Appliances	133	91	106317
西药零售	Retail of Western Medicine	112	77	102285
中药零售	Retail of Tradition Chinese Medicine	5	4	1013
动物用药品零售	Retail of Animal Drugs	1		75
医疗用品及器材零售	Retail of Medical Articles and Appliances	14	9	2141
保健辅助治疗器材零售	Retail of Health and Fitness Adjunctive Therapy Appliances	1	1	803
汽车、摩托车、零配件和燃料及其他动力销售	Special Retail of Automobiles, Motorcycles, Fuel and Spare Parts	1082	735	962237
汽车新车零售	Retail of New Automobiles	812	557	748747
汽车旧车零售	Retail of Second-hand Automobiles	11	8	2979
汽车零配件零售	Retail of Automobile Fittings	25	16	7610
摩托车及零配件零售	Retail of Motorcycles and Parts	88	58	11602
机动车燃料零售	Retail of Motor Fuel	134	86	187334
机动车燃气零售	Retail of Motor Gas	11	9	3965
机动车充电销售	Retail of Motor Eletricity	1	1	
家用电器及电子产品专门零售	Special Retail of Household Electrical Appliances and Electronic Products	411	272	99504
家用视听设备零售	Retail of Household Audio and Video Appliances	86	51	34042
日用家电设备零售	Retail of Household Electrical Appliances	122	88	23633
计算机、软件及辅助设备零售	Retail of Computers, Software and Assistant Equipment	123	79	18989
通信设备零售	Retail of Communication Equipment	57	36	20252
其他电子产品零售	Retail of Other Electronic Products	23	18	2589
五金、家具及室内装饰材料专门零售	Special Retail of Hardware, Furniture and Decoration Materials	364	209	36308
五金零售	Retail of Hardware	83	56	6020
灯具零售	Retail of Light Fittings	21	7	2103
家具零售	Retail of Furniture	80	42	12000
涂料零售	Retail of Paint	6	5	839
卫生洁具零售	Retail of Sanitary Ware	8	5	451
木质装饰材料零售	Retail of Wooden Decorative Materials	18	12	924
陶瓷、石材装饰材料零售	Retail of Ceramics and Stone Decorative Materials	44	25	2097
其他室内装饰材料零售	Retail of Other Indoor Decoration Materials	104	57	11875
货摊、无店铺及其他零售业	Stall, Non-shop and Other Retails	188	110	57557
互联网零售	E-commerce Retails	133	75	52393
自动售货机零售	Retails by Vending Machine	4	3	91
旧货零售	Retail of Used Goods	1	1	1307
生活用燃料零售	Retail of Fuel for Daily Use	23	13	702
宠物食品用品零售	Retail of Pet Foods and Articles	1	1	7
其他未列明零售业	Other Retails not Classified Elsewhere	26	17	3057

单位：万元 (10 000 yuan)

二、期末资产负债 Assets and Liabilities

流动资产合计 Total Current Assets	其中 of which			固定资产合计 Total Fixed Assets	可供出售金融资产 Available for Sale Financial Assets	持有至到期投资 Held-to-maturity Securities	长期股权投资 Long-term Investment on Stocks	固定资产原价 Total Original Value of Fixed Assets	其中 of which
	货币资金 Bank and Cash	应收帐款 Accounts Receivable	存货 Inventory						房屋和构筑物 Buildings and Structures
431178	39327	171275	114749	47798	282	132	913	77653	19061
403687	35195	155927	111261	46249	282	132	913	74450	17898
3227	156	1185	904	862				1406	859
126		31	72					1	
22317	3434	13642	1864	651				1651	305
1821	542	490	648	37				146	
3570742	652978	317134	1015660	1081821	6565	370	204986	1722234	753157
2765690	599385	268814	811177	477276	6565	370	186296	708196	242685
10373	2617	1249	5470	766				1087	151
23328	2100	8454	9064	1586			100	3357	970
45250	4206	10781	14742	11401			40	17474	6181
602023	42977	22427	166710	561855			13674	940080	499357
117701	1586	837	8436	26813			4876	49633	3813
6378	109	4572	62	2124				2408	
682411	85768	129841	101077	50356	9	7	6309	86471	25054
309693	44972	40544	32386	21504			714	35873	17975
153873	26038	17661	23885	10517	9		21	19424	4258
135942	9004	50199	20370	8636		7	1740	14947	1728
68865	4572	14768	21728	8512			3834	14555	655
14038	1182	6669	2708	1186				1673	438
208384	18665	69604	45314	86181	23	93	3240	124346	27218
49425	5124	16970	8636	14130	23	93	2890	20197	13719
12728	1553	5377	2649	1864			147	2521	809
54085	3193	8678	14110	54776				77151	7670
6340	304	4866	845	171				268	
1528	116	747	481	378				429	85
4701	481	1103	1085	1240				4748	406
33531	3543	13075	8163	3362				4403	607
46046	4352	18789	9346	10260			204	14629	3922
413390	25160	50501	69885	29935			6169	48306	13630
365922	22192	32812	61974	20259			4693	33836	9847
1148	168	397	222	147				306	
3217	112	573	1501	46				232	
6774	1209	1743	671	6699			1476	9581	3081
251		12	73	35				50	
36077	1479	14964	5445	2749				4301	703

表 15.7 续表 6 continued 6

指 标	Item	二、期末资产负债 Assets and Liabilities 其中 of which 机器设备 Machinery and Equipments	运输工具 Transportation Equipments	电子设备 Electronic Equipments
医药及医疗器材专门零售	Special Retail of Medicine and Medical Appliances	1870	3081	2719
西药零售	Retail of Western Medicine	1521	2366	2508
中药零售	Retail of Tradition Chinese Medicine	80	284	37
动物用药品零售	Retail of Animal Drugs			
医疗用品及器材零售	Retail of Medical Articles and Appliances	269	374	86
保健辅助治疗器材零售	Retail of Health and Fitness Adjunctive Therapy Appliances		57	89
汽车、摩托车、零配件和燃料及其他动力销售	Special Retail of Automobiles, Motorcycles, Fuel and Spare Parts	135230	68432	25889
汽车新车零售	Retail of New Automobiles	74811	53794	15356
汽车旧车零售	Retail of Second-hand Automobiles	121	543	127
汽车零配件零售	Retail of Automobile Fittings	515	1232	51
摩托车及零配件零售	Retail of Motorcycles and Parts	826	1371	638
机动车燃料零售	Retail of Motor Fuel	54375	10996	9655
机动车燃气零售	Retail of Motor Gas	4582	498	61
机动车充电销售	Retail of Motor Eletricity			
家用电器及电子产品专门零售	Special Retail of Household Electrical Appliances and Electronic Products	5721	5918	5597
家用视听设备零售	Retail of Household Audio and Video Appliances	1143	1718	2773
日用家电设备零售	Retail of Household Electrical Appliances	720	2173	698
计算机、软件及辅助设备零售	Retail of Computers, Software and Assistant Equipment	3448	1577	1259
通信设备零售	Retail of Communication Equipment	289	291	777
其他电子产品零售	Retail of Other Electronic Products	121	158	91
五金、家具及室内装饰材料专门零售	Special Retail of Hardware, Furniture and Decoration Materials	3827	5943	1007
五金零售	Retail of Hardware	666	1302	306
灯具零售	Retail of Light Fittings	171	242	51
家具零售	Retail of Furniture	1186	1782	346
涂料零售	Retail of Paint	90	156	22
卫生洁具零售	Retail of Sanitary Ware		12	4
木质装饰材料零售	Retail of Wooden Decorative Materials	4	161	38
陶瓷、石材装饰材料零售	Retail of Ceramics and Stone Decorative Materials	260	415	15
其他室内装饰材料零售	Retail of Other Indoor Decoration Materials	1450	1873	224
货摊、无店铺及其他零售业	Stall, Non-shop and Other Retails	6442	4124	1781
互联网零售	E-commerce Retails	4132	2412	1431
自动售货机零售	Retails by Vending Machine		92	103
旧货零售	Retail of Used Goods	58	141	33
生活用燃料零售	Retail of Fuel for Daily Use	1699	602	40
宠物食品用品零售	Retail of Pet Foods and Articles	12	14	
其他未列明零售业	Other Retails not Classified Elsewhere	541	864	174

单位：万元 (10 000 yuan)

二、期末资产负债 Assets and Liabilities									
累计折旧 Cumulatice Depreciation	其 中 of which 本年折旧 Depreciation	固定资产净值 Net Value of Fixed Assets	固定资产减值准备 Impairment for Fixed Assets	在建工程 Construction in Progress	无形资产 Intangible Assets	土地使用权 Land Use Rights	软件使用权 Software Use Rights	商誉 Goodwill	非流动资产合计 Total Non-current Assets
29820	7002	47834	35	2057	20285	10015	2760	78797	108702
28183	6594	46267	18	2057	18676	10015	2760	78797	105856
544	129	862							987
984	260	667	17						1661
108	19	37			1609				198
628453	133597	1087757	5935	219561	5110614	3587918	17059	5899	2317979
228749	66155	478464	1189	33592	687034	532638	16969	5854	949563
321	106	766							1070
1745	770	1586			3		3		4291
5761	1942	11513	112						20001
368816	61593	566448	4593	164235	4016403	2746628	87	45	1243602
22778	2746	26855	42	21603	407174	308652			96426
284	284	2124		131					3027
33997	12036	52442	2086	138	4721	12	109	389	101068
12769	4780	23104	1600	38	376			51	35630
8872	3076	10541	24	55	553	12	109	238	21879
6155	2357	8772	136	46	2353			100	18393
5723	1723	8831	319		1439				23633
479	100	1194	7						1534
38069	12602	86277	96	1648	261773	4289	341	1996	138445
6055	1087	14142	12		799	799		59	20715
657	260	1864						1937	2600
22309	6280	54842	65	928	258729	3107	10		88676
97	34	171		587	383	383			796
51	12	378							403
3508	3161	1240							2116
1039	308	3365	3		2		2		5116
4353	1460	10276	16	134	1860		329		18022
18184	6075	30122	188	2964	21669		6830		52643
13390	4827	20446	187	279	11479		6818		33832
159	76	147							170
186	37	46							46
2882	584	6699		2534					12385
16		35							78
1552	551	2749	1	151	10190		12		6133

表 15.7 续表 7 continued 7

指 标	Item	二、期末资产负债 Assets and Liabilities		
		资产总计 Total Assets	流动负债合计 Total Current Liabilities	其中 of which 应付账款 Accounts Payable
医药及医疗器材专门零售	Special Retail of Medicine and Medical Appliances	539879	387533	214161
西药零售	Retail of Western Medicine	509543	375430	207578
中药零售	Retail of Tradition Chinese Medicine	4214	2544	1262
动物用药品零售	Retail of Animal Drugs	126	99	55
医疗用品及器材零售	Retail of Medical Articles and Appliances	23978	9189	5162
保健辅助治疗器材零售	Retail of Health and Fitness Adjunctive Therapy Appliances	2019	273	105
汽车、摩托车、零配件和燃料及其他动力销售	Special Retail of Automobiles, Motorcycles, Fuel and Spare Parts	5885703	4854444	495719
汽车新车零售	Retail of New Automobiles	3712153	2554009	399958
汽车旧车零售	Retail of Second-hand Automobiles	11443	9005	1941
汽车零配件零售	Retail of Automobile Fittings	27619	17679	4235
摩托车及零配件零售	Retail of Motorcycles and Parts	65251	30543	12587
机动车燃料零售	Retail of Motor Fuel	1845706	1632976	64460
机动车燃气零售	Retail of Motor Gas	214126	605757	9148
机动车充电销售	Retail of Motor Eletricity	9405	4475	3390
家用电器及电子产品专门零售	Special Retail of Household Electrical Appliances and Electronic Products	783372	490573	187343
家用视听设备零售	Retail of Household Audio and Video Appliances	345494	200534	48258
日用家电设备零售	Retail of Household Electrical Appliances	175721	126980	74569
计算机、软件及辅助设备零售	Retail of Computers, Software and Assistant Equipment	154343	105718	40925
通信设备零售	Retail of Communication Equipment	92237	46503	19558
其他电子产品零售	Retail of Other Electronic Products	15577	10838	4033
五金、家具及室内装饰材料专门零售	Special Retail of Hardware, Furniture and Decoration Materials	346432	136461	45209
五金零售	Retail of Hardware	70394	41437	11864
灯具零售	Retail of Light Fittings	15533	8594	6079
家具零售	Retail of Furniture	141617	35854	8577
涂料零售	Retail of Paint	7137	5316	1827
卫生洁具零售	Retail of Sanitary Ware	1931	849	-125
木质装饰材料零售	Retail of Wooden Decorative Materials	6817	2641	499
陶瓷、石材装饰材料零售	Retail of Ceramics and Stone Decorative Materials	38936	14071	3930
其他室内装饰材料零售	Retail of Other Indoor Decoration Materials	64068	27699	12559
货摊、无店铺及其他零售业	Stall, Non-shop and Other Retails	465924	362692	57218
互联网零售	E-commerce Retails	399757	331334	48755
自动售货机零售	Retails by Vending Machine	1318	592	254
旧货零售	Retail of Used Goods	3263	2117	201
生活用燃料零售	Retail of Fuel for Daily Use	19047	8428	1489
宠物食品用品零售	Retail of Pet Foods and Articles	329	8	2
其他未列明零售业	Other Retails not Classified Elsewhere	42211	20214	6517

单位：万元 (10 000 yuan)

二、期末资产负债 Assets and Liabilities									
			其 中 of which						
				其 中 of which					
非流动负债合计 Total Non-current Liabilities	负债合计 Total Liabilities	所有者权益合计 Total Owner's Equity	实收资本 Paid-up Capital	国家资本 State Capital	集体资本 Collective Capital	法人资本 Corporate Capital	个人资本 Personal Capital	港澳台资本 HMT Capital	外商资本 Foreign Capital
21162	408420	131459	110192	33084	1020	33232	42856		
20711	395865	113678	104084	32829	930	31852	38474		
165	2709	1505	1358	255		300	803		
	99	27	15				15		
1	9190	14788	3925		90	1080	2755		
284	557	1462	810				810		
207366	4400900	1450758	2684583	805314	4994	1314670	472880	55469	31256
126380	2661849	1050304	1655400	19550	3769	1135581	425095	55469	15937
254	9258	2185	1658	12	28	673	945		
743	18422	9197	5890		24	3487	2379		
317	30873	34378	22461			5953	16508		
77380	1456981	354680	984485	785752	1172	161668	20574		15319
1521	218271	-4145	9731			2351	7380		
771	5246	4159	4958			4958			
31655	522332	261040	163535		58	105588	56536	1353	
3244	203815	141679	84996			71482	13515		
4994	131976	43746	27705			12572	13780	1353	
4985	110749	43594	25525		24	14490	11011		
18231	64736	27501	22029		34	5233	16762		
201	11057	4520	3281			1812	1468		
67687	202500	143904	109497	99	583	39839	38734		30242
1137	42734	27632	18038	79	319	8006	9634		
646	9196	6336	3771			1526	2245		
60752	94686	46932	52321			11630	10448		30242
	5316	1820	1646			1220	426		
4	854	1077	555			260	295		
326	2967	3850	1401			236	1166		
1812	16039	22897	11983	20	264	5705	5994		
3011	30709	33359	19782			11256	8526		
2609	365305	100618	67931	1849	1467	39696	24919		
1776	333116	66641	44524	1784	1382	26079	15279		
31	623	695	175			25	150		
5	2122	1142	1145			685	460		
596	9024	10022	5795		25	2056	3714		
16	23	306	306				306		
186	20397	21813	15986	65	61	10850	5011		

表 15.7 续表 8 continued 8

指 标	Item	三、损益及分配 Profits and Losses 营业收入 Gross Sales	其中 of which 主营业务收入 Main Business Income	营业成本 Operating Cost
医药及医疗器材专门零售	Special Retail of Medicine and Medical Appliances	1075194	1063857	854096
西药零售	Retail of Western Medicine	1013253	1001949	806297
中药零售	Retail of Tradition Chinese Medicine	9611	9602	7759
动物用药品零售	Retail of Animal Drugs	1580	1580	1325
医疗用品及器材零售	Retail of Medical Articles and Appliances	31804	31781	21596
保健辅助治疗器材零售	Retail of Health and Fitness Adjunctive Therapy Appliances	18946	18946	17118
汽车、摩托车、零配件和燃料及其他动力销售	Special Retail of Automobiles, Motorcycles, Fuel and Spare Parts	15855044	15560721	14601254
汽车新车零售	Retail of New Automobiles	8492905	8356321	7809215
汽车旧车零售	Retail of Second-hand Automobiles	78600	78230	70783
汽车零配件零售	Retail of Automobile Fittings	186114	186072	170865
摩托车及零配件零售	Retail of Motorcycles and Parts	384830	383627	340561
机动车燃料零售	Retail of Motor Fuel	6437253	6291232	5959208
机动车燃气零售	Retail of Motor Gas	273597	263709	248616
机动车充电销售	Retail of Motor Eletricity	1745	1530	2006
家用电器及电子产品专门零售	Special Retail of Household Electrical Appliances and Electronic Products	2753747	2712358	2429832
家用视听设备零售	Retail of Household Audio and Video Appliances	1132767	1121370	1032213
日用家电设备零售	Retail of Household Electrical Appliances	670208	649291	565099
计算机、软件及辅助设备零售	Retail of Computers, Software and Assistant Equipment	448077	445526	402461
通信设备零售	Retail of Communication Equipment	466312	459810	399475
其他电子产品零售	Retail of Other Electronic Products	36383	36361	30584
五金、家具及室内装饰材料专门零售	Special Retail of Hardware, Furniture and Decoration Materials	954718	950989	757923
五金零售	Retail of Hardware	156280	153818	133020
灯具零售	Retail of Light Fittings	34386	34386	26324
家具零售	Retail of Furniture	332418	331830	251973
涂料零售	Retail of Paint	11648	11648	10242
卫生洁具零售	Retail of Sanitary Ware	8777	8777	6800
木质装饰材料零售	Retail of Wooden Decorative Materials	27846	27846	21491
陶瓷、石材装饰材料零售	Retail of Ceramics and Stone Decorative Materials	95564	95194	71650
其他室内装饰材料零售	Retail of Other Indoor Decoration Materials	287798	287488	236423
货摊、无店铺及其他零售业	Stall, Non-shop and Other Retails	1498796	1491533	1314448
互联网零售	E-commerce Retails	1308705	1302964	1154824
自动售货机零售	Retails by Vending Machine	6559	6559	5178
旧货零售	Retail of Used Goods	4116	4116	3355
生活用燃料零售	Retail of Fuel for Daily Use	68543	67152	54496
宠物食品用品零售	Retail of Pet Foods and Articles	8535	8535	6024
其他未列明零售业	Other Retails not Classified Elsewhere	102338	102207	90572

单位：万元 (10 000 yuan)

三、损益及分配 Profits and Losses									
其 中 of which	税金及附加	其 中 of which	其他业务利润	销售费用	管理费用	财务费用	其 中 of which		资产减值损失
主营业务成本 Main Business Cost	Taxes and Surcharges	主营业务税金及附加 Main Business Taxes and Surchargers	Other Business Profits	Sales Expenses	Management Expenses	Financial Expenses	利息收入 Interest Income	利息支出 Interest Expenses	Impairment of Assets
851348	4711	4605	8983	132908	46448	4778	564	2064	314
803550	4470	4365	8983	127510	42734	4539	546	1917	227
7759	21	20		873	307	119	4	46	87
1325	6	6		105	105	1			
21596	195	195		3608	2399	82	14	73	
17118	19	19		810	904	36		28	
14377408	42448	34545	59739	628677	206496	62950	10989	41017	3432
7715243	25908	22997	49082	276786	168372	51123	5858	34395	2906
70672	109	109		3339	1569	606	4	105	9
170859	1388	1337	1176	3202	3326	503	5	340	3
339954	2125	1670	211	11426	8679	1822	8	525	170
5838796	12401	8140	9270	318716	21988	6944	5053	4991	283
240087	516	292		15114	2396	1953	60	661	
1798	1			93	166	-1			61
2403520	13451	12714	7332	139501	56477	11192	1074	2942	621
1025701	3518	3377	30	56518	15036	3660	55	742	375
548128	4906	4722	216	47911	17267	3029	950	549	38
400679	1952	1639	393	11272	10086	2187	10	1491	97
398472	2805	2708	6637	22311	12252	2188	58	143	94
30541	270	269	56	1489	1836	127	1	17	15
756017	9330	9093	296	44930	42688	7910	121	1597	200
131710	942	933	3	7163	5444	636	62	302	31
26324	556	554		1782	1582	419	1	89	17
251591	2773	2767	11	20253	21409	4011	17	633	7
10242	47	47		464	499	70		64	
6800	38	38		288	274	68		4	
21491	368	367	223	2138	1393	235	2	34	15
71500	1310	1240	5	2819	2313	526	7	76	67
236360	3296	3148	54	10022	9775	1946	33	394	64
1313447	3685	3334	3190	113595	29299	10534	176	3429	505
1154041	2321	2075	2017	108016	22314	9602	81	3312	327
5178	7	7		151	145	4			1
3355	7	7		441	173	90		31	
54279	415	413	1174	2551	2635	450		18	51
6024	53	3		78	73	97			
90571	883	829		2358	3960	292	95	68	127

表 15.7 续表 9 continued 9

指 标	Item	三、损益及分配 Profits and Losses 公允价值变动收益 Change of Income Fair Value	投资收益 Income from Investment	资产处置收益 Income from Assets Disposal
医药及医疗器材专门零售	Special Retail of Medicine and Medical Appliances	-32	130	1
西药零售	Retail of Western Medicine		129	1
中药零售	Retail of Tradition Chinese Medicine	-34		
动物用药品零售	Retail of Animal Drugs			
医疗用品及器材零售	Retail of Medical Articles and Appliances	1	1	
保健辅助治疗器材零售	Retail of Health and Fitness Adjunctive Therapy Appliances			
汽车、摩托车、零配件和燃料及其他动力销售	Special Retail of Automobiles, Motorcycles, Fuel and Spare Parts	140	12058	15724
汽车新车零售	Retail of New Automobiles	98	8393	92
汽车旧车零售	Retail of Second-hand Automobiles	-3		
汽车零配件零售	Retail of Automobile Fittings	1		-1
摩托车及零配件零售	Retail of Motorcycles and Parts	39		
机动车燃料零售	Retail of Motor Fuel	5	3664	15505
机动车燃气零售	Retail of Motor Gas			132
机动车充电销售	Retail of Motor Eletricity			-4
家用电器及电子产品专门零售	Special Retail of Household Electrical Appliances and Electronic Products	478	2968	-1024
家用视听设备零售	Retail of Household Audio and Video Appliances	99	2481	20
日用家电设备零售	Retail of Household Electrical Appliances	99	489	
计算机、软件及辅助设备零售	Retail of Computers, Software and Assistant Equipment	198	-9	-1044
通信设备零售	Retail of Communication Equipment	81	7	
其他电子产品零售	Retail of Other Electronic Products	2	1	
五金、家具及室内装饰材料专门零售	Special Retail of Hardware, Furniture and Decoration Materials	79	16	-7
五金零售	Retail of Hardware	9	13	7
灯具零售	Retail of Light Fittings	12	4	
家具零售	Retail of Furniture	5	1	-20
涂料零售	Retail of Paint			
卫生洁具零售	Retail of Sanitary Ware			
木质装饰材料零售	Retail of Wooden Decorative Materials	3		
陶瓷、石材装饰材料零售	Retail of Ceramics and Stone Decorative Materials	44	20	3
其他室内装饰材料零售	Retail of Other Indoor Decoration Materials	6	-22	4
货摊、无店铺及其他零售业	Stall, Non-shop and Other Retails	204	525	
互联网零售	E-commerce Retails	30	485	
自动售货机零售	Retails by Vending Machine			
旧货零售	Retail of Used Goods			
生活用燃料零售	Retail of Fuel for Daily Use	90		
宠物食品用品零售	Retail of Pet Foods and Articles			
其他未列明零售业	Other Retails not Classified Elsewhere	83	40	

单位：万元 (10 000 yuan)

三、损益及分配 Profits and Losses						四、人工成本及增值税 Labor Cost and Value Added Tax		五、从事批发和零售业活动的从业人员平均人数（人） Average Employees
其他收益 Other Income	营业利润 Business Profits	营业外收入 Non-business Income	营业外支出 Non-business Expenses	利润总额 Total Profits	应交所得税 Income Tax Payable Financial Expenses	应付职工薪酬（本年贷方累计发生额） Total Payable Salaries	应交增值税 Value Added Tax Payable	
1086	31512	1304	760	32356	2697	79787	23211	14962
1086	27091	1277	724	27944	2072	77027	21676	14481
	412	22		434	64	492	130	135
	39			39	8	121	47	21
	3911	4	35	3881	553	1837	1196	257
	59	2	1	59		310	162	68
1997	302878	13353	12463	300656	27950	400498	202811	48763
909	160929	9428	4780	162672	15744	223414	74394	29558
	2182	16	2	2196	2130	1571	3365	291
	6791	61	101	6751	187	2497	1083	517
	18966	194	64	19096	988	4709	3590	1067
910	109753	3482	7356	105669	8641	159143	117140	16430
	4665	172	136	4701	259	8995	3239	891
179	-408	1	23	-430		169		9
882	101554	8628	2023	108017	7424	77754	35689	14776
14	23083	952	214	23781	3101	24406	12262	3860
750	31254	7154	1444	36964	2403	23084	12037	4704
	18516	475	338	18550	1242	11633	5170	2341
118	26783	44	27	26800	426	16601	5803	3513
	1918	4		1922	252	2031	418	358
115	83962	817	653	84053	3370	29681	14808	6237
25	9143	245	93	9221	370	5790	2665	1215
81	3623	2	1	3623	65	1419	703	309
	32274	151	4	32421	1909	9109	5525	1752
	326	6		331	31	619	305	143
	1310			1310	55	481	92	113
	2187	28	5	2210	118	1296	200	271
8	10483	351	533	10301	448	2485	864	579
1	24617	35	16	24635	374	8484	4454	1855
446	21438	1789	503	22725	2550	36637	17167	8713
438	6982	1767	417	8334	1505	29936	14372	4060
	563	2	1	564	85	161	78	53
	51			51	11	160	4	34
	7876	12	7	7882	495	2359	1114	517
	2212			2212		130	6	30
7	3754	8	78	3682	454	3891	1592	4019

表 15.7 续表 10 continued 10

指 标	Item	法人企业数(个) Number of Enterprises(unit)	其中 of which 执行《2006年企业会计准则》企业数(个) Number of Enterprises which Implemented Accounting standard for Business Enterprise in 2006	一、年初存货 Inventory at the Begining of Year
按登记注册类型分	**By Status of Registration**			
内资企业	Domestic-funded Enterprises	3150	2043	2006899
国有企业	State-owned Enterprises	4	2	553
集体企业	Collective-owned Enterprises	8	6	1466
股份合作企业	Cooperative Enterprises	11	11	2178
联营企业	Joint-owned Enterprises	2	1	36
集体联营企业	Collective Joint-owned Enterprises	1		4
国有与集体联营企业	Joint State-collective Enterprises	1	1	32
有限责任公司	Limited Liability Corporations	580	424	748727
国有独资公司	State Sole Funded Corporations	19	16	18474
其他有限责任公司	Other Limited Liability Corporations	561	408	730252
股份有限公司	Share-holding Corporations Ltd.	47	38	441422
私营企业	Private Enterprises	2498	1561	812517
私营独资企业	Private-funded Enterprises	143	89	13515
私营合伙企业	Private Partnership Enterprises	7	5	212
私营有限责任公司	Private Limited Liability Corporations	2283	1414	777465
私营股份有限公司	Private Share-holding Corporations Ltd.	65	53	21325
港、澳、台商投资企业	Enterprises Funded by Hong Kong, Macao and Taiwan	27	26	109027
合资经营企业(港或澳、台资)	Joint-venture Enterprises	3	3	11825
港、澳、台商独资经营企业	Enterprises with Sole Fund	23	22	97154
其他港澳台投资企业	Other Enterprises with Funds from Hong Kong, Macao and Taiwan	1	1	48
外商投资企业	Foreign-funded Enterprises	22	22	57452
中外合资经营企业	Joint-venture Enterprises	7	7	17362
中外合作经营企业	Cooperative Enterprises	1	1	9579
外资企业	Enterprises with Sole Fund	13	13	30510
其他外商投资企业	Other Foreign-funded Enterprises	1	1	
按控股情况分	**By Holding Entity of Share**			
国有控股	State-holding	113	98	696041
集体控股	Collective-holding	25	20	2700
私人控股	Private-holding	2882	1829	1186078
港澳台商控股	Held by Corporation from Hong Kong, Macao and Taiwan	26	25	105263
外商控股	Foreign-holding	15	15	42253
其 他	Other	138	104	141043

单位：万元 (10 000 yuan)

二、期末资产负债 Assets and Liabilities									
流动资产合计 Total Current Assets	其 中 of which			固定资产合计 Total Fixed Assets	可供出售金融资产 Available for Sale Financial Assets	持有至到期投资 Held-to-maturity Securities	长期股权投资 Long-term Investment on Stocks	固定资产原价 Total Original Value of Fixed Assets	其 中 of which
	货币资金 Bank and Cash	应收帐款 Accounts Receivable	存 货 Inventory						房屋和构筑物 Buildings and Structures
7337306	1302873	1033845	2060051	1884028	13666	124410	394462	3049638	1000768
2944	711	155	1031	530				1099	531
9659	774	2593	1318	1669				2615	1554
6666	957	1775	2580	2860				3752	296
1146	219	223	37	331				605	
432	205	223	4	2				37	
714	14		33	329				569	
2681041	474071	424513	693142	618425	11847	123912	121047	983429	199814
137907	9277	24172	18320	127805			5991	210868	13829
2543134	464794	400341	674822	490620	11847	123912	115056	772561	185985
1376262	355277	32420	421758	691443	1134		183297	1160454	482595
3259588	470865	572167	940185	568770	686	498	90118	897684	315977
32685	2454	6699	12978	19596			45	29389	8331
4766	613	257	182	1609				2189	996
3042141	453335	511170	899222	516964	686	498	76368	812385	282777
179996	14463	54040	27804	30602			13706	53722	23874
311463	61102	61350	95812	101405		257	2693	138408	46481
25472	671	1305	5005	25817			200	35914	11311
246586	60277	59659	90747	75559		257	2493	102279	35169
39406	154	386	60	29				215	
459788	98501	7396	51232	123947			7563	235958	24446
90886	30187	1342	18310	67136			3303	94500	16309
32347			9524					46702	
335756	68314	6054	23398	56811			4260	91656	8137
800								3100	
2094819	438006	209794	670613	920175	12839	123780	189310	1568670	498723
18335	1369	5450	2837	6719				8778	3404
4431426	697956	748572	1232821	857393	696	498	119781	1322743	448671
300995	60737	60590	91730	92237		257	2493	124474	35169
370554	70679	6140	32922	84289			4260	169425	8137
892429	193730	72046	176173	148568	132	132	88874	229915	77589

表 15.7 续表 11 continued 11

指 标	Item	二、期末资产负债 Assets and Liabilities		
		其 中 of which		
		机器设备 Machinery and Equipments	运输工具 Transportation Equipments	电子设备 Electronic Equipments
按登记注册类型分	**By Status of Registration**			
内资企业	Domestic-funded Enterprises	186368	106450	87997
国有企业	State-owned Enterprises	228	156	106
集体企业	Collective-owned Enterprises	442	195	55
股份合作企业	Cooperative Enterprises	128	96	16
联营企业	Joint-owned Enterprises		32	1
集体联营企业	Collective Joint-owned Enterprises		32	1
国有与集体联营企业	Joint State-collective Enterprises			
有限责任公司	Limited Liability Corporations	66631	38471	60639
国有独资公司	State Sole Funded Corporations	1967	1032	1794
其他有限责任公司	Other Limited Liability Corporations	64664	37438	58845
股份有限公司	Share-holding Corporations Ltd.	4949	2050	439
私营企业	Private Enterprises	113990	65450	26743
私营独资企业	Private-funded Enterprises	2299	1616	764
私营合伙企业	Private Partnership Enterprises	113	32	7
私营有限责任公司	Private Limited Liability Corporations	104990	59734	24954
私营股份有限公司	Private Share-holding Corporations Ltd.	6588	4068	1017
港、澳、台商投资企业	Enterprises Funded by Hong Kong, Macao and Taiwan	39071	3781	6736
合资经营企业(港或澳、台资)	Joint-venture Enterprises	3764	714	1625
港、澳、台商独资经营企业	Enterprises with Sole Fund	35303	3042	4940
其他港澳台投资企业	Other Enterprises with Funds from Hong Kong, Macao and Taiwan	4	25	171
外商投资企业	Foreign-funded Enterprises	43073	2740	3658
中外合资经营企业	Joint-venture Enterprises	38345	2140	2394
中外合作经营企业	Cooperative Enterprises			
外资企业	Enterprises with Sole Fund	4728	601	1264
其他外商投资企业	Other Foreign-funded Enterprises			
按控股情况分	**By Holding Entity of Share**			
国有控股	State-holding	14152	13517	3877
集体控股	Collective-holding	894	572	331
私人控股	Private-holding	169230	82977	78758
港澳台商控股	Held by Corporation from Hong Kong, Macao and Taiwan	37307	3369	6611
外商控股	Foreign-holding	4728	601	1264
其 他	Other	42201	11936	7550

单位：万元 (10 000 yuan)

二、期末资产负债 Assets and Liabilities									
	其 中 of which								
累计折旧 Cumulatice Depreciation	本年折旧 Depreciation	固定资产净值 Net Value of Fixed Assets	固定资产减值准备 Impairment for Fixed Assets	在建工程 Construction in Progress	无形资产 Intangible Assets	土地使用权 Land Use Rights	软件使用权 Software Use Rights	商誉 Goodwill	非流动资产合计 Total Non-current Assets
1139558	208092	1903345	19316	393656	5857503	4067894	47973	90785	4654918
568	168	531	1	100	1236				893
944	367	1672	2						2387
892	292	2860							3454
275	241	331							482
35	2	2							2
240	240	329							480
362678	70382	620731	2306	197800	1946191	726244	34741	56498	1703703
81669	25360	129199	1393	33405	1074862	147959	1404		323383
281009	45022	491533	913	164395	871329	578285	33337	56498	1380320
453675	49750	702124	10680	49344	3167162	2794137	2280	410	1631363
320527	86891	575097	6327	146413	742914	547513	10952	33877	1312637
8799	2404	20438	843	475	1106		2	50	33403
580	60	1609		2	491				3012
289035	77748	521441	4478	142413	736468	547513	10839	33758	1197573
22113	6679	31609	1006	3522	4849		111	69	78649
36782	18238	101626	221	1240	93362	85874	1829	631	129402
9940	1889	25974	157	1	690		220		27671
26655	16344	75623	64	1239	92670	85874	1609	631	100633
186	5	29			2				1098
99513	14460	126899	2952	18393	607606	155293	607		260961
27361	4418	67139	3	18384	329799	139900			148680
37156									10162
31895	7042	59760	2949	9	277807	15393	607		102119
3100	3000								
632129	72150	931866	11691	234517	4202186	3010234	7986	400	2250051
2053	785	6724	6		268		268		8410
456202	113390	864481	7088	151631	1195003	680951	39639	34945	1890529
32015	17948	92458	221	1240	93145	85874	1620	631	118777
72640	8569	87239	2949	9	277807	15393	607		139759
80813	27947	149102	534	25893	790062	516609	289	55440	637754

表 15.7 续表 12 continued 12

指 标	Item	二、期末资产负债 Assets and Liabilities		
		资产总计 Total Assets	流动负债合计 Total Current Liabilities	其中 of which 应付账款 Accounts Payable
按登记注册类型分	**By Status of Registration**			
内资企业	Domestic-funded Enterprises	11989090	8935286	1850822
国有企业	State-owned Enterprises	3837	4001	105
集体企业	Collective-owned Enterprises	12046	7691	-131
股份合作企业	Cooperative Enterprises	10120	4837	1820
联营企业	Joint-owned Enterprises	1628	293	86
集体联营企业	Collective Joint-owned Enterprises	434	157	33
国有与集体联营企业	Joint State-collective Enterprises	1194	136	53
有限责任公司	Limited Liability Corporations	4384680	3595918	699854
国有独资公司	State Sole Funded Corporations	461290	1202482	97638
其他有限责任公司	Other Limited Liability Corporations	3923391	2393436	602215
股份有限公司	Share-holding Corporations Ltd.	3007625	1724922	372770
私营企业	Private Enterprises	4569155	3597624	776318
私营独资企业	Private-funded Enterprises	66566	18499	7583
私营合伙企业	Private Partnership Enterprises	7778	491	29
私营有限责任公司	Private Limited Liability Corporations	4237416	3419659	727749
私营股份有限公司	Private Share-holding Corporations Ltd.	257395	158975	40957
港、澳、台商投资企业	Enterprises Funded by Hong Kong, Macao and Taiwan	440866	273495	79280
合资经营企业(港或澳、台资)	Joint-venture Enterprises	53143	34709	12219
港、澳、台商独资经营企业	Enterprises with Sole Fund	347220	228321	58444
其他港澳台投资企业	Other Enterprises with Funds from Hong Kong, Macao and Taiwan	40503	10465	8617
外商投资企业	Foreign-funded Enterprises	720749	375277	51106
中外合资经营企业	Joint-venture Enterprises	239566	50001	10540
中外合作经营企业	Cooperative Enterprises	42509	19043	8133
外资企业	Enterprises with Sole Fund	437874	306233	32434
其他外商投资企业	Other Foreign-funded Enterprises	800		
按控股情况分	**By Holding Entity of Share**			
国有控股	State-holding	4344870	3697974	712002
集体控股	Collective-holding	26745	14305	2374
私人控股	Private-holding	6318821	4655611	1081178
港澳台商控股	Held by Corporation from Hong Kong, Macao and Taiwan	419773	260731	74178
外商控股	Foreign-holding	510313	331236	40567
其 他	Other	1530183	624201	70909

单位：万元 (10 000 yuan)

二、期末资产负债 Assets and Liabilities									
非流动负债合计 Total Non-current Liabilities	负债合计 Total Liabilities	所有者权益合计 Total Owner's Equity	其 中 of which						
			实收资本 Paid-up Capital	其 中 of which					
				国家资本 State Capital	集体资本 Collective Capital	法人资本 Corporate Capital	个人资本 Personal Capital	港澳台资本 HMT Capital	外商资本 Foreign Capital
713700	8177758	3777221	3507739	833727	16309	1876585	781095	15	9
480	4481	-644	636	300		336			
114	7805	4240	1780		1614	100	66		
213	5050	5070	3284		12	1098	2175		
	293	1335	769	731	38				
	157	277	38		38				
	136	1058	731	731					
126302	3717897	666782	775253	208384	5398	448082	113373	10	7
27159	1229641	-768351	63683	45696		17987			
99143	2488256	1435134	711570	162688	5398	430095	113373	10	7
161138	1241919	1731661	814980	621538	1502	182035	9906		
425454	3200313	1368777	1911037	2775	7745	1244935	655575	5	2
3914	22519	44047	22604			6350	16255		
223	714	7065	1456			1156	300		
404797	3001586	1235765	1824463	2596	7508	1203263	611090	5	2
16519	175495	81901	62513	179	237	34166	27931		
28556	302052	138814	123314	5	6	42086	827	80391	
813	35521	17622	12059			757	356	10947	
27744	256065	91155	101255	5	6	41329	471	59444	
	10465	30038	10000					10000	
69089	437226	283523	220520	50356		75002	606		94556
1067	51067	188499	113063	50356		40505	26		22177
	19043	23466	24251			24251			
68022	367116	70758	82626			10247			72379
		800	580				580		
93684	3148162	1162663	1062630	830494	1839	224138	6159		
314	14619	12126	6243	92	3038	2896	217		
465959	4293828	2024927	2298167	3079	7905	1541636	745152	386	9
27744	288474	131298	121831	5	6	41329	471	80020	
68022	392119	118194	130837			58458			72379
155623	779833	750350	231866	50418	3527	125216	30529		22177

表 15.7 续表 13 continued 13

指 标	Item	三、损益及分配 Profits and Losses 营业收入 Gross Sales	其中 of which 主营业务收入 Main Business Income	营业成本 Operating Cost
按登记注册类型分	**By Status of Registration**			
内资企业	Domestic-funded Enterprises	30025090	29371630	26188111
国有企业	State-owned Enterprises	22381	22171	21335
集体企业	Collective-owned Enterprises	47483	46946	39074
股份合作企业	Cooperative Enterprises	31181	31078	24522
联营企业	Joint-owned Enterprises	6420	6278	5766
集体联营企业	Collective Joint-owned Enterprises	1858	1858	1607
国有与集体联营企业	Joint State-collective Enterprises	4562	4420	4159
有限责任公司	Limited Liability Corporations	9773978	9530963	8557031
国有独资公司	State Sole Funded Corporations	987881	961993	905326
其他有限责任公司	Other Limited Liability Corporations	8786097	8568970	7651705
股份有限公司	Share-holding Corporations Ltd.	8377225	8077042	7398346
私营企业	Private Enterprises	11766422	11657152	10142037
私营独资企业	Private-funded Enterprises	407602	406788	329150
私营合伙企业	Private Partnership Enterprises	20068	20068	16497
私营有限责任公司	Private Limited Liability Corporations	10806400	10701042	9318536
私营股份有限公司	Private Share-holding Corporations Ltd.	532353	529255	477855
港、澳、台商投资企业	Enterprises Funded by Hong Kong, Macao and Taiwan	898193	875391	738580
合资经营企业(港或澳、台资)	Joint-venture Enterprises	116083	113865	88075
港、澳、台商独资经营企业	Enterprises with Sole Fund	729250	711783	610359
其他港澳台投资企业	Other Enterprises with Funds from Hong Kong, Macao and Taiwan	52860	49744	40146
外商投资企业	Foreign-funded Enterprises	1759213	1747394	1539287
中外合资经营企业	Joint-venture Enterprises	539987	539587	464096
中外合作经营企业	Cooperative Enterprises	75558	75558	63990
外资企业	Enterprises with Sole Fund	1140668	1129249	1009102
其他外商投资企业	Other Foreign-funded Enterprises	3000	3000	2100
按控股情况分	**By Holding Entity of Share**			
国有控股	State-holding	11031473	10666391	9812791
集体控股	Collective-holding	78695	77682	64205
私人控股	Private-holding	16609236	16375466	14310072
港澳台商控股	Held by Corporation from Hong Kong, Macao and Taiwan	870338	848389	729540
外商控股	Foreign-holding	1252308	1240890	1101190
其 他	Other	2840444	2785598	2448181

单位：万元 (10 000 yuan)

三、损益及分配 Profits and Losses									
其中 of which	税金及附加 Taxes and Surcharges	其中 of which	其他业务利润 Other Business Profits	销售费用 Sales Expenses	管理费用 Management Expenses	财务费用 Financial Expenses	其中 of which		资产减值损失 Impairment of Assets
主营业务成本 Main Business Cost		主营业务税金及附加 Main Business Taxes and Surchargers					利息收入 Interest Income	利息支出 Interest Expenses	
25827264	123632	88196	167352	1732274	717246	145216	17574	73140	36304
21268	85	85	192	433	594	140	16	127	49
38052	486	482		2683	3345	468	1	72	3
24493	237	211	29	1272	989	376		94	9
5640	22	12		302	54	4	14	4	
1607	6	6		28	22		-1		
4032	16	6		274	32	4	14	4	
8400514	28803	24561	121159	497059	190039	36185	8906	22677	7234
881797	1648	1176	128	48047	6157	1872	268	1041	150
7518717	27156	23385	121031	449012	183882	34313	8638	21636	7085
7279881	31179	4436	9208	611019	159280	25638	5963	15755	25696
10057417	62821	58410	36764	619506	362946	82405	2674	34409	3313
328765	4857	4764	193	17375	12214	3549	42	1038	244
16497	282	282		474	460	290	2	12	
9236987	55051	51086	35779	580454	339691	74727	2515	31319	2946
475167	2630	2279	793	21203	10580	3839	115	2040	123
736759	6795	6601	23970	80962	60386	6616	501	5373	269
87334	1050	1050	1478	15314	4588	796	41	690	
609279	4761	4566	19376	60821	54624	5924	351	4684	269
40146	985	985	3116	4827	1174	-105	109		
1539284	5381	5028	12785	148252	46681	3236	1800	936	212
464092	1970	1970	399	30162	12282	884	-401	199	105
63990	260	260	7719	18390	3267	788	686	101	
1009102	3004	2651	4667	99315	30933	1535	1515	636	107
2100	147	147		385	200	30			
9587424	38702	9038	42978	776618	183872	19941	9320	14987	27430
63130	772	755	422	5672	4489	644	4	157	9
14186398	78924	74151	115594	837746	441231	101959	4625	40238	8532
728155	6366	6172	23554	70593	58376	6294	460	5069	269
1101190	3519	3166	12386	120974	35012	3018	2201	737	107
2437010	7525	6542	9173	149885	101334	23213	3263	18261	439

表 15.7 续表 14 continued 14

指 标	Item	三、损益及分配 Profits and Losses 公允价值变动收益 Change of Income Fair Value	投资收益 Income from Investment	资产处置收益 Income from Assets Disposal
按登记注册类型分	**By Status of Registration**			
内资企业	Domestic-funded Enterprises	2132	61195	15889
国有企业	State-owned Enterprises	10	5	6
集体企业	Collective-owned Enterprises	5	24	
股份合作企业	Cooperative Enterprises	9	1	
联营企业	Joint-owned Enterprises			
集体联营企业	Collective Joint-owned Enterprises			
国有与集体联营企业	Joint State-collective Enterprises			
有限责任公司	Limited Liability Corporations	205	25707	3979
国有独资公司	State Sole Funded Corporations		846	2737
其他有限责任公司	Other Limited Liability Corporations	205	24861	1242
股份有限公司	Share-holding Corporations Ltd.	416	29138	12863
私营企业	Private Enterprises	1487	6320	-959
私营独资企业	Private-funded Enterprises	47	-58	
私营合伙企业	Private Partnership Enterprises			
私营有限责任公司	Private Limited Liability Corporations	1393	6336	-959
私营股份有限公司	Private Share-holding Corporations Ltd.	47	41	
港、澳、台商投资企业	Enterprises Funded by Hong Kong, Macao and Taiwan	112	339	
合资经营企业(港或澳、台资)	Joint-venture Enterprises		112	
港、澳、台商独资经营企业	Enterprises with Sole Fund	112	227	
其他港澳台投资企业	Other Enterprises with Funds from Hong Kong, Macao and Taiwan			
外商投资企业	Foreign-funded Enterprises		4296	-324
中外合资经营企业	Joint-venture Enterprises		3471	-141
中外合作经营企业	Cooperative Enterprises			
外资企业	Enterprises with Sole Fund		825	-183
其他外商投资企业	Other Foreign-funded Enterprises			
按控股情况分	**By Holding Entity of Share**			
国有控股	State-holding	431	42068	16113
集体控股	Collective-holding	5	25	
私人控股	Private-holding	1694	17860	220
港澳台商控股	Held by Corporation from Hong Kong, Macao and Taiwan	112	227	
外商控股	Foreign-holding		825	-183
其 他	Other	2	4825	-585

单位：万元 (10 000 yuan)

三、损益及分配 Profits and Losses						四、人工成本及增值税 Labor Cost and Value Added Tax		五、从事批发和零售业活动的从业人员平均人数（人） Average Employees
其他收益 Other Income	营业利润 Business Profits	营业外收入 Non-business Income	营业外支出 Non-business Expenses	利润总额 Total Profits	应交所得税 Income Tax Payable Financial Expenses	应付职工薪酬（本年贷方累计发生额） Total Payable Salaries	应交增值税 Value Added Tax Payable	
7517	887326	38174	23412	900886	75530	1265758	419714	187766
1	-253	2		-251	48	602	205	398
	1252	196		1324	3	2791	1550	774
	3759			3759	293	1805	779	358
	358	4	119	243	78	183	256	27
	196	4	119	81	20	20	208	10
	162			162	58	163	48	17
2682	247478	14601	8789	252282	23795	419543	174680	62981
1142	7284	1008	1048	7244	149	24882	73001	2898
1540	240194	13593	7740	245038	23646	394661	101678	60083
2635	169458	5130	8868	165719	17590	403693	101075	32889
2199	465274	18242	5637	477809	33721	437142	141170	90339
9	38657	46	101	38603	453	11136	7016	2710
	1922	76	36	1962	136	544	516	157
2186	411369	17501	5401	423399	32619	409960	129225	84252
5	13326	619	99	13845	513	15502	4412	3220
8	10753	837	665	9000	5313	54346	14299	7346
8	6373	139	87	6425	972	8923	3306	1206
	-1453	679	572	-3270	2881	44615	9571	6018
	5833	18	6	5845	1460	808	1421	122
10	33173	760	917	32945	8390	41610	24690	7091
	33820	118	323	33616	4835	14837	11275	2161
	282	32	53	190	961	5031	602	1296
10	-1061	610	542	-993	2594	21602	12783	3616
	132			132		140	29	18
4732	214214	9430	11916	211643	20655	516299	200039	45159
14	2745	324	251	2694	185	3735	2136	1019
2579	601274	25826	10006	617147	50119	639162	201195	129262
8	4957	716	580	3168	4469	48449	11585	6546
10	2175	642	594	2151	3555	29589	13838	5737
193	105887	2833	1646	106028	10250	124481	29909	14480

表 15.7 续表 15 continued 15

指 标	Item	法人企业数（个） Number of Enterprises(unit)	其 中 of which 执行《2006年企业会计准则》企业数（个） Number of Enterprises which Implemented Accounting standard for Business Enterprise in 2006	一、年初存货 Inventory at the Begining of Year
按经营形式分	**By Form of Business**			
独立门店	Independent Store	2764	1782	1186099
连锁总店（总部）	Central Shop of Chain Stores (Headquarter)	79	62	726195
连锁直营店	Direct-sale Shop of Chain Stores	29	27	43587
连锁加盟店	Branch Shop of Chain Stores	4	4	3150
其 他	Other	323	216	214347
按单位规模分	By Size of Enterprise			
大 型	Large	57	53	876841
中 型	Medium	574	450	820969
小 型	Small	1838	1134	376137
微 型	Micro	730	454	99431
按零售业态分	**By Type of Retail Business**			
有店铺零售	In-store Retail	2805	1832	2013835
食杂店	Grocery Store	93	56	7863
便利店	Convenience Store	112	79	190059
折扣店	Discount Store	6	5	9693
超 市	Super Market	262	155	77513
大型超市	Large Super Market	36	28	161007
仓储会员店	Warehouse Membership Store	22	11	8042
百货店	Department Store	165	123	309467
专业店	Specialized Store	949	610	544510
专卖店	Exclusive Store	885	598	632558
家居建材商店	Home Furnishing Store	180	106	31435
购物中心	Shopping Center	21	13	22012
厂家直销中心	Factory Outlet Center	74	48	19677
无店铺零售	Off-store Retail	359	235	146890
电视购物	TV Shopping	3	3	629
邮 购	Mail Order	4	2	157
网上商店	Online Shop	119	70	53685
自动售货亭	Vending Booth	4	2	133
电话购物	Telephone Order	6	2	1357
其 他	Other	223	156	90930

单位：万元 (10 000 yuan)

二、期末资产负债 Assets and Liabilities

流动资产合计 Total Current Assets	其中 of which			固定资产合计 Total Fixed Assets	可供出售金融资产 Available for Sale Financial Assets	持有至到期投资 Held-to-maturity Securities	长期股权投资 Long-term Investment on Stocks	固定资产原价 Total Original Value of Fixed Assets	其中 of which
	货币资金 Bank and Cash	应收帐款 Accounts Receivable	存货 Inventory						房屋和构筑物 Buildings and Structures
4443606	825749	685452	1283605	1000709	6794	744	130270	1499937	440638
1904208	457427	173862	632700	816354	6712	123912	246098	1386044	504980
373168	36786	46109	45113	33226	150		964	108813	31484
8877	68	3587	4146	280				906	
1378698	142447	193582	241532	258812	10	10	27387	428303	94592
2619264	577595	241876	788254	1129491	11835	123780	198686	1906368	600951
3157112	593814	358444	960609	609253	60	277	180768	922766	329790
2009241	235760	418237	407170	293756	737	605	13765	477783	120461
322941	55308	84035	51062	76882	1034	5	11500	117087	20491
7088459	1357556	903952	2028219	1979650	13206	124406	390177	3202724	1006288
59618	17904	22214	11210	9967			140	16600	3873
387640	14771	18719	146719	386528			1715	655484	443727
33573	158	575	9984	141				46983	
236595	18272	74621	82912	79239	5	3	1870	125788	42372
254064	51065	50872	93328	125680		257	1000	218950	71648
30144	6995	11582	8421	1639	10		1952	4066	1008
1185932	394155	46478	317484	362670	1134		175422	605519	39697
2409563	312945	368922	627295	608840	10832	123912	126625	920728	197440
1980534	447991	209900	639135	282422	1162	132	80053	440961	160195
126532	15765	27368	42111	52824			150	77722	2976
236144	43387	51879	28962	54164	50	10	830	65825	30575
148122	34147	20822	20657	15535	13	93	420	24098	12778
983048	103511	194375	166583	125335	460	260	14180	215218	63996
10805	208	132	130	33				52	15
1268	272	159	108	1103			35	1165	
406344	29256	44033	61377	41604			6278	73633	9717
1180	136	399	283	223				394	
8347	82	2304	1393	990				1314	237
555105	73556	147348	103292	81383	460	260	7866	138660	54027

表 15.7 续表 16 continued 16

指 标	Item	二、期末资产负债 Assets and Liabilities		
		其 中 of which		
		机器设备 Machinery and Equipments	运输工具 Transportation Equipments	电子设备 Electronic Equipments
按经营形式分	**By Form of Business**			
独立门店	Independent Store	173230	86689	41105
连锁总店（总部）	Central Shop of Chain Stores (Headquarter)	48453	8736	46187
连锁直营店	Direct-sale Shop of Chain Stores	2776	1210	3009
连锁加盟店	Branch Shop of Chain Stores	78	95	731
其 他	Other	43975	16241	7359
按单位规模分	By Size of Enterprise			
大 型	Large	126926	12748	49777
中 型	Medium	59101	56768	36254
小 型	Small	76763	38081	10773
微 型	Micro	5721	5375	1587
按零售业态分	**By Type of Retail Business**			
有店铺零售	In-store Retail	221286	103121	91007
食杂店	Grocery Store	535	1086	100
便利店	Convenience Store	11999	5800	3714
折扣店	Discount Store		11	
超 市	Super Market	12936	8558	3440
大型超市	Large Super Market	46541	7171	45732
仓储会员店	Warehouse Membership Store	155	748	129
百货店	Department Store	33123	1215	4017
专业店	Specialized Store	74389	36986	21111
专卖店	Exclusive Store	36977	36032	11925
家居建材商店	Home Furnishing Store	2217	2707	463
购物中心	Shopping Center	55	541	28
厂家直销中心	Factory Outlet Center	2358	2266	349
无店铺零售	Off-store Retail	46421	9654	7339
电视购物	TV Shopping			21
邮 购	Mail Order		26	34
网上商店	Online Shop	4102	2716	1401
自动售货亭	Vending Booth		92	103
电话购物	Telephone Order	92	166	1
其 他	Other	42226	6654	5780

单位：万元 (10 000 yuan)

二、期末资产负债 Assets and Liabilities

累计折旧 Cumulatice Depreciation	其中 of which 本年折旧 Depreciation	固定资产净值 Net Value of Fixed Assets	固定资产减值准备 Impairment for Fixed Assets	在建工程 Construction in Progress	无形资产 Intangible Assets	土地使用权 Land Use Rights	软件使用权 Software Use Rights	商誉 Goodwill	非流动资产合计 Total Non-current Assets
484776	158280	1008628	7919	141571	2145652	1292206	22683	67628	2030488
558927	46461	827118	10764	182161	2661210	2464894	20983	23770	2046890
63633	3276	35634	2408	1106	553	95	450		75181
627	127	280		55					1379
167891	32645	260210	1398	88396	1751056	551866	6293	18	891344
752141	90270	1144681	15190	222092	4556759	3154460	29584	55830	2866437
305892	78079	611952	2699	147277	1687853	921349	17263	25941	1423052
178779	56429	297329	3574	32164	298621	229117	3479	9540	615319
39041	16011	77908	1026	11757	15238	4135	83	105	140472
1184743	212072	2001756	22106	373075	6151098	4194019	41606	91186	4697932
6170	2878	10174	207	371	2546		3	69	24905
265807	35670	389667	3138	44825	2625773	2108950	2011	978	745146
37296	28	141							10443
45882	14248	79827	587	5573	9627	1820	893	57505	137770
90755	13098	128195	2515	13910	165419	147766	17612	631	358403
2424	307	1642	3					30	3877
234365	22383	371017	8347	6249	366784	336102	1704	400	746865
301980	64814	613792	4953	283204	2015576	943864	17203	23753	1693192
156132	44647	283790	1368	18355	546252	498379	1841	7806	551283
24858	9151	52864	40	587	256724	478	339	4	88712
11561	3057	54265	101		161971	156610			306314
7514	1790	16384	849		426	50		10	31022
89510	27880	125653	318	40176	407356	115042	8803	230	339768
19	7	33			56		56		39
62	18	1103		181					1386
31775	12379	41804	200	18085	10204		5543		74750
172	79	223							246
324	97	990		71					1695
57158	15302	81501	118	21839	397096	115042	3204	230	261653

表 15.7 续表 17 continued 17

指 标	Item	二、期末资产负债 Assets and Liabilities		
		资产总计 Total Assets	流动负债合计 Total Current Liabilities	其 中 of which 应付账款 Accounts Payable
按经营形式分	**By Form of Business**			
独立门店	Independent Store	6471163	4925829	840982
连锁总店（总部）	Central Shop of Chain Stores (Headquarter)	3950768	2575143	706230
连锁直营店	Direct-sale Shop of Chain Stores	448349	287314	85964
连锁加盟店	Branch Shop of Chain Stores	10256	8678	6951
其 他	Other	2270168	1787094	341082
按单位规模分	By Size of Enterprise			
大 型	Large	5486243	4845879	1015110
中 型	Medium	4579966	2979150	442990
小 型	Small	2623330	1489512	373144
微 型	Micro	461166	269518	149964
按零售业态分	**By Type of Retail Business**			
有店铺零售	In-store Retail	11784598	8679960	1723035
食杂店	Grocery Store	84551	23459	2508
便利店	Convenience Store	1132786	946302	99099
折扣店	Discount Store	44017	19179	8216
超 市	Super Market	374930	201814	69960
大型超市	Large Super Market	612679	1134219	311634
仓储会员店	Warehouse Membership Store	34021	16505	11510
百货店	Department Store	1932988	1114559	387924
专业店	Specialized Store	4102269	3121363	350131
专卖店	Exclusive Store	2529507	1801355	383252
家居建材商店	Home Furnishing Store	215306	75130	20538
购物中心	Shopping Center	542198	106366	48420
厂家直销中心	Factory Outlet Center	179348	119709	29844
无店铺零售	Off-store Retail	1321476	881252	246201
电视购物	TV Shopping	10843	8963	8395
邮 购	Mail Order	1403	165	74
网上商店	Online Shop	481097	414738	121474
自动售货亭	Vending Booth	1425	592	256
电话购物	Telephone Order	10042	2788	162
其 他	Other	816665	454006	115840

单位：万元 (10 000 yuan)

二、期末资产负债 Assets and Liabilities									
非流动负债合计 Total Non-current Liabilities	负债合计 Total Liabilities	所有者权益合计 Total Owner's Equity	其 中 of which						
			实收资本 Paid-up Capital	其 中 of which					
				国家资本 State Capital	集体资本 Collective Capital	法人资本 Corporate Capital	个人资本 Personal Capital	港澳台资本 HMT Capital	外商资本 Foreign Capital
452193	4543917	1927218	2541107	116605	11477	1611197	666279	67560	67989
125541	2056543	1894225	944693	700974	1104	185673	34785	3158	19000
7192	294506	153843	113206	2004		91192	6759	5675	7576
	8678	1579	3000			1770	1230		
226420	2013392	222694	249568	64505	3734	103841	73476	4013	
382152	3768545	1683653	1169214	694856		375004	22780	4437	72137
245548	3224731	1355236	914720	170180	4914	464204	194730	72394	8299
166922	1636532	986733	1627904	18809	10530	1080449	500422	3570	14125
16723	287228	173937	139735	243	871	74016	64597	5	4
721766	7922662	3827863	3602109	865389	14113	1868732	681405	77906	94565
8948	32419	52133	24949	100	187	15605	9058		
20470	713224	419561	791455	737955	2648	14815	17037		19000
49	19228	24789	25434			25229	205		
10995	213171	161759	118321	5132	2981	64097	40799	5309	3
157839	476714	135965	154712	7418	2758	124551	12226	185	7576
564	17069	16952	5049	657		3748	643		
117166	1231744	701243	157559	3400	272	105427	29355	12618	6488
148484	2870922	1231347	681427	92512	3148	387779	169971	11698	16319
79106	1868581	626881	1489794	17231	1983	1043774	368120	43750	14937
63419	138789	76517	64469	20	20	17185	15650	1353	30242
112271	218637	323561	53347			44710	5644	2993	
2455	122164	57156	35592	965	116	21814	12698		
85802	967749	353690	242184	18699	2202	123674	95109	2500	
	8963	1881	1630			1630			
	165	1238	983			394	589		
1619	416362	64736	60337	1784	1382	42920	14252		
31	623	803	275			25	250		
3665	6453	3589	2130			1276	854		
80487	535184	281444	176830	16915	820	77430	79165	2500	

表 15.7 续表 18 continued 18

指 标	Item	三、损益及分配 Profits and Losses		
		营业收入 Gross Sales	其中 of which 主营业务收入 Main Business Income	营业成本 Operating Cost
按经营形式分	**By Form of Business**			
独立门店	Independent Store	16234537	16020864	14171457
连锁总店（总部）	Central Shop of Chain Stores (Headquarter)	10387768	10013623	8922418
连锁直营店	Direct-sale Shop of Chain Stores	1131791	1116077	994465
连锁加盟店	Branch Shop of Chain Stores	27662	26512	25810
其 他	Other	4900738	4817340	4351827
按单位规模分	By Size of Enterprise			
大 型	Large	14070306	13587850	12150838
中 型	Medium	9398813	9240479	8324767
小 型	Small	7770455	7733964	6755675
微 型	Micro	1442922	1432122	1234698
按零售业态分	**By Type of Retail Business**			
有店铺零售	In-store Retail	29677943	29018070	25818043
食杂店	Grocery Store	204491	203802	163532
便利店	Convenience Store	4431383	4326233	4129056
折扣店	Discount Store	90336	90318	77462
超 市	Super Market	1021382	1014900	835635
大型超市	Large Super Market	2220745	2131003	1864423
仓储会员店	Warehouse Membership Store	166510	166510	154183
百货店	Department Store	4209797	4035240	3406003
专业店	Specialized Store	8497747	8358589	7410234
专卖店	Exclusive Store	7577006	7468083	6815531
家居建材商店	Home Furnishing Store	529191	518515	395477
购物中心	Shopping Center	359678	338716	244442
厂家直销中心	Factory Outlet Center	369677	366162	322067
无店铺零售	Off-store Retail	2867501	2839628	2533297
电视购物	TV Shopping	71805	71805	57716
邮 购	Mail Order	8766	8490	6959
网上商店	Online Shop	1316408	1304385	1173017
自动售货亭	Vending Booth	5534	5532	4517
电话购物	Telephone Order	11062	10949	7662
其 他	Other	1453927	1438468	1283426

单位：万元 (10 000 yuan)

三、损益及分配 Profits and Losses

其 中 of which 主营业务成本 Main Business Cost	税金及附加 Taxes and Surcharges	其 中 of which 主营业务税金及附加 Main Business Taxes and Surchargers	其他业务利润 Other Business Profits	销售费用 Sales Expenses	管理费用 Management Expenses	财务费用 Financial Expenses	其 中 of which 利息收入 Interest Income	利息支出 Interest Expenses	资产减值损失 Impairment of Assets
14053263	81435	75484	88488	764887	474022	102580	6141	47285	5628
8735814	39536	11537	99335	798319	208892	17924	12142	15988	30553
985362	2883	2859	10410	117294	17841	3653	741	993	22
25050	38	38	10	1741	753	60	17	38	
4303818	11915	9906	5864	279246	122806	30851	834	15146	583
11923589	48802	19360	129220	1075225	326694	39909	10928	24134	30541
8228548	29121	25956	53097	503834	245869	63324	8124	36422	3624
6725802	46840	43891	19358	322148	216880	43488	637	17464	2171
1225369	11046	10618	2432	60280	34871	8346	185	1430	449
25471146	127537	92606	196002	1773604	759934	136734	18728	71056	35491
163063	2467	2343	578	9584	8158	1900	22	435	406
4040925	10470	7293	6042	237540	9805	2935	4792	4505	346
77462	569	569	7719	18715	3593	852	691	135	
833438	6532	6250	4197	74592	48942	7159	238	2291	396
1843413	5641	5484	78913	70935	28817	12109	267	5166	1012
154182	383	376	83	2750	3724	343	10	129	-6
3388011	29466	5311	16906	459535	184199	13479	2235	2838	25414
7276996	32516	28108	46625	481425	214960	40982	6801	24337	1405
6736726	28315	25949	32493	344181	163192	38014	3163	17953	6356
394045	5615	5471	27	39188	29408	4949	43	977	94
243228	2421	2421	2048	21887	54785	10222	315	9076	14
319657	3142	3030	370	13270	10351	3790	152	3215	53
2517744	7408	6357	8082	175144	60354	17898	1142	8088	1348
57716	282	282		13831	137	31	1	4	
6688	217	217	5	561	148	82	1	5	-31
1166566	2294	2049	1268	107485	20276	9871	96	3341	328
4517	10	10	86	109	154	3		1	1
7465	59	59	199	581	586	236	1	28	-2
1274793	4546	3740	6524	52579	39053	7676	1044	4710	1053

表 15.7 续表 19 continued 19

指 标	Item	三、损益及分配 Profits and Losses		
		公允价值变动收益 Change of Income Fair Value	投资收益 Income from Investment	资产处置收益 Income from Assets Disposal
按经营形式分	**By Form of Business**			
独立门店	Independent Store	1743	11041	619
连锁总店（总部）	Central Shop of Chain Stores (Headquarter)	449	46914	14342
连锁直营店	Direct-sale Shop of Chain Stores	8	2437	5
连锁加盟店	Branch Shop of Chain Stores			
其 他	Other	44	5439	599
按单位规模分	By Size of Enterprise			
大 型	Large	503	54371	16328
中 型	Medium	601	4054	276
小 型	Small	896	1898	-1049
微 型	Micro	244	5507	10
按零售业态分	**By Type of Retail Business**			
有店铺零售	In-store Retail	1692	64161	15565
食杂店	Grocery Store	148	97	3
便利店	Convenience Store	6	59	14783
折扣店	Discount Store			
超 市	Super Market	56	167	
大型超市	Large Super Market	201	6505	1063
仓储会员店	Warehouse Membership Store	-13	435	7
百货店	Department Store	450	29068	2
专业店	Specialized Store	326	21226	754
专卖店	Exclusive Store	463	5761	-1029
家居建材商店	Home Furnishing Store	54	24	-17
购物中心	Shopping Center		727	
厂家直销中心	Factory Outlet Center	2	93	
无店铺零售	Off-store Retail	552	1669	
电视购物	TV Shopping			
邮 购	Mail Order			
网上商店	Online Shop	30	1343	
自动售货亭	Vending Booth			
电话购物	Telephone Order	86	-15	
其 他	Other	436	341	

单位：万元 (10 000 yuan)

三、损益及分配 Profits and Losses						四、人工成本及增值税 Labor Cost and Value Added Tax		五、从事批发和零售业活动的从业人员平均人数（人） Average Employees
其他收益 Other Income	营业利润 Business Profits	营业外收入 Non-business Income	营业外支出 Non-business Expenses	利润总额 Total Profits	应交所得税 Income Tax Payable Financial Expenses	应付职工薪酬（本年贷方累计发生额） Total Payable Salaries	应交增值税 Value Added Tax Payable	
4299	593493	22296	10183	602564	49892	540753	185799	98738
2810	230272	10868	11311	229823	26518	602781	140976	71781
54	9463	928	418	9902	4484	46689	13497	9695
	-742	57	3	-688	87	1794	-157	380
372	98766	5622	3079	101230	8252	169697	118588	21609
1625	284143	11889	13924	282030	34646	761383	244415	91432
4287	211504	10912	4170	216688	26699	380773	92816	62614
1165	346807	13988	5858	353460	21566	190063	103551	42825
458	88798	2983	1042	90653	6323	29497	17921	5332
6510	882881	34722	23610	891007	84040	1279305	428027	188760
18	16781	232	206	16807	763	8136	3159	1770
1325	51328	4257	6233	49267	4454	120825	32160	12288
	564	32	58	466	970	5312	735	1363
133	44917	990	544	45440	3125	53488	17039	13928
-719	47064	3161	1262	48957	7619	131544	24310	29509
1	5564	151	263	5452	496	3893	791	943
1573	120135	3257	3646	119746	19292	299234	83372	30756
2723	325647	7195	4257	328809	25468	336541	167869	48312
1368	180747	14470	6571	185521	15156	241495	74835	39401
83	48066	601	479	48188	1452	23515	13207	4154
5	26084	149	51	26182	4478	46323	5012	4569
	15986	228	40	16174	767	9000	5538	1767
981	43956	4974	1323	47396	5087	74688	29323	11603
	-192	373	6	175	1	213	1484	31
	144	18		162	19	360	214	71
438	-280	1913	321	1312	1616	27715	13048	3792
	230	2	1	231	1	161	15	61
34	2045	1	17	2030		780	81	197
509	42009	2667	978	43487	3450	45459	14482	7451

表 15.8 限额以上住宿业法人企业财务状况(2018 年)
FINANCIAL INDICATORS OF ENTERPRISES ABOVE DESIGNATED SIZE OF HOTELS (2018)

指 标	Item	法人企业数(个) Number of Enterprises(unit)	其中 of which 执行《2006年企业会计准则》企业数(个) Number of Enterprises which Implemented Accounting standard for Business Enterprise in 2006	一、年初存货 Inventory at the Begining of Year
合 计	**Total**	**461**	**314**	**49648**
按住宿业行业小类分	**By Classification of Hotels**			
旅游饭店	Tourist Hotels	260	191	43040
旅游饭店	Tourist Hotels	260	191	43040
一般旅馆	General Hotels	189	116	5746
经济型连锁酒店	Economical Chain Hotels	44	32	1490
其他一般旅馆	Other General Hotels	145	84	4256
民宿服务	Homestay Services	1	1	10
民宿服务	Homestay Services	1	1	10
其他住宿业	Other Hotels	11	6	852
其他住宿业	Other Hotel Services	11	6	852
按登记注册类型分	**By Status of Registration**			
内资企业	Domestic-funded Enterprises	453	307	49027
国有企业	State-owned Enterprises	10	10	612
集体企业	Collective-owned Enterprises	5	4	410
有限责任公司	Limited Liability Corporations	123	92	33417
国有独资公司	State Sole Funded Corporations	13	13	21808
其他有限责任公司	Other Limited Liability Corporations	110	79	11608
股份有限公司	Share-holding Corporations Ltd.	9	5	609
私营企业	Private Enterprises	304	195	13914
私营独资企业	Private-funded Enterprises	23	13	701
私营合伙企业	Private Partnership Enterprises	2	1	166
私营有限责任公司	Private Limited Liability Corporations	275	180	13021
私营股份有限公司	Private Share-holding Corporations Ltd.	4	1	26
其他企业	Other Enterprises	2	1	66
港、澳、台商投资企业	Enterprises Funded by Hong Kong, Macao and Taiwan	4	4	211
与港澳台商合资经营企业	Cooperative Enterprises	2	2	174
港澳台商独资企业	Enterprises with Sole Fund	2	2	37

单位：万元 (10 000 yuan)

二、期末资产负债 Assets and Liabilities									
流动资产合计 Total Current Assets	其 中 of which			固定资产合计 Total Fixed Assets	可供出售金融资产 Available for Sale Financial Assets	持有至到期投资 Held-to-maturity Securities	长期股权投资 Long-term Investment on Stocks	固定资产原价 Total Original Value of Fixed Assets	其 中 of which
	货币资金 Bank and Cash	应收帐款 Accounts Receivable	存 货 Inventory						房屋和构筑物 Buildings and Structures
1216502	**129566**	**55757**	**28794**	**874935**	**2390**	**39**	**79484**	**1439935**	**616337**
948449	106383	39353	23647	733747	2390	39	72925	1230686	521099
948449	106383	39353	23647	733747	2390	39	72925	1230686	521099
225685	21827	15793	4895	107308			6557	168873	67339
94297	5340	9245	1426	42870			2954	68069	31000
131388	16487	6549	3469	64438			3603	100804	36339
65		1	9	885				1015	1011
65		1	9	885				1015	1011
42303	1356	610	243	32995			3	39361	26888
42303	1356	610	243	32995			3	39361	26888
1120696	123079	53785	27878	812486	940	39	79475	1284749	558757
17244	8058	1522	587	74566				122305	38967
2831	1218	220	386	3912				9216	5447
677824	71782	32654	14679	401379	725		30698	627279	252006
49075	15036	6684	1787	116570	697			147954	16751
628749	56746	25970	12892	284810	28		30698	479324	235256
8522	2017	1816	676	29391			2954	41338	18845
413583	39973	17551	11478	302323	215	39	45823	483536	242736
2631	185	479	389	8498				11940	5464
351	78	94	143					300	
409103	38629	16779	10905	293582	215	39	45623	470334	237047
1499	1081	199	41	243			200	962	225
692	32	24	72	914				1076	756
11072	4350	455	390	35215			9	64289	2969
8775	3886	232	343	20931				40067	
2297	464	223	47	14285			9	24221	2969

表 15.8 续表 1 continued 1

指 标	Item	二、期末资产负债 Assets and Liabilities		
		其 中 of which		
		机器设备 Machinery and Equipments	运输工具 Transportation Equipments	电子设备 Electronic Equipments
合 计	**Total**	**131054**	**9976**	**60395**
按住宿业行业小类分	**By Classification of Hotels**			
旅游饭店	Tourist Hotels	114318	8461	56654
旅游饭店	Tourist Hotels	114318	8461	56654
一般旅馆	General Hotels	12122	1300	2788
经济型连锁酒店	Economical Chain Hotels	4560	669	1605
其他一般旅馆	Other General Hotels	7562	632	1182
民宿服务	Homestay Services	4		
民宿服务	Homestay Services	4		
其他住宿业	Other Hotels	4609	215	953
其他住宿业	Other Hotel Services	4609	215	953
按登记注册类型分	**By Status of Registration**			
内资企业	Domestic-funded Enterprises	110435	9618	58762
国有企业	State-owned Enterprises	8742	138	1510
集体企业	Collective-owned Enterprises	150		356
有限责任公司	Limited Liability Corporations	64281	6149	44418
国有独资公司	State Sole Funded Corporations	9082	1906	4811
其他有限责任公司	Other Limited Liability Corporations	55199	4243	39606
股份有限公司	Share-holding Corporations Ltd.	1525	199	1190
私营企业	Private Enterprises	35506	3107	11226
私营独资企业	Private-funded Enterprises	303	236	75
私营合伙企业	Private Partnership Enterprises			
私营有限责任公司	Private Limited Liability Corporations	35020	2859	11151
私营股份有限公司	Private Share-holding Corporations Ltd.	183	12	
其他企业	Other Enterprises	232	25	63
港、澳、台商投资企业	Enterprises Funded by Hong Kong, Macao and Taiwan	412	24	149
与港澳台商合资经营企业	Cooperative Enterprises			
港澳台商独资企业	Enterprises with Sole Fund	412	24	149

单位：万元 (10 000 yuan)

二、期末资产负债 Assets and Liabilities

累计折旧 Cumulatice Depreciation	其中 of which 本年折旧 Depreciation	固定资产净值 Net Value of Fixed Assets	固定资产减值准备 Impairment for Fixed Assets	在建工程 Construction in Progress	无形资产 Intangible Assets	土地使用权 Land Use Rights	软件使用权 Software Use Rights	商誉 Goodwill	非流动资产合计 Total Non-current Assets
549507	**81345**	**876925**	**1990**	**219145**	**101248**	**59546**	**5162**	**520**	**1557829**
483069	65575	734434	687	207838	96938	56891	5008	500	1321421
483069	65575	734434	687	207838	96938	56891	5008	500	1321421
59942	13813	108611	1303	11253	4110	2655	130	20	200651
24973	3822	43096	226	2131	3584	2283	47		64894
34969	9991	65515	1077	9122	527	371	84	20	135757
130	58	885							885
130	58	885							885
6366	1899	32995		54	200		24		34872
6366	1899	32995		54	200		24		34872
456771	77052	814476	1990	215603	96660	55590	4873	520	1433268
47739	9090	74566		4034	9				80458
5304	283	3912							5095
225854	30043	401458	79	166660	71017	33436	4021		798451
31385	5584	116570		6200	29582	21272	246		188463
194470	24459	284888	79	160459	41435	12164	3775		609989
11947	1694	29391		11	2289	2283	6		35335
165785	35861	304214	1891	44786	23312	19871	846	500	512849
3291	592	8649	151	3383	89	85	2		15438
300	40								6
161781	35054	295016	1434	41375	23223	19786	844	500	496812
413	175	549	306	28					594
141	81	934	20	113	32			20	1080
29073	2593	35215		4	1311	966			39477
19136	1876	20931							23166
9937	717	14285		4	1311	966			16311

表 15.8 续表 2 continued 2

指 标	Item	二、期末资产负债 Assets and Liabilities		
		资产总计 Total Assets	流动负债合计 Total Current Liabilities	其中 of which 应付账款 Accounts Payable
合 计	**Total**	**2776212**	**1323293**	**110209**
按住宿业行业小类分	**By Classification of Hotels**			
旅游饭店	Tourist Hotels	2271390	1007996	73507
旅游饭店	Tourist Hotels	2271390	1007996	73507
一般旅馆	General Hotels	426620	278407	35023
经济型连锁酒店	Economical Chain Hotels	159203	117777	15713
其他一般旅馆	Other General Hotels	267417	160630	19310
民宿服务	Homestay Services	950	631	5
民宿服务	Homestay Services	950	631	5
其他住宿业	Other Hotels	77252	36258	1674
其他住宿业	Other Hotel Services	77252	36258	1674
按登记注册类型分	**By Status of Registration**			
内资企业	Domestic-funded Enterprises	2555845	1238688	105607
国有企业	State-owned Enterprises	97702	14768	1623
集体企业	Collective-owned Enterprises	7926	3190	527
有限责任公司	Limited Liability Corporations	1476275	771477	54890
国有独资公司	State Sole Funded Corporations	237537	66290	5991
其他有限责任公司	Other Limited Liability Corporations	1238738	705186	48899
股份有限公司	Share-holding Corporations Ltd.	43857	27022	1810
私营企业	Private Enterprises	928314	421815	46350
私营独资企业	Private-funded Enterprises	19245	5865	174
私营合伙企业	Private Partnership Enterprises	357	2	1
私营有限责任公司	Private Limited Liability Corporations	906620	413933	45697
私营股份有限公司	Private Share-holding Corporations Ltd.	2092	2016	478
其他企业	Other Enterprises	1772	417	407
港、澳、台商投资企业	Enterprises Funded by Hong Kong, Macao and Taiwan	50549	29124	1939
与港澳台商合资经营企业	Cooperative Enterprises	31941	14268	1892
港澳台商独资企业	Enterprises with Sole Fund	18607	14856	47

单位：万元 (10 000 yuan)

二、期末资产负债 Assets and Liabilities									
非流动负债合计 Total Non-current Liabilities	负债合计 Total Liabilities	所有者权益合计 Total Owner's Equity	其 中 of which						
			实收资本 Paid-up Capital	其 中 of which					
				国家资本 State Capital	集体资本 Collective Capital	法人资本 Corporate Capital	个人资本 Personal Capital	港澳台资本 HMT Capital	外商资本 Foreign Capital
923911	**2243616**	**532597**	**874039**	**167261**	**20790**	**318991**	**326937**	**25993**	**14067**
824593	1832553	438837	746669	165764	15075	259982	277281	14500	14067
824593	1832553	438837	746669	165764	15075	259982	277281	14500	14067
75075	349884	76736	105152	873	5715	56715	30356	11493	
17342	131580	27624	44814	100		33749	10965		
57733	218304	49113	60338	773	5715	22966	19391	11493	
	631	319	100			100			
	631	319	100			100			
24243	60547	16705	22118	624		2193	19300		
24243	60547	16705	22118	624		2193	19300		
867286	2102387	453459	815056	167261	20790	300068	326937		
47915	62683	35019	28896	27184		1712			
6345	9535	-1609	2855		2345	200	310		
468291	1236789	239486	405591	139027	17500	176778	72286		
86699	152989	84548	44388	35998		8390			
381592	1083800	154938	361203	103029	17500	168388	72286		
517	27539	16318	21665	600	330	18585	2150		
344199	765404	162909	354714	450	615	102792	250856		
4833	10712	8533	7623			3534	4088		
6	8	350	310			5	305		
339359	752670	153950	346383	450	550	98920	246463		
	2016	77	398		65	333			
20	437	1335	1335				1335		
37395	66519	-15971	25993					25993	
37000	51268	-19327	11000					11000	
395	15251	3357	14993					14993	

表 15.8 续表 3 continued 3

指 标	Item	三、损益及分配 Profits and Losses		
		营业收入 Gross Sales	其中 of which 主营业务收入 Main Business Income	营业成本 Operating Cost
合 计	**Total**	**857625**	**846602**	**395226**
按住宿业行业小类分	**By Classification of Hotels**			
旅游饭店	Tourist Hotels	640810	631294	287407
旅游饭店	Tourist Hotels	640810	631294	287407
一般旅馆	General Hotels	199663	198296	100385
经济型连锁酒店	Economical Chain Hotels	72482	71947	29687
其他一般旅馆	Other General Hotels	127181	126349	70699
民宿服务	Homestay Services	794	758	569
民宿服务	Homestay Services	794	758	569
其他住宿业	Other Hotels	16359	16255	6865
其他住宿业	Other Hotel Services	16359	16255	6865
按登记注册类型分	**By Status of Registration**			
内资企业	Domestic-funded Enterprises	800213	789827	372512
国有企业	State-owned Enterprises	26547	26496	6819
集体企业	Collective-owned Enterprises	8147	7584	2720
有限责任公司	Limited Liability Corporations	293636	289782	117746
国有独资公司	State Sole Funded Corporations	52728	52543	21556
其他有限责任公司	Other Limited Liability Corporations	240908	237240	96190
股份有限公司	Share-holding Corporations Ltd.	16900	16610	10370.5
私营企业	Private Enterprises	453518	447919	234191
私营独资企业	Private-funded Enterprises	15749	15721	9978
私营合伙企业	Private Partnership Enterprises	4632	4535	2450
私营有限责任公司	Private Limited Liability Corporations	428356	422883	220103
私营股份有限公司	Private Share-holding Corporations Ltd.	4781	4781	1659
其他企业	Other Enterprises	1465	1435	666
港、澳、台商投资企业	Enterprises Funded by Hong Kong, Macao and Taiwan	24092	24092	7562
与港澳台商合资经营企业	Cooperative Enterprises	19521	19521	5815
港澳台商独资企业	Enterprises with Sole Fund	4570	4570	1747

单位：万元 (10 000 yuan)

三、损益及分配 Profits and Losses									
其 中 of which	税金及附加 Taxes and Surcharges	其 中 of which	其他业务利润 Other Business Profits	销售费用 Sales Expenses	管理费用 Management Expenses	财务费用 Financial Expenses	其 中 of which		资产减值损失 Impairment of Assets
主营业务成本 Main Business Cost		主营业务税金及附加 Main Business Taxes and Surchargers					利息收入 Interest Income	利息支出 Interest Expenses	
390506	**14740**	**12893**	**3097**	**181803**	**187934**	**48338**	**768**	**38549**	**468**
283607	11697	10284	2435	142061	143972	41224	720	33273	370
283607	11697	10284	2435	142061	143972	41224	720	33273	370
99511	2717	2534	605	36819	37148	7071	42	5265	97
29244	679	643	187	18483	15188	5121	16	4488	27
70267	2038	1892	418	18336	21961	1950	26	777	70
569	10	8		55	20	8		8	
569	10	8		55	20	8		8	
6819	317	67	58	2867	6794	36	6	4	1
6819	317	67	58	2867	6794	36	6	4	1
367931	13067	11561	2587	173366	173159	44396	757	38126	468
6795	301	301		12821	10753	3649	5	3622	
2716	120	120		2981	1365	62	11	1	8
116289	4962	4640	390	77613	80414	22851	363	21686	268
21552	1161	1150	39	13413	16528	4891	99	4433	2
94737	3802	3490	351	64201	63886	17960	264	17254	266
10117	301	301	753	2079	3717	153	4	105	
231349	7351	6168	1426	77679	76692	17671	374	12702	172
9978	517	517		620	820	614	3	394	14
2450	46	46		966.8	569	5		5	
217262	6726	5543	1425	75898	74856	16970	371	12302	158
1659	62	62		195	447	82		2	
666	31	31	19	193	216	10		10	20
7562	226	226	19	4892	9598	3062	15	142	
5815	45	45		4038	8210	2386	12		
1747	182	182	19	854	1388	676	2	142	

表 15.8 续表 4 continued 4

指 标	Item	三、损益及分配 Profits and Losses		
		公允价值变动收益 Change of Income Fair Value	投资收益 Income from Investment	资产处置收益 Income from Assets Disposal
合 计	**Total**	**1356**	**191**	**-5**
按住宿业行业小类分	**By Classification of Hotels**			
旅游饭店	Tourist Hotels	1281	168	-1
旅游饭店	Tourist Hotels	1281	168	-1
一般旅馆	General Hotels	74	12	-4
经济型连锁酒店	Economical Chain Hotels	11	10	-1
其他一般旅馆	Other General Hotels	64	1	-3
民宿服务	Homestay Services			
民宿服务	Homestay Services			
其他住宿业	Other Hotels	1	12	
其他住宿业	Other Hotel Services	1	12	
按登记注册类型分	**By Status of Registration**			
内资企业	Domestic-funded Enterprises	1356	125	-5
国有企业	State-owned Enterprises			
集体企业	Collective-owned Enterprises	8	26	
有限责任公司	Limited Liability Corporations	1272	69	-4
国有独资公司	State Sole Funded Corporations	1643	54	
其他有限责任公司	Other Limited Liability Corporations	-371	15	-4
股份有限公司	Share-holding Corporations Ltd.			-1
私营企业	Private Enterprises	77	30	
私营独资企业	Private-funded Enterprises	-1	1	
私营合伙企业	Private Partnership Enterprises			
私营有限责任公司	Private Limited Liability Corporations	78	29	
私营股份有限公司	Private Share-holding Corporations Ltd.			
其他企业	Other Enterprises			
港、澳、台商投资企业	Enterprises Funded by Hong Kong, Macao and Taiwan			
与港澳台商合资经营企业	Cooperative Enterprises			
港澳台商独资企业	Enterprises with Sole Fund			

单位：万元 (10 000 yuan)

三、损益及分配 Profits and Losses						四、人工成本及增值税 Labor Cost and Value Added Tax		五、从事批发和零售业活动的从业人员平均人数（人） Average Employees
其他收益 Other Income	营业利润 Business Profits	营业外收入 Non-business Income	营业外支出 Non-business Expenses	利润总额 Total Profits	应交所得税 Income Tax Payable Financial Expenses	应付职工薪酬（本年贷方累计发生额） Total Payable Salaries	应交增值税 Value Added Tax Payable	
981	**22820**	**5694**	**2385**	**25609**	**7745**	**211495**	**25017**	**37114**
790	8083	5422	2006	10978	6761	164906	20048	27652
790	8083	5422	2006	10978	6761	164906	20048	27652
191	15112	250	371	14992	791	42391	4707	8545
146	3199	56	26	3230	191	16078	2039	3145
45	11913	194	345	11762	599	26312	2668	5400
	133			133	3	103	35	26
	133			133	3	103	35	26
	-508	22	8	-494	191	4096	228	891
	-508	22	8	-494	191	4096	228	891
981	16865	5538	2119	19763	4643	194717	22767	35132
	-8523	3032	31	-5522	2	12387	1098	1445
	924	2	14	913	96	2061	237	437
648	-13781	1244	1053	-13966	1111	86173	8365	14798
8	-3188	412	291	-3067	15	17278	1227	2620
640	-10593	832	762	-10899	1096	68895	7137	12178
3	282	77	27	333	2	4773	398	884
321	37637	1181	994	37680	3428	88629	12645	17470
5	3186			3185	136	1852	403	486
	591			591		367	137	60
316	31524	1172	993	31559	3144	85868	11989	16786
	2337	9		2345	148	542	116	138
9	326	1	1	326	3	695	24	98
	-1229	6	3	-1226	467	7567	543	841
	-972	5		-967	467	6171	372	656
	-257	1	3	-259		1396	171	185

表 15.8 续表 5 continued 5

指 标	Item	法人企业数（个）Number of Enterprises(unit)	其中 of which 执行《2006年企业会计准则》企业数（个）Number of Enterprises which Implemented Accounting standard for Business Enterprise in 2006	一、年初存货 Inventory at the Begining of Year
外商投资企业	Foreign-funded Enterprises	4	3	411
外资企业	Enterprises with Sole Fund	4	3	411
按控股情况分	**By Holding Entity of Share**			
国有控股	State-holding	53	49	25759
集体控股	Collective-holding	9	6	578
私人控股	Private-holding	350	225	19901
港澳台商控股	Held by Corporation from Hong Kong, Macao and Taiwan	3	3	211
外商控股	Foreign-holding	4	3	411
其 他	Other	42	28	2789
按经营形式分	**By Form of Business**			
独立门店	Independent Store	413	283	45745
连锁总店（总部）	Central Shop of Chain Stores (Headquarter)	2	1	41
连锁直营店	Direct-sale Shop of Chain Stores	5	5	23
连锁加盟店	Branch Shop of Chain Stores	8	3	19
其 他	Other	33	22	3820
按单位规模分	**By Size of Enterprise**			
大 型	Large	7	7	24395
中 型	Medium	88	76	11165
小 型	Small	346	217	13691
微 型	Micro	20	14	398
按星级分	**By Star of Hotel**			
五 星	5-Star	30	26	27994
四 星	4-Star	50	40	3868
三 星	3-Star	82	58	5386
二 星	2-Star	8	6	1434
其 他	Other	291	184	10966

单位：万元 (10 000 yuan)

二、期末资产负债 Assets and Liabilities

流动资产合计 Total Current Assets	其 中 of which			固定资产合计 Total Fixed Assets	可供出售金融资产 Available for Sale Financial Assets	持有至到期投资 Held-to-maturity Securities	长期股权投资 Long-term Investment on Stocks	固定资产原价 Total Original Value of Fixed Assets	其 中 of which
	货币资金 Bank and Cash	应收帐款 Accounts Receivable	存 货 Inventory						房屋和构筑物 Buildings and Structures
84734	2137	1517	527	27234	1450			90897	54611
84734	2137	1517	527	27234	1450			90897	54611
245372	46417	10934	5911	291943	725		332	438433	131120
21923	1947	276	527	4649				14410	6377
687972	52012	35382	18526	422496	215	39	67824	681071	332639
5133	743	201	229	35215			9	64289	2969
84734	2137	1517	527	27234	1450			90897	54611
171368	26310	7447	3074	93398			11319	150836	88621
917154	116788	45418	24160	743164	1685	30	76499	1280831	603400
58722	186	427	58	5794			2954	8959	
4324	78	351	39	111				223	
10386	4061	3489	233	774				1150	473
225917	8453	6072	4306	125091	705	9	32	148772	12464
262014	14239	3841	4453	138404	2147		11182	233937	99819
535275	63330	24379	11098	499350	24		57623	798213	335367
379226	42966	26570	13014	231951	219	39	10679	399777	178985
39987	9031	967	228	5230				8007	2166
443584	29392	15152	9107	368841	2147		55785	617231	287485
157954	21103	16061	4138	171953	48	30	13253	270459	90685
160257	34298	7077	4638	73016	5		493	138579	64893
140907	2535	613	1866	2396			3	6583	2994
313801	42238	16854	9045	258729	191	9	9950	407083	170279

表 15.8 续表 6 continued 6

指 标	Item	二、期末资产负债 Assets and Liabilities		
		其 中 of which		
		机器设备 Machinery and Equipments	运输工具 Transportation Equipments	电子设备 Electronic Equipments
外商投资企业	Foreign-funded Enterprises	20207	334	1484
外资企业	Enterprises with Sole Fund	20207	334	1484
按控股情况分	**By Holding Entity of Share**			
国有控股	State-holding	30813	3242	9669
集体控股	Collective-holding	752	187	581
私人控股	Private-holding	58900	4812	45095
港澳台商控股	Held by Corporation from Hong Kong, Macao and Taiwan	412	24	149
外商控股	Foreign-holding	20207	334	1484
其 他	Other	19970	1378	3417
按经营形式分	**By Form of Business**			
独立门店	Independent Store	118725	7173	55978
连锁总店(总部)	Central Shop of Chain Stores (Headquarter)	97	109	110
连锁直营店	Direct-sale Shop of Chain Stores	11		5
连锁加盟店	Branch Shop of Chain Stores	6	92	72
其 他	Other	12214	2603	4231
按单位规模分	**By Size of Enterprise**			
大 型	Large	23621	940	2773
中 型	Medium	81558	5093	49355
小 型	Small	25559	3829	8167
微 型	Micro	315	114	100
按星级分	**By Star of Hotel**			
五 星	5-Star	76325	3663	48348
四 星	4-Star	14041	1737	3731
三 星	3-Star	10486	651	1820
二 星	2-Star	482	625	188
其 他	Other	29721	3299	6307

单位：万元 (10 000 yuan)

二、期末资产负债 Assets and Liabilities									
累计折旧 Cumulatice Depreciation	其中 of which 本年折旧 Depreciation	固定资产净值 Net Value of Fixed Assets	固定资产减值准备 Impairment for Fixed Assets	在建工程 Construction in Progress	无形资产 Intangible Assets	土地使用权 Land Use Rights	软件使用权 Software Use Rights	商誉 Goodwill	非流动资产合计 Total Non-current Assets
63663	1700	27234		3538	3278	2990	288		85084
63663	1700	27234		3538	3278	2990	288		85084
146490	24346	291944		137542	44181	28601	285		522403
9761	356	4649		246	1		1		6428
243160	47186	424408	1912	48950	31353	22689	4430	520	694354
29073	2593	35215		4	1311	966			39477
63663	1700	27234		3538	3278	2990	288		85084
57360	5164	93476	78	28865	21125	4300	157		210083
522174	72956	745154	1990	66541	79331	54545	5019	520	1200750
3165	252	5794							9809
111	11	111							1340
376	99	774		25244					28594
23681	8027	125091		127360	21918	5001	143		317336
95533	8460	138404		4961	27362	18911	525		260551
298897	44239	499350		39603	45576	21626	4184		700073
152350	28157	233891	1940	174581	28310	19009	452	520	556182
2727	489	5280	50						41023
248390	26932	368841		31405	44510	30113	4468		609146
98443	12587	172016	63	9780	35499	17999	513	500	254988
65286	7914	73293	277	7386	13280	7983	22		153817
4187	2620	2396		127196	4095	6			139683
133202	31293	260379	1650	43377	3864	3444	159	20	400195

表 15.8 续表 7 continued 7

指 标	Item	二、期末资产负债 Assets and Liabilities 资产总计 Total Assets	流动负债合计 Total Current Liabilities	其中 of which 应付账款 Accounts Payable
外商投资企业	Foreign-funded Enterprises	169819	55480	2664
外资企业	Enterprises with Sole Fund	169819	55480	2664
按控股情况分	**By Holding Entity of Share**			
国有控股	State-holding	767776	319859	24207
集体控股	Collective-holding	28351	28086	1110
私人控股	Private-holding	1384207	689961	67083
港澳台商控股	Held by Corporation from Hong Kong, Macao and Taiwan	44609	24287	731
外商控股	Foreign-holding	169819	55480	2664
其 他	Other	381451	205620	14416
按经营形式分	**By Form of Business**			
独立门店	Independent Store	2119773	1105940	94634
连锁总店（总部）	Central Shop of Chain Stores (Headquarter)	68531	61190	1257
连锁直营店	Direct-sale Shop of Chain Stores	5663	4952	981
连锁加盟店	Branch Shop of Chain Stores	38979	21182	1434
其 他	Other	543266	130029	11902
按单位规模分	**By Size of Enterprise**			
大 型	Large	522565	204943	12126
中 型	Medium	1235769	654334	40246
小 型	Small	936868	438339	57294
微 型	Micro	81010	25677	543
按星级分	**By Star of Hotel**			
五 星	5-Star	1052730	494118	28346
四 星	4-Star	412942	212473	27973
三 星	3-Star	314495	123466	8156
二 星	2-Star	280590	47559	6589
其 他	Other	715456	445677	39146

单位：万元 (10 000 yuan)

二、期末资产负债 Assets and Liabilities

非流动负债合计 Total Non-current Liabilities	负债合计 Total Liabilities	所有者权益合计 Total Owner's Equity	其 中 of which						
			实收资本 Paid-up Capital	其 中 of which					
				国家资本 State Capital	集体资本 Collective Capital	法人资本 Corporate Capital	个人资本 Personal Capital	港澳台资本 HMT Capital	外商资本 Foreign Capital
19230	74710	95109	32990			18923			14067
19230	74710	95109	32990			18923			14067
263831	583689	184086	205983	166231		39752			
4794	32880	-4529	16035		14445	1030	560		
541089	1230454	153753	465541	450	615	151186	313290		
37395	61682	-17072	25993					25993	
19230	74710	95109	32990			18923			14067
57573	260201	121250	127497	580	5730	108100	13087		
680493	1786481	333292	752091	100111	20790	278052	313078	25993	14067
3518	64708	3824	19500			17500	2000		
30	4995	668	170				170		
9569	30751	8229	6789			115	6674		
230302	356682	186584	95489	67150		23324	5016		
219050	423993	98572	50742	15000		21858	200		13684
447910	1099249	136520	428774	61576	1400	197014	153902	14500	384
227107	664853	272015	383603	90685	19390	89994	172041	11493	
29844	55521	25489	10920			10125	795		
484956	979073	73656	241242	20100		121959	74500	11000	13684
126436	338910	74032	160148	47188	14100	75487	23372		
75412	198970	115525	84659	25933	5223	29980	20023	3500	
113244	160803	119787	61792	61230	30	532			
123864	565860	149596	326198	12809	1437	91033	209042	11493	384

表 15.8 续表 8 continued 8

指 标	Item	三、损益及分配 Profits and Losses 营业收入 Gross Sales	其中 of which 主营业务收入 Main Business Income	营业成本 Operating Cost
外商投资企业	Foreign-funded Enterprises	33320	32684	15152
外资企业	Enterprises with Sole Fund	33320	32684	15152
按控股情况分	**By Holding Entity of Share**			
国有控股	State-holding	138698	138098	52331
集体控股	Collective-holding	15845	14729	5321
私人控股	Private-holding	561001	553991	279153
港澳台商控股	Held by Corporation from Hong Kong, Macao and Taiwan	13708	13708	2679
外商控股	Foreign-holding	33320	32684	15152
其 他	Other	95052	93393	40590
按经营形式分	**By Form of Business**			
独立门店	Independent Store	746037	735535	340475
连锁总店(总部)	Central Shop of Chain Stores (Headquarter)	7674	7406	2723
连锁直营店	Direct-sale Shop of Chain Stores	13162	13072	3600
连锁加盟店	Branch Shop of Chain Stores	16481	16384	6197
其 他	Other	74272	74207	42231
按单位规模分	**By Size of Enterprise**			
大 型	Large	97637	96429	42254
中 型	Medium	361399	357585	132485
小 型	Small	390435	384442	217276
微 型	Micro	8154	8147	3211
按星级分	**By Star of Hotel**			
五 星	5-Star	206142	202811	75594
四 星	4-Star	132494	131699.3	52134.5
三 星	3-Star	132798	131102	71733
二 星	2-Star	5729	5729	3555
其 他	Other	380463	375262	192210

单位：万元 (10 000 yuan)

三、损益及分配 Profits and Losses

其 中 of which 主营业务成本 Main Business Cost	税金及附加 Taxes and Surcharges	其 中 of which 主营业务税金及附加 Main Business Taxes and Surchargers	其他业务利润 Other Business Profits	销售费用 Sales Expenses	管理费用 Management Expenses	财务费用 Financial Expenses	其 中 of which 利息收入 Interest Income	利息支出 Interest Expenses	资产减值损失 Impairment of Assets
15013	1447	1106	492	3545	5178	880	-3	282	
15013	1447	1106	492	3545	5178	880	-3	282	
52032	2770	2715	40	45872	45539	10452	178	9951	23
4926	295	292	160	4875	3690	95	14	1	8
275368	8564	7201	1550	105549	103101	28758	393	23280	419
2679	210	210	19	4394	6193	3044	2	142	
15013	1447	1106	492	3545	5178	880	-3	282	
40488	1454	1369	837	17569	24233	5109	184	4894	18
336229	12432	10596	3097	166263	160371	38753	732	29405	576
2480	31	31		3423	450	4418		4405	
3580	27	27		1414	3705	37			
6197	33	33		2323	6209	277	9	245	
42020	2218	2207		8380	17199	4853	26	4494	-108
41468	2170	2104	415	22399	18251	12001	-5	11886	
131163	5555	4386	1363	97713	107393	28187	575	22237	258
214767	6672	6060	1320	60873	60402	8105	185	4423	208
3108	343	343		818	1889	46	13	4	1
74345	4367	3462	722	47196	55269	26830	276	22867	16
52078	1884	1713	4	37925	31301	7340	46	5238	26
71038	2355	2207	481	24736	21401	1682	217	1172	18
3544	270	270		658	2144	45	4	1	1
189502	5865	5241	1890	71288	77820	12441	225	9270	406

表 15.8 续表 9 continued 9

指 标	Item	三、损益及分配 Profits and Losses 公允价值变动收益 Change of Income Fair Value	投资收益 Income from Investment	资产处置收益 Income from Assets Disposal
外商投资企业	Foreign-funded Enterprises		66	
外资企业	Enterprises with Sole Fund		66	
按控股情况分	**By Holding Entity of Share**			
国有控股	State-holding	1650	59	-4
集体控股	Collective-holding	8	26	
私人控股	Private-holding	-338	31	
港澳台商控股	Held by Corporation from Hong Kong, Macao and Taiwan			
外商控股	Foreign-holding		66	
其 他	Other	36	9	-1
按经营形式分	**By Form of Business**			
独立门店	Independent Store	-291	131	-5
连锁总店（总部）	Central Shop of Chain Stores (Headquarter)			
连锁直营店	Direct-sale Shop of Chain Stores			
连锁加盟店	Branch Shop of Chain Stores			
其 他	Other	1647	60	
按单位规模分	**By Size of Enterprise**			
大 型	Large	1643	120	
中 型	Medium	46	23	-5
小 型	Small	-369	47	2
微 型	Micro	37	1	-2
按星级分	**By Star of Hotel**			
五 星	5-Star	1663	127	-5
四 星	4-Star	-416	26	
三 星	3-Star	43	7	-2
二 星	2-Star	1	-1	
其 他	Other	66	32	2

单位：万元 (10 000 yuan)

三、损益及分配 Profits and Losses						四、人工成本及增值税 Labor Cost and Value Added Tax		五、从事批发和零售业活动的从业人员平均人数（人） Average Employees
其他收益 Other Income	营业利润 Business Profits	营业外收入 Non-business Income	营业外支出 Non-business Expenses	利润总额 Total Profits	应交所得税 Income Tax Payable Financial Expenses	应付职工薪酬（本年贷方累计发生额） Total Payable Salaries	应交增值税 Value Added Tax Payable	
	7184	151	263	7072	2635	9211	1708	1141
	7184	151	263	7072	2635	9211	1708	1141
234	-17461	3953	677	-14247	263	55253	3519	7909
	1484	10	25	1469	96	3997	385	823
722	31861	1360	1172	31905	3551	111844	16001	21871
	-2793	1	3	-2795		4044	405	592
	7184	151	263	7072	2635	9211	1708	1141
25	2545	220	244	2205	1200	27146	2999	4778
758	22824	5432	1822	25914	6518	183194	20948	32278
	-3370	7	2	-3364		1641	191	333
	713	4	13	704		3303	260	435
	1438	7	2	1444	471	4953	1069	540
223	1215	243	547	912	756	18404	2549	3528
	2324	381	90	2615	2726	24132	3075	3090
529	-16669	4592	1127	-13204	1881	110259	9972	18588
447	34974	714	1159	34324	3027	75364	11822	15190
5	2191	7	9	1874	111	1740	149	246
123	-5981	1157	732	-5557	2928	55879	6371	8220
400	54	1159	203	1010	1052	38896	3090	7168
256	9712	138	288	9246	826	31080	3356	5558
	-944	10	89	-1022	5	1664	24	417
203	19980	3230	1073	21931	2934	83976	12177	15751

表 15.9 限额以上餐饮业法人企业财务状况（2018 年）
FINANCIAL INDICATORS OF ENTERPRISES ABOVE DESIGNATED SIZE OF CATERING SERVICES (2018)

指 标	Item	法人企业数（个） Number of Enterprises(unit)	其中 of which 执行《2006年企业会计准则》企业数（个） Number of Enterprises which Implemented Accounting standard for Business Enterprise in 2006	一、年初存货 Inventory at the Begining of Year
总 计	**Total**	**1224**	**677**	**39720**
按餐饮业行业小类分	**By Sector**			
正餐服务	Dinner Services	1192	651	37495
正餐服务	Dinner Services	1192	651	37495
快餐服务	Fast Food Services	17	13	1649
快餐服务	Fast Food Services	17	13	1649
饮料及冷饮服务	Beverages and Cold Beverage Services	1	1	13
咖啡馆服务	Cafe Services	1	1	13
餐饮配送及外卖送餐服务	Bar Services	8	7	450
餐饮配送服务	Other Beverages and Cold Beverage Services	8	7	450
其他餐饮业	Other Catering Services	6	5	114
小吃服务	Snack Services	3	3	93
其他未列明餐饮业	Other Catering Business	3	2	21
按登记注册类型分	**By Status of Registration**			
内资企业	Domestic-funded Enterprises	1217	672	36782
国有企业	State-owned Enterprises	3	2	57
集体企业	Collective-owned Enterprises	11	5	62
股份合作企业	Cooperative Enterprises	1	1	
联营企业	Associated Enterprises	2		3
集体联营企业	Collective Associated Enterprises	1		
其他联营企业	Other Associated Enterprises	1		3
有限责任公司	Limited Liability Corporations	183	110	6352
国有独资公司	State Sole Funded Corporations	1		48
其他有限责任公司	Other Limited Liability Corporations	182	110	6304
股份有限公司	Share-holding Corporations Ltd.	5	1	30
私营企业	Private Enterprises	1011	552	30280
私营独资企业	Private-funded Enterprises	156	103	2071
私营合伙企业	Private Partnership Enterprises	9	4	125
私营有限责任公司	Private Limited Liability Corporations	831	436	26439
私营股份有限公司	Private Share-holding Corporations Ltd.	15	9	1644

单位：万元 (10 000 yuan)

二、期末资产负债 Assets and Liabilities

流动资产合计 Total Current Assets	其中 of which			固定资产合计 Total Fixed Assets	可供出售金融资产 Available for Sale Financial Assets	持有至到期投资 Held-to-maturity Securities	长期股权投资 Long-term Investment on Stocks	固定资产原价 Total Original Value of Fixed Assets	其中 of which
	货币资金 Bank and Cash	应收帐款 Accounts Receivable	存货 Inventory						房屋和构筑物 Buildings and Structures
455812	**87522**	**58033**	**40002**	**423160**	**19116**	**330**	**22716**	**648689**	**269461**
392589	67597	49041	37645	400848	19116	205	22467	596904	266053
392589	67597	49041	37645	400848	19116	205	22467	596904	266053
42273	12820	1970	1866	17517		125	111	43132	49
42273	12820	1970	1866	17517		125	111	43132	49
929	25	22	12	102				252	
929	25	22	12	102				252	
14727	7081	6850	375	3907			138	7238	3089
14727	7081	6850	375	3907			138	7238	3089
5295		151	104	785				1163	269
3109		90	64	615				728	269
2185		60	40	171				435	
409729	72883	55699	35630	385478	19116	330	22716	584674	230132
468		195	94	833				873	
825	87	331	141	4473				6431	5232
316	316								
158	109	43	6	5				54	
136	98	38		5				42	
22	11	5	6					12	
132232	33080	15480	7691	99156	10	170	4466	162858	69829
5688	3692	83	48	18219		170	433	27176	27176
126544	29388	15397	7643	80937	10		4033	135682	42653
774	123	215	39	448				658	324
274957	39169	39435	27659	280564	19106	160	18250	413800	154747
17318	3122	2404	1990	28582	13	13	15	42079	20374
1172	170	155	331	1186				1778	644
233328	35035	35452	23683	215342	42	147	18234	308752	128395
23139	842	1423	1655	35454	19050			61191	5334

表 15.9 续表 1 continued 1

指 标	Item	二、期末资产负债 Assets and Liabilities		
		其 中 of which		
		机器设备 Machinery and Equipments	运输工具 Transportation Equipments	电子设备 Electronic Equipments
总 计	**Total**	**63638**	**14958**	**9876**
按餐饮业行业小类分	**By Sector**			
正餐服务	Dinner Services	58858	13069	9464
正餐服务	Dinner Services	58858	13069	9464
快餐服务	Fast Food Services	3474	79	167
快餐服务	Fast Food Services	3474	79	167
饮料及冷饮服务	Beverages and Cold Beverage Services			
咖啡馆服务	Cafe Services			
餐饮配送及外卖送餐服务	Bar Services	1295	1790	245
餐饮配送服务	Other Beverages and Cold Beverage Services	1295	1790	245
其他餐饮业	Other Catering Services	11	20	
小吃服务	Snack Services	11	20	
其他未列明餐饮业	Other Catering Business			
按登记注册类型分	**By Status of Registration**			
内资企业	Domestic-funded Enterprises	53848	14958	8470
国有企业	State-owned Enterprises			
集体企业	Collective-owned Enterprises	536	194	63
股份合作企业	Cooperative Enterprises			
联营企业	Associated Enterprises		39	3
集体联营企业	Collective Associated Enterprises		39	3
其他联营企业	Other Associated Enterprises			
有限责任公司	Limited Liability Corporations	25637	2917	2787
国有独资公司	State Sole Funded Corporations			
其他有限责任公司	Other Limited Liability Corporations	25637	2917	2787
股份有限公司	Share-holding Corporations Ltd.	20	26	24
私营企业	Private Enterprises	27656	11783	5593
私营独资企业	Private-funded Enterprises	2331	1099	431
私营合伙企业	Private Partnership Enterprises	19	15	59
私营有限责任公司	Private Limited Liability Corporations	24653	10516	4991
私营股份有限公司	Private Share-holding Corporations Ltd.	653	153	113

单位：万元 (10 000 yuan)

二、期末资产负债 Assets and Liabilities									
累计折旧 Cumulatice Depreciation	其中 of which 本年折旧 Depreciation	固定资产净值 Net Value of Fixed Assets	固定资产减值准备 Impairment for Fixed Assets	在建工程 Construction in Progress	无形资产 Intangible Assets	土地使用权 Land Use Rights	软件使用权 Software Use Rights	商誉 Goodwill	非流动资产合计 Total Non-current Assets
219771	**54098**	**426872**	**3712**	**27639**	**25130**	**3893**	**2327**	**22075**	**717242**
190402	46222	404456	3608	24709	24112	3488	2327	22075	670486
190402	46222	404456	3608	24709	24112	3488	2327	22075	670486
25510	7355	17622	104	729	550				37035
25510	7355	17622	104	729	550				37035
150	5	102							808
150	5	102							808
3331	351	3907		2056	468	406			7278
3331	351	3907		2056	468	406			7278
378	165	785		145					1635
113	110	615							1120
265	56	171		145					515
193745	46087	388883	3405	24403	24810	3893	2058	22075	663139
40	15	833							1048
1829	680	4602	130						4800
49	15	5							54
37	3	5							5
12	12								49
63574	10909	99223	68	4845	1644	1083	4	21109	162834
8958	778	18219		230				21109	41362
54617	10130	81004	68	4615	1644	1083	4		121472
210	54	448							448
128043	34415	283772	3208	19557	23166	2810	2054	966	493955
13048	3434	29031	449	114	336	166		27	39632
592	131	1186							1581
88719	27523	218048	2705	13559	3263	2017	53	839	344099
25683	3328	35508	54	5884	19567	627	2001	100	108643

表 15.9 续表 2 continued 2

指 标	Item	二、期末资产负债 Assets and Liabilities 资产总计 Total Assets	流动负债合计 Total Current Liabilities	其中 of which 应付账款 Accounts Payable
总　计	**Total**	**1178616**	**452547**	**93367**
按餐饮业行业小类分	**By Sector**			
正餐服务	Dinner Services	1068637	404475	83942
正餐服务	Dinner Services	1068637	404475	83942
快餐服务	Fast Food Services	79308	33700	5087
快餐服务	Fast Food Services	79308	33700	5087
饮料及冷饮服务	Beverages and Cold Beverage Services	1738	2282	76
咖啡馆服务	Cafe Services	1738	2282	76
餐饮配送及外卖送餐服务	Bar Services	22004	6487	4221
餐饮配送服务	Other Beverages and Cold Beverage Services	22004	6487	4221
其他餐饮业	Other Catering Services	6929	5603	42
小吃服务	Snack Services	4229	3138	22
其他未列明餐饮业	Other Catering Business	2700	2464	20
按登记注册类型分	**By Status of Registration**			
内资企业	Domestic-funded Enterprises	1078430	418385	81184
国有企业	State-owned Enterprises	1516	648	242
集体企业	Collective-owned Enterprises	5628	611	277
股份合作企业	Cooperative Enterprises	316	266	
联营企业	Associated Enterprises	212	119	114
集体联营企业	Collective Associated Enterprises	141	114	114
其他联营企业	Other Associated Enterprises	71	5	
有限责任公司	Limited Liability Corporations	295400	114764	16357
国有独资公司	State Sole Funded Corporations	47049	13159	60
其他有限责任公司	Other Limited Liability Corporations	248351	101604	16297
股份有限公司	Share-holding Corporations Ltd.	1269	450	56
私营企业	Private Enterprises	774090	301528	64138
私营独资企业	Private-funded Enterprises	57681	9502	2300
私营合伙企业	Private Partnership Enterprises	2753	1168	140
私营有限责任公司	Private Limited Liability Corporations	581874	211721	41682
私营股份有限公司	Private Share-holding Corporations Ltd.	131782	79137	20016

单位：万元 (10 000 yuan)

二、期末资产负债 Assets and Liabilities									
			其 中 of which						
				其 中 of which					
非流动负债合计 Total Non-current Liabilities	负债合计 Total Liabilities	所有者权益合计 Total Owner's Equity	实收资本 Paid-up Capital	国家资本 State Capital	集体资本 Collective Capital	法人资本 Corporate Capital	个人资本 Personal Capital	港澳台资本 HMT Capital	外商资本 Foreign Capital
111937	**565807**	**612809**	**364036**	**11645**	**1539**	**168401**	**171360**	**5470**	**5621**
104488	510285	558352	344112	9442	1490	160156	169504	3402	117
104488	510285	558352	344112	9442	1490	160156	169504	3402	117
5248	38948	40360	13406	3		6208	1631	2068	3497
5248	38948	40360	13406	3		6208	1631	2068	3497
288	2570	-833							
288	2570	-833							
43	6530	15474	4007	2200		1697	110		
43	6530	15474	4007	2200		1697	110		
1871	7474	-545	2512		50	339	116		2007
1821	4960	-731	2326			303	16		2007
50	2514	186	186		50	36	100		
106106	525815	552615	317603	11645	1539	130216	171360	2702	141
484	1132	384	274			202	72		
319	929	4699	4272	17	616	3639			
	266	50	50		50				
	119	93	14	13	1				
	114	27	1		1				
	5	66	13	13					
44875	158239	137161	68296	11493	372	33298	23034		100
16456	29615	17434	5013	5013					
28418	128624	119727	63283	6480	372	33298	23034		100
66	297	972	515				515		
60363	364833	409257	244184	123	501	93076	147740	2702	41
2785	12457	45224	28528	53	53	10375	17936	80	31
45	1213	1540	1370		1	444	926		
55422	269602	312272	201232	70	448	75106	122977	2622	10
2111	81561	50221	13054			7152	5902		

表 15.9 续表 3 continued 3

指 标	Item	三、损益及分配 Profits and Losses 营业收入 Gross Sales	其中 of which 主营业务收入 Main Business Income	营业成本 Operating Cost
总 计	**Total**	**1676179**	**1656796**	**1056642**
按餐饮业行业小类分	**By Sector**			
正餐服务	Dinner Services	1513701	1501917	980227
正餐服务	Dinner Services	1513701	1501917	980227
快餐服务	Fast Food Services	126179	118601	52325
快餐服务	Fast Food Services	126179	118601	52325
饮料及冷饮服务	Beverages and Cold Beverage Services	977	977	254
咖啡馆服务	Cafe Services	977	977	254
餐饮配送及外卖送餐服务	Bar Services	26825	26825	17648
餐饮配送服务	Other Beverages and Cold Beverage Services	26825	26825	17648
其他餐饮业	Other Catering Services	8498	8476	6188
小吃服务	Snack Services	3661	3661	2198
其他未列明餐饮业	Other Catering Business	4836	4815	3990
按登记注册类型分	**By Status of Registration**			
内资企业	Domestic-funded Enterprises	1470455	1458887	896909
国有企业	State-owned Enterprises	1562	1562	1175
集体企业	Collective-owned Enterprises	13938	13800	11331
股份合作企业	Cooperative Enterprises	226	226	223
联营企业	Associated Enterprises	2914	2821	2569
集体联营企业	Collective Associated Enterprises	1103	1010	1010
其他联营企业	Other Associated Enterprises	1811	1811	1560
有限责任公司	Limited Liability Corporations	325195	323044	166723
国有独资公司	State Sole Funded Corporations	6780	6733	869
其他有限责任公司	Other Limited Liability Corporations	318414	316312	165854
股份有限公司	Share-holding Corporations Ltd.	3247	3247	2164
私营企业	Private Enterprises	1123374	1114187	712725
私营独资企业	Private-funded Enterprises	140342	139266	92890
私营合伙企业	Private Partnership Enterprises	4911	4910	3643
私营有限责任公司	Private Limited Liability Corporations	905199	897569	578126
私营股份有限公司	Private Share-holding Corporations Ltd.	72922	72442	38066

单位：万元 (10 000 yuan)

三、损益及分配 Profits and Losses									
其 中 of which	税金及附加	其 中 of which	其他业务利润	销售费用	管理费用	财务费用	其 中 of which		资产减值损失
主营业务成本 Main Business Cost	Taxes and Surcharges	主营业务税金及附加 Main Business Taxes and Surchargers	Other Business Profits	Sales Expenses	Management Expenses	Financial Expenses	利息收入 Interest Income	利息支出 Interest Expenses	Impairment of Assets
1050537	**21762**	**20937**	**10498**	**231826**	**133503**	**15721**	**1689**	**8077**	**958**
975531	21311	20496	5745	176294	119228	15674	1593	8049	955
975531	21311	20496	5745	176294	119228	15674	1593	8049	955
50926	243	233	4723	48744	10993	-128	36	-130	3
50926	243	233	4723	48744	10993	-128	36	-130	3
254				986	167	3			
254				986	167	3			
17648	184	184		3835	2291	5	60	38	
17648	184	184		3835	2291	5	60	38	
6178	25	23	31	1967	825	168	-1	120	
2198	3	3		1766	654	132	-1	120	
3980	22	20	31	201	171	36			
891158	21511	20696	5983	214224	120778	16503	875	8077	958
1175	33	33	230	202	50	17	3		
11313	129	129	106	544	403	85	3	9	
223	1	1			1				
2569	56	56		88	93	6			4
1010	50	50			6				
1560	6	6		88	87	6			4
164951	4974	4536	648	80855	28361	3974	160	1984	102
869	417	417	47	1814	4499	835			
164082	4558	4119	601	79041	23862	3139	160	1984	102
2164	59	59		447	243	77		48	24
708765	16260	15882	4998	132089	91629	12344	709	6036	828
92165	2369	2274	78	5559	6252	1190	122	290	160
3643	51	43		529	116	21	1	1	3
575372	13223	12955	4891	108767	76151	9179	530	4452	582
37585	617	611	30	17233	9110	1954	57	1294	84

表 15.9 续表 4 continued 4

指 标	Item	三、损益及分配 Profits and Losses 公允价值变动收益 Change of Income Fair Value	投资收益 Income from Investment	资产处置收益 Income from Assets Disposal
总 计	**Total**	**179**	**878**	**24**
按餐饮业行业小类分	**By Sector**			
正餐服务	Dinner Services	178	878	24
正餐服务	Dinner Services	178	878	24
快餐服务	Fast Food Services			
快餐服务	Fast Food Services			
饮料及冷饮服务	Beverages and Cold Beverage Services			
咖啡馆服务	Cafe Services			
餐饮配送及外卖送餐服务	Bar Services			
餐饮配送服务	Other Beverages and Cold Beverage Services			
其他餐饮业	Other Catering Services			
小吃服务	Snack Services			
其他未列明餐饮业	Other Catering Business			
按登记注册类型分	**By Status of Registration**			
内资企业	Domestic-funded Enterprises	179	878	24
国有企业	State-owned Enterprises			
集体企业	Collective-owned Enterprises			
股份合作企业	Cooperative Enterprises			
联营企业	Associated Enterprises			
集体联营企业	Collective Associated Enterprises			
其他联营企业	Other Associated Enterprises			
有限责任公司	Limited Liability Corporations	44	109	
国有独资公司	State Sole Funded Corporations			
其他有限责任公司	Other Limited Liability Corporations	44	109	
股份有限公司	Share-holding Corporations Ltd.	8	13	
私营企业	Private Enterprises	127	756	24
私营独资企业	Private-funded Enterprises	-4	-175	
私营合伙企业	Private Partnership Enterprises	2	1	
私营有限责任公司	Private Limited Liability Corporations	128	515	24
私营股份有限公司	Private Share-holding Corporations Ltd.		415	

单位：万元 (10 000 yuan)

三、损益及分配 Profits and Losses						四、人工成本及增值税 Labor Cost and Value Added Tax		五、从事批发和零售业活动的从业人员平均人数（人） Average Employees
其他收益 Other Income	营业利润 Business Profits	营业外收入 Non-business Income	营业外支出 Non-business Expenses	利润总额 Total Profits	应交所得税 Income Tax Payable Financial Expenses	应付职工薪酬（本年贷方累计发生额） Total Payable Salaries	应交增值税 Value Added Tax Payable	
881	**222766**	**5977**	**5556**	**205297**	**13254**	**277463**	**33474**	**62687**
841	209502	4101	3557	192155	10350	249131	32290	56745
841	209502	4101	3557	192155	10350	249131	32290	56745
33	11508	1738	989	12256	2806	18612	425	4506
33	11508	1738	989	12256	2806	18612	425	4506
	-432			-432		333	2	59
	-432			-432		333	2	59
7	2864	1	3	2862	78	7606	881	986
7	2864	1	3	2862	78	7606	881	986
	-676	139	1008	-1545	20	1781	-123	391
	-1092	139	1008	-1961	8	999	-135	212
	417			417	12	783	12	179
848	209269	5555	3291	193643	10855	238056	33032	53375
	86		19	67		588	29	155
	1400	2	405	996	36	1961	92	501
	2			2		173	7	36
	98	1		99		390	4	101
	37	1		38		221	1	43
	61			61		169	3	58
56	39427	4042	825	42645	3384	59397	7095	11121
43	-1610	2022	52	360	116	2688	860	194
13	41037	2021	773	42285	3267	56709	6235	10927
	230			230		689	54	170
792	168027	1511	2042	149605	7436	174857	25752	41291
177	30640	72	282	30430	1108	13460	3261	3152
	460			460	10	972	95	283
98	130373	1135	1546	112069	6219	131824	19526	31450
518	6553	303	213	6645	100	28601	2870	6406

表 15.9 续表 5 continued 5

指 标	Item	法人企业数（个）Number of Enterprises(unit)	其中 of which 执行《2006年企业会计准则》企业数（个）Number of Enterprises which Implemented Accounting standard for Business Enterprise in 2006	一、年初存货 Inventory at the Begining of Year
其他企业	Other Enterprises	1	1	
港、澳、台商投资企业	Enterprises Funded by Hong Kong, Macao and Taiwan	2	1	209
港澳台商独资企业	Enterprises with Sole Fund	2	1	209
外商投资企业	Foreign-funded Enterprises	5	4	2730
外资企业	Enterprises with Sole Fund	5	4	2730
按控股情况分	**By Holding Entity of Share**			
国有控股	State-holding	11	9	606
集体控股	Collective-holding	13	6	62
私人控股	Private-holding	1153	630	34362
港澳台商控股	Held by Corporation from Hong Kong, Macao and Taiwan	2	1	209
外商控股	Foreign-holding	5	4	2730
其他	Other	39	26	1746
按经营形式分	**By Form of Business**			
独立门店	Independent Store	1119	614	29573
连锁总店（总部）	Central Shop of Chain Stores (Headquarter)	25	21	4195
连锁直营店	Direct-sale Shop of Chain Stores	14	9	3340
连锁加盟店	Branch Shop of Chain Stores	3	1	82
其 他	Other	63	32	2531
按单位规模分	**By Size of Enterprise**			
大 型	Large	11	11	5539
中 型	Medium	51	33	5931
小 型	Small	1044	561	27037
微 型	Micro	118	72	1214

单位：万元 (10 000 yuan)

二、期末资产负债 Assets and Liabilities

流动资产合计 Total Current Assets	其 中 of which 货币资金 Bank and Cash	应收帐款 Accounts Receivable	存 货 Inventory	固定资产合计 Total Fixed Assets	可供出售金融资产 Available for Sale Financial Assets	持有至到期投资 Held-to-maturity Securities	长期股权投资 Long-term Investment on Stocks	固定资产原价 Total Original Value of Fixed Assets	其 中 of which 房屋和构筑物 Buildings and Structures
10267	77	4	401	3148				6226	
10267	77	4	401	3148				6226	
35817	14563	2330	3972	34534				57789	39329
35817	14563	2330	3972	34534				57789	39329
35490	10800	5267	638	45280		170	545	63479	57671
1276	501	368	141	4478				6473	5232
322525	49354	46307	32985	321445	19116	160	19350	473909	165708
10267	77	4	401	3148				6226	
35817	14563	2330	3972	34534				57789	39329
50182	12229	3595	1864	14276			2820	40814	1521
254706	37218	38165	28673	306297	116	160	8092	431143	183266
78907	3709	3930	4162	41089	19000		12528	83918	5627
70931	30085	4098	4788	41621			1027	77973	40424
3029	527	60	56	265			200	723	300
48239	15984	11781	2324	33888		170	868	54933	39844
116576	34269	10497	6605	73610	19000		3736	141647	41935
106736	18184	10334	6529	88072		170	10575	135861	85318
225323	33809	35971	25775	244690	92	152	8397	350448	130282
7178	1260	1231	1094	16788	24	8	8	20733	11925

表 15.9 续表 6 continued 6

指 标	Item	二、期末资产负债 Assets and Liabilities 其 中 of which 机器设备 Machinery and Equipments	运输工具 Transportation Equipments	电子设备 Electronic Equipments
其他企业	Other Enterprises			
港、澳、台商投资企业	Enterprises Funded by Hong Kong, Macao and Taiwan			
港澳台商独资企业	Enterprises with Sole Fund			
外商投资企业	Foreign-funded Enterprises	9790		1406
外资企业	Enterprises with Sole Fund	9790		1406
按控股情况分	**By Holding Entity of Share**			
国有控股	State-holding	1288	1726	444
集体控股	Collective-holding	536	233	66
私人控股	Private-holding	49342	12568	7093
港澳台商控股	Held by Corporation from Hong Kong, Macao and Taiwan			
外商控股	Foreign-holding	9790		1406
其他	Other	2683	431	866
按经营形式分	**By Form of Business**			
独立门店	Independent Store	47269	9246	6568
连锁总店（总部）	Central Shop of Chain Stores (Headquarter)	3289	1625	897
连锁直营店	Direct-sale Shop of Chain Stores	10489	989	1780
连锁加盟店	Branch Shop of Chain Stores	50	69	50
其 他	Other	2541	3029	580
按单位规模分	**By Size of Enterprise**			
大 型	Large	12929	1847	2074
中 型	Medium	6702	3171	1689
小 型	Small	41657	9464	5937
微 型	Micro	2350	476	175

单位：万元 (10 000 yuan)

二、期末资产负债 Assets and Liabilities									
累计折旧 Cumulatice Depreciation	其中 of which 本年折旧 Depreciation	固定资产净值 Net Value of Fixed Assets	固定资产减值准备 Impairment for Fixed Assets	在建工程 Construction in Progress	无形资产 Intangible Assets	土地使用权 Land Use Rights	软件使用权 Software Use Rights	商誉 Goodwill	非流动资产合计 Total Non-current Assets
3078	3078	3148		27	51				6588
3078	3078	3148		27	51				6588
22948	4933	34841	307	3210	269		269		47515
22948	4933	34841	307	3210	269		269		47515
18199	1586	45280		2386	430	406		21109	71983
1866	683	4607	130						4805
147142	39269	324720	3276	20411	23558	3180	2058	966	549635
3078	3078	3148		27	51				6588
22948	4933	34841	307	3210	269		269		47515
26539	4550	14276		1606	822	308			36716
120718	34147	309295	2998	11523	6329	3352	2049	948	440774
41826	8130	41193	104	5967	17503	4			148047
36150	7801	41823	202	2810	396		269		55680
458	151	265						18	483
20620	3870	34296	408	7338	902	537	9	21109	72257
66831	11947	73917	307	10347	18151	406	269		173025
47771	9072	88072		6416	2151	4	2019	21109	158482
101665	31836	247654	2965	10704	4689	3425	38	955	362534
3504	1244	17229	441	172	139	59	1	11	23200

表 15.9 续表 7 continued 7

指 标	Item	二、期末资产负债 Assets and Liabilities		
		资产总计 Total Assets	流动负债合计 Total Current Liabilities	其 中 of which 应付账款 Accounts Payable
其他企业	Other Enterprises			
港、澳、台商投资企业	Enterprises Funded by Hong Kong, Macao and Taiwan	16855	5918	2273
港澳台商独资企业	Enterprises with Sole Fund	16855	5918	2273
外商投资企业	Foreign-funded Enterprises	83332	28244	9910
外资企业	Enterprises with Sole Fund	83332	28244	9910
按控股情况分	**By Holding Entity of Share**			
国有控股	State-holding	107473	21123	2786
集体控股	Collective-holding	6084	991	391
私人控股	Private-holding	877719	350037	70932
港澳台商控股	Held by Corporation from Hong Kong, Macao and Taiwan	16855	5918	2273
外商控股	Foreign-holding	83332	28244	9910
其他	Other	86898	46047	6888
按经营形式分	**By Form of Business**			
独立门店	Independent Store	700877	249418	44790
连锁总店（总部）	Central Shop of Chain Stores (Headquarter)	226954	121613	27065
连锁直营店	Direct-sale Shop of Chain Stores	126611	45494	11403
连锁加盟店	Branch Shop of Chain Stores	3512	2024	611
其 他	Other	120662	33998	9498
按单位规模分	**By Size of Enterprise**			
大 型	Large	289601	126773	33834
中 型	Medium	266447	110862	21115
小 型	Small	591290	209587	36855
微 型	Micro	31278	5325	1564

单位：万元 (10 000 yuan)

二、期末资产负债 Assets and Liabilities									
非流动负债合计 Total Non-current Liabilities	负债合计 Total Liabilities	所有者权益合计 Total Owner's Equity	其 中 of which						
			实收资本 Paid-up Capital	其 中 of which					
				国家资本 State Capital	集体资本 Collective Capital	法人资本 Corporate Capital	个人资本 Personal Capital	港澳台资本 HMT Capital	外商资本 Foreign Capital
3100	9017	7837	2768					2768	
3100	9017	7837	2768					2768	
2731	30975	52357	43665			38185			5480
2731	30975	52357	43665			38185			5480
37622	58620	48853	11776	11493		212	72		
319	1308	4776	4322	17	667	3639			
66275	417371	460348	280673	123	773	115466	161568	2702	41
3100	9017	7837	2768					2768	
2731	30975	52357	43665			38185			5480
1890	48328	38570	20832	13	100	10899	9721		100
82260	330910	369967	261904	4378	1446	105789	149460	790	41
11517	135038	91916	34796			11095	13617	4680	5404
66	45863	80748	45212			43388	1648		176
	2024	1488	258			207	51		
18095	51972	68690	21866	7267	93	7923	6584		
2459	131141	158460	69261	2200		52952	8000	2612	3497
68038	178707	87740	48853	8013	280	15738	20672	2068	2083
38524	247553	343736	228708	1431	1257	92926	132313	740	41
2916	8405	22873	17214	1	3	6785	10375	50	

表 15.9 续表 8 continued 8

指 标	Item	三、损益及分配 Profits and Losses		
		营业收入 Gross Sales	其中 of which 主营业务收入 Main Business Income	营业成本 Operating Cost
其他企业	Other Enterprises			
港、澳、台商投资企业	Enterprises Funded by Hong Kong, Macao and Taiwan	16117	8893	3835
港澳台商独资企业	Enterprises with Sole Fund	16117	8893	3835
外商投资企业	Foreign-funded Enterprises	189607	189017	155898
外资企业	Enterprises with Sole Fund	189607	189017	155898
按控股情况分	**By Holding Entity of Share**			
国有控股	State-holding	29462	29267	11054
集体控股	Collective-holding	15267	15036	12564
私人控股	Private-holding	1299001	1288362	817581
港澳台商控股	Held by Corporation from Hong Kong, Macao and Taiwan	16117	8893	3835
外商控股	Foreign-holding	189607	189017	155898
其 他	Other	126143	125640	55132
按经营形式分	**By Form of Business**			
独立门店	Independent Store	1088226	1081847	703434
连锁总店（总部）	Central Shop of Chain Stores (Headquarter)	216772	207805	103563
连锁直营店	Direct-sale Shop of Chain Stores	234708	231504	164588
连锁加盟店	Branch Shop of Chain Stores	3757	3757	823
其 他	Other	132717	131883	84234
按单位规模分	**By Size of Enterprise**			
大 型	Large	368295	367705	222088
中 型	Medium	242601	231285	131970
小 型	Small	1002641	996399	661961
微 型	Micro	62643	61408	40622

单位：万元 (10 000 yuan)

三、损益及分配 Profits and Losses									
其 中 of which	税金及附加 Taxes and Surcharges	其 中 of which	其他业务利润 Other Business Profits	销售费用 Sales Expenses	管理费用 Management Expenses	财务费用 Financial Expenses	其 中 of which		资产减值损失 Impairment of Assets
主营业务成本 Main Business Cost		主营业务税金及附加 Main Business Taxes and Surchargers					利息收入 Interest Income	利息支出 Interest Expenses	
3835			4515	5257	3323	-123		-133	
3835			4515	5257	3323	-123		-133	
155543	251	241		12344	9402	-659	814	132	
155543	251	241		12344	9402	-659	814	132	
11011	897	727	277	7549	6670	1869	121	1017	
12545	180	180	106	544	409	85	3	9	
812189	19746	19231	5392	161441	105778	13847	745	6791	932
3835			4515	5257	3323	-123		-133	
155543	251	241		12344	9402	-659	814	132	
54835	688	557	207	44690	7921	701	6	260	26
698954	16322	15637	2061	104717	84003	12837	659	5635	853
102648	2241	2224	4937	74035	21583	2199	87	1964	
164588	1320	1320	239	35658	11274	-508	855	296	
823	47	47		1540	764	67	10	10	
83524	1833	1710	3261	15875	15879	1125	77	171	105
221734	2882	2873	629	89901	22098	902	922	1561	
131634	2789	2489	7955	54121	33086	5143	92	3172	2
657121	14987	14556	1913	84527	74501	9212	646	3261	908
40048	1104	1019	1	3277	3820	464	28	83	49

表 15.9 续表 9 continued 9

指 标	Item	三、损益及分配 Profits and Losses		
		公允价值变动收益 Change of Income Fair Value	投资收益 Income from Investment	资产处置收益 Income from Assets Disposal
其他企业	Other Enterprises			
港、澳、台商投资企业	Enterprises Funded by Hong Kong, Macao and Taiwan			
港澳台商独资企业	Enterprises with Sole Fund			
外商投资企业	Foreign-funded Enterprises			
外资企业	Enterprises with Sole Fund			
按控股情况分	**By Holding Entity of Share**			
国有控股	State-holding		42	
集体控股	Collective-holding			
私人控股	Private-holding	171	836	24
港澳台商控股	Held by Corporation from Hong Kong, Macao and Taiwan			
外商控股	Foreign-holding			
其 他	Other	8		
按经营形式分	**By Form of Business**			
独立门店	Independent Store	157	353	9
连锁总店（总部）	Central Shop of Chain Stores (Headquarter)		414	14
连锁直营店	Direct-sale Shop of Chain Stores			
连锁加盟店	Branch Shop of Chain Stores		7	
其 他	Other	22	104	
按单位规模分	**By Size of Enterprise**			
大 型	Large		414	
中 型	Medium	2	65	14
小 型	Small	166	396	9
微 型	Micro	11	3	

单位：万元 (10 000 yuan)

三、损益及分配 Profits and Losses						四、人工成本及增值税 Labor Cost and Value Added Tax		五、从事批发和零售业活动的从业人员平均人数（人） Average Employees
其他收益 Other Income	营业利润 Business Profits	营业外收入 Non-business Income	营业外支出 Non-business Expenses	利润总额 Total Profits	应交所得税 Income Tax Payable Financial Expenses	应付职工薪酬（本年贷方累计发生额） Total Payable Salaries	应交增值税 Value Added Tax Payable	
17	1110	17	133	994	226	963	27	127
17	1110	17	133	994	226	963	27	127
16	12387	405	2132	10660	2173	38444	414	9185
16	12387	405	2132	10660	2173	38444	414	9185
50	1511	2035	99	3447	156	12653	1809	1038
	1439	2	405	1035	36	2355	99	580
798	189349	1767	2378	170847	8287	204347	29584	48473
17	1110	17	133	994	226	963	27	127
16	12387	405	2132	10660	2173	38444	414	9185
	16969	1751	409	18311	2377	18619	1541	3250
475	159138	1156	2317	157980	7762	146599	25267	35240
354	26933	829	1839	8030	991	57767	3681	13126
2	22315	1802	865	23252	3876	44896	1193	8903
	503	6	50	458	38	1013	65	192
50	13878	2184	485	15577	587	27187	3268	5226
344	46904	2375	1324	30062	4295	90560	3797	19125
62	12219	2676	1526	13370	1569	47619	5122	10048
469	151086	899	2286	149699	6865	135050	23482	32643
5	12558	27	420	12166	525	4233	1073	871

表 15.10 按行业和业态分连锁零售企业基本情况 (2018 年)
BASIC CONDITIONS OF CHAIN RETAIL ENTERPRISES BY SECTOR AND BUSINESS CATEGORIES (2018)

指 标	Item	总店数（个）Number of Head Stores (unit)	门店总数（个）Number of Stores (unit)	年末从业人数（人）Engaged Persons at Year-end (persons)	年末零售营业面积（平方米）Operating Area of Retail Enterprises at Year-end (sq.m)	商品销售额（万元）Total Sales of Commodities (10 000 yuan)	商品购进总额（万元）Purchases Value (10 000 yuan)	统一配送商品购进额（万元）Centralized Purchase and Delivery (10 000 yuan)
总 计	**Total**	**64**	**7341**	**73283**	**4232133**	**7493629**	**5047087**	**4555604**
按行业分	**By Sector**							
#综合零售	Integrated Retail	27	3443	53645	3484215	5967824	3736685	3562731
食品、饮料及烟草制品专门零售	Retail of Food, Beverages and Tobacco	5	574	2423	18014	83306	45098	27306
纺织、服装及日用品专门零售	Special Retail of Textiles, Garments and Daily Consumer Articles	5	211	1572	52305	110056	87704	57117
文化、体育用品及器材专门零售	Retail of Cultural, Sports Appliances and Equipments	3	96	2867	105700	422054	408466	405309
医药及医疗器材专门零售	Retail of Medicines and Medical Appliances	19	2910	10850	325022	652892	503259	482095
汽车、摩托车、燃料及零配件专门零售	Retail of Motor Vehicles, Motorcycles,Fuel and Parts	3	27	85	3162	11693	11284	4865
家用电器及电子产品专门零售	Special Retail of Household Electrical Appliances and Electronic Products	2	80	1841	243715	245804	254591	16181
五金、家具及室内装修材料专门零售	Special Retail of Hardware, Furniture and Decoration Materials							
无店铺及其他零售	Non-shop and Other Retails							
按业态分	**By Business Categories**							
便利店	Convenience Store	1	14	58	2641	10632	9497	
折扣店	Discount Store							
超 市	Super Market	16	2783	11541	445631	484355	427110	404143
大型超市	Hyper Market	3	136	18414	722121	1551367	1434691	1303244
仓储会员店	Warehouse Club							
百货店	Department Store	4	344	21915	2114380	3215478	1265534	1255490
专业店	Specialty Store	32	3316	16775	660757	1879090	1585052	1523725
#加油站	Gas Station							
专卖店	Franchised Store	6	703	4357	282274	342144	316516	65791
家居建材商店	Building Material Store							
厂家直销中心	Factory Outlets Center	1	3	88	1900	6604	5477	
其 他	Other Store	1	42	135	2429	3959	3210	3210

表 15.11 按行业分连锁餐饮企业基本情况 (2018 年)
BASIC CONDITIONS OF CHAIN CATERING ENTERPRISES BY SECTOR (2018)

指 标	Item	总店数 (个) Number of Head Stores (unit)	门店总数 (个) Number of Stores (unit)	年末从业人员 (人) Engaged Persons at Year-end (persons)	年末餐饮营业面积 (平方米) Operating Area of Catering Enterprises at Year-end(sq.m)	餐位数 (位) Number of Dining-seats (unit)	营业额 (万元) Business Revenue (10 000 yuan)	商品购进总额 (万元) Total Purchases Value(10 000 yuan)	统一配送商品购进额 (万元) Centralized Purchase and Delivery (10 000 yuan)
总 计	**Total**	**16**	**1628**	**70669**	**782122**	**299979**	**944999**	**373001**	**168590**
正餐服务业	Restaurant	14	1490	67330	753550	288100	874014	346630	142218
快餐服务业	Fast Food	2	138	3339	28572	11879	70985	26372	26372
饮料及冷饮服务业	Beverages and Cold rinks								
其他餐饮服务业	Others								

表 15.12 批发和零售业连锁经营情况 (2017 – 2018 年)
OPERATION OF CHAIN ENTERPRISES IN WHOLESALE AND RETAIL TRADES (2017-2018)

指 标	Item	合 计 Total		其 中 of which #直营店 Regular Chain	
		2017	2018	2017	2018
门店总数 (个)	Number of Stores (unit)	12324	9218	4588	4830
年末从业人员数 (人)	Engaged Persons at Year-end (person)	88525	83243	75077	76097
年末零售营业面积 (平方米)	Business Area of Catering Services at Year-end (sq.m)	4623870	4678768	4239593	4405459
连锁门店商品购进额 (万元)	Total Purchases Value of Chain Retail Stores (10000 yuan)	6789754	7463283	6461696	7262326
#统一配送商品购进额	Centralized Purchase and Delivery	4702831	6001575	4445965	5853013
#自有配送中心配送商品购进额	Purchases of Self-owned Delivery Center	3154722	4648153	2941951	4541006
非自有配送中心配送商品购进额	Purchases of Non-self-owned Delivery Center	1069611	1083792	1050561	1071445
连锁门店商品销售额 (万元)	Total Sales (Wholesale & Retail) of Chain Retail Stores (10 000 yuan)	9446998	9803728	8999560	9555448
#零售额	Retail Sales	7509504	8081666	7160117	7892317

表 15.13 住宿和餐饮业连锁经营情况（2017－2018 年）
OPERATION OF CHAIN ENTERPRISES IN HOTELS AND CATERING SERVICES (2017-2018)

指 标	Item	合 计 Total		其 中 of which #直营店 Regular Chain	
		2017	2018	2017	2018
门店总数（个）	Number of Stores (unit)	2460	1628	521	512
年末从业人员数（人）	Engaged Persons at Year-end (person)	91839	70669	21272	20419
年末餐饮营业面积（平方米）	Business Area of Catering Enterprises at Year-end (sq.m)	1300598	782122	362174	313341
客房数（间）	Number of Rooms (room)	251	332	251	332
床位数（个）	Number of beds (unit)	471	591	471	591
餐位数（位）	Number of Dinning-seats (unit)	526273	299979	114633	81459
连锁门店商品购进额（万元）	Total Purchases Value of Chain Retail Stores (10 000 yuan)	588801	373001	268854	209205
#统一配送商品购进额	Centralized Purchase and Delivery	299075	168590	133606	101213
#自有配送中心配送商品购进额	Purchases of Self-owned Delivery Center	174375	69040	62661	54052
非自有配送中心配送商品购进额	Purchases of Non-self-owned Delivery Center	81969	88369	32500	35980
连锁门店营业额（万元）	Business Revenue of Chain Retail Stores (10 000 yuan)	1311945	944999	421180	350755
#餐费收入	From Meals	1292361	934208	402908	341069
商品销售额	Total Sales of Commodities	16656	8189	15344	7085

重/庆/统/计/年/鉴

主要统计指标解释

社会消费品零售总额

指企业（单位、个体户）通过交易直接售给个人、社会集团非生产、非经营用的实物商品金额，以及提供餐饮服务所取得的收入金额。个人包括城乡居民和入境人员，社会集团包括机关、社会团体、部队、学校、企事业单位、居委会或村委会等。

批发业

指向其他批发或零售单位（含个体经营者）及其他企事业单位、机关团体等批量销售生活用品、生产资料的活动，以及从事进出口贸易和贸易经纪与代理的活动，包括拥有货物所有权，并以本单位（公司）的名义进行交易活动，也包括不拥有货物的所有权，收取佣金的商品代理、商品代售活动；还包括各类商品批发市场中固定摊位的批发活动，以及以销售为目的的收购活动。

零售业

指百货商店、超级市场、专门零售商店、品牌专卖店、售货摊等主要面向最终消费者（如居民等）的销售活动，以互联网、邮政、电话、售货机等方式的销售活动，还包括在同一地点，后面加工生产，前面销售的店铺（如面包房）；谷物、种子、饲料、牲畜、矿产品、生产用原料、化工原料、农用化工产品、机械设备（乘用车、计算机及通信设备除外）等生产资料的销售不作为零售活动；多数零售商对其销售的货物拥有所有权，但有些则是充当委托人的代理人，进行委托销售或以收取佣金的方式进行销售。

批发和零售业商品购进、销售、库存额

指各种登记注册类型的批发和零售业企业（单位）以本企业（单位）为总体的，从国内、国外市场购进的商品总量，销售和出口的商品总量，库存的商品总量等情况。该指标可以反映商品流转过程中商品的购进、销售、库存之间的比例关系和存在的问题。

商品销售额

指对本单位以外的单位和个人出售的商品金额（包括售给本单位消费用的商品，含增值税）。商品销售包括（1）售给个人和社会集团消费用的商品；（2）售给农业、工业、建筑业、服务业等国民经济各行业用于生产、经营用的商品，包括售予批发和零售业作为转卖或加工后转卖的商品；（3）对国（境）外直接出口的商品。不包括：（1）未通过买卖行为付出的商品，如因机构变动移交给其他企业单位的商品、借出的商品、归还受其他单位委托代保管的商品、付出的加工原料和赠送给其他单位的样品等；（2）促销返券所销售的、不计入营业收入的商品；（3）经本单位介绍，由买卖双方直接结算，本单位只收取手续费的业务；（4）未发生所有权转移的商品预付卡销售，如加油卡；（5）汽车维修、电话卡销售等服务性经济活动；（6）购货退回的商品；（7）商品损耗和损失；（8）出售本单位自用的废旧物资；（9）期货交易商品；（10）自来水供应企业、电力企业、天然气供应企业提供的水、电、气。

住宿业

指有偿为顾客提供临时住宿的服务活动。不包括提供长期住宿场所的活动，如出租房屋、公寓等（列入房地产开发经营）。

餐饮业

指在一定场所，对食物进行现场烹饪、调制，并出售给顾客主要供现场消费的服务活动。

营业额

指住宿和餐饮业单位在经营活动中，因提供服务或销售商品等取得的全部收入（含增值税），收入主要来源于提供客房、餐费服务、商品销售和其他服务，如商务服务。不包括多产业法人企业附营的其他行业产业活动单位的餐费收入、商品销售收入等各项收入。

主要统计指标解释

■ 连锁总店（总部）

指负责连锁企业资源（商号、商誉、经营模式、服务标准、管理模式等等）的开发、配置、控制或使用等功能的企业核心管理机构。连锁经营是指经营同类商品或服务，使用统一商号的若干店铺，在同一总店（总部）的管理下，采取统一采购或特许经营等方式，实现规模效益的组织形式，包括直营连锁、特许连锁和自愿连锁三种形式。其中，直营连锁是指连锁店铺由连锁公司全资或控股开设，在总部的直接控制下，开展统一经营的连锁经营形式；特许连锁是指拥有注册商标、企业标志、专利、专有技术等经营资源的企业（特许人），以合同形式将其拥有的经营资源许可其他经营者（被特许人）使用，被特许人按合同约定在统一的经营模式下开展经营，并向特许人支付特许经营费用的连锁经营形式；自愿连锁是指若干个店铺或企业自愿组合起来，在不改变各自资产所有权关系的情况下，以同一个品牌形象面对消费者，以共同进货为纽带开展的连锁经营形式。

Explanatory Notes on Main Statistical Indicators

Total Retail Sales of Consumer Goods

Refer to the amount obtained by enterprises (units, self-employed individuals) through direct sales of non-production and non-business physical commodity to individuals, social institutions, and revenue from providing catering services. Individuals include rural and urban households, population from abroad, social institutions include government agencies, social organizations, military units, schools, institutions, neighborhood (village) committees.

Wholesale Trade

Refers to the activities of selling wholesale commodities for daily use and capital goods to enterprises of wholesale and retail trades (including self-employed individuals) and other enterprises, institutions and government organs and organizations, and the activities of engaging in import and export and acting as a trade agent. The wholesaler may have the ownership of the commodities for wholesale and trade in the name of its own (a company), and the wholesaler can act as commission agent or commodity broker without the ownership of commodities. Also included are the wholesale activities at the fixed stalls in wholesale market and the acquisition for sales purpose.

Retail Trade

Refers to the activities of department store, supermarket, franchised store, brand store, retail stall and on-the-spot-making-selling store selling commodities to the final consumers (residents) by any means including internet, post, telephone, sales machine. It also includes shops with sales and production located in the same places (such as bakeries). Retail trade excludes the activities of sales of capital goods such as grain, seed, feed, livestock, mineral products, raw material for production, industrial chemicals, and chemical products for agricultural use, machine and equipment (excluding vehicles, computers and communication equipment). Most retailers have the ownership of commodities to sell, but some are acting as agents or brokers to make transactions for a commission.

Purchase, Sales and Stock of Commodities by Wholesale and Retail Trades

Refer to the total volume of commodities purchased, total volume of sales and exports, and the stock of commodities by wholesale and retail enterprises (establishments) of different status of registration from domestic and overseas markets. This indicator reflects the relationship among purchase, sales and stock of commodities in the circulation of goods and reveals the existing problems.

Total Sales of Commodities

Refer to value of commodities sold by the establishments to other establishments and individuals (including goods sold for self-consumption, including the value-added tax). The commodities include: (1) commodities sold to residents and social groups for their consumption; (2) commodities sold to establishments in all industries for their production and operation, including agriculture, industry, construction, and catering services including commodities sold to wholesale and retail establishments for re-selling, with or without further processing; and (3) commodities for direct export to abroad. Excluded are (1) extended commodities without trading, such as goods handed over to other enterprises and institutions because of the change of organizations, lent goods, returned goods preserved for others, extended processing materials and samples donated to others, (2) goods sold by sales promotion which are not included in operating revenue, (3) goods of direct settlement between buyer and seller with handling fees introduced by others, (4) goods prepaid card without proprietary rights exchange, such as fuel card, (5) service economic activity, such as car repair and phone card sale, (6) goods returned after purchase, (7) damaged and spoiled goods, (8) waste and used goods of self-use, (9) future traded commodities, (10) water, electricity and natural gas provided by water enterprises, electricity enterprises and natural gas enterprises.

Hotel Services

Refer to the charged accommodation services provided to customers, excluding the long term accommodation service activities such as rental housing and apartments (it is under real estate development and management).

Catering Services

Refer to the activities of enterprises providing on-the-spot services of selling food cooked and prepared to the customer in certain sites

Business Revenue

Refers to revenue of hotels and catering services received from providing services or selling commodities (including added-value tax) through business activities, including income from providing hotels and catering services, from selling of commodities and from other services, such as business services. It does not include catering income, selling income of commodity and other income by attached operation holding by multi-industrial corporation.

Chain Head Stores (headquarter)

Refer to the core leading stores responsible for development, allocation, administration and utilization of resources (name of stores, brand of stores, operation model, service standard, management way, etc.) of chain stores. Chain stores refers to the stores engaged in providing homogeneous commodities or services, with the central leadership of head store (headquarters) and guided by common policies, conduct centralized purchase and distributed selling of commodities, in order to gain better efficiency through standardized operation. The chain stores include regular chain stores, franchise chain stores and voluntary chain stores.

Regular Chain store refers to chain stores that are invested or controlled by the headquarters. They operate under direct and unified management from the headquarters.

第十六章·对外经济贸易和旅游业

FOREIGN ECONOMIC RELATIONS, TRADE AND TOURISM

简要说明 BRIEF INTRODUCTION

本章内容包括全市进出口、利用外资、对外承包工程和劳务合作、旅游情况，以及利用内资方面的资料。进出口、利用外资、对外投资与合作、旅游和国外友好城市交流资料由市统计局贸易外经处分别根据重庆海关、市商务委、市文化和旅游发展委员会和市政府外事办公室的有关资料加工整理。

The data in this chapter include the statistics on imports & exports, utilization of foreign capital, contracted projects and labor cooperation with foreign countries (territories) and tourism as well as the utilization of domestic capital. The data of imports & exports, utilization of foreign capital, contracted projects and labor cooperation with foreign countries and territories, tourism and communications with foreign twin-cities and tourism are provided by Chongqing Customs, Chongqing Commerce Commission, Commission of Culture and Tourism of Chongqing, and sorted and compiled by Division of Trade and External Economic Relations Statistics, Chongqing Municipal Bureau of Statistics.

表 16.1 人民币汇率（年平均价）(1985 － 2018 年)
REFERENCE EXCHANGE RATE OF RENMINBI (PERIOD AVERAGE) (1985-2018)

单位：人民币元 (RMB yuan)

年 份 Year	100 美元 100 US Dollars	100 日元 100 Japanese Yen	100 港元 100 Hong Kong Dollars	100 欧元 100 Euros
1985	293.66	1.2457	37.57	
1986	345.28	2.0694	44.22	
1987	372.21	2.5799	47.74	
1988	372.21	2.9082	47.70	
1989	376.51	2.7360	48.28	
1990	478.32	3.3233	61.39	
1991	532.33	3.9602	68.45	
1992	551.46	4.3608	71.24	
1993	576.20	5.2020	74.41	
1994	861.87	8.4370	111.53	
1995	835.10	8.9225	107.96	
1996	831.42	7.6352	107.51	
1997	828.98	6.8600	107.09	
1998	827.91	6.3488	106.88	
1999	827.83	7.2932	106.66	
2000	827.84	7.6864	106.18	
2001	827.70	6.8075	106.08	
2002	827.70	6.6237	106.07	800.58
2003	827.70	7.1466	106.24	936.13
2004	827.68	7.6552	106.23	1029.00
2005	819.17	7.4484	105.30	1019.53
2006	797.18	6.8570	102.62	1001.90
2007	760.40	6.4632	97.46	1041.75
2008	694.51	6.7427	89.19	1022.27
2009	683.10	7.2986	88.12	952.70
2010	676.95	7.7279	87.13	897.25
2011	645.88	8.1050	82.97	900.11
2012	631.25	7.9037	81.38	810.67
2013	619.32	6.3323	79.85	822.19
2014	614.28	5.8196	79.22	816.51
2015	622.84	5.1553	80.34	691.41
2016	664.23	6.1243	85.58	734.26
2017	675.18	6.0244	86.64	763.03
2018	661.74	5.9890	84.43	780.16

表 16.2 进出口总值（1987－2018 年）
TOTAL VALUE OF IMPORTS AND EXPORTS (1987-2018)

单位：万美元 (USD 10 000)

年 份 Year	进出口总值 Total Imports and Exports	其中 of which 出口 Exports	进口 Imports	进出口差额 Balance of Imports and Exports
1987	29681	17446	12235	5211
1988	41078	22171	18907	3264
1989	60299	29052	31247	-2195
1990	68095	32729	35366	-2637
1991	61950	39249	22701	16548
1992	74244	40867	33377	7490
1993	85470	41160	44310	-3150
1994	123957	71527	52430	19097
1995	141859	84733	57126	27607
1996	158543	59365	99178	-39813
1997	167843	78015	89828	-11813
1998	103386	51411	51975	-564
1999	121044	49039	72005	-22966
2000	178547	99522	79025	20497
2001	183384	110248	73136	37112
2002	179401	109119	70282	38837
2003	259488	158509	100979	57530
2004	385735	209119	176616	32503
2005	429283	252054	177229	74825
2006	547013	335192	211821	123371
2007	744546	450772	293774	156998
2008	952121	572182	379939	192243
2009	770859	428008	342851	85157
2010	1242634	748875	493759	255116
2011	2921786	1983813	937973	1045840
2012	5320358	3857043	1463315	2393728
2013	6870410	4679749	2190661	2489088
2014（美元计价）USD	9545024	6340935	3204089	3136846
2014（人民币计价）Yuan-denominated	58632248	38947663	19684585	19263078
2015（美元计价）USD	7447656	5518994	1928662	3590332
2015（人民币计价）Yuan-denominated	46154929	34170285	11984644	22185641
2016（美元计价）USD	6277125	4069415	2207710	1861705
2016（人民币计价）Yuan-denominated	41403855	26779585	14624271	12155314
2017（美元计价）USD	6660391	4259899	2400492	1859407
2017（人民币计价）Yuan-denominated	45082489	28837099	16245390	12591709
2018（美元计价）USD	7904012	5137710	2766302	2371408
2018（人民币计价）Yuan-denominated	52226127	33952757	18273370	15679387

表 16.3 利用外资基本情况 (1985 – 2018 年)
BASIC STATISTICS ON UTILIZATION OF FOREIGN CAPITAL (1985-2018)

单位：万美元 (USD 10 000)

年 份 Year	新签利用外资协议 (合同) 数 (个) Number of Newly Signed Agreements (Contracts) of Foreign Capital Utilization (unit)	其中 of which #外商直接投资 Foreign Direct Investment	协议合同金额 Value of Agreements and Contracts	其中 of which #外商直接投资 Foreign Direct Investment	实际利用外资额 Foreign Capital Actually Utilized	其中 of which #外商直接投资 Foreign Direct Investment
1985	28		3991		2499	427
1986	21	6	2957	1528	3596	790
1987	31	10	3320	774	4509	1924
1988	72	18	54862	1913	13153	2069
1989	39	15	3887	7141	22479	756
1990	81	55	19133	6245	14489	332
1991	110	80	12074	4252	16143	977
1992	516	443	59665	37919	29745	10247
1993	795	681	106629	72892	41970	25915
1994	453	364	65266	47932	65644	44953
1995	341	280	112473	74567	61554	37926
1996	233	160	35873	24232	44151	21878
1997	289	229	77109	46017	98208	38466
1998	263	222	75099	47577	55163	43107
1999	199	169	70115	50688	32699	23893
2000	237	190	86888	35716	34532	24436
2001	191	172	71884	44261	42442	25649
2002	169	148	64824	50215	45034	28089
2003	218	187	71397	55301	56654	31112
2004	281	258	66621	66315	68214	40508
2005	266	208	81877	80213	70423	51575
2006	252	223	112960	111558	87667	69595
2007	263	240	440891	440499	122011	102857
2008	197	135	283124	208757	285688	245196
2009	220	161	379861	244278	419178	337577
2010	261	232	628902	402848	636956	304264
2011	361	326	633609	624570	1057862	582575
2012	294	248	559368	505724	1057661	352418
2013	248	192	405748	382459	1059715	414353
2014	250	203	462645	448258	1062946	423348
2015	315	242	481728	466628	1076505	377183
2016	224	224	409337	401022	1134190	279037
2017	238	238	383207	383207	1018255	226042
2018	232	232	907480	907480	1027344	325030

注：1）2004 年起，新签利用外资协议（合同）数、协议合同金额均不含对外借款。
2）2007 年起，外商直接投资数据为上报国家商务部口径。
3）2016 年起，利用外资指标口径有调整。

Note: a) Foreign loans have been excluded from the number of newly signed agreements (contracts) of foreign capital utilization and the value of agreements and contracts since 2004.
b) The data of foreign direct investment has become the data reported to the Ministry of Commerce since 2007.
c) The statistic scope about utilization of foreign capital in 2016 was adjusted.

表 16.4 对外经济合作(1985－2018 年)
COOPERATION WITH FOREIGN COUNTRIES AND TERRITORIES (1985-2018)

单位：万美元 (USD 10 000)

年 份 Year	签订合同数(个) Number of Contracts (unit)	合同金额 Value of Contracts	实际完成营业额 Value of Turnover Fulfilled
1985	9	2109	572
1986	18	1571	337
1987	15	1540	572
1988	13	2640	2683
1989	27	2605	2574
1990	14	2971	2189
1991	16	4329	2436
1992	19	3765	2896
1993	13	9440	2704
1994	45	4106	4132
1995	33	4032	3757
1996	35	6654	3160
1997	22	2607	2725
1998	24	1969	3203
1999	235	4591	3842
2000	231	9232	5806
2001	232	11590	6700
2002	117	12200	7959
2003	94	13450	8810
2004	81	14805	10078
2005	70	18498	12138
2006	72	21447	16050
2007	67	30714	20585
2008	55	86398	30673
2009	80	104463	36885
2010	48	81560	45074
2011	49	66797	43738
2012	42	107550	58406
2013	104	111288	103450
2014	132	117065	103488
2015	91	136003	120872
2016	105	275360	133546
2017	92	211179	170089
2018	79	324400	102619

注：2011 年起数据仅为对外承包工程，不再包含对外劳务合作。
Note: Due to the modification of statistics system, the data only includes the contracted projects with foreign countries and territories since 2011, and foreign labor cooperation not included.

表 16.5 国际旅游人数和外汇收入 (1983 – 2018 年)
NUMBER OF INTERNATIONAL TOURISTS AND FOREIGN EXCHANGE EARNINGS (1983-2018)

年 份 Year	接待入境旅游人数 (人次) Number of Overseas Visitor Arrivals Received (person-time)	其 中 of which		旅游外汇收入 (万美元) Foreign Exchange Earnings from Tourism (USD 10 000)	入境旅游者人均逗留 天数 (天) Average Staying Period of Overseas Visitors per Capita (day)	旅行社组织出境旅游人数 (万人次) Number of Outbound Tourists Organized by Travel Agencies (10 000 person-times)
		#外国人 Foreigners	#港澳台同胞 Chinese Compatriots from Hong Kong, Macao and Taiwan			
1983	23032	18706	3997	26	1.3	
1984	28094	21110	6505	259	1.7	
1985	49508	40460	8370	527	2.1	
1986	55152	44290	8904	860	1.7	
1987	60894	52177	8253	1063	1.5	
1988	64181	45193	18711	1281	1.5	
1989	41248	21454	19595	1027	1.6	
1990	69609	19913	49570	1823	1.3	
1991	81745	29625	51950	2354	1.6	
1992	141165	52949	88050	3997	1.3	
1993	135596	59140	76025	4819	1.4	
1994	138593	93408	44180	5432	1.5	
1995	142892	93625	48942	6333	2.0	
1996	161761	108163	53238	7090	2.3	
1997	259414	154919	103720	10548	2.7	
1998	163738	116288	47211	8837	3.2	
1999	184936	133629	51173	9726	3.2	
2000	266081	192863	73218	13837	3.2	
2001	313254	219214	94040	16341	3.1	
2002	461484	310934	150550	21802	2.7	
2003	234521	181744	52777	11323	2.8	
2004	434423	338892	95531	20308	2.7	
2005	523872	418076	105796	26436	3.0	7.33
2006	603239	488249	114990	30872	3.2	9.38
2007	761676	622427	139249	38231	3.2	10.69
2008	871907	742792	129115	44977	3.0	10.29
2009	1048125	847967	200158	53721	3.0	16.05
2010	1370231	1039598	330633	70320	3.4	22.73
2011	1864016	1326135	537881	96806	3.9	40.36
2012	2242834	1526320	716514	116832	3.4	68.44
2013	2422605	1619340	803265	126831	3.1	91.99
2014	2637590	1686523	951067	135444	2.7	120.84
2015	2825339	1888294	937045	146857	2.5	182.22
2016	3165843	2084166	1081677	168682	2.5	196.24
2017	3583545	2174307	1409238	194759	2.6	206.30
2018	3880233	2201956	1678277	218989	2.8	201.66

表 16.6 按商品类别分的进出口总值（2017－2018 年）
TOTAL VALUE OF IMPORTS AND EXPORTS BY COMMODITY CATEGORY (2017-2018)

单位：万美元 (USD 10 000)

商品类别	Categories of Commodities	出口 Exports 2017	出口 Exports 2018	进口 Imports 2017	进口 Imports 2018
总　值	**Total Value**	**4259899**	**5137710**	**2400492**	**2766302**
按进出口商品类章分	**By Category of Imported and Exported Goods**				
活动物、动物产品	Live Animals and Animal Products	3257	2415	6556	18613
植物产品	Vegetable Products	8772	9026	46664	32911
动植物油脂及分解产品、精制食用油脂，动植物蜡	Animal or Vegetable Fats and Oils and Their Cleavage Products, Prepared Edible Fats, Animal or Vegetable Waxes	1698	1314	2207	2780
食品、饮料、酒及醋；烟草及烟草代用品的制品	Prepared Foodstuffs; Beverages, Spirits and Vinegar; Tobacco and Manufactured Tobacco Substitutes	6649	5580	40676	42878
矿产品	Mineral Products	2814	809	177129	222226
化学工业及其相关工业的产品	Products of The Chemical or Industries Allied	106003	115052	125108	129074
塑料及其制品、橡胶及其制品	Plastics and Articles Thereof Rubber and Articles Thereof	63568	88079	164076	151655
生皮、皮革、毛皮及制品；鞍具及挽具；旅行用品、手提包及类似品；动物肠线（蚕胶丝除外）制品	Raw Hides and Skins, Leather, Fur Skins and Articles Thereof; Saddlery and Harness; Travel Goods, Handbags and Similar Containers; Articles of Animal Gut (Other Than Silk-Worm Gut)	19718	31922	2130	2639
木及木制品；木炭；软木及软木制品；稻草、秸杆、针茅或其他编结材料制品；蓝筐及柳条编结品	Wood and Articles of Wood; Wood Charcoal; Cork and Articles of Cork; Manufactures of Straw, of Esparto or of Other Plaiting Materials; Basket Ware and Wickerwork	2212	3050	15256	27071
木浆及其他纤维状纤维素浆；回收（废碎）纸或纸板；纸、纸板及其制品	Pulp of Wood or of Other Fibrous Cellulosic Material; Waste and Scrap of Paper or Paperboard; Paper and Paperboard and Articles Thereof	16016	26877	42599	61764

表 16.6 续表 continued

单位：万美元 (USD 10 000)

商品类别	Categories of Commodities	出口 Exports		进口 Imports	
		2017	2018	2017	2018
纺织原料及纺织制品	Textiles and Textile Articles	76843	69336	5078	12163
鞋、帽、伞、杖、鞭及其零件；已加工的羽毛及其制品；人造花；人发制品	Footwear, Headgear, Umbrellas, Sun Umbrellas, Walking-Sticks, Seat-Sticks, Whips, Riding-Crops and Parts Thereof; Prepared Feathers and Articles Made Therewith; Artificial Flowers; Articles of Human Hair	41735	46509	277	1605
石料、石膏、水泥、石棉、云母及类似材料的制品；陶瓷产品；玻璃及其制品	Articles of Stone, Plaster, Cement, Asbestos, Mica or Similar Materials; Ceramic Products; Glass and Glassware	72596	108571	29684	31417
天然或养殖珍珠、宝石或半宝石、贵金属、包贵金属"	Natural or Cultured Pearls, Precious or Semi-Precious Stones, Precious Metals, Metals Clad With Precious Metal and Stones	1291	1449	3379	1029
贱金属及其制品	Base Metals and Articles of Base Metal	116226	138771	145594	164180
机器、机械器具、电气设备及其零件；录音机及放声机、电视图象、声音的录制和重放设备及其零件、附件	Machinery and Mechanical Appliances; Electrical Equipment; Parts Thereof; Sound Recorders and Reproducers, Television Image and Sound Recorders and Reproducers; and Parts and Accessories of Such Articles	3245495	3974452	1363056	1617142
车辆、航空器、船舶及运输设备	Vehicles, Aircraft, Vessels and Associated Transport Equipment	311341	339001	128349	142517
光学、照相、电影、计量、检验、医疗或外科用仪器及设备、精密仪器及设备；钟表；乐器；上述物品的零件、附件	Optical, Photographic, Cinematographic, Measuring, Checking, Precision, Medical or Surgical Instruments and Apparatus; Clocks And Watches; Musical Instruments; Parts and Accessories Thereof	57882	41303	91623	94777
武器、弹药及其零件、附件	Arms and Ammunition; Parts and Accessories Thereof	318	284	0	0
杂项制品	Miscellaneous Manufactured Articles	104620	153186	9222	7431
艺术品、收藏品及古玩	Works of Art, Collectors' Pieces and Antiques	467	1163	323	892
特殊交易品及未分类商品	Commodities and Transactions not Classified According to Kind	17	77	1598	1173

表 16.7 按贸易方式分的进出口总值（2017 – 2018 年）
TOTAL VALUE OF IMPORTS AND EXPORTS BY CUSTOMS REGIME (2017-2018)

单位：万美元 (USD 10 000)

指 标	Item	进出口总值 Total Imports and Exports		其中 of which 出口 Exports		进口 Imports	
		2017	2018	2017	2018	2017	2018
总 计	**Total**	**6660391**	**7904012**	**4259899**	**5137710**	**2400492**	**2766302**
一般贸易	Ordinary Trade	2702510	2930790	1455849	1607835	1246661	1322955
国家间国际组织无偿援助和赠送的物资	Donations by Foreign Countries and International Associations	104	12	104	12		
其他境外捐赠物资	Other Donations from Abroad	3	6	3	6		
加工贸易	Processing Trade	3065816	3979887	2681345	3414973	384471	564914
补偿贸易	Compensation Trade						
来料加工装配贸易	Processing and Assembling Trade	271749	356974	147673	200704	124076	156271
进料加工贸易	Feeding Processing Trade	2794067	3622913	2533671	3214270	260396	408643
加工贸易进口设备	Equipment Importation for Processing Trade	17	18			17	18
寄售代销贸易	Consignment Trade						
边境小额贸易（边民互市贸易除外）	Petty Trade in Border Areas (excluding the barter trade between border residents)						
对外承包工程出口货物	Goods Exportation for Contracted Projects with Foreign Countries	918	1157	918	1157		
租赁贸易	Leasing Trade		11				11
外商投资企业作为投资进口的设备物品	Imported Equipment and Materials as Investment of Foreign-funded Enterprises	23535	5645			23535	5645
出料加工贸易	Outward Processing Trade	198	639	89	147	109	492
易货贸易	Barter Trade						
免税外汇商品	Tax-Free Commodities on Foreign Exchange						
保税物流	Bonded Logistics	850889	960646	120923	112359	729966	848288
保税监管场所进出境货物	Inbound and Outbound Goods in Bonded Warehouses	82653	137045	15568	44757	67085	92288
海关特殊监管区域物流货物	Transit Goods in Specialized Bonded Warehouses	768236	823601	105355	67602	662881	755999
海关特殊监管区域进口设备	Imported Equipment in Specialized Bonded Warehouses	14307	22903			14307	22903
其 他	Others	2094	2298	668	1222	1426	1076

表 16.8 按国别（地区）分的进出口总值（2017 － 2018 年）
IMPORTS AND EXPORTS BY COUNTRIES OR REGIONS (2017-2018)

单位：万美元 (USD 10 000)

国 别 (地区)	Country (Region)	进出口总值 Total Imports and Exports		其 中 of which			
				出 口 Exports		进 口 Imports	
		2017	2018	2017	2018	2017	2018
进出口贸易总值	**Total Import-Export Value**	**6660391**	**7904012**	**4259899**	**5137710**	**2400492**	**2766302**
亚 洲	**Asia**	**3150956**	**3647559**	**1403067**	**1617796**	**1747889**	**2029763**
巴 林	Bahrain	1549	797	1483	773	66	24
孟加拉国	Bangladesh	8604	10085	8600	9964	4	120
文 莱	Brunei	480	125	480	125		
缅 甸	Burma	25312	26857	24989	25825	323	1032
柬埔寨	Cambodia	4753	7091	4671	6815	82	276
朝 鲜	DPRK	6026	2237	6026	2237		
香 港	Hong Kong	162577	216425	160895	214809	1682	1616
印 度	India	123105	172499	114168	155960	8937	16539
印度尼西亚	Indonesia	102042	117787	76914	85370	25128	32417
伊 朗	Iran	33047	38376	32543	29420	504	8955
伊拉克	Iraq	2794	3272	2794	3272		
以色列	Israel	10968	9610	9695	8923	1273	686
日 本	Japan	304873	339628	129365	142893	175508	196735
约 旦	Jordan	1303	1040	1303	1040		
科威特	Kuwait	1807	2523	1347	1476	460	1047
老 挝	Laos	2410	3152	2409	3115	1	37
黎巴嫩	Lebanon	1400	1752	1400	1752		
澳 门	Macau	965	910	965	910		
马来西亚	Malaysia	351047	311682	114673	91887	236374	219796
马尔代夫	Maldives	213	54	213	54		
蒙 古	Mongolia	1663	1375	1092	1375	571	
尼泊尔联邦民主共和国	Nepal	156	315	156	315		
阿 曼	Oman	914	796	914	795		1
巴基斯坦	Pakistan	30352	36535	30352	35484		1051
巴勒斯坦	Palestine	190	153	190	153		
菲律宾	Philippines	120166	113142	51416	58894	68750	54248
卡塔尔	Qatar	1554	1735	973	1275	581	460
沙特阿拉伯	Saudi Arabia	43609	41915	18513	33305	25096	8611
新加坡	Singapore	123038	145420	87375	97308	35663	48112
韩 国	South Korea	538212	738684	202814	267022	335398	471662
斯里兰卡	Sri Lanka	3519	3437	3511	3417	8	20
叙利亚	Syria	476	950	476	950		
泰 国	Thailand	262158	232007	55393	59676	206765	172332
土耳其	Turkey	34124	31039	32329	28767	1795	2271
阿联酋	UAE	81192	88206	76328	80171	4864	8035
也 门	Yemen	869	689	869	689		
越 南	Vietnam	182304	191670	52369	69405	129935	122265
中华人民共和国	China	241772	339957			241772	339957
台湾省	Taiwan	331393	404989	85148	83828	246245	321161
哈萨克斯坦	Kazakhstan	6060	6396	6060	6396		
吉尔吉斯斯坦	Kyrgyzstan	112	56	112	56		
非 洲	**Africa**	**131186**	**133563**	**107244**	**96661**	**23942**	**36903**
阿尔及利亚	Algeria	2141	2852	2141	2852		
安哥拉	Angora	3390	1728	3390	1708		20
贝 宁	Benin	795	600	795	600		
布隆迪	Burundi	187	138	187	138		

表 16.8 续表 1 continued 1

单位: 万美元 (USD 10 000)

国 别 (地区)	Country (Region)	进出口总值 Total Imports and Exports		其 中 of which 出 口 Exports		进 口 Imports	
		2017	2018	2017	2018	2017	2018
喀麦隆	Cameroon	1112	1300	1112	1299		1
刚 果(布)	Congo	254	161	254	161		
吉布提	Djibouti	817	486	817	486		
埃 及	Egypt	7609	11764	7401	10801	208	963
埃塞俄比亚	Ethiopia	4779	2478	4648	2478	131	
加 蓬	Gabon	1935	5743	77	98	1858	5645
加 纳	Ghana	5492	5691	4347	3182	1145	2509
几内亚	Guinea	1114	1174	1114	1174		
科特迪瓦	Cote d'Ivoire	949	4135	949	1100		3035
肯尼亚	Kenya	3795	4010	3795	4007		3
利比里亚	Liberia	311	205	311	205		
利比亚	Libya	398	544	398	544		
马达加斯加	Madagascar	1727	1334	1539	1328	188	6
马 里	Mali	413	788	413	788		
毛里塔尼亚	Mauritania	1813	233	438	233	1375	
毛里求斯	Mauritius	675	532	675	530		2
摩洛哥	Morocco	3497	5044	3493	4981	4	64
莫桑比克	Mozambique	2876	4447	2596	3737	280	710
纳米比亚	Namibia	130	194	130	194		
尼日利亚	Nigeria	10254	15928	9823	15019	431	909
塞内加尔	Senegal	1864	1541	1864	1541		
塞拉利昂	Sierra Leone	309	50	309	50		
南 非	South Africa	37611	44106	19704	23379	17907	20727
苏 丹	Sudan	1437	454	1437	454		
坦桑尼亚	Tanzania	2539	2142	2539	2141		1
多 哥	Togo	4923	4009	4923	4009		
突尼斯	Tunisia	2595	2702	2569	2642	26	60
乌干达	Uganda	20033	649	19984	602	49	47
布基纳法索	Burkina Faso	892	1197	892	1197		
刚 果(金)	Democratic Republic of the Congo	537	2315	537	939		1376
津巴布韦	Zimbabwe	321	571	321	470		101
欧 洲	**Europe**	**1340725**	**1608619**	**1120955**	**1351692**	**219770**	**256928**
比利时	Belgium	27758	23523	20855	19941	6903	3581
丹 麦	Demark	6133	6234	4436	4071	1697	2163
英 国	UK	82410	100006	63617	85623	18793	14383
德 国	Germany	621006	680127	538476	584058	82530	96070
法 国	France	75746	96043	67562	67572	8184	28471
爱尔兰	Ireland	8717	6793	6523	1674	2194	5119
意大利	Italy	51613	64038	37915	49097	13698	14941
卢森堡	Luxembourg	508	639	145	348	363	291
荷 兰	Holland	142035	221100	122658	202459	19377	18641
希 腊	Greece	29606	48394	29597	48342	9	52
葡萄牙	Portugal	9648	6781	8173	5709	1475	1072
西班牙	Spain	38097	40331	29785	26434	8312	13897
阿尔巴尼亚	Albania	348	543	314	492	34	51
奥地利	Austria	6894	13414	2207	4880	4687	8533
保加利亚	Bulgaria	2080	3986	1225	1556	855	2430
芬 兰	Finland	7214	8532	3363	2752	3851	5780
匈牙利	Hungary	18243	11490	15580	9975	2663	1515
马耳他	Malta	3133	2373	1889	1001	1244	1371
挪 威	Norway	3783	3014	3401	2293	382	720

表 16.8 续表 2 continued 2

单位：万美元 (USD 10 000)

国 别 (地区)	Country (Region)	进出口总值 Total Imports and Exports		其 中 of which			
				出 口 Exports		进 口 Imports	
		2017	2018	2017	2018	2017	2018v
波 兰	Poland	35693	35053	27491	30822	8202	4231
罗马尼亚	Romania	8495	10964	7046	8126	1449	2838
瑞 典	Sweden	21340	41642	12694	33374	8646	8268
瑞 士	Switzerland	15439	30023	7742	23717	7697	6306
爱沙尼亚	Estonia	370	836	305	827	65	8
拉脱维亚	Latvia	938	1157	911	1147	27	10
立陶宛	Lithuania	2217	2220	2215	2217	2	4
格鲁吉亚	Georgia	2237	2068	2215	2050	22	18
亚美尼亚	Armenia	106	69	49	69	57	
阿塞拜疆	Azerbaijan	581	922	581	922		
俄罗斯联邦	Russia	60501	73142	54406	66416	6095	6727
乌克兰	Ukraine	7909	8912	5847	8392	2062	519
斯洛文尼亚	Slovenia	2429	4839	2319	4456	110	383
克罗地亚	Croatia	1695	1907	1685	1899	10	8
捷 克	Czech	38816	50035	32214	44142	6602	5892
斯洛伐克	Slovakia	5421	4761	4097	2867	1324	1894
塞尔维亚	Serbia	536	480	521	469	15	10
拉丁美洲	**Latin America**	**468739**	**554839**	**314315**	**348033**	**154424**	**206806**
阿根廷	Argentina	38659	24555	37392	23653	1267	902
伯利兹	Belize	427	364	405	364	22	
多民族玻利维亚国	Bolivia	1978	2163	1819	1926	159	237
巴 西	Brazil	81290	89925	33030	37541	48260	52384
智 利	Chile	90546	113027	33210	36143	57336	76884
哥伦比亚	Columbia	22886	38467	22886	37370	0	1097
哥斯达黎加	Costa Rica	3604	3566	3493	3461	111	105
多米尼加共和国	Dominica	3476	4614	3463	4586	13	28
厄瓜多尔	Ecuador	7376	18531	5926	9674	1450	8858
危地马拉	Guatemala	5058	5838	5048	5836	10	1
圭亚那	Guyana	679	1524	360	922	319	602
海 地	Haiti	721	797	721	796		1
洪都拉斯	Honduras	3380	4699	3380	4640		59
牙买加	Jamaica	244	367	244	367		
墨西哥	Mexico	120480	152011	91359	113748	29121	38263
尼加拉瓜	Nicaragua	2889	1130	2889	1130		
巴拿马	Panama	25503	23337	25503	23337		
巴拉圭	Paraguay	6085	5216	6085	5215		1
秘 鲁	Peru	37680	49492	24005	29296	13675	20197
萨尔瓦多	El Salvador	1526	2469	1526	2462		7
乌拉圭	Uruguay	12246	11388	9604	4258	2642	7131
委内瑞拉	Venezuela	780	422	780	422		
北美洲	**North America**	**1357138**	**1719373**	**1219628**	**1604707**	**137510**	**114666**
加拿大	Canada	81965	109094	64628	95180	17337	13914
美 国	USA	1275173	1610272	1154999	1509520	120174	100752
大洋洲	**Oceania**	**211569**	**240003**	**94690**	**118821**	**116879**	**121182**
澳大利亚	Australia	178796	193983	77626	98636	101170	95347
斐 济	Fiji	256	182	256	182		
新西兰	New Zealand	31071	43078	15500	19135	15571	23943
巴布亚新几内亚	Papua New Guinea	668	2098	668	545		1553
东 盟 (10 国)	**ASEAN**	**1173710**	**1148934**	**470689**	**498420**	**703021**	**650514**
欧 盟 (27 国)	**European Union(EU)**	**1246659**	**1485422**	**1043397**	**1243577**	**203262**	**241845**

表 16.9 主要商品出口数量和金额（2017－2018 年）
MAIN EXPORT COMMODITIES IN VOLUME AND VALUE (2017-2018)

单位：万美元 (USD 10 000)

品 名	Name	数 量 Volume		金 额 Value	
		2017	2018	2017	2018
按产品分	**By Products**				
肉及杂碎（吨）	Meat and Meat Offal (ton)	3942	2434	2223	1443
#猪 肉（吨）	Pork (ton)	1202	100	567	48
冻 鸡（吨）	Frozen Chicken (ton)	1606	1648	481	499
粮 食（吨）	Cereals (ton)	3160	3348	195	64
#谷物及谷物粉（吨）	Cereal and Cereal Flour (ton)	355		103	
#稻谷和大米（吨）	Rice (ton)	355		103	
薯类及含有淀粉的块茎（吨）	Tubers (ton)	2759	3348	88	64
豆 类（吨）	Beans (ton)	46		4	
蔬 菜（吨）	Vegetables (ton)	72283	80639	8643	6761
#鲜或冷藏蔬菜（吨）	Fresh or Frozen Vegetables (ton)	51656	57115	5485	3224
干的食用菌类（吨）	Dried Edible Mushroom (ton)	260	277	686	817
鲜、干水果及坚果（吨）	Fresh or Dried Fruits and Nuts (ton)	8576	4096	374	845
#橘、橙（吨）	Tangor or Orange (ton)	220	3000	10	655
苹 果（吨）	Apple (ton)	6876	23	219	2
食用植物油（包括棕榈油）（吨）	Edible Vegetable Oils (including Palm Oil) (ton)	3053	80	330	19
#豆 油（吨）	Soybean Oils (ton)	3039	62	325	12
茶 叶（吨）	Tea (ton)	4000	4466	344	354
辣椒干（吨）	Dried Chili (ton)	598	179	42	46
猪肉罐头（吨）	Canned Pork (ton)	3141	2926	883	818
蘑菇罐头（吨）	Canned Mushroom (ton)	943	670	152	104
肠 衣（吨）	Casings (ton)	1090	669	1147	886
填充用羽毛；羽绒（吨）	Down Feathers and Feathers for Stuffing (ton)	10	100	28	10
中药材及中式成药（吨）	Medical Materials and Medicaments of Chinese Type (ton)	1981	226	676	169
#植物性药材（吨）	Botanical Medicine Materials (ton)	1929	179	609	110
肥 料（吨）	Fertilizers (ton)	291494	403500	7837	14737
#矿物肥料及化肥（吨）	Mineral Fertilizers and Chemical Fertilizers (ton)	266979	384004	7626	14546
#尿 素（吨）	Urea (ton)	52259	47155	1453	1612
磷酸氢二铵（吨）	Diammonium Phosphate (ton)	45426	235595	1594	9724
锯 材（吨）	Sawn Timber (ton)	174	34	39	6
胶合板及类似多层板（吨）	Plywood and Similar Products (ton)	2482	1217	179	309
印刷品（吨）	Presswork (ton)	1578	1420	1568	1779
黏土及其他耐火矿物（吨）	Clay and Other Fire-resisting Minerals (ton)	1572	11925	38	36
#天然石墨（吨）	Natural Graphite(ton)	202	40	12	3
天然碳酸镁；氧化镁（吨）	Natural Magnesium Carbonate, Magnesium Oxide (ton)	322	13	6	2
稀土及其制品（吨）	Rare Earth and Products (ton)	582	719	234	226
氧化铝（吨）	Aluminum Oxide (ton)	302	113	213	72
碳酸钠（纯碱）（吨）	Sodium Carbonate (ton)	85997	56859	1868	1395
合成有机染料（吨）	Synthetic Organic Dyestuffs (ton)	626	1846	304	1379
锌钡白（立德粉）（吨）	Lithopone(ton)	1041		275	

表 16.9 续表 1 continued 1

单位：万美元 (USD 10 000)

品　名	Name	数 量 Volume		金 额 Value	
		2017	2018	2017	2018
医药品 (吨)	Medical and Pharmaceutical Products (ton)	2744	3221	8782	12248
#抗菌素 (制剂除外) (吨)	Bacteriophage (Excluding Preparation) (ton)	199	201	4597	4856
中式成药 (吨)	Chinese patent medicine (ton)	52	47	67	59
医用敷料 (吨)	Pharmaceutical Goods (ton)	54	147	81	132
美容化妆品及护肤品 (吨)	Cosmetics and Skin-care Products (ton)	77	81	19	26
口腔及牙齿清洁剂 (吨)	Oral Hygiene and Tooth Cleaner (ton)	95	8	50	13
洗衣粉 (吨)	Washing Powder (ton)	357	3079	32	309
松香及树脂酸 (吨)	Resin and Resin Acid (ton)	5150	216	935	42
杀虫剂、除草剂及类似品 (吨)	Insecticide, Herbicide and other Pesticides (ton)	3624	3516	1073	1214
初级形状的聚氯乙烯 (吨)	PVC in Primary Forms (ton)	510	206	78	102
新的充气橡胶轮胎 (吨)	New Pneumatic Rubber Tyres (10,000 units)	66829	70804	21743	25523
家用或装饰用木制品 (吨)	Wood Products for Household or Decoration Use (ton)	530	444	360	447
纸及纸板 (未切成形的) (吨)	Paper and Paperboard (Unchopped in shape) (ton)	13320	7703	4394	6359
#牛皮纸 (吨)	Kraft Paper (ton)	991	710	480	701
纺织纱线、织物及制品	Yarn, Textile and Products	18878		37555	47881
#棉纱线 (吨)	Cotton Yarn (ton)	197	17	124	6
丝织物	Silk Textile			507	239
棉机织物	Cotton Textile			1168	916
亚麻及苎麻机织物 (万米)	Flax or Ramie Woven Fabric (10,000 meters)	1272	2690	7265	15694
合成短纤与棉混纺机织物 (万米)	Synthetic Short Fibre and Cotton-fibre Mixture Woven Fabric (10,000 meters)	451	493	416	560
地　毯 (吨)	Carpets (ton)	642	405	331	256
塑料编织袋 (周转袋除外) (万条)	Bags of PP or PE Strip (excluding Turnover Bags) (10,000 pcs)	269	235	48	29
水泥及水泥熟料 (吨)	Cement and Cement Clinker (ton)	3631	809	24	11
花岗岩石材及制品 (吨)	Granite and Products (ton)	16442	23453	830	1362
平板玻璃 (吨)	Plate Glass (ton)	9616	4384	413	195
玻璃制品 (吨)	Glass Products (ton)	22646	23038	5166	6379
#玻璃器皿 (吨)	Glass Ware (ton)	9621	8666	1886	1759
陶瓷产品 (吨)	Porcelain and Pottery Ware (ton)	111823	53197	33387	51462
#家用陶瓷 (吨)	Ceramics for Household Use (ton)	30003	31182	22221	38714
建筑用陶瓷 (吨)	Ceramics for Building Use (ton)	74546	15947	4500	2801
装饰用陶瓷 (吨)	Ceramics for Decoration Use (ton)	2377	2946	4556	6923
珍珠、钻石、宝石及半宝石	Pearl, Diamond, Jewel and Semi-precious Stones	19		1	
钢　材 (吨)	Rolled Steel (ton)	66302	39336	7315	7384
#钢铁棒材 (吨)	Bar Iron and Steel (ton)	10758	941	502	130
角钢及型钢 (吨)	Angle Steel and Structural Steel (ton)	6933	2490	569	254
钢铁板材 (吨)	Sheet Iron and Steel (ton)	29858	16601	2950	2934
钢铁线材 (吨)	Iron and Steel Wire (ton)	5313	4376	428	449
钢铁管配件 (吨)	Iron and Steel Pipe and Fittings (ton)	2782	2899	760	847
未锻轧铜及铜材 (吨)	Unwrought Copper and Rolled Copper (ton)	333	699	212	504
#铜　材 (吨)	Rolled Copper (ton)	329	699	209	504

表 16.9 续表 2 continued 2

单位：万美元 (USD 10 000)

品 名	Name	数 量 Volume		金 额 Value	
		2017	2018	2017	2018
未锻轧铝及铝材 (吨)	Unwrought Aluminum and Rolled Aluminum (ton)	106923	106475	25255	28616
#未锻造的铝 (包括铝合金) (吨)	Unwrought Aluminum (including Aluminum Alloy) (ton)	17489	6378	3105	1243
铝 材 (吨)	Rolled Aluminum (ton)	89434	100097	22151	27373
镁及其制品 (包括废碎料) (吨)	Magnesium and Products (Including Scrap) (ton)	6013	1172	1291	301
未锻轧锰 (吨)	Unwrought Manganese (ton)	5795	5601	1134	1232
钢铁或铜制标准紧固件 (吨)	Iron or Copper Nails, Bolts, etc. (ton)	5189	5972	1552	2273
不锈钢厨具、餐具等家用器具 (吨)	Household Utensils like Stainless Steel Cookers and Tableware (ton)	8454	7873	7094	8222
餐桌、厨房及其他家用搪瓷器 (吨)	Enamel Ware for Dining, Kitchen and Other Home Use (ton)	429	120	1461	213
手用或机用工具 (吨)	Tools for Manual or Mechanical Use (ton)	11740	12940	6270	7083
电 扇 (百台)	Electric Fan (100 sets)	24438	20120	2234	1907
纺织机械及零件	Textile Machinery			2960	2047
工业用缝纫机 (百台)	Sewing Machine for Industrial Use (100 sets)	88	72	225	314
金属加工机床 (台)	Machine Tools (set)	324157	374929	2718	2746
#车 床 (台)	Lathe (set)	219	107	392	397
铣 床 (台)	Milling Machine (set)	80	41	112	40
电子计算器 (包括具有计算功能的袖珍数据记录) (千台)	Electronic Calculator (including mini data recorder) (1,000 sets)	1082	383	377	85
自动数据处理设备及其部件 (千台)	Automatic Data Processing Machines and Components (1,000 sets)	116101		2366635	2819329
#自动数据处理设备 (千台)	Automatic Data Processing Machines (1,000 sets)	55126	58266	2072779	2368551
#平板电脑 (千台)	Tablet PC (1,000sets)	4381	8129	88113	230594
便携式电脑 (平板电脑除外) (千台)	Notebook Computer (1,000 sets)	48569	47492	1898231	2025247
微型电脑 (千台)	Micro Computer (1,000 sets)	2175	2604	86404	112560
中央处理部件 (千台)	CPU Components (1,000 sets)	3524	7198	106569	226146
显示器 (千台)	Displays (1,000 sets)	5993	7702	51277	69299
#液晶显示器 (千台)	LCD (1,000 sets)	5992	7699	47616	59477
存储部件 (千台)	Storage Components (1,000 sets)	2303	2793	11439	13895
键盘、鼠标器 (千个)	Keyboards and Mouses (1,000 sets)	28015	23147	12397	12564
自动数据处理设备的零件 (吨)	Parts for Auto Data Processing Equipment (ton)	5631	8593	27558	47545
打印机 (包括多功能一体机) (千台)	Printers (Including Multi-Purpose Printers) (1,000 sets)	12962	14268	79935	96082
液晶显示板 (万个)	LCD Panel (10,000 pcs)	672	552	34559	17301
轴 承 (万套)	Bearing (10,000 sets)	3888	4063	3791	3375
电动机及发电机 (万台)	Electric Motors and Generators (10 000 sets)	92	255	1927	3248
变压器 (万个)	Transformer (10 000 units)	6502	5741	6685	6032
静止式变流器	Static Converters (10 000 units)	3440		10128	10949

表 16.9 续表 3 continued 3

单位：万美元 (USD 10 000)

品　名	Name	数 量 Volume		金 额 Value	
		2017	2018	2017	2018
原电池（万个）	Primary Cells and Batteries (10 000 units)	4206	3420	245	303
蓄电池（万个）	Electric Accumulators (10,000 pcs)	1605	1563	17879	22900
#铅酸蓄电池（万个）	Lead-Acid Batteries (10 000 units)	493	378	7497	10018
太阳能电池（万个）	Solar Batteries (10 000 units)	68	55	126	151
电话机（万台）	Telephone Sets (10,000 sets)	1802	3615	59151	111628
#手持或车载无线电话机（万台）	Mobile Phones or Car Phones (10,000 sets)	1779	3595	58747	111204
扬声器（万个）	Speakers (10,000 pcs)	2007	2698	45320	37533
激光唱机（百台）	CD Players (100 sets)	306	127	142	13
录、放像机（百台）	Video Recorders and Players (100 sets)	2338	1915	1125	683
#DVD 播放机（百台）	DVD Players (100 sets)	1121	1033	306	327
声音录制或重放设备（百台）	Audio Recording or Replay Equipment (100 sets)	8661	5601	1547	944
收音设备（包括收录音组合机及整套散件）（百台）	Radio Sets (including Sound Recording Apparatus) (100 sets)	5973	6632	1553	1828
彩色电视机（百台）	TV Sets (Including Components) (100 sets)	806	468	1127	1072
#液晶电视机（百台）	Colored TV Sets (Including Components) (100 sets)	503	77	437	96
录放音、像机及唱机的零附件	Components and Accessories of Sound and Video Recorder and Player			443	248
电视、收音机及无线电讯设备的零附件（吨）	Parts of TV Sets, Radio Sets and Telecommunication Equipment (ton)	1095	1033	1908	1688
电容器（吨）	Electrical Capacitor (ton)	204	237	906	891
印刷电路（块）	Printed Circuit Board (10,000 pcs)	93691121	89355064	14270	20072
通断保护电路装置及零件	Electrical Apparatus for Switching or Protecting Electrical Circuits	3144		9438	6551
二极管及类似半导体器件（百万个）	Diode and Semi Conductors (1 million pcs)	1502	4462	2375	3341
集成电路（百万个）	IC (1 million pcs)	1423	1400	158280	210026
#处理器及控制器（万个）	Processors and Controllers (10,000 pcs)	105233	97432	10618	11925
存储器（万个）	Computer Memory (10,000 pcs)	29837	34094	146280	196730
放大器（万个）	Amplifiers (10,000 pcs)	214	141	170	156
电线和电缆（吨）	Insulated Wire or Cable (ton)	5657	6479	8439	11322
汽　车（辆）	Motor Vehicles (including parts) (unit)	77635	85658	60115	68907
#小轿车（辆）	Cars (unit)	41844	33260	35043	29272
小客车（九座及以下的）（辆）	Minivans (Less Than 9 Seats) (unit)	15538	25861	12508	23530
货　车（辆）	Trucks (unit)	17562	21957	10268	12565
汽车零配件	Parts of Motor Vehicles	14585		87944	91619
摩托车（辆）	Motorcycles (unit)	3545738	3585279	156717	167796
自行车（辆）	Bicycles (unit)	38262	42657	125	159
摩托车及自行车的零配件	Parts of Motorcycles and Bicycles	6184		24515	29027
船　舶（艘）	Ships (unit)	19	41	40	47
眼镜及其零件	Glasses and Parts			981	1522
眼镜架及其零件（吨）	Spectacle Frames and Parts (ton)	29	51	304	527

表 16.9 续表 4 continued 4

单位：万美元 (USD 10 000)

品 名	Name	数 量 Volume		金 额 Value	
		2017	2018	2017	2018
眼镜成品 (吨)	Complete Spectacles (ton)	307	613	602	896
医疗仪器及器械	Medical Instruments and Appliances			2109	3244
手 表 (万只)	Watches (10,000 pcs)	891	1104	3209	1096
#机械手表 (万只)	Mechanical Watches (10,000 pcs)	18	2	1138	
电动手表 (万只)	Electronic Watches (10,000 pcs)	874	1103	2071	1095
日用钟 (万只)	Clocks (10 000 sets)	91	98	596	745
家具及其零件	Furniture			16976	22485
床垫、寝具及类似品	Mattress and Bed Linens			1801	1969
灯具、照明装置及零件	Lights, Illumination Devices and Similar Products			37735	60394
箱包及类似容器 (吨)	Suitcases, Bags and Similar Containers (ton)	14114	15689	18916	30154
体育用品及设备	Sports Appliances and Equipment			4388	3745
服装及衣着附件	Garments and Accessories			51863	34556
#织物制服装	Textile Garments			46101	29598
#非针织钩编织物服装	Non Knitted or Crocheted Garments			24978	10142
针织或钩编的服装	Knitted or Crocheted Garments			21122	19456
皮革服装 (吨)	Leather Garments (ton)	4	7	6	14
裘皮服装 (吨)	Fur Garments (ton)	1		23	
皮革手套 (吨)	Leather Gloves (ton)	193	205	238	294
织物制手套 (万双)	Textile Gloves (10,000 pairs)	621	695	348	446
织物制袜子 (万双)	Textile Socks (10,000 pairs)	1641		686	362
帽 类 (万个)	Hats (10,000 pcs)	763	817	1200	1349
鞋 类 (吨)	Footwear (ton)	18940	18417	30548	29579
#鞋 (吨)	Shoes (ton)	17279	17048	29002	28109
#外底及鞋面均以橡胶或塑料制的鞋 (吨)	Shoes with Outer of Rubber or Artificial Plastic Materials (ton)	10389	11710	15989	17376
皮面鞋 (吨)	Leather Shoes (ton)	2569	2083	4574	3458
橡胶或塑料底纺织材料为面的鞋 (吨)	Textile Shoes with Outer of Rubber or Artificial Plastic Materials (ton)	4151	3178	8161	7045
鞋靴零件；护腿及类似品 (吨)	Footwear Accessories, Leg Warmer and Similar Products (ton)	1661	1369	1547	1469
塑料制品 (吨)	Plastic Articles (ton)	23597	26983	24017	35583
玩 具	Toys			24626	32010
游戏机及零附件	Video Game Consoles			729	631
圣诞用品 (吨)	Articles for Christmas (ton)	2845	2306	7368	10390
足球、篮球、排球 (万个)	Footballs, Basketballs and Volleyballs (10,000 pcs)	24	37	49	83
艺术珍藏品及古董	Artworks, Collections and Antiques			467	1153
贵金属或包贵金属的首饰 (克)	Precious Metal Jewelry (gram)	1	5995	6	9
伞 (吨)	Umbrellas (ton)	480	620	428	637
文化产品	Cultural Products	25236		84313	92466

表 16.9 续表 5 continued 5

单位：万美元 (USD 10 000)

品　名	Name	数 量 Volume 2017	2018	金 额 Value 2017	2018
#图　书 (吨)	Books (ton)	833	626	676	803
报纸和期刊 (吨)	Newspapers and Periodicals (ton)	9	9	4	5
其他出版物 (吨)	Other Publications (ton)	705	759	836	936
雕塑工艺品	Sculpture Crafts (ton)			3310	5018
金属工艺品 (吨)	Metal Crafts (ton)	629	620	1069	1497
花画工艺品	Floral Painting Crafts (ton)			8965	13408
天然植物纤维编织工艺品 (吨)	Plaiting Crafts of Natural Vegetable Fibres (ton)	28	39	20	46
园林、陈设艺术陶瓷制品 (吨)	Garden and Display Art Ceramic (ton)	2377	2946	4556	6923
乐　器	Musical Instruments			770	1134
玩　具	Toys			24626	32010
游艺用品及室内游艺器材	Entertainment Products and Indoor Entertainment Equipments			754	650
其他娱乐用品	Other Entertainment Products			12209	16799
印刷机	Printing Machine			6176	3072
广播电视节目制作设备台	Broadcasting and TV Program Production	987023	712972	1051	1221
电影制作及放映设备	Film Production			18097	8172
按类别分	**By Category**				
机电产品 (包括本目录已具体列名的机电产品)	Mechanical and Electrical Products(including products that had been listed)			3747561	4529024
#金属制品 (吨)	Metal Products (ton)	219028	165894	80822	98985
机械设备	Mechanical Equipments			2626740	3095501
电器及电子产品	Electrical Equipmens			617897	873575
运输工具	Transport Equipments			312242	341666
仪器仪表	Instrument and Meters			51921	37984
其他机电产品	Other Products			57939	81313
高新技术产品	High and New-tech Products			2818149	3498287
#生物技术 (吨)	Biotechnology (ton)	1	1	33	23
生命科学技术	Life Science Technology			22926	22699
光电技术	Electrooptical Technology			39335	21078
计算机与通信技术	Computer and Information Technology			2559702	3198932
电子技术	Electronic Technology			179951	236582
计算机集成制造技术	Computer-integrated Manufacturing Technology			12934	10154
材料技术 (吨)	Materials Technology (ton)	220	267	807	1723
航空航天技术	Aerospace Technology			502	4919
其他高新技术产品	Other Technology			1958	2177
农产品	Agricultural Products			20792	18768

表 16.10 主要商品进口数量和金额（2017－2018 年）
MAIN IMPORT COMMODITIES IN VOLUME AND VALUE (2017-2018)

单位：万美元 (USD 10 000)

品 名	Name	数 量 Volume		金 额 Value	
		2017	2018	2017	2018
按产品分	By Products				
水海产品（吨）	Aquatic and Marine Products (ton)	1084	4552	791	2223
肉及杂碎（吨）	Meat and Meat Offal (ton)	15771	39892	5211	15055
鲜、干水果及坚果（吨）	Fresh Dry Fruits, and Nuts (ton)	23718	25087	3891	3896
乳 品（吨）	Diary Products (ton)	15763	20236	27662	26894
#奶 粉（吨）	Milk Powder (ton)	13794	17639	26649	26027
粮 食（吨）	Grains (ton)	997233	571487	41501	25501
谷物及谷物粉（吨）	Cereals (ton)	35400	26763	1632	1196
#小 麦（吨）	Wheat (ton)	1463	1767	40	54
稻谷和大米（吨）	Rice (ton)	33937	15132	1592	820
大 豆（吨）	Soybean (ton)	958253	540204	39418	23642
食用植物油（吨）	Edible Vegetable Oil (ton)	13710	21451	998	1224
#菜子油和芥子油（吨）	Canola Oil (ton)	1507	21	125	3
酒 类（升）	Liquor (liter)	1802256	1721302	673	737
#啤 酒（升）	Beer (liter)	363465	309507	65	58
葡萄酒（升）	Wine (liter)	1437197	1390454	605	672
饲料用鱼粉（吨）	Fish Meal (ton)	16451	7899	2180	919
天然橡胶（包括胶乳）（吨）	Natural Rubber (including Latex) (ton)	171529	79629	32427	11403
合成橡胶（包括胶乳）（吨）	Synthetic Rubber (including Latex) (ton)	504876	444898	90752	66641
原 木（吨）	Timbers or Logs (ton)	729157	1313588	12692	22480
锯 材（吨）	Sawn Timber (ton)	33390	72496	1457	2661
纸 浆（吨）	Paper Pulp (ton)	280916	426921	17953	33997
铁矿砂及其精矿（万吨）	Iron Ore (10 000 tons)	1212	644	88423	45922
锰矿砂及其精矿（吨）	Manganese Ore (ton)	598554	933308	10383	23760
铜矿砂及其精矿（吨）	Copper Ore (ton)	99496	156268	15570	24751
铬矿砂及其精矿（吨）	Chromium Ore (ton)	394084	396485	7821	7504
铅矿砂及其精矿（吨）	Lead Ore (ton)	7355	4230	1248	432
煤及褐煤（吨）	Coal and Lignite Coal (ton)	1467065	3137651	8582	21774
其他烟煤（吨）	Other Soft Coal (ton)	365259	1459543	2488	12765
褐 煤（吨）	Brown Coal (ton)	762405	1370281	4019	6975
成品油（吨）	Refined Oil (ton)	31300	27399	1908	1907
二甲苯（吨）	Xylene (ton)	469692	378687	39796	39460
苯乙烯（吨）	Styrene (ton)	7974	1987	968	295
乙二醇（吨）	Ethylene Glycol (ton)	394541	204843	33514	19431
医药品（吨）	Pharmaceutical Products (ton)	358	921	2845	9535
美容化妆品及护肤品（吨）	Cosmetics and Skin-care Products (ton)	1191	2447	5895	11915
钛白粉（吨）	Titanium Dioxide (ton)	153	221	55	86
聚合物油漆及清漆（吨）	Polymer Varnish (ton)	369	224	502	413
感光材料（吨）	Photographic Materials (ton)	28	43	63	95
初级形状的塑料（吨）	Primary-shaped Plastics (ton)	145184	348873	26090	55976
#初级形状的聚乙烯（吨）	Primary-shaped Polyethylene (ton)	55000	189451	6418	23783
初级形状的线型低密度聚乙烯（吨）	Primary-shaped Low-density Polyethylene (ton)	6200	40293	726	4674

表 16.10 续表 1 continued 1 单位：万美元 (USD 10 000)

品 名	Name	数 量 Volume		金 额 Value	
		2017	2018	2017	2018
初级形状的聚丙烯 (吨)	Primary-shaped Polypropylene (ton)	1524	4858	244	673
初级形状的苯乙烯聚合物 (吨)	Primary-shaped Styrene Polymer (ton)	47837	72421	8385	13906
#ABS 树脂 (吨)	ABS Resin (ton)	28726	49363	5360	10046
初级形状的聚氯乙烯 (吨)	Primary-shaped Polyvinyl Chloride (ton)	507	172	89	31
初级形状的聚酯 (吨)	Primary-shaped Polyester (ton)	16402	23871	3944	6871
#聚酯切片 (PET) (吨)	Polyester Chips (ton)	71	84	17	20
聚酰胺切片 (吨)	Polyamide Chips (ton)	461	882	159	360
非泡沫塑料的板、片、膜、箔 (吨)	Non-foam-plastic Plates, Sheets, Films and Foils (ton)	2324	3500	1231	2195
杀虫剂、除草剂及类似品 (吨)	Insecticide, Herbicide and other Pesticides (ton)	56	5	118	2
牛皮革及马皮革 (吨)	Cow Leather and Horse Leather (ton)	399	241	744	180
废 纸 (吨)	Waste Paper (ton)	723689	496317	16762	13401
纸及纸板 (未切成形的) (吨)	Paper and Paperboard (Unchopped in Shape) (ton)	8575	42992	1593	3278
纺织纱线、织物及制品	Yarn, Textile and Products			4365	9898
#棉纱线 (吨)	Cotton Yarn (ton)	473	8838	119	2372
合成纤维纱线 (吨)	Synthetic Fibre Yarn (ton)	633	1527	470	2513
丝织物 (米)	Silk Textile (meter)	16136	786	5	1
棉机织物	Cotton Textile			83	84
合成纤维长丝机织物 (万米)	Synthetic Filament Yarn Textile (10 000 m)	44	51	201	251
涂覆浸渍塑料的织物 (吨)	Plastic Coated or Impregnated Textile (ton)	1458	1702	1477	1791
针织或钩编织物 (米)	Knitted or Crocheted Textile (meter)	14113	576247	12	120
服装及衣着附件	Garment and Accessories			354	1628
玻璃纤维及其制品 (吨)	Glass Fiber and Products (ton)	126	123	328	290
废金属 (吨)	Waste Metal (ton)	38336	6413	5319	1008
#废 铝 (吨)	Waste Aluminum (ton)	38336	6413	5319	1008
钢 材 (吨)	Rolled Steel (ton)	134586	79464	10680	7325
#钢铁棒材 (吨)	Bar Iron and Steel (ton)	512	473	159	132
角钢及型钢 (吨)	Angle Steel and Structural Steel (ton)	1956	1425	329	291
钢铁板材 (吨)	Sheet Iron and Steel (ton)	130455	76664	9490	6307
钢铁管材及空心异形材 (吨)	Steel Pipe and Hollow Shaped Material (ton)	1402	631	374	279
钢铁制标准紧固件 (吨)	Iron Nails, Bolts, etc. (ton)	18241	11171	10674	7371
未锻轧铜及铜材 (吨)	Unwrought Copper and Rolled Copper (ton)	152876	189040	95596	127740
#未锻轧铜 (包括铜合金) (吨)	Unwrought Copper (Including Copper Alloy) (ton)	152310	188528	94623	126772
铜 材 (吨)	Rolled Copper (ton)	567	512	973	969
未锻轧铝及铝材 (吨)	Unwrought Aluminum and Rolled Aluminum (ton)	761	590	523	368
#铝 材 (吨)	Rolled Aluminum (ton)	760	561	518	356
钢铁或铝制结构体及其部件 (吨)	Steel or Aluminum Structure and Components (ton)	123	50	255	63
活塞式内燃机的零件 (吨)	Parts of Piston Combustion Engines (ton)	5110	7255	8567	9483
液泵及液体提升机 (台)	Liquid Pump and Liquid Lifter (unit)	1587465	1032411	8152	5197
制冷设备用压缩机 (台)	Compressors for Refrigeration (unit)	43139	58415	298	564
空气调节器 (车用除外) (台)	Air Conditioner (Not for Automobile)	3	59	108	199
冷冻机和制冷设备及零件 (台)	Refrigerating Machine and Refrigeration Equipments (unit)	69	69	62	46

表 16.10 续表 2 continued 2

单位：万美元 (USD 10 000)

品 名	Name	数量 Volume 2017	数量 Volume 2018	金额 Value 2017	金额 Value 2018
非家用型水的过滤、净化机器（台）	Water Filter Machine Not for Home Use (set)	197	265	62	89
机械提升搬运装卸设备及零件	Mechanical Lifting, Handling, Loading and Unloading Equipment and Parts			8742	5043
建筑及采矿用机械及零件	Building and Mining Machinery and Parts			251	359
制造纸及纸制品用机械及零件	Paper and Paper Products Manufacture Machinery and Parts			2759	3436
印刷、装订机械及零件	Printing and Binding Machinery and Parts			26011	32703
纺织机械及零件	Textile Machinery and Parts			1477	511
#纺织纱线生产及预处理机（台）	Textile Yarn Produced and Preprocessed Equipments (set)	26		532	
工业用缝纫机（台）	Sewing Machine for Industrial Use (sets)	6	1	52	1
金属加工机床（台）	Machine Tools (set)	924	641	25926	18878
#加工中心（台）	Processing Centers (set)	225	253	9960	6097
数控机床（台）	CNC Machine Tools (set)	147	119	6877	6491
金属轧机及零件	Rolling Mill and Parts			558	200
橡胶或塑料加工机械及零件	Rubber or Plastic Processing Machinery and Parts			2432	2298
型模及金属铸造用型箱	Dies and Boxes for Metal Casting			3590	3378
阀 门（万套）	Valves (10 000 sets)	574	477	2513	2342
自动数据处理设备及其部件	Automatic Data Processing Machines and Components (1,000 sets)			291607	340773
#数字式自动数据处理设备（千台）	Digital Automatic Data Processing Machines (1,000 sets)			324	351
数字式中央处理部件（千台）	Parts of Digital Central Automatic Data Processing (1,000 sets)	43	440	916	3488
存储部件（千台）	Memory Unit (1,000 sets)	52982	60984	284980	317108
自动数据处理设备的零件（吨）	Parts for Auto Data Processing Equipment (ton)	711	1223	53009	77506
制造单晶柱或晶圆用的机器及装置（台）	Crystal Column or Wafer Manufacturing Machines and Devices (set)	21	42	576	3299
制造半导体器件或集成电路用的机器及装置（台）	Machines and Devices for the Manufacture of Semiconductor Devices and IC (set)	37	157	1009	19357
制造平板显示器用的机器及装置（台）	Machines and Devices for the Manufacture of Flat Display (set)	146	61	24525	3634
电动机及发电机（万台）	Electric Motors and Generators (10 000 sets)	1513	2098	4015	2970
变压、整流、电感器及零件	Transformers, Rectifiers, Inductors and Parts			6844	9000
蓄电池（万个）	Electric Accumulators (10 000 pcs)	9407	6437	15867	15635
无线电导航雷达及遥控设备（台）	Radio Navigation Radars and Remote Control Equipment (set)	1603916	1309395	1938	1326
电视摄像机、数字照相机及视频摄录一体机（百台）	Video Cameras and Digital Cameras (100 sets)	2249	2438	438	778
电视、收音机及无线电讯设备的零附件（吨）	Parts of TV Sets, Radio Sets and Telecommunication Equipment (ton)	216	377	3191	10132

表 16.10 续表 3 continued 3

单位：万美元 (USD 10 000)

品 名	Name	数 量 Volume		金 额 Value	
		2017	2018	2017	2018
电容器 (吨)	Electrical Capacitors (ton)	341	401	6584	13182
电阻器 (吨)	Resistors (ton)	52	55	943	1327
印刷电路 (万块)	Printed Circuits (10 000 units)	43746	57038	9362	18069
通断保护电路装置及零件	Electrical Apparatus for Switching or Protecting Electrical Circuits			21690	19063
二极管及类似半导体器件 (百万个)	Diode and Semi Conductors (1 million pcs)	6996	8955	14780	20278
集成电路 (百万个)	IC (1 million pcs)	5701	7184	668668	773030
电线和电缆 (吨)	Insulated Wire or Cable (ton)	1485	3130	3663	7276
汽 车 (辆)	Motor Vehicles (including parts) (unit)	5604	2160	31616	10504
#小轿车 (辆)	Cars (unit)	447	50	3116	414
四轮驱动轻型越野车 (辆)	SUVs (unit)	4587	1700	25988	8270
汽车零配件	Parts of Motor Vehicles			97083	104133
飞机及其他航空器 (架)	Planes and Other Aircrafts (unit)	10	7	5592	35451
#空载重量超过 2 吨的飞机 (架)	Planes over 2 Ton of Empty-load Weight (unit)	1	6	5000	35325
液晶显示板 (万个)	LCD Panel (10 000 units)	3396	6724	21091	18771
医疗仪器及器械	Medical Instruments and Appliances			9397	6564
计量检测分析自控仪器及器具	Metering, Testing, Analyzing and Auto Controlling Instruments and Appliances			52109	62424
手 表 (只)	Watches (pcs)	2635	104	5	53
#电动手表 (只)	Electronic Watches (pcs)	2597	79	4	1
已组装的完整表芯 (只)	Assembled Complete Watch Movements (pcs)	106300	88514	362	13
印刷品 (吨)	Printed Matters (ton)	187	140	5992	10861
塑料制品 (吨)	Plastic Articles (ton)	2496	2826	4721	5949
文化产品	Cultural Products			5797	6264
#露天游乐场所游乐设备 (吨)	Equipments for Outdoor Amusement Park (ton)	815	5	2406	62
游艺用品及室内游艺器材	Entertainment Products and Indoor Entertainment Equipments	94	54	43	4
胶印机 (台)	Offset Press (set)	65	131	2206	3675
按类别分	**By Category**				
机电产品 (包括本目录已具体列名的机电产品)	Mechanical and Electrical Products (including products that had been listed)			1612058	1876402
#金属制品	Metal Products			24990	20484
机械设备	Mechanical Equipments			534332	613187
电器及电子产品	Electrical Equipmens			828658	1003922
运输工具	Transport Equipments			128311	142521
仪器仪表	Instrument and Meters			89690	94615
其他机电产品	Other Products			6077	1671
高新技术产品	High and New-tech Products			1279977	1548509
#生命科学技术	Life Science Technology			11952	15609
光电技术	Electrooptical Technology			46467	43437
计算机与通信技术	Computer and Information Technology			415731	539894
电子技术	Electronic Technology			705328	820094
计算机集成制造技术	Computer-integrated Manufacturing Technology			90999	88207
材料技术	Materials Technology			1118	1917
航空航天技术	Aerospace Technology			8331	39314
其他高新技术产品	Other Technology			52	37
农产品	Agricultural Products			97790	98702

表 16.11 利用外资情况（2017－2018 年）
UTILIZATION OF FOREIGN CAPITAL (2017-2018)

单位：万美元 (USD 10 000)

指 标	Item	2017	2018
新签利用外资协议（合同）数（个）	**Number of Newly Signed Agreements (Contracts) of Foreign Capital Utilization (unit)**	**238**	**232**
外商直接投资	Foreign Direct Investment	238	232
外商其他投资	Other Foreign Investment		
协议（合同）额	**Value of Agreements (Contracts)**	**383207**	**907480**
外商直接投资	Foreign Direct Investment	383207	907480
外商其他投资	Other Foreign Investment		
实际利用外资额	**Foreign Capital Actually Utilized**	**1018255**	**1027344**
外商直接投资	Foreign Direct Investment	226042	325030
外商其他投资	Other Foreign Investment	173809	164156
对外借款	Foreign Loans	297700	246876
其他利用外资	Other Foreign Capital Utilized	320704	291282

注：1）2004 年起，新签利用外资协议（合同）数、协议合同金额数均不含对外借款。
2）2007 年起，外商直接投资数据为上报国家商务部口径。
3）2016 年，利用外资指标口径有调整。

Note: a) Foreign loans have been excluded from the number of newly signed agreements (contracts) of foreign capital utilization and the value of agreements and contracts since 2004.
b) The data of foreign direct investment has become the data reported to the Ministry of Commerce since 2007.
c) The statistic scope about utilization of foreign capital in 2016 was adjusted.

表 16.12 对外投资与合作（2017 – 2018 年）
OVERSEAS INVESTMENT AND COOPERATION (2017-2018)

指 标	Item	2017	2018
实际对外直接投资额（万美元）	Value of Overseas Direct Investment (USD 10 000)	153018	110978
#现汇投资	Cash Investment	149558	110400
内保外贷	Offshore Financing Against Domestic Guamntee		
对外承包工程签订合同数（个）	Number of Contracts Signed (unit)	92	79
对外承包工程合同金额（万美元）	Value of Contracts (USD 10 000)	211179	324400
对外承包工程营业额（万美元）	Value of Turnover Fulfilled (USD 10 000)	170089	102619
对外劳务合作派出人数（人）	Labor Exported (person)	3687	1897

表 16.13 外商直接投资项目（企业）数、合同额和实际投资额（2017 – 2018 年）
NUMBER, CONTRACTED VALUE AND ACTUAL INVESTMENT OF PROJECTS (ENTERPRISES) FUNDED BY FOREIGN DIRECT INVESTMENT (2017-2018)

指 标	Item	签定项目（合同）数（个） Number of Projects (Contracts) Signed (unit)		
		2017	2018	至当年底累计 Accumulated Projects at Year-end
总 计	**Total**	**238**	**232**	**6852**
按投资方式分	**By Investment Mode**			
合资经营	Joint Venture	94	108	3119
合作经营	Cooperative Operation	1	2	300
独资经营	Solely Foreign-Funded	141	121	3412
股份制	Share Holding	1		15
合作开发	Cooperative Operation			
其 他	Others	1	1	6
按行业分	**By Sector**			462
第一产业	Primary Industry	6	6	181
第二产业	Secondary Industry	53	49	3593
工 业	Industry	49	48	3350
建筑业	Construction	4	1	238
第三产业	Tertiary Industry	179	177	3078
批发和零售业	Wholesale and Retail Trades	49	44	429
交通运输、仓储及邮政业	Transport, Storage, Post and Communication	11	12	165
住宿和餐饮业	Hotels and Catering Services	10	9	305
信息传输、软件和信息技术服务业	Information Transmission, Computer Services and Softwares	13	20	141
金融业	Financial Intermediation	21	6	110
房地产业	Real Estate	6	19	705
租赁和商务服务业	Leasing and Business Services	47	22	987
科学研究和技术服务业	Scientific Research, Technical Service and Geologic Prospecting	9	21	74
水利、环境和公共设施管理业	Management of Water Conservancy, Environment and Public Facilities		1	32
居民服务、修理和其他服务业	Services to Households and Other Services	4	3	44
教 育	Education	1	1	25
文化、体育与娱乐业	Culture, Sports and Entertainment	3	13	41
卫生、社会保障和社会福利业	Health, Social Security and Social Welfare	5	6	12
其 他	Others			8
按主要国别（地区）分	**By Country (Region)**			
香 港	Hong Kong (China)	86	85	2996
印度尼西亚	Indonesia		1	16
日 本	Japan	2	3	275
韩 国	South Korea	22	21	247
澳 门	Macao (China)		1	54
马来西亚	Malaysia		1	73
台 湾	Taiwan (China)	11	21	995
泰 国	Thailand	1	1	55
新加坡	Singapore	16	20	296
比利时	Belgium			5
法 国	France	1	1	42
瑞 典	Sweden		1	12
瑞 士	Switzerland	1	1	10
英 国	UK	3	1	81
美 国	USA	13	14	595
加拿大	Canada	4	5	137
澳大利亚	Australia	6	2	85
新西兰	New Zealand		1	18

单位：万美元 (USD 10 000)

协议投资额 Contracted Foreign Investment			实际利用额 Foreign Capital Actually Utilized		
2017	2018	至当年底累计 Accumulated Projects at Year-end	2017	2018	至当年底累计 Accumulated Projects at Year-end
383207	**907480**	**6291592**	**222004**	**325030**	**4455666**
46839	214131	1816276	17431	70235	1270323
-6777	30073	254499			95442
342530	636242	4132090	181809	245398	2969443
318	-1802	55894	791		68829
			326		326
297	28836	32833	21647	9397	51303
		784229			501042
28332	20761	158631	46	85	9488
109006	338369	2166785	27154	58790	1540739
60041	308380	2001378	27104	58790	1518800
48965	29989	145028	50		12846
245869	548350	3966176	194805	265841	3350594
46763	22415	203436	23081	13407	111363
12719	63672	241586	10834	10119	129534
1457	7323	61235	414	218	25091
14038	10459	46220	5841	217	20660
89088	120140	501612	42083	78881	549676
-22756	43578	1912207	43686	48007	1809254
92368	267907	837395	62812	113330	573856
2654	10369	16930	121	77	1475
-258	586	62157			66300
88	-315	51221			51272
1	29	5208			4742
757	1141	16068	1606		3550
8950	1046	10103	4327	1585	5912
		798			765
184482	491538	4037422	165174		2979502
		2017			75
1239	13523	124280	1375		98283
4044	45767	137749	7756		106215
	31533	39925			3470
		41269			4085
894	3894	71958	360		34467
60	316	9595			1343
36843	27927	390452	33994		345411
42	54	264			208
		18314			11685
		4635			4308
157	214	1957			5792
1291	6565	40968	701		29462
1501	5736	100396	1497		90867
1261	7569	36002			17178
411	66	22625			4080
		2251			198

表 16.14 旅游基本情况（2017－2018 年）
BASIC STATISTICS ON TOURISM (2017-2018)

项 目	Item	2017	2018
接待入境旅游人数（人次）	**Number of Overseas Vistior Arrival Received (person-time)**	**3583545**	**3880233**
外国人	Foreigners	2174307	2201956
#亚 洲	Asia	1151653	1246407
#日 本	Japan	201370	201283
韩 国	South Korea	438614	499869
印度尼西亚	Indonesia	32658	32092
马来西亚	Malaysia	105467	144186
新加坡	Singapore	127377	120880
泰 国	Thailand	177519	144722
欧 洲	Europe	319442	318897
#英 国	UK	57809	57216
法 国	France	46837	49911
德 国	Gemany	93170	81750
意大利	Italy	31127	29393
俄罗斯	Russia	20342	26721
西班牙	Spain	19596	17524
美 洲	America	413139	345978
#美 国	USA	229744	237932
加拿大	Canada	169056	92265
大洋州	Oceania	80872	85039
#澳大利亚	Australia	66181	70980
非 洲	Africa	13160	14981
香港同胞	Compatriots from Hong Kong	402132	441990
澳门同胞	Compatriots from Macao	45470	60149
台湾同胞	Compatriots from Taiwan	961636	1176138
来渝国际旅游者平均逗留天数（天）	**Average Period Foreign Tourists Staying in Chongqing (day)**	**2.6**	**2.8**
旅行社组织国内居民出境旅游人数（万人次）	**Number of Outbound Chinese Tourists Organized by Travel Agencies (10 000 person-times)**		**201.66**
国际旅游外汇收入（万美元）	**Foreign Exchange Earnings from International Tourism (USD 10 000)**	**194759**	**218989**
星级饭店数（个）	**Number of Star-Rated Hotel (unit)**	**210**	**197**
年末旅行社数（个）	**Number of Travel Agencies at Year-end (unit)**	**622**	**581**
出境旅行社	International Travel Agencies	95	97
一般旅行社	Domestic Travel Agencies	527	484
年末旅行社从业人员（人）	**Number of Employees of Travel Agencies at Year-end (person)**	**8935**	**9865**

表 16.15 星级饭店基本情况 (2017 － 2018 年)
BASIC STATISTICS ON STAR-RATED HOTELS (2017-2018)

单位：万元 (10 000 yuan)

项 目	Item	2017	2018
星级饭店数 (个)	**Number of Star-rated Hotels (unit)**	210	197
按星级分	By Star Level		
#五星级	5-star	28	28
四星级	4-star	54	52
三星级	3-star	105	89
按注册类型分	By Registration		
内 资	Domestic Funded	201	188
外商及港澳台投资	Foreign-funded and Funded by Hong Kong, Macao and Taiwan	9	9
按饭店客房规模分	By Capacity		
300 间以上	With 300 Rooms and Above	17	16
200-299 间	With 200-299 Rooms	22	21
100-199 间	With 100-199 Rooms	73	64
99 间以下	With Less Than 100 Rooms	99	96
星级饭店客房数 (间)	**Number of Rooms in Star-rated Hotels (unit)**	**28078**	**24665**
#五星级	5-star	8152	8152
四星级	4-star	8786	8575
三星级	3-star	9654	7938
星级饭店床位数 (张)	**Number of Beds in Star-rated Hotels (unit)**	**46378**	**40140**
#五星级	5-star	12202	12202
四星级	4-star	14389	13962
三星级	3-star	17144	13976

重/庆/统/计/年/鉴

主要统计指标解释

货物进出口总额

指实际进出我国关境的货物总金额。包括对外贸易实际进出口货物，来料加工装配进出口货物，国家间、联合国及国际组织无偿援助物资和赠送品，华侨、港澳台同胞和外籍华人捐赠品，租赁期满归承租人所有的租赁货物，进料加工进出口货物，边境地方贸易及边境地区小额贸易进出口货物，中外合资企业、中外合作经营企业、外商独资经营企业进出口货物和公用物品，到、离岸价格在规定限额以上的进出口货样和广告品（无商业价值、无使用价值和免费提供出口的除外），从保税仓库提取在中国境内销售的进口货物，以及其他进出口货物。该指标可以观察一个国家在货物贸易方面的总规模。我国规定出口货物按离岸价格统计，进口货物按到岸价格统计。

商品收发货人所在地进、出口额

指在所在地海关注册登记的有进出口经营权的企业实际进、出口额。

进出口统计国别（地区）

进口货物统计原产国（地），出口货物统计最终目的国（地）。原产国指进口货物的生产、开采或加工制造的国家。对经过几个国家加工制造的进口货物，以最后一个对货物进行经济上可以视为实质性加工的国家作为该货物的原产国。原产国确实不详时，按"国别不详"统计。最终目的国指出口货物已知的消费、使用或进一步加工制造的国家。最终目的国不能确定时，按货物出口时尽可能预知的最后运往国统计。

商品目的地进口额和商品货源地出口额

目的地进口额指进口货物的消费、使用或最终抵运地的实际进口额；货源地出口额指出口货物的产地或原始发货地的实际出口额。

对外直接投资

指我国企业、团体等（简称境内投资主体）在国外及港澳台地区以现金、实物、无形资产等方式投资，并以控制国（境）外企业的经营管理权为核心的经济活动。对外直接投资的内涵主要体现在一经济体通过投资于另一经济体而实现其持久利益的目标。

外商其他投资

指除对外借款和外商直接投资以外的各种利用外资的形式。包括企业在境内外股票市场公开发行的以外币计价的股票发行价总额，国际租赁进口设备的应付款，补偿贸易中外商提供的进口设备、技术、物料的价款，加工装配贸易中外商提供的进口设备、物料的价款。

入境游客

指来中国（大陆）观光、度假、探亲访友、就医疗养、购物、参加会议或从事经济、文化、体育、宗教活动的外国人、港澳台同胞等游客（即入境旅游人数）。统计时，入境游客按每入境一次统计。

国际旅游收入

指入境游客在中国（大陆）境内旅行、游览过程中用于交通、参观游览、住宿、餐饮、购物、娱乐等全部花费。

对外承包工程

根据《对外承包工程管理条例》，对外承包工程是指中国的企业或者其他单位承包境外建设工程项目的活动。

对外劳务合作

指组织劳务人员赴其他国家或地区为国外的企业或机构工作的经营性活动。

主要统计指标解释

■ 内资

指重庆市以外中华人民共和国境内（不包括港、澳、台地区）的企、事业单位、社会团体及其他投资者，在重庆市行政辖区内以从事经济社会活动为主要目的，遵循市场机制法则，本着互利互惠的原则进行的独资、合资、参股合作等而流入的资金。它不包括中央和各级政府无偿捐赠、证券市场融资和金融机构业务往来资金等。

■ 服务进出口

指常住单位与非常住单位之间相互提供的服务。包括运输，旅行，建筑，保险服务，金融服务，电信、计算机和信息服务，技术，知识产权使用费，个人、文化和娱乐服务，维护和维修服务，加工服务，其他商业服务，政府服务。

■ 出境人数（出境游客）

指中国（大陆）居民因公或因私出境前往其他国家、中国香港特别行政区、澳门特别行政区和台湾省观光、度假、探亲访友、就医疗养、购物、参加会议或从事经济、文化、体育、宗教活动的人数（即出境游客）。统计时，出境游客按每出境一次统计 1 人次。

■ 国内游客

指报告期内在中国（大陆）观光游览、度假、探亲访友、就医疗养、购物、参加会议或从事经济、文化、体育、宗教活动的中国（大陆）居民人数，其出游的目的不是通过所从事的活动谋取报酬。统计时，国内游客按每出游一次统计 1 人次。

■ 国内旅游收入（旅游总花费）

指国内游客在国内旅行、游览过程中用于交通、参观游览、住宿、餐饮、购物、娱乐等全部花费。

■ 星级饭店

指设备、设施、服务符合《旅游饭店星级的划分与评定》（GB/T14308-2003），通过相关旅游管理部门评定，并取得星级饭店称号的饭店（含预备星级饭店）。

Explanatory Notes on Main Statistical Indicators

Total Import and Export of Goods

Refer to the real value of commodities imported and exported across the border of China. They include the actual imports and exports through foreign trade, imported and exported goods under the processing and assembling trades and materials, supplies and gifts as aid given gratis between governments and by the United Nations and other international organizations, and contributions donated by overseas Chinese, compatriots in Hong Kong and Macao and Chinese with foreign citizenship, leasing commodities owned by tenant at the expiration of leasing period, the imported and exported commodities processed with imported materials, commodities trading in border areas, the imported and exported commodities and articles for public use of the Sino-foreign joint ventures, cooperative enterprises and ventures with sole foreign investment. Also included is import or export of samples and advertising goods for which CIF or FOB value are beyond the permitted ceiling (excluding goods of no trading or use value and free commodities for export), imported goods sold in China from bonded warehouses and other imported or exported goods. The indicator of the total imports and exports at customs can be used to observe the total size of external trade in a country. In accordance with the stipulation of the Chinese government, imports are calculated at CIF, while exports are calculated at FOB.

Import or Export Value by Location of China's Foreign Trade Managing Units

Refers to actual value of imports and exports carried out by corporations which have been registered by the local Customs house and are vested with right to run import export business.

Imports and Exports by Countries (Regions)

Refers to the origin countries (regions) of imports and the destination countries (regions) of export. The origin countries refer to the countries where the imported products were produced, exploited, processed or manufactured. As for the imported products processed and manufactured by more than one country, the country where those products were actually processed from the economic point of view for the last time should be regarded as the origin country. Where the origin is unclear, it should be calculated as "Origin Unknown". The destination countries refer to the countries where the exported products will be consumed, used or further processed and manufactured. Where the final destination is unclear, it should be calculated as the last known destination.

Import Value of Commodities by Place of Destination and Export Value of Commodities by Place of Origin in China

The former indicator refers to the value of import commodities of the places of their consumption, utilization or the places of their final destination. The latter indicator refers to the value of export commodities of the places of their origin or the places of the commodities dispatched.

Foreign Direct Investment

Refers to foreign investment in China through the establishment of foreign invested enterprises, cooperative exploration and development of petroleum resources with domestic investors and the establishment of branch organizations of foreign enterprises. Foreign

EXPLANATORY NOTES TO MAJOR STATISTICAL INDICATORS

investment can be made in forms of cash, physical investment, intangible assets and equity, in addition with reinvestment of the foreign enterprises with the profits gained from the investment.

Other Foreign Investment

Refers to all forms of utilization of foreign capitals other than foreign borrowings and foreign direct investment. It includes the total value of stock shares in foreign currencies issued by enterprises at domestic or foreign stock exchanges, rent payable for the imported equipment through international leasing arrangement, cost of imported equipment, technology and materials provided by foreign counterparts in compensation trade and processing and assembly trade.

Visitor arrivals

Refer to the number of foreigners, Chinese compatriots from Hong Kong, Macao and Taiwan Chinese (mainland) who come to China (mainland) for sight-seeing, vacation, visiting relatives, medical treatment, shopping, attending conference, or to engage in economic, cultural, sports and religious activities. In compiling statistics, each time of entering China is counted as one person-time.

Foreign Exchange Earnings from International Tourism

Refer to the total expenditure of foreigners, overseas Chinese, Chinese compatriots from Hong Kong, Macao and Taiwan during their stay in the mainland of China on transportation, sighting, accommodation, food, shopping and entertainment.

Overseas Contracted Projects

Refer to activities of contracting overseas construction projects by Chinese enterprises or any other units, which are stipulated in the Regulations on Administration of Foreign Contracted Project.

Overseas Labour Services

Refer to operational activities of organizing labour force to go abroad providing services to foreign enterprises or agencies.

Domestic Capital

Refers to capital inpoured by the way of sole investment, joint venture and cooperative operation from the corporations, social unions and other investors within China boundaries but outside Chongqing municipality (excluding Hong Kong, Macao, Taiwan) who consider engaging economic and social activities as their main destination in Chongqing, and follow the market system on behalf of equality. It excludes free donations from the central and local governments, financing from the stock market, and business funds from the banking institutions.

Import and Export of Services

Refers to services provided between resident and non-resident units, including transportation, travel, construction, insurance, finance, telecommunications, computer and informations, technology, professional and management consultancy, intellectual property fee, individual, culture and recreation, maintenance and repair, and other services, but excluding government services.

Number of Chinese Residents Going Abroad (Chinese Outbound Visitors)

Refers to the number of Chinese (mainland) residents going to other countries, Hong Kong Special Administrative region, Macao Special Administrative region and Taiwan for on official or private purposes, for sight-seeing, vacation, visiting relatives, medical treatment, shopping, attending conference, or to engage in economic, cultural, sports and religious activities (namely the Chinese outbound visitors). In compiling statistics, each time of leaving is counted as one person-time.

□ Number of Domestic Tourists

Refers to the number of Chinese (mainland) residents who travel within China (mainland) for sight-seeing, vacation, visiting relatives, medical treatment, shopping, attending conference, or to engage in economic, cultural, sports and religious activities. In compiling statistics, each time of travelling is counted as one person-time.

□ Income from Domestic Tourism

Refer to expenditure of domestic tourists on transportation, sighting, accommodation, food, shopping and entertainment while they travel.

□ Star-rated Hotels

Refer to hotels rated with stars as assessed by the relevant tourism authorities according to GB/T14308-2003 standard with reference to their infrastructure, facilities and service levels.

第十七章·金融业

FINANCIAL STATISTICS

简要说明 BRIEF INTRODUCTION

本章资料包括全市金融机构信贷收支、证券和保险业情况，由市统计局综合处根据有关部门资料整理编辑。资料分别来源于市地方金融监督管理局、中国人民银行重庆营业部、重庆证监局、重庆银保监局。

The data in this chapter include the statistics on credit funds balance of financial institutions, securities and insurance, which are sorted and compiled by Division of Comprehensive Statistics, Chongqing Municipal Bureau of Statistics. The data are provided by Chongqing Local Financial Supervision and Administration Bureau, Chongqing Business Department of the People's Bank of China, China Securities Regulatory Commission Chongqing Bureau and China Insurance Regulatory Commission, Chongqing Bureau.

表 17.1 主要金融机构数（2017－2018 年）
NUMBER OF MAIN FINANCIAL INSTITUTIONS (2017-2018)

单位：个 (unit)

指　标	Item	2017	2018
银行机构	**Banks**		
法人 / 市级分行	Corporate Entity / Branch at Municipal Level	110	109
支　行	Sub-branches	2199	2328
分理处	Banking Offices	1782	1647
保险机构	**Insurance Institutions**		
保险公司法人机构	Corporate Entity of Insurance Companies	5	5
内资保险公司	Dometic-funded Insurance Companies		
省（市）级分公司	Branches at Provincial (Municipal) Level	51	52
中心支公司	Central Sub-branches	92	88
支公司	Sub-branches	557	555
营销服务部	Marketing & Service Departments	582	606
中外合资、外资保险公司	Insurance Joint-venturse with Foreign Investment and Wholly Foreign-owned Insurance Companies	10	49
外资保险公司代表处	Agencies of Foreign-funded Insurance Companies	1	0
专业保险中介机构	Professional Insurance Intermediary Institutions		
保险代理公司	Insurance Agent Companies	69	74
保险公估公司	Insurance Assessment Companies	11	13
保险经纪公司	Insurance Broker Companies	34	37
证券机构	**Security Institutions**		
证券公司	Security Companies	1	1
证券分公司	Branch Companies	37	39
营业部	Business Departments	202	207

注：1) 保险机构数不含中国出口信用保险公司重庆营业管理部。
2) 银行机构数含信托公司、财务公司、金融租赁公司和汽车金融公司等银行业金融机构。

Note: a) Chongqing Business Department of China Export & Credit Insurance Corporation is not incuded in the number of insurance institutions.
b) The number of banks includes the financial institutions like trust companies, financial companies, financial leasing companies and automobile financial companies, etc.

表 17.2 地方金融市场运行情况（2017 – 2018 年）
OPERATION OF LOCAL FINANCIAL MARKET (2017-2018)

指　标	Item	2017	2018
融资担保行业	**Financing Guarantee**		
家　数（家）	Number (unit)	140	137
注册资本（亿元）	Registered Capital (100 million yuan)	377.9	383.1
在保余额（亿元）	Guaranteed Balance (100 million yuan)	2570.0	2719.0
小额贷款公司行业	**Small Loan Companies**		
家　数（家）	Number (unit)	287	284
注册资本（亿元）	Registered Capital (100 million yuan)	801.8	1047.4
贷款余额（亿元）	Balance of Loans (100 million yuan)	1554.7	1621.9
上市与挂牌	**Listed Companies**		
境内外上市公司家数（家）	Number of Companies Listed Overseas (unit)	69	67
境内外上市公司市值（亿元）	Market Value of Companies Listed Overseas (100 million yuan)	8131.0	6800.0
新三板挂牌家数（家）	Number of Companies Listed in NEEQ Market (unit)	144	132
重庆股份转让中心挂牌家数（家）	Number of Companies Listed in Chongqing Share Transfer Center (unit)	675	772
股权投资类企业	**Equity Investment Companies**		
备案家数（家）	Numberof Companies Registered (unit)	671	707
注册及认缴资本（亿元）	Registered and Subscribed Capital (100 million yuan)	3062.7	3383.6
金融要素市场	**Financial Factor Market**		
家　数（家）	Number of Companies (unit)	14	15
交易量（亿元）	Turnover (100 million yuan)	24726.6	5737.9

注：1) 境外企业是指在其他国家和地区上市的企业。
2) 股权投资类企业为按照地方口径，在市金融办备案的企业。
3) 金融要素市场的交易量为当年累计交易量。

Note: a) Overseas companies refer to the companies listed in the stock market of other countries or regions.
b) Equity investment companies refer to those registered with Chongqing Financial Affairs Office according to the local statistic scope.
c) The turnover of financial factor market refers to the accumulative turnover of the year.

表 17.3 金融机构(含外资)存贷款年末余额(1980 – 2018 年)
YEAR-END DEPOSIT AND LOAN BALANCE OF FINANCIAL INSTITUTIONS (INCLUDING FOREIGN-FUNDED INSTITUTIONS) (1980-2018)

单位：亿元 (100 million yuan)

年份 Year	本外币存款余额 Total Deposit Balance of RMB and Foreign Currencies	人民币存款余额 Total Deposit Balance of RMB	其中 of which #企业存款 Enterprise Deposits	其中 of which #储蓄存款 Urban and Rural Saving Deposits	本外币存款余额 Total Deposit Balance of RMB and Foreign Currencies	人民币存款余额 Total Deposit Balance of RMB	其中 of which 短期贷款 Short-term Loans	其中 of which 中长期贷款 Medium & Long-term Loans
1980		29.15	11.32	6.22		42.19	40.96	1.23
1981		33.98	11.86	8.35		50.29	47.69	2.21
1982		38.66	12.44	10.56		55.30	51.50	3.05
1983		45.22	15.29	13.34		63.25	58.14	4.32
1984		70.86	25.40	18.39		84.53	70.42	11.76
1985		62.38	22.87	25.41		101.56	84.85	14.89
1986		84.57	27.94	34.79		131.70	110.61	18.86
1987		110.37	31.84	44.46		163.63	125.85	22.99
1988		123.47	38.22	50.50		183.32	141.01	25.90
1989		146.71	39.27	68.17		214.41	167.66	29.65
1990		198.00	48.51	92.17		268.40	205.63	38.30
1991		253.57	63.76	121.95		336.85	249.51	58.82
1992		315.70	83.75	154.45		408.64	294.63	78.75
1993		386.86	89.57	198.05		495.71	357.59	98.88
1994		518.27	143.26	285.40		596.96	409.16	136.46
1995		676.70	193.38	401.45		755.39	501.66	185.89
1996	885.91	846.43	266.42	500.71	968.71	913.93	601.10	219.05
1997	1147.92	1098.67	429.42	580.67	1224.01	1156.13	873.14	248.06
1998	1359.52	1306.04	483.80	724.54	1443.65	1358.61	978.51	299.59
1999	1638.21	1580.80	544.00	909.10	1693.64	1611.68	1093.09	398.22
2000	1982.21	1904.71	645.54	1085.36	1966.40	1881.29	1246.81	470.70
2001	2377.99	2294.05	750.81	1317.17	1969.97	1871.98	1043.84	631.26
2002	2903.42	2821.04	909.43	1595.01	2338.17	2244.72	1191.70	754.57
2003	3512.82	3438.61	1098.15	1896.56	2976.67	2774.81	1378.85	1010.69
2004	4105.09	4039.61	1230.85	2189.73	3309.13	3246.28	1362.75	1346.91
2005	4784.76	4727.72	1337.05	2545.85	3779.28	3719.52	1471.86	1810.83
2006	5587.50	5519.75	1551.98	2949.05	4443.84	4388.28	1510.73	2392.26
2007	6662.36	6576.68	1997.71	3228.15	5197.08	5131.69	1597.12	3220.70
2008	8102.00	8021.95	2377.48	3988.96	6384.03	6320.81	1617.52	4093.50
2009	11084.82	10933.00	3770.43	4908.68	8856.56	8766.06	1499.85	6563.63
2010	13613.97	13454.98	4666.88	5839.66	10999.87	10888.15	1686.11	8705.32
2011	16128.87	15832.81	8254.56	6990.25	13195.16	13001.39	2529.81	9968.14
2012	19423.90	18934.83	9851.06	8361.64	15594.18	15131.22	3626.89	10919.76
2013	22789.17	22202.10	11697.54	9622.31	18005.69	17381.55	4613.86	12105.13
2014	25160.11	24501.54	12788.24	10774.12	20630.69	20011.50	5404.51	13615.01

注：2011 年起“企业存款”更名为“单位存款”。
Note: The index of "enterprise deposit" is replaced by "corporate deposit" since 2011.

年份 Year	本外币存款余额 Total Deposit Balance of RMB and Foreign Currencies	人民币存款余额 Total Deposit Balance of RMB	其中 of which #住户存款 Deposits of Households	其中 of which 政府存款 Deposits of Governments	本外币存款余额 Total Deposit Balance of RMB and Foreign Currencies	人民币存款余额 Total Deposit Balance of RMB	其中 of which 短期贷款 Short-term Loans	其中 of which 中长期贷款 Medium & Long-term Loans
2015	28778.80	28094.37	12207.28	4235.04	22955.21	22393.93	5539.43	15394.18
2016	32160.09	31216.45	13399.44	4743.21	25524.17	24785.19	5383.08	17657.00
2017	34853.53	33718.98	14367.38	5994.81	28417.46	27871.89	5517.30	20764.52
2018	36887.34	35651.57	15907.23	6651.16	32247.75	31425.87	5371.10	23949.57

表 17.4 金融机构（含外资）本外币信贷收支表（2017－2018 年）
SOURCES AND USES OF RMB AND FOREIGN CURRENCIES CREDIT FUNDS OF FINANCIAL INSTITUTIONS (INCLUDING FOREIGN-FUNDED INSTITUTIONS) (2017-2018)

单位：亿元 (100 million yuan)

项 目	Item	2017	2018
各项存款余额	Total Deposit Balance	34853.53	36887.34
境内存款	Domestic Deposit	34816.71	36845.64
住户存款	Deposits of Households	14441.64	15986.57
活期存款	Demand Deposits	5028.23	5298.99
定期及其他存款	Time & Other Deposits	9413.42	7326.71
非金融企业存款	Deposits of Non-financial Enterprises	11766.73	11264.50
活期存款	Demand Deposits	4869.36	4721.55
定期及其他存款	Time & Other Deposits	6897.38	1583.08
政府存款	Deposits of Governments	5998.89	6653.13
财政性存款	Fiscal Deposits	901.96	1108.03
机关团体存款	Deposits of Government Departments & Organizations	5096.93	5545.10
非银行业金融机构存款	Deposits of Non-banking Financial Institutions	2609.45	2941.45
境外存款	Overseas Deposits	36.81	41.70
各项贷款余额	Total Loan Balance	28417.46	32247.75
境内贷款	Domestic Loans	28388.82	32217.11
住户贷款	Loans to Households	9866.73	11606.38
短期贷款	Short-term Loans	1277.80	1342.04
消费贷款	Consumption Loans	500.16	565.12
经营贷款	Operating Loans	777.65	776.92
中长期贷款	Mid & Long-term Loans	8588.93	10264.34
消费贷款	Consumption Loans	7922.56	9413.75
经营贷款	Operating Loans	666.37	850.59
非金融企业及机关团体	Loans to Non-financial Enterprises and Government Departments & Organizations	18512.29	20586.53
短期贷款	Short-term Loan	4635.15	4705.01
中长期贷款	Mid & Long-term Loans	12300.15	13781.82
票据融资	Paper Financing	772.17	1123.84
融资租赁	Financial Leases	788.75	946.25
各项垫款	Total Advances	16.07	29.61
非银行业金融机构贷款	Loans of Non-banking Financial Institutions	9.80	24.21
境外贷款	Overseas Loans	28.64	30.64

注：外币折本币所用汇率为当年最后一个交易日的中间汇率。
Note: The exchange rates between foreign currencies and RMB are the middle rates on the last trading day in current year.

表 17.5 金融机构（含外资）人民币信贷收支表（2017 – 2018 年）
SOURCES AND USES OF RMB CREDIT FUNDS OF FINANCIAL INSTITUTIONS (INCLUDING FOREIGN-FUNDED INSTITUTIONS) (2017-2018)

单位：亿元 (100 million yuan)

项 目	Item	2017	2018
各项存款余额	Total Deposit Balance	33718.98	35651.57
境内存款	Domestic Deposit	33695.09	35626.76
住户存款	Deposits of Households	14367.38	15907.23
活期存款	Demand Deposits	4983.63	5253.06
定期及其他存款	Time & Other Deposits	9383.75	10654.17
非金融企业存款	Deposits of Non-financial Enterprises	10727.17	10129.85
活期存款	Demand Deposits	4730.93	4576.37
定期及其他存款	Time & Other Deposits	5996.23	5553.48
广义政府存款	Deposits of Governments	5994.81	6651.16
财政性存款	Fiscal Deposits	901.96	1108.03
机关团体存款	Deposits of Government Departments & Organizations	5092.86	5543.13
非银行业金融机构存款	Deposits of Non-banking Financial Institutions	2605.72	2938.52
境外存款	Overseas Deposits	23.89	24.82
各项贷款余额	Total Loan Balance	27871.89	31425.87
境内贷款	Domestic Loans	27858.80	31415.10
住户贷款	Loans to Households	9866.38	11606.06
短期贷款	Short-term Loans	1277.50	1341.76
消费贷款	Consumption Loans	499.85	564.84
经营贷款	Operating Loans	777.65	776.92
中长期贷款	Mid & Long-term Loans	8588.88	10264.30
消费贷款	Consumption Loans	7922.51	9413.71
经营贷款	Operating Loans	666.37	850.59
非金融企业及机关团体	Loans to Non-financial Enterprises and Government Departments & Organizations	17982.62	19784.84
短期贷款	Short-term Loan	4230.00	4005.13
中长期贷款	Mid & Long-term Loans	12175.64	13685.27
票据融资	Paper Financing	772.17	1123.84
融资租赁	Financial Leases	788.75	946.25
各项垫款	Total Advances	16.07	24.34
非银行业金融机构贷款	Loans of Non-banking Financial Institutions	9.80	24.21
境外贷款	Overseas Loans	13.10	10.77

表 17.6 按行业分金融机构(含外资)本外币贷款结构(2017－2018 年)
LOAN COMPOSITION OF RMB AND FOREIGN CURRENCIES OF FINANCIAL INSTITUTIONS (INCLUDING FOREIGN-FUNDED INSTITUTIONS) (BY SECTOR) (2017-2018)

单位：亿元 (100 million yuan)

项 目	Item	2017	2018
贷款总计	**Total Loans**	**28570**	**32252**
按行业分	**By Sector**		
#农、林、牧、渔业	Farming, Forestry, Animal Husbandry and Fishery	180	152
采矿业	Mining and Quarrying	192	170
制造业	Manufacturing	2609	2881
电力、燃气及水的生产和供应业	Production and Supply of Electricty, Gas & Water	919	947
建筑业	Construction	1391	1520
批发和零售业	Wholesale and Retail Trades	1488	1309
交通运输、仓储和邮政业	Transport, Storage and Post	2739	3069
住宿和餐饮业	Hotels and Catering Services	135	127
信息传输、软件和信息技术服务业	Information Transmission, Software and IT Services	63	96
金融业	Financial Intermediation	1072	1513
房地产业	Real Estate	1770	1986
租赁和商务服务业	Leasing and Business Services	2568	3080
科学研究和技术服务业	Scientific Research and Technology Services	73	53
水利、环境和公共设施管理业	Administration of Water Conservancy, Environment and Public Utilities"	2988	3312
居民服务、修理和其他服务业	Household Services and Repairs and Other Services	36	29
教 育	Education	106	119
卫生和社会工作	Health and Social Work	131	129
文化、体育和娱乐业	Culture, Sports and Entertainment	88	87
公共管理、社会保障和社会组织	Public Administration, Social Security and Social Organization	126	38
对境外贷款	Loans Abroad	29	31
个人贷款	Individual Loans	9867	11606

表 17.7 金融机构(含外资)房地产贷款投向表(2017－2018 年)
LOANS TO REAL ESTATE FROM FINANCIAL INSTITUTIONS (INCLUDING FOREIGN-FUNDED INSTITUTIONS) (2017-2018)

单位：亿元 (100 million yuan)

项 目	Item	2017	2018
合 计	**Total Loans**	**9651.17**	**11844.80**
房地产开发贷款	Loans to Real Estate Development	2258.92	2751.18
地产开发贷款	Loans to Land Development	948.70	779.80
#政府土地储备机构贷款	Loans to Government Land Reserve Institutions	314.84	137.30
房产开发贷款	Loans to Housing Development	1310.23	1971.39
住房开发贷款	Loans to Residential Housing Development	899.67	1530.56
#保障性住房开发贷款	Loans to Low-income Housing Development	323.23	527.16
商业用房开发贷款	Loans to Housing for Commercial Use	350.72	414.90
其他房产开发贷款	Loans to Other Housing Development	59.84	25.92
购房贷款	Housing Purchase Loan	7269.38	8744.16
企业购房贷款	Enterprise Housing Purchase Loan	53.62	90.64
商业用房贷款	Loan for Housing for Commercial Use	51.86	89.06
住房贷款	Loan for Housing for Residential Use	1.75	1.58
个人购房贷款	Individual Housing Loan	7215.07	8652.90
个人商业用房贷款	Loan for Housing for Commercial Use	306.68	330.37
个人住房贷款	Loan for Housing for Residential Use	6908.39	8322.52
新建房贷款	Loan for Newly Built Housing	5185.08	6237.45
#抵押贷款	Mortgage Loan	5174.40	6210.19
再交易房贷款	Loan for Second-hand Housing	1723.30	2085.07
个人购买保障性住房贷款	Individual Loan for Purchasing Low-income Housing	10.12	8.71

表 17.8 金融机构(含外资)境内大中小型企业人民币贷款情况统计表(2017－2018 年)

STATISTICS ON THE RMB LOANS TO THE DOMESTIC LARGE, MEDIUM AND SMALL ENTERPRISES FROM FINANCIAL INSTITUTIONS (INCLUDING FOREIGN-FUNDED INSTITUTIONS) (2017-2018)

单位：亿元 (100 million yuan)

项 目	Item	大型企业贷款 Large		中型企业贷款 Medium		小型企业贷款 Small	
		2017	2018	2017	2018	2017	2018
境内企业贷款合计	**Total Loans to Domestic Enterprises**	**6075.61**	**6687.89**	**5982.01**	**7037.82**	**4669.74**	**4832.02**
#农、林、牧、渔业	Farming, Forestry, Animal Husbandry and Fishery	59.42	46.81	63.74	56.92	43.55	34.94
采矿业	Mining and Quarrying	127.05	107.12	38.01	49.66	25.23	13.11
制造业	Manufacturing	1396.81	1688.46	490.56	534.71	681.09	607.26
电力、燃气及水的生产和供应业	Production and Supply of Electricty, Gas & Water	267.51	263.68	225.59	270.10	398.40	389.37
建筑业	Construction	452.68	432.22	561.94	649.35	313.19	314.38
批发和零售业	Wholesale and Retail Trades	239.19	282.94	599.03	507.27	556.65	463.69
交通运输、仓储和邮政业	Transport, Storage and Post	1450.38	1575.64	562.24	673.17	680.72	761.91
#政府投融资平台	Government Investment and Financing Platform	918.06	97.53	125.22	6.76	1.97	
住宿和餐饮业	Hotels and Catering Services	29.02	33.47	66.98	52.34	34.87	32.50
信息传输、计算机服务和软件业	Information Transmission, Computer Services and Software	21.07	43.71	18.38	19.82	18.77	19.35
金融业	Financial Intermediation	48.72	70.98	41.62	98.06	15.28	122.87
房地产业	Real Estate	527.22	543.88	867.57	1167.09	140.03	130.23
#政府投融资平台	Government Investment and Financing Platform	196.16	113.00	90.08	33.90	75.62	46.74
租赁和商务服务业	Leasing and Business Services	788.26	975.59	922.80	1200.48	808.32	878.20
#政府投融资平台	Government Investment and Financing Platform	323.51	70.99	321.55	71.47	153.47	47.06
科学研究和技术服务业	Scientific Research and Technology Service	15.37	10.21	30.04	20.93	19.18	13.15
水利、环境和公共设施管理业	Administration of Water Conservancy, Environment and Public Utilities	591.45	563.16	1436.16	1661.00	886.28	1001.70
#政府投融资平台	Government Investment and Financing Platform	364.13	39.91	806.63	283.28	313.80	49.94
居民服务、修理和其他服务业	Household Services and Other Services	5.97	3.71	10.39	8.21	18.83	15.85
教 育	Education	5.34	6.06	23.22	37.62	16.27	14.53
卫生和社会工作	Health and Social Work	2.62	3.11	8.29	9.73	10.70	9.83
文化、体育和娱乐业	Culture, Sports and Entertainment	47.53	37.14	15.45	21.36	2.39	9.14
境内企业贷款合计	**Total Loans to Domestic Enterprises**	**6075.61**	**6687.89**	**5982.01**	**7037.82**	**4669.74**	**4832.02**
正常类贷款	Pass Loan	5852.22	6385.84	5612.21	6619.10	4367.34	4555.94
关注类贷款	Special Mention Loan	211.01	272.08	278.63	307.25	207.09	195.98
次级类贷款	Substandard Loan	2.43	20.93	34.47	55.61	40.47	33.23
可疑类贷款	Doubtful Loan	6.26	6.51	50.40	47.27	41.81	37.19
损失类贷款	Loss Loan	3.69	2.54	6.31	8.59	13.03	9.69
境内企业贷款合计	**Total Loans to Domestic Enterprises**	**6075.61**	**6687.89**	**5982.01**	**7037.82**	**4669.74**	**4832.02**
信用贷款	Fiduciary Loan	1711.70	1921.66	1117.31	1418.77	863.51	997.98
保证贷款	Guaranteed Loan	1562.46	1596.79	1519.36	1937.41	1868.02	1860.34
抵(质)押贷款	Mortgage Loan	2801.45	3169.43	3345.34	3681.64	1938.21	1973.69
境内企业贷款合计	**Total Loans to Domestic Enterprises**	**6075.61**	**6687.89**	**5982.01**	**7037.82**	**4669.74**	**4832.02**
国有控股企业	State-holding Enterprise	4491.38	4758.24	3770.54	4592.00	2862.61	3253.53
集体控股企业	Collective-holding Enterprise	128.00	76.18	256.92	207.94	124.44	60.34
私人控股企业	Private-holding Enterprise	1017.07	1131.88	1744.83	1961.01	1507.18	1396.48
港澳台商控股企业	Hong Kong, Macao or Taiwan-holding Enterprise	344.41	473.25	145.49	190.17	98.86	51.25
外商控股企业	Foreign-holding Enterprise	94.75	248.34	64.23	86.70	76.64	70.42

表 17.9 上市公司情况（1993 – 2018 年）
STATISTICS ON LISTED COMPANIES (1993-2018)

单位：个 (unit)

年 份 Year	全市总计 Total	其 中 of which					
		上交所 Shanghai Stock Exchange	深交所 Shenzhen Stock Exchange	仅发 A 股公司 A Share Only	发 A、B 股公司 A&B Shares	仅发 B 股公司 B Share Only	发 A、H 股公司 A&H Shares
1993	3	1	2	3			
1994	5	2	3	5			
1995	7	3	4	6		1	
1996	11	4	7	10		1	
1997	19	8	11	17	1	1	
1998	19	8	11	17	1	1	
1999	22	9	13	20	1	1	
2000	25	11	14	23	1	1	
2001	26	12	14	24	1	1	
2002	27	13	14	25	1	1	
2003	27	13	14	25	1	1	
2004	29	14	15	27	1	1	
2005	29	14	15	27	1	1	
2006	29	14	15	27	1	1	
2007	30	15	15	27	1	1	1
2008	31	15	16	28	1	1	1
2009	31	15	16	28	1	1	1
2010	34	16	18	31	1	1	1
2011	36	20	16	33	1	1	1
2012	37	19	18	34	1	1	1
2013	37	19	18	34	1	1	1
2014	40	21	19	37	1	1	1
2015	43	21	22	40	1	1	1
2016	44	22	22	41	1	1	1
2017	50	26	24	47	1	1	1
2018	50	26	24	47	1	1	1

注：本表不包括仅发 H 股的公司。
Note: Companies with H share only are not included in this table.

表 17.10 有价证券发行情况(1981－2018 年)
ISSUANCE OF SECURITIES (1981-2018)

单位：亿元 (100 million yuan)

年 份 Year	股票发行量 (万股) Amount of Issued Shares (10 000 shares)	其中 of which A 股 A Shares	B 股 B Shares	股票筹资额 Raised Capital	其中 of which A 股 A Shares	B 股 B Shares	股转系统 Share Transfer System
1981							
1982							
1983							
1984							
1985							
1986							
1987							
1988							
1989							
1990							
1991							
1992							
1993	7220	7220		2.08	2.08		
1994	3000	3000		1.13	1.13		
1995	17200	5200	12000	5.30	0.52	4.78	
1996	50610	15610	35000	10.41	4.56	5.85	
1997	42039	42039		26.76	26.76		
1998	5000	5000		3.75	3.75		
1999	10000	10000		7.21	7.21		
2000	29600	29600		22.63	22.63		
2001	3108	3108		4.73	4.73		
2002	2000	2000		3.16	3.16		
2003	3275	3275		3.74	3.74		
2004	22285	22285		15.65	15.65		
2005							
2006	31133	31133		14.63	14.63		
2007	51929	51929		26.37	26.37		
2008	22062	22062		12.73	12.73		
2009	237708	237708		17.56	17.56		
2010	809055	809055		149.00	149.00		
2011	192243	192243		158.02	158.02		
2012	43744	43744		30.00	30.00		
2013	349506	385319	-35813	131.23	131.23		
2014	525675	525675		180.88	180.83		0.05
2015	967462	967462		127.01	127.01		
2016	833773	833773		443.56	443.56		
2017	153412	153412		102.97	102.97		
2018	25000	2500		35.00	35.00		

注：股票发行量和筹资额均不含 H 股。
Note: The amount of issued shares and raised capital don't include H share.

表 17.11 保险业务基本情况（1996 – 2018 年）
BASIC STATISTICS ON INSURANCE BUSINESS (1996-2018)

单位：亿元 (100 million yuan)

年 份 Year	保费收入 Premium	其 中 of which 财产保险 Property Insurance	其 中 of which 人身保险 Life Insurance	赔款及给付 Claim and Payments	其 中 of which 财产保险 Property Insurance	其 中 of which 人身保险 Life Insurance
1996	12.82	8.05	4.77	6.48	4.44	2.04
1997	19.52	9.03	10.49	7.18	4.39	2.79
1998	22.77	9.31	13.46	10.64	6.55	4.09
1999	25.39	10.04	15.35	8.91	4.96	3.95
2000	27.71	10.72	16.99	8.27	5.28	2.99
2001	33.72	11.32	22.40	11.25	5.91	5.34
2002	46.17	13.31	32.86	14.20	7.57	6.63
2003	57.93	15.24	42.69	14.53	8.56	5.97
2004	66.51	17.45	49.06	16.25	9.43	6.82
2005	73.10	19.46	53.64	17.59	10.54	7.05
2006	93.24	24.17	69.07	20.51	12.08	8.43
2007	124.68	33.10	91.58	35.25	18.44	16.81
2008	200.55	37.76	162.80	45.64	22.59	23.05
2009	244.70	47.05	197.65	56.63	28.88	27.75
2010	321.08	65.96	255.12	62.10	32.05	30.05
2011	311.81	81.63	230.19	73.98	39.31	34.66
2012	331.03	95.20	235.83	91.78	52.23	39.55
2013	359.23	112.52	246.71	124.60	62.98	61.62
2014	407.26	138.87	268.39	151.43	74.07	77.36
2015	514.58	155.93	358.65	220.19	84.65	135.54
2016	601.61	165.23	436.38	250.16	90.37	159.79
2017	744.75	183.87	560.88	256.83	96.46	160.37
2018	806.24	202.48	603.76	277.37	108.62	168.75

表 17.12 按险种分的保险业务指标（2017 – 2018 年）
STATISTICS ON INSURANCE BUSINESS BY CLASSIFICATION (2017-2018)

单位：万元 (10 000 yuan)

项 目	Item	保 费 Premium 2017	保 费 Premium 2018	赔款及给付 Claim and Payment 2017	赔款及给付 Claim and Payment 2018
合 计	**Total**	**7447535**	**8062400**	**2568330**	**2773700**
财产保险	**Property Insurance**	**1838714**	**2024800**	**964630**	**1086200**
企业财产保险	Enterprise Property Insurance	53353	58799	27467	25076
家庭财产保险	Family Property Insurance	6268	6358	2964	4510
机动车辆保险	Motor Vehicle Insurance	1541708	1626544	818924	909106
工程保险	Engineering Insurance	22057	27266	6505	6219
责任保险	Liability Insurance	85091	102709	41808	54191
信用保险	Export Credit Insurance	13301	13292	4123	7072
保证保险	Guarantee Insurance	46643	95804	14074	20347
船舶保险	Ship Insurance	7630	8529	6497	5066
货物运输保险	Freight Transport Insurance	17350	18626	12925	11132
特殊风险保险	Special Risks Insurance	2601	3036	280	1982
农业保险	Agriculture Insurance	40680	61364	27931	39296
其他保险	Other Insurances	2032	2443	1132	2256
人身保险	**Life Insurance**	**5608821**	**6037600**	**1603700**	**1687500**
人寿保险	Life Insurance	4365977	4499900	1021424	1011200
健康保险	Health Insurance	1041866	1305400	517406	603500
意外伤害保险	Personal Accident Insurance	200978	232300	64869	72800

重/庆/统/计/年/鉴

主要统计指标解释

信贷资金

指金融机构以信用方式积聚和分配的货币资金。金融机构信贷资金的来源有各项存款、金融债券发行、应付及暂收款、对国际金融机构负债、流通中货币、各项准备、所有者权益和其他项目等；信贷资金的运用有各项贷款、有价证券及投资、应收及预付款、委托投资、金银占款、外汇占款、库存现金、财政借款及在国际金融机构中的资产等。

存款

指企业、机关、团体或居民根据资金必须收回的原则，把货币资金存入银行或其他信贷机构保管并取得一定利息的一种信用活动形式。根据存款对象或性质的不同可划分为企业存款、财政存款、机关团体存款、基本建设存款、储蓄存款、农村存款、委托存款、其他存款等科目。它是银行信贷资金的主要来源。

贷款

指银行或其他信贷机构根据资金必须归还的原则，按一定利率，为企业、个人等提供资金的一种信用活动形式。我国银行贷款分为短期贷款、委托及信托类贷款、其他类贷款等。

金融机构往来

指各金融机构之间的资金往来，包括同业存放款和同业拆借款。

准备金

指各金融机构在中央银行的存款及缴存中央银行的法定准备金。

证券

由债券购买者承购的或因销售产品而拥有的，可在金融市场上交易并代表一定债权的书面证明。包括政府债券、金融债券、企业债券、商业票据、股票、支付固定收入但不提供法人企业残余价值分享权的优先股等。

股票

指股票购买者及直接投资者对其投资企业净资产所拥有的权益。股票是股份公司签发的证明股东投资并按其所持股份享有权益和承担义务的权益性证券。

保险公司

在中国境内的、经过保险监督部门批准设立，并依法登记注册的各类商业保险公司。

保费

指投保人为取得保险人在约定范围内所承担赔偿责任而支付给保险人的费用。

赔款

指保险人根据保险合同的规定，向被保险人支付的赔偿保险责任损失的金额。

给付

包括死伤医疗给付和满期给付。死伤医疗给付是指保险人根据人寿保险及长期健康保险合同的规定，因被保险人在保险期内发生保险责任范围内的保险事故支付给被保险人（或受益人）的金额。满期给付是指被保险人生存期满，保险人按人寿保险合同规定支付给被保险人的满期保险金额。

Explanatory Notes on Main Statistical Indicators

Credit Funds

Refer to the funds issued as loans by banking institutions. The sources of credit funds of the banking institutions included deposits, issue of financial bonds, account-payable and temporary gathering, liabilities to international financial institutions, currency in circulation, various reserves, owners rights and interests and other items. The credit funds can be used in forms of loans, securities and investment, account receivable and advance payment, entrusted investment, gold, foreign exchange, cash on hand, government debt and assets in the international financial institutions.

Deposit

Is a form of credit by which enterprises, institutions, organizations or households can put money into banks and other credit institutions for safekeeping and interest earning under the principle of free withdrawal. According to different depositors, deposits are divided into enterprise deposits, treasury deposits, deposits of government agencies and organizations, capital construction deposits, savings deposits, rural saving deposits, entrusted deposits and other deposits. Deposits are major sources of the credit funds of banks.

Loan

Is a form of credit by which banks and other credit institutions provide funds at certain interest rate to enterprises and individuals in the light of the principle of unconditional repayment. Loans from Chinese banks include short-term loan, medium-term and long-term loans, entrusted loans, and other loans.

Transactions between Financial Institutions

Refer to flow of capital between financial institutions, including inter-bank deposits and loans.

Reserve Funds

Refer to savings of financial institutions in the central bank and designated reserves to the central bank.

Securities

Refer to written certificates representing creditors' rights, purchased by bond holders or owned by selling products, which can be transacted at the financial markets. They include government bonds, financial bonds, corporation bonds, commercial drafts, stocks, preferential stocks that provide fixed income without the right to share the residual value of corporations, etc.

Stocks

Refer to the rights by stockholders and direct investors on the net assets of corporations they invested in. Stocks refer to negotiable securities on creditor's rights, issued by stock companies certifying the investment by stockholders and their rights and duties depending on their stocks.

Insurance Companies

Refer to commercial insurance companies of various forms registered by law and established in China with the approval of insurance regulatory agencies.

Premium

Is the fee paid by the insurant based on a proportion of the benefit he or she may get from the insurance plus the insurance value. It includes the income from the deposit of property insurance and personal insurance.

Settled Claim

Is the compensation paid by the insurer to the insurant in accordance with the insurance contract.

□ Payment

Includes payment for death, injury or medical treatment and mature payment. Payment for death, injury or medical treatment refers to the money paid to the insurant (of the beneficiary) in accordance with the life of health insurance contract when the insurant encounters accidents within the insured period covered in the contract. Mature payment refers to the mature payment to the insurant in accordance with the life insurance contract at the end of the insured period for the loss which has been checked and found to be in the range of liability of the insurance after an accident has happened to the insured property or to a person who has insured his life. It is further divided into settled and unsettled claim.

第十八章·教育、科技和文化业

EDUCATION, SCIENCE, TECHNOLOGY AND CULTURE

简要说明 BRIEF INTRODUCTION

本章资料主要包括全市教育事业、科学技术活动和文化事业的基本情况，由市统计局社会科技统计处根据调查资料和有关部门资料整理编辑。

教育部分包括各类教育的学校、教师和学生情况，由市教育委员会提供；专利资料由市知识产权局提供；商标申请注册来源于市市场监督管理局；文化部分主要包括图书馆、文物、群众艺术文化、广播电视、新闻出版等情况，资料主要来自市文化和旅游发展委员会。

The data in this chapter include the basic statistics on education, scientific & technological activities and culture undertakings. All the data are compiled by Division of Social and Technology Statistics, Chongqing Municipal Bureau of Statistics on the basis of the data from survey and related departments.

The statistics of education cover the data of schools, teachers and students of various kinds, which were provided by Chongqing Education Commission. The data of patent are provided by Chongqing Intellectual Property Office. The data of sampling supervision & check on quality of products are provided by Chongqing Administration for Market Regulation. The data of culture mainly include public libraries, cultural relics, mass arts & culture, radio and television, and press and publication, which are provided by Commission of Culture and Tourism of Chongqing.

表 18.1 主要年份各级各类学校数
NUMBER OF SCHOOLS BY LEVEL AND TYPE IN MAJOR YEARS

单位：所 (unit)

年 份 Year	普通高等学校 Regular Institutions of Higher Education	普通中学 Regular Secondary Schools	小 学 Primary Schools	特殊教育学校 Special Schools	幼儿园 Kindergartens
1952	7	128	12920		
1957	9	249	16201		
1962	10	402	14148		
1965	11	696	31503		
1970	11	1700	21253		
1975	8	1366	25465		
1978	13	2948	25002		
1980	16	1989	25120		
1985	18	1788	22793	7	5800
1986	19	1739	22486	19	5230
1987	19	1759	22094	18	5542
1988	20	1753	21629	20	5009
1989	20	1751	20972	23	4726
1990	20	1753	20248	24	5232
1991	20	1762	19829	29	4486
1992	20	1766	19496	32	4814
1993	20	1746	18849	30	4061
1994	20	1725	18175	31	4094
1995	22	1638	19637	30	6046
1996	22	1651	16779	36	5538
1997	22	1606	16261	37	5741
1998	22	1555	15737	37	5412
1999	23	1552	15223	42	6007
2000	22	1568	14730	42	6659
2001	29	1607	13076	44	3726
2002	29	1574	12031	38	3477
2003	33	1564	10966	41	3093
2004	34	1511	10409	43	3408
2005	35	1414	9558	43	3287
2006	38	1373	8754	44	3376
2007	38	1361	7990	43	3351
2008	47	1325	7575	41	3582
2009	51	1304	7096	36	3700
2010	53	1273	5544	36	4105
2011	59	1259	5248	36	4114
2012	60	1231	4810	36	4401
2013	63	1200	4728	36	4547
2014	63	1179	4586	36	4669
2015	64	1167	4170	36	4816
2016	65	1120	2979	36	5109
2017	65	1118	2954	36	5210
2018	65	1122	2893	38	5607

注：1) 2001 年起幼儿园资料按教育部对幼儿园数的认定标准统计，与以往年数不可比（下表同）。
2) 2008 年学校数含“独立学院”数。

Note: a) The data of kindergartens have been calculated in accordance with the definition by Ministry of Education since 2001, not comparable with that of previous years (the same below).
b) Number of schools in 2008 includes the number of “non-university tertiary”.

表 18.2 主要年份各级各类学校在校学生数
NUMBER OF STUDENTS ENROLLMENT BY LEVEL AND TYPE IN MAJOR YEARS

单位：人 (person)

年 份 Year	普通高等学校 Regular Institutions of Higher Education	普通中学 Regular Secondary Schools	小 学 Primary Schools	特殊教育学校 Special Schools	幼儿园 Kindergartens
1952	6437	61345	1524145		
1957	15211	181423	1539805		
1962	21173	163628	1640036		
1965	17408	266504	1967997		
1970	4235	651232	2130534		
1975	10194	963304	3415196		
1978	16357	1631581	4035934		
1980	25349	1323181	4316902		
1985	39871	1102702	3857331	418	296336
1986	44454	1107545	3610433	543	306591
1987	47644	1122462	3279059	571	409209
1988	49981	1124510	2858642	669	389185
1989	48449	1111706	2581889	831	351175
1990	49331	1080755	2393235	803	413552
1991	49964	978204	2314986	1179	505799
1992	54121	868431	2361261	1966	549271
1993	63795	790396	2500362	1850	445940
1994	71118	876008	2595400	1415	534177
1995	73398	977079	2638555	1783	577162
1996	79929	1012654	2737051	1832	588854
1997	83764	1002915	2854307	1706	590464
1998	86913	1083691	2884385	2325	613298
1999	101601	1282599	2802741	9007	625666
2000	132512	1477861	2761308	21160	640804
2001	170006	1540317	2777859	18383	599282
2002	211221	1574357	2797557	17199	587645
2003	255266	1663728	2779441	14483	572538
2004	303913	1707489	2718999	15973	544759
2005	357926	1735166	2609754	12463	536266
2006	405118	1794129	2523824	12151	530842
2007	445800	1834364	2384527	11773	535457
2008	485013	1907856	2243916	12172	574187
2009	523279	1920158	2081367	13189	632170
2010	565868	1908158	1999407	14618	708711
2011	613026	1838917	1954818	16978	842846
2012	670174	1747002	1943177	13083	892635
2013	707610	1678976	1989128	15622	893338
2014	740534	1627301	2034165	13893	894679
2015	767114	1583562	2073320	14059	915616
2016	784631	1572832	2098191	16079	932584
2017	805208	1592207	2099536	18585	958667
2018	827945	1653294	2095361	21405	963121

注：本章普通高等学校数据均含研究生（以下各表同）。
Note: The data of regular institutions of higher education in this chapter include postgraduates(the same applies to the following tables).

表 18.3 主要年份各级各类学校专任教师数
NUMBER OF FULL-TIME TEACHERS BY LEVEL AND TYPE IN MAJOR YEARS

单位：人 (person)

年 份 Year	普通高等学校 Regular Institutions of Higher Education	普通中学 Regular Secondary Schools	小 学 Primary Schools	特殊教育学校 Special Schools	幼儿园 Kindergartens
1952	839	3385	41698		
1957	2193	7940	52530		
1962	3297		55213		
1965	3336		78503		
1970	3177	24970	73695		
1975	3574	42893			
1978	3914				
1980	5025	60953	125304		
1985	8061	58886	119119	74	11937
1986	8236	55071	113724	101	12054
1987	8622	57044	112163	113	15090
1988	8823	60450	111596	145	15873
1989	8726	61938	109691	186	15898
1990	8677	64056	110580	186	17443
1991	8596	64934	111305	277	19313
1992	8696	65030	111667	321	19244
1993	8777	63555	113834	326	18388
1994	9186	65316	116603	360	19729
1995	9409	67498	117497	353	19948
1996	9400	69503	117711	383	20111
1997	9432	70661	119881	411	20665
1998	9498	72333	121062	400	20962
1999	9987	76158	120229	469	21088
2000	10449	81766	119014	569	22598
2001	12125	85030	118623	474	12067
2002	13954	87427	117543	510	11666
2003	16013	89560	115212	543	12141
2004	18214	92051	114007	541	12351
2005	20184	93997	114326	556	13220
2006	23717	95782	113724	584	13615
2007	26089	99807	119831	652	14270
2008	28398	103111	119161	670	15507
2009	29883	106544	117460	699	16579
2010	31070	109303	116057	715	19966
2011	33110	110951	115343	763	22807
2012	35744	112452	114036	804	26735
2013	37130	113880	115204	852	30199
2014	38944	114076	116360	878	32921
2015	39891	114709	118897	889	36979
2016	40583	115217	123066	926	41009
2017	41708	115645	125270	965	44327
2018	42946	117159	126513	995	47880

表 18.4 研究生基本情况（1996 － 2018 年）
BASIC STATISTICS ON POSTGRADUATES (1996-2018)

单位：人 (person)

年 份 Year	在校学生数 Total Enrollment	招生数 New Enrollment	毕业生数 Graduates
1996	2953	1052	762
1997	3199	1108	847
1998	3726	1389	862
1999	5032	2132	991
2000	6233	2686	1084
2001	8358	3410	1401
2002	11110	4423	1616
2003	14763	6392	2715
2004	19367	8202	3426
2005	24363	9436	4193
2006	29000	10475	5492
2007	32145	11312	7483
2008	35005	12376	8925
2009	39080	14159	9759
2010	43149	14851	10347
2011	45213	15341	12351
2012	46569	15925	13844
2013	48210	16324	14189
2014	48979	16647	14915
2015	50534	17231	14866
2016	52156	17562	15378
2017	58349	22437	15517
2018	65134	24148	16510

表 18.5 主要年份文化机构数
NUMBER OF CULTURAL INSTITUTIONS IN MAJOR YEARS

单位：个 (unit)

年 份 Year	艺术表演团体 Specialized Troupes	文化馆、艺术馆 Cultural Centers and Art Centers	图书馆 Libraries
1975	54	33	10
1978	54	36	10
1980	55	35	21
1985	54	35	25
1986	52	35	26
1987	51	35	26
1988	45	35	27
1989	44	35	35
1990	42	39	36
1991	42	39	38
1992	42	39	38
1993	41	39	41
1994	36	40	41
1995	36	40	42
1996	39	46	42
1997	39	47	42
1998	39	47	42
1999	36	46	42
2000	35	44	42
2001	36	44	42
2002	32	44	43
2003	32	44	44
2004	29	44	44
2005	29	42	43
2006	78	41	43
2007	84	41	43
2008	177	41	43
2009	160	41	43
2010	381	41	43
2011	282	41	43
2012	244	41	43
2013	443	41	43
2014	512	41	43
2015	730	41	43
2016	770	41	43
2017	1283	41	43
2018	1571	41	43

注：艺术表演团体数据 2006 年起统计口径调整为含系统内、系统外两部分。
Note: The data of specialized troupes has included the units either inside or outside the public-owned system since 2006.

表 18.6 教育事业基本情况（2017 – 2018 年）
BASIC STATISTICS ON EDUCATION (2017-2018)

单位：人、所 (person, unit)

指 标	Item	2017	2018
学校数	**Number of Schools**		
高等学校	Higher Education	69	69
普通高等学校	Regular Higher Education Institutions	65	65
本科院校	HEIs Offering Degree Programs	25	25
#独立学院	Independent Institutions	6	6
专科院校	Higher Vocational Colleges	40	40
成人高等学校	Adult Higher Education Institutions	4	4
高中阶段学校	Senior Secondary Education	437	439
普通高中	Regular Senior Secondary Schools	255	256
中等职业学校	Vocational Secondary Schools	182	183
义务教育学校	Compulsory Education	3817	3759
普通初中	Regular Junior Secondary Schools	863	866
普通小学	Regular Primary Schools	2954	2893
特殊教育学校	Special Education	36	38
幼儿园	Kindergartens	5210	5607
工读学校	Correctional Work-Study Schools	2	1
成人中学	Adult Secondary Schools	11	11
成人小学	Adult Primary Schools	281	260
#扫盲班	Literacy Courses	121	106
在校学生数	**Total Enrollment**		
高等教育	Higher Education	1099752	1111854
研究生	Postgraduates	58349	65134
博 士	Doctor's Degree	6213	6653
硕 士	Master's Degree	52136	58481
普通本专科	Undergraduate in Regular HEIs	746859	762811
本 科	Normal Courses	453829	462559
专 科	Short-cycle Courses	293030	300252
成人本专科	Undergraduate in Adult HEIs	119796	105135
本 科	Normal Courses	22827	24417
专 科	Short-cycle Courses	96969	80718
在职人员攻读博硕士学位	Employees Enrolled in Graduate Programs Leading to Doctor and Master Degrees	15136	14257
网络本专科	Web-based Undergraduates	159612	164517
本 科	Normal Courses	71224	76351
专 科	Short-cycle Courses	88388	88166
高中阶段教育	Senior Secondary Education	1000056	1004587
普通高中	Regular Senior Secondary Schools	601804	607678

表 18.6 续表 1 continued 1

单位：人、所 (person, unit)

指　标	Item	2017	2018
中等职业教育	Vocational Secondary Education	398252	396909
义务教育	Compulsory Education	3089939	3140977
普通初中	Regular Junior Secondary Schools	990403	1045616
普通小学	Regular Primary Schools	2099536	2095361
特殊教育	Special Education	18585	21405
学前教育	Pre-school Education	958667	963121
工读学校	Correctional Work-Study Schools	32	36
成人中学	Adult Secondary Schools	3784	3847
成人小学	Adult Primary Schools	44785	40717
#扫盲班	Literacy Courses	4597	3859
招生数	New Enrollment		
高等教育	Higher Education	372875	378224
研究生	Postgraduates	22437	24148
博　士	Doctor's Degree	1454	1692
硕　士	Master's Degree	20983	22456
普通本专科	Undergraduate in Regular HEIs	221492	227976
本　科	Normal Courses	118196	119616
专　科	Short-cycle Courses	103296	108360
成人本专科	Undergraduate in Adult HEIs	42475	40167
本　科	Normal Courses	8663	11609
专　科	Short-cycle Courses	33812	28558
在职人员攻读博硕士学位	Employees Enrolled in Graduate Programs Leading to Doctor and Master Degrees"		
网络本专科	Web-based Undergraduates	86471	85933
本　科	Normal Courses	39964	40593
专　科	Short-cycle Courses	46507	45340
高中阶段教育	Senior Secondary Education	336942	340599
普通高中	Regular Senior Secondary Schools	201279	201397
中等职业教育	Vocational Secondary Education	135663	139202
义务教育	Compulsory Education	673188	710082
普通初中	Regular Junior Secondary Schools	347162	368892
普通小学	Regular Primary Schools	326026	341190
特殊教育	Special Education	3348	3872
学前教育	Pre-school Education	412896	409869
工读学校	Correctional Work-Study Schools	32	36
成人中学	Adult Secondary Schools		
成人小学	Adult Primary Schools		
#扫盲班	Literacy Courses		

表 18.6 续表 2 continued 2

单位：人 (person)

指　标	Item	2017	2018
毕业生数	**Graduates**		
高等教育	Higher Education	338821	340709
研究生	Postgraduates	15517	16510
博　士	Doctor's Degree	1046	1093
硕　士	Master's Degree	14471	15417
普通本专科	Undergraduate in Regular HEIs	196414	199727
本　科	Normal Courses	104704	105300
专　科	Short-cycle Courses	91710	94427
成人本专科	Undergraduate in Adult HEIs	55480	50289
本　科	Normal Courses	11280	8949
专　科	Short-cycle Courses	44200	41340
在职人员攻读博硕士学位	Employees Enrolled in Graduate Programs Leading to Doctor and Master Degrees		
网络本专科	Web-based Undergraduates	71410	74183
本　科	Normal Courses	34602	30041
专　科	Short-cycle Courses	36808	44142
高中阶段教育	Senior Secondary Education	332339	328376
普通高中	Regular Senior Secondary Schools	210874	204087
中等职业教育	Vocational Secondary Education	121465	124289
义务教育	Compulsory Education	654209	668552
普通初中	Regular Junior Secondary Schools	317673	311410
普通小学	Regular Primary Schools	336536	357142
特殊教育	Special Education	2162	2459
学前教育	Pre-school Education	349272	371287
工读学校	Correctional Work-Study Schools	68	45
成人中学	Adult Secondary Schools	4224	4123
成人小学	Adult Primary Schools	42876	37295
#扫盲班	Literacy Courses	4662	3728
教职工数	**Teachers and Staff**		
高等学校	Higher Education	59606	60679
普通高等学校	Regular Higher Education Institutions	58388	59521
本科院校	HEIs Offering Degree Programs	39949	40682
#独立学院	Independent Institutions	6024	6045
专科院校	Higher Vocational Colleges	18439	18839
成人高等学校	Adult Higher Education Institutions	1218	1158
高中阶段、义务教育学校	Senior Secondary Education and Compulsory Education	279384	281127
普通中学	Regular Secondary Schools	132388	134116
中等职业	Vocational Secondary Schools	23156	22579

表 18.6 续表 3 continued 3

单位：人 (person)

指　标	Item	2017	2018
普通小学	Regular Primary Schools	123840	124432
特殊教育学校	Special Education	1058	1093
幼儿园	Pre-school Education	86163	94281
工读学校	Correctional Work-Study Schools	26	24
成人中学	Adult Secondary Schools	59	49
成人小学	Adult Primary Schools	700	652
#扫盲班	Literacy Courses	171	163
专任教师数	**Full-time Teachers**		
高等学校	Higher Education	42429	43700
普通高等学校	Regular Higher Education Institutions	41708	42946
本科院校	HEIs Offering Degree Programs	28020	28932
#独立学院	Independent Institutions	4503	4582
专科院校	Higher Vocational Colleges	13688	14014
成人高等学校	Adult Higher Education Institutions	721	754
高中阶段学校	Senior Secondary Education	58668	58418
普通高中	Regular Senior Secondary Schools	39436	39298
中等职业教育	Vocational Secondary Schools	19232	19120
义务教育	Compulsory Education	201479	204374
普通初中	Regular Junior Secondary Schools	76209	77861
普通小学	Regular Primary Schools	125270	126513
特殊教育学校	Special Education	965	995
幼儿园	Kindergartens	44327	47880
工读学校	Correctional Work-Study Schools	24	22
成人中学	Adult Secondary Schools	42	37
成人小学	Adult Primary Schools	267	234
#扫盲班	Literacy Courses	92	90
每一教师负担学生数	**Student-Teacher Ratio**		
小　学	Primary Schools	16.8	16.6
普通初中	Regular Junior Secondary Schools	13.0	13.4
普通高中	Regular Senior Secondary Schools	15.3	15.5
中职（不含技工校）	Secondary Vocational Schools (not including technical schools)	20.6	20.2
普通高等学校	Regular Higher Education Institutions	17.4	17.1
每十万人口在校学生数	**Student Enrollment per 100 000 population**		
高等教育	Higher Education	3034	3034
高中阶段	Senior Secondary Education	3281	3267
初中阶段	Junior Secondary Education	3249	3400
小　学	Primary Education	6887	6814
幼儿园	Kindergartens	3145	3132

表 18.7 各级学校入学率及升学率（2017 － 2018 年）
NET ENROLLMENT RATIO AND PROMOTION RATE OF SCHOOLS BY LEVEL (2017-2018)

单位：% (%)

指　标	Item	2017	2018
小学学龄儿童入学率	Net Enrollment Ratio of Primary Schools	99.99	99.99
初中适龄人口入学率	Net Enrollment Ratio of Junior Secondary Schools	99.84	99.84
高中阶段毛入学率	Gross Enrollment Ratio of Senior Secondary Schools	95.98	96.60
高等教育毛入学率	Gross Enrollment Ratio of Higher Education	45.20	47.00
初中毕业生升学率	Promotion Rate of Junior Secondary School Graduates	98.69	98.95
#升普通高中	To Regular Senior Secondary Schools	63.36	64.67
小学毕业生升学率	Promotion Rate of Primary School Graduates	100.00	100.00

表 18.8 普通高等学校分科学生数（2018 年）
STUDENT ENROLLMENT IN REGULAR HIGHER EDUCATION INSTITUTIONS BY FIELD OF STUDY (2018)

单位：人 (person)

项　目	Item	在校学生数 Total Enrollment	其　中 of which #本　科 Undergraduate Courses	招生数 New Enrollment	其　中 of which #本　科 Undergraduate Courses	毕业生数 Graduates	其　中 of which #本　科 Undergraduate Courses
总　计	**Total**	**527693**	**462559**	**143764**	**119616**	**121810**	**105300**
哲　学	Philosophy	552	237	130	39	161	77
经济学	Economics	28495	26734	7161	6455	6722	6171
法　学	Law	30361	23304	8177	5695	7918	5754
教育学	Education	26752	18111	9275	5082	5069	3826
文　学	Literature	64084	60372	17960	16577	13615	12356
历史学	History	2477	2163	686	576	531	444
理　学	Science	32100	27812	8480	7098	7457	6355
工　学	Engineering	165310	144813	46869	39570	35692	30281
农　学	Agriculture	9514	7382	2767	1971	2509	2044
医　学	Medicine	24202	18330	6101	4105	6130	4352
管理学	Administrators	95687	87145	23953	20954	24523	22720
艺术学	Art	48159	46156	12205	11494	11483	10920

注：1) 本表仅指研究生、普通本科学生。不含普通专科、成人本专科学生、网络本专科学生和在职人员攻读学位人员。
2) 不含在渝军事院校。

Note: a) The table here above only covers the data of postgraduates and undergraduates. The data of junior college, adult undergraduates and web-based undergraduates are not included.
b) The data of military universities in Chongqing are not included.

表 18.9 中等职业教育学校分科学生情况 (2018 年)
STUDENTS IN VOCATIONAL SECONDARY SCHOOLS BY FIELD OF STUDY (2018)

单位：人 (person)

项 目	Item	毕业生数 Graduates	招生数 New Enrollment	在校学生数 Total Enrollment
总 计	**Total**	**99289**	**109202**	**299909**
农林类	Agriculture and Forestry	6078	2170	8558
资源与环境类	Resources and Environment	30	127	351
能源类	Energy	89	362	533
土木水利工程类	Civil and Hydraulic Engineering	5823	3921	10159
加工制造类	Manufacturing	17115	17681	50010
石油化工类	Petroleum and Chemical	131	195	634
轻纺食品类	Light Industry, Textile and Food	685	762	1829
交通运输类	Communication & Transportation	12660	15145	43531
信息技术类	Information Technologies	15964	19933	51986
医药卫生类	Medicine and Health	11372	10969	32227
休闲保健类	Leisure and Health	716	1227	2719
财经商贸类	Finance and Trade	9259	8706	25357
旅游类	Tourism	7132	9937	25690
文化艺术	Culture and Arts	2511	3117	8187
体育类	Sports	239	290	715
教育类	Education	8653	12730	32847
司法类	Judicature	488	642	2110
社会公共事务类	Social and Public Affairs	305	512	1371
其 他	Others	39	776	1095

注：本表不含技工学校。
Note: The data of vestibule schools are not included in this table.

表 18.10 各级学校在校女学生和女专任教师数（2017－2018 年）
NUMBER OF FEMALE STUDENTS AND FEMALE FULL-TIME TEACHERS BY SCHOOL LEVEL (2017-2018)

单位：人 (person)

项 目	Item	2017	2018
女学生数	**Number of Female Students**	**3006800**	**3030446**
高等教育	Higher Education	570176	576494
#研究生	Postgraduate	30864	36539
普通本专科学校	Undergraduate in Regular HEIs	402201	410778
高中教育阶段	High School Education	487057	474525
普通高中	Regular High School	309945	310912
中等职业教育	Vocational Secondary Schools	177112	163613
义务教育	Compulsory Education	1462524	1491072
普通初中	Regular Junior Secondary School	465947	494708
普通小学	Regular Primary School	996577	996364
女学生占学生总数的百分比 (%)	**Percentage of Female Students to Total Students (%)**	**48.4**	**48.2**
高等教育	Higher Education	51.8	51.8
#研究生	Postgraduate	52.9	56.1
普通本专科学校	Undergraduate in Regular HEIs	53.9	53.9
高中教育阶段	High School Education	48.7	47.2
普通高中	Regular High School	51.5	51.2
中等职业教育	Vocational Secondary Schools	44.5	41.2
义务教育	Compulsory Education	47.3	47.5
普通初中	Regular Junior Secondary School	47.0	47.3
普通小学	Regular Primary School	47.5	47.6
女专任教师数	**Number of Female Full-time Teachers**	**210039**	**218619**
普通高等学校	Regular Higher Education Institutions	19714	20794
高中阶段学校	High School Education	29874	29845
普通高中	Regular High School	19407	19941
中等职业学校	Vocational Secondary Schools	10467	9904
义务教育学校	Compulsory Education	115430	119342
普通初中	Regular Junior Secondary School	38282	40031
普通小学	Regular Primary School	77148	79311
女专任教师占专任教师总数的百分比 (%)	**Percentage of Female Full-time Teachers to Total Full-time Teachers (%)**	**60.3**	**61.5**
普通高等学校	Regular Higher Education Institutions	47.3	48.4
高中阶段学校	High School Education	50.9	51.1
普通高中	Regular High School	49.2	50.7
中等职业学校	Vocational Secondary Schools	54.4	51.8
义务教育学校	Compulsory Education	57.3	58.4
普通初中	Regular Junior Secondary School	50.2	51.4
普通小学	Regular Primary School	61.6	62.7

表 18.11 科技经费、科技奖励情况（2017 － 2018 年）
FUNDS AND REWARDS FOR SCIENTIFIC AND TECHNOLOGICAL RESEARCH (2017-2018)

单位：项 (item)

指 标	Item	2017	2018
科学支出（亿元）	**Expenditure of Scientific Research (10 000 yuan)**	**59.3**	**68.6**
市 级	Municipal	23.7	29.6
区 县	District and County	35.6	39.0
科技奖励情况（项）	**Rewards for Scientific and Technological Research**		
国家科学技术奖励	**National Rewards for Scientific and Technological Research**	**5**	**6**
最高科学技术奖	Top Science and Technology Award		
自然科学奖	Award for Natural Sciences		1
一等奖	1st Prize		
二等奖	2nd Prize		1
技术发明奖	Award for Technological Invention		
一等奖	1st Prize		
二等奖	2nd Prize		
科技进步奖	Award for Science and Technology Progress	5	5
特 等	Special Prize	1	
一等奖	1st Prize		
二等奖	2nd Prize	4	5
国际科学技术合作奖	**International Science and Technology Cooperation Award**		
重庆市科学技术奖励	**Chongqing Rewards for Scientific and Technological Research**	**142**	**152**
科技突出贡献奖	Prize for The Outstanding Contribution in Science and Technology Research		
自然科学奖	Award for Natural Sciences	23	25
一等奖	1st Prize	4	5
二等奖	2nd Prize	7	8
三等奖	3rd Prize	12	12
技术发明奖	Award for Technological Invention	5	5
一等奖	1st Prize	1	1
二等奖	2nd Prize	2	2
三等奖	3rd Prize	2	2
科技进步奖	Award for Science and Technology Progress	112	120
一等奖	1st Prize	16	18
二等奖	2nd Prize	36	38
三等奖	3rd Prize	60	64
企业技术创新奖	Award for Enterprise Technology Innovation	2	2
国际科学技术合作奖	Award for International Science and Technology Cooperation		

表 18.12 科学技术协会活动情况（2018 年）
ACTIVITIES OF SCIENCE AND TECHNOLOGY ASSOCIATIONS (2018)

指 标	Item	合 计 Total	其 中 of which 市级科协 Science and Technology Associations at Municipal Level	市级学会 Learned Societies at Municipal Level	区县科协 Science and Technology Associations below Municipal Level
国内学术会议	**Domestic Academic Meetings**				
举办次数（次）	Number of Meetings (time)	536	13	497	26
参加人数（人次）	Number of Participants (person-times)	103545	6520	92485	4540
交流论文数（篇）	Number of Theses Presented (piece)	7696	250	6788	658
境内国际学术会议	**International Academic Conference in Chongqing**				
举办次数	Number of Conferences	32	11	20	1
参加人数（人次）	Number of Participants (person-time)	11945	6360	5465	120
境外专家学者（人次）	Foreign Experts and Scholars (person-time)	934	477	447	10
交流论文（篇）	Number of Theses Presented (piece)	1593	186	1390	17
科普活动	**Science Popularization Activities**				
举办科普宣讲活动（次）	Number of Science Popularization Lectures (time)	872	52	347	473
宣讲活动受众人数（万人次）	Number of Audience (10 000 person-time)	10217189	3983326	2229093	4004770
举办青少年科学营（次）	Number of Science and Technology Summer (Winter) Camps for Teenagers (time)	11	4	3	4
参加人数（人次）	Number of Participants (person-time)	2055	714	411	930
举办青少年科技竞赛（项）	Number of Teenagers Science and Technology Competitions (time)	144	9	19	116
参加人数（万人次）	Number of Participants (10 000 person-time)	1497514	916059	50050	531405
获奖人数（人次）	Number of Prize Winners (person-time)	29339	4588	5313	19438

表 18.13 研究与试验发展(R&D)活动基本情况(2017 年)
BASIC STATISTICS ON R&D ACTIVITIES (2017)

指 标	Item	合 计 Total	科研机构 Research Institutes	高等院校 Colleges & Universities
有 R&D 活动的单位数(个)	Units Engaged in R&D Activities (unit)	2314	30	122
R&D 经费内部支出(万元)	Inner Expenditure of R&D Funds (10 000 yuan)	3646309	188372	340854
#基础研究	Basic Research	157618	32306	114335
应用研究	Application Research	351867	62703	170850
试验发展	Testing Development	3136824	93364	55669
#日常性支出	Daily Expenditure	3050672	125434	247150
#人员劳务费	Remuneration for Personnel	1060847	69885	79832
#资产性支出	Expenditure for Assets	595637	62939	93704
#仪器和设备	Facilities	510021	31871	59260
#政府资金	Funds from Government	507509	135150	160740
企业资金	Funds from Enterprises	2973184	11025	97261
境外资金	Foreign Funds	5139		446
其他资金	Others	160478	42197	82407
R&D 人员(人)	R&D Personnel (person)	131977	5954	25494
#女 性	Female	34203	2168	9660
#全时人员	Full-time Employees	84020	4026	7497
#博士毕业	With Doctor' s Degree	9641	689	8043
硕士毕业	With Master' s Degree	18008	1789	9391
本科毕业	With Bachelor' s Degree	62011	2541	6619
R&D 人员全时当量(人年)	Full-time Personnel (person-year)	79149	5032	9589
#研究人员	Researchers	35289	3212	8138
#基础研究	Personnel of Basic Research	5568	1232	3692
应用研究	Personnel of Application Research	10770	1895	4992
试验发展	Personnel of Testing Development	62815	1905	904
R&D 项目(课题)数(项)	Number of R&D Projects (Topics)	40925	2452	25653
R&D 项目(课题)人员全时当量(人年)	Number of Full-time Persons for Each R&D Project (Topic) (person-year)	73852	4298	9585
R&D 项目(课题)经费支出(万元)	Expenditure for R&D Projects (Topics) (10 000 yuan)	3374737	87112	211353
研究机构机构数(个)	Number of Research Institutions (unit)	1803	31	415
研究机构 R&D 人员(人)	R&D Personnel in Research Institutions (person)	50017	5954	5754
#博士和硕士	With Doctor' s Degree and Master' s Degree	12790	2478	4801
研究机构 R&D 经费支出(万元)	Research Institutions' Expenditure for R&D (10 000 yuan)	1488467	188372	84471
研究机构仪器设备原价(万元)	Original Price of Instruments and Equipment in Research Institutions (10 000 yuan)	1889268	177717	300120
#进 口	Imported	624687	56011	122238
专利申请数(件)	Number of Patent Applications (pcs)	25680	500	5908
#发明申请	Invention Patent	8953	308	2788
有效发明专利数(件)	Number of Effective Invention Patents (pcs)	22836	971	7684
专利所有权转让及许可数(件)	Number of Patent Right Transfers and Permissions (pcs)	618	41	113
专利所有权转让及许可收入(万元)	Income from Patent Right Transfers and Permissions (10 000 yuan)	13895	3902	2344
形成国家或行业标准数(项)	Number of National or Industrial Standards Newly Formed (items)	446	30	15
发表科技论文(篇)	Number of Scientific and Technical Theses Published (theses)	40452	2631	32854
出版科技著作(种)	Scientific and Technical Works Published (kind)	1571	81	1444

表 18.13 续表 continued

指 标	Item	企 业 Enterprises	其中 of which #工业企业 Industrial Enterprises	其 他 Others
有 R&D 活动的单位数 (个)	Units Engaged in R&D Activities (unit)	1983	1906	179
R&D 经费内部支出 (万元)	Inner Expenditure of R&D Funds (10 000 yuan)	3004417	2799986	112666
#基础研究	Basic Research	7570	771	3407
应用研究	Application Research	62603	44230	55712
试验发展	Testing Development	2934244	2754985	53547
#日常性支出	Daily Expenditure	2597244	2406576	80845
#人员劳务费	Remuneration for Personnel	867481	788028	43650
#资产性支出	Expenditure for Assets	407173	393410	31821
#仪器和设备	Facilities	399764	386214	19126
#政府资金	Funds from Government	114376	104018	97242
企业资金	Funds from Enterprises	2858150	2665070	6747
境外资金	Foreign Funds	4693	4693	
其他资金	Others	27198	26205	8677
R&D 人员 (人)	R&D Personnel	94422	87140	6107
#女 性	Female	20104	18786	2271
#全时人员	Full-time Employees	69695	65089	2802
#博士毕业	With Doctor' s Degree	660	608	249
硕士毕业	With Master' s Degree	5324	5150	1504
本科毕业	With Bachelor' s Degree	50608	44782	2243
R&D 人员全时当量 (人年)	Full-time Personnel	60443	56416	4086
#研究人员	Researchers	21440	19656	2499
#基础研究	Personnel of Basic Research	501	66	143
应用研究	Personnel of Application Research	1938	1416	1945
试验发展	Personnel of Testing Development	58008	54934	1998
R&D 项目 (课题) 数 (项)	Number of R&D Projects (Topics)	11418	10624	1402
R&D 项目(课题)人员全时当量(人年)	Number of Full-time Persons for Each R&D Project (Topic) (person-year)	56568	52770	3402
R&D 项目 (课题) 经费支出 (万元)	Expenditure for R&D Projects (Topics) (10 000 yuan)	2997008	2792789	79264
研究机构机构数 (个)	Number of Research Institutions	1316	1264	41
研究机构 R&D 人员 (人)	R&D Personnel in Research Institutions (person)	37131	36134	1178
#博士和硕士	With Doctor' s Degree and Master' s Degree	5193	5018	318
研究机构 R&D 经费支出 (万元)	Research Institutions' Expenditure for R&D (10 000 yuan)	1193112	1174480	22511
研究机构仪器设备原价 (万元)	Original Price of Instruments and Equipment in Research Institutions (10 000 yuan)	1385536	1264506	25895
#进 口	Imported	432913	377530	13524
专利申请数 (件)	Number of Patent Applications (pcs)	19116	17269	156
#发明申请	Invention Patent	5785	5149	72
有效发明专利数 (件)	Number of Effective Invention Patents (pcs)	14022	12472	159
专利所有权转让及许可数 (件)	Number of Patent Right Transfers and Permissions (pcs)	459	459	5
专利所有权转让及许可收入 (万元)	Income from Patent Right Transfers and Permissions (10 000 yuan)	7650	7650	
形成国家或行业标准数 (项)	Number of National or Industrial Standards Newly Formed (items)	354	354	47
发表科技论文 (篇)	Number of Scientific and Technical Theses Published (theses)	2080	2079	2887
出版科技著作 (种)	Scientific and Technical Works Published (kind)			46

表 18.14 大中型工业企业科技机构情况（2017 年）
SCIENTIFIC AND TECHNOLOGICAL INSTITUTIONS OF LARGE & MEDIUM-SIZED INDUSTRIAL ENTERPRISES (2017)

项 目	Item	科技机构数（个） Number of Institutions (unit)	科技机构科技活动人数（人） Personnel of Institutions (person)	科技机构经费内部支出（万元） Inner Expenditure for Science and Technology (10 000 yuan)
总 计	**Total**	**520**	**39549**	**1374753**
按隶属关系分	**By Relationship**			
中 央	Central	53	10913	651007
地 方	Local	467	28636	723746
按登记注册类型分	**By Registration**			
内资企业	Domestic-funded	466	34082	1093823
国有企业	State-owned	9	389	7027
集体企业	Collective-owned			
股份合作企业	Cooperative Enterprise			
联营企业	Joint Ownership Enterprises			
有限责任公司	Limited Liability Corporations	211	14520	370134
股份有限公司	Share Holding Limited Corporations	70	9820	475005
私营企业	Private Enterprises	176	9353	241658
其他企业	Others			
港、澳、台商投资企业	Enterprises Funded by Hong Kong, Macao and Taiwan	29	2311	38536
合资经营企业	Joint-venture Enterprises	13	939	23440
合作经营企业	Cooperative Enterprises			
独资经营企业	Enterprises with Sole Funded from Hong Kong, Macao and Taiwan	14	1285	14358
投资股份有限公司	Share-holding Corporations Ltd. with Investment from Hong Kong, Macao and Taiwan	2	87	738
其他港澳台投资企业	Others			
外商投资企业	Foreign Funded Enterprises	25	3156	242394
中外合资经营企业	Joint-venture Enterprises	17	2647	224198
中外合作经营企业	Cooperation Enterprises			
外资企业	Enterprises with Sole Fund	5	197	3786
外商投资股份有限公司	Share-holding Corporations Ltd. with Foreign Investment	2	276	13331
其他外商投资企业	Others	1	36	1080
按行业分	**By Sector**			
采矿业	Mining	3	113	401
煤炭开采和洗选业	Mining and Washing of Coal	2	92	150
石油和天然气开采业	Extraction of Petroleum and Natural Gas			
黑色金属矿采选业	Mining and Processing of Ferrous Metal Ores			
有色金属矿采选业	Mining and Processing of Non-Ferrous Metal Ores			
非金属矿采选业	Mining and Processing of Nonmetal Ores	1	21	251
开采辅助活动	Mining Support Activities			
其他采矿业	Mining of Other Ores			
制造业	Manufacture	508	39053	1369124
农副食品加工业	Processing of Food from Agricultural Products	13	405	7920
食品制造业	Manufacture of Foods	11	168	2616

表 18.14 续表 continued

项 目	Item	科技机构数（个） Number of Institutions (unit)	科技机构科技活动人数（人） Personnel of Institutions (person)	科技机构经费内部支出（万元） Inner Expenditure for Science and Technology (10 000 yuan)
酒、饮料和精制茶制造业	Liquor, Beverages and Refined Tea	5	175	2551
烟草制品业	Manufacture of Tobacco			
纺织业	Manufacture of Textile	1	33	1005
纺织服装、服饰业	Manufacture of Textile Wearing Apparel, Footwear and Caps	1	36	1171
皮革、毛皮、羽毛及其制品和制鞋业	Manufacture of Leather, Fur, Feather and Related Products	1	42	1927
木材加工和木、竹、藤、棕、草制品业	Processing of Timber, Manufacture of Wood, Bamboo, Rattan, Palm and Straw Products"	1	3	6
家具制造业	Manufacture of Furniture			
造纸和纸制品业	Manufacture of Paper and Paper Products	4	291	2001
印刷和记录媒介复制业	Printing, Reproduction of Recording Media	3	110	1452
文教、工美、体育和娱乐用品制造业	Manufacture of Culture, Education, Handicraft, Fine Arts, Sports and Entertainment Articles	5	128	2830
石油加工、炼焦和核燃料加工业	Processing of Petroleum, Coking, Processing of Nuclear Fuel	1	93	2136
化学原料和化学制品制造业	Manufacture of Raw Chemical Materials and Chemical Products	33	1356	42091
医药制造业	Manufacture of Medicines	45	2444	75205
化学纤维制造业	Manufacture of Chemical Fibres	2	86	5309
橡胶和塑料制品业	Manufacture of Rubber and Plastics	8	392	6389
非金属矿物制品业	Manufacture of Non-metallic Mineral Products	19	941	14091
黑色金属冶炼和压延加工业	Smelting and Pressing of Ferrous Metals	3	40	2804
有色金属冶炼和压延加工业	Smelting and Pressing of Nonferrous Metals	14	622	16748
金属制品业	Manufacture of Metal Products	16	639	15076
通用设备制造业	Manufacture of General Purpose Machinery	33	2197	61460
专用设备制造业	Manufacture of Special Purpose Machinery	27	1274	36103
汽车制造业	Manufacture of Motor Vehicles	110	17186	821407
铁路、船舶、航空航天和其他运输设备制造业	Manufacture of Railway, Ship, Aviation and Other Transporting Equipment	43	3653	99914
电气机械和器材制造业	Manufacture of Electrical Machinery and Equipment	29	1184	25085
计算机、通信和其他电子设备制造业	Manufacture of Communication Equipment, Computers and Other Electronic Equipment"	57	4257	99018
仪器仪表制造业	Manufacture of Measuring Instruments and Machinery for Cultural Activity and Office Work"	17	819	16241
其他制造业	Other Manufacture	6	479	6569
废弃资源综合利用业	Comprehensive Utilization of Waste Resources			
金属制品、机械和设备修理业	Repair of Metal Products, Machinery and Equipment			
电力、热力、燃气及水生产和供应业	Production and Supply of Electric Power, Heat Power and Gas	9	383	5228
电力、热力生产和供应业	Production and Supply of Electric Power and Heat Power	7	333	4928
燃气生产和供应业	Production and Supply of Gas	2	50	300
水的生产和供应业	Production and Supply of Water			

表 18.15 规模以上工业企业科技机构情况(2017 年)
SCIENTIFIC AND TECHNOLOGICAL INSTITUTIONS OF INDUSTRIAL ENTERPRISES ABOVE DESIGNATED SIZE (2017)

项 目	Item	科技机构数(个) Number of Institutions (unit)	科技机构科技活动人数(人) Personnel of Institutions (person)	科技机构经费内部支出(万元) Inner Expenditure for Science and Technology (10 000 yuan)
总 计	**Total**	**1264**	**51764**	**1610584**
按隶属关系分	**By Relationship**			
中 央	Central	64	11674	665473
地 方	Local	1200	40090	945111
按登记注册类型分	**By Registration**			
内资企业	Domestic-funded	1185	45745	1318445
国有企业	State-owned	10	401	7242
集体企业	Collective-owned	1	15	592
股份合作企业	Cooperative Enterprise			
联营企业	Joint Ownership Enterprises			
有限责任公司	Limited Liability Corporations	428	18520	461424
股份有限公司	Share Holding Limited Corporations	103	10478	488690
私营企业	Private Enterprises	642	16321	360338
其他企业	Others	1	10	160
港、澳、台商投资企业	Enterprises Funded by Hong Kong, Macao and Taiwan	45	2687	43567
合资经营企业	Joint-venture Enterprises	20	1116	26971
合作经营企业	Cooperative Enterprises			
独资经营企业	Enterprises with Sole Funded from Hong Kong, Macao and Taiwan	23	1484	15858
投资股份有限公司	Share-holding Corporations Ltd. with Investment from Hong Kong, Macao and Taiwan	2	87	738
其他港澳台投资企业	Others			
外商投资企业	Foreign Funded Enterprises	34	3332	248571
中外合资经营企业	Joint-venture Enterprises	22	2747	228929
中外合作经营企业	Cooperation Enterprises			
外资企业	Enterprises with Sole Fund	9	273	5232
外商投资股份有限公司	Share-holding Corporations Ltd. with Foreign Investment	2	276	13331
其他外商投资企业	Others	1	36	1080
按行业分	**By Sector**			
采矿业	Mining	8	201	1507
煤炭开采和洗选业	Mining and Washing of Coal	2	92	150
石油和天然气开采业	Extraction of Petroleum and Natural Gas	1	44	518
黑色金属矿采选业	Mining and Processing of Ferrous Metal Ores			
有色金属矿采选业	Mining and Processing of Non-Ferrous Metal Ores			
非金属矿采选业	Mining and Processing of Nonmetal Ores	5	65	840
开采辅助活动	Mining Support Activities			
其他采矿业	Mining of Other Ores			
制造业	Manufacture	1243	51104	1601846
农副食品加工业	Processing of Food from Agricultural Products	57	931	16898
食品制造业	Manufacture of Foods	32	444	10415

表 18.15 续表 continued

项 目	Item	科技机构数（个） Number of Institutions (unit)	科技机构科技活动人数（人） Personnel of Institutions (person)	科技机构经费内部支出（万元） Inner Expenditure for Science and Technology (10 000 yuan)
酒、饮料和精制茶制造业	Liquor, Beverages and Refined Tea	20	372	5518
烟草制品业	Manufacture of Tobacco			
纺织业	Manufacture of Textile	8	154	4282
纺织服装、服饰业	Manufacture of Textile Wearing Apparel, Footwear and Caps	3	60	1544
皮革、毛皮、羽毛及其制品和制鞋业	Manufacture of Leather, Fur, Feather and Related Products	3	74	2097
木材加工和木、竹、藤、棕、草制品业	Processing of Timber, Manufacture of Wood, Bamboo, Rattan, Palm and Straw Products"	5	76	1501
家具制造业	Manufacture of Furniture	4	44	699
造纸和纸制品业	Manufacture of Paper and Paper Products	14	475	5373
印刷和记录媒介复制业	Printing, Reproduction of Recording Media	14	286	3767
文教、工美、体育和娱乐用品制造业	Manufacture of Culture, Education, Handicraft, Fine Arts, Sports and Entertainment Articles	8	156	3572
石油加工、炼焦和核燃料加工业	Processing of Petroleum, Coking, Processing of Nuclear Fuel	4	128	3799
化学原料和化学制品制造业	Manufacture of Raw Chemical Materials and Chemical Products	87	2208	56844
医药制造业	Manufacture of Medicines	81	3097	87235
化学纤维制造业	Manufacture of Chemical Fibres	2	86	5309
橡胶和塑料制品业	Manufacture of Rubber and Plastics	44	880	18901
非金属矿物制品业	Manufacture of Non-metallic Mineral Products	78	1758	31091
黑色金属冶炼和压延加工业	Smelting and Pressing of Ferrous Metals	12	221	4460
有色金属冶炼和压延加工业	Smelting and Pressing of Nonferrous Metals	29	903	21897
金属制品业	Manufacture of Metal Products	46	1645	29575
通用设备制造业	Manufacture of General Purpose Machinery	82	2973	70460
专用设备制造业	Manufacture of Special Purpose Machinery	78	2217	53427
汽车制造业	Manufacture of Motor Vehicles	210	18938	868197
铁路、船舶、航空航天和其他运输设备制造业	Manufacture of Railway, Ship, Aviation and Other Transporting Equipment	92	4414	112633
电气机械和器材制造业	Manufacture of Electrical Machinery and Equipment	73	1930	38552
计算机、通信和其他电子设备制造业	Manufacture of Communication Equipment, Computers and Other Electronic Equipment"	115	5081	117281
仪器仪表制造业	Manufacture of Measuring Instruments and Machinery for Cultural Activity and Office Work"	28	989	18489
其他制造业	Other Manufacture	12	546	7965
废弃资源综合利用业	Comprehensive Utilization of Waste Resources	2	18	65
金属制品、机械和设备修理业	Repair of Metal Products, Machinery and Equipment			
电力、热力、燃气及水生产和供应业	Production and Supply of Electric Power, Heat Power and Gas	13	459	7231
电力、热力生产和供应业	Production and Supply of Electric Power and Heat Power	9	388	6798
燃气生产和供应业	Production and Supply of Gas	2	50	300
水的生产和供应业	Production and Supply of Water	2	21	132

表 18.16 大中型工业企业 R&D 人员情况（2017 年）
STATISTICS ON R&D PERSONNEL IN LARGE & MEDIUM-SIZED INDUSTRIAL ENTERPRISES (2017)

项 目	Item	R&D人员数（人） R&D Personnel (person)	其中 of which #参加项目人员 IResearchers	#R&D全时人员 Full-time Employees	R&D人员折合全时当量（人年） Full-time Personnel (person-year)	其中 of which #试验发展人员 Personnel of Testing Development
总 计	**Total**	**66781**	**60545**	**50314**	**48558**	**47331**
按隶属关系分	**By Relationship**					
中 央	Central	13761	12206	11465	10556	10068
地 方	Local	53020	48339	38849	38002	37263
按登记注册类型分	**By Registration**					
内资企业	Domestic-funded	55905	50624	42194	39678	38564
国有企业	State-owned	450	400	313	329	324
集体企业	Collective-owned	46	44	30	29	29
股份合作企业	Cooperative Enterprise					
联营企业	Joint Ownership Enterprises					
有限责任公司	Limited Liability Corporations	25428	23376	18736	17786	17170
股份有限公司	Share Holding Limited Corporations	12339	11079	10335	9544	9151
私营企业	Private Enterprises	17642	15725	12780	11991	11891
其他企业	Others					
港、澳、台商投资企业	Enterprises Funded by Hong Kong, Macao and Taiwan	4324	4005	3251	3412	3336
合资经营企业	Joint-venture Enterprises	2429	2186	1630	1907	1832
合作经营企业	Cooperative Enterprises					
独资经营企业	Enterprises with Sole Funded from Hong Kong, Macao and Taiwan	1812	1743	1546	1445	1445
投资股份有限公司	Share-holding Corporations Ltd. with Investment from Hong Kong, Macao and Taiwan	83	76	75	59	59
其他港澳台投资企业	Others					
外商投资企业	Foreign Funded Enterprises	6552	5916	4869	5468	5431
中外合资经营企业	Joint-venture Enterprises	4111	3691	3006	3365	3328
中外合作经营企业	Cooperation Enterprises	279	260	163	172	172
外资企业	Enterprises with Sole Fund	1753	1619	1467	1644	1644
外商投资股份有限公司	Share-holding Corporations Ltd. with Foreign Investment	402	342	227	280	280
其他外商投资企业	Others	7	4	6	6	6
按行业分	**By Sector**					
采矿业	Mining	324	278	181	193	185
煤炭开采和洗选业	Mining and Washing of Coal	157	149	36	51	51
石油和天然气开采业	Extraction of Petroleum and Natural Gas					
黑色金属矿采选业	Mining and Processing of Ferrous Metal Ores	125	87	113	113	104
有色金属矿采选业	Mining and Processing of Non-Ferrous Metal Ores					
非金属矿采选业	Mining and Processing of Nonmetal Ores	42	42	32	30	30
开采辅助活动	Mining Support Activities					
其他采矿业	Mining of Other Ores					

表 18.16 续表 continued

项 目	Item	R&D人员数(人) R&D Personnel (person)	其 中 of which #参加项目人员 IResearchers	#R&D全时人员 Full-time Employees	R&D人员折合全时当量(人年) Full-time Personnel (person-year)	其 中 of which #试验发展人员 Personnel of Testing Development
制造业	Manufacture	65955	59792	49984	47921	46809
农副食品加工业	Processing of Food from Agricultural Products	591	513	326	340	331
食品制造业	Manufacture of Foods	717	671	633	605	605
酒、饮料和精制茶制造业	Liquor, Beverages and Refined Tea	306	282	210	185	165
烟草制品业	Manufacture of Tobacco	362	360	294	62	62
纺织业	Manufacture of Textile	166	144	123	72	72
纺织服装、服饰业	Manufacture of Textile Wearing Apparel, Footwear and Caps	42	42	38	26	26
皮革、毛皮、羽毛及其制品和制鞋业	Manufacture of Leather, Fur, Feather and Related Products	174	164	123	133	133
木材加工和木、竹、藤、棕、草制品业	Processing of Timber, Manufacture of Wood, Bamboo, Rattan, Palm and Straw Products	112	110	89	74	74
家具制造业	Manufacture of Furniture	243	225	135	81	81
造纸和纸制品业	Manufacture of Paper and Paper Products	626	623	557	573	521
印刷和记录媒介复制业	Printing, Reproduction of Recording Media	284	271	165	177	170
文教、工美、体育和娱乐用品制造业	Manufacture of Culture, Education, Handicraft, Fine Arts, Sports and Entertainment Articles	165	138	69	106	106
石油加工、炼焦和核燃料加工业	Processing of Petroleum, Coking, Processing of Nuclear Fuel	74	57	60	56	56
化学原料和化学制品制造业	Manufacture of Raw Chemical Materials and Chemical Products	2409	2219	1617	1697	1684
医药制造业	Manufacture of Medicines	3125	2873	2518	2273	2265
化学纤维制造业	Manufacture of Chemical Fibres	81	78	46	53	49
橡胶和塑料制品业	Manufacture of Rubber and Plastics	947	880	657	465	465
非金属矿物制品业	Manufacture of Non-metallic Mineral Products	2369	2208	1360	1475	1454
黑色金属冶炼和压延加工业	Smelting and Pressing of Ferrous Metals	1157	1088	771	920	913
有色金属冶炼和压延加工业	Smelting and Pressing of Nonferrous Metals	1907	1775	1050	869	865
金属制品业	Manufacture of Metal Products	1259	1199	1014	999	983
通用设备制造业	Manufacture of General Purpose Machinery	3579	3280	2816	2672	2594
专用设备制造业	Manufacture of Special Purpose Machinery	1656	1513	1382	1184	1092
汽车制造业	Manufacture of Motor Vehicles	21175	18614	17288	16769	16409
铁路、船舶、航空航天和其他运输设备制造业	Manufacture of Railway, Ship, Aviation and Other Transporting Equipment	7183	6332	5338	4929	4679
电气机械和器材制造业	Manufacture of Electrical Machinery and Equipment	2943	2791	1966	1502	1489
计算机、通信和其他电子设备制造业	Manufacture of Communication Equipment, Computers and Other Electronic Equipment	9315	8669	6993	6886	6822
仪器仪表制造业	Manufacture of Measuring Instruments and Machinery for Cultural Activity and Office Work	1471	1340	1029	1223	1159
其他制造业	Other Manufacture	1517	1333	1317	1517	1484
废弃资源综合利用业	Comprehensive Utilization of Waste Resources					
金属制品、机械和设备修理业	Repair of Metal Products, Machinery and Equipment					
电力、热力、燃气及水生产和供应业	Production and Supply of Electric Power, Heat Power and Gas	502	475	149	444	337
电力、热力生产和供应业	Production and Supply of Electric Power and Heat Power	502	475	149	444	337
燃气生产和供应业	Production and Supply of Gas					
水的生产和供应业	Production and Supply of Water					

表 18.17 规模以上工业企业 R&D 人员情况（2017 年）
STATISTICS ON R&D PERSONNEL IN INDUSTRIAL ENTERPRISES ABOVE DESIGNATED SIZE (2017)

项 目	Item	R&D人员数（人） R&D Personnel (person)	其中 of which #参加项目人员 IResearchers	#R&D 全时人员 Full-time Employees	R&D人员折合全时当量（人年） Full-time Personnel (person-year)	其中 of which #试验发展人员 Personnel of Testing Development
总　计	**Total**	**87140**	**82592**	**65089**	**56416**	**54934**
按隶属关系分	**By Relationship**					
中　央	Central	14061	13356	11619	9752	9264
地　方	Local	73079	69236	53470	46664	45670
按登记注册类型分	**By Registration**					
内资企业	Domestic-funded	75457	71553	56378	47722	46357
国有企业	State-owned	462	431	320	299	294
集体企业	Collective-owned	49	47	32	27	27
股份合作企业	Cooperative Enterprise	13	13	12	7	7
联营企业	Joint Ownership Enterprises					
有限责任公司	Limited Liability Corporations	31663	30422	23288	20158	19495
股份有限公司	Share Holding Limited Corporations	13050	12239	10758	9009	8598
私营企业	Private Enterprises	30190	28371	21941	18222	17935
其他企业	Others	30	30	27	1	1
港、澳、台商投资企业	Enterprises Funded by Hong Kong, Macao and Taiwan	4922	4643	3688	3488	3413
合资经营企业	Joint-venture Enterprises	2639	2427	1785	1871	1796
合作经营企业	Cooperative Enterprises					
独资经营企业	Enterprises with Sole Funded from Hong Kong, Macao and Taiwan	2200	2140	1828	1564	1564
投资股份有限公司	Share-holding Corporations Ltd. with Investment from Hong Kong, Macao and Taiwan	83	76	75	54	54
其他港澳台投资企业	Others					
外商投资企业	Foreign Funded Enterprises	6761	6396	5023	5206	5164
中外合资经营企业	Joint-venture Enterprises	4274	4021	3129	3187	3151
中外合作经营企业	Cooperation Enterprises	265	260	150	157	157
外资企业	Enterprises with Sole Fund	1834	1769	1523	1610	1605
外商投资股份有限公司	Share-holding Corporations Ltd. with Foreign Investment	381	342	215	245	245
其他外商投资企业	Others	7	4	6	6	6
按行业分	**By Sector**					
采矿业	Mining	465	420	236	269	261
煤炭开采和洗选业	Mining and Washing of Coal	149	149	35	41	41
石油和天然气开采业	Extraction of Petroleum and Natural Gas	89	89	30	69	69
黑色金属矿采选业	Mining and Processing of Ferrous Metal Ores	125	87	113	102	93
有色金属矿采选业	Mining and Processing of Non-Ferrous Metal Ores					
非金属矿采选业	Mining and Processing of Nonmetal Ores	102	95	58	58	58
开采辅助活动	Mining Support Activities					
其他采矿业	Mining of Other Ores					

表 18.17 续表 continued

项 目	Item	R&D人员数（人）R&D Personnel (person)	其中 of which #参加项目人员 IResearchers	#R&D全时人员 Full-time Employees	R&D人员折合全时当量（人年）Full-time Personnel (person-year)	其中 of which #试验发展人员 Personnel of Testing Development
制造业	Manufacture	86094	81608	64651	55707	54339
农副食品加工业	Processing of Food from Agricultural Products	1309	1206	816	732	719
食品制造业	Manufacture of Foods	923	865	780	700	700
酒、饮料和精制茶制造业	Liquor, Beverages and Refined Tea	519	502	349	281	252
烟草制品业	Manufacture of Tobacco	362	360	294	56	56
纺织业	Manufacture of Textile	222	210	169	105	93
纺织服装、服饰业	Manufacture of Textile Wearing Apparel, Footwear and Caps	62	61	45	36	36
皮革、毛皮、羽毛及其制品和制鞋业	Manufacture of Leather, Fur, Feather and Related Products	239	239	166	145	144
木材加工和木、竹、藤、棕、草制品业	Processing of Timber, Manufacture of Wood, Bamboo, Rattan, Palm and Straw Products	232	217	177	124	124
家具制造业	Manufacture of Furniture	260	244	148	86	86
造纸和纸制品业	Manufacture of Paper and Paper Products	881	873	715	691	640
印刷和记录媒介复制业	Printing, Reproduction of Recording Media	575	555	373	369	357
文教、工美、体育和娱乐用品制造业	Manufacture of Culture, Education, Handicraft, Fine Arts, Sports and Entertainment Articles	251	220	130	155	155
石油加工、炼焦和核燃料加工业	Processing of Petroleum, Coking, Processing of Nuclear Fuel	114	97	91	75	75
化学原料和化学制品制造业	Manufacture of Raw Chemical Materials and Chemical Products	3504	3401	2415	2190	2170
医药制造业	Manufacture of Medicines	3945	3809	3134	2582	2553
化学纤维制造业	Manufacture of Chemical Fibres	78	78	44	45	42
橡胶和塑料制品业	Manufacture of Rubber and Plastics	1971	1905	1359	1013	1006
非金属矿物制品业	Manufacture of Non-metallic Mineral Products	3561	3438	2253	2096	2057
黑色金属冶炼和压延加工业	Smelting and Pressing of Ferrous Metals	1401	1353	939	960	954
有色金属冶炼和压延加工业	Smelting and Pressing of Nonferrous Metals	2590	2537	1528	1149	1137
金属制品业	Manufacture of Metal Products	2472	2404	1965	1510	1444
通用设备制造业	Manufacture of General Purpose Machinery	5152	4914	4003	3328	3245
专用设备制造业	Manufacture of Special Purpose Machinery	3674	3498	2832	2373	2263
汽车制造业	Manufacture of Motor Vehicles	23642	22055	19105	16785	16401
铁路、船舶、航空航天和其他运输设备制造业	Manufacture of Railway, Ship, Aviation and Other Transporting Equipment	8570	7835	6345	5355	5088
电气机械和器材制造业	Manufacture of Electrical Machinery and Equipment	4877	4709	3298	2426	2403
计算机、通信和其他电子设备制造业	Manufacture of Communication Equipment, Computers and Other Electronic Equipment	11129	10655	8426	7380	7290
仪器仪表制造业	Manufacture of Measuring Instruments and Machinery for Cultural Activity and Office Work	2024	1912	1427	1474	1410
其他制造业	Other Manufacture	1491	1394	1283	1447	1404
废弃资源综合利用业	Comprehensive Utilization of Waste Resources	64	62	42	38	35
金属制品、机械和设备修理业	Repair of Metal Products, Machinery and Equipment					
电力、热力、燃气及水生产和供应业	Production and Supply of Electric Power, Heat Power and Gas	581	564	202	440	334
电力、热力生产和供应业	Production and Supply of Electric Power and Heat Power	554	537	179	428	321
燃气生产和供应业	Production and Supply of Gas					
水的生产和供应业	Production and Supply of Water	27	27	23	13	13

表 18.18 大中型工业企业 R&D 活动经费支出与项目情况 (2017 年)
EXPENDITURE AND PROJECTS OF SCIENTIFIC & TECHNOLOGICAL ACTIVITIES OF LARGE & MEDIUM-SIZED INDUSTRIAL ENTERPRISES (2017)

单位: 万元 (10 000 yuan)

项 目	Item	R&D 项目数 (项) Projects (unit)	研究与发展经费内部支出 Internal Expenses for R&D	技术改造经费支出 Expenditure for Technical Transformation	技术引进经费支出 Expenditure for Technical Recommendation	购买境内技术用款 Purchases of Civil Technology
总 计	**Total**	**6741**	**2191646**	**581954**	**335506**	**50813**
按隶属关系分	**By Relationship**					
中 央	Central	1130	618695	375498	320231	28938
地 方	Local	5611	1572951	206456	15275	21876
按登记注册类型分	**By Registration**					
内资企业	Domestic-funded	5808	1793650	236390	11339	49832
国有企业	State-owned	124	13389	1347		35
集体企业	Collective-owned	6	795			
股份合作企业	Cooperative Enterprise					
联营企业	Joint Ownership Enterprises					
有限责任公司	Limited Liability Corporations	2779	754804	116517	3865	12844
股份有限公司	Share Holding Limited Corporations	999	437617	48399	2608	30071
私营企业	Private Enterprises	1900	587045	70128	4867	6882
其他企业	Others					
港、澳、台商投资企业	Enterprises Funded by Hong Kong, Macao and Taiwan	217	117669	9818		
合资经营企业	Joint-venture Enterprises	156	89621	7311		
合作经营企业	Cooperative Enterprises					
独资经营企业	Enterprises with Sole Funded from Hong Kong, Macao and Taiwan	53	25591	2507		
投资股份有限公司	Share-holding Corporations Ltd. with Investment from Hong Kong, Macao and Taiwan	8	2458			
其他港澳台投资企业	Others					
外商投资企业	Foreign Funded Enterprises	716	280327	335745	324167	981
中外合资经营企业	Joint-venture Enterprises	421	212408	327769	324167	981
中外合作经营企业	Cooperation Enterprises	23	10117			
外资企业	Enterprises with Sole Fund	161	41056	6629		
外商投资股份有限公司	Share-holding Corporations Ltd. with Foreign Investment	110	16302	1282		
其他外商投资企业	Others	1	444	65		
按行业分	**By Sector**					
采矿业	Mining	18	6600	26427		7128
煤炭开采和洗选业	Mining and Washing of Coal	6	2252	25408		7014
石油和天然气开采业	Extraction of Petroleum and Natural Gas					
黑色金属矿采选业	Mining and Processing of Ferrous Metal Ores	11	2880			
有色金属矿采选业	Mining and Processing of Non-Ferrous Metal Ores					
非金属矿采选业	Mining and Processing of Nonmetal Ores	1	1467	1019		114
开采辅助活动	Mining Support Activities					
其他采矿业	Mining of Other Ores					

表 18.18 续表 continued 单位：万元 (10 000 yuan)

项 目	Item	R&D项目数(项) Projects (unit)	研究与发展经费内部支出 Internal Expenses for R&D	技术改造经费支出 Expenditure for Technical Transformation	技术引进经费支出 Expenditure for Technical Recommendation	购买境内技术用款 Purchases of Civil Technology
制造业	Manufacture	6564	2173089	548122	335506	43685
农副食品加工业	Processing of Food from Agricultural Products	72	15992	3372		6
食品制造业	Manufacture of Foods	23	14696	2283		
酒、饮料和精制茶制造业	Liquor, Beverages and Refined Tea	30	6585	1485	50	100
烟草制品业	Manufacture of Tobacco	36	2146			
纺织业	Manufacture of Textile	7	2583			40
纺织服装、服饰业	Manufacture of Textile Wearing Apparel, Footwear and Caps	4	1373			
皮革、毛皮、羽毛及其制品和制鞋业	Manufacture of Leather, Fur, Feather and Related Products	13	2557			
木材加工和木、竹、藤、棕、草制品业	Processing of Timber, Manufacture of Wood, Bamboo, Rattan, Palm and Straw Products	11	1594			
家具制造业	Manufacture of Furniture	15	3361			
造纸和纸制品业	Manufacture of Paper and Paper Products	36	40845			
印刷和记录媒介复制业	Printing, Reproduction of Recording Media	36	6070	233		385
文教、工美、体育和娱乐用品制造业	Manufacture of Culture, Education, Handicraft, Fine Arts, Sports and Entertainment Articles	21	2764	332		
石油加工、炼焦和核燃料加工业	Processing of Petroleum, Coking, Processing of Nuclear Fuel	24	1622		42	
化学原料和化学制品制造业	Manufacture of Raw Chemical Materials and Chemical Products	274	71510	10135	72	1114
医药制造业	Manufacture of Medicines	647	103909	22352	2850	8816
化学纤维制造业	Manufacture of Chemical Fibres	10	5214			
橡胶和塑料制品业	Manufacture of Rubber and Plastics	75	19124	908		13
非金属矿物制品业	Manufacture of Non-metallic Mineral Products	181	46178	5632	938	981
黑色金属冶炼和压延加工业	Smelting and Pressing of Ferrous Metals	66	40680	3746		136
有色金属冶炼和压延加工业	Smelting and Pressing of Nonferrous Metals	210	72322	52113		
金属制品业	Manufacture of Metal Products	183	34085	338		
通用设备制造业	Manufacture of General Purpose Machinery	408	95975	11761	3913	
专用设备制造业	Manufacture of Special Purpose Machinery	263	49703	478	184	35
汽车制造业	Manufacture of Motor Vehicles	1856	953111	397925	320423	30313
铁路、船舶、航空航天和其他运输设备制造业	Manufacture of Railway, Ship, Aviation and Other Transporting Equipment	768	207713	8733	6837	1377
电气机械和器材制造业	Manufacture of Electrical Machinery and Equipment	216	80227	13895	50	224
计算机、通信和其他电子设备制造业	Manufacture of Communication Equipment, Computers and Other Electronic Equipment	727	223565	4005	148	46
仪器仪表制造业	Manufacture of Measuring Instruments and Machinery for Cultural Activity and Office Work	210	28834	660		100
其他制造业	Other Manufacture	142	38753	7737		
废弃资源综合利用业	Comprehensive Utilization of Waste Resources					
金属制品、机械和设备修理业	Repair of Metal Products, Machinery and Equipment					
电力、热力、燃气及水生产和供应业	Production and Supply of Electric Power, Heat Power and Gas	159	11958	7405		
电力、热力生产和供应业	Production and Supply of Electric Power and Heat Power	159	11958	7405		
燃气生产和供应业	Production and Supply of Gas					
水的生产和供应业	Production and Supply of Water					

表 18.19 规模以上工业企业 R&D 活动经费支出与项目情况 (2017 年)
EXPENDITURE AND PROJECTS OF SCIENTIFIC & TECHNOLOGICAL ACTIVITIES OF INDUSTRIAL ENTERPRISES ABOVE DESIGNATED SIZE (2017)

单位：万元 (10 000 yuan)

项 目	Item	R&D 项目数 (项) Projects (unit)	研究与发展经费内部支出 Internal Expenses for R&D	技术改造经费支出 Expenditure for Technical Transformation	技术引进经费支出 Expenditure for Technical Recommendation	购买境内技术用款 Purchases of Civil Technology
总 计	**Total**	**10740**	**2799986**	**628000**	**344998**	**54684**
按隶属关系分	**By Relationship**					
中 央	Central	1296	665200	377591	320388	28938
地 方	Local	9444	2134786	250409	24610	25746
按登记注册类型分	**By Registration**					
内资企业	Domestic-funded	9646	2364084	279369	11597	52336
国有企业	State-owned	142	15132	1500		35
集体企业	Collective-owned	7	949			
股份合作企业	Cooperative Enterprise	2	181			
联营企业	Joint Ownership Enterprises			68		
有限责任公司	Limited Liability Corporations	4109	973987	140816	4022	14703
股份有限公司	Share Holding Limited Corporations	1290	465279	50372	2608	30092
私营企业	Private Enterprises	4096	908156	86398	4968	7506
其他企业	Others		400	215		
港、澳、台商投资企业	Enterprises Funded by Hong Kong, Macao and Taiwan	291	136263	11467	10	7
合资经营企业	Joint-venture Enterprises	188	99033	8589		
合作经营企业	Cooperative Enterprises					
独资经营企业	Enterprises with Sole Funded from Hong Kong, Macao and Taiwan	95	34773	2877	10	7
投资股份有限公司	Share-holding Corporations Ltd. with Investment from Hong Kong, Macao and Taiwan	8	2458			
其他港澳台投资企业	Others					
外商投资企业	Foreign Funded Enterprises	803	299639	337165	333391	2341
中外合资经营企业	Joint-venture Enterprises	487	227415	327820	327301	2341
中外合作经营企业	Cooperation Enterprises	23	10117			
外资企业	Enterprises with Sole Fund	182	45362	7950	6090	
外商投资股份有限公司	Share-holding Corporations Ltd. with Foreign Investment	110	16302	1282		
其他外商投资企业	Others	1	444	112		
按行业分	**By Sector**					
采矿业	Mining	58	26962	26591		7128
煤炭开采和洗选业	Mining and Washing of Coal	6	2252	25408		7014
石油和天然气开采业	Extraction of Petroleum and Natural Gas	36	18757	164		
黑色金属矿采选业	Mining and Processing of Ferrous Metal Ores	11	2880			
有色金属矿采选业	Mining and Processing of Non-Ferrous Metal Ores					
非金属矿采选业	Mining and Processing of Nonmetal Ores	5	3073	1019		114
开采辅助活动	Mining Support Activities					
其他采矿业	Mining of Other Ores					

表 18.19 续表 continued

单位：万元 (10 000 yuan)

项 目	Item	R&D项目数(项) Projects (unit)	研究与发展经费内部支出 Internal Expenses for R&D	技术改造经费支出 Expenditure for Technical Transformation	技术引进经费支出 Expenditure for Technical Recommendation	购买境内技术用款 Purchases of Civil Technology
制造业	Manufacture	10509	2758132	594004	344998	47556
农副食品加工业	Processing of Food from Agricultural Products	173	34935	7679		6
食品制造业	Manufacture of Foods	57	19738	5028		54
酒、饮料和精制茶制造业	Liquor, Beverages and Refined Tea	58	14094	2164	50	100
烟草制品业	Manufacture of Tobacco	36	2146			
纺织业	Manufacture of Textile	15	3887	76		40
纺织服装、服饰业	Manufacture of Textile Wearing Apparel, Footwear and Caps	6	1542	148		
皮革、毛皮、羽毛及其制品和制鞋业	Manufacture of Leather, Fur, Feather and Related Products	20	4663	6		
木材加工和木、竹、藤、棕、草制品业	Processing of Timber, Manufacture of Wood, Bamboo, Rattan, Palm and Straw Products	32	5547			
家具制造业	Manufacture of Furniture	20	3691	118		
造纸和纸制品业	Manufacture of Paper and Paper Products	78	47263	8		5
印刷和记录媒介复制业	Printing, Reproduction of Recording Media	101	16365	669		515
文教、工美、体育和娱乐用品制造业	Manufacture of Culture, Education, Handicraft, Fine Arts, Sports and Entertainment Articles	37	6168	332		
石油加工、炼焦和核燃料加工业	Processing of Petroleum, Coking, Processing of Nuclear Fuel	32	3023		42	
化学原料和化学制品制造业	Manufacture of Raw Chemical Materials and Chemical Products	503	109952	15384	75	1114
医药制造业	Manufacture of Medicines	896	131416	25305	2850	9474
化学纤维制造业	Manufacture of Chemical Fibres	10	5214			
橡胶和塑料制品业	Manufacture of Rubber and Plastics	242	44282	4285		15
非金属矿物制品业	Manufacture of Non-metallic Mineral Products	417	89448	9012	938	1234
黑色金属冶炼和压延加工业	Smelting and Pressing of Ferrous Metals	104	48123	3746		136
有色金属冶炼和压延加工业	Smelting and Pressing of Nonferrous Metals	322	93042	53235		80
金属制品业	Manufacture of Metal Products	322	57345	1560		15
通用设备制造业	Manufacture of General Purpose Machinery	755	133836	12280	3913	334
专用设备制造业	Manufacture of Special Purpose Machinery	571	102003	7302	3314	55
汽车制造业	Manufacture of Motor Vehicles	2480	1051354	404966	326531	31732
铁路、船舶、航空航天和其他运输设备制造业	Manufacture of Railway, Ship, Aviation and Other Transporting Equipment	1107	241836	9487	7003	1377
电气机械和器材制造业	Manufacture of Electrical Machinery and Equipment	546	123736	16310	135	255
计算机、通信和其他电子设备制造业	Manufacture of Communication Equipment, Computers and Other Electronic Equipment	1093	279723	5815	148	46
仪器仪表制造业	Manufacture of Measuring Instruments and Machinery for Cultural Activity and Office Work	317	41383	1158		949
其他制造业	Other Manufacture	150	40599	7933		21
废弃资源综合利用业	Comprehensive Utilization of Waste Resources	9	1779			
金属制品、机械和设备修理业	Repair of Metal Products, Machinery and Equipment					
电力、热力、燃气及水生产和供应业	Production and Supply of Electric Power, Heat Power and Gas	173	14892	7405		
电力、热力生产和供应业	Production and Supply of Electric Power and Heat Power	168	14044	7405		
燃气生产和供应业	Production and Supply of Gas					
水的生产和供应业	Production and Supply of Water	5	849			

表 18.20 大中型工业企业新产品开发情况（2017 年）
NEW PRODUCTS DEVELOPMENT OF LARGE & MEDIUM-SIZED INDUSTRIAL ENTERPRISES (2017)

单位：万元 (10 000 yuan)

项 目	Item	新产品项目数（项） Projects of New Products (unit)	新产品开发经费支出 Development Funds of New Products	新产品产值 Output Value of New Products	新产品销售收入 Sales Revenue of New Products	其中 of which #新产品出口 Exports of New Products
总 计	**Total**	**6398**	**2447580**	**45748078**	**46393402**	**12730651**
按隶属关系分	**By Relationship**					
中 央	Central	906	774922	11537018	12715802	198631
地 方	Local	5492	1672658	34211060	33677601	12532021
按登记注册类型分	**By Registration**					
内资企业	Domestic-funded	5456	1929377	25623167	26450412	1980142
国有企业	State-owned	92	12911	228822	223860	14330
集体企业	Collective-owned	6	797	2089	2115	
股份合作企业	Cooperative Enterprise	1	388	1155	866	
联营企业	Joint Ownership Enterprises					
有限责任公司	Limited Liability Corporations	2545	772799	9779291	10204972	1250622
股份有限公司	Share Holding Limited Corporations	956	508265	6693441	7636309	324060
私营企业	Private Enterprises	1856	634218	8918369	8382290	391129
其他企业	Others					
港、澳、台商投资企业	Enterprises Funded by Hong Kong, Macao and Taiwan	217	113952	7027836	7082058	6161160
合资经营企业	Joint-venture Enterprises	145	81103	844225	817603	139330
合作经营企业	Cooperative Enterprises					
独资经营企业	Enterprises with Sole Funded from Hong Kong, Macao and Taiwan	63	30240	6102967	6183330	6020866
投资股份有限公司	Share-holding Corporations Ltd. with Investment from Hong Kong, Macao and Taiwan	9	2608	80644	81125	965
其他港澳台投资企业	Others					
外商投资企业	Foreign Funded Enterprises	725	404251	13097075	12860932	4589349
中外合资经营企业	Joint-venture Enterprises	491	336271	7729843	7535534	237716
中外合作经营企业	Cooperation Enterprises	24	13467	104410	64120	6970
外资企业	Enterprises with Sole Fund	195	49508	4697344	4699211	4329154
外商投资股份有限公司	Share-holding Corporations Ltd. with Foreign Investment	13	4118	499544	496141	6543
其他外商投资企业	Others	2	888	65935	65927	8965
按行业分	**By Sector**					
采矿业	Mining	7	2894	19738	19738	
煤炭开采和洗选业	Mining and Washing of Coal	1	53	19738	19738	
石油和天然气开采业	Extraction of Petroleum and Natural Gas					
黑色金属矿采选业	Mining and Processing of Ferrous Metal Ores	5	1373			
有色金属矿采选业	Mining and Processing of Non-Ferrous Metal Ores					
非金属矿采选业	Mining and Processing of Nonmetal Ores	1	1467			
开采辅助活动	Mining Support Activities					
其他采矿业	Mining of Other Ores					

表 18.20 续表 continued

单位：万元 (10 000 yuan)

项 目	Item	新产品项目数 (项) Projects of New Products (unit)	新产品开发经费支出 Development Funds of New Products	新产品产值 Output Value of New Products	新产品销售收入 Sales Revenue of New Products	其中 of which #新产品出口 Exports of New Products
制造业	Manufacture	6348	2434765	45660919	46306243	12730651
农副食品加工业	Processing of Food from Agricultural Products	72	19720	586925	371409	8652
食品制造业	Manufacture of Foods	30	15884	91936	90278	
酒、饮料和精制茶制造业	Liquor, Beverages and Refined Tea	22	5349	84799	83641	
烟草制品业	Manufacture of Tobacco	14	3931	18439	14942	
纺织业	Manufacture of Textile	7	2454	70658	70201	60796
纺织服装、服饰业	Manufacture of Textile Wearing Apparel, Footwear and Caps	6	1920	51323	42088	
皮革、毛皮、羽毛及其制品和制鞋业	Manufacture of Leather, Fur, Feather and Related Products	13	2604	13651	10654	
木材加工和木、竹、藤、棕、草制品业	Processing of Timber, Manufacture of Wood, Bamboo, Rattan, Palm and Straw Products	11	1912	4635	4661	
家具制造业	Manufacture of Furniture	15	3686	62683	59228	
造纸和纸制品业	Manufacture of Paper and Paper Products	35	34556	307179	301970	4311
印刷和记录媒介复制业	Printing, Reproduction of Recording Media	28	6359	92879	74606	
文教、工美、体育和娱乐用品制造业	Manufacture of Culture, Education, Handicraft, Fine Arts, Sports and Entertainment Articles	19	3005	31646	30358	25752
石油加工、炼焦和核燃料加工业	Processing of Petroleum, Coking, Processing of Nuclear Fuel	12	807	117644	129882	
化学原料和化学制品制造业	Manufacture of Raw Chemical Materials and Chemical Products	158	52240	1554775	1353696	101480
医药制造业	Manufacture of Medicines	596	102946	1849273	1759611	145377
化学纤维制造业	Manufacture of Chemical Fibres	9	5339	152031	135711	9022
橡胶和塑料制品业	Manufacture of Rubber and Plastics	72	21990	316691	267721	4729
非金属矿物制品业	Manufacture of Non-metallic Mineral Products	171	45333	875124	854322	87228
黑色金属冶炼和压延加工业	Smelting and Pressing of Ferrous Metals	72	50924	714806	700759	3088
有色金属冶炼和压延加工业	Smelting and Pressing of Nonferrous Metals	203	74096	697838	706982	92783
金属制品业	Manufacture of Metal Products	190	39105	366390	368473	39616
通用设备制造业	Manufacture of General Purpose Machinery	397	101748	1140225	1105583	116847
专用设备制造业	Manufacture of Special Purpose Machinery	249	50323	282583	271732	14722
汽车制造业	Manufacture of Motor Vehicles	1876	1163456	18266866	18611524	288419
铁路、船舶、航空航天和其他运输设备制造业	Manufacture of Railway, Ship, Aviation and Other Transporting Equipment	776	232843	1965417	1848871	287511
电气机械和器材制造业	Manufacture of Electrical Machinery and Equipment	241	92363	1396504	1878117	168393
计算机、通信和其他电子设备制造业	Manufacture of Communication Equipment, Computers and Other Electronic Equipment	729	228825	13970968	14542870	11250958
仪器仪表制造业	Manufacture of Measuring Instruments and Machinery for Cultural Activity and Office Work	207	32712	330227	328714	16502
其他制造业	Other Manufacture	117	38289	246805	287640	4466
废弃资源综合利用业	Comprehensive Utilization of Waste Resources					
金属制品、机械和设备修理业	Repair of Metal Products, Machinery and Equipment	1	50			
电力、热力、燃气及水生产和供应业	Production and Supply of Electric Power, Heat Power and Gas	43	9922	67421	67421	
电力、热力生产和供应业	Production and Supply of Electric Power and Heat Power	43	9922	67421	67421	
燃气生产和供应业	Production and Supply of Gas					
水的生产和供应业	Production and Supply of Water					

表 18.21 规模以上工业企业新产品开发情况(2017 年)
NEW PRODUCTS DEVELOPMENT OF INDUSTRIAL ENTERPRISES ABOVE DESIGNATED SIZE (2017)

单位:万元 (10 000 yuan)

项 目	Item	新产品项目数(项) Projects of New Products (unit)	新产品开发经费支出 Development Funds of New Products	新产品产值 Output Value of New Products	新产品销售收入 Sales Revenue of New Products	其 中 of which #新产品出口 Exports of New Products
总 计	**Total**	**11227**	**3252278**	**52856648**	**53227016**	**13021817**
按隶属关系分	**By Relationship**					
中 央	Central	1083	809575	12389840	13557209	198679
地 方	Local	10144	2442703	40466808	39669806	12823138
按登记注册类型分	**By Registration**					
内资企业	Domestic-funded	10027	2672846	32235868	32815636	2233315
国有企业	State-owned	119	15520	233947	228050	14363
集体企业	Collective-owned	6	797	2151	2177	
股份合作企业	Cooperative Enterprise	4	577	4759	4470	
联营企业	Joint Ownership Enterprises	1	52			
有限责任公司	Limited Liability Corporations	4115	1050429	12338099	12686382	1307984
股份有限公司	Share Holding Limited Corporations	1234	538147	6959658	7884031	326848
私营企业	Private Enterprises	4543	1066386	12689132	12002741	584120
其他企业	Others	5	937	8122	7785	
港、澳、台商投资企业	Enterprises Funded by Hong Kong, Macao and Taiwan	347	135423	7256847	7297362	6179575
合资经营企业	Joint-venture Enterprises	195	91457	979803	944095	150153
合作经营企业	Cooperative Enterprises					
独资经营企业	Enterprises with Sole Funded from Hong Kong, Macao and Taiwan	142	40755	6196399	6272142	6028457
投资股份有限公司	Share-holding Corporations Ltd. with Investment from Hong Kong, Macao and Taiwan	10	3211	80644	81125	965
其他港澳台投资企业	Others					
外商投资企业	Foreign Funded Enterprises	853	444009	13363933	13114017	4608927
中外合资经营企业	Joint-venture Enterprises	589	366138	7870049	7679169	242079
中外合作经营企业	Cooperation Enterprises	24	13467	104410	64120	6970
外资企业	Enterprises with Sole Fund	221	58915	4823995	4808661	4344369
外商投资股份有限公司	Share-holding Corporations Ltd. with Foreign Investment	13	4118	499544	496141	6543
其他外商投资企业	Others	6	1371	65935	65927	8965
按行业分	**By Sector**					
采矿业	Mining	12	5460	733105	733045	
煤炭开采和洗选业	Mining and Washing of Coal	1	53	19738	19738	
石油和天然气开采业	Extraction of Petroleum and Natural Gas			696289	696289	
黑色金属矿采选业	Mining and Processing of Ferrous Metal Ores	5	1373			
有色金属矿采选业	Mining and Processing of Non-Ferrous Metal Ores					
非金属矿采选业	Mining and Processing of Nonmetal Ores	6	4034	17078	17018	
开采辅助活动	Mining Support Activities					
其他采矿业	Mining of Other Ores					

表 18.21 续表 continued

单位：万元 (10 000 yuan)

项 目	Item	新产品项目数（项） Projects of New Products (unit)	新产品开发经费支出 Development Funds of New Products	新产品产值 Output Value of New Products	新产品销售收入 Sales Revenue of New Products	其中 of which #新产品出口 Exports of New Products
制造业	Manufacture	11159	3233498	52027906	52400337	13021817
农副食品加工业	Processing of Food from Agricultural Products	265	60356	957627	724620	11466
食品制造业	Manufacture of Foods	96	29486	246793	238390	433
酒、饮料和精制茶制造业	Liquor, Beverages and Refined Tea	56	13601	168356	164447	9862
烟草制品业	Manufacture of Tobacco	14	3931	18439	14942	
纺织业	Manufacture of Textile	25	10313	149075	144869	87796
纺织服装、服饰业	Manufacture of Textile Wearing Apparel, Footwear and Caps	11	2630	82359	62212	12597
皮革、毛皮、羽毛及其制品和制鞋业	Manufacture of Leather, Fur, Feather and Related Products	18	4056	36097	33555	
木材加工和木、竹、藤、棕、草制品业	Processing of Timber, Manufacture of Wood, Bamboo, Rattan, Palm and Straw Products	45	9215	68191	59168	
家具制造业	Manufacture of Furniture	41	7308	73424	70444	
造纸和纸制品业	Manufacture of Paper and Paper Products	73	42189	381420	372626	9754
印刷和记录媒介复制业	Printing, Reproduction of Recording Media	84	16869	215735	185083	1733
文教、工美、体育和娱乐用品制造业	Manufacture of Culture, Education, Handicraft, Fine Arts, Sports and Entertainment Articles	40	7397	60934	59096	30488
石油加工、炼焦和核燃料加工业	Processing of Petroleum, Coking, Processing of Nuclear Fuel	23	4394	142671	154992	
化学原料和化学制品制造业	Manufacture of Raw Chemical Materials and Chemical Products	417	105850	2011941	1787230	123055
医药制造业	Manufacture of Medicines	820	132600	2063857	1945826	176069
化学纤维制造业	Manufacture of Chemical Fibres	9	5339	152031	135711	9022
橡胶和塑料制品业	Manufacture of Rubber and Plastics	300	58721	687248	623610	6896
非金属矿物制品业	Manufacture of Non-metallic Mineral Products	427	96142	1342612	1295208	87228
黑色金属冶炼和压延加工业	Smelting and Pressing of Ferrous Metals	113	61705	818604	794949	3088
有色金属冶炼和压延加工业	Smelting and Pressing of Nonferrous Metals	299	96361	899473	896593	102019
金属制品业	Manufacture of Metal Products	389	71852	517640	516509	45715
通用设备制造业	Manufacture of General Purpose Machinery	761	150356	1446273	1390159	120342
专用设备制造业	Manufacture of Special Purpose Machinery	621	113781	735856	710616	26753
汽车制造业	Manufacture of Motor Vehicles	2711	1293146	19211803	19551884	295069
铁路、船舶、航空航天和其他运输设备制造业	Manufacture of Railway, Ship, Aviation and Other Transporting Equipment	1190	283731	2199283	2082176	295462
电气机械和器材制造业	Manufacture of Electrical Machinery and Equipment	634	154212	1975414	2438791	185951
计算机、通信和其他电子设备制造业	Manufacture of Communication Equipment, Computers and Other Electronic Equipment	1189	307085	14628955	15177627	11356618
仪器仪表制造业	Manufacture of Measuring Instruments and Machinery for Cultural Activity and Office Work	357	49331	461779	457728	19936
其他制造业	Other Manufacture	124	40017	271397	308797	4466
废弃资源综合利用业	Comprehensive Utilization of Waste Resources	6	1477	2621	2481	
金属制品、机械和设备修理业	Repair of Metal Products, Machinery and Equipment	1	50			
电力、热力、燃气及水生产和供应业	Production and Supply of Electric Power, Heat Power and Gas	56	13320	95637	93634	
电力、热力生产和供应业	Production and Supply of Electric Power and Heat Power	54	12628	95521	93521	
燃气生产和供应业	Production and Supply of Gas	1	342			
水的生产和供应业	Production and Supply of Water	1	351	116	112	

表 18.22 专利申请受理量及专利授权量（2017 － 2018 年）
PATENT APPLICATIONS ACCEPTED AND GRANTED (2017-2018)

单位：件 (pcs)

项 目	Item	申请受理量 Applications Accepted		专利授权量 Applications Granted	
		2017	2018	2017	2018
总 计	**Total**	**64648**	**72121**	**34780**	**45688**
按种类分	**By Type**				
发 明	Inventions	19297	22686	6138	6570
实用新型	Utility Models	37525	40958	23261	31261
外观设计	Designs	7826	8477	5381	7857
按对象分	**By Applicant**				
个 人	Individuals	9338	10533	4000	4335
大专院校	Universities and Colleges	8457	9557	4474	4911
科研单位	Research Institutions	882	1050	525	504
工矿企业	Industrial and Mineral Enterprises	44266	48543	24973	35044
机关团体	Government Agencies and Organizations	1705	2438	808	894

表 18.23 图书发行流转及销售情况（2017 － 2018 年）
STATISTICS ON PUBLICATION, CIRCULATION AND SALES OF BOOKS (2017-2018)

单位：万册、万元 (10 000 copies, 10 000 yuan)

项 目	Item	册 数 Number of Books		金 额 Value	
		2017	2018	2017	2018
购 进	**Purchases**	**30410**	**32921**	**434805**	**497676**
销 售	**Sales**	**31189**	**32814**	**456774**	**482876**
零 售	Retail	15022	14847	168761	175752
区 县	Districts and County	13007	13144	146689	156198
县以下	Below County	2015	1703	22072	19554
批 发	Wholesale	14058	17967	288012	307124
区 县	Districts and County	14058	17967	288012	307124
县以下	Below County				
库 存	**Inventory**	**10288**	**5869**	**175367**	**92442**

表 18.24 规模以上工业企业专利主要指标（2017 － 2018 年）
MAJOR INDICATORS ON THE PATENTS OF INDUSTRIAL ENTERPRISES ABOVE DESIGNATED SIZE (2017-2018)

指 标	Item	2017	2018
有专利申请的企业数（个）	Number of Enterprises with Patent Application (unit)	1113	1171
有专利授权的企业数（个）	Number of Enterprises with Patent Granted (unit)	978	1113
拥有有效专利的企业数（累计值）（个）	Number of Enterprises with Valid Patent (cumulative value) (unit)	1435	1551
专利授权量（项）	Number of Patents Granted (unit)	13216	14642
专利投入（亿元）	Investment in Patent (100 million yuan)	125	193
专利许可收入（亿元）	Revenue from Patent License (100 million yuan)	59	12
专利转让收入（亿元）	Revenue from Patent Transfer (100 million yuan)	0.06	0.05
专利产品类别数量（类）	Number of Patent Categories (category)	17695	18050
专利产品产值（亿元）	Output Value of Patented Products (100 million yuan)	4201	4421
#自主研发专利产品产值	Output Value of Self-developed Patented Products	4013	4338
技术引进专利产品产值	Output Value of Imported Patented Products	188	83
#出口专利产品产值	Output Value of Exported Patented Products	216	243
专利产品销售收入（亿元）	Sales Revenue of Patented Products (100 million yuan)	3888	4122
#自主研发专利产品销售收入	Sales Revenue of Self-developed Patented Products	3807	4043
技术引进专利产品销售收入	Sales Revenue of Imported Patented Products	81	78
#出口专利产品销售收入	Sales Revenue of Exported Patented Products	198	218
被许可的有效专利量（项）	Number of Licensed Patents (unit)	2811	2193
被许可生产的专利产品产值（当年价格）（亿元）	Output Value of the Patented Products Permitted for Production (current price) (100 million yuan)	186	84
被许可生产的专利产品销售收入（亿元）	Sales Revenue of the Patented Products Permitted for Production (100 million yuan)	181	89

表 18.25 各类技术合同签定及执行情况 (2018 年)
SIGNING AND IMPLEMENTATION OF TECHNICAL CONTRACTS BY TYPE (2018)

项 目	Item	合同数 (项) Number of Contracts (item)	合同成交金额 (万元) Value of Contracts (10 000 yuan)	其 中 of which	
				#技术交易额 (万元) Technology Transaction Value (10 000 yuan)	技术交易额比重 (%) As Percentage of Contract Value (%)
总 计	**Total**	**2952**	**2661717.75**	**2168473.55**	**81.47**
技术开发	Technical Development	1203	1762423.92	1284938.40	72.91
技术转让	Technical Transfer	183	710294.59	709493.22	99.89
技术咨询	Technical Consultation	183	16104.7	16047.34	99.64
技术服务	Technical Services	1383	172894.54	157994.59	91.38

表 18.26 新闻出版机构和人员数 (2017 – 2018 年)
NUMBER OF INSTITUTIONS AND PERSONS ENGAGED IN PRESS AND PUBLICATION (2017-2018)

单位：个、人 (unit, person)

指 标	Item	2017	2018
书刊出版社	**Publishing Houses**		
机构数	Institutions	3	3
从业人员	Personnel	1685	1780
书刊印刷厂	**Printing Houses**		
机构数	Institutions	78	70
从业人员	Personnel	7471	5827
国有书店	**State-owned Book Stores**		
机构数	Institutions	267	39
从业人员	Personnel	3017	2686

注：国有书店统计口径发生变，与往年不可比。
Note: The statistical scope of state-owned book stores has been changed, so the data are incomparable with the previous year.

表 18.27 地震监测情况（1997－2018 年）
SITUATION OF EARTHQUAKE MONITORING (1997-2018)

单位：个 (10 000 yuan)

年份 Year	地震台数总数 Number of Seismic Stations	其中 of which 国家级台 Number of National Stations	省级台 Number of Provincial Stations	市、县级台 Number of Municipality/ County-level Stations	企业台 Number of Enterprise Stations	强震观测点 Number of Strong Motion Observation Spots	宏观观测点 Number of Macro-observation Spots
1997	7	1		6			
1998	7	1		6			
1999	8	1		7			
2000	8	1		7			
2001	8	1		7			
2002	8	1		7			
2003	7	1		6			
2004	7	1		6			
2005	7	1		6			
2006	7	1		6			
2007	15	1	13			1	
2008	44	1	35		6	2	
2009	44	1	35		6	2	
2010	44	1	35		6	2	
2011	44	1	35		6	2	
2012	44	1	35		6	2	
2013	45	1	33	4	7	34	
2014	45	1	33	4	7	4	
2015	45	1	33	4	7	4	
2016	45	1	37		7	4	
2017	45	1	37		7	4	
2018	45	1	37		7	4	

注：2014 年的数据做了调整。
Note: The data of 2014 has been adjusted.

表 18.28 图书、杂志和报纸出版情况（2017 － 2018 年）
PUBLICATION OF BOOKS, MAGAZINES AND NEWSPAPERS (2017-2018)

指 标	Item	2017	2018
图 书	**Books Published**		
种 数 (种)	Number of Publications (kind)	5320	5568
总印数 (万册、万张)	Printed Copies (10 000 copies)	13532	15270
总印张数 (万印张)	Printed Sheets (10 000 sheets)	904517	1021998
期 刊	**Magazines Published**		
种 数 (种)	Number of Publications (kind)	135	135
每期平均印数 (万册)	Average Printed Copies Per Issue (10 000 copies)	212	194
总印数 (万册)	Printed Copies (10 000 copies)	4706	4455
总印张数 (万印张)	Printed Sheets (10 000 sheets)	274827	239224
报 纸	**Newspapers Published**		
种 数 (种)	Number of Publications (kind)	27	27
每期平均印数 (万份)	Average Printed Copies Per Issue (10 000 copies)	188	134
总印数 (万份)	Printed Copies (10 000 copies)	38600	26398
总印张数 (万印张)	Printed Sheets (10 000 sheets)	145806	622848

表 18.29 气象业务站点及观测项目情况 (1997 — 2018 年)

STATUS OF OPERATIONAL METEOROLOGICAL STATIONS AND THEIR OBSERVATION ITEMS (1997-2018)

年 份 Year	地面观测业务 Surface Observation Stations	高空探测业务 Upper-air Observation Stations	自动气象站 Automatic Weather Stations	天气雷达观测业务 Weather Radar Observation Stations	大气成分观测业务 Atmospheric Composition Observation Stations	农业气象观测业务 Agro-Meteorological Observation Stations
1997	35	1		1		13
1998	35	1		1		13
1999	35	1		1		13
2000	35	1		1		13
2001	35	1		1		13
2002	35	1		1		13
2003	35	1		1		13
2004	35	1	63	1		13
2005	35	1	83	1		13
2006	35	1	109	1		13
2007	35	1	257	2		13
2008	35	1	302	3		13
2009	35	1	41	3		13
2010	35	1	41	3		13
2011	35	1	655	3		13
2012	35	1	356	4	1	13
2013	35	1	1759	3		13
2014	35	1	1924	4	1	13
2015	35	1	1924	4	7	13
2016	35	1	1924	4	7	13
2017	35	1	1924	4	7	13
2018	35	1	1924	4	7	13

单位：个 (unit)

生态与农业气象试验业务 Eco- & Agro-Meteorological Observation Stations	大气本底站 Atmospheric Background Stations	闪电定位监测业务 Lightning Position Monitoring Stations	太阳辐射观测业务 Solar Radiation Observation Stations	紫外线观测业务 UV Observation	酸雨观测业务 Acid Rain Observation	臭氧观测业务 Ozone Observation	卫星云图接收业务 Satellite Cloud Images Receiving Stations
			1		4		1
			1		4		1
			1		4		1
			1		4		1
			1		4		1
			1		4		1
			1		4		1
			1	1	35		1
		5	1	1	35		1
		5	1	1	35		1
		5	1	1	35		1
		5	1	1	35		1
		5	1	1	35		1
		5	1	1	35		1
		5	1	1	35		1
1		5	1	1	35		1
		5	1	1	35		1
		5	1	1	35		1
		5	14	7	35		1
		5	14	7	35		1
1		5	14	7	35		1
1		5	14	7	35		2

表 18.30 出入境货物检验检疫情况 (2000 – 2018 年)
GENERAL STATISTICS ON ENTRY-EXIT INSPECTION AND QUARANTINE OF FREIGHT BY REGION (2000-2018)

年 份 Year	总 计 Total				工业品检验检疫 Commodity				动物及动物产品检验检疫	
	批 次 (批) Number of Batch(batch-time)	其 中 of which #不合格 Disqualification	货 值 (万美元) Value (10 000USD)	其 中 of which #不合格 Disqualification	批 次 (批) Number of Batch(batch-time)	其 中 of which #不合格 Disqualification	货 值 (万美元) Value (10 000USD)	其 中 of which #不合格 Disqualification	批 次 (批) Number of Batch(batch-time)	其 中 of which #不合格 Disqualification
2000	2987		26596.0		2133		24127.0		236	
2001	9938	5	70661.0	5.0	6408	1	61387.0	2.0	688	
2002	15677	2	74226.0	2.0	11034	1	62681.0	1.0	915	
2003	23890	7	97518.0	3.0	18885	4	84619.0	2.0	794	
2004	31962	17	173805.6	42.8	26860	14	157978.9	42.1	904	
2005	37696	58	208881.3	614.0	32482	57	191906.9	613.6	1055	
2006	36237	97	235993.8	1225.1	31028	97	219022.0	1225.1	1071	
2007	41441	92	318190.5	1317.7	36342	90	299003.2	1311.2	1041	
2008	44031	49	402115.6	806.9	38708	46	375530.7	797.3	902	
2009	34464	88	247022.3	506.2	28888	85	220520.3	496.6	1157	
2010	46618	52	412828.8	362.3	40834	49	376319.9	346.6	1246	
2011	53130	115	540133.8	4332.4	47308	97	498822.5	4130.7	1075	12
2012	66845	227	734526.5	4301.3	60513	190	692038.0	4126.3	1196	22
2013	65084	848	709122.5	11461.4	58479	709	671148.4	10887.3	1137	13
2014	31549	1383	358714.0	13929.3	25022	1048	318699.0	12027.2	928	42
2015	24366	1856	247926.2	20146.4	17661	1542	202806.7	17680.5	936	8
2016	21089	1352	207354.3	13152.0	14561	1101	165721.7	12028.7	977	4
2017	40767	1222	369373.9	8558.8	28276	946	313302.8	7832.5	1147	10
2018	39593	267	643646.0	3097.3	26104	173	589825.8	2974.5	2140	2

Animal and Its Products		植物及植物产品检验检疫		Plant and Its Products		食品及化妆品检验检疫		Food and Cosmetics	
货值（万美元） Value (10 000USD)	其中 of which #不合格 Disqualification	批次（批） Number of Batch(batch-time)	其中 of which #不合格 Disqualification	货值（万美元） Value (10 000USD)	其中 of which #不合格 Disqualification	批次（批） Number of Batch(batch-time)	其中 of which #不合格 Disqualification	货值（万美元） Value (10 000USD)	其中 of which #不合格 Disqualification
1139.0		109		350.0		509		980.0	
2997.0		433		2084.0		2409	4	4193.0	3.0
5186.0		430		1314.0		3298	1	5045.0	1.0
5513.0		497		2068.0		3714	3	5318.0	1.0
7510.4		465		2365.5		3733	3	5950.8	0.7
8372.4		514		2521.2		3645	1	6080.8	0.4
7480.2		485		3099.8		3653		6391.8	
7929.4		538		4442.6		3520	2	6815.3	6.5
10265.2		495		5720.1		3926	3	10599.6	9.6
9369.0		499	1	5336.1	4.7	3920	2	11796.9	4.9
9934.1		732	2	12007.2	15.1	3806	1	14567.6	0.6
10502.4	187.0	771	2	13470.5	10.8	3976	4	17338.4	3.9
10636.7	166.8	754		14011.2		4382	15	17840.6	8.2
8801.1	200.9	899	57	11792.7	160.2	4528	65	16944.8	212.9
7462.3	424.3	1855	143	18558.8	997.6	3683	148	13139.3	462.9
6482.6	12.7	2190	114	23088.2	1764.3	3444	192	14446.5	689.0
6312.1	7.3	1994	32	16054.7	373.1	3506	213	18433.2	722.8
4818.6	43.8	6483	63	20757.9	35.6	4347	192	26595.9	608.0
5726.1	1.2	6825	40	23081.1	16.3	4138	50	2487.5	105.2

表 18.31 文化机构和人员数(2017－2018 年)
NUMBER AND PERSONNEL IN CULTURE AND CULTURAL RELICS INSTITUTIONS (2017-2018)

项 目	Item	2017	2018
机构数(个)	**Number of Institutions(unit)**	**8641**	**8923**
文化合计	Cultural	8501	8778
艺术表演团体	Art Performance Troups	1283	1571
艺术表演场所	Art Performance Places	24	43
#剧场、影剧院	Theaters, Music Halls and Cinemas	16	18
公共图书馆	Public Libraries	43	43
文化馆	Cultural Centers	41	41
文化站	Cultural Stations	1025	1027
艺术展览创作机构	Art Exhibition and Creative Institutions	9	10
艺术教育业	Culture and Education	2	2
文化科研机构	Art Research Institutions	1	1
文化市场经营机构	Institutions of Bussiness of Culture	5994	5958
文化行政主管部门	Administrative Department of Culture	40	40
其他文化机构	Other Cultural Institutions	39	42
文物合计	**Cultural Relics**	**140**	**145**
博物馆	Museums	94	100
文物保护管理机构	Agencies of Cultural Relics Preservation	39	39
文物科研机构	Scientific and Research Agencies	1	1
文物商店	Cultural Relics Shops	2	2
其他文物机构	Other Cultural Relics Agencies	4	3
从业人员数	**Number of Employed Persons (person)**	**65178**	**70644**
文化合计	**Cultural**	**62076**	**67487**
艺术表演团体	Art Performance Troups	15300	17282
艺术表演场所	Art Performance Places	325	1393
#剧场、影剧院	Theaters, Music Halls and Cinemas	83	317
公共图书馆	Public Libraries	964	1002
文化馆	Cultural Centers	1000	1027
文化站	Cultural Stations	4564	4648
艺术展览创作机构	Art Exhibition and Creative Institutions	103	105
艺术教育业	Culture and Education	537	538
文化科研机构	Art Research Institutions	38	37
文化市场经营机构	Institutions of Bussiness of Culture	37249	39482
文化行政主管部门	Administrative Department of Culture	1055	1043
其他文化机构	Other Cultural Institutions	941	930
文物合计	**Cultural Relics**	**3102**	**3157**
博物馆	Museums	2652	2738
文物保护管理机构	Agencies of Cultural Relics Preservation	238	219
文物科研机构	Scientific and Research Agencies	150	148
文物商店	Cultural Relics Shops	18	15
其他文物机构	Other Cultural Relics Agencies	44	37

表 18.32 公共图书馆情况（2017－2018 年）
BASIC STATISTICS ON PUBLIC LIBRARIES (2017-2018)

项 目	Item	总计 Total		其中 of which #市级 At Municipal Level	
		2017	2018	2017	2018
总藏量（万册、件）	Total Collections (10 000 volumes)	1671.79	1807.94	454.04	476.21
书架总长度（万米）	Total Monolayer Length of Bookshelves (10 000 meters)	32.85	41.73	4.43	4.49
有效借书证数（万个）	Number of Valid Library Cards (10 000 units)	156.77	173.82	35.35	40.65
图书流通情况	Circulation of Books				
总流通人次（万人次）	Total Number of Circulation (10 000 person-times)	1524.03	1604.00	318.72	287.98
书刊外借册次（万册次）	Number of Books Borrowed by Readers (10 000 volume-times)	1222.65	1312.63	145.41	128.09
总支出（万元）	Total Expenditure (10 000 yuan)	31117.70	31361.30	10855.50	10566.90
#新增藏量购置费	Purchase Expenses	2445.60	2750.10	489.10	735.10
新增数字资源购置费（万元）	Purchase Expenses about Digital Resource (10 000 yuan)	1708.80	1046.30	1239.40	692.90
本年新增藏量（万册）	Number of Books Purchased During Current Year (10 000 volumes)	202.76	123.73	19.55	23.46
本年新增电子图书（万册）	Number of E-Books Purchased During Current Year (10 000 volumes)	289.55	120.45	38.07	22.81
实际使用房屋建筑面积（万平方米）	Floor Space of Public Buildings actually used (10 000 sq.m)	34.01	36.19	5.62	5.61
#书 库	Stack Rooms	6.52	6.82	1.07	1.07
阅览室座席（个）	Seating Capacity of Reading Rooms (seat)	27622.00	30010.00	2379.00	2379.00
#少儿坐席	Child Seats	6280.00	7519.00	611.00	597.00

注：图书总藏量的统计口径变化，不包含电子图书。
Note: Due to the change of the statistic scope of the data of total collection of books.

表 18.33 文物业情况（2018 年）
STATISTICS ON CULTURAL RELICS (2018)

项 目	Item	文物业 Cultural Relics	其中 of which #博物馆 Museums	#文物保护管理机构 Protection and Management Agencies
藏 品（件）	Number of Collections(pcs)	625321	540005	28766
#一级品	Grade One	1213	1204	9
经费支出（万元）	Total Expenditure(10 000 yuan)	97025.70	77335.00	11148.50

表 18.34 群众艺术馆和文化馆（站）情况（2018 年）
MASS ART CENTERS AND CULTURAL CENTERS (2018)

项 目	Item	合 计 Total	其 中 of which 群众艺术馆 Mass Art Centers	文化馆 Cultural Centers	文化站 Cultural Stations
单位数（个）	Number of Units (unit)	1068	1	40	1027
举办展览个数（个）	Conducting Exhibitions (unit)	6665	17	711	5937
组织文艺活动次数（次）	Art Performances (time)	30435	75	4171	26189
举办培训班班次（次）	Training Courses (time)	25831	158	8048	17625

表 18.35 艺术表演团体演出情况（2018 年）
BASIC STATISTICS ON ART PERFORMANCE TROUPES (2018)

项 目	Item	国内演出场数（万场） Number of Performances in China (10 000show)	国内演出观众人数（万人次） Number of Spectators of the Performances in China (10 000 person-times)
总 计	**Total**	**18.93**	**5142.80**
按登记注册类型分	**By Registration**		
国 有	State-owned	0.29	242.49
集 体	Collective-owned		
其 他	Others	18.64	4900.31
按剧种分	**By Art Troupes**		
话剧、儿童剧、滑稽剧团	Drama, Plays for Children and Comedy Troupes	2.07	647.12
歌舞、音乐类	Song and Dance Troupes, Musicals	3.01	1186.36
京剧、昆曲类	Peking Opera and Kunqu Opera	0.06	16.82
#京 剧	Peking Opera Troupes	0.06	16.82
地方戏曲类	Local Opera Troupes	0.25	58.78
杂技、魔术、马戏类	Acrobatics, Performing Magic and Circus Troupes	0.06	41.53
曲艺类	Folk Arts	0.74	44.54
综合性艺术表演团体	Comprehensive Art Performance	9.40	1680.70

注：艺术表演团体统计口径调整为含系统内、系统外两部分。
Note: The scope of art performance troupes includes the troupes either inside or outside the public-owned system.

表 18.36 广播电台、电视台情况(2017 – 2018 年)
STATISTICS ON RADIO AND TV STATIONS (2017-2018)

项 目	Item	2017	2018
广播电台情况	**Statistics on Radio Stations**		
公共广播节目套数(套)	Number of Programs (set)	35	35
广播节目综合人口覆盖率(%)	Radio Coverage of Population (%)	98.96	99.04
中短波转播发射台(座)	Transmission and Relaying Stations of Medium and Short Wave Broadcast(unit)	5	5
中短波广播发射功率(千瓦)	Power of Transmitters of Medium and Short Wave Broadcast (kw)	120	120
调频转播发射台(座)	Number of Transmission and Relaying Stations of Frequency Modulation Broadcast (unit)	65	63
调频发射功率(千瓦)	Power of Transmitters of Frequency Modulation Broadcast (kw)	177.21	173.66
全年公共广播节目播出时间(小时)	Public Programs Broadcasting Hours of the Year (hour)	177196	174896
#新闻资讯	News Programs	40784	37384
专题服务	Special Subject Programs	48620	52463
综 艺	General Entertainment Programs	30385	31633
广播剧	TV Play Programs	15288	13446
广 告	Advertising Programs	16226	15808
电视台情况	**Statistics on TV Stations**		
公共电视节目套数(套)	Number of Programs (unit)	46	46
电视节目综合人口覆盖率(%)	TV Coverage of Population (%)	99.22	99.27
电视发射功率(千瓦)	Power of Television Transmitters (kw)	145.06	151.31
有线电视覆盖用户数(万户)	Number of Cable Television Coverage Users (Ten thousand households)	753.83	737.71
#数字电视覆盖用户数	# Number of Digital Television Coverage Users	563.49	557.00
全年公共电视节目播出时间(小时)	Public Programs Broadcasting Hours of the Year (hour)	303614	308726
#新闻资讯	News Programs	32578	33603
专题服务	Special Subject Programs	72517	70217
综艺益智	General Entertainment Programs	21482	18346
影视剧	TV Play Programs	105235	115889
广 告	Advertising Programs	29366	28491

重/庆/统/计/年/鉴

主要统计指标解释

普通高等学校

指按照国家规定的设置标准和审批程序批准举办的，通过全国普通高等学校统一招生考试，招收高中毕业生为主要培养对象，实施高等教育的全日制大学、独立设置的学院和高等专科学校、高等职业学校和其他机构。

大学、独立设置的学院主要实施本科层次以上教育，高等专科学校、高等职业学校实施专科层次教育，其他机构是承担国家普通招生计划任务不计校数的机构。包括普通高等学校分校和批准筹建的普通高等学校等。

成人高等学校

指按照国家规定的设置标准和审批程序批准举办的，通过全国成人高等学校统一招生考试，招收具有高中毕业或同等学历的在职从业人员为主要培养对象，利用函授、业余、脱产等多种形式对其实施高等学历教育的学校。包括职工高等学校、农民高等学校、管理干部学院、教育学院、独立函授学院、广播电视大学、其他机构等。其他机构是承担国家成人招生计划任务不计校数的机构。

小学学龄儿童入学率

指调查范围内已入小学学习的学龄儿童占校内外学龄儿童总数（包括弱智儿童在内，但不包括盲聋哑儿童）的比重。计算公式：

小学学龄儿童入学率＝已入学的小学学龄儿童数/校内外小学学龄儿童总数 ×100%

专利

是专利权的简称，是对发明人的发明创造经审查合格后，由专利局依据专利法授予发明人和设计人对该项发明创造享有的专有权。包括发明、实用新型和外观设计。反映拥有自主知识产权的科技和设计成果情况。

有专利申请的企业

指在报告年内向国家知识产权局或中国以外的国家知识产权局（地区专利组织）提交专利申请，并收到《专利申请受理通知书》和缴纳相关费用的工业企业。

有专利授权的企业

指报告年内获得国家知识产权局或中国以外的国家知识产权局（地区专利组织）《专利授权通知书》并缴纳相关费用的工业企业。

拥有有效专利的企业（累计值）

指截至报告年末，有专利权处于维持状态的工业企业。

专利产品产值（当年价格）

工业企业在报告年度内生产的以货币形式表现的工业最终专利产品的总价值量。专利产品产值计算参照国家关于“工业总产值”的计算方法。

专利产品销售收入

工业企业在报告期内销售专利产品的货币收入总额。

新产品销售收入

指报告期企业销售新产品实现的销售收入。新产品是指采用新技术原理、新设计构思研制、生产的全新产品，或在结构、材质、工艺等某一方面比原有产品有明显改进，从而显著提高了产品性能或扩大了使用功能的产品。既包括经政府有关部门认定并在有效期内的新产品，也包括企业自行研制开发，未经政府有关部门认定，从投产之日起一年之内的新产品。

发明（专利）

指对产品、方法或者其改进所提出的新的技术方案。是国际通行的反映拥有自主知识产权技术的核心指标。

主要统计指标解释

■ 实用新型（专利）

指对产品的形状、构造或者其结合所提出的适于实用的新的技术方案。反映具有一定技术含量的技术成果情况。

■ 外观设计（专利）

指对产品的形状、图案、色彩或者其结合所作出的富有美感并适于工业上应用的新设计。反映拥有自主知识产权的外观设计成果情况。

■ 驰名商标

是指在市场上享有较高声誉并为相关公众所熟知的注册商标，也是一种法律保护手段。

■ 著名商标

著名商标的知名度介于驰名商标和普通商标之间的商标群落，是驰名商标坚实的后备力量。

■ 文化市场经营机构

指经文化市场行政部门审批或已申报登记并领取相关许可证的、从事文化经营和文化服务活动的机构。

■ 艺术表演团体

指由文化部门主办或实行行业管理（经文化行政部门审批或已申报登记并领取相关许可证），专门从事表演艺术等活动的各类专业艺术表演团体，含民间职业剧团。不包括群众业余文艺表演团体。

■ 艺术表演场馆

指由文化部门主办或实行行业管理（经文化市场行政部门审批或已申报登记并领取相关许可证），有观众席、舞台、灯光设备，公开售票、专供文艺团体演出的文化活动场所。

■ 研究与试验发展（R&D）

指在科学技术领域，为增加知识总量，以及运用这些知识去创造新的应用进行的系统的创造性的活动，包括基础研究、应用研究、试验发展三类活动。国际上通常采用 R&D 活动的规模和强度指标反映一国的科技实力和核心竞争力。

■ R&D 人员

指参与研究与试验发展项目研究、管理和辅助工作的人员，包括项目（课题）组人员，企业科技行政管理人员和直接为项目（课题）活动提供服务的辅助人员。反映投入从事拥有自主知识产权的研究开发活动的人力规模。

■ R&D 人员全时当量

指全时人员数加非全时人员按工作量折算为全时人员数的总和。例如：有两个全时人员和三个非全时人员（工作时间分别为 20%、30% 和 70%），则全时当量为 2+0.2+0.3+0.7=3.2 人年。为国际上比较科技人力投入而制定的可比指标。

■ R&D 经费支出合计

指调查单位用于内部开展 R&D 活动（基础研究、应用研究和试验发展）的实际支出。包括用于 R&D 项目（课题）活动的直接支出，以及间接用于 R&D 活动的管理费、服务费、与 R&D 有关的基本建设支出以及外协加工费等。不包括生产性活动支出、归还贷款支出以及与外单位合作或委托外单位进行 R&D 活动而转拨给对方的经费支出。

■ R&D 经费支出中政府资金

指 R&D 经费内部支出中来自各级政府部门的各类资金，包括财政科学技术拨款、科学基金、教育等部门事业费以及政府部门预算外资金的实际支出。

■ R&D 经费支出中企业资金

指 R&D 经费内部支出中来自本企业的自有资金和接受其他企业委托而获得的经费，以及科研院所、高校等事业单位从企业获得的资金的实际支出。

■ R&D 项目（课题）数

指在当年立项并开展研究工作、以前年份立项仍继续进行研究的研发项目（课题）数，包括当年完成和年内研究工作已告失败的研发项目（课题），但不包括委托外单位进行的研发项目（课题）数。

主要统计指标解释

■ R&D项目（课题）人员全时当量

指实际参加研发项目（课题）活动人员折合的全时当量。

■ R&D项目（课题）经费支出

指调查单位内部在报告年度进行研发项目（课题）研究和试制等的实际支出。包括劳务费、其他日常支出、固定资产购建费、外协加工费等，不包括委托或与外单位合作进行项目（课题）研究而拨付给对方使用的经费。

■ 广播／电视节目综合人口覆盖率

指根据国家广播电视总局制定的《广播电视人口覆盖率统计技术标准和方法》进行统计调查的，在对象区内能接收到由中央、省、地市或县通过无线、有线或卫星等各种技术方式转播的各级广播/电视节目的人口数占全国总人口数的百分比。

Explanatory Notes on Main Statistical Indicators

Regular Institutions of Higher Education

Refer to educational establishments set up according to the government evaluation and approval procedures, enrolling graduates from senior secondary schools and providing higher education courses and training for senior professionals. They include full-time universities, colleges, high professional schools, high professional vocational schools and others.

Universities and colleges are mainly providing undergraduate courses; those high professional schools and high professional vocational schools are mainly providing professional trainings; and others refer to educational establishments, which are responsible for enrolling students but not covered in the total number of schools, including: branch schools of universities and colleges, and universities and colleges that have been proved and prepared to construct.

Institutions of Higher Learning for Adults

Refer to educational establishments, set up in line with relevant rules approved by the government, enrolling staff and workers with senior secondary school or equivalent education, and providing higher education courses in many forms of correspondence, spare time, or full time for adults. Professionals thus trained receive a qualification equivalent to graduates studying regular courses at regular universities, colleges and professional colleges. Institutions of higher learning for adults include schools of high education for staff and workers, schools of high education for peasants, colleges for management cadres, pedagogical colleges, independent correspondence colleges, Radio and TV universities and other educational establishments. Other educational establishments are responsible for enrolling adult students but not covered in the number of schools.

Enrollment Rate of Primary School-aged Children

Refers to the proportion of school-aged children enrolled at schools to the total number of school-age children both in and outside schools (including retarded children, but excluding blind, deaf and mute children). The formula is:

Enrollment Rate of Primary School-aged Children =Total Primary School-aged Children at Schools/Total Primary School-age Children Both at and Outside Schools×100%

Patent

Is an abbreviation for the patent right and refers to the exclusive right of ownership by the inventors or designers for the creation or inventions, given from the patent offices after due process of assessment and approval in accordance with the Patent Law. Patents are granted for inventions, utility models and designs. This indicator reflects the achievements of S&T and design with independent intellectual property.

Enterprise with Patent Application

Refers to the industrial enterprise which has submitted patent application to the State Intellectual Property Office or the national intellectual property administration outside China (regional patent organization), received the "Notification of Patent Application Acceptance" and paid off the related fees within the year of report.

Enterprise with Patent Granted

Refers to the industrial enterprise which has received the "Notification of Patent Granted" from the State Intellectual Property Office or the national intellectual property administration outside China (regional patent organization) and paid off the related fees within the year of report.

Enterprise with Valid Patents (Cumulative Value)

Refers to the industrial enterprise with patents in the status of maintenance by the end of the year of report.

EXPLANATORY NOTES TO MAJOR STATISTICAL INDICATORS

Output Value of Patented Products (Current Price)

Refers to the total value of the final patented industrial products produced by the industrial enterprises in the year of report in the form of currency. Refer to the calculation method of "gross industrial output value" stipulated by the state for the calculation of the output value of patented products.

Sales Revenue of Patented Products

Refers to the total revenue of currency from the sales of the patented products by the industrial enterprises within the year of report.

Sales Income of New Products

Refers to the sales income of new products of the enterprises at the reference period. New products refer to products developed and produced with new technologies and designs or improved in structure, material, process or other aspects so that their performance are improved or their functions expanded. New products include those affirmed by government authorities in their validity period and also those developed by enterprises without the affirmation of government authorities within one year after they are put into production.

Patented Inventions

Refer to new technical proposals to the products or methods or their modifications. This is universal core indicator reflecting the technologies with independent intellectual property.

Patented Utility Models

Refer to the practical and new technical proposals on the shape and structure of the product or the combination of both. This indicator reflects the condition of technological results with certain technical content.

Designs

Refer to the aesthetics and industrially applicable new designs for the shape, pattern and colour of the product, or their combinations. This indicator reflects the appearance design achievements with independent intellectual property.

Famous Trade Marks

Refer to trade marks publicly known with higher honors. It is also a legal protection.

Well-known Trade Marks

Their fames are between famous trademarks and ordinary trademarks. And they are tough reserve force of famous trademarks.

Cultural Market Operating Units

Refer to the units dealing in culture and cultural services, which registered and permitted with the relative certificate by cultural market administration.

Arts Performance Troupes

Refer to the various professional performing arts groups, which sponsored by the cultural sectors or guided by the cultural society (approved by the cultural administration authority, or registered and permitted with the relative certificate), including non-governmental troupes. The mass amateur arts performance troupes are not included.

Arts Performance Places

Refer to the various sites for cultural activities, which sponsored by the cultural sectors or guided by the cultural society (approved by the cultural market administration, or registered and permitted with the relative certificate), with the facility of auditorium, stage and lighting, and selling tickets in public.

Research and Development (R&D)

Refers to systematic and creative activities in the field of science and technology aiming at increasing the knowledge and using the knowledge for new application. R&D includes 3 categories of activities: basic research, applied research and experiments and development. The scale and intensity of R&D are widely used internationally to reflect the strength of S&T and the core competitiveness of a country in the world.

EXPLANATORY NOTES TO MAJOR STATISTICAL INDICATORS

R & D Personnel

Refer to persons engaged in research, management and supporting activities of R & D, including persons in the project teams, persons engaged in the management of S&T activities of enterprises and supporting staff providing direct service to the research projects. This indicator reflects the size of personnel engaged in R&D activities with independent intellectual property.

Full-time Equivalent of R&D Personnel

Refers to the sum of the full-time persons and the full-time equivalent of part-time persons converted by workload. For instance, if there are 2 full-time persons and 3 part-time workers (20%, 30% and 70% of working hours respectively on R&D activities), the full-time equivalent are 2+0.2+0.3+0.7=3.2 person-years. This is an internationally comparable indicator of S&T manpower input.

Total Expenditure of Funds on R&D

Refers to the real expenditure of surveyed units on their own R&D activities (basic research, applied research, experiments and development) including direct expenditure on R&D activities, indirect expenditure of management and services on R&D activities, expenditure on capital construction and material processing by others. Excluding the expenditure on production activities, return of loan, and fees transferred to cooperated or entrusted agencies on R&D activities.

Expenditure of Government Funds on R&D

Refers to the expenditure of funds on R&D activities from government agencies at different levels, including appropriate funds on science and technology from financial departments, scientific funds, operating expenses from education departments and the real expenditure of extra budgetary funds from government agencies.

Expenditure of Funds of Enterprises on R&D

Refers to the expenditure of funds on R&D activities from self-raised funds of enterprises and funds from other enterprises through entrustment, and the expenditure of funds of institutions, such as institution of scientific research and universities, from enterprises.

Number of R&D Projects (subjects)

Refers to the number of R&D projects (subjects) set up and implemented at the reference year, and the number of R&D projects (subjects) set up in former years and under implementation, including the projects (subjects) finished and failed at the reference year, excluding the projects (subjects) implemented by others through entrustment.

Full-time Equivalent of R&D Personnel

Refers to the full-time equivalent of persons actually engaged in R&D projects (subjects).

Expenditure of Funds on R&D Projects (subjects)

Refers to the real expenditure of internal funds of the surveyed units on research and test of R&D projects (subjects) at the reference year, including service fee, other daily expenditure, cost for fixed assets, cost of external process; excluding expenditure of funds transferred to other cooperated or entrusted units of the projects.

The Population Coverage Rate of Radio/Television

Refers to the percentage of the whole country's population who can receive radio/television programmers transmitted by national, provincial, municipal or county stations through wireless, cable or satellite techniques, according to *Statistical Standard and Method on Television and Radio Coverage of Population* established by the State Administration of Radio and Television.

第十九章·卫生、体育和其他社会活动

PUBLIC HEALTH, SPORTS AND OTHER SOCIAL ACTIVITIES

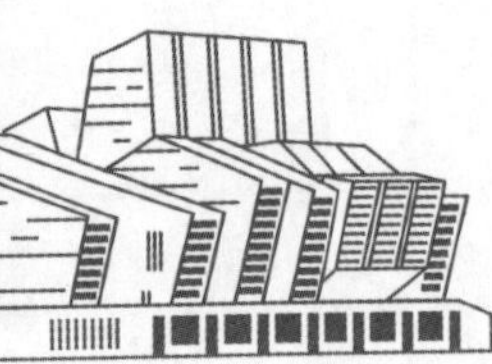

简要说明 BRIEF INTRODUCTION

本章资料主要包括卫生事业、体育事业、民政事业、劳动和社会保障事业、公检法司情况、安全生产情况、火灾事故和道路交通事故等内容，由市统计局社会科技统计处根据有关部门资料整理提供。

卫生资料来自市卫生健康委员会，体育资料来源于市体育局，民政和劳动社会保障有关资料分别由市民政局、市人力资源和社会保障局提供，公检法司资料分别由市公安局、市人民检察院、市高级人民法院和市司法局提供，安全生产情况来自于市应急管理局，火灾事故和道路交通事故分别由市消防总队和市公安交通管理局提供。

The data in this chapter mainly cover public health, sports, civil affairs, labor & social securities, public security, procuratorial, legal & judicial affairs, work safety, and fires & highway traffic accidents. The data are sorted and compiled by Division of Social and Technology Statistics, Chongqing Municipal Bureau of Statistics on the basis of the data provided by other related departments.

The data on public health are provided by Health Commission of Chongqing; the data on sports are provided by Chongqing Administration of Sports; the data on civil affairs and labor & social securities are provided by Chongqing Civil Affairs Bureau and Chongqing Administration of Labor and Social Security; the data on public security, procuratorial and legal affairs are provided by Chongqing Public Security Bureau, Chongqing People's Procuratorate, Higher People's Court and Chongqing Justice Bureau; the data on work safety are provided by Department of Emergency Management of Chongqing; and the data on fires & highway traffic accidents are provided by Chongqing Fire Brigade and Chongqing Bureau of Traffic Administration.

表 19.1 主要年份卫生事业情况
STATISTICS ON PUBLIC HEALTH CARE IN MAJOR YEARS

年份 Year	机构数（个）Number of Institutions (unit)	其中 of which #医院、卫生院 Hospitals and Health Centers	床位数（张）Number of Beds in Health Care Institutions(bed)	卫生技术人员（人）Medical Technical Personnel (person)	其中 of which #执业（助理）医师 Licensed (Assistant) Doctors	#注册护士 Registered Nurses
1952	742		5031	19807		
1957	2185		10255	30290		
1962	3591		22971	35681		
1965	3938		20314	36762	10234	
1970	3579	2183	25038	39813	10475	
1975	4221	2286	37300	51536	12442	
1978	4789	2294	48948	59934	12870	
1980	4686	2316	51194	65441	12806	
1985	4796	2170	54054	76486	12577	11724
1986	5095	2140	54801	77437	12895	11921
1987	5136	2136	57178	78382	13201	12156
1988	5148	2151	59514	80153	21004	13688
1989	5229	2152	61912	81219	27789	16027
1990	5248	2154	62568	82690	28824	16929
1991	5326	2153	64057	83973	28652	17163
1992	5328	2160	64978	85204	28643	17557
1993	4807	2114	65859	84125	29516	17714
1994	4795	2590	66891	85586	30915	18298
1995	4801	2505	67243	86041	31169	18692
1996	4777	2567	66339	87542	30733	19289
1997	4743	2553	69591	88423	43178	19593
1998	4643	2438	65934	83696	43423	19804
1999	4552	2351	66003	88569	44453	20263
2000	4382	2250	65666	88619	44940	20773
2001	4151	2020	64981	86430	44666	20533
2002	2725	1717	61875	79850	37873	20729
2003	2705	1682	63287	78628	37122	20629
2004	2539	1574	63899	77516	36603	20249
2005	2447	1463	64674	78780	37321	20842
2006	2478	1450	68298	79805	37511	21269
2007	2410	1447	74785	83736	38739	23972
2008	2258	1396	81950	88746	39417	26799
2009	2425	1404	92689	97199	41943	31756
2010	17495	1449	103624	111079	47969	37611
2011	17660	1407	115627	120169	49585	42767
2012	17961	1405	130813	131658	51990	49823
2013	18923	1502	147436	142218	55221	55417
2014	18766	1510	160446	154091	58007	62662
2015	19805	1568	176674	166812	61013	69996
2016	19933	1606	190850	179346	64700	77463
2017	19615	1640	206080	191254	68419	84768
2018	20524	1684	220104	209237	76361	95104

注：1)2002 年起卫生统计制度变更，其指标名称和统计口径变化，与往年不可比：从 2002 年起卫生机构、床位、卫生技术人员统计范围均不含“医学院校”、“卫生学校”和“计生站”。卫生技术人员中，2002 年前为医生和护师（士），2002 年后改为执业（助理）医师和注册护士（表 19-1 至 19-5 同）。
2)2011 年卫生统计口径变化，与往年不可比：从 2010 年起卫生机构、卫生技术人员、执业（助理医师）、注册护士统计范围均含“村卫生室”和“个体办诊所”。

Note: a) Due to the changes of health care statistic system since 2002, the indicators and statistic scopes were changed, not comparable with the previous years: since 2002, the scope of the number of health care institutions, the number of beds and the number of medial technical personnel has not included the data of “medical universities”, “health schools” and “family plan service stations”. The indicators of “doctor” and “nurse” before 2002 have been replaced by “licensed (assistant) doctors” and “registered nurses” since 2002 (the same applies to the tables from 19-1 to 19-5).
b) Due to the change of statistic scope, the date are not comparable with the previous years. The data of "village health station" and"individual-run clinics" are included in the data of health institutions, medical technical personnel, licensed (assistant) doctors and registered nurses since 2010.

表 19.2 卫生事业情况 (2017 － 2018 年)
STATISTICS ON PUBLIC HEALTH CARE (2017-2018)

指 标	Item	2017	2018
执业 (助理) 医师数 (人)	Number of Licensed (Assistant) Doctors (person)	68419	76361
医院床位数 (张)	Number of Beds in Hospitals (bed)	150280	162147
孕产妇死亡率 (1/10 万)	Mortality Rate of Pregnant Women (per 100 000 persons)	14.97	14.24
新生儿死亡率 (‰)	Mortality Rate of New Infants (‰)	2.49	1.91
甲乙类传染病发病率 (1/10 万)	Incidence Disease Rate of Class A and B Infections Diseases (per 100 000 persons)	283.73	240.88
农村自来水普及率 (%)	Rate of Access to Tap Water in Rural Area (%)	79.30	82.63

注：农村自来水普及率来自于市水利局，与往年不可比。
Note: The popularization rate of rural tap water comes from the Water Conservancy Bureau of the city, which is comparable with that of previous years.

表 19.3 医院、卫生院、社区诊疗情况 (2018 年)
STATISTICS ON VISITS AND INPATIENTS IN HOSPITALS, HEALTH STATIONS AND COMMUNITY HEALTH CENTERS (2018)

机构类别	Type of Institution	诊疗人次 (万人次) Number of Visits (10 000 person -times)	其中 of which #门诊急诊 Outpatients and Emergency Treatment	健康检查人数 (万人) Medical Examination (10 000 patients)	住院人数 (万人) Number of Inpatients (10 000 patients)	每百门急诊次的入院人数 (人) Number of Inpatients per 100 Visits (person)
医 院	**Hospitals**	**7120.30**	**6912.09**	**443.22**	**479.16**	**6.95**
#综合医院	General Hospitals	4880.56	4729.47	352.84	340.39	7.22
中医医院	Hospitals Specialized in Traditional Chinese Medicine	1244.11	1211.64	53.24	82.14	6.81
中西医结合医院	Hospitals of Integrated Traditional Chinese with Western Medicine	119.98	111.30	8.12	13.10	11.91
口腔医院	Stomatological Hospitals	136.69	136.36	1.57	0.38	0.28
肿瘤医院	Cancer Hospitals	36.99	36.67	3.83	5.44	14.87
妇产 (科) 医院	OB/GYN Hospitals	45.55	44.82	0.35	2.97	6.65
儿科医院	Children's Hospital	310.07	310.07	1.38	9.25	2.99
精神病院	Mental Hospitals	116.98	115.77	1.42	6.23	4.98
传染病院	Hospitals for Infectious Diseases	17.94	17.94	2.03	1.45	8.27
社区卫生服务中心 (站)	**Community Health Service Center (Station)**	**860.32**	**821.93**	**77.94**	**29.78**	**3.62**
卫生院	**Health Centers**	**2053.51**	**1970.36**	**175.07**	**171.60**	**8.74**
#乡镇卫生院	Township Health Centers	1988.43	1906.58	172.17	167.52	8.81

表 19.4 卫生机构、床位、人员数（2018 年）
NUMBER OF HEALTH CARE INSTITUTIONS, BEDS AND PERSONNEL (2018)

机构类别	Type of Institutions	机构数（个）Health Care Institutions (unit)	床位数（张）Beds (bed)	人员合计（人）Total Personnel (person)	其中 of which 卫生技术人员 Medical Technical Personnel	其他技术人员 Other Technical Personnel	管理人员 Management Personnel	工勤人员 Logistic Workers
总　计	**Total**	**20524**	**220104**	**272758**	**209237**	**9552**	**13540**	**22536**
医院、卫生院	Total Number of Hospitals	1684	205419	202127	163847	7428	11324	19528
医　院	Hospitals	800	162147	166637	134007	5832	10012	16786
#综合医院	General Hospitals	453	101945	110683	90041	3109	6442	11091
中医医院	Hospitals Specialized in Traditional Chinese Medicine	110	26263	25897	21884	904	1162	1947
中西医结合医院	Hospitals of Integrated Traditional Chinese with Western Medicine	53	5617	5084	4102	135	369	478
口腔医院	Stomatological Hospitals	22	390	1931	1476	155	169	131
肿瘤医院	Cancer Hospitals	3	1758	2156	1769	130	102	155
胸科医院	Chest Hospitals							
妇产（科）医院	OB/GYN Hospitals	19	1274	2251	1485	169	150	447
儿童医院	Children's Hospital	5	2015	3846	3099	110	273	364
精神病院	Mental Hospitals	35	15140	4371	3259	121	298	693
传染病院	Hospitals for Infectious Diseases	3	739	1002	843	19	86	54
卫生院	Health Centers	884	43272	35490	29840	1596	1312	2742
街道卫生院	Urban Subdistrict Health Centers	12	1224	1231	1011	60	37	123
乡镇卫生院	Township Health Centers	872	42048	34259	28829	1536	1275	2619
门诊部	Outpatient Department	354	204	3826	3124	135	269	298
采供血机构	Blood Centers	11		615	451	44	43	77
妇幼保健院（所、站）	Women and Children Care Centers	42	4055	8970	7164	328	506	972
专科疾病防治院（所）	Specialized Disease Prevention & Treatment Institutions	15	486	417	288	30	46	53
疾病预防控制中心	CDC (Epidemic Preventation Stations)	41		2917	2104	285	273	255
医学科学研究机构	Research Institutes of Medical Sciences							
医学在职培训机构	Training Institutes for Medical Staff and Workers	6		184	133	20	18	13
健康教育所（中心）	Health Care Training Centers	4		78	32	26	18	2
疗养院	Sanatoriums	6	535	357	256	9	39	53
社区卫生服务中心（站）	Community Health Service Centers	472	9405	12395	10486	476	535	898
卫生监督所	Health Supervision Institutes	39		993	920	5	45	23
其他卫生机构	Other Health Care Institutions	36	535	1822	538	741	342	201
村卫生室	Village Health Stations	10847		21158	3265			
诊所、卫生所、医务室	Clinics, Health Centers and Hygienic Centers	6978		17431	17013	54	135	229

注：本表机构数包含个体办诊所、村卫生室。
Note: The number of institutions in this table includes individual-run clinics.

表 19.5 卫生机构各类人员数（2017－2018 年）
NUMBER OF EMPLOYED PERSONS IN HEALTH INSTITUTIONS (2017-2018)

单位：人、% (person, %)

人员分类	Type of Personnel	人 数 Personnel		构 成 Composition	
		2017	2018	2017	2018
总 计	**Total**	**255252**	**272758**	**100.00**	**100.00**
卫生技术人员	Medical Technical Personnel	191254	209237	74.93	76.71
执业医师	Licensed Doctors	55151	61821	21.61	22.67
执业助理医师	Licensed Assistant Doctors	13268	14540	5.20	5.33
注册护士	Registered Nurses	84768	95104	33.21	34.87
药剂人员	Pharmacists	8808	9395	3.45	3.44
技 师(士)	Technical Workers	9342	10309	3.66	3.78
其他人员	Others	19940	18079	7.81	6.63
其他技术人员	Other Technical Personnel	9111	9552	3.57	3.50
管理人员	Management Personnel	13288	13540	5.21	4.96
工勤人员	Logistics Workers	21759	22536	8.52	8.26
每万人口拥有卫生技术人员	**Number of Medical Technical Personnel per 10 000 Population**	**56.0**	**67.4**		

表 19.6 结婚登记和离婚登记情况（2017－2018 年）
STATISTICS ON MARRIAGES AND DIVORCES (2017-2018)

项 目	Item	2017	2018
登记结婚件数(件)	Registered Marriages (couple)	266004	258782
内地居民	Registered Marriages in the Mainland	265356	258093
涉外及华侨、港澳台居民	Registered Marriages with Foreigner or Citizen of Hong Kong, Macao and Taiwan	648	689
登记结婚人数(人)	Registered Newly Married People (person)	532008	517564
初 婚	First Marriages	353545	342569
再 婚	Remarriages	178463	174995
登记离婚件数(件)	Registered Divorces (couple)	133667	136193
#内地居民	Registered Divorces in the Mainland	133538	136042

表 19.7 民政事业情况（2017 – 2018 年）
STATISTICS ON CIVIL AFFAIRS (2017-2018)

指　标	Item	2017	2018
民政经费支出（万元）	Expenditure for Civil Affairs (10 000 yuan)	1563301	1091804
城市居民最低生活保障人数（万人）	Number of Persons Receiving Minimum Living Allowance in Urban Areas (10 000 persons)	33.97	31.14
农村居民最低生活保障人数（万人）	Number of Persons Receiving Minimum Living Allowance in Rural Areas (10 000 persons)	60.22	58.09
农村特困供养人数（万人）	Number of Persons Receiving Livelihood Guaranteed in Five Aspects in Rural Areas (10 000 person)	11.15	9.71
享受城市居民最低生活保障人数占非农业人口比重 (%)	Number of Persons Receiving Minimum Living Allowance in Urban Areas as Percentage to Total Non-agricultural Population (%)	1.7	1.5
提供住宿的社会服务机构床位数（张）	Number of Beds in the Social Service Institutions Providing Accommodation (pcs)	89068	93561
提供住宿的社会服务机构（个）	Number of Social Service Institutions Providing Accommodation (unit)	745	810
儿童福利机构数（个）	Number of Child Welfare Institutions (unit)	6	6
社区服务机构（个）	Community Service Institutions (unit)	8040	8390
福利彩票销售额（万元）	Sales of Welfare Lotteries (10 000 yuan)	555296	582715

注：非农人口使用的是常住人口中的城镇人口，比往年不可比。
Note: Non-agricultural population refers to the urban resident population, which are incomparable to the previous year.

表 19.8 社会福利事业、企业单位数和工作人员数（2017 – 2018 年）
NUMBER OF SOCIAL WELFARE INSTITUTIONS & ENTERPRISES AND EMPLOYED PERSONS (2017-2018)

单位：个、人 (unit, person)

项　目	Item	机　构 Number of Institutions and Enterprises		工作人员 Number of Personnel	
		2017	2018	2017	2018
提供住宿的社会服务机构	Social Service Institutions Providing Accommodation	**745**	**810**	**8926**	**10036**
救助管理站	Salvation Management Stations	37	37	355	353
殡葬事业单位	Funeral and Interment Institutions	106	103	2037	1881
福利彩票发行单位	Welfare Lottery Issuing Units	1	1	169	177
社区服务中心	Community Service Centers	446	460	2878	2959

表 19.9 提供住宿的社会服务基本情况（2018 年）
BASIC STATISTICS ON THE SOCIAL SERVICE INSTITUTIONS PROVIDING ACCOMMODATION (2018)

项 目	Item	院 数（个）Number of Institutions (unit)	工作人员（人）Number of Staff and Workers (person)	床位数（张）Number of Beds (bed)	年末在院人数（人）Number of Residents at Year-end (person)
提供住宿的社会服务机构	**Social Service Institutions Providing Accommodation**	**810**	**10036**	**93561**	**51131**
老年人与残疾人服务机构	Service Institutions for the Old and the Disabled	756	8867	86272	47735
智障与精神疾病服务机构	Service Institutions for the Retarded and People with Mental Diseases	6	486	2692	2212
为儿童提供住宿的社会服务机构	Social Service Institutions Providing Accommodation for Children	6	300	2579	821
其他提供住宿的社会服务机构	Other Social Service Institutions Providing Accommodation	42	383	2018	290

表 19.10 社会活动参与情况（2017－2018 年）
PARTICIPATION IN SOCIAL ACTIVITIES (2017-2018)

单位：人、个 (person, unit)

指 标	Item	2017	2018
省级人大代表人数	Number of Municipal Deputies of People's Congress	856	854
#女 性	Female	226	229
省级政协委员人数	Number of Municipal Deputies of People's Political Consultative Conferences	847	851
#女 性	Female	182	206
基层地方妇联组织数	Number of Local Women's Federation Unions	12175	12186
工会基层组织数	Number of Grassroots Trade Unions	56252	54402
工会会员人数（万人）	Membership of Trade Unions(10 000 persons)	675	624

表 19.11 基本养老保险情况(2017 – 2018 年)
STATISTICS ON BASIC PENSION INSURANCE (2017-2018)

单位：亿元、万人 (100 million yuan, 10 000 persons)

指　标	Item	2017	2018
城镇企业职工基本养老保险参保人数	Number of Contributors to Urban Enterprise Basic Pension Insurance	886.25	945.81
#参保职工	Employees	560.98	594.49
#企　业	Enterprises	402.39	427.75
城镇企业职工基本养老保险实际支付人数	Actual Beneficiaries of Urban Enterprise Basic Pension Insurance	325.27	351.32
城镇企业职工基本养老保险基金收入	Total Revenue of Urban Enterprise Basic Pension Insurance	870	1007.3
城镇企业职工基本养老保险基金支出	Expenditure of Urban Enterprise Basic Pension Insurance	809	881.8
离休、退休、退职人员年末人数	Number of Retires at Year-end	325.27	351.32
机关事业单位社会养老保险参保人数	Number of Contributors to Social Pension Insurance in Government and Public Institutions	102.93	105.38
城乡居民社会养老保险参保人数	Number of Urban and Rural Residents Participating in Social Pension Insurance	1109.00	1119.63

注：机关事业单位社会养老保险参保人数含市级、区县级机关事业单位参保人数。
Note: The number of contributors to social pension insurance in government and public institutions includes the contributors from the governments and public institutions at municipal, district and county levels.

表 19.12 失业保险基本情况（2017 － 2018 年）
STATISTICS ON UNEMPLOYMENT INSURANCE (2017-2018)

指 标	Item	2017	2018
年末失业保险参保人数（万人）	Unemployment Insurance Contributors at Year-end (10 000 persons)	466.27	489.78
企 业	Enterprises	401.06	423.44
事业单位	Institutions	37.62	37.80
其 他	Others	27.59	28.54
失业保险基金总收入（亿元）	Total Revenue of Unemployment Insurance (100 million yuan)	17.16	19.56
失业保险费总收入（亿元）	Total Premium of Unemployment Insurance (100 million yuan)	14.59	16.71
失业保险基金总支出（亿元）	Total Expenditure of Unemployment Insurance (100 million yuan)	15.52	14.98
失业保险金总支出（亿元）	Total Payment of Unemployment Insurance (100 million yuan)	5.41	5.02
失业保险基金当年末结余额（亿元）	Year-end Balance of Unemployment Insurance (100 million yuan)	113.85	118.43
年末城镇登记失业人员数（万人）	Year-end Registered Urban Unemployment (10 000 persons)	14.26	13.09
城镇登记失业人员再就业人数（万人）	Registered Urban Unemployment Reemployed (10 000 persons)	30.67	27.85
领取失业保险人数（万人）	Actual Beneficiaries of Unemployment Insurance (10 000 persons)	8.47	7.60
本年领取失业保险金人次数（万人次）	Person-times of Reception of Unemployment Insurance in Current Year (10 000 person-times)	51.51	45.31

表 19.13 基本医疗保险情况（2017 － 2018 年）
STATISTICS ON BASIC MEDICAL CARE INSURANCE (2017-2018)

单位：亿元、万人 (100 million yuan, 10 000 persons)

指 标	Item	2017	2018
城镇职工基本医疗保险参保人数	Basic Urban Workers Medical Care Insurance Contributors at Year-end	640	678
在职职工	Staff and Workers	455	486
退休人员	Retirees	185	192
城镇职工基本医疗保险基金总收入	Total Revenue of Urban Workers Basic Medical Care Insurance	295	340
城镇职工基本医疗保险基金总支出	Total Expenses of Urban Workers Basic Medical Care Insurance	275	303

表 19.14 体育事业基本情况（2017 – 2018 年）
STATISTICS ON MASS SPORTS (2017-2018)

项　目	Item	2017	2018
体育经费（万元）	Sports Expenditures (10 000 yuan)	126057	133631
体育彩票销售额（万元）	Sales Value of Sports Lotteries (10 000 yuan)	474659	596670
等级运动员（人）	Graded Athletes (person)	2264	2853
国际级运动健将	International Masters of Sports	1	
运动健将	Masters of Sports	12	29
一级运动员	First Grade Athletes	372	757
二级运动员	Second Grade Athletes	1879	2067
获得全国最高水平比赛奖牌（个）	Number of Medals Won in the Domestic Top Competitions (Unit)	54	54
其中：金　牌	Gold	18	13
银　牌	Silver	8	15
铜　牌	Copper	28	26
获得世界三大赛奖牌（个）	Number of Medals Won in the Three Biggest World Games (Unit)	6	13
其中：金　牌	Gold	4	4
银　牌	Silver	1	3
铜　牌	Copper	1	6
农民体育健身工程（个）	Community Fitness Centers (unit)	230	728
社区健身点（个）	Per Capita Sports Fields (sq.m)	300	300

注：体育经费包括体育事业费和体育基建支出。
Note: Sports expenditures include sports funds and expenditure for sports infrastructure.

表 19.15 律师、公证、调解工作基本情况（2017－2018 年）
STATISTICS ON LAWYERS, NOTARIZATION AND MEDIATION (2017-2018)

项　目	Item	2017	2018
律师工作	**Lawyers**		
律师事务所（所）	Number of Law Offices (unit)	857	869
执业律师（人）	Number of Licensed Lawyers (person)	9791	10709
#专　职	Full-time Lawyers	7965	8557
聘请担任法律顾问单位（家）	Number of Units with Permanent Legal Advisors (unit)	16332	17797
民事诉讼代理（件）	Agent of Civil Cases (case)	86202	131064
刑事辩护（件）	Defender of Criminal Cases (case)	10206	12780
行政诉讼代理（件）	Agent of Administrative Action (case)	3325	3793
非诉讼法律事务（件）	Cases of Non-litigious Legal Affairs (case)	8267	19306
涉外及涉港澳台法律事务（件）	Legal affairs concerning foreign affairs and Hong Kong, Macao and Taiwan (case)		76
咨询和代写法律文书	Advisory Services and Legal Documents Written on Behalf of Clients (case)	214441	103520
公证工作	**Notarization**		
公证处（个）	Number of Notary Offices (unit)	40	40
公证员（人）	Public Notaries (person)	220	220
办理公证书（件）	Notarized Documents (case)	283522	221767
人民调解工作	**Number of People's Mediation**		
人民调解委员会（个）	Number of People's Mediation Committees (unit)	12411	12637
人民调解员（人）	Number of Mediators (person)	66917	68930
调解纠纷（件）	Number of Disputes Mediated (case)	447568	404669
司法所建设	Construction of Judicial Institute		
司法所（个）	Judicial Institute (unit)	1029	1031
司法助理员（人）	Judicial Assistance (person)	2394	2422
安置帮教对象（人）	Persons Resettled and Helped (person)	27360	24504
社区矫正对象（人）	Persons under Community Correction (person)	13901	12951
基层法律服务	Legal Service at Grassroots Level		
基层法律服务所（个）	Legal Service Institute at Grassroots Level (unit)	305	305
基层法律工作者（人）	Grassroots Legal Service Workers (person)	1662	1761
办理法律援助（件）	Legal Assistance Handled (case)	9640	10954

表 19.16 国内外公证文书 (2017 – 2018 年)
DOMESTIC AND FOREIGN-RELATED NOTARIAL DOCUMENTS (2017-2018)

单位：件、% (case, %)

项 目	Item	国内公证文书 Domestic Notarial Documents			
		办证件数 Number of Notarial Documents Issued		比 重 Percentage	
		2017	2018	2017	2018
办理公证总数	**Total**	**283522**	**260188**	**100.0**	**100.0**
按国内外分类	Classification at home and abroad				
国内公证数	Domestic Notarial Documents	236472	209330	83.4	80.5
涉外公证数	Foreign-related Notarial Documents	44050	47944	15.5	18.4
涉港澳公证数	Notarial Documents Related to Hong Kong and Macao	717	815	0.3	0.3
涉台公证数	Notarial Documents Related to Taiwan	2283	2099	0.8	0.8
按内容分类	**Categorization by content**				
合 同 (协议)	Contract (Agreement)	18764	13282	6.6	5.1
继 承	Inheritance	38723	51252	13.7	19.7
委 托	Consignment	60838	61197	21.5	23.5
声 明	Declaration	30116	33831	10.6	13.0
赠 与	Bestowal	5252	2390	1.9	0.9
遗 嘱	Testament	2874	2858	1.0	1.1
现成监督	On-the-spot supervision	2118	1881	0.7	0.7
婚姻状况、亲属关系、收养关系	Marital Status, Kinship Confirmation and Adoptive Relationship	5534	9136	2.0	3.5
出生、生存、死亡	Birth, Living and Death	5199	5520	1.8	2.1
身份、经历、学历、学位、职务、职称	Identity, Experience, Education Background, Degree, Post, Professional Title	1159	715	0.4	0.3
有无违法犯罪记录	Illegal and Criminal Record Check	4584	5415	1.6	2.1
公司章程	Corporation Constitutions	2	4		
保全证据	Preservation of evidence	3902	9808	1.4	3.8
证书、执照	Certificate, License	10856	17113	3.8	6.6
签名、印鉴	Signature, Stamp	54596	9849	19.3	3.8
文本相符	Conformity of Documentation	13748	13939	4.8	5.4
赋予强制执行效力	Executor Force	18913	20701	6.7	8.0
执行证书	Certificate of Execution	768	680	0.3	0.3
抵押登记	Mortgage Registration	153	16	0.1	
提 存	Drawing	57	41		
保 管	Storage	13	8		
其 他	Others	5353	482	1.9	0.2

表 19.17 公安机关立案的刑事案件情况（2017 – 2018 年）
CRIMINAL CASES REGISTERED IN PUBLIC SECURITY ORGANS (2017-2018)

指　标	Item	2017	2018
人民警察数（人）	Number of Police (person)	41238	41392
刑事案件立案数（起）	Total Registered Criminal Cases (case)	132699	126201
刑事案件破案率 (%)	Rate of Solved Criminal Cases (%)	26.30	25.72

表 19.18 检察机关审查批准、决定逮捕犯罪嫌疑人和提起公诉被告人情况（2018 年）
ARRESTS OF CRIMINAL SUSPECTS AND DEFENDANTS UNDER PUBLIC PROSECUTION APPROVED BY PEOPLE'S PROCURATORATE (2018)

案件类别	Category of Cases	批捕、决定逮捕合计 Total of Arrests		决定起诉合计 Total of Public Prosecutions	
		件 (case)	人 (person)	件 (case)	人 (person)
合　计	**Total**	**13919**	**18685**	**23908**	**33771**
公安、安全、监狱机关侦查	**Handled by Departments of State, Public Security and Prisons**	**13808**	**18565**	**23675**	**33472**
危害国家安全案	Offences Against State Security	2	2	3	3
危害公共安全案	Offences Against Public Security	217	244	4408	4575
破坏社会主义市场经济秩序案	Offences Against Socialist Economic Order	420	639	683	1311
侵犯公民人身、民主权利案	Offences Against Citizens' Personal and Democratic Rights	1306	1624	1924	2539
侵犯财产案	Offences Against Properties	6588	8815	9405	13801
妨害社会管理秩序案	Offences Against Social Management of Order	5266	7232	7246	11236
危害国防利益案	Offences Against National Defense	9	9	6	7
军人违反职责案	Offences on Dereliction of Duty by Servicemen				
检察机关侦查	**Handled by Procuratorates**	**111**	**120**	**233**	**299**
贪污贿赂案	Offences on Corruption and Bribery	110	119	232	296
渎职案	Offences on Abuse and Dereliction of Duty	1	1	1	3

表 19.19 人民法院刑事一审案件收结案情况（2017 – 2018 年）
FIRST TRIAL CRIMINAL CASES ACCEPTED AND SETTLED BY COURTS (2017-2018)

单位：件 (case)

案件类别	Category of Cases	收 案 Accepted Cases		结 案 Settled Cases	
		2017	2018	2017	2018
合　计	**Total**	**27645**	**25224**	**26591**	**24198**
危害公共安全罪	Offences against Public Security	4924	4575	4851	4517
破坏社会主义市场经济秩序罪	Offences against Socialist Economic Order	948	862	778	709
侵犯公民人身权利、民主权利罪	Offences against Citizens' Personal and Democratic Rights	2638	2233	2455	2080
侵犯财产罪	Offences against Properties	10397	9675	10141	9421
妨害社会管理秩序罪	Offences against social Management of Order	8103	7496	7854	7190
危害国防利益罪	Offences against National Defense	3	3	3	3
贪污贿赂罪	Offences on Corruption and Bribery	593	347	491	260
渎职罪	Offences on Dereliction of Duty	36	28	17	17
危害国家安全罪	Offences against Country Safety				
其　它	Others	3	5	1	1

注：收结案中含上年结转。
Note: The numbers of accepted and settled cases include the cases turned over from the previous year.

表 19.20 人民法院民事、行政一审案件收结案情况（2017－2018 年）
FIRST TRIAL CIVIL AND ADMINISTRATIVE CASES ACCEPTED AND SETTLED BY COURTS (2017-2018)

单位：件 (case)

案件类别	Category of Cases	收案 Accepted Cases		结案 Settled Cases	
		2017	2018	2017	2018
民事一审案件	**First Trial of Civil Cases**	**434110**	**488201**	**398751**	**453203**
婚姻家庭、继承纠纷	Dispute of Marriages Family and Inheritance	56764	59250	54600	57252
物权纠纷	Property Rights Disputes	8625	9484	7293	8197
合同纠纷	Disputes of Contracts	274426	318863	250417	294956
劳动争议、人事争议	Labor Disputes and Personnel Disputes	35141	32170	32898	30250
侵权责任纠纷	Tort Liability Disputes	37063	41252	33946	38234
其他民事一审案件	Other First Trial of Civil Cases	22091	27182	19597	24314
行政一审案件	**First Trial of Administrative Cases**	**8603**	**9417**	**7639**	**8361**

注：收结案中含上年结转。
Note: The number of accepted and settled cases includes the cases turned over from the previous year.

表 19.21 安全生产情况（2002－2018 年）
BASIC STATISTICS ON WORK SAFETY (2002-2018)

年 份 Year	亿元地区生产总值生产安全事故死亡率 Mortality Rate of Work Safety Accident Per 100 Billion Yuan GDP	工矿商贸企业从业人员十万人生产安全事故死亡率 Mortality Rate of Work Safety Accident Per 100 000 Employees of Enterprises	煤炭生产百万吨死亡率 Mortality Rate Per 1 Million Tons of Coal Production	道路交通万车死亡率 Mortality Rate of Highway Traffic Accident Per 10 000 Vehicles
2002	1.44	9.90	21.08	37.50
2003	1.41	13.43	17.82	30.70
2004	0.89	10.24	12.24	18.30
2005	0.75	10.62	13.73	14.51
2006	0.61	8.49	9.30	10.83
2007	0.47	8.05	7.64	9.26
2008	0.34	7.13	6.82	7.60
2009	0.30	6.39	5.44	6.00
2010	0.23	5.05	4.00	4.45
2011	0.17	4.51	3.00	3.13
2012	0.13	3.84	2.73	2.60
2013	0.12	3.42	2.39	2.39
2014	0.10	3.21	2.60	2.35
2015	0.08	2.78	1.26	2.20
2016	0.07	2.57	3.34	2.02
2017	0.05	2.23	0.29	1.99
2018	0.04	2.37	1.23	1.89

表 19.22 安全生产事故死亡情况（2001 － 2018 年）
BASIC STATISTICS ON DEATH TOLL OF WORK SAFETY ACCIDENTS (2001-2018)

年份 Year	生产安全事故死亡起数（起）Safety Accidents with Death Toll (case)	其中 of which			生产安全事故死亡人数（人）Death Toll in Safety Accidents (person)	其中 of which		
		道路交通事故 Traffic Accidents	煤矿事故 Coal Mine Accidents	火灾事故 Fires		道路交通事故 Traffic Accidents	煤矿事故 Coal Mine Accidents	火灾事故 Fires
2001	2225	1767	241	44	2794	2083	309	53
2002	2535	1872	323	39	3208	2245	460	43
2003	2732	1989	315	44	3613	2317	446	56
2004	2237	1434	342	56	2694	1707	419	63
2005	2117	1333	349	54	2596	1616	455	57
2006	2002	1175	288	42	2381	1424	357	44
2007	1813	1105	257	35	2197	1331	321	40
2008	1681	1063	212	35	1982	1219	280	39
2009	1679	1109	160	35	1928	1209	234	43
2010	1576	1079	136	22	1793	1215	174	28
2011	1444	983	105	24	1656	1098	135	29
2012	1374	937	89	20	1539	1052	103	20
2013	1346	908	63	1	1499	988	84	2
2014	1207	820	50	1	1379	919	85	2
2015	1142	790	23	1	1256	862	31	2
2016	1030	678	12		1148	734	48	
2017	901	570	3	1	967	602	3	3
2018	819				893			

表 19.23 火灾事故情况（2018 年）
BASIC STATISTICS ON FIRES (2018)

单位：件 (case)

项 目	Item	合 计 Total	按事故发生程度分 By Serious Degree of Fires 特 大 Extra-Serious	重 大 Serious	较 大 Large	一 般 Ordinary
发 生（起）	Fires (case)	5016			1	5015
死 亡（人）	Deaths (person)	15			3	12
受 伤（人）	Injuries (person)	24				24
损失折款（万元）	Losses Converted into Cash (10 000 yuan)	8732.40			31.20	8701.20
平均每起事故损失(万元)	Average Loss Per Fire (10 000 yuan)	1.74			31.20	1.74

注：损失折款指直接经济损失。
Note: The losses converted into cash refer to direct losses.

表 19.24 道路交通事故情况（2018 年）
BASIC STATISTICS ON TRAFFIC ACCIDENTS (2018)

类 别	Type	发生数（起） Number of Traffic Accidents (case)	死亡人数（人） Number of Deaths (person)	受伤人数（人） Number of Injuries (person)	损失折款（万元） Losses Converted into Cash (10 000 yuan)
总 计	**Total**	**4555**	**948**	**5374**	**1888.14**
#死亡事故	Deaths	882	948	427	552.31
伤人事故	Injuries	3412		4947	1132.94
财产损失事故	Assets Losses	261			202.89
#机动车	Motor Vehicles	4238	897	4984	1825.44
#汽 车	Automobiles	2680	628	2998	1447.56
摩托车	Motorcycles	1392	229	1774	333.89
拖拉机	Tractors	29	10	45	6.29
非机动车	Non-motor-driven Vehicles	260	32	344	53.97
#自行车	Bicycles	23	2	26	0.82
行人乘车人	Pedestrians and Passengers	57	19	46	8.72

重/庆/统/计/年/鉴

主要统计指标解释

等级运动员人数

指经考核正式批准授予等级运动员称号的人数。运动员等级分为国际级运动健将、运动健将、一级运动员、二级运动员、三级运动员、少年级运动员。

等级裁判员人数

指经考核正式批准授予等级裁判员称号的人数。裁判员等级分为国际裁判、国家级裁判、一级裁判、二级裁判、三级裁判。

医疗卫生机构

指从卫生（卫生计生）行政部门取得《医疗机构执业许可证》、《计划生育技术服务许可证》，或从民政、工商行政、机构编制管理部门取得法人单位登记证书，为社会提供医疗服务、公共卫生服务或从事医学科研和医学在职培训等工作的单位。医疗卫生机构包括医院、基层医疗卫生机构、专业公共卫生机构、其他医疗卫生机构。

医院

包括综合医院、中医医院、中西医结合医院、民族医院、各类专科医院和护理院，不包括专科疾病防治院、妇幼保健院和疗养院，包括医学院校附属医院。

卫生技术人员

包括执业医师、执业助理医师、注册护士、药师（士）、检验技师（士）、影像技师、卫生监督员和见习医（药、护、技）师（士）等卫生专业人员。不包括从事管理工作的卫生技术人员（如院长、副院长、党委书记等）。

执业医师

指《医师执业证》“级别”为“执业医师”且实际从事医疗、预防保健工作的人员，不包括实际从事管理工作的执业医师。执业医师类别分为临床、中医、口腔和公共卫生四类。

执业（助理）医师

指《医师执业证》“级别”为“执业助理医师”且实际从事医疗、预防保健工作的人员，不包括实际从事管理工作的执业助理医师。执业助理医师类别分为临床、中医、口腔和公共卫生四类。

社会福利企业单位

指以安置城镇有一定劳动能力的盲、聋、哑和肢体残疾人员就业为目的，享受国家减免税待遇的国有或集体企业。包括福利工厂、福利商业和服务业、假肢厂和安置农场等单位。该指标主要反映我国对残疾人照顾的特殊政策。

城镇职工基本养老保险

1. 参保职工人数 指报告期末按照国家法律、法规和有关政策规定参加城镇职工基本养老保险并在社保经办机构已建立缴费记录档案的职工人数，包括中断缴费但未终止养老保险关系的职工人数，不包括只登记未建立缴费记录档案的人数。

2. 离退休人员人数 指报告期末参加城镇职工基本养老保险的离休、退休和退职人员的人数。

3. 基金收入 指根据国家有关规定，由纳入职工基本养老保险范围的缴费单位和个人按国家规定的缴费基数和缴费比例缴纳的养老保险费，以及通过其他方式取得的形成基金来源的收入。包括单位和职工个人缴纳的基本养老保险费、基本养老保险基金利息收入、委托投资收益、上级补助收入、下级上解收入、转移收入、财政补贴和其他收入。

4. 基金支出 指按照国家政策规定的开支范围和开支标准从职工基本养老保险基金中支付给参加职工基本养老保险的个人养老保险待遇支出，以及由于保险关系转移、上下级之间补助、上解等原因而发生的支出。其他支出包括基本养老金、医疗补助金、丧葬补助金和抚恤金、病残津贴、补助下级支出、上解上级支出、转移支出和其他支出等。

5. 基金累计结余 指职工基本养老保险基金收支相抵后的期末累计余额。

主要统计指标解释

城乡居民基本养老保险

1. 参保人数 指报告期末，参加城乡居民养老保险（在经办机构参保登记并已建立缴费记录以及制度实施当年已经年满60周岁并在经办机构参保登记）的人数（不包括已经办理注销登记手续的人数）。

2. 基金收入 指根据国家有关规定，由参加城乡居民基本养老保险的个人按规定缴费的城乡居民基本养老保险费，以及通过集体补助、财政补助等其他方式取得的形成基金来源的收入。包括个人缴费收入、集体补助收入、政府补贴收入、利息收入、委托投资收益、转移收入、上级补助收入、下级上解收入和其他收入。

3. 基金支出 指按照国家政策规定的开支范围和开支标准从城乡居民基本养老保险基金中支付给参加城乡居民基本养老保险的个人养老保险待遇支出，以及由于参保人员跨统筹地区或跨制度流动而发生的支出等。包括养老保险待遇支出、转移支出、补助下级支出、上解上级支出和其他支出。

4. 基金累计结余 指城乡居民基本养老保险基金收支相抵后的期末累计余额。

离休、退休、退职人员

指正式办理了离休、退休、退职手续，并享受相应的离休、退休、退职待遇的人员。

失业保险

1. 参保人数 指报告期末按照国家法律、法规和有关政策规定参加了失业保险的城镇企业、事业单位的职工及地方政府规定参加失业保险的其他人员的人数。

2. 基金收入 指报告期内筹集的失业保险基金的总额，包括失业保险费收入、利息收入、财政补贴收入、其他收入、转移收入、上级补助收入、下级上解收入。

3. 基金支出 指报告期内为保障失业人员基本生活、促进其再就业等支出的基金总额，包括失业保险金支出、医疗补助金支出、丧葬补助金和抚恤金支出、职业培训和职业介绍补贴支出、农民合同制工人一次性生活补助支出、其他支出、转移支出、上级补助支出、下级上解支出。

4. 基金累计结余 指截止报告期末失业保险基金收支相抵后的累计余额。

基本医疗保险

1. 参保人数 指报告期末按国家有关规定参加职工基本医疗保险和城乡居民基本医疗保险人员的合计。

2. 基金收入 指由用人单位和个人按照国家规定的缴费基数、缴费比例或缴费标准缴纳的基本医疗保险费，财政补贴资金以及通过其他方式取得的形成基金来源的款项，包括：单位缴纳收入、个人缴纳收入、财政补贴收入、利息收入、上级补助收入、下级上解收入和其他收入。

3. 基金支出 指按照国家政策规定的开支范围和开支标准，从基本医疗保险基金中支付给参保人员的医疗保险待遇支出，以及其他支出。包括住院费用支出、门诊费用支出、大病保险支出、生育保险与职工基本医疗保险合并实施的统筹地区生育待遇支出、补助下级支出、上解上级支出和其他支出。

4. 基金累计结余 指基本医疗保险基金收支相抵后的期末累计结余金额。

律师

指依法取得律师执业证书，担任法律顾问，民事（刑事、行政）案件代理人、刑事案件辩护人、办理非诉讼业务，解答法律询问，代写法律事务文书等，为社会提供法律服务的人员。

公证人员

指在公证处工作的人员总称，包括公证处主任、副主任、公证员、公证员助理（助理公证员）和其他从事辅助性工作的人员。

公证文书

指公证处根据当事人申请，依照事实和法律，按照法定程序制作的，具有法律效力的司法证明文书。

调解员

指在人民调解委员会担负调解民间纠纷工作的人员，包括调解委员会的委员和调解小组的调解员。

调解民间纠纷

指调解委员会按照法律规定，根据自愿原则，用说服教育的方法调解民间发生的有关民事权利和义务争执的件数，包括调解成功数和调解未成功数。

主要统计指标解释

人民检察院直接立案侦查案件

指按照管辖的规定，由人民检察院直接立案侦查的贪污贿赂犯罪、渎职犯罪、国家机关工作人员利用职权实施的侵犯公民人身权利和民主权利的犯罪以及经省级人民检察院决定立案侦查的国家机关工作人员利用职权实施的其他重大犯罪案件。

大案

指贪污、贿赂案数额在5万元以上，挪用公款案数额在10万元以上，集体私分、巨额财产来源不明、隐瞒境外存款案数额在50万元以上以及按照《人民检察院直接受理的渎职、侵权重、特大案件标准（试行）》认定的案件。该指标主要反映人民检察院立案查办的职务犯罪案件中经济损失大、社会危害严重的案件。

要案

指县、处级以上干部的犯罪案件。该指标主要反映国家工作人员中县、处级以上干部因职务犯罪被人民检察院依法立案侦查的情况。

决定逮捕

指人民检察院对直接立案侦查的案件，认为需要逮捕犯罪嫌疑人时，依据法律做出的逮捕决定。该指标主要反映人民检察院对直接受理的案件行使决定逮捕权的情况。

批准逮捕

指人民检察院对公安机关、国家安全机关、监狱管理机关提出逮捕的犯罪嫌疑人进行审查，根据事实，依法做出逮捕决定。该指标主要反映人民检察院对提请逮捕犯罪嫌疑人进行审查后依法做出批准逮捕决定的情况。

决定起诉

指人民检察机关对公安机关、国家安全机关、监狱管理机关和检察机关内设机构反贪污贿赂部门移送起诉的刑事犯罪嫌疑人进行审查，根据事实，依法向人民法院提起公诉。

基层医疗卫生机构

包括社区卫生服务中心、社区卫生服务站、街道卫生院、乡镇卫生院、村卫生室、门诊部、诊所(医务室)。

专业公共卫生机构

包括疾病预防控制中心、专科疾病防治机构、妇幼保健机构（含妇幼保健计划生育服务中心）、健康教育机构、急救中心（站）、采供血机构、卫生监督机构、取得《医疗机构执业许可证》或《计划生育技术服务许可证》的计划生育技术服务机构。

卫生人员

指在医院、基层医疗卫生机构、专业公共卫生机构及其他医疗卫生机构工作的职工，包括卫生技术人员、乡村医生和卫生员、其他技术人员、管理人员和工勤人员。一律按支付年底工资的在岗职工统计，包括各类聘任人员(含合同工)及返聘本单位半年以上人员，不包括临时工、离退休人员、退职人员、离开本单位仍保留劳动关系人员、本单位返聘和临聘不足半年人员。

Explanatory Notes on Main Statistical Indicators

Number of Athletes in Grades

Refers to the number of athletes who have been given titles through examination. The titles of athletes include international masters of sports, masters of sports, first-grade, second-grade and third-grade sportsmen and young athletes.

Number of Referees in Grades

Refers to the number of referees who have been given titles after examination. They are classified as international referees, national referees and referees of the first, second and third grades.

Medical and Health Care Institutions

Refer to the units which have been qualified the Certification of Health Care Institution, certification of family planning technical service by the administration of public health (family planning), or qualified the Certification of Corporate Unit by the civil affairs, administration for industry and commerce, commission office for public sector reform, and engaging in medical health care services, public health services, or medicine research and on-job training, etc., including: hospitals, health care institutions at grass-root level, specialized public health institutions, and other medical and health care institutions.

Hospitals

Include general hospitals, hospitals specialized in traditional Chinese medicine, hospitals of integrated traditional Chinese and western medicine, ethnic hospitals, specialized hospitals and nursing hospitals, excluding specialized disease prevention and treatment institutes, maternal and child health care hospitals and convalescent hospitals, including affiliated hospital of medical college.

Medical Technical Personnel

Refer to the professional staff engaged in health care, including licensed doctors, licensed assistant doctors, registered nurses, pharmacists, laboratory technicians, imaging staff, health care supervisors and intern doctors, pharmacists, nurses, and technical personnel, excluding the medical technical personnel engaged in managerial job (e.g. president, vice president and secretary of the party committee etc.).

Licensed Doctors

Refer to the medical workers who have obtained the licenses of qualified doctors and are employed in medical treatment, disease prevention or healthcare institutions, excluding the licensed doctors engaged in management job. The licensed doctors are divided into 4 categories: clinician, Chinese medicine physicians, dentist and public health physicians.

Licensed Assistant Doctors

Refer to the medical workers who have obtained the licenses of qualified assistant doctors and are employed in medical treatment, disease prevention or healthcare institutions, excluding the licensed assistant doctors engaged in management job. The classification of licensed assistant doctors is clinician, Chinese medicine, dentist and public health.

Social Welfare Enterprises

Are collective owned enterprises which employ the blind, deaf-mute, and other handicapped people who are able to work in cities and towns and enjoy exemption from state taxes, including welfare plants, welfare commercial services, artificial limb plants and farms, etc. This indicator reflects the preferential policies toward disabled persons.

Basic Pension Insurance for Urban Staff and Workers

1. **Number of staff and workers covered** refers to staff and workers participating in the basic pension insurance for urban staff and workers program according to national laws, regulations and related policies at the end of the reference period, who have already had payment records in social security management agencies, including those who have interrupt payment without terminating the insurance program. Those who have registered in

EXPLANATORY NOTES TO MAJOR STATISTICAL INDICATORS

the program but with no payment records are not included.

2. **Number of retirees** refers to the number of retirees participating in the basic pension insurance for urban staff and workers programs by the end of the reference period.

3. **Revenue of the basic pension insurance program** refers to payments made by employers and individuals participating in the pension insurance program of staff in accordance with the basis and proportion stipulated in State regulations, and income from other sources that become the source of pension insurance fund, including the premium paid by employers and staff and workers, interest income, entrusted investment income, subsidies from higher level agencies, income as transfer from subordinate agencies, transferred income, government financial subsidies and other income.

4. **Expenditure of basic pension insurance program** refer to personal pension insurance payment made on pensions subsidies to those covered in pension insurance programs of staff according to related national policies on scope and standard of expenditure, also included are expenditure which arises due to shift of the insurance relationship or adjustment of funds among agencies, transfer to agencies at higher level. Other expenditure includes: basic pension insurance, medical fees, funeral subsidies, compensation payments, disability allowance, expenses on subsidies to lower subordinates, expenses as transfer to agencies at higher level, transferred expenditure and other expenditure.

5. **Balance of basic pension insurance program** refers to the balance of staff basic pension insurance funds at the end of the reference period after deducting expenses from revenue.

☐ Basic Pension Insurance for Urban and Rural Residents

1. **Number of participants** refers to people participating in the basic pension insurance for urban and rural residents program who registered with the participation and established payment records, and who were 60 years old or above when the system was established and registered with the participation. Those who cancelled their registration are not included.

2. **Revenue of the insurance program** refers to the revenue from the payments made, in accordance with related regulations of the government, by individuals participating in the basic pension insurance for urban and rural residents programme and from the subsidies contributed by collective subsidies, public finance and other sources. It includes the payment by individual participants, collective subsidies, government subsidies, interest income, entrusted investment income, transferred income, subsidies from higher levels, contributions from lower levels, and income from other sources.

3. **Expenditure of the insurance program** refers to payment made to those covered in the basic pension insurance for urban and rural residents according to related national policies on scope and standard of expenditure. Also included are expenditures which arise due to movement of participants among different locations or system. It includes the payment to the individual participants, transferred expenditures, expenses on subsidies to lower subordinates, expenses as transfer to agencies at higher level, and other expenditures.

4. **Balance of insurance program** refers to the balance of basic pension insurance funds for urban and rural residents at the end of the reference period after deducting expenses from revenue.

☐ Retired or Resigned Personnel

Refers to people who have formally gone through the formalities for their retirement or quitting work and enjoy the corresponding treatments.

☐ Unemployment Insurance

1. **Number of people covered** refers to staff and workers in urban enterprises or institutions who have participated in the unemployment insurance program according to relevant policies and regulations, and other people who have participated according to local government regulations at the end of the reference period.

2. **Revenue of the unemployment insurance program** refers to the total unemployment insurance funds raised in the reference period, including unemployment insurance premium, interest income, financial subsidies, other incomes, transferred income, subsidies from higher level agencies and income as transfer from subordinate agencies.

3. **Expenditure of the unemployment insurance program** refers to total expenses during the reference period to guarantee the basic livelihood of unemployed people, and to encourage their re-employment. Included are unemployment relief, medical fees, funeral subsidies, compensation payments, training expenses, job placement expenses, one-time subsistence allowance for contracted migrant workers, other expenditures, transferred expenditure, expenses as transfer to higher level agencies and subsidies to lower level agencies.

4. Balance of the unemployment insurance program refers to the balance of revenue of the program after deducting expenses at the end of the reference period.

Basic Medical Care Insurance

1. Number of people participating in the insurance program refers to the total number of basic medical insurance for employees and the basic medical insurance for urban and rural residents participating in the basic medical care insurance program according to related regulations at the end of the reference period.

2. Revenue of the insurance program refers to payments made by employers and individuals participating in the medical care insurance program in accordance with the basis and proportion stipulated in State regulations, government subsidies and income from other sources that become the source of medical insurance fund, including payment by employers and individuals, financial subsidies, interest income, subsidies from higher level agencies, income as transfer from subordinate agencies, and other incomes.

3. Expenditure of the insurance program refers to medical care payment made to people covered in basic medical care insurance program within the scope and standards of expenditure according to related national policies, and other expenses, including combined regional maternity expenditure of medical expenses of hospital inpatients, medical expenses for outpatients patients, serious illness insurance expenditure, maternity insurance, basic medical insurance for staff and workers, and other expenditure.

4. Balance of the basic medical care insurance program refers to the balance of medical care insurance funds at the end of the reference period after deducting expenses from revenue

Lawyers

Are certified legal workers according to law, and who are employed by legal counseling firms to act as legal advisers, agents in criminal or civil lawsuits, or defenders in criminal lawsuits, or to handle non-litigious legal affairs, to advise on matters of law or to write legal papers for others, and provide service to the public.

Notary Personnel

Refers to people working for notary offices including: directors, deputy director, notaries, assistant notaries, and other people providing assistance.

Notary Documents

Refer to the judicatory notary documents drawn up by the request of the party and are in accordance with facts and laws and following certain legal proceedings.

Mediators

Refer to workers on people mediation committees responsible for mediating in civil disputes and cases of slight infraction of the law. They include members of the mediation committees and mediators of mediation groups.

Mediation of Civil Disputes

Refers to number of cases made by mediation committees in mediating in civil disputes concerning civil rights and duties through persuasion and education in accordance with the provisions of law on a voluntary basis, so as to solve disputes by helping the parties involved come to an agreement and understanding, including those unsuccessful ones.

Cases Registered and Handled Directly by People's Procuratorate Offices

Refer to those serious criminal cases that, according to the functional jurisdiction, are registered and handled by the People's Procuratorate Offices, including the ones on bribery and corruption, the ones on abuse and dereliction of duty, offenses against citizens' personal and democratic rights by government officials abusing their powers; and that are registered and handled by the provincial Procuratorate offices in relation to other major crimes committed by government officials by abusing their powers.

Large Cases

Refer to cases involving a corruption or bribery of over 50,000 yuan, or a misappropriation of over 100,000 yuan, Cases

EXPLANATORY NOTES TO MAJOR STATISTICAL INDICATORS

of collectively illegal possession of public funds, unstated sources of large properties, or disguised overseas savings deposits involving 500,000 yuan, or a case that has been defined by *Standard on Serious and Large Cases of Misconduct and Tortious that Directly Accepted by People's Procurators Office (trial)*. This indicator mainly reflects number of accepted cases of job-related criminals that caused serious economic losses or extremely harmful to the society.

Key Cases

Refer to cases committed by government officials with a ranking of division director or county administrator. This indicator mainly reflects the recorded and spied on cases by the people's procurators offices toward government official with a ranking of division director or county administrator.

Decision on Arrest

Refers to decision made by the people's procuratorate office, in accordance with laws, to arrest the suspect(s) in the cases that are accepted and to be investigated by the procurators office. This indicator mainly reflects the implementation of the decision on arrest by people's procuratorate office.

Approval for Arrest

Refers to the decision made by people's procuratorate office, in accordance with the law and relevant facts, to approve the arrest of the suspect(s) as proposed by the public security departments, state security departments or prisons authority. This indicator reflects approved arrests made by people's procuratorate offices that are proposed by related departments.

Decision on Prosecution

Refers to the decision made by procurators office, in accordance with laws and relevant facts, to institute proceedings to the people court against the suspect(s) of criminal cases handed over by the public security departments, state security departments or authority of prisons, or by the anti-corruption departments within the procurators office.

Health Care Institutions at Grass-root Level

Include community health service centers, community health service stations, urban health centers, township health centers, village clinics, outpatient departments and clinics (health centers).

Specialized Public Health Institutions

Include centers for disease control and prevention, specialized disease prevention and treatment institutions, women and children care agencies(including women and children health care family planning service center), health education institutions, first aid centers, blood gathering and supplying institutions, health supervision and inspection agencies, and family planning technical service centers that obtained the Certification of Health Care Institution or certification of family planning technical service centers.

Health Care Employees

Refer to all employees engaged in the health care institutions, such as hospitals, health care institutions at grass-root level, specialized public health institutions, and other medical and health care institutions, including medical technical personnel, village doctors and assistants, other technical personnel, managerial and service staff. The data is based on the year end payroll, including personnel hired (including contract labor) and re-employed after retirement by the institution for over half a year and excluding temporary workers, retired personnel, resigned personnel, personnel who have left the institution but kept the contract relation and personnel who are re-employed after retirement or temporarily employed for less than half a year.

第二十章·区 县

DISTRICTS, COUNTIES

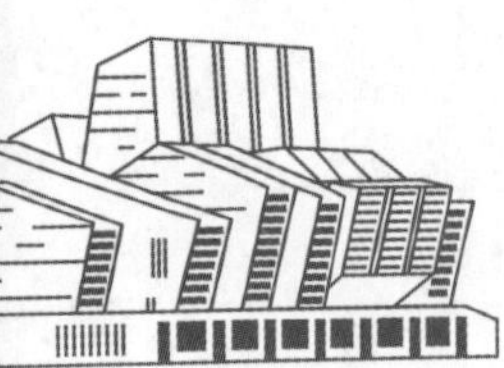

简要说明

BRIEF INTRODUCTION

本章资料包括按“主城区都市圈（主城区、都市圈）、渝东北三峡库区城镇群、渝东南武陵山区城镇群”三个分组的全市38个区县（自治县）的主要经济社会统计资料。

“主城区”包括渝中区、大渡口区、江北区、沙坪坝区、九龙坡区、南岸区、北碚区、渝北区、巴南区，即主城九区；“都市圈”包括涪陵区、长寿区、江津区、合川区、永川区、南川区、綦江区、大足区、璧山区、铜梁区、潼南区和荣昌区；“渝东北三峡库区城镇群”包括万州区、开州区、梁平区、城口县、丰都县、垫江县、忠县、云阳县、奉节县、巫山县和巫溪县。“渝东南武陵山区城镇群”包括黔江区、武隆区、石柱县、秀山县、酉阳县和彭水县。

为便于排版，对资料中各区县名称均采用简称，即：石柱土家族自治县、秀山土家族苗族自治县、酉阳土家族苗族自治县、彭水苗族土家族自治县统一简称为：石柱县、秀山县、酉阳县、彭水县。

本章资料分别由市统计局人口就业处、核算处、工业处、服务业处、固定资产投资处、贸易外经处、社会科技处、能源资源统计处、普查中心、综合处和国家统计局重庆调查总队根据有关专业统计资料、各区县统计局资料和市级有关部门的区县资料整理编辑。

This chapter includes the main economic and social indicators of 38 districts and counties (autonomous counties) grouped by the "Metropolitan Developed Economic Area (Main Area and Surrounding Area), Three Gorges Reservoir Urban Group of Northeast Chongqing, Wuling Mountain Urban Group of Southeast Chongqing".

The "Metropolitan Developed Economic Main Area" covers the 9 central urban districts, namely Yuzhong, Dadukou, Jiangbei, Shapingba, Jiulongpo, Nan'an, Beibei, Yubei and Banan. The "Metropolitan Developed Economic Surrounding Area" covers 12 districts and counties of Fuling, Changshou, Jiangjin, Hechuan, Yongchuan, Nanchuan, Qijiang, Dazu, Bishan, Tongliang, Tongnan, and Rongchang. The "Three Gorges Reservoir Urban Group of Northeast Chongqing" covers 11 districts and counties of Wanzhou, Kaizhou, Liangping, Chengkou, Fengdu, Dianjiang, Zahongxian, Yunyang, Fengjie, Wushan and Wuxi. The "Wuling Mountain Urban Group of Southeast Chongqing" covers 6 districts and counties of Qianjiang, Wulong, Shizhu, Xiushan Youyang and Pengshui.

For the convenience of layout, shorter terms are used for the name of some districts and counties. Shizhu Tujia Autonomous County, Xiushan Tujia&Miao Autonomous County, Youyang Tujia&Miao Autonomous County and Pengshui Miao&Tujia Autonomous County are uniformly called as Shizhu County, Xiushan County, Youyang County and Pengshui County.

The data in this chapter are prepared and compiled by Division of Population and Employment Statistics, Division of National Economic Accounting, Division of Industry Statistics, Division of Service Statistics, Division of Statistics of Investment in Fixed Assets, Division of Trade and Foreign Economic Relations Statistics, Division of Social and Technology Statistics, Division of Energy and Natural Resources Statistics, Census Center, Division of Comprehensive Statistics of Chongqing Municipal Bureau of Statistics as well as the NBS Survey Office in Chongqing on the basis of the data provided by the related divisions of Municipal Bureau of Statistics, the statistical bureaus of districts and counties and the related municipal departments.

表 20.1 各区县户数和人口(2018年)
HOUSEHOLDS AND POPULATION BY REGION (2018)

区 县	Region	年末总户数(户籍统计)(万户) Year-end Households (registration statistics) (10 000 households)	年末总人口(户籍统计)(万人) Year-end Population (registration statistics) (10 000 persons)	其 中 of which		按年龄组分 By Age			
				#城镇人口 Non-agricultural	#女性 Female	0-17岁 Aged 0-17	18-35岁 Aged 18-35	35-59岁 Aged 35-59	60岁及以上 Aged 60 and Over
全 市	**Total**	**1269.58**	**3403.64**	**1655.72**	**1657.76**	**633.05**	**755.06**	**1296.59**	**718.94**
主城区都市圈	Metropolitan Developed Economic Area	757.83	1933.45	1148.80	955.20	336.01	403.14	752.55	441.75
主城区	City Proper	285.03	687.49	564.63	347.25	117.75	138.83	267.38	163.53
都市圈	Metropolitan Area	472.80	1245.96	584.17	607.95	218.26	264.31	485.17	278.22
渝东北三峡库区城镇群	Three Gorges Reservoir Urban Group of Northeast Chongqing	387.10	1096.15	387.25	525.61	213.57	257.72	412.36	212.50
渝东南武陵山区城镇群	Wuling Mountain Urban Group of Southeast Chongqing	124.65	374.04	119.67	176.95	83.47	94.20	131.68	64.69
万州区	Wanzhou District	69.58	173.90	73.01	85.52	27.66	35.92	71.71	38.61
黔江区	Qianjiang District	20.55	55.66	23.47	26.33	12.25	14.26	19.96	9.19
涪陵区	Fuling District	45.37	115.13	51.38	56.60	20.43	23.46	47.66	23.58
渝中区	Yuzhong District	20.48	50.44	50.44	25.75	5.70	9.02	18.92	16.80
大渡口区	Dadukou District	12.01	26.91	26.91	13.70	4.65	5.19	10.61	6.46
江北区	Jiangbei District	26.28	62.28	58.70	31.59	9.74	12.65	24.16	15.73
沙坪坝区	Shapingba District	33.55	85.82	76.24	43.56	15.61	17.85	32.37	19.99
九龙坡区	Jiulongpo District	39.85	95.02	80.11	48.25	16.99	18.96	37.04	22.03
南岸区	Nan'an District	29.70	73.68	68.54	37.60	13.99	14.50	28.55	16.64
北碚区	Beibei District	26.29	63.57	43.71	32.04	8.71	12.03	25.41	17.42
渝北区	Yubei District	57.81	136.75	103.12	68.66	27.49	30.26	54.14	24.86
巴南区	Ba'nan District	39.06	93.02	56.86	46.10	14.87	18.37	36.18	23.60
长寿区	Changshou District	37.76	89.26	38.81	44.04	13.78	18.04	37.23	20.21
江津区	Jiangjin District	62.23	149.27	72.22	72.83	24.90	29.29	58.73	36.35
合川区	Hechuan District	58.99	152.59	73.81	73.96	23.71	31.21	60.09	37.58
永川区	Yongchuan District	40.58	114.09	51.52	56.39	22.84	23.05	43.91	24.29
南川区	Nanchuan District	25.76	68.68	29.13	33.77	12.70	13.38	28.07	14.53
綦江区	Qijiang District	46.59	119.69	60.70	58.75	19.54	26.46	46.48	27.21
#綦江区(不含万盛)	Qijiang District (excluding Wansheng)	36.51	93.01	42.43	45.34	15.50	20.62	35.78	21.11
大足区	Dazu District	32.63	107.16	50.91	51.48	22.25	25.59	38.16	21.16
璧山区	Bishan District	25.62	64.77	33.98	32.02	10.83	13.47	25.39	15.08
铜梁区	Tongliang District	32.97	85.11	39.77	41.42	14.88	17.30	33.17	19.76
潼南区	Tongnan District	33.14	95.20	39.78	44.99	17.26	24.19	33.62	20.13
荣昌区	Rongchang District	31.16	85.01	42.16	41.70	15.14	18.87	32.66	18.34
开州区	Kaizhou District	56.98	168.53	63.40	80.35	35.99	41.96	60.11	30.47
梁平区	Liangping District	32.32	92.80	37.43	44.46	17.42	20.52	36.79	18.07
武隆区	Wulong District	14.08	41.15	11.59	19.65	7.89	8.69	16.07	8.50
城口县	Chengkou County	8.84	25.15	7.02	11.85	5.76	6.01	8.98	4.40
丰都县	Fengdu County	27.48	82.01	24.63	39.43	16.60	17.68	32.07	15.66
垫江县	Dianjiang County	33.70	97.09	40.78	46.62	20.34	22.20	36.23	18.32
忠 县	Zhongxian County	34.63	99.02	32.02	47.46	19.15	20.71	38.09	21.07
云阳县	Yunyang County	44.99	134.12	45.63	63.87	26.04	34.64	48.52	24.92
奉节县	Fengjie County	35.55	105.82	28.00	50.13	20.70	28.27	37.50	19.35
巫山县	Wushan County	23.36	63.49	16.42	30.19	12.95	16.26	22.94	11.34
巫溪县	Wuxi County	19.67	54.22	18.91	25.73	10.96	13.55	19.42	10.29
石柱县	Shizhu County	19.48	54.86	16.17	26.53	11.26	13.05	20.61	9.94
秀山县	Xiushan County	21.26	66.78	20.37	31.79	14.69	18.73	22.40	10.96
酉阳县	Youyang County	26.81	85.44	27.50	40.06	21.21	21.69	28.40	14.14
彭水县	Pengshui County	22.47	70.15	20.57	32.59	16.17	17.78	24.24	11.96

表 20.1 续表 continued

区 县	Region	出 生（户籍统计） Birth (registration statistics) 人 数（万人） Population (10 000 persons)	出生率（‰） Birth Rate (‰)	死 亡（户籍统计） Mortality (registration statistics) 人 数（万人） Population (10 000 persons)	死亡率（‰） Mortality Rate (‰)	自然增长（户籍统计） Natural Growth (registration statistics) 人 数（万人） Population (10 000 persons)	自然增长率（‰） Natural Growth Rate (‰)	常住人口（万人） Resident Popolation (10 000 persons)	其 中 of which 城镇人口 Urban	城镇化率（%） Urban Rate (%)
全 市	**Total**	**35.90**	**10.57**	**24.44**	**7.20**	**11.46**	**3.37**	**3101.79**	**2031.59**	**65.50**
主城区都市圈	Metropolitan Developed Economic Area	20.25	10.51	13.94	7.24	6.31	3.28	2009.89	1515.28	75.39
主城区	City Proper	7.87	11.58	3.73	5.49	4.14	6.09	875.00	791.96	90.51
都市圈	Metropolitan Area	12.38	9.93	10.21	8.19	2.17	1.74	1134.89	723.32	63.73
渝东北三峡库区城镇群	Three Gorges Reservoir Urban Group of Northeast Chongqing	11.30	10.30	8.00	7.29	3.30	3.01	818.76	402.33	49.14
渝东南武陵山区城镇群	Wuling Mountain Urban Group of Southeast Chongqing	4.35	11.64	2.50	6.69	1.85	4.95	273.14	113.98	41.73
万州区	Wanzhou District	1.54	8.85	1.24	7.13	0.30	1.72	164.75	110.18	66.88
黔江区	Qianjiang District	0.68	12.24	0.33	5.94	0.35	6.30	48.39	24.52	50.67
涪陵区	Fuling District	1.08	9.35	0.96	8.31	0.12	1.04	116.80	80.26	68.72
渝中区	Yuzhong District	0.40	7.90	0.28	5.53	0.12	2.37	66.00	66.00	100.00
大渡口区	Dadukou District	0.28	10.52	0.16	6.01	0.12	4.51	35.70	34.83	97.56
江北区	Jiangbei District	0.70	11.32	0.33	5.34	0.37	5.98	88.51	85.15	96.20
沙坪坝区	Shapingba District	1.02	12.07	0.40	4.73	0.62	7.34	115.20	110.10	95.57
九龙坡区	Jiulongpo District	1.11	11.80	0.53	5.64	0.58	6.17	122.50	114.55	93.51
南岸区	Nan'an District	0.85	11.72	0.32	4.41	0.53	7.31	91.00	87.09	95.70
北碚区	Beibei District	0.56	8.85	0.32	5.06	0.24	3.79	81.10	67.78	83.58
渝北区	Yubei District	1.95	14.59	0.70	5.24	1.25	9.36	166.17	137.59	82.80
巴南区	Ba'nan District	1.00	10.82	0.69	7.46	0.31	3.35	108.82	88.87	81.67
长寿区	Changshou District	0.78	8.73	0.60	6.71	0.18	2.01	85.50	56.49	66.07
江津区	Jiangjin District	1.28	8.56	1.40	9.37	-0.12	-0.80	138.70	94.91	68.43
合川区	Hechuan District	1.38	9.02	1.45	9.48	-0.07	-0.46	140.72	96.86	68.83
永川区	Yongchuan District	1.18	10.35	1.00	8.77	0.18	1.58	114.20	79.67	69.76
南川区	Nanchuan District	0.66	9.61	0.55	8.01	0.11	1.60	59.11	35.97	60.85
綦江区	Qijiang District	1.15	9.59	0.97	8.09	0.18	1.50	109.98	68.77	62.53
#綦江区（不含万盛）	Qijiang District (excluding Wansheng)	0.89	9.55	0.76	8.16	0.13	1.40	82.66	46.40	56.13
大足区	Dazu District	1.33	12.43	0.78	7.29	0.55	5.14	78.86	46.42	58.86
璧山区	Bishan District	0.67	10.37	0.48	7.43	0.19	2.94	74.80	43.56	58.24
铜梁区	Tongliang District	0.85	10.00	0.68	8.00	0.17	2.00	72.60	41.07	56.57
潼南区	Tongnan District	1.10	11.56	0.69	7.25	0.41	4.31	72.06	38.85	53.91
荣昌区	Rongchang District	0.92	10.83	0.65	7.65	0.27	3.18	71.56	40.49	56.58
开州区	Kaizhou District	1.87	11.10	1.17	6.94	0.70	4.15	118.11	56.66	47.97
梁平区	Liangping District	0.89	9.58	0.71	7.65	0.18	1.94	65.41	30.31	46.34
武隆区	Wulong District	0.38	9.22	0.37	8.98	0.01	0.24	34.82	15.38	44.17
城口县	Chengkou County	0.32	12.73	0.20	7.96	0.12	4.78	18.44	6.68	36.23
丰都县	Fengdu County	0.74	9.00	0.64	7.79	0.10	1.22	58.52	27.20	46.48
垫江县	Dianjiang County	1.07	11.02	0.66	6.80	0.41	4.22	70.18	32.53	46.35
忠 县	Zhongxian County	0.93	9.36	0.85	8.55	0.08	0.81	73.88	33.09	44.79
云阳县	Yunyang County	1.48	11.03	0.88	6.56	0.60	4.47	93.14	40.84	43.85
奉节县	Fengjie County	1.19	11.24	0.74	6.99	0.45	4.25	73.33	32.28	44.02
巫山县	Wushan County	0.67	10.54	0.50	7.86	0.17	2.67	44.68	18.50	41.41
巫溪县	Wuxi County	0.60	11.06	0.41	7.56	0.19	3.50	38.32	14.06	36.69
石柱县	Shizhu County	0.60	10.94	0.37	6.75	0.23	4.20	37.80	16.61	43.94
秀山县	Xiushan County	0.86	12.90	0.45	6.75	0.41	6.15	48.57	20.33	41.86
酉阳县	Youyang County	0.93	10.90	0.49	5.74	0.44	5.16	54.71	19.15	35.00
彭水县	Pengshui County	0.90	12.84	0.49	6.99	0.41	5.85	48.85	17.99	36.83

表 20.2 各区县就业（2018 年）
EMPLOYMENT BY REGION (2018)

区 县	Region	城镇非私营单位在岗职工人数（万人）Employment of On-Post Urban Non-private Units (10 000 persons)	其中 of which #国有 State-owned	#集体 Collective-owned	年末失业人员登记数（人）Year-end Registered Unemployment (person)
全 市	**Total**	**356.61**	**106.20**	**4.94**	**130906**
主城区都市圈	Metropolitan Developed Economic Area	282.49	71.36	3.10	93065
主城区	City Proper	178.34	41.78	0.87	50562
都市圈	Metropolitan Area	104.15	29.58	2.23	42503
渝东北三峡库区城镇群	Three Gorges Reservoir Urban Group of Northeast Chongqing	57.20	24.51	1.54	27855
渝东南武陵山区城镇群	Wuling Mountain Urban Group of Southeast Chongqing	16.92	10.33	0.30	9986
万州区	Wanzhou District	15.20	5.87	0.37	6696
黔江区	Qianjiang District	3.62	1.89	0.01	2270
涪陵区	Fuling District	15.04	3.45	0.47	5139
渝中区	Yuzhong District	46.65	11.80	0.12	6495
大渡口区	Dadukou District	4.79	1.09	0.02	1873
江北区	Jiangbei District	15.73	3.09	0.05	7600
沙坪坝区	Shapingba District	16.46	4.68	0.30	7559
九龙坡区	Jiulongpo District	18.23	4.48	0.25	8712
南岸区	Nan'an District	15.81	3.86	0.02	5272
北碚区	Beibei District	11.30	3.48	0.07	3114
渝北区	Yubei District	37.82	6.63	0.02	5466
巴南区	Ba'nan District	11.55	2.67	0.02	4471
长寿区	Changshou District	9.16	1.99	0.21	4301
江津区	Jiangjin District	11.54	3.45	0.10	5499
合川区	Hechuan District	10.67	2.71	0.31	3464
永川区	Yongchuan District	16.90	3.60	0.24	3097
南川区	Nanchuan District	3.45	1.92	0.16	3294
綦江区	Qijiang District	9.80	2.80	0.03	5098
#綦江区（不含万盛）	Qijiang District (excluding Wansheng)	5.65	1.85	0.01	2612
大足区	Dazu District	9.06	2.19	0.16	3112
璧山区	Bishan District	8.44	1.81	0.09	1776
铜梁区	Tongliang District	3.36	1.98	0.10	2644
潼南区	Tongnan District	3.06	1.70	0.28	1245
荣昌区	Rongchang District	3.67	1.98	0.08	3834
开州区	Kaizhou District	7.04	2.81	0.02	3585
梁平区	Liangping District	5.38	1.78	0.15	2090
武隆区	Wulong District	2.15	1.31	0.07	483
城口县	Chengkou County	1.18	0.84	0.01	517
丰都县	Fengdu County	3.07	1.66	0.17	2628
垫江县	Dianjiang County	6.09	1.96	0.62	2513
忠 县	Zhongxian County	2.78	1.92	0.03	2591
云阳县	Yunyang County	5.68	2.25	0.01	2784
奉节县	Fengjie County	6.29	2.53	0.05	2306
巫山县	Wushan County	2.46	1.65	0.06	1113
巫溪县	Wuxi County	2.03	1.24	0.05	1032
石柱县	Shizhu County	2.92	1.66	0.17	1740
秀山县	Xiushan County	2.81	1.73	0.00	1876
酉阳县	Youyang County	2.64	1.87	0.05	1808
彭水县	Pengshui County	2.78	1.87	0.00	1809

表 20.3 各区县生产总值(2018 年)
GROSS DOMESTIC PRODUCT BY REGION (2018)

区 县	Region	地区生产总值(万元) Gross Domestic Product (10000 yuan)	其中 of which 第一产业 Primary Industry	第二产业 Secondary Industry	其中 of which #工业 Industry	第三产业 Tertiary Industry	人均地区生产总值(元) Per Capita GDP (yuan)
全 市	**Total**	**203631900**	**13782700**	**83287900**	**59977000**	**106561300**	**65933**
主城区都市圈	Metropolitan Developed Economic Area	155667100	7788000	65878400	50526100	82000700	77852
主城区	City Proper	82083900	962600	26953900	20338300	54167400	94346
都市圈	Metropolitan Area	73583200	6825400	38924500	30187800	27833300	65147
渝东北三峡库区城镇群	Three Gorges Reservoir Urban Group of Northeast Chongqing	35247100	4493100	14505800	8262200	16248200	43186
渝东南武陵山区城镇群	Wuling Mountain Urban Group of Southeast Chongqing	11186000	1501600	4598000	2883300	5086400	41007
万州区	Wanzhou District	9825753	744221	3449612	2100976	5631920	59853
黔江区	Qianjiang District	2472935	233844	1088740	812952	1150351	51439
涪陵区	Fuling District	10761281	653012	6134325	5053679	3973944	92443
渝中区	Yuzhong District	12038512		383616	60227	11654896	182540
大渡口区	Dadukou District	2281329	9733	767930	496282	1503666	64082
江北区	Jiangbei District	10278664	10757	2587519	2030713	7680388	116836
沙坪坝区	Shapingba District	9364143	38197	3553298	2840842	5772648	81328
九龙坡区	Jiulongpo District	12112477	63040	4598175	3664326	7451262	99279
南岸区	Nan'an District	7247829	38075	2786306	1933471	4423448	80487
北碚区	Beibei District	5517880	153283	2911538	2150494	2453059	68257
渝北区	Yubei District	15430945	237099	6340514	5166500	8853332	93691
巴南区	Ba'nan District	7812161	412376	3025076	1995498	4374709	72489
长寿区	Changshou District	5974878	456949	3052974	2172433	2464955	70604
江津区	Jiangjin District	9023288	931135	5185299	4190285	2906854	65362
合川区	Hechuan District	7129277	776867	3219966	2427661	3132444	50973
永川区	Yongchuan District	8456660	621707	4251900	3190147	3583053	74772
南川区	Nanchuan District	2803736	481387	922178	646271	1400171	47796
綦江区	Qijiang District	5556347	623828	2637038	2147796	2295481	50551
#綦江区(不含万盛)	Qijiang District (excluding Wansheng)	4145563	526010	1856633	1519263	1762920	50185
大足区	Dazu District	5176475	490290	2784309	2248243	1901876	65691
璧山区	Bishan District	5273009	287981	3250762	2751489	1734266	70874
铜梁区	Tongliang District	4569848	427347	2537733	1953368	1604768	62972
潼南区	Tongnan District	3809537	585365	2007129	1085476	1217043	53047
荣昌区	Rongchang District	5048801	489552	2940926	2320914	1618323	70831
开州区	Kaizhou District	4731265	631666	2217452	1163840	1882147	40068
梁平区	Liangping District	3312590	435576	1702343	1231175	1174671	50674
武隆区	Wulong District	1816270	226881	679907	268147	909482	52237
城口县	Chengkou County	557772	90622	220034	61451	247116	30256
丰都县	Fengdu County	2349576	348374	1103615	502851	897587	40378
垫江县	Dianjiang County	3169487	451445	1420692	1092560	1297350	45526
忠 县	Zhongxian County	3079451	418921	1398656	876547	1261874	42089
云阳县	Yunyang County	2750474	473225	1147220	732995	1130029	29605
奉节县	Fengjie County	3006814	444313	1098599	317128	1463902	41155
巫山县	Wushan County	1426379	256555	418482	113254	751342	31871
巫溪县	Wuxi County	1037264	198187	329132	69331	509945	26995
石柱县	Shizhu County	1759712	243813	748847	485990	767052	46486
秀山县	Xiushan County	1856382	230797	855763	647207	769822	38426
酉阳县	Youyang County	1579641	295321	555745	313427	728575	28820
彭水县	Pengshui County	1701095	271001	669058	355592	761036	34741

表 20.3 续表 continued

(上年 =100) (preceding year=100)

区 县	Region	地区生产总值指数(可比价) Indices of GDP (constant prices)	其 中 of which				人均地区生产总值指数 Indices of Per Capita GDP
			第一产业 Primary Industry	第二产业 Secondary Industry	其 中 of which #工 业 Industry	第三产业 Tertiary Industry	
全 市	**Total**	**106.0**	**104.4**	**103.0**	**101.1**	**109.1**	**105.1**
主城区都市圈	Metropolitan Developed Economic Area	105.3	103.7	103.5	101.7	108.3	104.1
主城区	City Proper	102.9	100.0	97.0	93.8	107.5	101.5
都市圈	Metropolitan Area	108.3	104.3	108.7	108.0	109.5	107.1
渝东北三峡库区城镇群	Three Gorges Reservoir Urban Group of Northeast Chongqing	106.1	105.0	104.0	100.6	109.4	105.7
渝东南武陵山区城镇群	Wuling Mountain Urban Group of Southeast Chongqing	106.8	105.1	106.2	105.1	108.9	106.8
万州区	Wanzhou District	100.1	104.9	87.5	74.5	105.3	99.3
黔江区	Qianjiang District	107.4	105.1	108.1	108.0	107.3	105.4
涪陵区	Fuling District	107.1	104.7	107.7	108.1	106.7	106.2
渝中区	Yuzhong District	100.9		113.0	102.5	100.5	100.6
大渡口区	Dadukou District	102.7	99.0	96.6	92.0	106.2	100.2
江北区	Jiangbei District	109.0	98.4	107.7	107.8	109.4	107.5
沙坪坝区	Shapingba District	103.2	99.5	107.7	107.0	100.4	102.4
九龙坡区	Jiulongpo District	103.6	99.8	101.4	100.1	105.0	102.6
南岸区	Nan'an District	102.9	98.0	99.3	95.9	105.3	100.8
北碚区	Beibei District	105.7	97.9	102.4	100.6	110.7	104.7
渝北区	Yubei District	97.2	100.6	80.9	76.2	114.8	95.5
巴南区	Ba'nan District	107.1	100.7	104.4	102.9	109.8	105.3
长寿区	Changshou District	106.2	101.9	106.5	106.2	106.5	104.3
江津区	Jiangjin District	110.0	104.7	110.3	109.6	111.0	108.6
合川区	Hechuan District	106.5	104.8	104.5	103.5	109.0	105.2
永川区	Yongchuan District	109.9	104.6	109.6	108.4	111.3	108.4
南川区	Nanchuan District	107.2	105.0	109.1	108.0	106.7	105.5
綦江区	Qijiang District	106.7	104.2	107.3	106.9	106.6	105.9
#綦江区(不含万盛)	Qijiang District (excluding Wansheng)	106.9	104.5	108.2	107.2	106.3	106.2
大足区	Dazu District	107.3	104.4	108.4	107.9	106.4	106.6
璧山区	Bishan District	110.0	104.2	110.3	109.4	110.4	108.7
铜梁区	Tongliang District	109.6	103.3	110.8	109.1	109.5	109.1
潼南区	Tongnan District	109.5	104.7	112.2	108.1	107.5	108.3
荣昌区	Rongchang District	109.5	103.8	108.6	109.1	112.9	108.6
开州区	Kaizhou District	107.6	104.6	108.4	107.7	107.6	107.3
梁平区	Liangping District	109.6	105.1	109.1	106.9	111.8	109.5
武隆区	Wulong District	106.2	104.7	106.0	105.0	106.7	105.9
城口县	Chengkou County	104.8	104.4	97.6	91.8	112.4	105.0
丰都县	Fengdu County	109.8	104.7	110.7	106.7	110.7	110.0
垫江县	Dianjiang County	104.5	105.2	101.7	101.4	107.3	103.4
忠 县	Zhongxian County	109.8	105.4	112.0	111.2	109.0	108.1
云阳县	Yunyang County	110.1	104.5	111.4	108.4	111.2	109.0
奉节县	Fengjie County	108.3	105.4	107.0	104.9	110.0	108.8
巫山县	Wushan County	110.0	105.1	110.8	107.5	111.3	111.1
巫溪县	Wuxi County	108.2	105.0	105.7	95.3	111.2	109.0
石柱县	Shizhu County	104.7	105.2	102.1	101.8	107.2	105.4
秀山县	Xiushan County	109.2	105.1	109.3	109.0	110.5	109.3
酉阳县	Youyang County	105.3	105.0	100.9	97.3	108.9	105.7
彭水县	Pengshui County	107.5	105.2	109.8	104.9	106.4	108.6

表 20.4 各区县农业和农村经济(2018 年)
AGRICULTURE AND RURAL ECONOMY BY REGION (2018)

区 县	Region	农林牧渔业总产值(万元) Gross Output Value (10 000 yuan)	其中 of which: 农业 Farming	林业 Forestry	牧业 Animal Husbandry	渔业 Fishery	农林牧渔服务业 Farming, Forestry, Animal Husbandry and Fishery Services	农林牧渔业总产值指数(可比价)(上年=100) Indices of Gross Output (constant prices) (preceding year=100)
全 市	**Total**	**20524064**	**12926761**	**1011375**	**5200547**	**1003935**	**381446**	**104.8**
主城区都市圈	Metropolitan Developed Economic Area	11273724	7277455	451427	2671746	679940	193156	
主城区	City Proper	1318078	1011144	47712	132729	80971	45521	
都市圈	Metropolitan Area	9955647	6266311	403715	2539017	598969	147635	
渝东北三峡库区城镇群	Three Gorges Reservoir Urban Group of Northeast Chongqing	6809453	4144350	389359	1854973	277662	143109	
渝东南武陵山区城镇群	Wuling Mountain Urban Group of Southeast Chongqing	2440887	1504956	170589	673828	46333	45181	
万州区	Wanzhou District	1079273	744585	63004	200374	52115	19196	105.3
黔江区	Qianjiang District	380453	220368	25924	123114	4075	6972	104.7
涪陵区	Fuling District	966741	678915	51318	170394	47942	18172	105.0
渝中区	Yuzhong District							
大渡口区	Dadukou District	13715	9295	2780	182	450	1007	100.0
江北区	Jiangbei District	14785	7334	5369	773	916	392	99.7
沙坪坝区	Shapingba District	59437	39764	1326	2570	6046	9731	100.3
九龙坡区	Jiulongpo District	87006	68905	1513	3959	7468	5161	100.4
南岸区	Nan'an District	50498	43437	1278	1280	3192	1311	98.6
北碚区	Beibei District	204503	179004	2846	11456	6222	4974	98.7
渝北区	Yubei District	328629	239259	20019	42772	14841	11738	101.3
巴南区	Ba'nan District	559505	424146	12582	69737	41835	11205	101.3
长寿区	Changshou District	684886	367044	13462	221419	67996	14965	101.9
江津区	Jiangjin District	1310303	960116	33210	252216	49265	15496	105.3
合川区	Hechuan District	1136464	639065	36613	346621	100573	13591	105.0
永川区	Yongchuan District	901227	546476	31503	242880	69472	10896	105.0
南川区	Nanchuan District	697894	453187	41320	168382	20849	14155	105.4
綦江区	Qijiang District	912277	647886	58161	174845	20005	11382	104.6
#綦江区(不含万盛)	Qijiang District (excluding Wansheng)	768084	552424	35473	152851	17203	10133	104.9
大足区	Dazu District	706231	433643	41867	172988	50142	7591	104.8
璧山区	Bishan District	431436	232138	6128	154550	34234	4385	104.8
铜梁区	Tongliang District	638467	324848	15796	224306	61060	12457	103.7
潼南区	Tongnan District	836371	586126	43281	147153	52358	7452	105.1
荣昌区	Rongchang District	733350	396867	31056	263263	25073	17092	104.4
开州区	Kaizhou District	960984	558449	39142	278294	67248	17851	105.1
梁平区	Liangping District	651115	387781	27557	195268	32111	8397	104.9
武隆区	Wulong District	373718	240807	18853	95192	7497	11368	105.7
城口县	Chengkou County	142680	74362	17862	45611	1707	3139	106.1
丰都县	Fengdu County	526508	283624	49958	161478	24746	6702	104.6
垫江县	Dianjiang County	693443	444776	16940	180775	33356	17597	105.7
忠 县	Zhongxian County	635150	386962	23215	189481	26086	9406	105.7
云阳县	Yunyang County	747219	395581	43510	245252	25441	37435	105.2
奉节县	Fengjie County	672414	476782	14927	160131	8765	11810	105.6
巫山县	Wushan County	394247	225474	55319	102813	3352	7289	105.6
巫溪县	Wuxi County	306419	165976	37924	95496	2735	4288	105.2
石柱县	Shizhu County	380626	273829	19537	68196	14807	4257	105.5
秀山县	Xiushan County	375433	220726	24246	105841	12955	11665	105.3
酉阳县	Youyang County	481813	275188	50041	145295	5459	5830	104.2
彭水县	Pengshui County	448844	274037	31987	136189	1541	5090	105.5

表 20.4 续表 1 continued 1

区 县	Region	乡村从业人员(万人) Rural Employment (10 000 persons)	农作物播种面积(公顷) Sown Areas of Farm Crops (hectare)	其中 of which #粮食 Grain	农用化肥施用量(折纯)(吨) Consumption of Chemical Fertilizer (net) (ton)	农村用电量(万千瓦时) Electricity Consumption in Rural Areas (10 000 kwh)	农药使用量(吨) Consumption of Chemical Pesticides (ton)	粮食产量(吨) Output of Grain (ton)
全 市	**Total**	**1258.41**	**3348490.20**	**2017846**	**931699**	**795272**	**17191**	**10793424**
主城区都市圈	Metropolitan Developed Economic Area	607.04	1510758.63	771977	434312	540897	8508	5298595
主城区	City Proper	96.37	134941.54	74102	43663	172062	678	401073
都市圈	Metropolitan Area	510.67	1375817.09	697875	390649	368835	7831	4897522
渝东北三峡库区城镇群	Three Gorges Reservoir Urban Group of Northeast Chongqing	461.30	1228561.70	890600	336929	171505	5909	3879642
渝东南武陵山区城镇群	Wuling Mountain Urban Group of Southeast Chongqing	190.07	609169.87	355269	160458	82870	2774	1615187
万州区	Wanzhou District	68.20	167098.10	100636	39156	19421	1117	491524
黔江区	Qianjiang District	29.72	76910.93	48146	25005	4651	658	227914
涪陵区	Fuling District	54.84	177306.93	91765	39218	20548	1313	440272
渝中区	Yuzhong District							
大渡口区	Dadukou District	0.93	856.89	194	952	4601	9	876
江北区	Jiangbei District	0.95	837.94	517	366	564	7	2533
沙坪坝区	Shapingba District	5.73	5186.89	2610	2533	59224	27	10530
九龙坡区	Jiulongpo District	10.70	7685.73	3149	1995	12586	120	12601
南岸区	Nan'an District	14.80	842.48	434	1301	5097	8	2075
北碚区	Beibei District	13.99	19121.33	9282	8593	56498	212	44968
渝北区	Yubei District	21.25	37713.33	20707	13070	10192	85	110583
巴南区	Ba'nan District	28.01	62696.93	37208	14853	23300	210	216907
长寿区	Changshou District	25.48	82332.11	61331	22004	15474	293	336244
江津区	Jiangjin District	66.03	150248.53	95998	49124	43740	1082	630792
合川区	Hechuan District	73.14	171166.93	113639	29858	22846	547	702827
永川区	Yongchuan District	41.64	106123.00	64992	58361	34060	1870	476516
南川区	Nanchuan District	29.51	91901.37	48570	33508	20830	379	307190
綦江区	Qijiang District	46.05	114645.28	69454	37892	35318	443	408237
#綦江区(不含万盛)	Qijiang District (excluding Wansheng)	39.72	95838.59	58281	29892	26958	300	357180
大足区	Dazu District	24.24	109429.07	61783	27871	27785	570	414519
璧山区	Bishan District	30.74	55487.40	26892	9154	86620	107	165728
铜梁区	Tongliang District	40.06	88197.78	54581	36591	16381	396	347991
潼南区	Tongnan District	37.99	150653.93	56100	33133	26093	350	370035
荣昌区	Rongchang District	40.96	78324.73	44534	13935	19140	481	297170
开州区	Kaizhou District	78.44	170158.07	115912	53291	27794	736	572087
梁平区	Liangping District	47.42	94157.73	64745	45514	17057	1252	347578
武隆区	Wulong District	22.74	89637.40	48557	16705	16651	286	186202
城口县	Chengkou County	9.75	41724.93	26182	5413	4763	40	87193
丰都县	Fengdu County	30.90	104092.26	66843	26064	18018	304	324423
垫江县	Dianjiang County	48.08	100901.70	63741	35412	13900	471	405570
忠 县	Zhongxian County	37.80	110144.27	75865	32916	8892	603	406356
云阳县	Yunyang County	44.40	132069.39	90464	26370	18521	556	401344
奉节县	Fengjie County	43.78	130668.39	80659	27516	22586	634	407291
巫山县	Wushan County	26.66	85430.93	55056	18637	11335	132	207380
巫溪县	Wuxi County	24.86	92115.93	58730	26640	9218	65	228897
石柱县	Shizhu County	24.84	78666.67	45011	24763	7364	612	221681
秀山县	Xiushan County	33.88	101048.20	51172	27880	20516	541	297833
酉阳县	Youyang County	45.22	138851.13	82383	26400	16220	252	366788
彭水县	Pengshui County	33.66	124055.53	80000	39705	17468	425	314769

表 20.4 续表 2 continued 2

区 县	Region	油料产量(吨) Output of Oil-bearing Crops (ton)	甘蔗产量(吨) Output of Sugarcane (ton)	烟叶产量(吨) Output of Tobacco (ton)	茶叶产量(吨) Output of Tea (ton)	水果产量(吨) Output of Fruits (ton)	蔬菜产量(吨) Output of Vegetables (ton)	猪肉产量(吨) Output of Pork(ton)
全 市	**Total**	**637002**	**90890**	**62441**	**41994**	**4312655**	**19327250**	**1321599**
主城区都市圈	Metropolitan Developed Economic Area	261574	64808	4177	25565	1568373	11714612	604586
主城区	City Proper	6240	1724	621	4228	157633	1082079	23365
都市圈	Metropolitan Area	255334	63084	3556	21337	1410740	10632533	581221
渝东北三峡库区城镇群	Three Gorges Reservoir Urban Group of Northeast Chongqing	244296	25081	21875	6416	2451254	5160638	505629
渝东南武陵山区城镇群	Wuling Mountain Urban Group of Southeast Chongqing	131132	1001	36389	10013	293028	2452000	211384
万州区	Wanzhou District	19219	498	1230	1390	432247	1106990	57642
黔江区	Qianjiang District	16266		4211	689	59365	232640	48870
涪陵区	Fuling District	5903	667	1035	852	155751	2269912	51184
渝中区	Yuzhong District							
大渡口区	Dadukou District					509	16486	5
江北区	Jiangbei District	13				1431	5404	299
沙坪坝区	Shapingba District	181				5494	35756	238
九龙坡区	Jiulongpo District	1424				13354	71154	912
南岸区	Nan'an District					4138	7639	194
北碚区	Beibei District	968			43	24575	201134	1865
渝北区	Yubei District	2513	115	75	14	57566	291755	7133
巴南区	Ba'nan District	1142	1609	546	4171	50566	452752	12719
长寿区	Changshou District	11851	3368		41	187985	337372	42471
江津区	Jiangjin District	17752	35855	406	1577	214553	964452	61168
合川区	Hechuan District	26788	760	124	229	143003	848529	77621
永川区	Yongchuan District	23761			6317	125490	698400	52558
南川区	Nanchuan District	17198		1000	3577	58497	461146	46517
綦江区	Qijiang District	14898	383	714	2420	60814	677226	47924
#綦江区（不含万盛）	Qijiang District (excluding Wansheng)	13605	383	605	1693	50884	530261	43076
大足区	Dazu District	43013	5299	273	1014	51535	417396	44765
璧山区	Bishan District	6421	91		3854	133565	732388	16802
铜梁区	Tongliang District	14608	617		547	62874	697986	32593
潼南区	Tongnan District	49332	4420		711	189976	1976212	53225
荣昌区	Rongchang District	23809	11624	4	198	26697	551514	54393
开州区	Kaizhou District	36765	10420	135	713	468143	524789	76283
梁平区	Liangping District	15859	2870	52	650	128672	563635	45529
武隆区	Wulong District	10557		7409	150	66540	615234	35380
城口县	Chengkou County	3863		37	640	6096	57681	8246
丰都县	Fengdu County	19650	1472	3200	288	74508	439766	36206
垫江县	Dianjiang County	20347	5617	468	631	107936	751181	50059
忠 县	Zhongxian County	38189	3114	192	155	394993	308570	47064
云阳县	Yunyang County	32240	1090	501	308	316546	491632	60802
奉节县	Fengjie County	27870		4940	423	354841	393540	46385
巫山县	Wushan County	17938		6882	402	124778	264144	36601
巫溪县	Wuxi County	12357		4238	816	42494	258710	40812
石柱县	Shizhu County	6437	22	3880	103	15939	436057	17361
秀山县	Xiushan County	34941		169	7005	74912	370663	23082
酉阳县	Youyang County	32463	570	11220	1780	53723	410734	46956
彭水县	Pengshui County	30469	409	9500	286	22549	386672	39735

表 20.5 各区县工业（2018 年）
INDUSTRY BY REGION (2018)

区 县	Region	工业总产值（万元）Gross Output Value of Industry (10 000 yuan)	工业总产值指数（上年=100）Index of Gross Output Value of Industry (preceding year=100)	工业企业资产总计（万元）Total Assets of Industrial Enterprises (10 000 yuan)	主营业务收入（万元）Revenue from Principal Business (10 000 yuan)	利润总额（万元）Total Profits (10 000 yuan)
全 市	**Total**	**206900438**	**102.9**	**201293720**	**202440777**	**13333772**
主城区都市圈	Metropolitan Developed Economic Area	188061566	102.9	179528463	185832222	11875178
主城区	City Proper	94504254	96.1	99702849	99339265	3569815
都市圈	Metropolitan Area	93557312	111.2	79825613	86492957	8305364
渝东北三峡库区城镇群	Three Gorges Reservoir Urban Group of Northeast Chongqing	13770039	101.1	14015810	12489416	982519
渝东南武陵山区城镇群	Wuling Mountain Urban Group of Southeast Chongqing	5068833	110.5	7749447	4119139	476074
万州区	Wanzhou District	2857448	77.5	4475779	2846204	110259
黔江区	Qianjiang District	1633966	114.6	2419976	1558056	96018
涪陵区	Fuling District	15084077	113.4	14223566	13633339	1338591
渝中区	Yuzhong District	168233	109.1	319447	177734	3516
大渡口区	Dadukou District	1972138	98.0	2829537	1941788	140649
江北区	Jiangbei District	9016679	108.6	11750179	9737726	194366
沙坪坝区	Shapingba District	21281922	109.3	12600256	21270632	478061
九龙坡区	Jiulongpo District	12260630	101.2	12473491	11693840	846893
南岸区	Nan'an District	7847007	95.7	7173814	7930328	443254
北碚区	Beibei District	7329198	99.7	11422995	7160695	633905
渝北区	Yubei District	27974422	84.0	29242915	29906650	557567
巴南区	Ba'nan District	6654027	100.8	6834462	6103559	320932
长寿区	Changshou District	9504611	114.2	12239520	8907773	620129
江津区	Jiangjin District	13830540	110.7	13744709	13732841	1628627
合川区	Hechuan District	7716160	106.4	7969776	6439704	506779
永川区	Yongchuan District	10257350	111.9	7099424	9996119	1212814
南川区	Nanchuan District	1773036	114.0	1371345	1690255	176985
綦江区	Qijiang District	5823248	109.1	6464049	5418784	346987
#綦江区（不含万盛）	Qijiang District (excluding Wansheng)	3973080	106.6	4268884	3689106	138514
大足区	Dazu District	5480744	111.0	3545767	5364266	475173
璧山区	Bishan District	8556188	110.7	6188121	8155108	554931
铜梁区	Tongliang District	5000425	111.6	3289818	4891394	339077
潼南区	Tongnan District	3418089	115.3	2114912	3364692	346617
荣昌区	Rongchang District	7112844	113.8	4763530	6971690	723451
开州区	Kaizhou District	2265600	109.8	1300456	2211895	123704
梁平区	Liangping District	1965146	109.2	1472918	1937901	187115
武隆区	Wulong District	436118	102.9	1408180	398311	57612
城口县	Chengkou County	103094	86.9	370484	111533	-841
丰都县	Fengdu County	1240422	118.5	1039351	1044434	193427
垫江县	Dianjiang County	1646186	109.7	1413711	1552715	130285
忠 县	Zhongxian County	1353255	115.2	1237731	1248034	114010
云阳县	Yunyang County	1611359	110.5	1539606	1453218	100096
奉节县	Fengjie County	493794	109.2	1035584	452066	26209
巫山县	Wushan County	121531	113.7	290839	117633	-109
巫溪县	Wuxi County	112204	106.2	734290	110555	-7949
石柱县	Shizhu County	1037597	101.3	1205184	1021344	63607
秀山县	Xiushan County	981703	118.2	1195136	969554	154655
酉阳县	Youyang County	445144	113.4	802234	444116	29961
彭水县	Pengshui County	534307	115.9	1690633	474294	66410

表 20.5 续表 continued

区 县	Region	总资产贡献率 (%) Ratio of Total Assets to Industrial Output Value (%)	资产负债率 (%) Asset-Liability Ratio (%)	产品销售率 (%) Sales as Percentage of Output (%)	全员劳动生产率 (元/人年) Overall Labor Productivity (yuan/person-year)
全 市	**Total**	**11.9**	**57.1**	**98.2**	**330180**
主城区都市圈	Metropolitan Developed Economic Area	11.9	57.2	98.2	343745
主城区	City Proper	7.7	61.0	98.9	308697
都市圈	Metropolitan Area	16.7	53.0	97.6	373412
渝东北三峡库区城镇群	Three Gorges Reservoir Urban Group of Northeast Chongqing	11.2	52.0	97.7	401718
渝东南武陵山区城镇群	Wuling Mountain Urban Group of Southeast Chongqing	13.7	63.6	98.0	568226
万州区	Wanzhou District	5.0	63.2	98.8	233557
黔江区	Qianjiang District	17.8	55.9	98.1	837127
涪陵区	Fuling District	16.5	58.3	97.2	711430
渝中区	Yuzhong District	3.7	52.3	100.0	485663
大渡口区	Dadukou District	8.8	58.4	98.6	245182
江北区	Jiangbei District	5.0	58.6	102.5	362005
沙坪坝区	Shapingba District	6.1	75.5	99.9	306121
九龙坡区	Jiulongpo District	11.5	49.0	98.0	356278
南岸区	Nan'an District	13.5	57.3	98.2	350372
北碚区	Beibei District	8.7	49.5	99.5	284546
渝北区	Yubei District	5.4	67.7	98.6	276146
巴南区	Ba'nan District	10.6	55.8	93.4	294842
长寿区	Changshou District	9.3	50.3	98.6	383925
江津区	Jiangjin District	18.8	51.4	99.4	422182
合川区	Hechuan District	10.6	71.9	93.2	326050
永川区	Yongchuan District	26.6	42.0	97.7	352325
南川区	Nanchuan District	18.4	50.6	98.1	309753
綦江区	Qijiang District	11.1	57.6	97.2	293334
#綦江区（不含万盛）	Qijiang District (excluding Wansheng)	7.8	61.0	97.3	284565
大足区	Dazu District	23.8	49.8	97.7	340853
璧山区	Bishan District	14.3	56.3	97.2	281939
铜梁区	Tongliang District	16.7	54.1	98.0	298198
潼南区	Tongnan District	23.6	45.1	98.2	367705
荣昌区	Rongchang District	27.3	28.8	97.8	328112
开州区	Kaizhou District	18.5	49.2	98.7	392907
梁平区	Liangping District	19.2	36.6	98.9	563576
武隆区	Wulong District	8.7	66.7	97.6	599761
城口县	Chengkou County	3.6	65.4	107.1	358756
丰都县	Fengdu County	26.0	47.8	91.6	436235
垫江县	Dianjiang County	15.9	45.5	98.5	463925
忠 县	Zhongxian County	13.8	40.2	94.2	867433
云阳县	Yunyang County	10.1	40.0	98.1	411053
奉节县	Fengjie County	5.1	43.3	99.1	194422
巫山县	Wushan County	3.3	76.1	100.2	294090
巫溪县	Wuxi County	2.1	78.7	98.4	255952
石柱县	Shizhu County	13.5	71.6	99.1	354093
秀山县	Xiushan County	20.5	54.9	96.6	420552
酉阳县	Youyang County	9.1	63.7	99.5	621030
彭水县	Pengshui County	9.2	72.6	97.8	717229

表 20.6 各区县建筑业(2018 年)
CONSTRUCTION BY REGION (2018)

区 县	Region	企业数(个) Number of Construction Enterprises (unit)	年末从业人数(万人) Number of Employed Persons at Year-end (10 000 persons)	总产值(万元) Gross Output Value (10 000 yuan)	房屋建筑施工面积(万平方米) Floor Space under Construction (10 000 sq.m)	房屋建筑竣工面积(万平方米) Floor Space Completed (10 000 sq.m)	其中 of which #住宅 Residential Buildings
全 市	**Total**	**2968**	**196.70**	**78194241**	**35140.02**	**13780.06**	**9835.91**
主城区都市圈	Metropolitan Developed Economic Area	2245	137.05	57246636	28606.91	10011.77	7346.69
主城区	City Proper	1325	61.17	26095723	15057.63	4323.17	3013.40
都市圈	Metropolitan Area	920	75.88	31150913	13549.28	5688.60	4333.29
渝东北三峡库区城镇群	Three Gorges Reservoir Urban Group of Northeast Chongqing	563	52.33	18410945	5889.16	3313.70	2241.72
渝东南武陵山区城镇群	Wuling Mountain Urban Group of Southeast Chongqing	160	7.33	2536661	643.95	454.59	247.51
万州区	Wanzhou District	168	9.18	2635440	1190.23	439.14	359.28
黔江区	Qianjiang District	59	1.37	508232	126.99	89.28	54.13
涪陵区	Fuling District	148	14.35	4823460	1674.29	581.59	451.57
渝中区	Yuzhong District	150	9.66	4278591	2939.95	709.05	511.54
大渡口区	Dadukou District	55	1.04	1791810	1662.27	511.25	407.27
江北区	Jiangbei District	68	4.63	1531260	1161.29	216.30	78.47
沙坪坝区	Shapingba District	170	5.25	2327868	1315.67	336.19	237.32
九龙坡区	Jiulongpo District	268	8.14	2335659	1374.25	448.83	302.94
南岸区	Nan'an District	111	3.92	2498517	1888.62	340.97	321.97
北碚区	Beibei District	79	4.61	1552248	824.57	398.42	307.15
渝北区	Yubei District	326	15.52	6929296	2933.35	869.11	468.19
巴南区	Ba'nan District	98	8.41	2850474	957.65	493.06	378.55
长寿区	Changshou District	50	3.63	2592680	2749.47	791.70	763.86
江津区	Jiangjin District	85	14.65	3435892	1598.71	310.46	195.17
合川区	Hechuan District	114	8.18	3170767	1591.77	617.86	475.71
永川区	Yongchuan District	96	9.71	3356000	1228.49	663.02	381.22
南川区	Nanchuan District	38	1.22	276656	133.49	35.53	21.19
綦江区	Qijiang District	129	3.41	1023539	473.55	298.23	200.68
#綦江区(不含万盛)	Qijiang District (excluding Wansheng)	102	2.52	794556	413.01	247.08	188.86
大足区	Dazu District	52	4.51	1794494	665.95	372.48	268.91
璧山区	Bishan District	36	3.08	1356018	573.88	301.50	196.85
铜梁区	Tongliang District	74	7.15	2041945	882.98	486.62	321.69
潼南区	Tongnan District	51	2.72	5825558	1419.45	965.23	902.57
荣昌区	Rongchang District	47	3.27	1453905	557.25	264.37	153.87
开州区	Kaizhou District	43	7.52	3485965	949.50	572.62	356.17
梁平区	Liangping District	30	5.36	1423097	655.32	455.39	301.44
武隆区	Wulong District	15	0.36	153967	32.92	16.74	6.10
城口县	Chengkou County	6	0.07	22419	2.66	1.53	1.53
丰都县	Fengdu County	25	5.39	1629099	232.90	179.48	141.72
垫江县	Dianjiang County	60	5.88	2087561	777.43	557.98	444.62
忠 县	Zhongxian County	53	3.26	743994	239.59	84.75	58.81
云阳县	Yunyang County	66	5.74	2187563	544.19	236.70	135.40
奉节县	Fengjie County	57	8.05	3507426	1086.06	639.65	364.69
巫山县	Wushan County	36	0.89	412919	118.77	78.98	69.22
巫溪县	Wuxi County	19	0.99	275464	92.51	67.47	8.84
石柱县	Shizhu County	22	0.40	114116	53.03	25.36	9.77
秀山县	Xiushan County	15	3.46	1017179	170.91	158.21	117.73
酉阳县	Youyang County	21	0.96	309372	121.91	56.18	14.70
彭水县	Pengshui County	28	0.79	433795	138.19	108.83	45.09

注：本表数据不包括劳务分包企业。
Note: The data in this table exclude construction enterprises of labor subcontracting.

表 20.7 各区县总承包建筑业企业主要经济指标（2018 年）
MAIN ECONOMIC INDICATORS ON CONSTRUCTION ENTERPRISES OF GENERAL CONTRACTING BY REGION (2018)

区 县	Region	企业数（个）Number of Enterprises (unit)	年末从业人数（万人）Number of Employed Persons at Year-end (10 000 persons)	总产值（万元）Gross Output Value (10 000 yuan)	利税总额（万元）Total Pre-Tax Profits (10 000 yuan)	按总产值计算的劳动生产率（元/人）Overall Labor Productivity by Gross Output Value (yuan/person)
全 市	**Total**	**1932**	**172.72**	**73137817**	**5885157**	**341333**
主城区都市圈	Metropolitan Developed Economic Area	1289	116.05	52653665	3300073	362942
主城区	City Proper	600	49.28	23049034	1104599	432473
都市圈	Metropolitan Area	689	66.76	29604631	2195474	322565
渝东北三峡库区城镇群	Three Gorges Reservoir Urban Group of Northeast Chongqing	498	49.55	18026025	2070357	297782
渝东南武陵山区城镇群	Wuling Mountain Urban Group of Southeast Chongqing	145	7.13	2458127	514728	283776
万州区	Wanzhou District	132	7.60	2517607	149620	277866
黔江区	Qianjiang District	48	1.33	485531	70370	265972
涪陵区	Fuling District	104	13.66	4663219	316140	309082
渝中区	Yuzhong District	53	8.53	3918755	152393	472669
大渡口区	Dadukou District	27	0.87	1765099	136167	539159
江北区	Jiangbei District	36	3.63	1237660	80797	385600
沙坪坝区	Shapingba District	53	3.37	1853491	47801	538414
九龙坡区	Jiulongpo District	98	5.02	1775541	88493	329096
南岸区	Nan'an District	58	3.47	2310250	139377	632841
北碚区	Beibei District	54	4.23	1452648	63696	323184
渝北区	Yubei District	156	12.16	6006342	285635	447010
巴南区	Ba'nan District	65	8.01	2729249	110240	336865
长寿区	Changshou District	42	3.53	2556739	81845	664658
江津区	Jiangjin District	59	10.57	2944684	128423	244084
合川区	Hechuan District	66	6.70	2931949	254606	356654
永川区	Yongchuan District	83	9.62	3318148	413131	313083
南川区	Nanchuan District	35	1.17	271357	28871	206906
綦江区	Qijiang District	89	2.91	907051	80853	252548
#綦江区（不含万盛）	Qijiang District (excluding Wansheng)	67	2.05	686473	62201	330559
大足区	Dazu District	47	4.37	1675017	203565	232431
璧山区	Bishan District	27	2.96	1242916	178797	383001
铜梁区	Tongliang District	46	5.33	1827042	204320	320163
潼南区	Tongnan District	51	2.72	5825558	98580	325434
荣昌区	Rongchang District	40	3.22	1440953	206342	480430
开州区	Kaizhou District	43	7.52	3485965	264069	417606
梁平区	Liangping District	25	4.62	1280017	188956	293346
武隆区	Wulong District	14	0.35	148126	23044	395318
城口县	Chengkou County	6	0.07	22419	5259	174194
丰都县	Fengdu County	20	5.33	1614329	235245	268795
垫江县	Dianjiang County	57	5.83	2080646	226903	200831
忠 县	Zhongxian County	46	3.19	726412	94133	232675
云阳县	Yunyang County	62	5.53	2135822	267202	323095
奉节县	Fengjie County	56	8.01	3484426	561792	343635
巫山县	Wushan County	35	0.88	408540	40957	385306
巫溪县	Wuxi County	16	0.97	269841	36221	202083
石柱县	Shizhu County	22	0.40	114116	15722	235533
秀山县	Xiushan County	15	3.46	1017179	324195	280168
酉阳县	Youyang County	19	0.83	268371	28271	299253
彭水县	Pengshui County	27	0.76	424806	53126	292949

表 20.8 各区县专业承包建筑业企业主要经济指标(2018 年)
MAIN ECONOMIC INDICATORS ON CONSTRUCTION ENTERPRISES OF SPECIALIZED CONTRACTING BY REGION (2018)

区 县	Region	企业数(个) Number of Enterprises (unit)	年末从业人数(万人) Number of Employed Persons at Year-end (10 000 persons)	总产值(万元) Gross Output Value (10 000 yuan)	利税总额(万元) Total Pre-Tax Profits (10 000 yuan)	按总产值计算的劳动生产率(元/人) Overall Labor Productivity by Gross Output Value (yuan/person)
全 市	**Total**	**1036**	**23.98**	**5056424**	**433309**	**206083**
主城区都市圈	Metropolitan Developed Economic Area	956	21.00	4592970	391094	212022
主城区	City Proper	725	11.89	3046689	239821	249246
都市圈	Metropolitan Area	231	9.12	1546282	151273	163817
渝东北三峡库区城镇群	Three Gorges Reservoir Urban Group of Northeast Chongqing	65	2.78	384920	37216	145077
渝东南武陵山区城镇群	Wuling Mountain Urban Group of Southeast Chongqing	15	0.20	78534	5000	356974
万州区	Wanzhou District	36	1.59	117833	8814	86470
黔江区	Qianjiang District	11	0.04	22701	4440	527937
涪陵区	Fuling District	44	0.69	160241	10266	183721
渝中区	Yuzhong District	97	1.14	359836	19184	320653
大渡口区	Dadukou District	28	0.17	26712	2222	163775
江北区	Jiangbei District	32	1.00	293601	5279	293425
沙坪坝区	Shapingba District	117	1.87	474376	52127	221371
九龙坡区	Jiulongpo District	170	3.12	560119	37244	223190
南岸区	Nan'an District	53	0.45	188266	18655	390594
北碚区	Beibei District	25	0.38	99600	10572	276514
渝北区	Yubei District	170	3.36	922954	81230	229573
巴南区	Ba'nan District	33	0.41	121224	13306	286786
长寿区	Changshou District	8	0.10	35941	3495	357623
江津区	Jiangjin District	26	4.08	491208	22930	127577
合川区	Hechuan District	48	1.48	238819	20108	139050
永川区	Yongchuan District	13	0.09	37852	6728	362218
南川区	Nanchuan District	3	0.04	5299	216	131479
綦江区	Qijiang District	40	0.50	116488	8221	179987
#綦江区(不含万盛)	Qijiang District (excluding Wansheng)	35	0.47	108083	6974	220218
大足区	Dazu District	5	0.15	119478	32207	1028206
璧山区	Bishan District	9	0.12	113102	23576	966681
铜梁区	Tongliang District	28	1.83	214903	20506	117626
潼南区	Tongnan District					
荣昌区	Rongchang District	7	0.05	12953	3021	279151
开州区	Kaizhou District					
梁平区	Liangping District	5	0.73	143080	16127	198253
武隆区	Wulong District	1	0.01	5842	928	420266
城口县	Chengkou County					
丰都县	Fengdu County	5	0.06	14769	2716	235177
垫江县	Dianjiang County	3	0.05	6915	656	144655
忠 县	Zhongxian County	7	0.07	17582	2391	248335
云阳县	Yunyang County	4	0.20	51741	3532	184460
奉节县	Fengjie County	1	0.04	23000	2319	287500
巫山县	Wushan County	1	0.01	4378	155	521226
巫溪县	Wuxi County	3	0.02	5623	505	303919
石柱县	Shizhu County					
秀山县	Xiushan County					
酉阳县	Youyang County	2	0.12	41002	-514	310385
彭水县	Pengshui County	1	0.02	8989	146	289981

表 20.9 各区县公路交通运输业（2018 年）
HIGHWAY TRANSPORTATION BY REGION (2018)

区县	Region	公路里程（公里） Length of Highways (km)	其中 of which #等级公路 Expressway and Class I-IV Highways	其中 of which 高速公路 Expressway
全 市	Total	157483	133942	3096
主城区都市圈	Metropolitan Developed Economic Area	62608	55631	1754
主城区	City Proper	11968	11201	574
都市圈	Metropolitan Area	50640	44429	1180
渝东北三峡库区城镇群	Three Gorges Reservoir Urban Group of Northeast Chongqing	64721	51569	813
渝东南武陵山区城镇群	Wuling Mountain Urban Group of Southeast Chongqing	30154	26743	528
万州区	Wanzhou District	6872	6617	194
黔江区	Qianjiang District	3997	3997	87
涪陵区	Fuling District	5944	5367	130
渝中区	Yuzhong District			
大渡口区	Dadukou District	163	163	5
江北区	Jiangbei District	431	431	45
沙坪坝区	Shapingba District	1334	1303	65
九龙坡区	Jiulongpo District	1589	1505	53
南岸区	Nan'an District	557	504	38
北碚区	Beibei District	1417	1416	55
渝北区	Yubei District	2979	2979	145
巴南区	Ba'nan District	3498	2899	169
长寿区	Changshou District	3578	3490	81
江津区	Jiangjin District	5835	4056	191
合川区	Hechuan District	4661	3771	110
永川区	Yongchuan District	4216	4139	113
南川区	Nanchuan District	3928	3370	108
綦江区	Qijiang District	6392	6314	142
#綦江区（不含万盛）	Qijiang District (excluding Wansheng)	1251	1177	22
大足区	Dazu District	3277	2746	82
璧山区	Bishan District	2706	1735	74
铜梁区	Tongliang District	4425	4038	90
潼南区	Tongnan District	3491	3307	29
荣昌区	Rongchang District	2185	2099	29
开州区	Kaizhou District	8009	4350	60
梁平区	Liangping District	4201	2889	93
武隆区	Wulong District	4783	4113	88
城口县	Chengkou County	3875	3873	
丰都县	Fengdu County	6508	5224	64
垫江县	Dianjiang County	3525	2611	76
忠 县	Zhongxian County	4860	4494	110
云阳县	Yunyang County	6643	4564	73
奉节县	Fengjie County	8146	6301	77
巫山县	Wushan County	4986	4455	43
巫溪县	Wuxi County	7096	6192	24
石柱县	Shizhu County	5104	4952	108
秀山县	Xiushan County	4430	3688	79
酉阳县	Youyang County	4199	3608	100
彭水县	Pengshui County	7642	6384	67

注：1) 2006 年起，公路里程包括村道。
2) 渝中区公路归为市政道路，不属于本表统计范围。
Note: a) The length of highways has included village roads since 2006.
b) The highways in Yuzhong District are municipal roads, not included in the statistic scope of this table.

表 20.10 各区县（自治县）固定资产投资较上年增长情况（2018 年）
GROWTH RATE OF THE INVESTMENT IN FIXED ASSETS BY REGION COMPARED WITH THE LAST YEAR (2018)

区 县	Region	全社会固定资产投资增长情况 Growth Rate of Total Investment in Fixed Assets (%)	其 中 of which			
			#工 业 Industry	其 中 of which #工业技改 Industrial Technological Transformation	#基础设施投资 Investment in Infrastructure Construction	#房地产开发投资 Real Estate Development
全 市	**Total**	**7.0**	**7.3**	**20.7**	**11.5**	**6.8**
主城区都市圈	Metropolitan Developed Economic Area	8.5	9.7	22.1	21.9	6.9
主城区	City Proper	8.8	4.7	44.3	17.3	12.2
都市圈	Metropolitan Area	8.1	11.6	15.2	22.8	-8.5
渝东北三峡库区城镇群	Three Gorges Reservoir Urban Group of Northeast Chongqing	8.4	-3.7	-0.5	14.9	10.0
渝东南武陵山区城镇群	Wuling Mountain Urban Group of Southeast Chongqing	4.2	-5.7	23.4	10.4	-10.1
万州区	Wanzhou District	1.1	-12.4	82.5	-11.7	13.8
黔江区	Qianjiang District	8.1	1.4	43.2	20.0	4.4
涪陵区	Fuling District	2.5	0.8	-32.3	14.1	-1.8
渝中区	Yuzhong District	2.8	-44.4		-36.8	49.0
大渡口区	Dadukou District	9.5	2.1	40.6	-7.1	15.1
江北区	Jiangbei District	9.1	-28.7	6.5	27.4	31.0
沙坪坝区	Shapingba District	-8.5	32.4	-21.2	-27.7	2.0
九龙坡区	Jiulongpo District	0.1	57.1	88.8	37.2	-34.1
南岸区	Nan'an District	6.2	15.6	88.4	23.3	7.0
北碚区	Beibei District	14.1	3.4	101.7	148.7	-10.3
渝北区	Yubei District	21.9	2.8	15.3	31.8	24.2
巴南区	Ba'nan District	15.4	1.7	439.3	-31.0	40.1
长寿区	Changshou District	1.5	1.3	91.8	157.3	-67.6
江津区	Jiangjin District	10.2	8.0	4.1	16.7	29.1
合川区	Hechuan District	11.4	21.9	37.1	37.1	-9.5
永川区	Yongchuan District	10.2	10.8	5.9	51.2	-8.3
南川区	Nanchuan District	11.0	15.1	66.9	29.0	2.5
綦江区	Qijiang District	10.2	21.0	51.8	33.2	-8.5
#綦江区（不含万盛）	Qijiang District (excluding Wansheng)	8.7	11.1	11.1	40.7	1.0
大足区	Dazu District	10.2	22.8	74.0	36.9	-14.5
璧山区	Bishan District	10.2	10.5	23.7	16.0	-4.2
铜梁区	Tongliang District	6.7	14.7	12.5	-14.6	-13.9
潼南区	Tongnan District	13.6	14.3	117.4	12.0	-20.2
荣昌区	Rongchang District	10.7	20.6	41.6	39.7	4.6
开州区	Kaizhou District	10.6	-9.3	53.2	20.1	3.0
梁平区	Liangping District	10.5	0.8	8.0	18.7	22.3
武隆区	Wulong District	-28.9	-31.2	-48.8	-22.9	-31.7
城口县	Chengkou County	-4.1	1.9	18.5	70.3	-42.6
丰都县	Fengdu County	17.0	-24.0	-26.9	71.3	18.8
垫江县	Dianjiang County	-15.8	-17.4	-70.0	-8.3	-10.4
忠 县	Zhongxian County	13.0	-6.9	2.4	-4.8	61.6
云阳县	Yunyang County	16.9	19.3	44.3	21.8	-3.5
奉节县	Fengjie County	17.5	13.3	508.0	58.3	10.2
巫山县	Wushan County	19.4	70.9	-49.3	5.8	-9.7
巫溪县	Wuxi County	6.4	-29.7	-82.7	27.9	20.0
石柱县	Shizhu County	19.9	-17.8	-44.6	26.8	6.3
秀山县	Xiushan County	14.7	-7.5	-3.1	9.1	13.3
酉阳县	Youyang County	7.9	5.8	57.1	7.4	-51.5
彭水县	Pengshui County	10.5	27.4	226.5	53.7	-24.1

表 20.10 续表 1 continued 1

区 县	Region	房地产开发（万元） Real Estate Development	其 中 of which #住 宅 Residential Buildings	商品房施工面积（万平方米） Floor Space of Commercialized Buildings under Construction (10 000 sq.m)	其 中 of which #住 宅 Residential Buildings	商品房新开工面积（万平方米） Floor Space of Commercialized Buildings Started (10 000 sq.m)	其 中 of which #住 宅 Residential Buildings
全 市	**Total**	**42487612**	**30126477**	**27226.56**	**17859.42**	**7386.16**	**5145.20**
主城区都市圈	Metropolitan Developed Economic Area	37491243	26749658	22895.82	14958.15	6189.75	4332.63
主城区	City Proper	29300454	21144842	14869.81	9550.84	4298.97	2961.12
都市圈	Metropolitan Area	8190789	5604816	8026.01	5407.32	1890.78	1371.51
渝东北三峡库区城镇群	Three Gorges Reservoir Urban Group of Northeast Chongqing	4039746	2701321	3321.77	2242.36	964.54	639.99
渝东南武陵山区城镇群	Wuling Mountain Urban Group of Southeast Chongqing	956623	675498	1008.97	658.91	231.88	172.57
万州区	Wanzhou District	1114314	652174	970.28	593.46	290.01	183.55
黔江区	Qianjiang District	188825	152819	222.92	136.80	52.68	44.20
涪陵区	Fuling District	1059305	620169	626.88	374.03	168.74	94.24
渝中区	Yuzhong District	1555842	873873	552.20	202.15	119.63	66.13
大渡口区	Dadukou District	1689814	1168514	842.80	612.66	259.82	204.16
江北区	Jiangbei District	2832386	1809284	1450.71	786.58	295.12	190.34
沙坪坝区	Shapingba District	2768947	1957898	1514.64	901.18	287.67	167.61
九龙坡区	Jiulongpo District	2384003	1583707	1348.14	752.73	259.13	157.91
南岸区	Nan'an District	2951522	2253050	1559.83	1052.31	500.49	329.61
北碚区	Beibei District	1724104	1414474	1378.94	1071.41	412.10	307.77
渝北区	Yubei District	9467443	6916571	4012.18	2611.49	1170.71	816.08
巴南区	Ba'nan District	3926393	3167471	2210.37	1560.34	994.29	721.50
长寿区	Changshou District	261865	149574	323.98	171.52	58.47	47.31
江津区	Jiangjin District	1489433	1028994	1290.45	887.20	413.57	303.96
合川区	Hechuan District	848795	586562	1200.59	801.97	223.60	168.27
永川区	Yongchuan District	802277	579522	703.68	465.76	187.28	139.30
南川区	Nanchuan District	441350	350747	485.21	327.36	150.71	106.15
綦江区	Qijiang District	660793	444444	743.83	512.75	225.43	167.74
#綦江区（不含万盛）	Qijiang District (excluding Wansheng)	570139	387391	582.05	394.50	199.14	148.53
大足区	Dazu District	899712	611336	631.04	450.37	76.03	50.40
璧山区	Bishan District	776649	605737	579.31	448.95	128.12	107.60
铜梁区	Tongliang District	450653	234725	517.05	275.65	97.51	66.19
潼南区	Tongnan District	267114	193314	627.21	475.53	81.70	61.75
荣昌区	Rongchang District	232843	199692	296.79	216.25	79.63	58.60
开州区	Kaizhou District	404266	285494	233.49	159.80	101.38	61.49
梁平区	Liangping District	312712	215476	293.68	185.41	101.73	61.52
武隆区	Wulong District	135186	59119	159.36	85.72	14.78	1.54
城口县	Chengkou County	33480	22688	41.26	27.71	11.76	10.68
丰都县	Fengdu County	348449	244992	289.39	222.31	51.26	32.66
垫江县	Dianjiang County	232357	168912	221.95	168.32	76.67	54.19
忠 县	Zhongxian County	367862	267201	267.74	197.59	111.51	80.19
云阳县	Yunyang County	548215	358110	397.27	275.23	49.26	41.87
奉节县	Fengjie County	399559	271805	276.16	181.63	88.61	59.63
巫山县	Wushan County	159049	112267	142.28	98.99	42.02	27.85
巫溪县	Wuxi County	119483	102202	188.26	131.92	40.32	26.36
石柱县	Shizhu County	226404	151640	219.60	155.23	87.45	67.07
秀山县	Xiushan County	211473	176436	188.55	142.77	56.38	46.83
酉阳县	Youyang County	38833	19537	78.42	49.47	2.99	0.33
彭水县	Pengshui County	155902	115947	140.12	88.92	17.60	12.60

表 20.10 续表 2 continued 2

区 县	Region	商品房竣工面积(万平方米) Floor Space of Commercialized Buildings Completed (10 000 sq.m)	其中 of which #住宅 Residential Buildings	商品房销售面积(万平方米) Floor Space of Commercialized Buildings Sold (10 000 sq.m)	其中 of which #住宅 Residential Buildings	商品房销售额(万元) Total Sale of Commercialized Buildings Sold (10 000 yuan)	其中 of which #住宅 Residential Buildings
全 市	**Total**	**4083.45**	**2784.64**	**6536.25**	**5424.76**	**52727000**	**44428692**
主城区都市圈	Metropolitan Developed Economic Area	3483.07	2397.04	5471.30	4528.44	46906159	39704463
主城区	City Proper	2367.23	1673.62	3390.27	2775.47	35939605	30530835
都市圈	Metropolitan Area	1115.84	723.42	2081.04	1752.97	10966554	9173628
渝东北三峡库区城镇群	Three Gorges Reservoir Urban Group of Northeast Chongqing	433.43	272.38	817.30	683.19	4571996	3713425
渝东南武陵山区城镇群	Wuling Mountain Urban Group of Southeast Chongqing	166.96	115.22	247.65	213.14	1248845	1010804
万州区	Wanzhou District	168.55	94.75	206.52	173.76	1257474	1038475
黔江区	Qianjiang District	70.36	46.97	58.54	52.50	292524	267954
涪陵区	Fuling District	163.10	82.46	139.87	121.39	765089	664859
渝中区	Yuzhong District	27.28	17.15	74.07	51.44	1379917	1082390
大渡口区	Dadukou District	93.82	92.42	192.05	177.47	1777992	1618213
江北区	Jiangbei District	156.19	100.10	307.24	239.89	3942786	3191285
沙坪坝区	Shapingba District	173.03	93.22	312.24	249.86	2891787	2438467
九龙坡区	Jiulongpo District	209.82	111.15	381.26	241.00	3509319	2149253
南岸区	Nan'an District	430.02	311.73	366.31	312.26	3981299	3538450
北碚区	Beibei District	297.08	251.87	269.89	236.09	2557395	2371137
渝北区	Yubei District	738.16	503.96	927.51	786.86	10905355	9735295
巴南区	Ba'nan District	241.83	192.02	559.68	480.61	4993755	4406345
长寿区	Changshou District	56.37	41.96	97.23	64.58	414159	292374
江津区	Jiangjin District	100.05	52.19	311.24	263.30	1788483	1577171
合川区	Hechuan District	129.39	87.13	245.77	211.39	1340091	1205146
永川区	Yongchuan District	115.83	75.49	202.59	183.91	1056427	965386
南川区	Nanchuan District	50.67	38.08	89.57	77.52	521726	444190
綦江区	Qijiang District	199.53	135.03	190.81	156.84	899282	677778
#綦江区(不含万盛)	Qijiang District (excluding Wansheng)	163.03	113.55	144.82	123.44	702494	534199
大足区	Dazu District	42.44	32.79	188.54	145.61	858000	585932
璧山区	Bishan District	77.10	58.14	227.71	216.00	1532530	1394686
铜梁区	Tongliang District	59.81	36.63	152.80	113.37	742838	518098
潼南区	Tongnan District	44.99	31.74	131.47	124.67	555494	492544
荣昌区	Rongchang District	76.56	51.76	103.43	74.40	492435	355464
开州区	Kaizhou District	12.56	10.28	93.84	77.66	594248	506425
梁平区	Liangping District	96.78	63.21	60.37	47.12	355742	262397
武隆区	Wulong District	26.73	17.67	36.23	28.75	210678	159747
城口县	Chengkou County	4.78	3.68	16.46	15.35	80223	70304
丰都县	Fengdu County	23.46	14.18	67.84	59.08	348322	283514
垫江县	Dianjiang County			63.82	59.32	329512	290328
忠 县	Zhongxian County	42.58	32.85	72.55	58.98	308791	252488
云阳县	Yunyang County	55.47	29.95	70.27	61.70	391968	346483
奉节县	Fengjie County	17.28	11.93	95.70	70.41	537707	385330
巫山县	Wushan County	10.18	9.76	36.27	29.92	216941	150799
巫溪县	Wuxi County	1.80	1.80	33.65	29.89	151068	126882
石柱县	Shizhu County	39.02	25.19	55.12	50.67	274541	240132
秀山县	Xiushan County	15.80	11.63	59.61	51.78	276111	213077
酉阳县	Youyang County	2.13	1.30	2.60	2.15	12072	10503
彭水县	Pengshui County	12.93	12.46	35.54	27.29	182919	119391

表 20.11 各区县社会消费品零售总额（2018 年）
TOTAL RETAIL SALES OF CONSUMER GOODS BY REGION (2018)

区 县	Region	社会消费品零售总额（亿元）Total Retail Sales of Consumer Goods (100 million yuan)	社会消费品零售总额指数（上年 =100）Index of Total Retail Sales of Consumer Goods (preceding year=100)
全 市	**Total**	**7977.01**	**8.7**
主城区都市圈	Metropolitan Developed Economic Area	6312.30	8.3
主城区	City Proper	3961.63	6.7
都市圈	Metropolitan Area	2350.67	11.2
渝东北三峡库区城镇群	Three Gorges Reservoir Urban Group of Northeast Chongqing	1221.38	9.0
渝东南武陵山区城镇群	Wuling Mountain Urban Group of Southeast Chongqing	443.33	12.3
万州区	Wanzhou District	317.21	1.7
黔江区	Qianjiang District	66.41	8.3
涪陵区	Fuling District	273.41	12.1
渝中区	Yuzhong District	659.54	6.8
大渡口区	Dadukou District	46.56	2.6
江北区	Jiangbei District	537.83	6.5
沙坪坝区	Shapingba District	365.41	3.5
九龙坡区	Jiulongpo District	641.36	6.2
南岸区	Nan'an District	443.04	6.9
北碚区	Beibei District	160.36	5.7
渝北区	Yubei District	665.56	6.8
巴南区	Ba'nan District	364.75	7.9
长寿区	Changshou District	134.22	3.4
江津区	Jiangjin District	278.00	12.7
合川区	Hechuan District	269.74	12.3
永川区	Yongchuan District	344.82	14.3
南川区	Nanchuan District	143.55	12.5
綦江区	Qijiang District	168.19	10.1
#綦江区（不含万盛）	Qijiang District (excluding Wansheng)	134.34	10.8
大足区	Dazu District	128.98	10.8
璧山区	Bishan District	134.78	12.9
铜梁区	Tongliang District	116.81	13.7
潼南区	Tongnan District	85.78	11.4
荣昌区	Rongchang District	117.21	13.1
开州区	Kaizhou District	189.12	8.8
梁平区	Liangping District	104.63	14.2
武隆区	Wulong District	44.98	10.0
城口县	Chengkou County	13.16	0.3
丰都县	Fengdu County	51.78	14.5
垫江县	Dianjiang County	90.79	-0.9
忠 县	Zhongxian County	81.28	12.4
云阳县	Yunyang County	118.44	14.8
奉节县	Fengjie County	71.31	14.3
巫山县	Wushan County	43.05	14.2
巫溪县	Wuxi County	27.77	7.2
石柱县	Shizhu County	56.85	13.0
秀山县	Xiushan County	76.67	13.2
酉阳县	Youyang County	42.51	6.2
彭水县	Pengshui County	65.84	13.3

注：2018 年上年同期社会消费品零售总额根据第三次全国农业普查结果及有关制度规定进行了修订，增速按照可比口径计算。

表 20.12 各区县财政收支(2018 年)
GOVERNMENT REVENUE AND EXPENDITURE BY REGION (2018)

单位:万元 (10 000 yuan)

区 县	Region	区县级一般公共预算收入 General Public Budgetary Revenue at District (County) Level	其 中 of which		
			#增值税 Value-added Tax	#企业所得税 Corporate Income Tax	#个人所得税 Individual Income Tax
全 市	**Total**	**14065803**	**2845090**	**1169146**	**462621**
主城区都市圈	Metropolitan Developed Economic Area	11122771	2037798	928830	327468
主城区	City Proper	6413760	1185833	588615	246453
都市圈	Metropolitan Area	4709011	851965	340215	81015
渝东北三峡库区城镇群	Three Gorges Reservoir Urban Group of Northeast Chongqing	2086377	556856	182747	81771
渝东南武陵山区城镇群	Wuling Mountain Urban Group of Southeast Chongqing	856655	250436	57569	53382
万州区	Wanzhou District	555160	150617	70006	25576
黔江区	Qianjiang District	252074	84798	16829	28801
涪陵区	Fuling District	553085	119298	83020	12783
渝中区	Yuzhong District	463935	114514	54335	40508
大渡口区	Dadukou District	214011	33948	11911	5569
江北区	Jiangbei District	778428	171680	108549	40571
沙坪坝区	Shapingba District	552132	102076	36624	15999
九龙坡区	Jiulongpo District	692094	137909	40559	18453
南岸区	Nan'an District	635213	118044	40485	20404
北碚区	Beibei District	303825	51336	12485	7722
渝北区	Yubei District	755314	120330	67063	32088
巴南区	Ba'nan District	481270	74610	25072	10446
长寿区	Changshou District	357662	100472	35503	6818
江津区	Jiangjin District	712255	141796	47028	11598
合川区	Hechuan District	407172	71469	38467	6361
永川区	Yongchuan District	466024	87899	29543	9456
南川区	Nanchuan District	234492	30835	10438	3923
綦江区	Qijiang District	334465	65130	19925	6252
#綦江区(不含万盛)	Qijiang District (excluding Wansheng)	214304	38303	9379	3748
大足区	Dazu District	308192	44126	8020	3928
璧山区	Bishan District	528859	76328	27082	7639
铜梁区	Tongliang District	321113	37484	16701	3918
潼南区	Tongnan District	202326	33188	7829	2776
荣昌区	Rongchang District	283366	43940	16659	5563
开州区	Kaizhou District	232599	65085	14499	6613
梁平区	Liangping District	208936	34943	11244	6174
武隆区	Wulong District	128219	29908	8968	3369
城口县	Chengkou County	42081	14812	1301	1752
丰都县	Fengdu County	196036	50141	17120	5240
垫江县	Dianjiang County	169513	40662	15266	5613
忠 县	Zhongxian County	184518	71271	17082	12814
云阳县	Yunyang County	160214	38513	15808	6806
奉节县	Fengjie County	157050	41452	11415	4817
巫山县	Wushan County	104158	32591	4765	3334
巫溪县	Wuxi County	76112	16769	4241	3032
石柱县	Shizhu County	104959	32762	6789	3890
秀山县	Xiushan County	125920	39330	5470	7556
酉阳县	Youyang County	112935	31105	8972	6368
彭水县	Pengshui County	132548	32533	10541	3398

注:两江新区的数据未计入相应的区县数据里,但包含在全市数据中。
Note: The data of Liangjiang New Area are included in the aggregate data, but not included in the respective data at district (county) level.

表 20.12 续表 continued

单位：万元 (10 000 yuan)

区 县	Region	区县级一般公共预算支出 General Public Budgetary Expenditure at District (County) Level	其中 of which #农林水收入 Expenditure for Agriculture, Forestry and Water Conservancy	#教育支出 Expenditure for Education	#医疗卫生和计划生育支出 Expenditure for Public Health and Family Planning	#社会保障和就业支出 Expenditure for Social Security and Employment Effort	#文化体育与传媒支出 Expenditure for Culture, Sport and Media
全 市	**Total**	**32114413**	**3232129**	**5697603**	**3239898**	**3453394**	**361586**
主城区都市圈	Metropolitan Developed Economic Area	20494953	1363434	3373718	1886415	2101805	233217
主城区	City Proper	9726953	299260	1480028	662553	865538	101351
都市圈	Metropolitan Area	10768000	1064174	1893690	1223862	1236267	131866
渝东北三峡库区城镇群	Three Gorges Reservoir Urban Group of Northeast Chongqing	8129855	1199837	1613496	1004789	991019	84105
渝东南武陵山区城镇群	Wuling Mountain Urban Group of Southeast Chongqing	3489605	668858	710389	348694	360570	44264
万州区	Wanzhou District	1276697	165082	257031	154438	157323	21370
黔江区	Qianjiang District	650378	101708	118540	59239	64388	9272
涪陵区	Fuling District	1265402	111411	182773	129407	134047	14355
渝中区	Yuzhong District	712678	1376	123849	46459	121378	8098
大渡口区	Dadukou District	355332	3079	54645	24839	36087	4927
江北区	Jiangbei District	1011045	10182	134217	64015	77739	13237
沙坪坝区	Shapingba District	888106	32145	180692	85971	115898	13606
九龙坡区	Jiulongpo District	1069885	20340	171510	83333	124225	11099
南岸区	Nan'an District	961613	24222	143110	68610	73292	11798
北碚区	Beibei District	585719	36530	122699	67378	63515	7986
渝北区	Yubei District	1063130	87123	191347	103715	121756	14710
巴南区	Ba'nan District	838210	76204	146595	80025	100530	13657
长寿区	Changshou District	666417	54023	134505	90740	92187	6166
江津区	Jiangjin District	1349458	112094	226685	167226	152920	21721
合川区	Hechuan District	991771	99743	188874	132638	148405	12761
永川区	Yongchuan District	1087005	96205	217156	106741	104341	12472
南川区	Nanchuan District	591571	73146	95606	61412	69570	6512
綦江区	Qijiang District	978389	112411	184508	117564	134246	11237
#綦江区（不含万盛）	Qijiang District (excluding Wansheng)	688186	89822	138364	86175	95988	6328
大足区	Dazu District	970405	82950	146696	86496	95674	11661
璧山区	Bishan District	823035	68640	105555	75013	63605	10250
铜梁区	Tongliang District	638140	71460	125544	84788	78528	7180
潼南区	Tongnan District	696329	101079	140031	91035	78182	11050
荣昌区	Rongchang District	710078	81012	145757	80802	84562	6501
开州区	Kaizhou District	970033	139923	224963	146842	154644	7274
梁平区	Liangping District	695504	78435	135461	89735	75790	7415
武隆区	Wulong District	487231	115622	82156	43734	48476	6161
城口县	Chengkou County	403779	97217	49330	28367	37905	4215
丰都县	Fengdu County	686315	84820	131756	79335	72039	5194
垫江县	Dianjiang County	687490	63377	134286	92150	73113	7315
忠 县	Zhongxian County	601605	90130	129533	91179	80268	7620
云阳县	Yunyang County	840171	134219	189107	118042	119236	6272
奉节县	Fengjie County	834107	119969	160883	90012	100191	7099
巫山县	Wushan County	624833	104367	105301	61401	69351	5748
巫溪县	Wuxi County	509321	122298	95845	53288	51159	4583
石柱县	Shizhu County	511678	83296	105987	55413	37120	10258
秀山县	Xiushan County	564569	71733	115371	62666	63574	7157
酉阳县	Youyang County	653679	144937	147351	63114	83867	6960
彭水县	Pengshui County	622070	151562	140984	64528	63145	4456

表 20.13 各区县金融机构存贷款、人民生活和社会福利(2018 年)

DEPOSIT AND LOAN OF FINANCIAL INSTITUTIONS,PEOPLE'S LIVELIHOOD AND SOCIAL WELFARE BY REGION (2018)

区 县	Region	金融机构人民币存款余额(亿元) Total Deposit Balance of RMB of Financial Institutions (100 million yuan)	其中 of which #住户存款 Saving Deposits of Residents	金融机构人民币贷款余额(亿元) Total Loan Balance of RMB of Financial Institutions (100 million yuan)	城镇非私营单位就业人员年平均工资(元) Average Salaries of Employed Persons of Urban Non-private Units (yuan)	其中 of which #城镇非私营单位在岗职工年平均工资(元) Average Salaries of On-Post Employees of Urban Non-private Units (yuan)
全 市	**Total**	**35651.57**	**15907.23**	**31425.87**	**78928**	**81764**
主城区都市圈	Metropolitan Developed Economic Area	29338.62	11639.71	27593.94	80502	83320
主城区	City Proper	22596.46	6923.98	23068.70	84981	88363
都市圈	Metropolitan Area	6742.16	4715.73	4525.24	72623	74596
渝东北三峡库区城镇群	Three Gorges Reservoir Urban Group of Northeast Chongqing	4569.66	3353.95	2512.80	70540	73404
渝东南武陵山区城镇群	Wuling Mountain Urban Group of Southeast Chongqing	1388.12	911.77	1159.02	80879	83670
万州区	Wanzhou District	1129.33	815.98	665.75	73565	75129
黔江区	Qianjiang District	260.78	153.68	250.96	77454	79943
涪陵区	Fuling District	766.77	458.35	542.24	70391	72724
渝中区	Yuzhong District	4766.38	827.52	4233.23	88340	93218
大渡口区	Dadukou District	502.55	268.59	607.77	83336	85951
江北区	Jiangbei District	6416.28	793.24	7123.04	94778	100072
沙坪坝区	Shapingba District	1647.19	873.69	1302.62	76997	79950
九龙坡区	Jiulongpo District	1902.95	994.16	1923.97	75593	77681
南岸区	Nan'an District	1314.56	711.35	1204.38	82557	85023
北碚区	Beibei District	682.11	456.23	553.45	83333	87030
渝北区	Yubei District	4521.49	1473.68	5404.17	86779	89379
巴南区	Ba'nan District	842.95	525.52	716.07	84031	85113
长寿区	Changshou District	540.66	383.21	332.48	76009	78328
江津区	Jiangjin District	933.33	654.71	572.15	71378	73454
合川区	Hechuan District	749.51	600.76	386.89	73018	74950
永川区	Yongchuan District	638.02	457.20	498.88	69438	69573
南川区	Nanchuan District	364.48	229.69	306.17	79387	80027
綦江区	Qijiang District	635.34	431.57	426.37	78732	82738
#綦江区(不含万盛)	Qijiang District (excluding Wansheng)	483.62	330.92	331.01	82768	86153
大足区	Dazu District	367.31	281.69	303.46	68842	69509
璧山区	Bishan District	538.40	340.26	360.22	67911	71297
铜梁区	Tongliang District	481.66	351.82	312.22	78367	82146
潼南区	Tongnan District	358.68	261.53	224.89	82964	85868
荣昌区	Rongchang District	368.00	264.94	259.27	75234	76669
开州区	Kaizhou District	621.59	482.06	236.82	70029	73621
梁平区	Liangping District	410.09	320.23	196.75	65161	68013
武隆区	Wulong District	214.69	126.76	196.85	79943	81585
城口县	Chengkou County	114.30	58.48	76.83	72897	77462
丰都县	Fengdu County	324.02	258.46	162.31	71201	80910
垫江县	Dianjiang County	368.41	277.07	229.22	71098	73336
忠 县	Zhongxian County	437.22	344.98	223.70	75109	78358
云阳县	Yunyang County	452.93	331.05	199.13	70988	75606
奉节县	Fengjie County	322.94	217.44	244.67	61929	63394
巫山县	Wushan County	207.60	136.03	174.45	81105	82392
巫溪县	Wuxi County	181.23	112.17	103.17	65660	67442
石柱县	Shizhu County	236.16	168.53	162.14	79288	80731
秀山县	Xiushan County	237.18	140.16	203.51	80779	83890
酉阳县	Youyang County	248.51	169.38	156.94	84489	91016
彭水县	Pengshui County	190.80	153.26	188.62	84307	86133

表 20.13 续表 continued

区 县	Region	城市居民最低生活保障人数（人） Number of Persons Receiving Minimum Living Allowance in Rural Areas (person)	提供住宿的社会服务机构（个） Residential Social Welfare Institutions (unit)	提供住宿的社会服务机构床位数（张） Social Services Institutions with Accommodation
全 市	**Total**	**311400**	**810**	**93561**
主城区都市圈	Metropolitan Developed Economic Area	152255	562	67909
主城区	City Proper	56006	239	34139
都市圈	Metropolitan Area	96249	323	33770
渝东北三峡库区城镇群	Three Gorges Reservoir Urban Group of Northeast Chongqing	118509	233	23534
渝东南武陵山区城镇群	Wuling Mountain Urban Group of Southeast Chongqing	40636	15	2118
万州区	Wanzhou District	32387	37	6210
黔江区	Qianjiang District	6765	4	400
涪陵区	Fuling District	14064	12	2782
渝中区	Yuzhong District	11012	17	1734
大渡口区	Dadukou District	2293	15	1039
江北区	Jiangbei District	5132	4	402
沙坪坝区	Shapingba District	5943	48	6130
九龙坡区	Jiulongpo District	9226	26	3067
南岸区	Nan'an District	8994	31	4115
北碚区	Beibei District	4599	23	2424
渝北区	Yubei District	3048	25	8687
巴南区	Ba'nan District	5306	47	6045
长寿区	Changshou District	5499	22	2022
江津区	Jiangjin District	10156	64	6761
合川区	Hechuan District	15991	43	5011
永川区	Yongchuan District	5183	12	1554
南川区	Nanchuan District	3901	10	967
綦江区	Qijiang District	18200	22	2514
#綦江区（不含万盛）	Qijiang District (excluding Wansheng)	12474	11	1736
大足区	Dazu District	7569	29	2758
璧山区	Bishan District	3198	12	1781
铜梁区	Tongliang District	2926	43	3100
潼南区	Tongnan District	3400	27	2627
荣昌区	Rongchang District	6162	27	1893
开州区	Kaizhou District	23553	10	2333
梁平区	Liangping District	4028	32	2089
武隆区	Wulong District	4035	1	30
城口县	Chengkou County	2653	24	952
丰都县	Fengdu County	6451	26	2684
垫江县	Dianjiang County	4210	31	2029
忠 县	Zhongxian County	4311	40	3585
云阳县	Yunyang County	12400	17	1691
奉节县	Fengjie County	15879	11	1313
巫山县	Wushan County	9802	2	501
巫溪县	Wuxi County	2835	3	147
石柱县	Shizhu County	4151	4	336
秀山县	Xiushan County	13094	3	1170
酉阳县	Youyang County	6356	1	100
彭水县	Pengshui County	6235	2	82

表 20.14 各区县居民收支情况（2018 年）
PER CAPITA INCOME AND EXPENDITURE OF HOUSEHOLDS BY REGION (2018)

区 县	Region	全体居民人均可支配收入（元）Per Capita Annual Disposable Income	城镇常住居民人均可支配收入（元）Per Capita Disposable Income of Urban Residents (yuan)	农村常住居民人均可支配收入（元）Per Capita Disposable Income of Rural Residents (yuan)
全　市	**Total**	**26386**	**34889**	**13781**
主城区都市圈	Metropolitan Developed Economic Area			
主城区	City Proper			
都市圈	Metropolitan Area			
渝东北三峡库区城镇群	Three Gorges Reservoir Urban Group of Northeast Chongqing			
渝东南武陵山区城镇群	Wuling Mountain Urban Group of Southeast Chongqing			
万州区	Wanzhou District	29047	36820	14318
黔江区	Qianjiang District	21935	32435	11806
涪陵区	Fuling District	29437	36642	14691
渝中区	Yuzhong District	40484	40484	
大渡口区	Dadukou District	37443	37911	19847
江北区	Jiangbei District	39220	39998	20110
沙坪坝区	Shapingba District	37697	38630	19676
九龙坡区	Jiulongpo District	38035	39391	20028
南岸区	Nan'an District	37886	38703	21039
北碚区	Beibei District	35076	38563	18897
渝北区	Yubei District	35557	39546	17950
巴南区	Ba'nan District	34917	38984	18254
长寿区	Changshou District	28122	35055	15571
江津区	Jiangjin District	30330	36397	18248
合川区	Hechuan District	29089	34875	17254
永川区	Yongchuan District	30810	36749	18244
南川区	Nanchuan District	26107	34067	14631
綦江区	Qijiang District	24664	30892	14895
#綦江区（不含万盛）	Qijiang District (excluding Wansheng)	24523	32526	14955
大足区	Dazu District	26906	34836	16313
璧山区	Bishan District	29888	38590	18698
铜梁区	Tongliang District	28341	36913	17949
潼南区	Tongnan District	24813	33596	15204
荣昌区	Rongchang District	26926	35066	17051
开州区	Kaizhou District	21560	30945	13443
梁平区	Liangping District	23625	34317	14983
武隆区	Wulong District	22440	35290	12871
城口县	Chengkou County	15545	26932	9458
丰都县	Fengdu County	21271	31352	13044
垫江县	Dianjiang County	23863	34504	15237
忠　县	Zhongxian County	23422	35029	14588
云阳县	Yunyang County	18747	27950	12001
奉节县	Fengjie County	18329	28105	11146
巫山县	Wushan County	18173	30165	10208
巫溪县	Wuxi County	14835	24938	9324
石柱县	Shizhu County	21228	32584	12845
秀山县	Xiushan County	19664	32352	11116
酉阳县	Youyang County	15395	26601	9719
彭水县	Pengshui County	17493	29124	11144

表 20.14 续表 continued

区 县	Region	全体居民人均生活消费支出（元） Per Capita Annual Living Expenditure (yuan)	城镇常住居民人均生活消费支出（元） Per Capita Living Expenditure of Urban Residents (yuan)	农村常住居民人均生活消费支出（元） Per Capita Living Expenditure of Rural Residents (yuan)
全　市	**Total**	**19248**	**24154**	**11977**
主城区都市圈	Metropolitan Developed Economic Area			
主城区	City Proper			
都市圈	Metropolitan Area			
渝东北三峡库区城镇群	Three Gorges Reservoir Urban Group of Northeast Chongqing			
渝东南武陵山区城镇群	Wuling Mountain Urban Group of Southeast Chongqing			
万州区	Wanzhou District	21772	26288	13213
黔江区	Qianjiang District	15533	21705	9578
涪陵区	Fuling District	23163	28477	12287
渝中区	Yuzhong District	29110	29110	
大渡口区	Dadukou District	26049	26279	17435
江北区	Jiangbei District	25439	26028	10984
沙坪坝区	Shapingba District	27574	28249	14528
九龙坡区	Jiulongpo District	25519	26235	16022
南岸区	Nan'an District	27919	28689	12026
北碚区	Beibei District	25155	27288	15260
渝北区	Yubei District	24331	26748	13662
巴南区	Ba'nan District	27117	30498	13266
长寿区	Changshou District	19579	23689	12141
江津区	Jiangjin District	22044	26450	13271
合川区	Hechuan District	23273	27786	14042
永川区	Yongchuan District	17991	20314	13077
南川区	Nanchuan District	17307	21297	11556
綦江区	Qijiang District			
#綦江区（不含万盛）	Qijiang District (excluding Wansheng)	17834	22485	12276
大足区	Dazu District	18321	23465	11449
璧山区	Bishan District	18104	22088	12981
铜梁区	Tongliang District	17561	22626	11421
潼南区	Tongnan District	16219	21604	10328
荣昌区	Rongchang District	16637	21428	10824
开州区	Kaizhou District	16219	21502	11651
梁平区	Liangping District	15187	19759	11491
武隆区	Wulong District	16451	23679	11069
城口县	Chengkou County	10504	17264	6890
丰都县	Fengdu County	14247	19079	10303
垫江县	Dianjiang County	14264	17776	11417
忠　县	Zhongxian County	15640	21471	11203
云阳县	Yunyang County	12189	15583	9701
奉节县	Fengjie County	14076	18301	10971
巫山县	Wushan County	13187	19171	9212
巫溪县	Wuxi County	11220	16090	8563
石柱县	Shizhu County	12956	16807	10114
秀山县	Xiushan County	12928	17937	9555
酉阳县	Youyang County	12185	19056	8705
彭水县	Pengshui County	12853	18536	9751

表 20.15 各区县教育和文化（2018 年）
EDUCATION AND CULTURE BY REGION (2018)

区 县	Region	普通中学 Regular Secondary Schools 学校数（个）Number of Schools (unit)	专任教师数（人）Full-time Teachers (person)	在校学生数（人）Total Enrollment (person)	小 学 Primary Schools 学校数（个）Number of Schools (unit)	专任教师数（人）Full-time Teachers (person)	在校学生数（人）Total Enrollment (person)
全 市	**Total**	**1122**	**117159**	**1653294**	**2893**	**126513**	**2095361**
主城区都市圈	Metropolitan Developed Economic Area	616	66025	888886	1556	69805	1218193
主城区	City Proper	230	26938	346468	429	27055	504261
都市圈	Metropolitan Area	386	39087	542418	1127	42750	713932
渝东北三峡库区城镇群	Three Gorges Reservoir Urban Group of Northeast Chongqing	364	36321	550576	913	39438	619574
渝东南武陵山区城镇群	Wuling Mountain Urban Group of Southeast Chongqing	142	14813	213832	424	17270	257594
万州区	Wanzhou District	57	5722	80912	106	4858	90169
黔江区	Qianjiang District	27	2822	36992	71	2600	42541
涪陵区	Fuling District	48	4131	57400	97	4187	72448
渝中区	Yuzhong District	13	2484	20996	31	2273	29293
大渡口区	Dadukou District	9	1221	14462	21	1170	22085
江北区	Jiangbei District	21	2272	39277	33	2309	39549
沙坪坝区	Shapingba District	30	3189	40033	62	3449	74305
九龙坡区	Jiulongpo District	31	4562	61640	48	3825	82091
南岸区	Nan'an District	27	2872	39261	41	2507	58861
北碚区	Beibei District	18	2667	33567	47	2156	33109
渝北区	Yubei District	44	4865	62626	80	5992	107027
巴南区	Ba'nan District	37	2806	34606	66	3374	57941
长寿区	Changshou District	31	2989	33127	62	2811	36251
江津区	Jiangjin District	44	4412	66204	99	4859	84350
合川区	Hechuan District	34	4074	53651	111	4271	72134
永川区	Yongchuan District	35	3744	57890	124	4307	83543
南川区	Nanchuan District	17	1964	30576	59	2727	44431
綦江区	Qijiang District	65	4173	46921	72	4303	60725
#綦江区（不含万盛）	Qijiang District (excluding Wansheng)						
大足区	Dazu District	32	3442	49873	169	4323	75859
璧山区	Bishan District	17	1975	27687	38	2254	41777
铜梁区	Tongliang District	22	2941	43517	61	2700	48431
潼南区	Tongnan District	21	2635	37001	111	2911	46744
荣昌区	Rongchang District	20	2607	38571	124	3097	47239
开州区	Kaizhou District	64	5784	88893	97	5812	103943
梁平区	Liangping District	32	2878	43810	69	3322	52457
武隆区	Wulong District	10	1281	19073	57	1955	25563
城口县	Chengkou County	9	935	13841	41	1286	20177
丰都县	Fengdu County	42	3146	48099	60	2934	43875
垫江县	Dianjiang County	20	3038	55542	78	3571	52443
忠 县	Zhongxian County	25	3133	50421	100	3662	60604
云阳县	Yunyang County	42	4109	60325	101	4854	68104
奉节县	Fengjie County	33	3182	48862	94	3943	56366
巫山县	Wushan County	20	2441	33390	90	2537	37685
巫溪县	Wuxi County	20	1953	26481	77	2659	33751
石柱县	Shizhu County	21	2229	31782	70	2421	30702
秀山县	Xiushan County	24	2446	33002	50	2862	45332
酉阳县	Youyang County	38	3380	52497	104	3999	65655
彭水县	Pengshui County	22	2655	40486	72	3433	47801

表 20.15 续表 continued

区 县	Region	广播覆盖率 (%) Radio Coverage of Population (%)	电视覆盖率 (%) Television Coverage of Population (%)	公共图书馆 (个) Number of Public Libraries (unit)	公共图书馆藏书 (万册) Number of Books in Public Libraries (10 000 volumes)
全 市	**Total**	**99.04**	**99.27**	**43**	**1807.93**
主城区都市圈	Metropolitan Developed Economic Area	99.70	99.55	26	1489.98
主城区	City Proper	99.88	99.91	11	998.42
都市圈	Metropolitan Area	99.61	99.35	15	491.56
渝东北三峡库区城镇群	Three Gorges Reservoir Urban Group of Northeast Chongqing	98.62	99.09	11	222.53
渝东南武陵山区城镇群	Wuling Mountain Urban Group of Southeast Chongqing	96.84	98.42	6	95.40
万州区	Wanzhou District	99.73	99.48	1	29.11
黔江区	Qianjiang District	97.01	98.18	1	33.13
涪陵区	Fuling District	99.93	97.89	2	68.26
渝中区	Yuzhong District	100.00	100.00	2	165.39
大渡口区	Dadukou District	100.00	100.00	1	31.26
江北区	Jiangbei District	100.00	100.00	1	46.34
沙坪坝区	Shapingba District	100.00	100.00	2	451.78
九龙坡区	Jiulongpo District	100.00	100.00	1	57.02
南岸区	Nan'an District	100.00	100.00	1	43.30
北碚区	Beibei District	100.00	100.00	1	65.77
渝北区	Yubei District	100.00	99.79	1	57.29
巴南区	Ba'nan District	99.11	99.61	1	80.27
长寿区	Changshou District	99.96	99.99	1	41.47
江津区	Jiangjin District	100.00	99.95	1	123.68
合川区	Hechuan District	99.33	99.30	1	37.50
永川区	Yongchuan District	99.41	99.89	1	19.23
南川区	Nanchuan District	98.28	97.38	1	13.98
綦江区	Qijiang District			2	37.65
#綦江区（不含万盛）	Qijiang District (excluding Wansheng)	99.40	99.78	1	16.35
大足区	Dazu District	99.84	99.63	2	37.23
璧山区	Bishan District	100.00	98.29	1	27.77
铜梁区	Tongliang District	100.00	100.00	1	37.21
潼南区	Tongnan District	99.41	99.73	1	27.68
荣昌区	Rongchang District	100.00	100.00	1	19.90
开州区	Kaizhou District	99.11	99.51	1	55.57
梁平区	Liangping District	98.55	95.57	1	9.92
武隆区	Wulong District	100.00	100.00	1	16.66
城口县	Chengkou County	95.18	96.77	1	16.07
丰都县	Fengdu County	98.23	99.76	1	21.74
垫江县	Dianjiang County	99.50	100.00	1	15.11
忠 县	Zhongxian County	99.52	99.82	1	16.68
云阳县	Yunyang County	99.05	99.09	1	13.55
奉节县	Fengjie County	98.37	99.15	1	13.86
巫山县	Wushan County	97.57	99.28	1	22.58
巫溪县	Wuxi County	93.22	99.34	1	8.34
石柱县	Shizhu County	96.42	95.02	1	7.40
秀山县	Xiushan County	97.97	99.97	1	18.12
酉阳县	Youyang County	99.20	99.99	1	9.33
彭水县	Pengshui County	91.22	96.97	1	10.76

表 20.16 各区县卫生(2018 年)
PUBLIC HEALTH CARE BY REGION (2018)

区 县	Region	卫生机构数(个) Number of Health Care Institutions (unit)	其中 of which #医院、卫生院 Number of Hospitals and Health Centers	卫生机构床位数(张) Hospital Beds in Health Care Institutions (bed)	卫生技术人员(人) Medical Technical Personnel (person)	其中 of which #执业(助理)医师 Licensed (Assistant) Doctors	#注册护士 Registered Nurses
全 市	**Total**	**20524**	**1684**	**220104**	**209237**	**76361**	**95104**
主城区都市圈	Metropolitan Developed Economic Area	12155	922	145760	148872	54177	69520
主城区	City Proper	4688	419	75669	87895	31959	42099
都市圈	Metropolitan Area	7467	503	70091	60977	22218	27421
渝东北三峡库区城镇群	Three Gorges Reservoir Urban Group of Northeast Chongqing	6384	519	54112	44814	16803	18834
渝东南武陵山区城镇群	Wuling Mountain Urban Group of Southeast Chongqing	1985	243	20232	15551	5381	6750
万州区	Wanzhou District	1270	99	10454	11026	4223	4942
黔江区	Qianjiang District	295	36	4032	3701	1049	1800
涪陵区	Fuling District	619	58	6834	7083	2749	2998
渝中区	Yuzhong District	371	34	14410	20468	6541	10165
大渡口区	Dadukou District	226	26	2726	3034	1125	1464
江北区	Jiangbei District	397	42	8930	9969	3566	4915
沙坪坝区	Shapingba District	592	48	10500	11131	3970	5464
九龙坡区	Jiulongpo District	777	75	11532	11377	4269	5362
南岸区	Nan'an District	554	32	5720	7902	3220	3557
北碚区	Beibei District	371	35	5243	5583	2232	2432
渝北区	Yubei District	630	65	7201	8979	3487	4177
巴南区	Ba'nan District	660	41	7146	6620	2552	3151
长寿区	Changshou District	525	46	5164	4375	1533	2017
江津区	Jiangjin District	1125	41	8051	5442	2249	2131
合川区	Hechuan District	915	50	6805	7220	2734	3371
永川区	Yongchuan District	674	40	8088	7019	2442	3317
南川区	Nanchuan District	412	46	4217	3718	1282	1829
綦江区	Qijiang District	599	60	8611	6805	2145	3280
#綦江区(不含万盛)	Qijiang District (excluding Wansheng)	472	44	6100	4893	1580	2328
大足区	Dazu District	412	28	4888	3264	1179	1294
璧山区	Bishan District	516	34	4909	4491	1661	2229
铜梁区	Tongliang District	807	33	4160	4169	1644	1775
潼南区	Tongnan District	413	37	3865	3101	1085	1250
荣昌区	Rongchang District	450	30	4499	4290	1515	1930
开州区	Kaizhou District	706	46	7762	5534	2289	2379
梁平区	Liangping District	604	38	4000	3524	1330	1479
武隆区	Wulong District	340	36	2494	1542	651	529
城口县	Chengkou County	187	29	1176	1081	365	392
丰都县	Fengdu County	461	42	4559	3074	1014	1339
垫江县	Dianjiang County	431	39	5117	4270	1490	1796
忠 县	Zhongxian County	786	52	4508	3613	1374	1471
云阳县	Yunyang County	684	48	6170	4487	1853	1689
奉节县	Fengjie County	513	54	5378	4051	1367	1829
巫山县	Wushan County	381	33	3293	2406	834	961
巫溪县	Wuxi County	361	39	1695	1748	664	557
石柱县	Shizhu County	265	39	3674	2489	913	1160
秀山县	Xiushan County	341	35	3082	2928	1021	1278
酉阳县	Youyang County	324	50	3414	2381	854	947
彭水县	Pengshui County	420	47	3536	2510	893	1036
两江新区		110	21	2261	2832	997	1412
万盛经开区		127	16	2511	1912	565	952

注：卫生机构数含个体诊所。
Note: The number of health care institutions include individual-run clinics.

表 20.17 各区县对外经济贸易（2018 年）
FOREIGN ECONOMIC RELATIONS AND TRADE BY REGION (2018)

区 县	Region	进出口总值（亿元） Total Imports and Exports (100 million yuan)	其 中 of which 出 口 Exports	进 口 Imports
全 市	**Total**	**5222.62**	**3395.28**	**1827.34**
主城区都市圈	Metropolitan Developed Economic Area	5182.00	3359.86	1822.13
主城区	City Proper	4717.71	3025.35	1692.36
都市圈	Metropolitan Area	464.29	334.51	129.78
渝东北三峡库区城镇群	Three Gorges Reservoir Urban Group of Northeast Chongqing	25.54	21.61	3.94
渝东南武陵山区城镇群	Wuling Mountain Urban Group of Southeast Chongqing	29.33	28.16	1.17
万州区	Wanzhou District	8.54	6.93	1.62
黔江区	Qianjiang District	0.34	0.06	0.28
涪陵区	Fuling District	55.75	29.61	26.14
渝中区	Yuzhong District	103.85	26.69	77.16
大渡口区	Dadukou District	20.41	12.90	7.51
江北区	Jiangbei District	334.43	92.49	241.94
沙坪坝区	Shapingba District	2387.45	1748.46	638.98
九龙坡区	Jiulongpo District	147.10	134.43	12.67
南岸区	Nan'an District	102.38	41.63	60.75
北碚区	Beibei District	101.58	37.65	63.93
渝北区	Yubei District	1415.73	867.15	548.58
巴南区	Ba'nan District	104.79	63.94	40.85
长寿区	Changshou District	135.72	118.14	17.58
江津区	Jiangjin District	113.36	92.55	20.82
合川区	Hechuan District	25.63	12.39	13.24
永川区	Yongchuan District	36.28	11.70	24.57
南川区	Nanchuan District	15.25	2.96	12.29
綦江区	Qijiang District	5.79	5.57	0.22
#綦江区（不含万盛）	Qijiang District (excluding Wansheng)			
大足区	Dazu District	13.16	6.50	6.67
璧山区	Bishan District	23.55	18.63	4.92
铜梁区	Tongliang District	11.58	10.37	1.21
潼南区	Tongnan District	9.77	7.97	1.80
荣昌区	Rongchang District	18.43	18.12	0.31
开州区	Kaizhou District	1.58	1.48	0.10
梁平区	Liangping District	2.72	1.67	1.05
武隆区	Wulong District	1.14	1.13	
城口县	Chengkou County	0.08	0.08	
丰都县	Fengdu County	2.24	1.52	0.73
垫江县	Dianjiang County	6.26	6.23	0.03
忠 县	Zhongxian County	2.17	2.17	
云阳县	Yunyang County	1.18	0.78	0.41
奉节县	Fengjie County	0.33	0.33	
巫山县	Wushan County	0.34	0.34	
巫溪县	Wuxi County	0.09	0.09	
石柱县	Shizhu County	3.86	2.98	0.89
秀山县	Xiushan County	0.81	0.81	
酉阳县	Youyang County	23.09	23.09	
彭水县	Pengshui County	0.09	0.09	

注：进出口数据来源重庆海关。
Note: The data of import and export are provided by Chongqing Commerce Commission.

表 20.18 各区县规模以上工业能源消费总量（2018 年）

ENERGY CONSUMPTION OF ENTERPRISES ABOVE DESIGNATED SIZE BY REGION (2018)

区 县	Region	规模以上工业能源消费总量（万吨标准煤） Energy Consumption of Enterprises above Designated Size by Region (10 000 tons of standard coal)
全 市	**Total**	**4072.82**
主城区都市圈	Metropolitan Developed Economic Area	3288.01
主城区	City Proper	399.84
都市圈	Metropolitan Area	2888.17
渝东北三峡库区城镇群	Three Gorges Reservoir Urban Group of Northeast Chongqing	633.53
渝东南武陵山区城镇群	Wuling Mountain Urban Group of Southeast Chongqing	151.28
万州区	Wanzhou District	214.85
黔江区	Qianjiang District	34.45
涪陵区	Fuling District	468.59
渝中区	Yuzhong District	2.05
大渡口区	Dadukou District	41.81
江北区	Jiangbei District	25.90
沙坪坝区	Shapingba District	37.25
九龙坡区	Jiulongpo District	84.66
南岸区	Nan'an District	21.32
北碚区	Beibei District	78.68
渝北区	Yubei District	57.78
巴南区	Ba'nan District	50.39
长寿区	Changshou District	906.79
江津区	Jiangjin District	310.50
合川区	Hechuan District	267.03
永川区	Yongchuan District	171.18
南川区	Nanchuan District	92.66
綦江区	Qijiang District	461.34
#綦江区（不含万盛）	Qijiang District (excluding Wansheng)	312.99
大足区	Dazu District	32.12
璧山区	Bishan District	40.55
铜梁区	Tongliang District	56.68
潼南区	Tongnan District	36.50
荣昌区	Rongchang District	44.24
开州区	Kaizhou District	67.95
梁平区	Liangping District	28.50
武隆区	Wulong District	9.07
城口县	Chengkou County	5.82
丰都县	Fengdu County	120.73
垫江县	Dianjiang County	32.35
忠 县	Zhongxian County	72.80
云阳县	Yunyang County	11.17
奉节县	Fengjie County	72.08
巫山县	Wushan County	3.20
巫溪县	Wuxi County	4.07
石柱县	Shizhu County	36.55
秀山县	Xiushan County	45.45
酉阳县	Youyang County	17.12
彭水县	Pengshui County	8.62

表 20.19 各区县法人单位、产业活动单位数（2018 年）
NUMBER OF CORPORATE UNITS AND ESTABLISHMENTS BY REGION (2018)

区 县	Region	法人单位（个）Number of Corporate Units (unit)	其 中 of which #企 业 Enterprises	产业活动单位（个）Number of Establishments (unit)
全　市	**Total**	**592651**	**516927**	**656115**
主城区都市圈	Metropolitan Developed Economic Area	418708	380484	466548
主城区	City Proper	234862	221834	265900
都市圈	Metropolitan Area	183846	158650	200648
渝东北三峡库区城镇群	Three Gorges Reservoir Urban Group of Northeast Chongqing	119335	92323	130358
渝东南武陵山区城镇群	Wuling Mountain Urban Group of Southeast Chongqing	54608	44120	59209
万州区	Wanzhou District	22818	19720	25040
黔江区	Qianjiang District	12280	10685	12985
涪陵区	Fuling District	21029	18290	23851
渝中区	Yuzhong District	24834	23470	28765
大渡口区	Dadukou District	8647	8040	9635
江北区	Jiangbei District	22212	21191	25668
沙坪坝区	Shapingba District	26882	25373	30874
九龙坡区	Jiulongpo District	56167	54543	60660
南岸区	Nan'an District	25943	24681	29801
北碚区	Beibei District	11016	9523	12994
渝北区	Yubei District	39208	36902	45537
巴南区	Ba'nan District	19953	18111	21966
长寿区	Changshou District	12467	10919	13810
江津区	Jiangjin District	17597	15290	19212
合川区	Hechuan District	14361	11964	15936
永川区	Yongchuan District	16331	14316	17947
南川区	Nanchuan District	13758	11222	14790
綦江区	Qijiang District	18846	16340	20599
#綦江区（不含万盛）	Qijiang District (excluding Wansheng)	12181	10452	13393
大足区	Dazu District	15949	13647	16926
璧山区	Bishan District	13960	12518	15106
铜梁区	Tongliang District	12195	10270	13427
潼南区	Tongnan District	12820	10935	13574
荣昌区	Rongchang District	14533	12939	15470
开州区	Kaizhou District	18171	14495	19121
梁平区	Liangping District	8738	6658	9503
武隆区	Wulong District	7496	5833	8020
城口县	Chengkou County	4618	3411	4997
丰都县	Fengdu County	9097	6656	9972
垫江县	Dianjiang County	9941	7902	10905
忠　县	Zhongxian County	10989	9085	12269
云阳县	Yunyang County	12819	9680	14398
奉节县	Fengjie County	9109	5725	9666
巫山县	Wushan County	7544	5270	8121
巫溪县	Wuxi County	5491	3721	6366
石柱县	Shizhu County	6248	4994	6873
秀山县	Xiushan County	10364	8697	10974
酉阳县	Youyang County	9312	6785	10550
彭水县	Pengshui County	8908	7126	9807

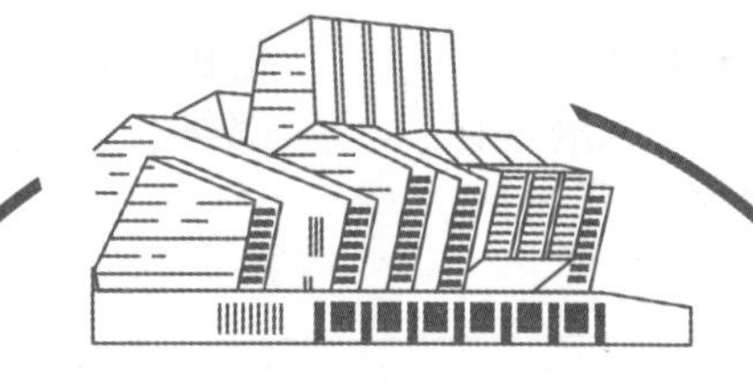

第二十一章·三峡工程重庆库区

RESERVOIR AREA OF THREE GORGES PROJECT IN CHONGQING

简要说明 BRIEF INTRODUCTION

本章资料包括三峡工程重庆库区经济和社会发展情况、移民工程投资完成情况，由市统计局综合处根据市水利局资料整理编辑。

库区指库区15区县，包括万州区、涪陵区、渝北区、巴南区、长寿区、江津区、开州区、武隆区、丰都县、忠县、云阳县、奉节县、巫山县、巫溪县、石柱县。重点库区指8个重点移民区县，包括万州区、涪陵区、开州区、丰都县、忠县、云阳县、奉节县、巫山县。

This chapter includes the economic and social development of the reservoir area of Three Gorges Project in Chongqing, the statistics on the completed investment in Three Gorges Resettlement. The data here are provided by Ministry of Water Resources of Chongqing and sorted and compiled by Division of Comprehensive Statistics of Chongqing Municipal Bureau of Statistics.

The Reservoir Area refers to 15 districts and counties, namely Wanzhou, Fuling, Yubei, Ba'nan, Changshou, Jiangjin, Fengdu, Kaizhou, Wulong, Zhongxian, Yunyang, Fengjie, Wushan, Wuxi and Shizhu. The Key Reservoir Area refers to 8 key districts and counties of migration, namely Wanzhou, Fuling, Fengdu, Zhongxian, Kaixian, Yunyang, Fengjie and Wushan.

表 21.1 三峡工程重庆库区经济和社会发展情况（2017 – 2018 年）
ECONOMIC AND SOCIAL DEVELOPMENT OF THE RESERVOIR AREA OF THREE GORGES PROJECT IN CHONGQING (2017-2018)

指 标	Item	2017		2018	
		库区合计 Total of Reservoir Area	其 中 of which 重点库区 Key Area	库区合计 Total of Reservoir Area	其 中 of which 重点库区 Key Area
人 口	**Population**				
户籍总户数（万户）	Total Number of Households (10 000 households)	583.72	337.93	588.03	337.94
户籍人口（万人）	Total Household Population (10 000 persons)	1556.08	944.27	1560.55	942.02
城 镇	Urban	645.60	334.14	652.17	334.49
乡 村	Rural	910.48	610.13	908.38	607.53
男 性	Male	801.98	489.77	803.46	488.47
女 性	Female	754.10	454.50	757.09	453.55
年末常住人口（万人）	Year-end Permanent Residents (10 000 persons)	1340.51	738.25	1353.34	743.21
城 镇	Urban	793.78	384.99	822.92	399.01
乡 村	Rural	546.73	353.26	530.42	344.20
城镇化率 (%)	Urbanization Rate (%)	59.21	52.15	60.81	53.69
工资和收入	**Wages and Income**				
城镇非私营单位在岗职工人数（万人）	Staff and Workers of Urban Non-private Units (10 000 persons)	144.12	61.49	134.73	57.57
城镇非私营单位在岗职工工资总额(万元)	Total Wage Bill of Staff and Workers of Urban Non-private Unit (10 000 yuan)	10209453	3943813	10745200	4238214
城镇非私营单位在岗职工平均工资（元）	Average Wage of Staff and Workers of Urban Non-private Units (yuan)	71441	64739	79685	73848
城镇常住居民人均可支配收入（元）	Per Capita Disposable Income of Urban Residents	32609	30865	35425	33523
农村常住居民人均可支配收入（元）	Per Capita Disposable Income of Rural Residents	12745	11945	13927	13077
财 政（万元）	**Government Finance (10 000 yuan)**				
区县级一般公共预算收入	General Public Budgetary Income at District (County) Level	4800997	2374157	4758611	2142819
区县级一般公共预算支出	General Public Budgetary Expenditure at District (County) Level	12257972	7063726	12527418	7101795

表 21.1 续表 1 continued 1

指 标	Item	2017		2018	
		库区合计 Total of Reservoir Area	其 中 of which 重点库区 Key Area	库区合计 Total of Reservoir Area	其 中 of which 重点库区 Key Area
农 业	**Agriculture**				
农林牧渔业总产值(万元)	Gross Output Value of Farming, Forestry, Animal Husbandry and Fishery (10 000 yuan)	9198528	5516465	9926622	5982537
#农 业	Farming	5805640	3363228	6421548	3750371
牧 业	Animal Husbandry	2368094	1510878	2353245	1508217
农林牧渔业增加值(万元)	Value-added of Farming, Forestry, Animal Husbandry and Fishery (10 000 yuan)	6311888	3736377	6817825	4059948
#农 业	Farming	4336311	2496517	4772434	2770999
牧 业	Animal Husbandry	1211492	762076	1193392	754733
蔬菜总播种面积(万亩)	Sown Areas of Vegetables (10 000 mu)	539	338	549	345
蔬菜总产量(万吨)	Gross Output of Vegetables (10 000 tons)	879	555	916	580
猪 肉(万吨)	Pork (10 000 tons)	62	40	63	41
禽 肉(万吨)	Meat of Poultry (10 000 tons)	12	7	12	7
猪出栏量(万头)	Slaughtered Hogs (10 000 heads)	832	542	837	549
禽出栏量(万只)	Slaughtered Poultry (10 000 heads)	7931	4428	7883	4476
禽蛋产量(万吨)	Output of Poultry Eggs (10 000 tons)	21	11	21	11
粮食播种面积(万亩)	Sown Areas of Grain (10 000 mu)	1579	1025	1567	1016
#夏 粮	Grain Crops Harvested in Summer	351	239	345	233
秋 粮	Grain Crops Harvested in Autumn	1228	786	1222	783
#水 稻	Rice	429	267	427	265
玉 米	Corn	361	220	358	217
薯 类	Tubers	585	400	583	399
粮食总产量(万吨)	Gross Output of Grain (10 000 tons)	519	326	518	276
#夏 粮	Grain Crops Harvested in Summer	75	52	74	52
秋 粮	Grain Crops Harvested in Autumn	444	273	444	273
#水 稻	Rice	203	121	203	121
玉 米	Corn	132	79	131	78
薯 类	Tubers	155	106	156	106
工 业(规模以上)	**Industry (above Designated Size)**				
企业数(个)	Number of Enterprises (unit)	2242	908	2158	847
工业总产值(万元)	Gross Output Value of Industry (10 000 yuan)	90724223	24800603	80668733	24372190
出口交货值(万元)	Sales of Exported Products (10 000 yuan)	10539847	584247	11769138	532379
资产总计(万元)	Total Assets (10 000 yuan)	92891211	25313037	84121452	24203949
主营业务收入(万元)	Revenue from Principal Business (10 000 yuan)	89085528	22976008	78952245	22328547
利润总额(万元)	Total After-tax Profits (10 000 yuan)	6837089	1659922	5333292	2044126

表 21.1 续表 2 continued 2

指 标	Item	2017 库区合计 Total of Reservoir Area	2017 其中 of which 重点库区 Key Area	2018 库区合计 Total of Reservoir Area	2018 其中 of which 重点库区 Key Area
利税总额 (万元)	Total Pre-tax Profits (10 000 yuan)	11208804	2754611	8582183	2914275
全部从业人员平均数 (万人)	Average Employment (10 000 persons)	62.14	19.20	54.84	16.40
总资产贡献率 (%)	Ratio of Total Assets to Industrial Output Value (%)	13.0	12.0	10.8	13.8
资本保值增值率 (%)	Ratio of Assets Appreciation YOY (%)	119.8	125.3	108.3	113.9
资产负债率 (%)	Asset-Liability Ratio (%)	61.3	60.7	58.8	55.8
流动资产周转率 (次)	Turnover Ratio of Circulating Assets (time)	2.1	2.4	2.1	2.4
成本费用利润率 (%)	Ratio of Profits to Cost (%)	8.2	7.8	6.6	9.4
全员劳动生产率 (元/人年)	Overall Labor Productivity (yuan/person-year)	368530	365921	382991	507449
产品销售率 (%)	Sales as Percentage of Output (%)	97.4	96.6	97.9	97.2
国内贸易	**Domestic Trade**				
社会消费品零售总额 (万元)	Total Retail Sales (10 000 yuan)	28493783	12356929	27177382	11456029
限额以上法人企业数 (个)	Number of Corporate Enterprises above Designated Size (unit)	2702	1526	2527	1433
批发业	Wholesale	738	403	729	394
零售业	Retail	1277	728	1171	680
住宿业	Hotel	170	78	170	76
餐饮业	Catering	517	317	457	283
教 育	Education				
学校数 (所)	Number of Schools (unit)				
#普通高等学校	Regular Institutions of Higher Education	23	9	23	9
普通中学	Regular Secondary Schools	534	331	538	331
小 学	Primary Schools	1237	729	1256	745
专任教师数 (人)	Number of Full-time Teachers (person)				
#普通高等学校	Regular Institutions of Higher Education	12547	4342	12932	4488
普通中学	Regular Secondary Schools	51933	31654	52183	31648
小 学	Primary Schools	56449	32802	56858	32787
在校学生数 (人)	Student Enrollment (person)				
#研究生	Postgraduates	7621	229	8320	309
普通高等学校	Regular Institutions of Higher Education	240344	85067	245497	86141
普通中学	Regular Secondary Schools	717632	453863	742201	468302
小 学	Primary Schools	917893	549582	908779	533194
卫 生	Public Health				
卫生机构数 (个)	Number of Health Institutions (unit)	9232	4887	9143	5390
卫生机构床位数 (张)	Number of Hospital Beds (bed)	81828	44033	83623	49516
卫生技术人员 (人)	Medical Technological Personnel (person)	69786	36696	73204	42470

表 21.2 三峡移民工程后续工作专项资金完成投资情况(2018 年底止)

COMPREHENSIVE STATISTICS ON THE COMPLETED INVESTMENT IN THE FOLLOW-ON WORK OF THREE GORGES RESETTLEMENT (END OF 2018)

单位：万元 (10 000 yuan)

区 县	Region	三峡后续工作专项资金累计计划投资 Total Planned Investment in the Follow-on Work of Three Gorges Resettlement	截至 2018 年 12 月底三峡后续工作专项资金累计完成投资 Investment in the Follow-on Work of Three Gorges Resettlement by the End of December 2018	2018 年三峡后续工作专项资金本期完成投资 Completed Investment of 2018 in This Term			
				合 计 Total	移民安稳致富和促进库区经济社会发展 Stabilization of Resettlers and the Economic and Social Development of Resoir Areas	库区生态环境建设与保护 Construction and Protection of the Ecological Environment of the Resevoir Areas.	地质灾害防治 Geological Hazard Control
重庆市合计	Total of Chongqing	439.27	371.82	84.14	50.86	26.44	4.90
库区合计	Total of Reservoir Area	421.02	360.04	79.15	48.71	25.54	4.90
渝北区	Yubei	3.76	2.91	1.03	0.17	0.86	0.00
巴南区	Banan	6.56	5.97	0.80	0.31	0.44	0.05
江津区	Jiangjin	3.12	2.75	0.19	0.10	0.09	0.00
长寿区	Changshou	10.12	8.58	0.63	0.41	0.15	0.07
武隆县	Wulong	15.89	14.06	2.65	0.86	0.08	1.71
巫溪县	Wuxi	3.66	3.39	0.43	0.06	0.29	0.08
石柱县	Shizhu	5.48	3.68	0.84	0.17	0.59	0.08
万州区	Wanzhou	85.21	70.41	22.12	16.47	4.43	1.21
涪陵区	Fuling	52.28	47.81	11.76	7.87	3.62	0.28
丰都县	Fengdu	29.12	24.09	4.18	1.54	2.19	0.45
忠 县	Zhongxian	36.89	29.71	2.40	0.95	1.42	0.03
开州区	Kaixian	50.60	47.02	7.25	4.92	2.12	0.22
云阳县	Yunyang	46.08	39.32	7.39	4.55	2.65	0.19
奉节县	Fengjie	40.33	34.13	8.72	4.34	4.17	0.21
巫山县	Wushan	31.92	26.22	8.74	5.99	2.43	0.32

注：本表数据统计口径为截止 2018 年 12 月 31 日对财政部核定 2011-2018 年三峡后续工作专项资金补助额的下达及完成。

Note:Tthe statistic scope of the data hereabove is the plan and completion rate of the special fund subsidy for the follow-on work of three gorges resettlement in 2011- 2018 checked and ratified by Ministry of Finance by Dec. 31, 2018.

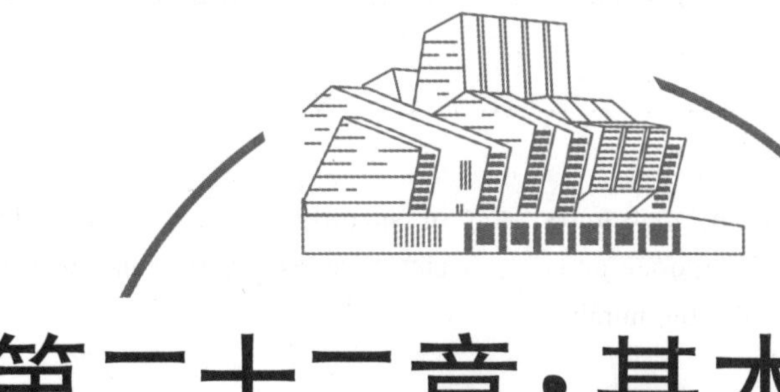

第二十二章·基本单位名录库

STATISTICS ON BASIC UNITS

简要说明 BRIEF INTRODUCTION

本章资料包括按行业分的法人、产业活动单位数，按机构类型和登记注册类型分的法人单位数，按行业分的企业法人单位数以及按登记注册类型分的企业法人单位数。

This chapter includes the number of corporate units and establishments by sector, the number of corporate units by institutional type and status of registration, the number of enterprises as corporate units by sector and the number of enterprises as corporate units by status of registration.

表 22.1 按行业分组的法人单位数和产业活动单位数(2018 年)
NUMBER OF CORPORATE UNITS AND ESTABLISHMENTS BY SECTOR (2018)

单位：个 (unit)

指 标	Item	法人单位 Corporate Units	产业活动单位 Establishments
总 计	**Total**	**592651**	**656115**
按三次产业分组	**By Strata of Industry**		
第一产业	Primary Industry	81991	82378
第二产业	Secondary Industry	77206	81863
第三产业	Tertiary Industry	433454	491874
按国民经济行业分组	**By Sector**		
农、林、牧、渔业	**Agriculture, Forestry, Animal Husbandry and Fishery**	**85426**	**85872**
农业	Farming	42950	43141
林业	Forestry	3613	3657
畜牧业	Animal Husbandry	23028	23151
渔业	Fishery	12400	12429
农、林、牧、渔专业及辅助性活动	Services of Farming, Forestry, Animal Husbandry and Fishery	3435	3494
采矿业	**Mining and Quarrying**	**1428**	**1560**
煤炭开采和洗选业	Coal Mining and Dressing	230	269
石油和天然气开采业	Petroleum and Natural Gas Extraction	17	38
黑色金属矿采选业	Ferrous Metal Ores Mining and Dressing	72	78
有色金属矿采选业	Nonferrous Metal Ores Mining and Dressing	20	22
非金属矿采选业	Nonmetallic Ores Mining and Dressing	1034	1089
开采专业及辅助性活动	Auxiliary Minning Operations	25	34
其他采矿业	Mining and Dressing of Other Ores	30	30
制造业	**Manufacture**	**54916**	**56424**
农副食品加工业	Processing of Farm and Sideline Food	3698	3849
食品制造业	Manufacture of Food	1573	1630
酒、饮料和精制茶制造业	Manufacture of Beverage	1381	1436
烟草制品业	Tobacco Products	7	10
纺织业	Textile Industry	1488	1519
纺织服装、服饰业	Manufacture of Textile Garments, Footwear and Headgear	1925	1957
皮革、毛皮、羽毛及其制品和制鞋业	Leather, Fur, Feather, Down and Related Products	952	963
木材加工和木、竹、藤、棕、草制品业	Timber Processing, Bamboo, Cane, Palm Fiber & Straw Products	1965	1984
家具制造业	Manufacture of Furniture	2175	2208
造纸和纸制品业	Papermaking and Paper Products	882	902
印刷和记录媒介复制业	Printing and Record Medium Reproduction	1363	1414
文教、工美、体育和娱乐用品制造业	Manufacture of Cultural, Educational and Sports Articles	1214	1254
石油、煤炭及其他燃料加工业	Petroleum Refining, Coking and Nuclear Fuel Processing	148	155
化学原料和化学制品制造业	Manufacture of Raw Chemical Materials and Chemical Products	1471	1522
医药制造业	Manufacture of Medicines	417	432
化学纤维制造业	Manufacture of Chemical Fibres	19	19
橡胶和塑料制品业	Plastic Products	2090	2134
非金属矿物制品业	Nonmetal Mineral Products	5696	5885
黑色金属冶炼和压延加工业	Smelting and Pressing of Ferrous Metals	454	469
有色金属冶炼和压延加工业	Smelting and Pressing of Nonferrous Metals	572	584

表 22.1 续表 1 continued 1

单位：个 (unit)

指 标	Item	法人单位 Corporate Units	产业活动单位 Establishments
金属制品业	Metal Products	5628	5747
通用设备制造业	Manufacture of General-purpose Machinery	4485	4594
专用设备制造业	Manufacture of Special-purpose Machinery	3094	3155
汽车制造业	Manufacture of Automobile	4378	4502
铁路、船舶、航空航天和其他运输设备制造业	Manufacture of Railway, Ship, Aeronautics and Other Transport Equipment	2597	2633
电气机械和器材制造业	Manufacture of Electrical Machinery and Equipment	1534	1589
计算机、通信和其他电子设备制造业	Manufacture of Communication Equipment, Computers and Other Electronic Equipment	1677	1704
仪器仪表制造业	Manufacture of Instruments and Meters	683	704
其他制造业	Other Manufactures	408	417
废弃资源综合利用业	Comprehensive Utilization of Waste	223	280
金属制品、机械和设备修理业	Manufacture of Metal Products, Machinery and Equipment Maintenance	719	773
电力、热力、燃气及水生产和供应业	**Production and Supply of Electric Power, Gas and Water**	**2291**	**3209**
电力、热力生产和供应业	Production and Supply of Electric Power and Heat Power	1345	1674
燃气生产和供应业	Production and Supply of Gas	221	345
水的生产和供应业	Production and Supply of Water	725	1190
建筑业	**Construction**	**19315**	**21477**
房屋建筑业	Construction of Housing	4809	5615
土木工程建筑业	Civil Engineering Construction	2136	2472
建筑安装业	Architectural Installation	2649	3006
建筑装饰、装修和其他建筑业	Architectural Decoration and Other Construction	9721	10384
批发和零售业	**Wholesale and Retail Trade**	**175198**	**196397**
批发业	Wholesale Trade	69764	74848
零售业	Retail Trade	105434	121549
交通运输、仓储和邮政业	**Transport, Storage and Postal Services**	**11711**	**16107**
铁路运输业	Transport Via Railway	11	29
道路运输业	Transport Via Road	7904	9062
水上运输业	Water Transport	371	416
航空运输业	Air Transport	64	87
管道运输业	Transport Via Pipeline	4	6
多式联运和运输代理业	Loading, Unloading, Portage and Transport Agency	1425	1696
装卸搬运和仓储业	Storage	1291	1428
邮政业	Post	641	3383
住宿和餐饮业	**Hotels and Catering Services**	**26357**	**29585**
住宿业	Hotels	6124	6607
餐饮业	Catering Services	20233	22978
信息传输、软件和信息技术服务业	**Information Transmission, Software and Information Technology**	**22734**	**24637**
电信、广播电视和卫星传输服务	Telecommunication, Radio, Televison and Satellite Transmission Services	591	1475
互联网和相关服务	Internet and Ralated Services	2571	2702
软件和信息技术服务业	Software and Information Technology Services	19572	20460
金融业	**Financial Intermediation**	**1526**	**6971**

表 22.1 续表 2 continued 2

单位：个 (unit)

指 标	Item	法人单位 Corporate Units	产业活动单位 Establishments
货币金融服务	Money Finance Services	941	4471
资本市场服务	Capital Market Services	269	561
保险业	Insurance	193	1752
其他金融业	Other Finance	123	187
房地产业	**Real Estate**	**16577**	**22539**
房地产业	Real Estate	16577	22539
租赁和商务服务业	**Leasing and Business Services**	**64034**	**69449**
租赁业	Leasing	8370	8834
商务服务业	Business Services	55664	60615
科学研究和技术服务业	**Scientific Research and Technical Services**	**21119**	**23067**
研究和试验发展	Research and Experimental Development	1636	1725
专业技术服务业	Professional Technical Services	13908	15487
科技推广和应用服务业	Services of Science and Technology Application and Promotion	5575	5855
水利、环境和公共设施管理业	**Water Conservancy, Environment and Public Facilities Management**	**3159**	**3534**
水利管理业	Management of Water Conservancy	223	383
生态保护和环境治理业	Ecological Protection and Environmental Governance	698	757
公共设施管理业	Management of Public Facilities	2103	2249
土地管理业	Management of Land	135	145
居民服务、修理和其他服务业	**Services to Households, Repair and Other Services**	**17500**	**18744**
居民服务业	Resident Services	9315	9966
机动车、电子产品和日用产品修理业	Vehicles, Electronic Products and Commodities Maintenance Services	5688	6131
其他服务业	Other Services	2497	2647
教 育	**Education**	**16560**	**18166**
教 育	Education	16560	18166
卫生和社会工作	**Health and Social Work**	**6490**	**7552**
卫生	Health	3904	4845
社会工作	Social Work	2586	2707
文化、体育和娱乐业	**Culture, Sports and Entertainment**	**16898**	**17645**
新闻和出版业	Journalism and Publishing Activities	152	162
广播、电视、电影和录音制作业	Broadcasting, Movies, Televisions and Audiovisual Activities	1112	1241
文化艺术业	Cultural and Art Activities	5328	5499
体 育	Sports	1401	1563
娱乐业	Entertainment	8905	9180
公共管理、社会保障和社会组织	**Public Administration, Social Security and Social Organizations**	**29412**	**33180**
中国共产党机关	Organs of CPC	600	614
国家机构	Government Agencies	9961	13617
人民政协、民主党派	People's Political Consultative Conference and Democratic Parties	168	190
社会保障	Social Security	292	326
群众团体、社会团体和其他成员组织	Non-Governmental Organizations, Social Organizations and Other Organizations	7143	7181
基层群众自治组织及其他组织	Grass Roots Self-governing Organizations	11248	11252

表 22.2 按机构类型和登记注册类型分的法人单位数、产业活动单位数（2018 年）
NUMBER OF CORPORATE UNITS AND ESTABLISHMENTS BY INSTITUTIONAL TYPE AND STATUS OF REGISTRATION (2018)

单位：个 (unit)

指 标	Item	法人单位 Corporate Units	产业活动单位 Establishments
总 计	**Total**	**592651**	**656115**
按机构类型分组	**By Institutional Type**		
企 业	Enterprises	516927	574335
事业单位	Public Institutions	17002	19834
机 关	Governmental Agencies	3808	6321
社会团体	Social Organizations	6520	6518
民办非企业	Private Non-enterprise	8659	8594
其他组织机构	Others	39735	40513
按登记注册类型分组	**By Status of Registration**		
内 资	Domestic-funded Enterprises	591015	651918
国 有	State-owned	21729	29852
集 体	Collective-owned	3185	4147
股份合作	Cooperative Share-holding	360	565
联 营	Joint Ownership	156	215
国有联营	State Joint Ownership	14	29
集体联营	Collective Joint Ownership	60	83
国有与集体联营	Joint State-collective Ownership	15	21
其他联营	Other Joint Ownership	67	82
有限责任公司	Limited-liability Corporations	26328	33887
国有独资公司	Soly State-owned	1523	2253
其他有限责任公司	Other Limited-liability Corporations	24805	31634
股份有限公司	Share-holding Limited Companies	3806	10413
私 营	Private	486213	522821
私营独资	Soly Private-funded Enterprises	163372	165376
私营合伙	Private Partnership Enterprises	4719	4891
私营有限责任公司	Private Limited Liability Corporations	313829	347159
私营股份有限公司	Private Share-holding Limited Companies	4293	5395
其 他	Others	49238	50018
港、澳、台商投资	Enterprises with Funds from Hong Kong, Macao and Tainwan	754	2091
合资经营	Joint-venture Enterprises	227	464
合作经营	Cooperative Enterprises	14	21
独资经营	Soly-funded Enterprises	467	1504
投资股份有限公司	Share-holding Limited Companies	19	59
外商投资	Foreign-funded Enterprises	882	2106
中外合资经营	Joint-venture Enterprises	336	675
中外合作经营	Cooperative Enterprises	7	24
外资企业	Soly-funded Enterprises	445	1238
外商投资股份有限公司	Share-holding Limited Companies	25	78

表 22.3 按行业分组的企业法人单位数和产业活动单位数（2018 年）
NUMBER OF CORPORATE UNITS AND ESTABLISHMENTS BY SECTOR (2018)

单位：个 (unit)

指 标	Item	法人单位 Corporate Units	产业活动单位 Establishments
总 计	**Total**	**516927**	**574335**
按三次产业分组	**By Strata of Industry**		
第一产业	Primary Industry	64155	64413
第二产业	Secondary Industry	76990	81640
第三产业	Tertiary Industry	375782	428282
按国民经济行业分组	**By Sector**		
农、林、牧、渔业	**Agriculture ,Forestry,Animal Husbandry and Fishery**	**66048**	**66340**
农 业	Farming	31250	31372
林 业	Forestry	2952	2980
畜牧业	Animal Husbandry	18780	18860
渔 业	Fishery	11173	11201
农、林、牧、渔专业及辅助性活动	Services of Farming, Forestry, Animal Husbandry and Fishery	1893	1927
采矿业	**Mining and Quarrying**	**1428**	**1560**
煤炭开采和洗选业	Coal Mining and Dressing	230	269
石油和天然气开采业	Petroleum and Natural Gas Extraction	17	38
黑色金属矿采选业	Ferrous Metal Ores Mining and Dressing	72	78
有色金属矿采选业	Nonferrous Metal Ores Mining and Dressing	20	22
非金属矿采选业	Nonmetallic Ores Mining and Dressing	1034	1089
开采专业及辅助性活动	Auxiliary Minning Operations	25	34
其他采矿业	Mining and Dressing of Other Ores	30	30
制造业	**Manufacture**	**54702**	**56208**
农副食品加工业	Processing of Farm and Sideline Food	3538	3688
食品制造业	Manufacture of Food	1566	1623
酒、饮料和精制茶制造业	Manufacture of Beverage	1371	1426
烟草制品业	Tobacco Products	7	10
纺织业	Textile Industry	1488	1519
纺织服装、服饰业	Manufacture of Textile Garments, Footwear and Headgear	1925	1957
皮革、毛皮、羽毛及其制品和制鞋业	Leather, Fur, Feather, Down and Related Products	952	963
木材加工和木、竹、藤、棕、草制品业	Timber Processing, Bamboo, Cane, Palm Fiber & Straw Products	1951	1970
家具制造业	Manufacture of Furniture	2174	2207
造纸和纸制品业	Papermaking and Paper Products	882	902
印刷和记录媒介复制业	Printing and Record Medium Reproduction	1363	1414
文教、工美、体育和娱乐用品制造业	Manufacture of Cultural, Educational and Sports Articles	1207	1247
石油、煤炭及其他燃料加工业	Petroleum Refining, Coking and Nuclear Fuel Processing	148	155
化学原料和化学制品制造业	Manufacture of Raw Chemical Materials and Chemical Products	1469	1519
医药制造业	Manufacture of Medicines	410	425
化学纤维制造业	Manufacture of Chemical Fibres	19	19
橡胶和塑料制品业	Plastic Products	2090	2134

表 22.3 续表 1 continued 1

单位：个 (unit)

指 标	Item	法人单位 Corporate Units	产业活动单位 Establishments
非金属矿物制品业	Nonmetal Mineral Products	5695	5884
黑色金属冶炼和压延加工业	Smelting and Pressing of Ferrous Metals	454	469
有色金属冶炼和压延加工业	Smelting and Pressing of Nonferrous Metals	572	584
金属制品业	Metal Products	5628	5747
通用设备制造业	Manufacture of General-purpose Machinery	4485	4594
专用设备制造业	Manufacture of Special-purpose Machinery	3091	3152
汽车制造业	Manufacture of Automobile	4378	4502
铁路、船舶、航空航天和其他运输设备制造业	Manufacture of Railway, Ship, Aeronautics and Other Transport Equipment	2597	2633
电气机械和器材制造业	Manufacture of Electrical Machinery and Equipment	1534	1589
计算机、通信和其他电子设备制造业	Manufacture of Communication Equipment, Computers and Other Electronic Equipment	1677	1704
仪器仪表制造业	Manufacture of Instruments and Meters	683	704
其他制造业	Other Manufactures	407	416
废弃资源综合利用业	Comprehensive Utilization of Waste	223	280
金属制品、机械和设备修理业	Manufacture of Metal Products, Machinery and Equipment Maintenance	718	772
电力、热力、燃气及水生产和供应业	**Production and Supply of Electric Power, Gas and Water**	**2288**	**3201**
电力、热力生产和供应业	Production and Supply of Electric Power and Heat Power	1344	1672
燃气生产和供应业	Production and Supply of Gas	221	345
水的生产和供应业	Production and Supply of Water	723	1184
建筑业	**Construction**	**19315**	**21477**
房屋建筑业	Construction of Housing	4809	5615
土木工程建筑业	Civil Engineering Construction	2136	2472
建筑安装业	Architectural Installation	2649	3006
建筑装饰、装修和其他建筑业	Architectural Decoration and Other Construction	9721	10384
批发和零售业	**Wholesale and Retail Trade**	**169605**	**190746**
批发业	Wholesale Trade	66538	71587
零售业	Retail Trade	103067	119159
交通运输、仓储和邮政业	**Transport, Storage and Postal Services**	**11668**	**15974**
铁路运输业	Transport Via Railway	11	29
道路运输业	Transport Via Road	7877	8947
水上运输业	Water Transport	366	410
航空运输业	Air Transport	64	87
管道运输业	Transport Via Pipeline	4	6
多式联运和运输代理业	Loading, Unloading, Portage and Transport Agency	1425	1696
装卸搬运和仓储业	Storage	1282	1419
邮政业	Post	639	3380
住宿和餐饮业	**Hotels and Catering Services**	**26294**	**29439**
住宿业	Hotels	6097	6567
餐饮业	Catering Services	20197	22872

表 22.3 续表 2 continued 2

单位：个 (unit)

指 标	Item	法人单位 Corporate Units	产业活动单位 Establishments
信息传输、软件和信息技术服务业	**Information Transmission, Software and Information Technology**	**22710**	**24596**
电信、广播电视和卫星传输服务	Telecommunication, Radio, Televison and Satellite Transmission Services	581	1448
互联网和相关服务	Internet and Ralated Services	2567	2697
软件和信息技术服务业	Software and Information Technology Services	19562	20451
金融业	**Financial Intermediation**	**1516**	**6956**
货币金融服务	Money Finance Services	932	4458
资本市场服务	Capital Market Services	268	560
保险业	Insurance	193	1751
其他金融业	Other Finance	123	187
房地产业	**Real Estate**	**16553**	**22510**
房地产业	Real Estate	16553	22510
租赁和商务服务业	**Leasing and Business Services**	**62076**	**67407**
租赁业	Leasing	8251	8713
商务服务业	Business Services	53825	58694
科学研究和技术服务业	**Scientific Research and Technical Services**	**19241**	**21008**
研究和试验发展	Research and Experimental Development	1539	1620
专业技术服务业	Professional Technical Services	12912	14347
科技推广和应用服务业	Services of Science and Technology Application and Promotion	4790	5041
水利、环境和公共设施管理业	**Water Conservancy, Environment and Public Facilities Management**	**2947**	**3154**
水利管理业	Management of Water Conservancy	129	149
生态保护和环境治理业	Ecological Protection and Environmental Governance	676	735
公共设施管理业	Management of Public Facilities	2022	2142
土地管理业	Management of Land	120	128
居民服务、修理和其他服务业	**Services to Households, Repair and Other Services**	**17214**	**18451**
居民服务业	Resident Services	9062	9707
机动车、电子产品和日用产品修理业	Vehicles, Electronic Products and Commodities Maintenance Services	5685	6128
其他服务业	Other Services	2467	2616
教 育	**Education**	**5926**	**7003**
教 育	Education	5926	7003
卫生和社会工作	**Health and Social Work**	**2286**	**2548**
卫 生	Health	1649	1859
社会工作	Social Work	637	689
文化、体育和娱乐业	**Culture, Sports and Entertainment**	**15110**	**15757**
新闻和出版业	Journalism and Publishing Activities	87	95
广播、电视、电影和录音制作业	Broadcasting, Movies, Televisions and Audiovisual Activities	1084	1208
文化艺术业	Cultural and Art Activities	4217	4312
体 育	Sports	1215	1371
娱乐业	Entertainment	8507	8771

表 22.4 按登记注册类型分组的企业法人单位数和产业活动单位数（2018 年）
NUMBER OF ENTERPRISES AS CORPORATE UNITS AND ESTABLISHMENTS BY STATUS OF REGISTRATION (2018)

单位：个 (unit)

指 标	Item	法人单位 Corporate Units	产业活动单位 Establishments
总 计	**Total**	**516927**	**574335**
内 资	Domestic-funded Enterprises	515291	570138
国 有	State-owned	1073	4144
集 体	Collective-owned	1571	2267
股份合作	Cooperative Share-holding	347	553
联 营	Joint Ownership	137	196
国有联营	State Joint Ownership	14	29
集体联营	Collective Joint Ownership	50	73
国有与集体联营	Joint State-collective Ownership	14	20
其他联营	Other Joint Ownership	59	74
有限责任公司	Limited-liability Corporations	26316	33876
国有独资公司	Soly State-owned	1518	2249
其他有限责任公司	Other Limited-liability Corporations	24798	31627
股份有限公司	Share-holding Limited Companies	3806	10412
私 营	Private	481895	518498
私营独资	Soly Private-funded Enterprises	160437	162448
私营合伙	Private Partnership Enterprises	3805	3961
私营有限责任公司	Private Limited Liability Corporations	313394	346727
私营股份有限公司	Private Share-holding Limited Companies	4259	5362
其 他	Others	146	192
港、澳、台商投资	Enterprises with Funds from Hong Kong, Macao and Tainwan	754	2091
合资经营	Joint-venture Enterprises	227	464
合作经营	Cooperative Enterprises	14	21
独资经营	Soly-funded Enterprises	467	1504
投资股份有限公司	Share-holding Limited Companies	19	59
外商投资	Foreign-funded Enterprises	882	2106
中外合资经营	Joint-venture Enterprises	336	675
中外合作经营	Cooperative Enterprises	7	24
外资企业	Soly-funded Enterprises	445	1238
外商投资股份有限公司	Share-holding Limited Companies	25	78

表 22.5 按行业、区县分组的法人单位数（2018 年）
NUMBER OF CORPORATE UNITS BY SECTOR AND REGION (2018)

单位：个 (unit)

指 标	Item	全 市 Total	万州区 Wanzhou District	黔江区 Qianjiang District	涪陵区 Fuling District	渝中区 Yuzhong District
总 计	**Total**	**592651**	**22818**	**12280**	**21029**	**24834**
按三次产业分组	**By Strata of Industry**					
第一产业	Primary Industry	81991	5120	1923	3703	
第二产业	Secondary Industry	77206	2611	724	2127	972
第三产业	Tertiary Industry	433454	15087	9633	15199	23862
按国民经济行业分组	**By Sector**					
农、林、牧、渔业	**Agriculture, Forestry, Animal Husbandry and Fishery**	**85426**	**5320**	**1987**	**4374**	
农 业	Farming	42950	3434	902	2081	
林 业	Forestry	3613	179	121	117	
畜牧业	Animal Husbandry	23028	729	816	851	
渔 业	Fishery	12400	778	84	654	
农、林、牧、渔专业及辅助性活动	Services of Farming, Forestry, Animal Husbandry and Fishery	3435	200	64	671	
采矿业	**Mining and Quarrying**	**1428**	**43**	**27**	**33**	
煤炭开采和洗选业	Coal Mining and Dressing	230	1	2	5	
石油和天然气开采业	Petroleum and Natural Gas Extraction	17	1		4	
黑色金属矿采选业	Ferrous Metal Ores Mining and Dressing	72	1			
有色金属矿采选业	Nonferrous Metal Ores Mining and Dressing	20				
非金属矿采选业	Nonmetallic Ores Mining and Dressing	1034	33	25	20	
开采专业及辅助性活动	Auxiliary Minning Operations	25	4		2	
其他采矿业	Mining and Dressing of Other Ores	30	3		2	
制造业	**Manufacture**	**54916**	**1467**	**422**	**1514**	**107**
农副食品加工业	Processing of Farm and Sideline Food	3698	115	53	262	2
食品制造业	Manufacture of Food	1573	38	26	49	1
酒、饮料和精制茶制造业	Manufacture of Beverage	1381	48	16	52	1
烟草制品业	Tobacco Products	7		1	1	
纺织业	Textile Industry	1488	70	19	61	
纺织服装、服饰业	Manufacture of Textile Garments, Footwear and Headgear	1925	105	10	38	9
皮革、毛皮、羽毛及其制品和制鞋业	Leather, Fur, Feather, Down and Related Products	952	14	1	18	
木材加工和木、竹、藤、棕、草制品业	Timber Processing, Bamboo, Cane, Palm Fiber & Straw Products	1965	48	14	36	
家具制造业	Manufacture of Furniture	2175	96	17	55	1
造纸和纸制品业	Papermaking and Paper Products	882	9	4	19	3
印刷和记录媒介复制业	Printing and Record Medium Reproduction	1363	59	24	40	24
文教、工美、体育和娱乐用品制造业	Manufacture of Cultural, Educational and Sports Articles	1214	40	20	31	4
石油、煤炭及其他燃料加工业	Petroleum Refining, Coking and Nuclear Fuel Processing	148	5	1	4	
化学原料和化学制品制造业	Manufacture of Raw Chemical Materials and Chemical Products	1471	41	8	71	1
医药制造业	Manufacture of Medicines	417	17	3	14	1
化学纤维制造业	Manufacture of Chemical Fibres	19			4	
橡胶和塑料制品业	Plastic Products	2090	53	7	66	4
非金属矿物制品业	Nonmetal Mineral Products	5696	172	106	177	3
黑色金属冶炼和压延加工业	Smelting and Pressing of Ferrous Metals	454	7	7	13	

表 22.5 续表 1 continued 1

指 标	Item	大渡口区 Dadukou District	江北区 Jiangbei District	沙坪坝区 Shapingba District	九龙坡区 Jiulongpo District	南岸区 Nan'an District
总 计	**Total**	**8647**	**22212**	**26882**	**56167**	**25943**
按三次产业分组	**By Strata of Industry**					
第一产业	Primary Industry	129	90	267	697	250
第二产业	Secondary Industry	1400	1656	4762	6243	2789
第三产业	Tertiary Industry	7118	20466	21853	49227	22904
按国民经济行业分组	**By Sector**					
农、林、牧、渔业	**Agriculture, Forestry, Animal Husbandry and Fishery**	**137**	**106**	**286**	**709**	**272**
农 业	Farming	124	69	187	435	215
林 业	Forestry	4	3	41	99	20
畜牧业	Animal Husbandry	1	13	9	47	6
渔 业	Fishery		5	30	116	9
农、林、牧、渔专业及辅助性活动	Services of Farming, Forestry, Animal Husbandry and Fishery	8	16	19	12	22
采矿业	**Mining and Quarrying**	**4**	**2**	**1**	**8**	**6**
煤炭开采和洗选业	Coal Mining and Dressing				1	
石油和天然气开采业	Petroleum and Natural Gas Extraction					
黑色金属矿采选业	Ferrous Metal Ores Mining and Dressing	2			1	
有色金属矿采选业	Nonferrous Metal Ores Mining and Dressing					
非金属矿采选业	Nonmetallic Ores Mining and Dressing	2	1	1	5	5
开采专业及辅助性活动	Auxiliary Minning Operations					
其他采矿业	Mining and Dressing of Other Ores		1		1	1
制造业	**Manufacture**	**1016**	**753**	**3631**	**4060**	**1442**
农副食品加工业	Processing of Farm and Sideline Food	25	12	64	75	30
食品制造业	Manufacture of Food	13	26	70	90	29
酒、饮料和精制茶制造业	Manufacture of Beverage	3	3	15	22	11
烟草制品业	Tobacco Products					2
纺织业	Textile Industry	8	10	185	29	24
纺织服装、服饰业	Manufacture of Textile Garments, Footwear and Headgear	9	17	16	45	51
皮革、毛皮、羽毛及其制品和制鞋业	Leather, Fur, Feather, Down and Related Products	5	3	12	5	13
木材加工和木、竹、藤、棕、草制品业	Timber Processing, Bamboo, Cane, Palm Fiber & Straw Products	25	3	104	143	26
家具制造业	Manufacture of Furniture	26	4	187	159	79
造纸和纸制品业	Papermaking and Paper Products	21	12	88	81	28
印刷和记录媒介复制业	Printing and Record Medium Reproduction	17	57	101	107	72
文教、工美、体育和娱乐用品制造业	Manufacture of Cultural, Educational and Sports Articles	18	13	60	36	24
石油、煤炭及其他燃料加工业	Petroleum Refining, Coking and Nuclear Fuel Processing	2	1	11	11	1
化学原料和化学制品制造业	Manufacture of Raw Chemical Materials and Chemical Products	18	22	119	99	43
医药制造业	Manufacture of Medicines	2	7	13	15	19
化学纤维制造业	Manufacture of Chemical Fibres					
橡胶和塑料制品业	Plastic Products	37	27	162	185	94
非金属矿物制品业	Nonmetal Mineral Products	54	40	231	308	74
黑色金属冶炼和压延加工业	Smelting and Pressing of Ferrous Metals	14	8	17	36	4

单位：个 (unit)

北碚区 Beibei District	渝北区 Yubei District	巴南区 Ba'nan District	长寿区 Changshou District	江津区 Jiangjin District	合川区 Hechuan District	永川区 Yongchuan District	南川区 Nanchuan District	綦江区 Qijiang District	其中 of which 綦江区（不含万盛）Qijiang District (excluding Wansheng)	大足区 Dazu District	璧山区 Bishan District	铜梁区 Tongliang District
11016	**39208**	**19953**	**12467**	**17597**	**14361**	**16331**	**13758**	**18846**	**12181**	**15949**	**13960**	**12195**
783	1308	3904	3171	4450	2553	2635	4860	3399	2591	3582	2455	2245
2917	4240	3635	1454	3296	2526	2367	1635	2104	1388	4147	3763	2750
7316	33660	12414	7842	9851	9282	11329	7263	13343	8202	8220	7742	7200
815	**1346**	**3954**	**3202**	**4787**	**2660**	**2693**	**4956**	**3472**	**2645**	**3669**	**2486**	**2293**
542	789	2399	1822	2390	1187	1499	2564	1192	941	989	1675	855
32	87	401	62	160	114	140	292	173	68	145	301	92
115	281	187	700	865	433	304	1330	1663	1291	1296	229	314
94	151	917	587	1035	819	692	674	371	291	1152	250	984
32	38	50	31	337	107	58	96	73	54	87	31	48
12	**2**	**16**	**36**	**36**	**65**	**90**	**59**	**77**	**54**	**36**	**14**	**65**
5			2		18	39	30	11	5	13	2	8
								3	3			
							4			1		
6		15	32	36	45	50	25	61	44	21	12	57
1			1		2	1		1	1	1		
	2	1	1					1	1			
2446	**2386**	**2993**	**1005**	**2730**	**1849**	**1770**	**1262**	**1277**	**921**	**3743**	**3278**	**2242**
20	64	82	104	152	191	103	103	75	57	77	51	114
26	78	73	41	128	116	64	36	43	35	47	65	43
15	19	23	28	63	65	70	69	81	66	28	25	37
36	18	46	32	35	57	23	93	25	16	33	39	107
15	75	314	13	45	61	42	34	14	10	18	46	168
7	14	17	5	11	33	27	22	10	7	15	283	121
20	24	114	62	106	32	77	40	63	44	91	52	119
22	33	150	45	105	83	52	84	40	24	54	73	98
53	33	64	13	26	20	50	18	11	8	20	54	62
36	102	69	18	45	33	34	21	23	15	17	180	22
37	32	54	16	30	49	29	44	26	17	76	19	39
3	7	2	2	6	1	14	6	3	1	6	4	2
42	57	71	100	101	41	61	45	27	12	55	43	57
16	13	22	18	7	22	4	9	10	4	6	15	12
1	1	2	1	1	1			1	1	2	2	
95	65	111	39	129	72	66	27	30	19	114	283	113
154	97	235	122	238	261	225	208	225	166	207	115	190
7	19	17	12	41	11	22	4	9	6	83	8	8

表 22.5 续表 2 continued 2

指 标	Item	潼南区 Tongnan District	荣昌区 Rongchang District	开州区 Kaizhou District	梁平区 Liangping District	武隆区 Wulong District	城口县 Chengkou County
总 计	**Total**	**12820**	**14533**	**18171**	**8738**	**7496**	**4618**
按三次产业分组	**By Strata of Industry**						
第一产业	Primary Industry	273	887	3406	1945	3187	1277
第二产业	Secondary Industry	1931	1748	2438	1382	615	241
第三产业	Tertiary Industry	10616	11898	12327	5411	3694	3100
按国民经济行业分组	**By Sector**						
农、林、牧、渔业	**Agriculture, Forestry, Animal Husbandry and Fishery**	**306**	**934**	**3684**	**2048**	**3197**	**1330**
农 业	Farming	109	439	1831	1030	1674	509
林 业	Forestry	9	54	105	130	89	19
畜牧业	Animal Husbandry	65	234	1104	370	1249	730
渔 业	Fishery	90	160	366	415	175	19
农、林、牧、渔专业及辅助性活动	Services of Farming, Forestry, Animal Husbandry and Fishery	33	47	278	103	10	53
采矿业	**Mining and Quarrying**	**139**	**25**	**99**	**39**	**21**	**20**
煤炭开采和洗选业	Coal Mining and Dressing		12	15	7		3
石油和天然气开采业	Petroleum and Natural Gas Extraction	1					
黑色金属矿采选业	Ferrous Metal Ores Mining and Dressing			1			3
有色金属矿采选业	Nonferrous Metal Ores Mining and Dressing						
非金属矿采选业	Nonmetallic Ores Mining and Dressing	136	13	82	30	21	13
开采专业及辅助性活动	Auxiliary Minning Operations	2		1	1		1
其他采矿业	Mining and Dressing of Other Ores				1		
制造业	**Manufacture**	**1467**	**1232**	**1914**	**1181**	**343**	**115**
农副食品加工业	Processing of Farm and Sideline Food	266	146	195	124	99	20
食品制造业	Manufacture of Food	46	46	66	21	18	2
酒、饮料和精制茶制造业	Manufacture of Beverage	34	43	108	55	24	19
烟草制品业	Tobacco Products			1			
纺织业	Textile Industry	68	26	124	22	7	6
纺织服装、服饰业	Manufacture of Textile Garments, Footwear and Headgear	56	39	239	61	6	
皮革、毛皮、羽毛及其制品和制鞋业	Leather, Fur, Feather, Down and Related Products	37	7	66	20	4	2
木材加工和木、竹、藤、棕、草制品业	Timber Processing, Bamboo, Cane, Palm Fiber & Straw Products	60	32	113	132	5	6
家具制造业	Manufacture of Furniture	61	40	132	55	5	5
造纸和纸制品业	Papermaking and Paper Products	20	10	15	79	3	
印刷和记录媒介复制业	Printing and Record Medium Reproduction	37	28	30	20	5	3
文教、工美、体育和娱乐用品制造业	Manufacture of Cultural, Educational and Sports Articles	20	140	32	65	8	7
石油、煤炭及其他燃料加工业	Petroleum Refining, Coking and Nuclear Fuel Processing	4	1	12	4	1	
化学原料和化学制品制造业	Manufacture of Raw Chemical Materials and Chemical Products	31	33	39	31	4	6
医药制造业	Manufacture of Medicines	15	32	10	5	4	3
化学纤维制造业	Manufacture of Chemical Fibres						1
橡胶和塑料制品业	Plastic Products	23	52	41	38	9	
非金属矿物制品业	Nonmetal Mineral Products	245	172	267	157	83	14
黑色金属冶炼和压延加工业	Smelting and Pressing of Ferrous Metals	4	8	8	8		6

单位：个 (unit)

丰都县 Fengdu County	垫江县 Dianjiang County	忠　县 Zhongxian County	云阳县 Yunyang County	奉节县 Fengjie County	巫山县 Wushan County	巫溪县 Wuxi County	石柱县 Shizhu County	秀山县 Xiushan County	酉阳县 Youyang County	彭水县 Pengshui County
9097	**9941**	**10989**	**12819**	**9109**	**7544**	**5491**	**6248**	**10364**	**9312**	**8908**
2284	1613	1375	2372	3350	2285	2058	2192	2429	789	2745
1028	2134	949	1625	877	571	514	474	814	829	918
5785	6194	8665	8822	4882	4688	2919	3582	7121	7694	5245
2349	**1720**	**1418**	**2504**	**3422**	**2313**	**2108**	**2225**	**2493**	**1039**	**2812**
832	826	783	1052	1954	1435	1097	1124	1352	503	1050
43	50	31	36	93	66	32	63	81	51	78
1167	461	362	985	1186	701	833	829	839	210	1514
242	276	199	299	117	83	96	176	157	25	103
65	107	43	132	72	28	50	33	64	250	67
31	**17**	**31**	**27**	**45**	**28**	**26**	**17**	**104**	**47**	**80**
4	4		14	18	1	2		5		8
	1	9							1	
					1			57	1	2
							2	2	4	7
26	9	19	12	26	25	23	15	40	38	54
1	1	1	1						1	2
	2	2		1	1	1			2	7
681	**1696**	**641**	**1141**	**607**	**290**	**248**	**311**	**564**	**570**	**522**
183	170	80	149	155	54	40	41	79	43	80
18	43	36	37	37	18	8	7	26	13	29
21	55	53	35	29	21	27	22	52	59	30
				1						1
26	72	35	54	8	10	14	11	11	23	21
29	32	55	101	20	41	13	5	20	48	15
11	50	7	36	5	13	5	10	8	27	8
28	179	24	41	16	12	19	15	41	16	27
23	165	25	61	32	9	11	22	21	23	22
8	17	6	6	5		3	5	4	4	8
16	33	31	20	6	7		4	8	10	4
17	35	10	71	23	9	18	6	16	28	12
3	5	1	10	9	3		2		1	
21	57	18	25	11	7	3	9	18	15	21
13	12	7	12	20	3	3	6	6	17	4
	1									1
14	60	9	27	9	3	1	2	13	6	4
118	232	88	173	118	49	46	63	109	153	167
11	11	5	11		1		3	26	5	

表 22.5 续表 3 continued 3

指 标	Item	全 市 Total	万州区 Wanzhou District	黔江区 Qianjiang District	涪陵区 Fuling District	渝中区 Yuzhong District
有色金属冶炼和压延加工业	Smelting and Pressing of Nonferrous Metals	572	8	5	29	
金属制品业	Metal Products	5628	232	46	145	8
通用设备制造业	Manufacture of General-purpose Machinery	4485	64	8	40	14
专用设备制造业	Manufacture of Special-purpose Machinery	3094	27	3	20	9
汽车制造业	Manufacture of Automobile	4378	34	1	49	3
铁路、船舶、航空航天和其他运输设备制造业	Manufacture of Railway, Ship, Aeronautics and Other Transport Equipment	2597	13	1	75	3
电气机械和器材制造业	Manufacture of Electrical Machinery and Equipment	1534	47	3	29	5
计算机、通信和其他电子设备制造业	Manufacture of Communication Equipment, Computers and Other Electronic Equipment	1677	47	6	16	2
仪器仪表制造业	Manufacture of Instruments and Meters	683	5		6	4
其他制造业	Other Manufactures	408	9	1	14	2
废弃资源综合利用业	Comprehensive Utilization of Waste	223	9		13	
金属制品、机械和设备修理业	Manufacture of Metal Products, Machinery and Equipment Maintenance	719	35	11	67	3
电力、热力、燃气及水生产和供应业	**Production and Supply of Electric Power, Gas and Water**	**2291**	**98**	**19**	**125**	**5**
电力、热力生产和供应业	Production and Supply of Electric Power and Heat Power	1345	78	12	85	2
燃气生产和供应业	Production and Supply of Gas	221	5	2	16	1
水的生产和供应业	Production and Supply of Water	725	15	5	24	2
建筑业	**Construction**	**19315**	**1042**	**267**	**524**	**863**
房屋建筑业	Construction of Housing	4809	246	75	169	164
土木工程建筑业	Civil Engineering Construction	2136	80	31	33	78
建筑安装业	Architectural Installation	2649	78	33	79	150
建筑装饰、装修和其他建筑业	Architectural Decoration and Other Construction	9721	638	128	243	471
批发和零售业	**Wholesale and Retail Trade**	**175198**	**6939**	**2749**	**6212**	**8591**
批发业	Wholesale Trade	69764	2473	782	2765	4377
零售业	Retail Trade	105434	4466	1967	3447	4214
交通运输、仓储和邮政业	**Transport, Storage and Postal Services**	**11711**	**477**	**200**	**658**	**392**
铁路运输业	Transport Via Railway	11			1	2
道路运输业	Transport Via Road	7904	316	138	413	193
水上运输业	Water Transport	371	50		73	13
航空运输业	Air Transport	64	1	1	2	5
管道运输业	Transport Via Pipeline	4			1	
多式联运和运输代理业	Loading, Unloading, Portage and Transport Agency	1425	29	30	49	128
装卸搬运和仓储业	Storage	1291	59	19	102	18
邮政业	Post	641	22	12	17	33
住宿和餐饮业	**Hotels and Catering Services**	**26357**	**896**	**402**	**1080**	**1161**
住宿业	Hotels	6124	117	81	175	615
餐饮业	Catering Services	20233	779	321	905	546
信息传输、软件和信息技术服务业	**Information Transmission, Software and Information Technology**	**22734**	**426**	**358**	**429**	**2320**
电信、广播电视和卫星传输服务	Telecommunication, Radio, Televison and Satellite Transmission Services	591	16	12	15	36
互联网和相关服务	Internet and Ralated Services	2571	80	52	71	156
软件和信息技术服务业	Software and Information Technology Services	19572	330	294	343	2128

单位：个 (unit)

大渡口区 Dadukou District	江北区 Jiangbei District	沙坪坝区 Shapingba District	九龙坡区 Jiulongpo District	南岸区 Nan'an District	北碚区 Beibei District	渝北区 Yubei District	巴南区 Ba'nan District	长寿区 Changshou District	江津区 Jiangjin District	合川区 Hechuan District	永川区 Yongchuan District	南川区 Nanchuan District
8	1	22	76	4	9	7	15	11	30	23	14	31
123	64	294	382	132	153	171	240	80	268	138	176	159
197	69	515	572	120	446	218	409	41	364	109	203	72
73	56	237	381	93	179	319	126	30	177	85	79	29
84	144	426	434	123	255	460	258	62	286	156	97	35
133	21	353	279	76	302	61	265	9	144	71	15	16
44	33	127	179	70	115	90	105	24	83	32	51	17
13	27	67	133	99	73	124	36	21	41	43	111	19
9	24	35	69	31	268	70	19	2	18	15	18	3
6	7	20	35	12	13	22	17	9	15	15	16	13
3	8	12	13	2	8	5	2	17	10	4	14	
26	34	68	61	56	20	88	35	28	25	9	13	5
4	**11**	**18**	**19**	**13**	**20**	**59**	**50**	**70**	**135**	**75**	**63**	**81**
1		3	7	7	9	27	18	47	68	23	27	68
	5	2	4	2	1	13	7	2	8	14	12	5
3	6	13	8	4	10	19	25	21	59	38	24	8
402	**924**	**1180**	**2217**	**1384**	**460**	**1881**	**611**	**372**	**420**	**548**	**458**	**238**
62	113	124	325	184	79	323	168	88	197	174	145	70
42	102	143	200	161	84	234	85	30	58	56	47	37
80	158	141	396	283	47	409	103	62	37	67	44	38
218	551	772	1296	756	250	915	255	192	128	251	222	93
3315	**6421**	**8655**	**27452**	**8187**	**2616**	**11459**	**4803**	**3629**	**4154**	**3363**	**4907**	**2508**
2240	2869	3304	14577	3661	557	4208	1480	891	2010	1176	1239	695
1075	3552	5351	12875	4526	2059	7251	3323	2738	2144	2187	3668	1813
214	**643**	**769**	**1080**	**395**	**179**	**981**	**480**	**336**	**367**	**241**	**220**	**129**
	3	1	1			1			1			1
149	343	499	645	276	119	538	393	267	250	162	151	77
4	27	4	5	10	6	9	4	3	18	23	7	
	1	2	4			26	2		3		1	1
		1						1				
9	165	115	245	44	25	218	16	12	24	12	19	32
40	83	96	145	40	21	127	49	42	51	28	28	3
12	21	51	35	25	8	62	16	11	20	16	14	15
157	**860**	**688**	**899**	**897**	**259**	**1342**	**514**	**579**	**701**	**447**	**652**	**1143**
19	274	199	171	274	61	428	95	47	147	61	87	208
138	586	489	728	623	198	914	419	532	554	386	565	935
435	**1915**	**1720**	**4152**	**2181**	**390**	**3177**	**637**	**120**	**168**	**323**	**537**	**185**
14	32	42	63	30	11	76	8	14	12	8	13	10
22	179	166	193	238	42	302	180	26	30	66	90	40
399	1704	1512	3896	1913	337	2799	449	80	126	249	434	135

表 22.5 续表 4 continued 4

指 标	Item	綦江区 Qijiang District	其中 of which 綦江区（不含万盛）Qijiang District (excluding Wansheng)	大足区 Dazu District	璧山区 Bishan District
有色金属冶炼和压延加工业	Smelting and Pressing of Nonferrous Metals	37	29	32	12
金属制品业	Metal Products	100	73	952	226
通用设备制造业	Manufacture of General-purpose Machinery	120	101	226	286
专用设备制造业	Manufacture of Special-purpose Machinery	49	29	391	316
汽车制造业	Manufacture of Automobile	138	122	538	490
铁路、船舶、航空航天和其他运输设备制造业	Manufacture of Railway, Ship, Aeronautics and Other Transport Equipment	38	23	464	160
电气机械和器材制造业	Manufacture of Electrical Machinery and Equipment	19	10	67	85
计算机、通信和其他电子设备制造业	Manufacture of Communication Equipment, Computers and Other Electronic Equipment	26	6	64	276
仪器仪表制造业	Manufacture of Instruments and Meters	1		9	38
其他制造业	Other Manufactures	13	11	26	10
废弃资源综合利用业	Comprehensive Utilization of Waste	7	3	19	3
金属制品、机械和设备修理业	Manufacture of Metal Products, Machinery and Equipment Maintenance	13	6	6	19
电力、热力、燃气及水生产和供应业	**Production and Supply of Electric Power, Gas and Water**	**131**	**101**	**40**	**28**
电力、热力生产和供应业	Production and Supply of Electric Power and Heat Power	69	50	12	6
燃气生产和供应业	Production and Supply of Gas	11	8	4	6
水的生产和供应业	Production and Supply of Water	51	43	24	16
建筑业	**Construction**	**633**	**319**	**335**	**462**
房屋建筑业	Construction of Housing	270	119	132	66
土木工程建筑业	Civil Engineering Construction	73	41	28	66
建筑安装业	Architectural Installation	35	21	35	48
建筑装饰、装修和其他建筑业	Architectural Decoration and Other Construction	255	138	140	282
批发和零售业	**Wholesale and Retail Trade**	**4863**	**3117**	**3302**	**3337**
批发业	Wholesale Trade	1386	998	1066	842
零售业	Retail Trade	3477	2119	2236	2495
交通运输、仓储和邮政业	**Transport, Storage and Postal Services**	**936**	**477**	**264**	**339**
铁路运输业	Transport Via Railway				
道路运输业	Transport Via Road	861	433	206	279
水上运输业	Water Transport			3	
航空运输业	Air Transport	3	1	2	
管道运输业	Transport Via Pipeline				
多式联运和运输代理业	Loading, Unloading, Portage and Transport Agency	17	7	12	17
装卸搬运和仓储业	Storage	43	30	27	23
邮政业	Post	12	6	14	20
住宿和餐饮业	**Hotels and Catering Services**	**2214**	**1174**	**834**	**360**
住宿业	Hotels	654	390	108	35
餐饮业	Catering Services	1560	784	726	325
信息传输、软件和信息技术服务业	**Information Transmission, Software and Information Technology**	**186**	**124**	**132**	**235**
电信、广播电视和卫星传输服务	Telecommunication, Radio, Televison and Satellite Transmission Services	9	6	4	5
互联网和相关服务	Internet and Ralated Services	36	25	35	43
软件和信息技术服务业	Software and Information Technology Services	141	93	93	187

单位：个 (unit)

铜梁区 Tongliang District	潼南区 Tongnan District	荣昌区 Rongchang District	开州区 Kaizhou District	梁平区 Liangping District	武隆区 Wulong District	城口县 Chengkou County	丰都县 Fengdu County	垫江县 Dianjiang County	忠 县 Zhongxian County	云阳县 Yunyang County	奉节县 Fengjie County	巫山县 Wushan County
25	34	2	41	2	2	3	7	18	7	18	2	4
175	134	104	229	156	28	6	49	226	71	132	34	13
145	43	60	19	22	5	1	13	30	7	11	6	1
138	38	84	19	22	5	3	19	31	5	10	24	2
193	16	33	13	4	9		2	16	4	9	2	
56	8	3		4	3		6	5	2	6	2	
71	44	34	35	16	3		5	23	15	27	9	3
74	99	30	29	33	1		7	66	20	34	10	2
14	1	7	2	3			1	4	1	1	1	1
16	8	9	13	13	1	1	5	25	7	12	3	2
11	5	4	10	1			1	18	3	3	5	1
12	10	7	6	8	1	1	6	5	9	9	5	1
35	**59**	**29**	**123**	**30**	**119**	**51**	**107**	**44**	**92**	**111**	**61**	**52**
16	7	6	58	4	109	48	51	11	45	88	44	36
4	12	9	15	8	3	2	5	7	10	6	4	4
15	40	14	50	18	7	1	51	26	37	17	13	12
420	**278**	**469**	**309**	**141**	**133**	**57**	**216**	**383**	**195**	**356**	**169**	**202**
100	120	165	90	53	90	18	94	192	77	164	68	120
62	39	32	31	19	16	10	21	25	19	53	25	18
36	26	38	22	18	8	4	18	25	20	16	22	14
222	93	234	166	51	19	25	83	141	79	123	54	50
2921	**5846**	**4169**	**5263**	**2464**	**908**	**581**	**2259**	**2482**	**2987**	**4326**	**1444**	**2270**
755	2826	1800	1248	857	334	93	789	898	1137	1845	552	613
2166	3020	2369	4015	1607	574	488	1470	1584	1850	2481	892	1657
134	**330**	**256**	**179**	**89**	**72**	**19**	**150**	**167**	**151**	**157**	**117**	**105**
107	241	214	125	70	47	9	101	120	89	68	68	43
1	6		2			1	18		12	30	18	16
1		2			3				1	1	1	1
5	51	16	13	6	3	1	10	12	23	9	4	11
12	15	12	16	4	12	1	14	18	20	27	14	18
8	17	12	23	9	7	7	7	17	6	22	12	16
563	**582**	**260**	**1455**	**433**	**997**	**1293**	**479**	**433**	**448**	**364**	**194**	**430**
47	94	54	332	36	316	115	166	42	30	92	48	240
516	488	206	1123	397	681	1178	313	391	418	272	146	190
151	**124**	**698**	**232**	**52**	**34**	**17**	**91**	**118**	**284**	**106**	**78**	**33**
5	8	12	22	6	4	5	9	7	8	10	12	4
31	23	116	65	11	7	4	30	42	14	26	21	17
115	93	570	145	35	23	8	52	69	262	70	45	12

表 22.5 续表 5 continued 5

单位：个 (unit)

指 标	Item	巫溪县 Wuxi County	石柱县 Shizhu County	秀山县 Xiushan County	酉阳县 Youyang County	彭水县 Pengshui County
有色金属冶炼和压延加工业	Smelting and Pressing of Nonferrous Metals	1	8	12	9	3
金属制品业	Metal Products	30	33	33	39	47
通用设备制造业	Manufacture of General-purpose Machinery		3	12	10	4
专用设备制造业	Manufacture of Special-purpose Machinery		4	3	6	2
汽车制造业	Manufacture of Automobile		3	1		
铁路、船舶、航空航天和其他运输设备制造业	Manufacture of Railway, Ship, Aeronautics and Other Transport Equipment		1	2		
电气机械和器材制造业	Manufacture of Electrical Machinery and Equipment	2	6	9	3	4
计算机、通信和其他电子设备制造业	Manufacture of Communication Equipment, Computers and Other Electronic Equipment		13	9	3	3
仪器仪表制造业	Manufacture of Instruments and Meters			3		
其他制造业	Other Manufactures	3	4	8	2	1
废弃资源综合利用业	Comprehensive Utilization of Waste			8	2	2
金属制品、机械和设备修理业	Manufacture of Metal Products, Machinery and Equipment Maintenance	1	3	6	5	2
电力、热力、燃气及水生产和供应业	**Production and Supply of Electric Power, Gas and Water**	**132**	**50**	**29**	**71**	**32**
电力、热力生产和供应业	Production and Supply of Electric Power and Heat Power	117	40	22	48	26
燃气生产和供应业	Production and Supply of Gas		2	3	5	2
水的生产和供应业	Production and Supply of Water	15	8	4	18	4
建筑业	**Construction**	**109**	**99**	**123**	**147**	**288**
房屋建筑业	Construction of Housing	41	29	32	52	130
土木工程建筑业	Civil Engineering Construction	13	11	30	23	21
建筑安装业	Architectural Installation	8	8	6	18	19
建筑装饰、装修和其他建筑业	Architectural Decoration and Other Construction	47	51	55	54	118
批发和零售业	**Wholesale and Retail Trade**	**728**	**1091**	**2747**	**3322**	**1928**
批发业	Wholesale Trade	204	326	770	1502	617
零售业	Retail Trade	524	765	1977	1820	1311
交通运输、仓储和邮政业	**Transport, Storage and Postal Services**	**37**	**70**	**182**	**97**	**99**
铁路运输业	Transport Via Railway					
道路运输业	Transport Via Road	21	52	113	74	67
水上运输业	Water Transport	3	2	1		2
航空运输业	Air Transport					
管道运输业	Transport Via Pipeline			1		
多式联运和运输代理业	Loading, Unloading, Portage and Transport Agency	1	2	24	6	10
装卸搬运和仓储业	Storage	3	8	37	10	6
邮政业	Post	9	6	6	7	14
住宿和餐饮业	**Hotels and Catering Services**	**447**	**697**	**376**	**395**	**426**
住宿业	Hotels	39	421	40	82	74
餐饮业	Catering Services	408	276	336	313	352
信息传输、软件和信息技术服务业	**Information Transmission, Software and Information Technology**	**44**	**41**	**299**	**160**	**146**
电信、广播电视和卫星传输服务	Telecommunication, Radio, Televison and Satellite Transmission Services	8	5	5	15	16
互联网和相关服务	Internet and Ralated Services	9	17	23	36	32
软件和信息技术服务业	Software and Information Technology Services	27	19	271	109	98

表 22.5 续表 6 continued 6

单位：个 (unit)

指 标	Item	全 市 Total	万州区 Wanzhou District	黔江区 Qianjiang District	涪陵区 Fuling District	渝中区 Yuzhong District
金融业	**Financial Intermediation**	**1526**	**57**	**32**	**63**	**147**
货币金融服务	Money Finance Services	941	30	22	29	77
资本市场服务	Capital Market Services	269	2	2	3	23
保险业	Insurance	193	22	8	26	38
其他金融业	Other Finance	123	3		5	9
房地产业	**Real Estate**	**16577**	**420**	**301**	**422**	**1047**
房地产业	Real Estate	16577	420	301	422	1047
租赁和商务服务业	**Leasing and Business Services**	**64034**	**1552**	**3137**	**1788**	**5294**
租赁业	Leasing	8370	321	336	323	183
商务服务业	Business Services	55664	1231	2801	1465	5111
科学研究和技术服务业	**Scientific Research and Technical Services**	**21119**	**448**	**1013**	**519**	**1314**
研究和试验发展	Research and Experimental Development	1636	25	44	26	128
专业技术服务业	Professional Technical Services	13908	271	862	353	866
科技推广和应用服务业	Services of Science and Technology Application and Promotion	5575	152	107	140	320
水利、环境和公共设施管理业	**Water Conservancy, Environment and Public Facilities Management**	**3159**	**78**	**57**	**160**	**90**
水利管理业	Management of Water Conservancy	223	8	3	2	4
生态保护和环境治理业	Ecological Protection and Environmental Governance	698	17	10	35	28
公共设施管理业	Management of Public Facilities	2103	49	42	120	52
土地管理业	Management of Land	135	4	2	3	6
居民服务、修理和其他服务业	**Services to Households, Repair and Other Services**	**17500**	**857**	**318**	**693**	**863**
居民服务业	Resident Services	9315	532	148	365	493
机动车、电子产品和日用产品修理业	Vehicles, Electronic Products and Commodities Maintenance Services	5688	252	111	224	184
其他服务业	Other Services	2497	73	59	104	186
教 育	**Education**	**16560**	**612**	**230**	**565**	**616**
教 育	Education	16560	612	230	565	616
卫生和社会工作	**Health and Social Work**	**6490**	**231**	**66**	**163**	**241**
卫 生	Health	3904	117	50	93	165
社会工作	Social Work	2586	114	16	70	76
文化、体育和娱乐业	**Culture, Sports and Entertainment**	**16898**	**489**	**240**	**486**	**1046**
新闻和出版业	Journalism and Publishing Activities	152	2	1	1	47
广播、电视、电影和录音制作业	Broadcasting, Movies, Televisions and Audiovisual Activities	1112	13	18	18	142
文化艺术业	Cultural and Art Activities	5328	171	52	264	409
体 育	Sports	1401	35	17	42	100
娱乐业	Entertainment	8905	268	152	161	348
公共管理、社会保障和社会组织	**Public Administration, Social Security and Social Organizations**	**29412**	**1366**	**455**	**1221**	**737**
中国共产党机关	Organs of CPC	600	12	8	11	28
国家机构	Government Agencies	9961	431	118	452	220
人民政协、民主党派	People's Political Consultative Conference and Democratic Parties	168	10	4	7	14
社会保障	Social Security	292	15		14	4
群众团体、社会团体和其他成员组织	Non-Governmental Organizations, Social Organizations and Other Organizations	7143	265	107	315	393
基层群众自治组织及其他组织	Grass Roots Self-governing Organizations	11248	633	218	422	78

表 22.5 续表 7 continued 7

指 标	Item	大渡口区 Dadukou District	江北区 Jiangbei District	沙坪坝区 Shapingba District	九龙坡区 Jiulongpo District	南岸区 Nan'an District
金融业	**Financial Intermediation**	**34**	**177**	**44**	**67**	**56**
货币金融服务	Money Finance Services	20	97	38	48	36
资本市场服务	Capital Market Services	13	29	1	9	12
保险业	Insurance		31	2	7	5
其他金融业	Other Finance	1	20	3	3	3
房地产业	**Real Estate**	**337**	**1118**	**983**	**1518**	**1277**
房地产业	Real Estate	337	1118	983	1518	1277
租赁和商务服务业	**Leasing and Business Services**	**1022**	**4197**	**3490**	**6736**	**4668**
租赁业	Leasing	202	311	428	1001	467
商务服务业	Business Services	820	3886	3062	5735	4201
科学研究和技术服务业	**Scientific Research and Technical Services**	**311**	**1650**	**1394**	**2136**	**1527**
研究和试验发展	Research and Experimental Development	36	81	104	260	205
专业技术服务业	Professional Technical Services	201	1224	1042	1415	989
科技推广和应用服务业	Services of Science and Technology Application and Promotion	74	345	248	461	333
水利、环境和公共设施管理业	**Water Conservancy, Environment and Public Facilities Management**	**79**	**133**	**154**	**291**	**180**
水利管理业	Management of Water Conservancy		4	8	6	4
生态保护和环境治理业	Ecological Protection and Environmental Governance	45	52	50	79	55
公共设施管理业	Management of Public Facilities	32	67	87	201	112
土地管理业	Management of Land	2	10	9	5	9
居民服务、修理和其他服务业	**Services to Households, Repair and Other Services**	**257**	**1020**	**981**	**1460**	**1061**
居民服务业	Resident Services	132	610	485	649	539
机动车、电子产品和日用产品修理业	Vehicles, Electronic Products and Commodities Maintenance Services	81	255	292	566	332
其他服务业	Other Services	44	155	204	245	190
教 育	**Education**	**249**	**664**	**1070**	**1065**	**751**
教 育	Education	249	664	1070	1065	751
卫生和社会工作	**Health and Social Work**	**109**	**182**	**228**	**274**	**251**
卫 生	Health	80	141	117	170	99
社会工作	Social Work	29	41	111	104	152
文化、体育和娱乐业	**Culture, Sports and Entertainment**	**204**	**955**	**931**	**1334**	**938**
新闻和出版业	Journalism and Publishing Activities	1	7	6	5	8
广播、电视、电影和录音制作业	Broadcasting, Movies, Televisions and Audiovisual Activities	21	112	89	201	104
文化艺术业	Cultural and Art Activities	58	163	290	329	310
体 育	Sports	23	119	110	131	120
娱乐业	Entertainment	101	554	436	668	396
公共管理、社会保障和社会组织	**Public Administration, Social Security and Social Organizations**	**361**	**481**	**659**	**690**	**457**
中国共产党机关	Organs of CPC	20	49	26	14	11
国家机构	Government Agencies	159	174	221	238	163
人民政协、民主党派	People's Political Consultative Conference and Democratic Parties	8	8	9	8	1
社会保障	Social Security	2	3	9	11	3
群众团体、社会团体和其他成员组织	Non-Governmental Organizations, Social Organizations and Other Organizations	78	133	199	199	133
基层群众自治组织及其他组织	Grass Roots Self-governing Organizations	94	114	195	220	146

单位：个 (unit)

北碚区 Beibei District	渝北区 Yubei District	巴南区 Ba'nan District	长寿区 Changshou District	江津区 Jiangjin District	合川区 Hechuan District	永川区 Yongchuan District	南川区 Nanchuan District	綦江区 Qijiang District	其 中 of which 綦江区（不含万盛）Qijiang District (excluding Wansheng)	大足区 Dazu District	璧山区 Bishan District	铜梁区 Tongliang District
37	**335**	**35**	**20**	**27**	**24**	**37**	**14**	**28**	**17**	**24**	**27**	**21**
28	165	27	15	19	17	22	9	21	14	18	19	13
5	125	4	1	1	3		2	3	2	1	5	4
2	16	3	2	5	3	14					1	2
2	29	1	2	2	1	1	3	4	1	5	2	2
382	**1874**	**630**	**261**	**366**	**613**	**608**	**288**	**323**	**179**	**374**	**439**	**424**
382	1874	630	261	366	613	608	288	323	179	374	439	424
986	**6027**	**1593**	**799**	**993**	**1163**	**1228**	**825**	**1144**	**718**	**707**	**964**	**702**
186	833	372	166	223	143	200	152	185	129	121	242	134
800	5194	1221	633	770	1020	1028	673	959	589	586	722	568
529	**2586**	**780**	**189**	**364**	**312**	**527**	**229**	**372**	**218**	**206**	**261**	**162**
69	283	27	12	16	17	27	10	21	5	5	20	16
288	1677	639	117	261	210	369	144	209	131	157	141	82
172	626	114	60	87	85	131	75	142	82	44	100	64
87	**268**	**86**	**62**	**100**	**68**	**96**	**71**	**138**	**67**	**60**	**62**	**61**
3	10	8	12	18	8	8	2	16	8	4	4	11
20	81	20	6	12	13	27	14	15	9	11	11	10
63	163	51	39	60	47	58	46	102	45	45	41	40
1	14	7	5	10		3	9	5	5		6	
374	**1558**	**488**	**434**	**352**	**380**	**382**	**378**	**720**	**435**	**430**	**366**	**268**
219	787	218	234	162	217	204	185	373	228	246	199	163
111	568	195	156	155	117	121	148	250	150	145	111	86
44	203	75	44	35	46	57	45	97	57	39	56	19
405	**1329**	**625**	**302**	**639**	**533**	**508**	**235**	**408**	**303**	**453**	**385**	**330**
405	1329	625	302	639	533	508	235	408	303	453	385	330
126	**394**	**336**	**122**	**204**	**206**	**144**	**160**	**214**	**128**	**149**	**105**	**167**
61	307	240	75	62	108	73	60	117	66	54	68	86
65	87	96	47	142	98	71	100	97	62	95	37	81
314	**1135**	**531**	**249**	**343**	**453**	**607**	**242**	**385**	**265**	**389**	**281**	**364**
13	23	3	1	2	2	2	1	3	3	1	1	
16	116	38	6	11	10	16	6	16	11	7	10	9
98	270	135	67	68	73	131	79	88	51	130	62	103
25	183	35	15	20	20	45	26	37	11	34	28	27
162	543	320	160	242	348	413	130	241	189	217	180	225
579	**1069**	**791**	**680**	**711**	**1038**	**804**	**755**	**1325**	**919**	**802**	**531**	**872**
16	13	20	15	10	36	6	11	32	22	12	18	36
190	384	265	251	182	312	259	264	477	287	335	164	298
7	9	10	6	6	8	7	1	8	7	4	2	1
2	6	13	7	14	10	2	2	9	6	5		
183	261	183	138	220	255	269	235	311	215	137	160	204
181	396	300	263	279	417	261	242	488	382	309	187	333

表 22.5 续表 8 continued 8

指标	Item	潼南区 Tongnan District	荣昌区 Rongchang District	开州区 Kaizhou District	梁平区 Liangping District	武隆区 Wulong District	城口县 Chengkou County
金融业	**Financial Intermediation**	**16**	**16**	**15**	**15**	**13**	**9**
货币金融服务	Money Finance Services	10	12	13	14	10	7
资本市场服务	Capital Market Services	4	1			1	1
保险业	Insurance		1	1			
其他金融业	Other Finance	2	2	1	1	2	1
房地产业	**Real Estate**	**256**	**357**	**341**	**125**	**95**	**20**
房地产业	Real Estate	256	357	341	125	95	20
租赁和商务服务业	**Leasing and Business Services**	**1070**	**3318**	**956**	**293**	**268**	**177**
租赁业	Leasing	235	330	197	54	66	17
商务服务业	Business Services	835	2988	759	239	202	160
科学研究和技术服务业	**Scientific Research and Technical Services**	**279**	**999**	**334**	**161**	**103**	**78**
研究和试验发展	Research and Experimental Development	17	86	6	2	3	
专业技术服务业	Professional Technical Services	197	599	152	85	88	51
科技推广和应用服务业	Services of Science and Technology Application and Promotion	65	314	176	74	12	27
水利、环境和公共设施管理业	**Water Conservancy, Environment and Public Facilities Management**	**55**	**57**	**60**	**54**	**34**	**11**
水利管理业	Management of Water Conservancy	1		12	15	2	
生态保护和环境治理业	Ecological Protection and Environmental Governance	4	19	9	4	2	
公共设施管理业	Management of Public Facilities	47	37	38	34	29	10
土地管理业	Management of Land	3	1	1	1	1	1
居民服务、修理和其他服务业	**Services to Households, Repair and Other Services**	**299**	**326**	**624**	**232**	**79**	**79**
居民服务业	Resident Services	171	158	360	124	45	40
机动车、电子产品和日用产品修理业	Vehicles, Electronic Products and Commodities Maintenance Services	105	100	184	75	22	32
其他服务业	Other Services	23	68	80	33	12	7
教 育	**Education**	**315**	**369**	**555**	**215**	**118**	**86**
教 育	Education	315	369	555	215	118	86
卫生和社会工作	**Health and Social Work**	**92**	**111**	**217**	**142**	**75**	**67**
卫 生	Health	59	44	145	66	42	39
社会工作	Social Work	33	67	72	76	33	28
文化、体育和娱乐业	**Culture, Sports and Entertainment**	**511**	**284**	**504**	**264**	**151**	**87**
新闻和出版业	Journalism and Publishing Activities	1	2	2	1	1	
广播、电视、电影和录音制作业	Broadcasting, Movies, Televisions and Audiovisual Activities	4	7	17	3	9	1
文化艺术业	Cultural and Art Activities	24	84	241	148	60	45
体 育	Sports	15	27	25	13	6	2
娱乐业	Entertainment	467	164	219	99	75	39
公共管理、社会保障和社会组织	**Public Administration, Social Security and Social Organizations**	**796**	**624**	**1307**	**760**	**736**	**521**
中国共产党机关	Organs of CPC	12	14	10	14	27	12
国家机构	Government Agencies	289	280	441	254	351	203
人民政协、民主党派	People's Political Consultative Conference and Democratic Parties	2	4	3	2	1	1
社会保障	Social Security	13	3	17	10		8
群众团体、社会团体和其他成员组织	Non-Governmental Organizations, Social Organizations and Other Organizations	176	160	302	137	146	93
基层群众自治组织及其他组织	Grass Roots Self-governing Organizations	304	163	534	343	211	204

单位：个 (unit)

丰都县 Fengdu County	垫江县 Dianjiang County	忠 县 Zhongxian County	云阳县 Yunyang County	奉节县 Fengjie County	巫山县 Wushan County	巫溪县 Wuxi County	石柱县 Shizhu County	秀山县 Xiushan County	酉阳县 Youyang County	彭水县 Pengshui County
13	**11**	**11**	**22**	**17**	**14**	**9**	**9**	**8**	**13**	**9**
10	10	10	13	14	11	7	8	7	7	8
1			7		2				4	
			2	1		1				
2	1	1		2	1	1	1	1	2	1
136	**223**	**149**	**163**	**117**	**97**	**51**	**100**	**113**	**127**	**102**
136	223	149	163	117	97	51	100	113	127	102
432	**490**	**2272**	**995**	**692**	**275**	**184**	**268**	**1420**	**1055**	**854**
68	77	146	137	72	44	28	41	180	64	85
364	413	2126	858	620	231	156	227	1240	991	769
147	**162**	**220**	**220**	**201**	**108**	**103**	**65**	**300**	**618**	**192**
9	12	27	2	9	1		3	9	12	6
81	79	107	117	133	48	57	41	205	218	133
57	71	86	101	59	59	46	21	86	388	53
80	**80**	**32**	**69**	**25**	**41**	**27**	**53**	**38**	**32**	**30**
6	5	2	10		2	9	2	5	3	6
7	10	5	7	3	1	4	5	5	1	1
65	65	25	46	22	38	12	45	23	27	23
2			6			2	1	5	1	
226	**223**	**235**	**266**	**152**	**106**	**120**	**155**	**366**	**149**	**223**
158	109	152	165	79	48	59	80	190	81	136
52	64	70	66	50	33	52	56	145	49	73
16	50	13	35	23	25	9	19	31	19	14
239	**291**	**426**	**327**	**259**	**215**	**188**	**193**	**298**	**289**	**203**
239	291	426	327	259	215	188	193	298	289	203
137	**175**	**218**	**229**	**381**	**68**	**113**	**98**	**67**	**129**	**99**
71	71	109	127	343	52	67	72	49	117	88
66	104	109	102	38	16	46	26	18	12	11
503	**441**	**337**	**320**	**174**	**171**	**104**	**248**	**205**	**407**	**271**
2	1	4	1	1	1		1	1	2	1
5	15	8	3	7	8	5	6	14	7	14
309	229	214	102	68	53	57	161	42	41	100
9	18	10	15	7	4	9	13	9	15	12
178	178	101	199	91	105	33	67	139	342	144
821	**785**	**842**	**1116**	**954**	**726**	**713**	**458**	**632**	**645**	**592**
7	8	16	13	9	13	10	7	10	11	3
311	253	264	330	364	253	242	117	157	168	127
1	3	3	1	3	1	1	1	1	1	1
11	16	2	20	7	7	17	1	27	2	
161	158	179	272	169	113	113	90	167	164	165
330	347	378	480	402	339	330	242	270	299	296

表 22.6 按区县、登记注册类型分组的法人单位数（2018 年）
NUMBER OF CORPORATE UNITS BY STATUS OF REGISTRATION AND REGION (2018)

区 县	Item	总 计 Total	其 中 of which				
			内 资 Domestic-funded Enterprises	其 中 of which			
				国 有 State-owned	集 体 Collective-owned	股份合作 Cooperative Share-holding	联 营 Joint Ownership
全 市	**Total**	**592651**	**591015**	**21729**	**3185**	**360**	**156**
万州区	Wanzhou District	22818	22800	904	77	8	5
黔江区	Qianjiang District	12280	12277	265	14	2	2
涪陵区	Fuling District	21029	20992	850	92	1	6
渝中区	Yuzhong District	24834	24633	583	146	48	6
大渡口区	Dadukou District	8647	8626	273	50	2	
江北区	Jiangbei District	22212	22047	440	35	4	
沙坪坝区	Shapingba District	26882	26801	602	163	11	3
九龙坡区	Jiulongpo District	56167	56051	499	133	21	7
南岸区	Nan'an District	25943	25848	425	41	20	2
北碚区	Beibei District	11016	10944	478	83	9	1
渝北区	Yubei District	39208	38863	840	35	24	8
巴南区	Ba'nan District	19953	19895	595	95	12	3
长寿区	Changshou District	12467	12420	550	59	5	3
江津区	Jiangjin District	17597	17546	633	168	18	3
合川区	Hechuan District	14361	14325	751	187	12	10
永川区	Yongchuan District	16331	16270	573	63	7	5
南川区	Nanchuan District	13758	13748	540	76	7	7
綦江区	Qijiang District	18846	18829	946	180	14	3
#綦江区（不含万盛）	Qijiang District (excluding Wansheng)	12181	12171	604	126	7	1
大足区	Dazu District	15949	15926	656	53	7	2
璧山区	Bishan District	13960	13914	361	64	20	7
铜梁区	Tongliang District	12195	12165	598	75	6	
潼南区	Tongnan District	12820	12811	505	46	14	3
荣昌区	Rongchang District	14533	14505	539	48	2	1
开州区	Kaizhou District	18171	18161	895	121	7	7
梁平区	Liangping District	8738	8732	549	82	3	1
武隆区	Wulong District	7496	7496	569	27	2	
城口县	Chengkou County	4618	4617	455	72	3	1
丰都县	Fengdu County	9097	9090	599	69	2	4
垫江县	Dianjiang County	9941	9941	582	97	27	4
忠 县	Zhongxian County	10989	10983	628	98	1	7
云阳县	Yunyang County	12819	12810	710	86	5	10
奉节县	Fengjie County	9109	9102	662	304	14	9
巫山县	Wushan County	7544	7540	585	29	1	3
巫溪县	Wuxi County	5491	5489	543	81	5	11
石柱县	Shizhu County	6248	6246	315	44	11	2
秀山县	Xiushan County	10364	10362	458	14		5
酉阳县	Youyang County	9312	9304	447	41	1	2
彭水县	Pengshui County	8908	8906	326	37	4	3

单位：个 (unit)

其　中 of which								
其　中 of which				其　中 of which			其　中 of which	
国有联营 State Joint Ownership	集体联营 Collective Joint Ownership	国有与集体联营 Joint State-collective Ownership	其他联营 Other Joint Ownership	有限责任公司 Limited-liability Corporations	其　中 of which 国有独资公司 State Sole Funded	其他有限责任公司 Other Limited-liability Corporations	股份有限公司 Share-holding Limited Companies	私　营 Private
14	**60**	**15**	**67**	**26328**	**1523**	**24805**	**3806**	**486213**
	2	1	2	825	50	775	131	18845
	1	1		317	23	294	63	10376
1	1	2	2	652	58	594	136	17541
	2		4	1926	109	1817	242	21018
				681	20	661	83	7269
				1594	94	1500	177	19295
	1	1	1	3059	53	3006	267	21970
1	2	1	3	2859	59	2800	108	51520
		1	1	1461	61	1400	171	23056
			1	525	50	475	66	8841
2	4		2	3191	171	3020	335	33222
	2		1	760	36	724	77	17272
	1		2	502	38	464	62	10349
1	1		1	434	48	386	79	14723
1	1	1	7	231	24	207	63	11663
	3		2	407	23	384	82	13843
	3	3	1	451	31	420	22	10756
	1		2	679	64	615	157	15442
			1	373	34	339	100	9920
			2	630	20	610	85	12938
	4		3	811	18	793	75	11596
				165	30	135	43	10074
1	2			163	25	138	41	10733
			1	193	28	165	87	12714
1	3		3	314	24	290	148	14109
			1	208	27	181	59	6407
				262	37	225	40	5535
			1	120	18	102	31	3244
1			3	260	30	230	53	6320
	2	1	1	339	22	317	93	7422
1	4	1	1	85	39	46	78	8964
	2		8	468	26	442	114	9112
	7	1	1	429	17	412	181	5065
	1		2	152	26	126	39	5075
	6	1	4	185	19	166	61	3487
			2	217	27	190	67	4716
3			2	130	36	94	29	8564
	2			408	23	385	91	6312
1	2			235	19	216	70	6825

表 22.6 续表 continued

单位：个 (unit)

区 县	Item	其 中 of which					港澳台商投资 Enterprises with Funds from Hong Kong, Macao and Tainwan	外商投资 Foreign Funded
		其 中 of which				其他内资 Other Domestic Funded		
		私营独资 Soly Private-funded Enterprises	私营合伙 Private Partnership Enterprises	私营有限责任公司 Private Limited Liability Corporations	私营股份有限公司 Private Share-holding Limited Companies			
全 市	**Total**	**163372**	**4719**	**313829**	**4293**	**49238**	**754**	**882**
万州区	Wanzhou District	9813	92	8851	89	2005	7	11
黔江区	Qianjiang District	6376	149	3809	42	1238	2	1
涪陵区	Fuling District	8368	106	8875	192	1714	15	22
渝中区	Yuzhong District	940	207	19607	264	664	115	86
大渡口区	Dadukou District	854	48	6285	82	268	14	7
江北区	Jiangbei District	500	142	18484	169	502	74	91
沙坪坝区	Shapingba District	1139	190	20392	249	726	44	37
九龙坡区	Jiulongpo District	1674	307	49198	341	904	41	75
南岸区	Nan'an District	1093	160	21548	255	672	50	45
北碚区	Beibei District	2274	126	6367	74	941	30	42
渝北区	Yubei District	2659	406	29670	487	1208	138	207
巴南区	Ba'nan District	4387	124	12635	126	1081	32	26
长寿区	Changshou District	5707	90	4502	50	890	10	37
江津区	Jiangjin District	6193	156	8273	101	1488	27	24
合川区	Hechuan District	4999	130	6445	89	1408	13	23
永川区	Yongchuan District	5623	139	7950	131	1290	37	24
南川区	Nanchuan District	6271	57	4404	24	1889	7	3
綦江区	Qijiang District	8641	75	6602	124	1408	9	8
#綦江区（不含万盛）	Qijiang District (excluding Wansheng)	5816	37	3997	70	1040	5	5
大足区	Dazu District	7184	95	5573	86	1555	13	10
璧山区	Bishan District	2254	596	8637	109	980	23	23
铜梁区	Tongliang District	4847	68	5088	71	1204	12	18
潼南区	Tongnan District	6424	86	4165	58	1306	3	6
荣昌区	Rongchang District	5969	108	6481	156	921	11	17
开州区	Kaizhou District	9375	238	4402	94	2560	4	6
梁平区	Liangping District	4278	54	2025	50	1423	2	4
武隆区	Wulong District	3667	109	1732	27	1061		
城口县	Chengkou County	2524	23	668	29	691		1
丰都县	Fengdu County	3798	46	2419	57	1783	2	5
垫江县	Dianjiang County	3704	78	3579	61	1377		
忠 县	Zhongxian County	4547	50	4302	65	1122	1	5
云阳县	Yunyang County	4945	74	3987	106	2305	7	2
奉节县	Fengjie County	1830	83	2995	157	2438	4	3
巫山县	Wushan County	3200	41	1796	38	1656	1	3
巫溪县	Wuxi County	1653	45	1731	58	1116		2
石柱县	Shizhu County	2925	59	1703	29	874	1	1
秀山县	Xiushan County	5445	35	3036	48	1162		2
酉阳县	Youyang County	3300	61	2895	56	2002	4	4
彭水县	Pengshui County	3992	66	2718	49	1406	1	1

表 22.7 按行业、区县分组的企业法人单位数（2018 年）
NUMBER OF ENTERPRISES AS CORPORATE UNITS BY SECTOR AND REGION (2018)

单位：个 (unit)

指 标	Item	全 市 Total	万州区 Wanzhou District	黔江区 Qianjiang District	涪陵区 Fuling District	渝中区 Yuzhong District
总 计	**Total**	**516927**	**19720**	**10685**	**18290**	**23470**
按三次产业分组	**By Strata of Industry**					
第一产业	Primary Industry	64155	4487	1175	3649	
第二产业	Secondary Industry	76990	2605	720	2095	972
第三产业	Tertiary Industry	375782	12628	8790	12546	22498
按国民经济行业分组	**By Sector**					
农、林、牧、渔业	**Agriculture, Forestry, Animal Husbandry and Fishery**	**66048**	**4570**	**1229**	**3926**	
农 业	Farming	31250	2956	499	2036	
林 业	Forestry	2952	166	97	117	
畜牧业	Animal Husbandry	18780	618	527	845	
渔 业	Fishery	11173	747	52	651	
农、林、牧、渔专业及辅助性活动	Services of Farming, Forestry, Animal Husbandry and Fishery	1893	83	54	277	
采矿业	**Mining and Quarrying**	**1428**	**43**	**27**	**33**	
煤炭开采和洗选业	Coal Mining and Dressing	230	1	2	5	
石油和天然气开采业	Petroleum and Natural Gas Extraction	17	1		4	
黑色金属矿采选业	Ferrous Metal Ores Mining and Dressing	72	1			
有色金属矿采选业	Nonferrous Metal Ores Mining and Dressing	20				
非金属矿采选业	Nonmetallic Ores Mining and Dressing	1034	33	25	20	
开采专业及辅助性活动	Auxiliary Minning Operations	25	4		2	
其他采矿业	Mining and Dressing of Other Ores	30	3		2	
制造业	**Manufacture**	**54702**	**1461**	**418**	**1482**	**107**
农副食品加工业	Processing of Farm and Sideline Food	3538	109	50	231	2
食品制造业	Manufacture of Food	1566	38	26	48	1
酒、饮料和精制茶制造业	Manufacture of Beverage	1371	48	15	52	1
烟草制品业	Tobacco Products	7		1	1	
纺织业	Textile Industry	1488	70	19	61	
纺织服装、服饰业	Manufacture of Textile Garments, Footwear and Headgear	1925	105	10	38	9
皮革、毛皮、羽毛及其制品和制鞋业	Leather, Fur, Feather, Down and Related Products	952	14	1	18	
木材加工和木、竹、藤、棕、草制品业	Timber Processing, Bamboo, Cane, Palm Fiber & Straw Products	1951	48	14	36	
家具制造业	Manufacture of Furniture	2174	96	17	55	1
造纸和纸制品业	Papermaking and Paper Products	882	9	4	19	3
印刷和记录媒介复制业	Printing and Record Medium Reproduction	1363	59	24	40	24
文教、工美、体育和娱乐用品制造业	Manufacture of Cultural, Educational and Sports Articles	1207	40	20	31	4
石油、煤炭及其他燃料加工业	Petroleum Refining, Coking and Nuclear Fuel Processing	148	5	1	4	
化学原料和化学制品制造业	Manufacture of Raw Chemical Materials and Chemical Products	1469	41	8	71	1
医药制造业	Manufacture of Medicines	410	17	3	14	1
化学纤维制造业	Manufacture of Chemical Fibres	19			4	
橡胶和塑料制品业	Plastic Products	2090	53	7	66	4

表 22.7 续表 1 continued 1

指 标	Item	大渡口区 Dadukou District	江北区 Jiangbei District	沙坪坝区 Shapingba District	九龙坡区 Jiulongpo District	南岸区 Nan'an District
总 计	**Total**	**8040**	**21191**	**25373**	**54543**	**24681**
按三次产业分组	**By Strata of Industry**					
第一产业	Primary Industry	118	77	195	577	198
第二产业	Secondary Industry	1400	1655	4762	6243	2788
第三产业	Tertiary Industry	6522	19459	20416	47723	21695
按国民经济行业分组	**By Sector**					
农、林、牧、渔业	**Agriculture, Forestry, Animal Husbandry and Fishery**	**126**	**92**	**207**	**588**	**215**
农 业	Farming	114	59	132	351	171
林 业	Forestry	4	3	37	95	18
畜牧业	Animal Husbandry		11	5	31	4
渔 业	Fishery		4	21	100	5
农、林、牧、渔专业及辅助性活动	Services of Farming, Forestry, Animal Husbandry and Fishery	8	15	12	11	17
采矿业	**Mining and Quarrying**	**4**	**2**	**1**	**8**	**6**
煤炭开采和洗选业	Coal Mining and Dressing				1	
石油和天然气开采业	Petroleum and Natural Gas Extraction					
黑色金属矿采选业	Ferrous Metal Ores Mining and Dressing	2			1	
有色金属矿采选业	Nonferrous Metal Ores Mining and Dressing					
非金属矿采选业	Nonmetallic Ores Mining and Dressing	2	1	1	5	5
开采专业及辅助性活动	Auxiliary Minning Operations					
其他采矿业	Mining and Dressing of Other Ores		1		1	1
制造业	**Manufacture**	**1016**	**752**	**3631**	**4060**	**1441**
农副食品加工业	Processing of Farm and Sideline Food	25	12	64	75	29
食品制造业	Manufacture of Food	13	26	70	90	29
酒、饮料和精制茶制造业	Manufacture of Beverage	3	3	15	22	11
烟草制品业	Tobacco Products					2
纺织业	Textile Industry	8	10	185	29	24
纺织服装、服饰业	Manufacture of Textile Garments, Footwear and Headgear	9	17	16	45	51
皮革、毛皮、羽毛及其制品和制鞋业	Leather, Fur, Feather, Down and Related Products	5	3	12	5	13
木材加工和木、竹、藤、棕、草制品业	Timber Processing, Bamboo, Cane, Palm Fiber & Straw Products	25	3	104	143	26
家具制造业	Manufacture of Furniture	26	4	187	159	79
造纸和纸制品业	Papermaking and Paper Products	21	12	88	81	28
印刷和记录媒介复制业	Printing and Record Medium Reproduction	17	57	101	107	72
文教、工美、体育和娱乐用品制造业	Manufacture of Cultural, Educational and Sports Articles	18	12	60	36	24
石油、煤炭及其他燃料加工业	Petroleum Refining, Coking and Nuclear Fuel Processing	2	1	11	11	1
化学原料和化学制品制造业	Manufacture of Raw Chemical Materials and Chemical Products	18	22	119	99	43
医药制造业	Manufacture of Medicines	2	7	13	15	19
化学纤维制造业	Manufacture of Chemical Fibres					
橡胶和塑料制品业	Plastic Products	37	27	162	185	94

单位：个 (unit)

北碚区 Beibei District	渝北区 Yubei District	巴南区 Ba'nan District	长寿区 Changshou District	江津区 Jiangjin District	合川区 Hechuan District	永川区 Yongchuan District	南川区 Nanchuan District	綦江区 Qijiang District	其 中 of which 綦江区（不含万盛）Qijiang District (excluding Wansheng)	大足区 Dazu District	璧山区 Bishan District	铜梁区 Tongliang District
9523	**36902**	**18111**	**10919**	**15290**	**11964**	**14316**	**11222**	**16340**	**10452**	**13647**	**12518**	**10270**
581	1116	3514	2803	3777	2126	2048	3669	3021	2312	2818	1965	1746
2915	4235	3635	1453	3290	2525	2363	1628	2100	1385	4141	3762	2746
6027	31551	10962	6663	8223	7313	9905	5925	11219	6755	6688	6791	5778
599	**1145**	**3551**	**2820**	**4092**	**2163**	**2087**	**3717**	**3069**	**2347**	**2858**	**1982**	**1772**
389	654	2101	1537	1896	891	1117	1757	947	760	616	1346	538
23	78	381	57	138	107	103	202	153	55	121	270	67
87	252	164	652	780	351	225	1096	1562	1211	1064	130	244
82	132	868	557	963	777	603	614	359	286	1017	219	897
18	29	37	17	315	37	39	48	48	35	40	17	26
12	**2**	**16**	**36**	**36**	**65**	**90**	**59**	**77**	**54**	**36**	**14**	**65**
5			2		18	39	30	11	5	13	2	8
								3	3			
							4			1		
6		15	32	36	45	50	25	61	44	21	12	57
1			1		2	1		1	1	1		
	2	1	1					1	1			
2444	**2381**	**2993**	**1004**	**2723**	**1848**	**1766**	**1256**	**1273**	**918**	**3737**	**3277**	**2238**
19	61	82	103	148	191	102	100	73	55	75	50	114
26	78	73	41	127	116	64	36	42	34	47	65	43
15	19	23	28	62	65	70	66	81	66	27	25	37
36	18	46	32	35	57	23	93	25	16	33	39	107
15	75	314	13	45	61	42	34	14	10	18	46	168
7	14	17	5	11	33	27	22	10	7	15	283	121
20	22	114	62	106	32	74	40	62	44	90	52	115
22	33	150	45	105	83	52	84	40	24	54	73	98
53	33	64	13	26	20	50	18	11	8	20	54	62
36	102	69	18	45	33	34	21	23	15	17	180	22
36	32	54	16	30	49	29	44	26	17	75	19	39
3	7	2	2	6	1	14	6	3	1	6	4	2
42	57	71	100	101	41	61	45	27	12	54	43	57
16	13	22	18	7	22	4	9	10	4	6	15	12
1	1	2	1	1	1			1	1	2	2	
95	65	111	39	129	72	66	27	30	19	114	283	113

表 22.7 续表 2 continued 2

指 标	Item	潼南区 Tongnan District	荣昌区 Rongchang District	开州区 Kaizhou District	梁平区 Liangping District	武隆区 Wulong District	城口县 Chengkou County
总 计	**Total**	**10935**	**12939**	**14495**	**6658**	**5833**	**3411**
按三次产业分组	**By Strata of Industry**						
第一产业	Primary Industry	234	585	2144	1361	2585	945
第二产业	Secondary Industry	1912	1743	2436	1380	612	239
第三产业	Tertiary Industry	8789	10611	9915	3917	2636	2227
按国民经济行业分组	**By Sector**						
农、林、牧、渔业	**Agriculture, Forestry, Animal Husbandry and Fishery**	**251**	**612**	**2266**	**1407**	**2591**	**982**
农 业	Farming	88	262	945	689	1292	314
林 业	Forestry	9	45	81	60	68	12
畜牧业	Animal Husbandry	51	161	812	253	1075	602
渔 业	Fishery	86	117	306	359	150	17
农、林、牧、渔专业及辅助性活动	Services of Farming, Forestry, Animal Husbandry and Fishery	17	27	122	46	6	37
采矿业	**Mining and Quarrying**	**139**	**25**	**99**	**39**	**21**	**20**
煤炭开采和洗选业	Coal Mining and Dressing		12	15	7		3
石油和天然气开采业	Petroleum and Natural Gas Extraction	1					
黑色金属矿采选业	Ferrous Metal Ores Mining and Dressing			1			3
有色金属矿采选业	Nonferrous Metal Ores Mining and Dressing						
非金属矿采选业	Nonmetallic Ores Mining and Dressing	136	13	82	30	21	13
开采专业及辅助性活动	Auxiliary Minning Operations	2		1	1		1
其他采矿业	Mining and Dressing of Other Ores				1		
制造业	**Manufacture**	**1448**	**1227**	**1912**	**1180**	**340**	**113**
农副食品加工业	Processing of Farm and Sideline Food	248	144	193	124	98	20
食品制造业	Manufacture of Food	46	46	66	21	18	2
酒、饮料和精制茶制造业	Manufacture of Beverage	34	43	108	55	24	17
烟草制品业	Tobacco Products			1			
纺织业	Textile Industry	68	26	124	22	7	6
纺织服装、服饰业	Manufacture of Textile Garments, Footwear and Headgear	56	39	239	61	6	
皮革、毛皮、羽毛及其制品和制鞋业	Leather, Fur, Feather, Down and Related Products	37	7	66	20	4	2
木材加工和木、竹、藤、棕、草制品业	Timber Processing, Bamboo, Cane, Palm Fiber & Straw Products	60	32	113	131	5	6
家具制造业	Manufacture of Furniture	61	39	132	55	5	5
造纸和纸制品业	Papermaking and Paper Products	20	10	15	79	3	
印刷和记录媒介复制业	Printing and Record Medium Reproduction	37	28	30	20	5	3
文教、工美、体育和娱乐用品制造业	Manufacture of Cultural, Educational and Sports Articles	20	140	32	65	6	7
石油、煤炭及其他燃料加工业	Petroleum Refining, Coking and Nuclear Fuel Processing	4	1	12	4	1	
化学原料和化学制品制造业	Manufacture of Raw Chemical Materials and Chemical Products	31	33	39	31	4	6
医药制造业	Manufacture of Medicines	14	32	10	5	4	3
化学纤维制造业	Manufacture of Chemical Fibres						1
橡胶和塑料制品业	Plastic Products	23	52	41	38	9	

单位：个 (unit)

丰都县 Fengdu County	垫江县 Dianjiang County	忠　县 Zhongxian County	云阳县 Yunyang County	奉节县 Fengjie County	巫山县 Wushan County	巫溪县 Wuxi County	石柱县 Shizhu County	秀山县 Xiushan County	酉阳县 Youyang County	彭水县 Pengshui County
6656	**7902**	**9085**	**9680**	**5725**	**5270**	**3721**	**4994**	**8697**	**6785**	**7126**
1548	1042	1103	1708	1986	1561	1507	1771	1926	540	1949
973	2131	945	1622	860	564	511	473	813	828	915
4135	4729	7037	6350	2879	3145	1703	2750	5958	5417	4262
1586	**1091**	**1129**	**1776**	**2037**	**1589**	**1525**	**1788**	**1954**	**649**	**2007**
442	400	570	642	1147	917	736	823	997	344	535
22	36	21	30	59	49	20	52	55	39	57
898	371	319	778	707	534	679	740	728	140	1284
186	235	193	258	73	61	72	156	146	17	73
38	49	26	68	51	28	18	17	28	109	58
31	**17**	**31**	**27**	**45**	**28**	**26**	**17**	**104**	**47**	**80**
4	4		14	18	1	2		5		8
	1	9							1	
					1			57	1	2
							2	2	4	7
26	9	19	12	26	25	23	15	40	38	54
1	1	1	1						1	2
	2	2		1	1	1			2	7
627	**1693**	**637**	**1138**	**590**	**283**	**245**	**310**	**563**	**569**	**519**
143	167	78	146	138	47	38	40	79	43	77
14	43	36	37	37	18	8	7	26	13	29
20	55	53	35	29	21	27	22	52	58	30
				1						1
26	72	35	54	8	10	14	11	11	23	21
29	32	55	101	20	41	13	5	20	48	15
11	50	7	36	5	13	5	10	8	27	8
26	179	24	41	16	12	19	15	41	16	27
23	165	25	61	32	9	11	22	21	23	22
8	17	6	6	5		3	5	4	4	8
16	33	31	20	6	7		4	8	10	4
16	35	10	71	23	9	17	6	16	28	12
3	5	1	10	9	3		2		1	
21	57	18	25	11	7	3	9	17	15	21
9	12	5	12	20	3	3	6	6	17	4
	1									1
14	60	9	27	9	3	1	2	13	6	4

表 22.7 续表 3 continued 3

指 标	Item	全 市 Total	万州区 Wanzhou District	黔江区 Qianjiang District	涪陵区 Fuling District	渝中区 Yuzhong District
非金属矿物制品业	Nonmetal Mineral Products	5695	172	106	177	3
黑色金属冶炼和压延加工业	Smelting and Pressing of Ferrous Metals	454	7	7	13	
有色金属冶炼和压延加工业	Smelting and Pressing of Nonferrous Metals	572	8	5	29	
金属制品业	Metal Products	5628	232	46	145	8
通用设备制造业	Manufacture of General-purpose Machinery	4485	64	8	40	14
专用设备制造业	Manufacture of Special-purpose Machinery	3091	27	3	20	9
汽车制造业	Manufacture of Automobile	4378	34	1	49	3
铁路、船舶、航空航天和其他运输设备制造业	Manufacture of Railway, Ship, Aeronautics and Other Transport Equipment	2597	13	1	75	3
电气机械和器材制造业	Manufacture of Electrical Machinery and Equipment	1534	47	3	29	5
计算机、通信和其他电子设备制造业	Manufacture of Communication Equipment, Computers and Other Electronic Equipment	1677	47	6	16	2
仪器仪表制造业	Manufacture of Instruments and Meters	683	5		6	4
其他制造业	Other Manufactures	407	9	1	14	2
废弃资源综合利用业	Comprehensive Utilization of Waste	223	9		13	
金属制品、机械和设备修理业	Manufacture of Metal Products, Machinery and Equipment Maintenance	718	35	11	67	3
电力、热力、燃气及水生产和供应业	**Production and Supply of Electric Power, Gas and Water**	**2288**	**98**	**19**	**125**	**5**
电力、热力生产和供应业	Production and Supply of Electric Power and Heat Power	1344	78	12	85	2
燃气生产和供应业	Production and Supply of Gas	221	5	2	16	1
水的生产和供应业	Production and Supply of Water	723	15	5	24	2
建筑业	**Construction**	**19315**	**1042**	**267**	**524**	**863**
房屋建筑业	Construction of Housing	4809	246	75	169	164
土木工程建筑业	Civil Engineering Construction	2136	80	31	33	78
建筑安装业	Architectural Installation	2649	78	33	79	150
建筑装饰、装修和其他建筑业	Architectural Decoration and Other Construction	9721	638	128	243	471
批发和零售业	**Wholesale and Retail Trade**	**169605**	**6781**	**2644**	**5887**	**8591**
批发业	Wholesale Trade	66538	2372	722	2498	4377
零售业	Retail Trade	103067	4409	1922	3389	4214
交通运输、仓储和邮政业	**Transport, Storage and Postal Services**	**11668**	**477**	**199**	**654**	**392**
铁路运输业	Transport Via Railway	11			1	2
道路运输业	Transport Via Road	7877	316	137	410	193
水上运输业	Water Transport	366	50		73	13
航空运输业	Air Transport	64	1	1	2	5
管道运输业	Transport Via Pipeline	4			1	
多式联运和运输代理业	Loading, Unloading, Portage and Transport Agency	1425	29	30	49	128
装卸搬运和仓储业	Storage	1282	59	19	102	18
邮政业	Post	639	22	12	16	33
住宿和餐饮业	**Hotels and Catering Services**	**26294**	**896**	**399**	**1080**	**1161**
住宿业	Hotels	6097	117	80	175	615
餐饮业	Catering Services	20197	779	319	905	546

单位：个 (unit)

大渡口区 Dadukou District	江北区 Jiangbei District	沙坪坝区 Shapingba District	九龙坡区 Jiulongpo District	南岸区 Nan'an District	北碚区 Beibei District	渝北区 Yubei District	巴南区 Ba'nan District	长寿区 Changshou District	江津区 Jiangjin District	合川区 Hechuan District	永川区 Yongchuan District	南川区 Nanchuan District
54	40	231	308	74	154	97	235	122	238	261	225	208
14	8	17	36	4	7	19	17	12	41	11	22	4
8	1	22	76	4	9	7	15	11	30	23	14	31
123	64	294	382	132	153	171	240	80	268	138	176	159
197	69	515	572	120	446	218	409	41	364	109	203	72
73	56	237	381	93	179	319	126	30	177	84	79	29
84	144	426	434	123	255	460	258	62	286	156	97	35
133	21	353	279	76	302	61	265	9	144	71	15	16
44	33	127	179	70	115	90	105	24	83	32	51	17
13	27	67	133	99	73	124	36	21	41	43	111	19
9	24	35	69	31	268	70	19	2	18	15	18	3
6	7	20	35	12	13	22	17	9	15	15	16	13
3	8	12	13	2	8	5	2	17	10	4	14	
26	34	68	61	56	20	88	35	28	24	9	13	5
4	**11**	**18**	**19**	**13**	**20**	**59**	**50**	**70**	**135**	**75**	**63**	**80**
1		3	7	7	9	27	18	47	68	23	27	68
	5	2	4	2	1	13	7	2	8	14	12	5
3	6	13	8	4	10	19	25	21	59	38	24	7
402	**924**	**1180**	**2217**	**1384**	**460**	**1881**	**611**	**372**	**420**	**548**	**458**	**238**
62	113	124	325	184	79	323	168	88	197	174	145	70
42	102	143	200	161	84	234	85	30	58	56	47	37
80	158	141	396	283	47	409	103	62	37	67	44	38
218	551	772	1296	756	250	915	255	192	128	251	222	93
3306	**6418**	**8647**	**27413**	**8159**	**2382**	**11448**	**4764**	**3594**	**4115**	**3272**	**4891**	**2454**
2239	2869	3298	14555	3646	530	4204	1464	876	1985	1094	1228	656
1067	3549	5349	12858	4513	1852	7244	3300	2718	2130	2178	3663	1798
213	**642**	**765**	**1079**	**393**	**179**	**978**	**480**	**334**	**364**	**241**	**220**	**129**
	3	1	1			1			1			1
149	342	495	645	275	119	537	393	265	248	162	151	77
4	27	4	5	10	6	8	4	3	18	23	7	
	1	2	4			26	2		3		1	1
		1						1				
9	165	115	245	44	25	218	16	12	24	12	19	32
39	83	96	144	39	21	126	49	42	50	28	28	3
12	21	51	35	25	8	62	16	11	20	16	14	15
157	**860**	**687**	**899**	**897**	**257**	**1341**	**513**	**578**	**701**	**447**	**652**	**1139**
19	274	199	171	274	60	428	95	46	147	61	87	207
138	586	488	728	623	197	913	418	532	554	386	565	932

表 22.7 续表 4 continued 4

指 标	Item	綦江区 Qijiang District	其中 of which 綦江区(不含万盛) Qijiang District (excluding Wansheng)	大足区 Dazu District	璧山区 Bishan District
非金属矿物制品业	Nonmetal Mineral Products	225	166	207	115
黑色金属冶炼和压延加工业	Smelting and Pressing of Ferrous Metals	9	6	83	8
有色金属冶炼和压延加工业	Smelting and Pressing of Nonferrous Metals	37	29	32	12
金属制品业	Metal Products	100	73	952	226
通用设备制造业	Manufacture of General-purpose Machinery	120	101	226	286
专用设备制造业	Manufacture of Special-purpose Machinery	49	29	391	316
汽车制造业	Manufacture of Automobile	138	122	538	490
铁路、船舶、航空航天和其他运输设备制造业	Manufacture of Railway, Ship, Aeronautics and Other Transport Equipment	38	23	464	160
电气机械和器材制造业	Manufacture of Electrical Machinery and Equipment	19	10	67	85
计算机、通信和其他电子设备制造业	Manufacture of Communication Equipment, Computers and Other Electronic Equipment	26	6	64	276
仪器仪表制造业	Manufacture of Instruments and Meters	1		9	38
其他制造业	Other Manufactures	13	11	26	10
废弃资源综合利用业	Comprehensive Utilization of Waste	7	3	19	3
金属制品、机械和设备修理业	Manufacture of Metal Products, Machinery and Equipment Maintenance	13	6	6	19
电力、热力、燃气及水生产和供应业	**Production and Supply of Electric Power, Gas and Water**	**131**	**101**	**40**	**28**
电力、热力生产和供应业	Production and Supply of Electric Power and Heat Power	69	50	12	6
燃气生产和供应业	Production and Supply of Gas	11	8	4	6
水的生产和供应业	Production and Supply of Water	51	43	24	16
建筑业	**Construction**	**633**	**319**	**335**	**462**
房屋建筑业	Construction of Housing	270	119	132	66
土木工程建筑业	Civil Engineering Construction	73	41	28	66
建筑安装业	Architectural Installation	35	21	35	48
建筑装饰、装修和其他建筑业	Architectural Decoration and Other Construction	255	138	140	282
批发和零售业	**Wholesale and Retail Trade**	**4748**	**3046**	**3236**	**3310**
批发业	Wholesale Trade	1326	950	1029	822
零售业	Retail Trade	3422	2096	2207	2488
交通运输、仓储和邮政业	**Transport, Storage and Postal Services**	**936**	**477**	**264**	**339**
铁路运输业	Transport Via Railway				
道路运输业	Transport Via Road	861	433	206	279
水上运输业	Water Transport			3	
航空运输业	Air Transport	3	1	2	
管道运输业	Transport Via Pipeline				
多式联运和运输代理业	Loading, Unloading, Portage and Transport Agency	17	7	12	17
装卸搬运和仓储业	Storage	43	30	27	23
邮政业	Post	12	6	14	20
住宿和餐饮业	**Hotels and Catering Services**	**2212**	**1173**	**834**	**358**
住宿业	Hotels	653	389	108	35
餐饮业	Catering Services	1559	784	726	323

单位：个 (unit)

铜梁区 Tongliang District	潼南区 Tongnan District	荣昌区 Rongchang District	开州区 Kaizhou District	梁平区 Liangping District	武隆区 Wulong District	城口县 Chengkou County	丰都县 Fengdu County	垫江县 Dianjiang County	忠 县 Zhongxian County	云阳县 Yunyang County	奉节县 Fengjie County	巫山县 Wushan County
190	245	172	267	157	83	14	117	232	88	173	118	49
8	4	8	8	8		6	11	11	5	11		1
25	34	2	41	2	2	3	7	18	7	18	2	4
175	134	104	229	156	28	6	49	226	71	132	34	13
145	43	60	19	22	5	1	13	30	7	11	6	1
138	38	83	19	22	5	3	18	31	5	10	24	2
193	16	33	13	4	9		2	16	4	9	2	
56	8	3		4	3		6	5	2	6	2	
71	44	34	35	16	3		5	23	15	27	9	3
74	99	30	29	33	1		7	66	20	34	10	2
14	1	7	2	3			1	4	1	1	1	1
16	8	8	13	13	1	1	5	25	7	12	3	2
11	5	4	10	1			1	18	3	3	5	1
12	10	7	6	8	1	1	6	5	9	9	5	1
35	**59**	**29**	**123**	**29**	**119**	**51**	**106**	**44**	**92**	**111**	**61**	**52**
16	7	6	58	3	109	48	51	11	45	88	44	36
4	12	9	15	8	3	2	5	7	10	6	4	4
15	40	14	50	18	7	1	50	26	37	17	13	12
420	**278**	**469**	**309**	**141**	**133**	**57**	**216**	**383**	**195**	**356**	**169**	**202**
100	120	165	90	53	90	18	94	192	77	164	68	120
62	39	32	31	19	16	10	21	25	19	53	25	18
36	26	38	22	18	8	4	18	25	20	16	22	14
222	93	234	166	51	19	25	83	141	79	123	54	50
2884	**5231**	**4055**	**5112**	**2232**	**830**	**541**	**1922**	**2357**	**2834**	**3663**	**1321**	**1849**
730	2446	1714	1173	729	290	80	545	791	1039	1467	473	456
2154	2785	2341	3939	1503	540	461	1377	1566	1795	2196	848	1393
134	**329**	**254**	**179**	**89**	**72**	**18**	**149**	**166**	**150**	**155**	**115**	**105**
107	241	214	125	70	47	8	100	120	88	67	67	43
1	6		2			1	18		12	29	18	16
1		2			3				1	1	1	1
5	51	16	13	6	3	1	10	12	23	9	4	11
12	14	10	16	4	12	1	14	17	20	27	14	18
8	17	12	23	9	7	7	7	17	6	22	11	16
563	**582**	**260**	**1453**	**432**	**997**	**1292**	**476**	**433**	**447**	**361**	**190**	**420**
47	94	54	331	35	316	115	165	42	30	92	48	230
516	488	206	1122	397	681	1177	311	391	417	269	142	190

表 22.7 续表 5 continued 5

单位：个 (unit)

指 标	Item	巫溪县 Wuxi County	石柱县 Shizhu County	秀山县 Xiushan County	酉阳县 Youyang County	彭水县 Pengshui County
非金属矿物制品业	Nonmetal Mineral Products	46	63	109	153	167
黑色金属冶炼和压延加工业	Smelting and Pressing of Ferrous Metals		3	26	5	
有色金属冶炼和压延加工业	Smelting and Pressing of Nonferrous Metals	1	8	12	9	3
金属制品业	Metal Products	30	33	33	39	47
通用设备制造业	Manufacture of General-purpose Machinery		3	12	10	4
专用设备制造业	Manufacture of Special-purpose Machinery		4	3	6	2
汽车制造业	Manufacture of Automobile		3	1		
铁路、船舶、航空航天和其他运输设备制造业	Manufacture of Railway, Ship, Aeronautics and Other Transport Equipment		1	2		
电气机械和器材制造业	Manufacture of Electrical Machinery and Equipment	2	6	9	3	4
计算机、通信和其他电子设备制造业	Manufacture of Communication Equipment, Computers and Other Electronic Equipment		13	9	3	3
仪器仪表制造业	Manufacture of Instruments and Meters			3		
其他制造业	Other Manufactures	3	4	8	2	1
废弃资源综合利用业	Comprehensive Utilization of Waste			8	2	2
金属制品、机械和设备修理业	Manufacture of Metal Products, Machinery and Equipment Maintenance	1	3	6	5	2
电力、热力、燃气及水生产和供应业	**Production and Supply of Electric Power, Gas and Water**	**132**	**50**	**29**	**71**	**32**
电力、热力生产和供应业	Production and Supply of Electric Power and Heat Power	117	40	22	48	26
燃气生产和供应业	Production and Supply of Gas		2	3	5	2
水的生产和供应业	Production and Supply of Water	15	8	4	18	4
建筑业	**Construction**	**109**	**99**	**123**	**147**	**288**
房屋建筑业	Construction of Housing	41	29	32	52	130
土木工程建筑业	Civil Engineering Construction	13	11	30	23	21
建筑安装业	Architectural Installation	8	8	6	18	19
建筑装饰、装修和其他建筑业	Architectural Decoration and Other Construction	47	51	55	54	118
批发和零售业	**Wholesale and Retail Trade**	**685**	**1031**	**2715**	**2459**	**1824**
批发业	Wholesale Trade	174	278	755	1028	580
零售业	Retail Trade	511	753	1960	1431	1244
交通运输、仓储和邮政业	**Transport, Storage and Postal Services**	**35**	**69**	**180**	**95**	**96**
铁路运输业	Transport Via Railway					
道路运输业	Transport Via Road	21	51	112	72	64
水上运输业	Water Transport	1	2			2
航空运输业	Air Transport					
管道运输业	Transport Via Pipeline			1		
多式联运和运输代理业	Loading, Unloading, Portage and Transport Agency	1	2	24	6	10
装卸搬运和仓储业	Storage	3	8	37	10	6
邮政业	Post	9	6	6	7	14
住宿和餐饮业	**Hotels and Catering Services**	**441**	**692**	**372**	**390**	**425**
住宿业	Hotels	38	418	39	78	74
餐饮业	Catering Services	403	274	333	312	351

表 22.7 续表 6 continued 6

单位：个 (unit)

指 标	Item	全 市 Total	万州区 Wanzhou District	黔江区 Qianjiang District	涪陵区 Fuling District	渝中区 Yuzhong District
信息传输、软件和信息技术服务业	**Information Transmission, Computer Services and Software**	**22710**	**426**	**358**	**427**	**2320**
电信、广播电视和卫星传输服务	Telecommunication, Radio, Televison and Satellite Transmission Services	581	16	12	13	36
互联网和相关服务	Internet and Ralated Services	2567	80	52	71	156
软件和信息技术服务业	Software and Information Technology Services	19562	330	294	343	2128
金融业	**Financial Intermediation**	**1516**	**56**	**31**	**62**	**146**
货币金融服务	Money Finance Services	932	29	21	28	77
资本市场服务	Capital Market Services	268	2	2	3	22
保险业	Insurance	193	22	8	26	38
其他金融业	Other Finance	123	3		5	9
房地产业	**Real Estate**	**16553**	**420**	**301**	**422**	**1035**
房地产业	Real Estate	16553	420	301	422	1035
租赁和商务服务业	**Leasing and Business Services**	**62076**	**1490**	**3115**	**1743**	**5147**
租赁业	Leasing	8251	320	335	321	183
商务服务业	Business Services	53825	1170	2780	1422	4964
科学研究和技术服务业	**Scientific Research, Technical Services and Geological Prospecting**	**19241**	**364**	**1007**	**450**	**1283**
研究和试验发展	Research and Experimental Development	1539	18	44	22	118
专业技术服务业	Professional Technical Services	12912	233	857	314	847
科技推广和应用服务业	Services of Science and Technology Application and Promotion	4790	113	106	114	318
水利、环境和公共设施管理业	**Water Conservancy, Environment and Public Facilities Management**	**2947**	**77**	**56**	**155**	**88**
水利管理业	Management of Water Conservancy	129	7	3		4
生态保护和环境治理业	Ecological Protection and Environmental Governance	676	17	9	33	28
公共设施管理业	Management of Public Facilities	2022	49	42	119	50
土地管理业	Management of Land	120	4	2	3	6
居民服务、修理和其他服务业	**Resident Services, Maintenance Services and Other Services**	**17214**	**848**	**316**	**686**	**845**
居民服务业	Resident Services	9062	523	146	360	477
机动车、电子产品和日用产品修理业	Vehicles, Electronic Products and Commodities Maintenance Services	5685	252	111	224	183
其他服务业	Other Services	2467	73	59	102	185
教 育	**Education**	**5926**	**187**	**60**	**133**	**350**
教 育	Education	5926	187	60	133	350
卫生和社会工作	**Health and Social Work**	**2286**	**60**	**15**	**54**	**157**
卫 生	Health	1649	45	13	33	129
社会工作	Social Work	637	15	2	21	28
文化、体育和娱乐业	**Culture, Sports and Entertainment**	**15110**	**424**	**224**	**447**	**980**
新闻和出版业	Journalism and Publishing Activities	87	1			34
广播、电视、电影和录音制作业	Broadcasting, Movies, Televisions and Audiovisual Activities	1084	12	17	17	142
文化艺术业	Cultural and Art Activities	4217	118	48	236	371
体 育	Sports	1215	30	10	38	88
娱乐业	Entertainment	8507	263	149	156	345

表 22.7 续表 7 continued 7

指 标	Item	大渡口区 Dadukou District	江北区 Jiangbei District	沙坪坝区 Shapingba District	九龙坡区 Jiulongpo District	南岸区 Nan'an District
信息传输、软件和信息技术服务业	**Information Transmission, Computer Services and Software**	**435**	**1915**	**1719**	**4152**	**2179**
电信、广播电视和卫星传输服务	Telecommunication, Radio, Televison and Satellite Transmission Services	14	32	42	63	30
互联网和相关服务	Internet and Ralated Services	22	179	166	193	238
软件和信息技术服务业	Software and Information Technology Services	399	1704	1511	3896	1911
金融业	**Financial Intermediation**	34	177	44	67	56
货币金融服务	Money Finance Services	20	97	38	48	36
资本市场服务	Capital Market Services	13	29	1	9	12
保险业	Insurance		31	2	7	5
其他金融业	Other Finance	1	20	3	3	3
房地产业	**Real Estate**	337	1116	982	1518	1273
房地产业	Real Estate	337	1116	982	1518	1273
租赁和商务服务业	**Leasing and Business Services**	**1003**	**4070**	**3409**	**6655**	**4601**
租赁业	Leasing	202	311	428	998	467
商务服务业	Business Services	801	3759	2981	5657	4134
科学研究和技术服务业	**Scientific Research, Technical Services and Geological Prospecting**	**306**	**1623**	**1373**	**2121**	**1498**
研究和试验发展	Research and Experimental Development	36	76	101	257	196
专业技术服务业	Professional Technical Services	200	1210	1030	1407	973
科技推广和应用服务业	Services of Science and Technology Application and Promotion	70	337	242	457	329
水利、环境和公共设施管理业	**Water Conservancy, Environment and Public Facilities Management**	**78**	**128**	**135**	**287**	**167**
水利管理业	Management of Water Conservancy		4	4	6	4
生态保护和环境治理业	Ecological Protection and Environmental Governance	45	52	50	78	54
公共设施管理业	Management of Public Facilities	31	62	74	198	101
土地管理业	Management of Land	2	10	7	5	8
居民服务、修理和其他服务业	**Resident Services, Maintenance Services and Other Services**	**252**	**1011**	**973**	**1451**	**1011**
居民服务业	Resident Services	127	601	478	640	496
机动车、电子产品和日用产品修理业	Vehicles, Electronic Products and Commodities Maintenance Services	81	255	291	566	332
其他服务业	Other Services	44	155	204	245	183
教　育	**Education**	**130**	**394**	**601**	**575**	**430**
教　育	Education	130	394	601	575	430
卫生和社会工作	**Health and Social Work**	**51**	**119**	**111**	**144**	**83**
卫　生	Health	41	100	67	108	67
社会工作	Social Work	10	19	44	36	16
文化、体育和娱乐业	**Culture, Sports and Entertainment**	**186**	**937**	**890**	**1290**	**875**
新闻和出版业	Journalism and Publishing Activities		3	5	3	5
广播、电视、电影和录音制作业	Broadcasting, Movies, Televisions and Audiovisual Activities	21	112	89	199	104
文化艺术业	Cultural and Art Activities	48	151	267	306	264
体　育	Sports	19	118	98	120	112
娱乐业	Entertainment	98	553	431	662	390

单位：个 (unit)

北碚区 Beibei District	渝北区 Yubei District	巴南区 Ba'nan District	长寿区 Changshou District	江津区 Jiangjin District	合川区 Hechuan District	永川区 Yongchuan District	南川区 Nanchuan District	綦江区 Qijiang District	其中 of which 綦江区（不含万盛） Qijiang District (excluding Wansheng)	大足区 Dazu District	璧山区 Bishan District	铜梁区 Tongliang District
390	**3174**	**637**	**119**	**167**	**323**	**537**	**185**	**185**	**123**	**132**	**235**	**151**
11	75	8	13	12	8	13	10	9	6	4	5	5
42	302	180	26	29	66	90	40	36	25	35	43	31
337	2797	449	80	126	249	434	135	140	92	93	187	115
37	334	34	19	26	23	36	14	28	17	24	27	21
28	164	26	14	18	16	21	9	21	14	18	19	13
5	125	4	1	1	3		2	3	2	1	5	4
2	16	3	2	5	3	14					1	2
2	29	1	2	2	1	1	3	4	1	5	2	2
382	1872	630	261	366	613	608	288	323	179	374	439	424
382	1872	630	261	366	613	608	288	323	179	374	439	424
951	**5863**	**1568**	**752**	**952**	**1049**	**1191**	**789**	**1109**	**699**	**672**	**924**	**685**
186	832	370	160	221	135	188	147	184	129	116	231	132
765	5031	1198	592	731	914	1003	642	925	570	556	693	553
488	**2490**	**734**	**146**	**297**	**252**	**489**	**156**	**274**	**149**	**166**	**224**	**131**
65	268	25	11	15	15	25	7	18	3	4	18	15
270	1618	613	92	222	178	352	98	157	96	134	122	62
153	604	96	43	60	59	112	51	99	50	28	84	54
85	**253**	**86**	**46**	**79**	**68**	**87**	**68**	**131**	**63**	**57**	**61**	**52**
3	7	8	1	4	8	1	2	10	4	3	3	2
20	77	20	5	11	13	26	12	15	9	10	11	10
61	156	51	38	56	47	57	45	101	45	44	41	40
1	13	7	2	8		3	9	5	5		6	
367	**1548**	**480**	**425**	**346**	**373**	**379**	**364**	**711**	**434**	**411**	**361**	**268**
214	778	210	227	157	210	201	172	366	227	228	194	163
111	568	195	156	155	117	121	148	250	150	145	111	86
42	202	75	42	34	46	57	44	95	57	38	56	19
168	**766**	**252**	**77**	**130**	**129**	**170**	**60**	**103**	**79**	**112**	**171**	**70**
168	766	252	77	130	129	170	60	103	79	112	171	70
34	**278**	**219**	**49**	**46**	**62**	**36**	**28**	**62**	**39**	**26**	**58**	**61**
23	245	192	42	17	37	16	8	38	25	17	46	48
11	33	27	7	29	25	20	20	24	14	9	12	13
268	**1089**	**493**	**217**	**295**	**413**	**556**	**198**	**335**	**235**	**333**	**248**	**296**
8	16	2				1		2	2			
15	116	36	5	10	9	16	5	15	10	7	9	9
65	241	109	41	31	51	108	45	57	32	92	41	68
21	176	28	13	15	15	40	20	32	10	24	24	20
159	540	318	158	239	338	391	128	229	181	210	174	199

表 22.7 续表 8 continued 8

指 标	Item	潼南区 Tongnan District	荣昌区 Rongchang District	开州区 Kaizhou District	梁平区 Liangping District	武隆区 Wulong District	城口县 Chengkou County
信息传输、软件和信息技术服务业	**Information Transmission, Computer Services and Software**	**122**	**697**	**232**	**52**	**34**	**17**
电信、广播电视和卫星传输服务	Telecommunication, Radio, Televison and Satellite Transmission Services	8	11	22	6	4	5
互联网和相关服务	Internet and Ralated Services	22	116	65	11	7	4
软件和信息技术服务业	Software and Information Technology Services	92	570	145	35	23	8
金融业	**Financial Intermediation**	**16**	**16**	**15**	**15**	**13**	**9**
货币金融服务	Money Finance Services	10	12	13	14	10	7
资本市场服务	Capital Market Services	4	1			1	1
保险业	Insurance		1	1			
其他金融业	Other Finance	2	2	1	1	2	1
房地产业	**Real Estate**	**256**	**357**	**341**	**125**	**95**	**20**
房地产业	Real Estate	256	357	341	125	95	20
租赁和商务服务业	**Leasing and Business Services**	**1045**	**3278**	**920**	**271**	**250**	**114**
租赁业	Leasing	225	324	196	53	65	16
商务服务业	Business Services	820	2954	724	218	185	98
科学研究和技术服务业	**Scientific Research, Technical Services and Geological Prospecting**	**248**	**948**	**230**	**91**	**70**	**20**
研究和试验发展	Research and Experimental Development	17	81	5	2	2	
专业技术服务业	Professional Technical Services	171	572	82	48	62	14
科技推广和应用服务业	Services of Science and Technology Application and Promotion	60	295	143	41	6	6
水利、环境和公共设施管理业	**Water Conservancy, Environment and Public Facilities Management**	**54**	**57**	**56**	**39**	**34**	**11**
水利管理业	Management of Water Conservancy	1		10	2	2	
生态保护和环境治理业	Ecological Protection and Environmental Governance	4	19	9	3	2	
公共设施管理业	Management of Public Facilities	46	37	37	33	29	10
土地管理业	Management of Land	3	1		1	1	1
居民服务、修理和其他服务业	**Resident Services, Maintenance Services and Other Services**	**298**	**323**	**613**	**231**	**75**	**75**
居民服务业	Resident Services	170	155	350	123	41	37
机动车、电子产品和日用产品修理业	Vehicles, Electronic Products and Commodities Maintenance Services	105	100	184	75	22	31
其他服务业	Other Services	23	68	79	33	12	7
教 育	**Education**	**78**	**66**	**132**	**42**	**41**	**15**
教 育	Education	78	66	132	42	41	15
卫生和社会工作	**Health and Social Work**	**29**	**27**	**78**	**21**	**9**	**6**
卫 生	Health	28	15	43	11	7	5
社会工作	Social Work	1	12	35	10	2	1
文化、体育和娱乐业	**Culture, Sports and Entertainment**	**472**	**239**	**425**	**222**	**109**	**50**
新闻和出版业	Journalism and Publishing Activities		1	1			
广播、电视、电影和录音制作业	Broadcasting, Movies, Televisions and Audiovisual Activities	3	6	17	2	8	1
文化艺术业	Cultural and Art Activities	17	59	171	112	25	16
体 育	Sports	11	12	22	10	5	2
娱乐业	Entertainment	441	161	214	98	71	31

单位：个 (unit)

丰都县 Fengdu County	垫江县 Dianjiang County	忠　县 Zhongxian County	云阳县 Yunyang County	奉节县 Fengjie County	巫山县 Wushan County	巫溪县 Wuxi County	石柱县 Shizhu County	秀山县 Xiushan County	酉阳县 Youyang County	彭水县 Pengshui County
91	**118**	**283**	**106**	**78**	**32**	**43**	**40**	**296**	**158**	**145**
9	7	7	10	12	4	8	4	5	13	15
30	42	14	26	21	16	9	17	22	36	32
52	69	262	70	45	12	26	19	269	109	98
13	**11**	**11**	**22**	**17**	**14**	**9**	**9**	**8**	**13**	**9**
10	10	10	13	14	11	7	8	7	7	8
1			7		2				4	
			2	1		1				
2	1	1		2	1	1	1	1	2	1
136	**223**	**149**	**163**	**117**	**97**	**51**	**99**	**111**	**127**	**102**
136	223	149	163	117	97	51	99	111	127	102
397	**461**	**2253**	**943**	**458**	**259**	**166**	**253**	**1390**	**1045**	**835**
67	74	144	108	72	44	28	41	180	64	83
330	387	2109	835	386	215	138	212	1210	981	752
98	**114**	**185**	**142**	**156**	**51**	**28**	**57**	**234**	**516**	**181**
5	12	25	1	8	1		2	8	10	6
51	56	97	76	102	27	20	37	173	209	126
42	46	63	65	46	23	8	18	53	297	49
75	**76**	**30**	**54**	**23**	**40**	**14**	**53**	**29**	**29**	**29**
6	3	2	7		2	1	2		2	5
7	9	4	7	3	1	1	5	4	1	1
60	64	24	37	20	37	10	45	22	25	23
2			3			2	1	3	1	
222	**214**	**233**	**264**	**149**	**98**	**118**	**154**	**358**	**143**	**220**
155	100	150	163	76	46	57	79	182	76	134
52	64	70	66	50	33	52	56	145	49	73
15	50	13	35	23	19	9	19	31	18	13
30	**64**	**66**	**72**	**32**	**27**	**12**	**33**	**53**	**44**	**51**
30	64	66	72	32	27	12	33	53	44	51
42	**36**	**70**	**54**	**39**	**13**	**21**	**18**	**17**	**25**	**28**
20	17	22	35	24	11	10	8	16	21	24
22	19	48	19	15	2	11	10	1	4	4
439	**401**	**290**	**273**	**128**	**111**	**61**	**222**	**161**	**258**	**255**
1		3							1	
4	14	7	2	6	7	4	5	13	6	14
274	206	178	64	25	14	18	147	7	33	93
8	15	5	14	7	4	7	8	8	9	7
152	166	97	193	90	86	32	62	133	209	141

表 22.8 按区县、登记注册类型分组的企业法人单位数（2018 年）
NUMBER OF ENTERPRISES AS CORPORATE UNITS BY STATUS OF REGISTRATION AND SECTOR (2018)

区 县	Item	总 计 Total	其 中 of which				
			内 资 Domestic-funded Enterprises	其 中 of which			
				国 有 State-owned	集 体 Collective-owned	股份合作 Cooperative Share-holding	联 营 Joint Ownership
全 市	**Total**	**516927**	**515291**	**1073**	**1571**	**347**	**137**
万州区	Wanzhou District	19720	19702	50	40	8	5
黔江区	Qianjiang District	10685	10682	8	1	2	1
涪陵区	Fuling District	18290	18253	29	46	1	6
渝中区	Yuzhong District	23470	23269	98	110	48	6
大渡口区	Dadukou District	8040	8019	14	40	2	
江北区	Jiangbei District	21191	21026	39	26	4	
沙坪坝区	Shapingba District	25373	25292	69	128	10	2
九龙坡区	Jiulongpo District	54543	54427	30	118	21	7
南岸区	Nan'an District	24681	24586	44	25	20	2
北碚区	Beibei District	9523	9451	43	69	9	1
渝北区	Yubei District	36902	36557	97	15	24	8
巴南区	Ba'nan District	18111	18053	24	61	12	3
长寿区	Changshou District	10919	10872	27	19	5	3
江津区	Jiangjin District	15290	15239	26	79	18	3
合川区	Hechuan District	11964	11928	23	81	12	10
永川区	Yongchuan District	14316	14255	18	29	6	4
南川区	Nanchuan District	11222	11212	8	46	6	6
綦江区	Qijiang District	16340	16323	25	110	14	3
#綦江区（不含万盛）	Qijiang District (excluding Wansheng)	10452	10442	16	82	7	1
大足区	Dazu District	13647	13624	18	42	7	2
璧山区	Bishan District	12518	12472	17	41	20	7
铜梁区	Tongliang District	10270	10240	19	46	6	
潼南区	Tongnan District	10935	10926	17	16	14	2
荣昌区	Rongchang District	12939	12911	21	22	1	1
开州区	Kaizhou District	14495	14485	22	42	7	7
梁平区	Liangping District	6658	6652	15	12	3	1
武隆区	Wulong District	5833	5833	14	9	1	
城口县	Chengkou County	3411	3410	13	9	3	1
丰都县	Fengdu County	6656	6649	22	45	2	4
垫江县	Dianjiang County	7902	7902	33	60	27	4
忠 县	Zhongxian County	9085	9079	30	52	1	7
云阳县	Yunyang County	9680	9671	32	10	3	9
奉节县	Fengjie County	5725	5718	16	36	11	6
巫山县	Wushan County	5270	5266	23	10	1	3
巫溪县	Wuxi County	3721	3719	12	20	2	2
石柱县	Shizhu County	4994	4992	22	21	11	1
秀山县	Xiushan County	8697	8695	6	7		5
酉阳县	Youyang County	6785	6777	26	11	1	2
彭水县	Pengshui County	7126	7124	23	17	4	3

单位：个 (unit)

其中 of which 国有联营 State Joint Ownership	其中 of which 集体联营 Collective Joint Ownership	其中 of which 国有与集体联营 Joint State-collective Ownership	其中 of which 其他联营 Other Joint Ownership	其中 of which 有限责任公司 Limited-liability Corporations	其中 of which 国有独资公司 State Sole Funded	其中 of which 其他有限责任公司 Other Limited-liability Corporations	其中 of which 股份有限公司 Share-holding Limited Companies	其中 of which 私营 Private
14	**50**	**14**	**59**	**26316**	**1518**	**24798**	**3806**	**481895**
	2	1	2	825	50	775	131	18640
		1		317	23	294	63	10289
1	1	2	2	652	58	594	136	17379
	2		4	1926	109	1817	242	20835
				680	20	660	83	7200
				1593	93	1500	177	19185
	1	1		3059	53	3006	267	21755
1	2	1	3	2859	59	2800	108	51284
		1	1	1461	61	1400	171	22862
			1	525	50	475	66	8738
2	4		2	3190	171	3019	335	32875
	2		1	760	36	724	77	17109
	1		2	502	38	464	62	10250
1	1		1	434	48	386	79	14597
1	1	1	7	229	22	207	63	11510
	3		1	407	23	384	82	13709
	3	3		451	31	420	22	10673
	1		2	678	63	615	157	15334
			1	372	33	339	100	9863
			2	630	20	610	85	12840
	4		3	811	18	793	75	11501
				165	30	135	43	9955
1	1			163	25	138	41	10673
			1	192	27	165	87	12587
1	3		3	313	24	289	148	13917
			1	207	27	180	59	6351
				262	37	225	40	5507
			1	120	18	102	31	3233
1			3	260	30	230	53	6260
	2	1	1	339	22	317	93	7345
1	4	1	1	85	39	46	78	8824
	2		7	468	26	442	114	9031
	4	1	1	428	17	411	181	5001
	1		2	152	26	126	39	5034
	1		1	183	19	164	61	3431
			1	217	27	190	67	4653
3			2	130	36	94	29	8518
	2			408	23	385	91	6238
1	2			235	19	216	70	6772

表 22.8 续表 continued

单位：个 (unit)

区 县	Item	其 中 of which						
		其 中 of which				其他内资 Other Domestic Funded	港澳台商投资 Enterprises with Funds from Hong Kong, Macao and Tainwan	外商投资 Foreign Funded
		私营独资 Soly Private-funded Enterprises	私营合伙 Private Partnership Enterprises	私营有限责任公司 Private Limited Liability Corporations	私营股份有限公司 Private Share-holding Limited Companies			
全 市	**Total**	**160437**	**3805**	**313394**	**4259**	**146**	**754**	**882**
万州区	Wanzhou District	9662	46	8845	87	3	7	11
黔江区	Qianjiang District	6327	126	3797	39	1	2	1
涪陵区	Fuling District	8255	69	8863	192	4	15	22
渝中区	Yuzhong District	852	138	19582	263	4	115	86
大渡口区	Dadukou District	802	36	6280	82		14	7
江北区	Jiangbei District	454	101	18461	169	2	74	91
沙坪坝区	Shapingba District	1013	145	20351	246	2	44	37
九龙坡区	Jiulongpo District	1544	261	49142	337		41	75
南岸区	Nan'an District	982	118	21508	254	1	50	45
北碚区	Beibei District	2205	104	6355	74		30	42
渝北区	Yubei District	2464	312	29617	482	13	138	207
巴南区	Ba'nan District	4281	91	12612	125	7	32	26
长寿区	Changshou District	5631	75	4496	48	4	10	37
江津区	Jiangjin District	6117	116	8264	100	3	27	24
合川区	Hechuan District	4882	105	6435	88		13	23
永川区	Yongchuan District	5523	113	7942	131		37	24
南川区	Nanchuan District	6214	49	4386	24		7	3
綦江区	Qijiang District	8551	62	6598	123	2	9	8
#綦江区（不含万盛）	Qijiang District (excluding Wansheng)	5770	31	3993	69	1	5	5
大足区	Dazu District	7110	75	5571	84		13	10
璧山区	Bishan District	2185	580	8627	109		23	23
铜梁区	Tongliang District	4747	52	5085	71	6	12	18
潼南区	Tongnan District	6377	78	4160	58		3	6
荣昌区	Rongchang District	5857	96	6478	156		11	17
开州区	Kaizhou District	9228	199	4397	93	29	4	6
梁平区	Liangping District	4237	41	2023	50	4	2	4
武隆区	Wulong District	3650	100	1730	27			
城口县	Chengkou County	2516	21	667	29			1
丰都县	Fengdu County	3756	31	2416	57	3	2	5
垫江县	Dianjiang County	3652	58	3574	61	1		
忠 县	Zhongxian County	4440	28	4292	64	2	1	5
云阳县	Yunyang County	4882	62	3982	105	4	7	2
奉节县	Fengjie County	1778	73	2993	157	39	4	3
巫山县	Wushan County	3176	25	1795	38	4	1	3
巫溪县	Wuxi County	1612	36	1725	58	8		2
石柱县	Shizhu County	2882	46	1698	27		1	1
秀山县	Xiushan County	5407	28	3036	47			2
酉阳县	Youyang County	3230	58	2894	56		4	4
彭水县	Pengshui County	3956	51	2717	48		1	1

附 录

APPENDIX

简要说明 BRIEF INTRODUCTION

本章中全国数据摘自《中国统计摘要—2019》，部分数据为初步统计数，正式统计数据以《中国统计年鉴—2019》为准。

The data of the whole nation in this table are extracted from China Statistical Summary—2019, and some of the data are primary statistics. See China Statistical Yearbook—2019 for the official data (the same applies to the following tables).

附录 1：重庆市国民经济主要指标占全国的比重（2018 年）
APPENDIX I: CHONGQING'S MAIN INDICATORS OF NATIONAL ECONOMY AS PERCENTAGE OF WHOLE NATION (2018)

指 标	Item	全 国 Whole Nation	重 庆 Chongqing	重庆占全国的比重 (%) Chongqing as Percentage of Whole Nation (%)
土地面积（万平方公里）	Land Area (10 000 sq. km)	960	8.24	0.86
年末户籍总人口（万人）	Year-end Population (10 000 persons)	139538	3102	2.22
年末就业人员数（万人）	Year-end Employment (10 000 persons)	77586	1709.51	2.20
国内（地区）生产总值（亿元）	Gross Domestic Product (100 million yuan)	900309.5	20363.19	2.26
第一产业	Primary Industry	64734.0	1378.27	2.13
第二产业	Secondary Industry	366000.9	8328.79	2.28
第三产业	Tertiary Industry	469574.6	5997.70	1.28
主要农业产品产量（万吨）	Output of Major Agricultural and Industrial Products (10 000 tons)			
粮 食	Gain	65789.2	1079.34	1.64
油 料	Oil-bearing Crops	3433.4	63.70	1.86
城镇常住居民人均可支配收入（元）	Per Capita Disposable Income of Urban Residents(yuan)	39251	34889	
农村常住居民人均可支配收入（元）	Per Capita Disposable Income of Rural Residents(yuan)	14617	13781	
邮政业务总量（亿元）	Total Business Volume of Postal Services (100 million yuan)	12345.2	134.83	1.09
电信业务总量（亿元）	Total Business Volume of Telecommunication Services (101 million yuan)	65555.7	1541.30	2.35
社会消费品零售总额（亿元）	Retail Sales of Consumer Goods (100 million yuan)	380987	7977.01	2.09
固定资产投资额（亿元）	Investment in Fixed Assets (100 million yuan)	645675.0		
#房地产开发投资	Real Estate Development	120263.5	4249.66	3.53
金融机构人民币各项存款余额（亿元）	Deposit Balance of RMB of Financial Institutions (100 million yuan)	1775226	35651.57	2.01
金融机构人民币各项贷款余额（亿元）	Loan Balance of RMB of Financial Institutions (100 million yuan)	1362967	31425.87	2.31
货物进出口总额（亿元）	Total Imports and Exports (100 million yuan)	305050.4	5222.62	1.71
出口额	Exports	164176.7	3395.28	2.07
进口额	Imports	140873.7	1 827.34	1.30
建筑业总产值（亿元）	Gross Output Value of Construction (100 million yuan)	235086	7344.58	3.12
在校学生数（万人）	Student Enrollment (10 000 persons)			
#普通本、专科	Regular Undergraduates and College Students	2831.0	76.28	2.69
普通小学	Primary Schools	10339.3	209.54	2.03
执业（助理）医师（万人）	Licensed (Assistant) Doctors (10 000 persons)	360.7	7.64	2.12
医院床位数（万张）	Number of Beds in Hospitals and Health Centers (10 000 units)	652.0	16.21	2.49

附录 2：全国国民经济与社会发展速度指标
APPENDIX II: INDICATORS ON THE GROWTH RATE OF NATIONAL ECONOMIC AND SOCIAL DEVELOPMENT

指 标	Item	2018 年	2018 年为下列各年 (%) 2018 as Percentage of the Following Years (%)				平均每年增长 (%) Average Annual Growth Rate (%)		
			1978 年	1990 年	2000 年	2017 年	1979-2018	1991-2018	2001-2018
人 口	**Population**								
年末总人口（万人）	Year-end Population (10 000 persons)	139538	145.0	122.0	110.1	100.4	0.9	0.7	0.5
城镇人口	Urban Population	83137	482.1	275.3	181.1	102.2	4.0	3.7	3.4
乡村人口	Rural Population	56401	71.4	67.0	69.8	97.8	-0.8	-1.4	-2.0
就业和失业	**Employment and Unemployment**								
就业人员数（万人）	Employment (10 000 persons)	77586	193.2	119.8	107.6	99.9	1.7	0.6	0.4
#城镇就业人员	Employment in Urban Areas	43419	456.4	254.8	187.5	102.3	3.9	3.4	3.6
城镇登记失业人员（万人）	Registered Unemployment in Urban Areas (10 000 persons)	974	183.8	254.2	163.7	100.2	1.5	3.4	2.8
国民经济核算	**National Accounting**								
国内生产总值(亿元)	Gross Domestic Product (100 million yuan)	900309.5	3677.2	1304.2	483.7	106.6	9.4	9.6	9.2
第一产业	Primary Industry	64734.0	556.0	291.6	201.9	103.5	4.4	3.9	4.0
第二产业	Secondary Industry	366000.9	5627.9	1858.9	524.7	105.8	10.6	11.0	9.6
第三产业	Tertiary Industry	469574.6	5201.7	1438.7	542.6	107.6	10.4	10.0	9.9
财 政	**Government Finance**								
一般公共预算收入(亿元)	General Public Budget Revenue (100 million yuan)	183351.8	16193.4	6242.6	1368.8	106.2	13.6	15.9	15.6
一般公共预算支出(亿元)	General Public Budget Expenditure (100 million yuan)	220906.1	19687.0	7163.9	1390.5	108.7	14.1	16.5	15.7
能 源	**Energy**								
能源生产总量（万吨标准煤）	Total Energy Output (10 000 ton of standard coal)	377000	600.6	362.8	272.1	105.2	4.6	4.7	5.7
能源消费总量（万吨标准煤）	Total Consumption of Energy (10 000 ton of standard coal)	464000	812.0	470.1	315.7	103.4	5.4	5.7	6.6
固定资产投资	**Investment in Fixed Assets**								
全社会固定资产投资总额(亿元)	Total Investment in Fixed Assets (100 million yuan)	645675.0		1961.5	14294.3	105.9		21.1	20.4
#房地产开发	Real Estate Development	120263.5		47478.7	2412.9	109.5		27.1	21.9
对外贸易和实际利用外资	**Foreign Trade and Foreign Capital Actually Utilized**								
货物进出口总额(亿元)	Total Imports and Exports (100 million yuan)	305050.4	85929.7	5486.4	776.7	109.7	18.4	15.4	12.1
出口额	Exports	164176.7	97957.4	5498.5	795.6	107.1	18.8	15.4	12.2
进口额	Imports	140873.7	75172.7	5472.4	755.8	112.9	18.0	15.4	11.9
外商直接投资(亿美元)	Foreign Direct Investment (USD 100 million)	1349.7		3870.5	331.5	103.0		13.9	6.9

注：国内生产总值按可比价格计算，固定资产投资总额平均每年增长速度按累计法计算，一般公共预算收入和支出按可比口径计算，其他价值量指标按当年价格计算。

Note: GDP, general public budget revenue and expenditure are calculated on the basis of comparable price, the average growth rate of investment in fixed assets is calculated on the basis of accumulative method, and other value and index indicators are calculated at current price.

附录 2 续表 continued

指 标	Item	2018 年	2018 年为下列各年 (%) 2018 as Percentage of the Following Years (%)				平均每年增长 (%) Average Annual Growth Rate (%)		
			1978 年	1990 年	2000 年	2017 年	1979-2018	1991-2018	2001-2018
主要产品产量	**Output of Major Products**								
粮 食 (万吨)	Gain (10 000 tons)	65789.2	215.9	147.4	142.3	99.4	1.9	1.4	2.0
棉 花 (万吨)	Cotton (10 000 tons)	610.3	281.6	135.4	138.2	108.0	2.6	1.1	1.8
肉 类 (万吨)	Meat (10 000 tons)	8624.6		301.9	143.4	99.7		4.0	2.0
原 煤 (亿吨)	Coal (100 million tons)	36.83	596.0	341.0	266.1	104.5	4.6	4.5	5.6
原 油 (万吨)	Oil (10 000 tons)	18911	181.7	136.7	116.0	98.7	1.5	1.1	0.8
水 泥 (万吨)	Cement (10 000 tons)	220771	3384.0	1052.7	369.8	94.7	9.2	8.8	7.5
粗 钢 (万吨)	Steel (10 000 tons)	92801	2920.1	1398.7	722.2	106.6	8.8	9.9	11.6
发电量(亿千瓦小时)	Electricity (100 million kwh)	71118	2772.1	1144.8	524.6	107.7	8.7	9.1	9.6
建筑业	**Construction**								
建筑业总产值 (亿元)	Gross Output Value of Construction (100 million yuan)	235086		17478.5	1881.0	109.9		20.3	17.7
运 输	**Transportation**								
沿海主要港口货物吞吐量 (万吨)	Cargo Throughput of Major Sea Ports (10 000 tons)	922391.8	4650.6	1908.9	734.4	106.6	10.1	11.1	11.7
邮电通信业	**Telecommunications and Postal Services**								
移动电话用户 (万户)	Mobile Telephone Subscribers (10 000 subscribers)	156609.8		8700542.8	1852.6	110.5		50.1	17.6
固定电话用户 (万户)	Fixed Telephone Subscribers (10 000 subscribers)	18224.8	9465.2	2660.4	125.8	94.1	12.0	12.4	1.3
国内贸易	**Domestic Trade**								
社会消费品零售总额 (亿元)	Retail Sales of Consumer Goods(100 million yuan)	380987	24444.2	4590.1	974.2	104.0	14.7	14.6	13.5
国际旅游	**International Tourism**								
入境过夜旅游者人数 (万人次)	Inbound Tourists Staying Overnight (10 000 person-times)	14119.8	7804.4	514.2	169.2	101.2	11.5	6.0	3.0
国际旅游外汇收入 (亿美元)	Foreign Exchange Earnings from International Tourism (USD 100 million)	1271.0	48328.1	5730.5	783.4	103.0	16.7	15.6	12.1
科技、教育、卫生	**Science & Technology, Education and Health**								
研究与试验发展经费支出 (亿元)	Expenditure on R&D (100 million yuan)	19657			2194.7	111.6			18.7
技术市场成交额 (亿元)	Contract Value of Technology Market (100 million yuan)	17697			2719.5	131.8			20.1
在校学生数 (万人)	Student Enrollment (10 000 persons)								
#普通本、专科	Regular Undergraduates and College Students	2831.0	3307.3	1372.3	509.1	102.8	9.1	9.8	9.5
普通高中	Regular Senior Secondary Schools	2375.4	152.9	331.2	197.7	100.0	1.1	4.4	3.9
初 中	Secondary Schools	4652.6	93.1	118.8	74.4	104.7	-0.2	0.6	-1.6
普通小学	Primary Schools	10339.3	70.7	84.5	79.5	102.4	-0.9	-0.6	-1.3
医院数 (个)	Number of Hospitals(unit)	33009	355.2	229.6	202.3	106.3	3.2	3.0	4.0
医院床位数 (万张)	Number of Beds in Hospitals (10 000 bed)	652.0	592.7	348.8	300.9	106.5	4.5	4.6	6.3
执业 (助理) 医师 (万人)	Number of Licensed (Assistant) Doctors (10 000 person)	360.7	368.8	204.6	173.8	106.4	3.3	2.6	3.1

附录3：全国各省（自治区、直辖市）国民经济主要指标（2018年）

APPENDIX III: MAIN INDICATORS OF NATIONAL ECONOMY BY PROVINCE, MUNICIPALITY AND AUTONOMOUS REGION (2018)

地　区	Region	年末常住人口（万人） Resident Population at Year-end (10 000 persons)	地区生产总值（亿元） Gross Domestic Product (100 million yuan)	其　中 of which	
				第一产业 Primary Industry	第二产业 Secondary Industry
东部地区	**Eastern Region**				
北　京	Beijing	2154	30320.0	118.7	5647.7
天　津	Tianjin	1560	18809.6	172.7	7609.8
河　北	Hebei	7556	36010.3	3338.0	16040.1
辽　宁	Liaoning	4359	25315.4	2033.3	10025.1
上　海	Shanghai	2424	32679.9	104.4	9732.5
江　苏	Jiangsu	8051	92595.4	4141.7	41248.5
浙　江	Zhejiang	5737	56197.2	1967.0	23505.9
福　建	Fujian	3941	35804.0	2379.8	17232.4
山　东	Shandong	10047	76469.7	4950.5	33641.7
广　东	Guangdong	11346	97277.8	3831.4	40695.2
海　南	Hainan	934	4832.1	1000.1	1095.8
中部地区	**Central Region**				
山　西	Shanxi	3718	16818.1	740.6	7089.2
吉　林	Jilin	2704	15074.6	1160.8	6410.9
黑龙江	Heilongjiang	3773	16361.6	3001.0	4030.9
安　徽	Anhui	6324	30006.8	2638.0	13842.1
江　西	Jiangxi	4648	21984.8	1877.3	10250.2
河　南	Henan	9605	48055.9	4289.4	22034.8
湖　北	Hubei	5917	39366.6	3547.5	17089.0
湖　南	Hunan	6899	36425.8	3083.6	14453.5
西部地区	**Western Region**				
重　庆	Chongqing	3102	20363.2	1378.3	8328.8
四　川	Sichuan	8341	40678.1	4426.7	15322.7
贵　州	Guizhou	3600	14806.5	2159.5	5755.5
云　南	Yunnan	4830	17881.1	2498.9	6957.4
西　藏	Tibet	344	1477.6	130.3	628.4
陕　西	Shaanxi	3864	24438.3	1830.2	12157.5
甘　肃	Gansu	2637	8246.1	921.3	2794.7
青　海	Qinghai	603	2865.2	268.1	1247.1
宁　夏	Ningxia	688	3705.2	279.9	1650.3
新　疆	Xinjiang	2487	12199.1	1692.1	4923.0
内蒙古	Inner Mongolia	2534	17289.2	1753.8	6807.3
广　西	Guangxi	4926	20352.5	3019.4	8072.9

注：本表绝对数按当年价计算。

其中 of which 第三产业 Tertiary Industry	地区生产总值指数（上年=100） Indices of Gross Domestic Product (Preceding Year=100)	人均地区生产总值（元） Per Capita GDP (yuan)	人均地区生产总值指数（上年=100） Indices of Per Capita GDP (Preceding Year=100)	农林牧渔业总产值（亿元） Gross Output Value of Farming, Forestry, Animal Husbandry and Fishery (100 million yuan)	其中 of which #农业 Farming	#林业 Forestry	#牧业 Animal Husbandry	#渔业 Fishery
24553.6	106.6	140211	107.1	296.8	114.7	95.1	72.0	6.1
11027.1	103.6	120711	103.7	390.5	197.2	12.7	95.8	71.1
16632.2	106.6	47772	106.0	5707.0	3085.9	186.6	1813.8	207.5
13257.0	105.7	58008	105.9	4061.9	1749.4	149.5	1346.2	628.5
22843.0	106.6	134982	106.5	289.6	150.1	15.8	48.3	56.2
47205.2	106.7	115168	106.3	7192.5	3735.0	147.3	1091.3	1707.9
30724.3	107.1	98643	105.7	3157.3	1518.0	177.0	331.8	1043.3
16191.9	108.3	91197	107.4	4229.5	1653.4	389.0	718.4	1318.2
37877.4	106.4	76267	105.9	9397.4	4678.3	181.6	2432.7	1425.9
52751.2	106.8	86412	105.1	6318.1	3089.6	390.6	1184.7	1383.8
2736.2	105.8	51955	104.8	1535.7	729.5	110.4	245.3	387.4
8988.3	106.7	45328	106.2	1460.6	894.9	99.9	361.5	6.9
7503.0	104.5	55611	105.0	2184.3	993.0	73.3	1001.6	39.0
9329.7	104.7	43274	105.0	5624.3	3635.0	186.4	1542.4	105.7
13526.7	108.0	47712	106.9	4672.7	2253.7	332.9	1315.8	505.7
9857.2	108.7	47434	108.1	3148.6	1549.2	319.6	672.2	473.9
21731.7	107.6	50152	107.2	7757.9	4973.7	129.0	2067.7	122.7
18730.1	107.8	66616	107.5	6207.8	3033.8	235.2	1386.5	1106.0
18888.7	107.8	52949	107.2	5361.6	2664.3	387.1	1464.6	417.2
10656.1	106.0	65933	105.1	2052.4	1292.7	101.1	520.1	100.4
20928.7	108.0	48883	107.4	7195.6	4153.7	358.7	2246.1	247.9
6891.4	109.1	41244	108.4	3619.5	2288.7	253.3	846.3	54.8
8424.8	108.9	37136	108.2	4108.9	2234.7	396.9	1237.1	98.3
719.0	109.1	43397	107.0	195.5	88.1	3.2	98.4	0.3
10450.7	108.3	63477	107.5	3240.0	2245.0	104.6	682.8	29.8
4530.1	106.3	31336	105.8	1659.4	1166.1	33.1	318.9	2.0
1350.1	107.2	47689	106.3	405.9	169.2	10.4	216.0	3.6
1775.1	107.0	54094	106.0	575.8	344.6	9.2	176.1	19.7
5584.0	106.1	49475	104.1	3637.8	2541.2	62.7	796.4	28.1
8728.1	105.3	68302	105.0	2985.3	1512.5	100.3	1294.3	29.2
9260.2	106.8	41489	105.8	4909.2	2717.5	379.9	1072.3	504.3

Note: The values in this table are calculated at current prices.

附录 3 续表 1 continued 1

地 区	Region	农林牧渔业总产值指数（可比价）（上年=100） Indices of Gross Output Value of Farming, Forestry, Animal Husbandry and Fishery (Preceding Year=100)	粮食产量（万吨） Grain Output (10 000 tons)	棉花产量（万吨） Cotton Output (10 000 tons)	肉类产量（万吨） Meat Output (10 000 tons)	其 中 of which #猪肉 Pork	#牛肉 Beef	#羊肉 Lamb
东部地区	**Eastern Region**							
北 京	Beijing	-6.0	34.1		17.5	13.5	0.9	0.6
天 津	Tianjin	0.9	209.7	1.8	33.9	21.2	2.9	1.2
河 北	Hebei	3.0	3700.9	23.9	466.7	286.3	56.5	30.5
辽 宁	Liaoning	2.6	2192.4		377.1	210.1	27.5	6.6
上 海	Shanghai	-2.3	103.7		13.5	11.3		0.3
江 苏	Jiangsu	0.9	3660.3	2.1	328.5	205.5	2.8	7.8
浙 江	Zhejiang	1.7	599.1	0.8	104.6	74.0	1.2	2.3
福 建	Fujian	3.5	498.6		256.1	113.1	1.9	2.0
山 东	Shandong	3.0	5319.5	21.7	854.7	421.0	76.4	36.8
广 东	Guangdong	4.2	1193.5		449.9	281.5	4.1	2.0
海 南	Hainan	4.1	147.1		79.9	45.6	1.9	1.1
中部地区	**Central Region**							
山 西	Shanxi	2.2	1380.4	0.4	93.1	62.5	6.5	8.1
吉 林	Jilin	2.2	3632.7		253.6	127.0	40.7	4.6
黑龙江	Heilongjiang	3.5	7506.8		247.5	149.9	42.6	12.5
安 徽	Anhui	2.6	4007.3	8.9	421.7	243.9	8.7	17.1
江 西	Jiangxi	3.5	2190.7	7.2	325.7	246.3	12.5	2.1
河 南	Henan	3.9	6648.9	3.8	669.4	479.0	34.8	26.9
湖 北	Hubei	3.4	2839.5	14.9	430.9	333.2	15.8	9.7
湖 南	Hunan	3.6	3022.9	8.6	541.7	446.8	17.9	14.9
西部地区	**Western Region**							
重 庆	Chongqing	2.5	1079.3		182.3	132.2	7.2	6.8
四 川	Sichuan	3.9	3493.7	0.4	664.7	481.2	34.5	26.3
贵 州	Guizhou	7.0	1059.7	0.1	213.7	164.8	19.9	5.0
云 南	Yunnan	6.3	1860.5		427.2	323.8	36.0	18.6
西 藏	Tibet	5.5	104.4		28.4	1.0	20.9	5.9
陕 西	Shaanxi	3.3	1226.0	1.0	114.5	86.6	8.2	9.6
甘 肃	Gansu	3.7	1151.4	3.5	101.2	50.6	21.4	23.6
青 海	Qinghai	4.6	103.1		36.5	9.2	13.2	13.1
宁 夏	Ningxia	4.0	392.6		34.1	8.8	11.5	9.9
新 疆	Xinjiang	5.1	1504.2	511.1	162.0	38.1	42.0	59.4
内蒙古	Inner Mongolia	3.0	3553.3		267.3	71.8	61.4	106.3
广 西	Guangxi	5.6	1372.8	0.1	426.8	263.9	12.3	3.4

奶类产量 (万吨) Diary Output (10 000 tons)	水泥产量 (万吨) Cement Output (10 000 tons)	钢材产量 (万吨) Steel Output (10 000 tons)	汽车产量 (万辆) Motor Vehicle Output (10 000 units)	微型计算机设备 (万台) Micro Computers (10 000 units)	发电量 (亿千瓦小时) Electricity Production (100 million KWH)
31.1	397.0	179.9	165.3	564.5	450.5
48.0	619.4	4733.8	86.3		711.5
391.1	9554.3	26916.9	121.1		3133.2
132.6	4155.9	6899.1	94.9		1982.7
33.4	414.5	1983.3	297.8	1448.8	839.7
50.0	14717.8	12146.7	121.9	6215.0	5085.1
15.8	12323.5	3048.7	119.2	204.1	3438.4
14.3	8831.9	2915.9	24.0	1183.6	2494.2
232.5	12619.0	9427.8	87.9	0.8	5825.6
13.9	16082.2	4337.6	321.6	4733.8	4694.8
0.2	2104.2		2.1		323.4
81.7	4415.6	4903.3	10.8		3180.5
39.0	1480.0	1300.9	276.9		838.2
458.5	1955.2	561.4	16.3		1029.2
30.8	13248.2	3195.0	82.4	2022.3	2734.5
9.6	8884.3	2571.3	55.0	96.6	1281.3
208.9	11020.0	3661.0	58.9		3050.1
12.8	10695.3	3649.9	241.9	1111.5	2835.8
6.2	10997.4	2374.7	52.9	67.1	1532.7
4.9	6583.1	1187.7	172.6	7074.1	799.5
64.3	13752.8	2896.7	74.7	5903.6	3687.0
4.6	11121.8	554.3	0.5	2.0	2016.0
65.7	12119.8	1940.7	15.9	72.4	3241.0
40.8	913.0				66.6
159.7	6286.6	1445.2	62.1		1855.6
41.1	3883.3	833.5	1.1		1531.4
33.5	1354.9	146.6			811.0
169.4	1767.9	266.8			1610.0
201.7	3592.6	1322.7	2.5		3283.2
571.8	3052.3	2259.5	0.5		5003.0
8.9	11827.1	2890.9	215.1		1752.0

附录 3 续表 2 continued 2

地 区	Region	客运量（万人） Passenger Throughput (10 000 persons)	旅客周转量（亿人公里） Passenger Turnover Volume (100 million person·km)	货运量（万吨） Cargo Throughput (10 000 tons)	货物周转量（亿吨公里） Cargo Turnover Volume (100 million tons·km)	固定资产投资额增速(%) Growth Rate of Investment in Fixed Assets (%)
东部地区	**Eastern Region**					
北 京	Beijing	58935	254	20873	1034	-5.5
天 津	Tianjin	17450	277	52221	2241	-5.6
河 北	Hebei	47346	1289	249265	13873	6.0
辽 宁	Liaoning	71343	939	223346	10654	3.7
上 海	Shanghai	15845	219	106983	28300	5.2
江 苏	Jiangsu	120612	1539	233157	8969	5.5
浙 江	Zhejiang	98380	1104	269083	11538	7.1
福 建	Fujian	48105	600	136947	7646	11.5
山 东	Shandong	67443	1290	354019	10052	4.1
广 东	Guangdong	142144	2086	416389	28338	10.7
海 南	Hainan	14383	131	22040	876	-12.5
中部地区	**Central Region**					
山 西	Shanxi	23837	394	211497	4489	5.7
吉 林	Jilin	31956	427	52156	1705	1.6
黑龙江	Heilongjiang	31568	434	55190	1601	-4.7
安 徽	Anhui	63347	1164	406761	11804	11.8
江 西	Jiangxi	60686	994	174285	4529	11.1
河 南	Henan	110421	1775	259884	8982	8.1
湖 北	Hubei	98350	1259	204307	6676	11.0
湖 南	Hunan	106680	1463	229957	4387	10.0
西部地区	**Western Region**					
重 庆	Chongqing	60587	493	128491	3598	7.0
四 川	Sichuan	98569	878	187385	2946	10.2
贵 州	Guizhou	93025	799	102537	1798	15.8
云 南	Yunnan	41484	432	140670	1972	11.6
西 藏	Tibet	1399	47	2433	150	9.8
陕 西	Shaanxi	71583	798	173245	4025	10.4
甘 肃	Gansu	42185	635	70386	2610	-3.9
青 海	Qinghai	6443	141	18905	551	7.3
宁 夏	Ningxia	6137	88	38916	628	-18.2
新 疆	Xinjiang	21204	406	97498	2484	-25.2
内蒙古	Inner Mongolia	13268	337	232525	5596	-28.3
广 西	Guangxi	47931	817	190652	4984	10.8

注：1) 本表各省、市固定资产投资数据不含跨区投资和农户投资。
2) 本表交通数据均不含民航数据。

其 中 of which #房地产开发投资 Investment in Real Estate Development	商品房施工面积（万平方米） Housing Floor Space under Construction (10 000 sq. m)	商品房竣工面积（万平方米） Housing Floor Space Completed (10 000 sq. m)	商品房销售面积（万平方米） Housing Floor Space of Sales (10 000 sq. m)	建筑业总产值（亿元） Total Output Value of Construction (100 million yuan)
3873.4	12963	1558	696	10939.8
2424.5	10324	2092	1250	3791.1
4476.4	28172	2390	5252	5740.3
2599.3	24217	2274	3935	3528.4
4033.2	14672	3116	1767	7072.2
10982.3	62673	8536	13484	30846.7
9944.9	44537	5190	9755	28756.2
4940.3	32826	3739	6213	11548.8
7553.0	69063	10513	13455	12898.3
14412.2	79935	7615	14336	13714.4
1715.0	9575	1187	1432	339.2
1376.6	16950	1408	2361	4071.5
1175.9	12080	1520	2074	2183.6
944.4	10588	1203	1913	1194.3
5974.1	41128	4488	10038	7888.5
2174.9	20739	2032	6201	6993.4
7015.5	54686	6655	13990	11360.5
4693.1	31316	2774	8865	15133.9
3945.9	35782	4161	9239	9581.4
4248.8	27227	4083	6536	7819.4
5697.9	44066	5635	12211	12983.8
2349.2	21953	1280	5182	3330.0
3247.2	21800	1447	4532	5458.5
92.6	359	50	73	172.8
3534.7	24618	1525	4119	7120.2
1116.4	9429	752	1596	1796.4
351.8	2549	320	448	435.1
449.6	6048	1214	1026	565.0
1033.4	11575	1183	1452	2110.1
882.8	15054	1416	2008	1040.1
3004.1	25399	2193	6213	4671.7

Note: a) The data of investment in fixed assets in this table excludes trans-regional investment and investment of rural households.
b) The civil aviation data are not include in traffic data of this table.

附录 3 续表 3 continued 3

地 区	Region	社会消费品零售总额(亿元) Total Retail Sales of Consumer Goods (100 million yuan)	进出口总额(按经营单位所在地分)(亿美元) Total Imports and Exports(by location of operation units) (USD 100 million)	其 中 of which #出 口 Export	金融机构本外币存款余额(亿元) Total Deposit Balance of RMB and Foreign Currencies of Financial Institutions (100 million yuan)
东部地区	**Eastern Region**				
北 京	Beijing	11747.7	4124.0	741.7	157092.2
天 津	Tianjin	5533.0	1225.4	488.1	30983.2
河 北	Hebei	16537.1	538.8	339.9	66245.2
辽 宁	Liaoning	14142.8	1144.3	488.0	59016.0
上 海	Shanghai	12668.7	5156.4	2071.7	121112.3
江 苏	Jiangsu	33230.4	6640.4	4040.4	144227.4
浙 江	Zhejiang	25007.9	4324.8	3211.5	116512.7
福 建	Fujian	14317.4	1875.4	1155.6	45812.9
山 东	Shandong	33605.0	2923.9	1601.4	96412.7
广 东	Guangdong	39501.1	10847.1	6466.8	208051.2
海 南	Hainan	1717.1	127.4	44.9	9610.5
中部地区	**Central Region**				
山 西	Shanxi	7338.5	207.7	122.7	35340.0
吉 林	Jilin	7520.4	206.7	49.4	22056.3
黑龙江	Heilongjiang	9317.4	264.1	44.5	25486.6
安 徽	Anhui	12100.1	629.7	362.1	51199.2
江 西	Jiangxi	7566.4	482.4	339.6	35290.7
河 南	Henan	20594.7	828.3	537.8	64983.0
湖 北	Hubei	18333.6	528.0	340.9	56076.4
湖 南	Hunan	15638.3	465.3	305.7	48994.6
西部地区	**Western Region**				
重 庆	Chongqing	7977.0	790.4	513.8	36887.3
四 川	Sichuan	18254.5	899.4	504.0	77391.0
贵 州	Guizhou	3971.2	76.0	51.2	26542.5
云 南	Yunnan	6826.0	298.9	128.1	30740.8
西 藏	Tibet	597.6	7.2	4.3	4934.6
陕 西	Shaanxi	8938.3	533.1	316.0	40927.6
甘 肃	Gansu	3428.3	60.0	22.1	18678.5
青 海	Qinghai	835.6	7.0	4.7	5770.9
宁 夏	Ningxia	935.8	37.8	27.4	6046.1
新 疆	Xinjiang	3187.0	200.1	164.2	22378.1
内蒙古	Inner Mongolia	7311.1	156.9	57.5	23342.1
广 西	Guangxi	8291.6	623.4	328.0	29789.8

金融机构本外币贷款余额(亿元) Total Loan Balance of RMB and Foreign Currencies (100 million yuan)	城镇常住居民人均可支配收入(元) Per Capita Disposable Income of Urban Residents (yuan)	农村常住居民人均可支配收入(元) Per Capita Disposable Income of Rural Residents (yuan)	居民消费价格指数(上年 =100) General Consumer Price Index (preceding year=100)	农产品生产价格指数(上年 =100) Producer Price Index of Farm Products (Preceding Year =100)	固定资产投资价格指数(上年 =100) Price Index of Investment in Fixed Assets (Preceding Year =100)
70483.7	67989.9	26490.3	102.5	103.6	103.8
34084.9	42976.3	23065.2	102.0	104.2	104.5
48115.3	32977.2	14030.9	102.4	104.7	105.0
44985.0	37341.9	14656.3	102.5	103.7	103.5
73272.4	68033.6	30374.7	101.6	100.5	105.6
117807.9	47200.0	20845.1	102.3	100.9	106.0
105774.9	55574.3	27302.4	102.3	100.8	105.7
46503.5	42121.3	17821.2	101.5	102.6	104.9
77810.5	39549.4	16297.0	102.5	100.5	106.1
145169.4	44341.0	17167.7	102.2	101.3	106.2
8820.1	33348.7	13988.9	102.5	97.3	106.2
25256.4	31034.8	11750.0	101.8	104.7	104.5
18993.3	30171.9	13748.2	102.1	106.1	104.6
20326.0	29191.3	13803.7	102.0	100.8	103.3
39452.7	34393.1	13996.0	102.0	99.0	105.8
30567.1	33819.4	14459.9	102.1	97.4	106.4
48870.6	31874.2	13830.7	102.3	97.9	105.4
45805.7	34454.6	14977.8	101.9	96.6	106.6
36460.5	36698.3	14092.5	102.0	95.4	104.8
32247.8	34889.3	13781.2	102.0	99.7	105.0
55390.9	33215.9	13331.4	101.7	100.2	106.4
24811.4	31591.9	9716.1	101.8	92.6	105.2
28485.7	33487.9	10767.9	101.6	96.9	104.9
4555.7	33797.4	11449.8	101.7		
30742.7	33319.3	11212.8	102.1	100.9	105.4
19371.7	29957.0	8804.1	102.0	101.7	104.6
6634.9	31514.5	10393.3	102.5	100.3	104.3
7038.5	31895.2	11707.6	102.3	105.0	103.5
18774.3	32763.5	11974.5	102.0	106.3	103.7
22195.7	38304.7	13802.6	101.8	102.0	103.6
26688.3	32436.1	12434.8	102.3	97.3	104.5

中国统计出版社有限公司最新图书简目

（仅供参考，以实际出版为准）

统计资料

中国统计年鉴　中国统计摘要　中国第三产业统计年鉴
中国第三次全国农业普查综合资料　国际统计年鉴　金砖国家联合统计手册
中国－东盟国家统计手册　中国农村统计年鉴　中国县域统计年鉴
中国农产品价格调查年鉴　中国城市统计年鉴　中国价格统计年鉴
中国贸易外经统计年鉴　中国零售和餐饮连锁企业统计年鉴　中国商品交易市场统计年鉴
大中型批发零售和住宿餐饮企业统计年鉴　中国住户调查年鉴　中国工业统计年鉴
中国环境统计年鉴　中国能源统计年鉴　中国建筑业统计年鉴
中国房地产统计年鉴　中国固定资产投资统计年鉴　中国对外直接投资统计公报
中国人口和就业统计年鉴　中国劳动统计年鉴　中国社会统计年鉴
中国科技统计年鉴　中国高技术产业统计年鉴　全国企业创新调查年鉴
中国文化及相关产业统计年鉴　2018 年时间利用调查资料　中国妇女儿童状况统计资料
中国基本单位统计年鉴　中国教育统计年鉴　中国教育经费统计年鉴
中国民族统计年鉴　中国残疾人事业统计年鉴　长江经济带发展统计年鉴

省级综合统计年鉴系列

北京　天津　河北　山西　内蒙古　辽宁　吉林　黑龙江　上海　江苏　浙江　安徽　福建　江西　山东　河南
湖北　湖南　广东　广西　海 南　重庆　四川　贵 州　云南　西藏　陕西　甘肃　青海　宁夏　新疆
新疆生产建设兵团

市（县）级综合统计年鉴系列

滨海新区　石家庄　唐山　邯郸　保定　沧州　邢台　廊坊　承德　衡水　秦皇岛　张家口　太原　大同　阳泉　长治
晋城　朔州　晋中　运城　忻州　临汾　吕梁　呼和浩特　鄂尔多斯　包头　沈阳　大连　长春　延吉　四平　白山　通化
哈尔滨　齐齐哈尔　黑龙江垦区　上海浦东新区　南京　无锡　徐州　常州　苏州　南通　连云港　淮安　盐城　扬州　镇江　泰州
宿迁　江阴　丹阳　海门　张家港　杭州　宁波　温州　嘉兴　湖州　绍兴　金华　衢州　舟山　台州　丽水　合肥　安庆　福州
厦门　宁德　漳州　龙岩　莆田　泉州　三明　南平　南昌　九江　上饶　新余　抚州　赣州　景德镇　济南　青岛　潍坊　枣庄
潍坊　聊城　郑州　洛阳　平顶山　三门峡　南阳　商丘　信阳　济源　汝州　武汉　十堰　荆州　宜昌　荆门　咸宁　黄冈
长沙　鹰潭　广州　深圳　惠州　东莞　汕尾　湛江　肇庆　南宁　柳州　桂林　贵港　梧州　来宾　河池　防城港　海口　三亚
儋州　成都　内江　贵阳　黔南　毕节　昆明　文山　德宏　西安　延安　安康　铜川　汉中　商洛　银川　兰州　庆阳　乌鲁木齐
昌吉　阿勒泰　兵团一师、二师、三师、四师、六师、七师、八师、十师、十三师、十四师

调查年鉴系列

天津　内蒙古　上海　河南　湖北　湖南　广东　广西　重庆　四川　云南　甘肃　宁夏　南宁　贵港　昆明

统计方法应用／实用手册

Python 数据分析基础（第二版）　医用多元统计分析（第三版）　中华生物统计用表
中国国民经济核算体系（2016）基础知识　国民经济核算初级教程　医学统计学手册
全国统计专业技术资格考试系列考试用书：统计业务知识（第四版修订版）　统计业务知识学习指导与习题
全国统计专业技术资格考试系列考试用书：统计相关知识（第四版）　统计相关知识学习指导与习题

统计通俗读物／统计科普图书

领导干部统计知识问答　《防范和惩治统计造假、弄虚作假督察工作规定》辅导读本
统计新媒体运营指南　统计公文知识问答　理解国民账户　中国古代统计史简编

重点图书

新中国 70 年　第三次全国农业普查农作物面积遥感测量图集　中国第四次经济普查年鉴
新编英汉汉英统计大词典　中国国民经济核算体系 2016　国民经济行业分类注释
挑大学选专业 2019—考研择校指南　挑大学选专业 2019—高考志愿填报指南　中华医学统计百科全书

如何使用年鉴光盘

请在阅读光盘前，请选择IE选项/高级/“允许来自CD的活动内容在我的计算机上运行”。提供了两种浏览方式：超文本（网页格式）和EXCEL电子表格。

How to use the yearbook to browse

Please choose “contents of CD are permitted on my computer” of IE/senior. Two modes to browse: HTML and EXCEL.

运行说明：

把光盘插入光驱，自动运行进入主页面；

也可以点击Index.htm文件进入主页面。

Constructions:

Insert disc into CD-ROM drive and wait for automatic start or click the “index.htm” file.